日本灌漑水利慣行の史的研究

各論篇

喜多村俊夫著

岩波書店

はしがき

本書各論篇に収めた十八章は、もとそれぞれ時期を違えて別個に起稿したものであり、今回の上梓に当って、全面的に補正を加え、文章・文字をも改めて編序を立て直したものである。各章の末尾に記した成稿の年月は、すなわち調査の後、間もなく筆を執ったその最初の日を示している。

この調査に費したのは、昭和十三、四年から昭和二十六年の秋までが主である。全国的に水利関係で特色のある問題を模索し、その所在地が判ると、ただちに馳せ赴いて十日乃至二週間を史料筆写に費し、ほぼ集めえた段階で地域毎に、またその中の問題毎に、纏め上げたのが本書の主要部分をなしている。史料はすべて手写であったから、今日とは余程非能率的であったことも思い出である。

稿として書き上げたものは二十四、その中の七篇は未発表のものである。既刊の総論篇は、当然これらの稿の中の主要論点を抽出してまとめあげたものであるが、総論の刊行当時には二十二篇が出来ていた。これにその後の調査研究の結果を纏めたもの二編をも加えて、これらを再編成したのが本書である。したがって総論編の注に記した、引用文献の記載番号(各論編の第〇論文と云う)と、本書のそれとは一致しなくなった。この点大方の御寛恕をお願いしたい。これもまたその後の学界の進歩と、私自身の価値評価の変化を考慮した結果である。今回削除した六編は、それぞれ次のような事情による。1、信州梓川流域における和田堰を中心とする井堰統一事業、2、備中高梁川八ヶ郷の井郷組織、3、備中沢所組の成立、4、河内狭山池、の四篇は、直接現地で採訪してえた史料よりも、1、は『梓川農業水利沿革史』上巻、2、は『八ヶ郷用水史』、3、は『沢所用水史』、4、は『狭山池改修誌』の、刊本となっているものに根本史料の半ば以上を仰いでいたためで、筆者以外でも、これに近い知識は、これらの刊本からも容易にえられることを考えたからである。5、は「武蔵国見沼代用水路の研究」で、元、浦和市役所で、見沼代用水路史を作る目的で、すでに昭和十八、九年頃には熱心な郷土史家の手で、史料はほとんど蒐集せられていたものに依存しているからであり、またその後、新沢嘉芽統教授によって、その同じ史料の一部を使っておられると思われる論稿(のちに単行本『農業水利論』に収録)も出ているので、今更蛇足を加える必要を認めないことである。6、は「甲州金川流域の水利と農業――宮堰と金川堰――」で、かつて雑誌『経済史研究』にも発表したものであるが、本書には他にも扇状地関係のものがある上に、論文としての個性に乏しいと自ら判断した結果である。

各章の順序は起稿順でも、地域別でも、また必ずしも問題別にもなっていないが、私なりに、全国的にももっとも事例が多いと思われる河川懸りから、それも平坦地から扇状地・台地・低湿地へと展開し、伊予の新居浜市に近い国領川の沿岸に、複合的に各種の引水施設の集中している状態の調査結果を次に入れた。

一般に灌漑用水の乏しい地域では「番水」は全国的でさえある。それぞれの時代の用水の支配者は、番水を初め、あらゆる用水の支配権を掌握していて、その歴史的因由の深いものも少くはないので、古い起源をもつ「井頭」や「井手守」をあげて、さらに番水制そのものの究明にも当てているのが次の各章である。

用水源としては、河川利用に次いで多いのは溜池であるから、讃岐で満濃・買田の池懸りを調査してその池懸りの機構の特殊性と村落関係を考察したものを配した。ついで近畿の古い農業地域である、大和と和泉を取りあげ、大和では古くから特に強力な引水権をもつ田村について、その由来と現実の力を、和泉では堺の近郊を実例として、その灌漑農業の問題を扱ったものを配した。また新田地域での水利の実例としては、著名な備前の興除新田をあて、最後に水利が、かつての地主・小作関係にいかなる影響を与えたかの点についての伊予周布村の慣行の調査を収録したのが本書の構成である。

本書各論編の大部分が、出来上ってから二十年近い歳月を経た今日、ようやく上梓の機をえたことは、著者としてまことに感慨無量なものがある。この間、容易に陽の目を見なかったとは云え、活字化については多くの方々の御配慮に預った。またこれらの方々の幾人かは、今回の上梓に際しても蔭の力になっていただいたようである。改めて御礼を申しあげたい。また早いものは三十年の昔に史料採訪旅行を試みているが、その際親切に御示教をえた方々にも、つつしんで感謝を捧げたい。

出版に当っては岩波書店中島義勝氏の厚い配慮をえたことも特記したい。

一九七三年四月

著者しるす

目次

序章　本篇各章の解題と位置付け

本書の叙述の順序は、各論篇であるから当然のことと云えばそれまでであるが、一地域一論文(一章)と云った、地域別的なにおいが強く、なかには事項が中心で、地域は背景に退いているものもあって一色ではない。要するに、各地域(場所)固有の問題を中心に、その場所で、これと関聯する事項を詳細に検討してその裏付けをすると云う立場に終始している。筆者のように、各地域の事例を集めてこれを総合し、集大成すると云う立場をとれば、むしろ各論篇(本書)が前編とでも云うべきであろうか。以下、各章の解題と、その全体の中での位置付けを試みて序章としたい。

一　備中高梁川十二ヶ郷の特質

十二ヶ郷は高梁川筋で最大の用水組織であるばかりか、西日本でも有数の大組織である。採訪しえた史料は現在は十二ヶ郷組合の保管している、十二ヶ郷内の元大庄屋の某家の所蔵史料の全部と、多年世襲的に樋守を勤める平田家の保蔵文書である。平安末寿永期の中興と云う伝説はあるが、史料は新しく寛永以降のものに限られている。現在の形が完成したのが、江戸初期であったからであろうか。この井郷の特質は、下流の他の井堰の存在を意識していないような、独占的な流水の堰止めをし、用水期間中の完全閉鎖と、十二ヶ郷からなる合議的な運営を終始行っていたことであろう。下流井堰からは、十二ヶ郷井堰の堰止めを緩和しようと、たびたびの争論が起ったが、終始十二ヶ郷の地位は変らず現在に至っている。

二　信州夜間瀬《よませ》川八ヶ郷における井組の成立と用水支配権の発展過程

信州や甲州などに多い、高山から流れ出た急流の造った、いわゆる扇状地の上で、大抵は畑作村が多いのに、ここ中野周辺の扇状地では意外に水田化が進んでいる。その原動力はこの八ヶ郷用水である。扇状地であるから、流路の変遷や取入口の移動も多かったであろうが、やはり八ヶ郷の組織の完成は江戸初期である。

現在は扇状地の頂に近い松崎に取入口を設け、放射線状に六本の用水路を分ち、等高線とほぼ直角に流れ下っている。この八ヶ郷の著しい特色の一つは、天領中野代官所の所在地であった中野村を盟主(触元)とする八ヶ郷が、夜間瀬の水を下流でほぼ独占しただけでなく、江戸中期以後、組織の力の増大とともに、夜間瀬の原流にまで遡ってその支配権を獲得し、地元村を押えて、上流志賀高原の山中の幾多の沼や池(天然の)にまで支配権を延長していること、他の一つは江戸期の八ヶ郷の水田高の総計は二千八十石、水田が多いとは云っても村々はともに畑の方が多く、より以上の畑の水田化は、以後の水田の維持を困難にするから、江戸後期に、組合で、田畑の分布を詳記した絵図面を作成し、連年実地の検証を行って、それ以上の畑田成を制して現在に至っていることとであろう、いかにも扇状地の上らしい現象である。

三　越中における灌漑用水施設の発展と管理機構

越中庄川筋の二万石用水、山田川を堰き止めての牛ヶ首用水、ならびに庄川筋の広田・針原用水を中心に考察したもので、富山大学経済学部所蔵の川合文書、富山県立図書館所蔵の杉木文書を中心に、刊本『二万石用水史料』『牛ヶ首用水沿革史』を参看した。これらの堰組のうち、二万石用水はもっとも古く、牛ヶ首用水は寛永元年に出来ているが、組織の確立したのは寛永八年、同九年で、創設の時代はちがっても、近世的な組織の発足は前二章の場合と近い。用水の管理は改作奉行所および定検地奉行所が掌握し、その下に、地域毎に、十村扶持人の監督のもとに、「井肝煎・下才許人」が実務を担当し、下に「江廻りの者」「戸番人」があり、藩の行政組織の中に完全に組み込まれていた。用水費用の徴収には「水下銀」の制があり、この点尾張藩などと類似している。用水の分配には内分水・本分水・皆落し・内輪江狩などがあり、江肝煎の指揮下に、一元的に行われていた。大藩の治下で整然とした支配機構の見られた一例であろう。

四　甲州朝穂堰における高原地開発用水問題と管理機構

標高千三、四百米の茅ヶ嶽の山麓は火山灰土に蔽われた広い高原地域で、かつては王朝期の牧野の所在地であった。茅ヶ嶽の西を南東に流れる塩川を堰止めて引水し、高原の開発と、飲料水の供給に充てられたのが朝穂堰である。工事は寛永十六年以後何回かに分けられて、享保三年には延長八里の下流の穂坂まで疎通した。最初の目標は浅尾原(後の浅尾新田)の開発であったが、穂坂まで伸びた後半には、畑の水田化と、飲料水の供給が主になっている。

細長い水路で、その維持・管理には特別な技術の必要なところから、永く天領であったことと相俟って、徹底した幕府の保護と統制の加わっているのが著しい特色である。毎年幕吏が現地に駐在して水路の普請と配水に任じ、堰筋に幾十個処も設置した水門樋口からの分水を監視していた。しかしその江戸への帰途には必ず「稔り証文」や、「畑田成出来」の証文を徴されて困却している事情もあって、幕府の水利政策の限界と、水下村々の立場との矛盾を示している点は重要である。

五　藩営の用水施設「土佐山田堰」

山内藩初期の宰臣であった野中兼山の実施した施設の一例として、物部川を堰止めた一つの堰止から、右岸に三本、左岸に一本、計四本の引水路を引いている、明治以前に出来た例としてはこの点珍らしい土佐山田堰をとりあげた。堰の建設の目的は、高知城東の一大広野、鏡野の水田開発と郷士の登用の両者である。管理機構としては、土佐藩政の特色である郷侍の登用が目立ち、農民の中から出た井筋見廻役と共にその担当者であった。堰の中央部に「水越」の設備があって山田堰だけの用水の独占を避けていること、また右岸に引く三本の水路の水量の調節のために、それぞれの水門の樋の高さを定めて流入量を加減しているなど、近代的な工法に近いものが見出される。水利事業を営む際に必要な、その環境や条件の重要さを示している。

六　越後低湿地における用水史

ここで扱っているのは現在の大河津の分水点に近い、信濃川本流と分流の西川との分岐点附近から、下流(北)部になる中ノ口川と西川とに囲まれた洲島の地域である。問題としているのは旧円上寺潟の湛水と、島崎川の氾濫とに苦しんだ地域の、大河津の分水路開鑿以前の状態で、山を抜いて直接日本海岸の寺泊まで穿ったトンネルは興味深い。水流が少くなった西川の川床の埋没とその掘浚えも重要である。洲島の中央部鎧潟の南岸部では、上流の悪水が下流村の用水となる関係がもっとも微妙に展開していて、村と村との関係は、悪水と用水との矛盾になり、更に小領主に分れた領有関係もあって、村毎に国と国と云ったような対立関係さえも生じている。信濃川を擁して水量は豊富であるが、地形が平坦で、僅かな高度差とその政治的環境とが、水をめぐっての複雑な関係を示している事例として採りあげた。

七　東予国領川流域の用水関係

現在(特に戦後)は都市的発展の相を濃くしている新居浜近傍の小平地は、国領川の潤すところである。国領川は山地から出た附近ではある程度扇状地的な急傾斜をして、その流水は多く磧の砂礫の中に没し去り、最上流位置を占める洪水堰よりも下流部では、河原に常時ほとんど流水を見ない。しかし中流部以下では、その河底をもぐる水は泉となって、旧河道の乱流のあとを掘鑿すれば、豊富な用水源となる。洪水堰に匹敵し、あるいはそれ以上の価値をもつ高柳泉などはこれである。国領川東岸の下流部平野は著名な旱魃地で、村内に数百個処に達する、水田一枚毎の畔に掘った人力揚水の井戸水灌漑で早くから聞えている。これらの村々の窮状を救うべく、西条藩が一柳氏の領有時代に、山地を越えた東岸奥地の池田に、海岸近い村々のために掘り与えたのが池田大池である。この池は地元の池田にはなんらの恩恵がなく、大水の際の堤防決潰の虞だけが残されていたから、地元の池田と、池懸りの村々との、藩を仲介とする交渉の数々は興味がある。東側川下の村々の救済のためには高柳泉の水を、川を越しての供給、あるいは新泉の開発が真剣に考慮せられているのは、川東村々の人工灌漑の難を救うためであった。国領川に流下する河水が、別子銅山の隆盛に伴って銅毒水問題と化して地元に影響を与えたこと、洪水堰掛りの最下流村の新居浜から、番水開始期の繰り上げ要求の出ていることなども一つの問題点である。

八　美濃国本巣郡席田《むしろだ》井組における「井頭」

本章は岐阜県本巣郡の北方町に接する仏生寺に、旧井頭仲間引継文書と称する一連の文書の存在することを捜りえて採訪を試みた結果をまとめたものであり、また本書第十章も、この文書によってまとめあげた、謂わば姉妹篇である。なお採訪の過程で、旧井頭仲間のうちでも最古の家筋である堀部家の文書の若干をも加えることが出来た。井頭は室町末の永正年間、席田井組の支配のために守護の土岐氏から堀部の先祖が「井奉行」に任命されたのをはじめに、その人数は仏生寺以外の村々へも、享保頃までの間に漸次増加したが、なお現在につづいていて、著しく伝統的な性格を多分に残している。

井頭は江戸期の名称であるが、井組の村々では庄屋の外に井頭があり(もっとも仏生寺では堀部と鵜飼の各一人宛が井頭・名主兼帯であった)、その人数は最後には九人である。考察の中心は仏生寺の堀部・鵜飼両統が中心で、村内では「惣領分」と称し、内部分裂的な争も生じたが、村民社会での優位を維持しえたことや、井頭の報酬の変化に見られる井頭の性格の変化の追究に重点をおいている。

九　南山城瓶原の大井手における「井手守株」

これも用水管理のきわめて古い制度の、今に残存している一事例としてとりあげた。平安末の荘園制のもと、瓶原の海住山寺の領下に、その住僧の慈心によって引かれた一茎の水路である大井手が、瓶原全村の水田化をもたらし、また慈心によって定められ、郷内の村々に配置された十六軒の井手守が、世襲的にこれを勤めて現在に至っているのである。井手守の井路管理の仕事はすべて寺の行事と直結せられて例年日限が定まり、正月から十二月におよんでいる。なお井手守には計三十三反の給田のあったこと、十六軒が結束を固めて、若しその一家に男子を欠いた場合の株の家の相続の規定など、十六軒の株が現在まで継続しえただけに、村落社会の内部で閉鎖的であった特色は著しいものがある。水利組織の伝統的な面と相応した、古い形そのままの生き残ったものであろうか。

十　美濃国根尾川筋席田《むしろだ》・真桑《まくわ》両井組間の番水制

美濃根尾川筋の籔川に堰を設けての、二つの用水組織間の番水制の起源とその確立にいたるまでの過程、番水制施行の手続とその内部での操作の細部の問題、番水制をめぐる井上・乙井組・余流三つの区域別と負担ならびに受水量の差異などを可能な限り詳細に考察した。

席田と真桑との間に、六分と四分の時間配水(番水)の決る寛永年間までに、幕府と在地領主と農民との間に、どのような度重なる政治的な折衝が行われたか。余流の区域はともかくとして、井上高(無負担で取水する)の問題も、全国各地に見られる番水制の一典型的事象であろう。

十一　佐渡長江川流域における耕地と分離した用水権「番水株」

佐渡両津の湊から八キロ西、金北山から流れ出て両津湾に注ぐ長江川の流域に、上・下両横山があり、この両村には上横山では現在も、下横山では昭和の初まで、「番水株」と呼ぶ、長江川の流水が減って番水(時間配水)の開始となれば、番水株の所有者でなければ引水しえないと云う、自動的に灌漑用水が水田につくのではなくて、人＝番水株の所有者＝についている全国的にも珍しい制度がある。本章は下横山を舞台に、この問題の可能な限りの掘り下げを試みたものである。結論的に云うと、この制度は慶長の古検当時の本百姓数二十五人に一株ずつ割り与えたものであり、一番の水量は等量であり、番の所有者は自分の意志によって、いかようにその水を田に注いでも、余った株の分を他人に譲渡・売却しても自由であった。このような株には宝暦頃からの株の売買文書が残存しており、一つあるいは半分の株が、どのように移動して行ったかの点もある程度は追跡出来たし、また株の個人への集中・分散の過程についても同様である。昭和の初の耕地整理組合への株の買収の直前の時期には、一町三反余の水田の所有者でありながら、株を全く持たない者さえもあった。田地の売却の際には、自己の持つ株の幾分を分割して売却する水田に附ける場合、株は売らぬが自分の株の権利分の水の中から、その田に幾分かの水を振り向けることを約している場合、水は全然別扱いで何もこのことに触れていない場合の三つのあったことは問題の焦点であろう。耕地と離れた用水が一種の財産権となることを示している。

十二　讃岐満濃池の経営と管理

我が国屈指の、古くまた灌漑面積の大きい大池の例として選んだものである。大宝年間に初めて築かれたこの池も、当時の土木技術の不充分さのためか、度々の堤防決潰による荒廃があり、中世にはほとんど荒池となり、旧池床の中には池内村をさえ生じていた。近世的な復興は、高松生駒氏の治下であった寛永年間で、この年以来現在まで継続している灌漑区域の組織が完成している。その要点は、満濃の池懸りが、上の郷（上流）と下の郷（下流）に二分され、全区域が春の田拵えの水から池水に依存する(この例も珍らしい)が、池の水が堤に五つある樽の樋門の下から二つ目までの高さまで低下すれば、それ以下の底水は上の郷の独占することである。今日も見られる、上の郷と、下の郷との、いちじるしい灌漑事情の相異は、この配水機構に根本原因がある。調査暦の早い時期の調査である故かも知れないが、有名な割合には史料は乏しかった。

十三　讃岐仲多度郡買田池懸りの用水分配と農村社会

満濃の池懸りに含まれて、下郷の興北村の地内にあり、通称「興北の買田池」の水懸り区域の詳細な分析である。買田池は如意山の麓に堤を築いた、仲多度郡では満濃に次ぐ第二の大池であり、度々の拡張を加えつつ、その度毎に水懸り区域を拡大したために、池下の受水の権利には、幾層かの階層差があり、興北にもっとも有利、郡家、竜川などの流末の村には著しく不利で、しかも池費用の負担は反別割で均等なところから、戦後の満濃の貯水の五割増の工事を機会に、下流の不満は表面化しつつさえもあるが、なお買田池懸りを脱しえない所に問題がある。買田池懸りの村々は、村内に無数の池を築いて、満濃の池水の届かぬ前に、その貯水で田植を実施し、空乏に帰した是等の池水は、満濃の水を溜めるとともに、あらゆる手段を講じて、降雨の度毎に上流の余水を引き下げて注水する「客水」を実施し、収穫まで池水の三杯分を消費している。この「客水」が原因となり、上下流の間に複雑な社会関係を生んでいる点は特徴的であろう。買田池自体も、東西の土器川と金倉川を越えて、降雨時には川水を引いて取溜める権利をもち、この権利は享保頃に確立している。封建権力者を背景とすれば、このような比較的新しい時代にも、謂わば地域的な独占が可能であったことも水利権の極端な一面であろう。

十四　讃岐国萱原《かやはら》掛井手をめぐる溜池への引水権

溜池地域ではしばしば見出される、非用水期間を利用した、河川水を溜池へ取り溜める施設と、これを利用する村々の権利のちがいを、施設の建設当初以来の関係に遡って解明するのが本章の目的である。東讃・西讃の中間に近い綾川の東に連る丘陵性の地域は、河岸よりも高いので直接河川から引水する便に恵まれず、名だたる旱損地であった。これの救済のため、江戸の前期、萱原が主動となって高松藩庁に歎願し、ついに藩費で引水用水路の掘鑿せられたのがこの施設である。後に滝宮・陶の二ヶ村もこれに加わるが、引水の順序は用水路に対する上・下流の位置を一応無視し、主動者であった萱原の第一位は当然としても、陶が滝宮よりも後であることは、開鑿当初の三ヶ村の微妙な関係の差が、三百年後の今日まで生きているためである。特に第三位(最終番)である陶の取溜順位変更の要求は、度々の水論の主要原因となっている。すなわち、萱原・滝宮・陶の三ヶ村の順位で、それぞれ村内の数多くの溜池に順次貯溜して行き、全部満水しない限り、井手を次の村に渡さないから、陶になると日数にもはや余裕がなく、池々に充分溜めないうちに、引水期限の五月節日三日前となって、井手水は全く来なくなり、陶は井手の恩恵に充分与りえない結果となるからである。陶の要求は、開鑿の由来を楯に、つねに却け去られている。掛井手の成って後、村々の荒地や林地の水田化せられたものの多かったことも、村々の態度を争論に追いやることの多くなった裏の理由である。

十五　大和盆地の二つの特殊な灌漑用水権とこれをめぐる村落社会構造——布留川筋の田村と広大寺池の稗田——

大和はもっとも古い水田地域の一つであり、また永い間、武家の勢力の滲透しない、社寺による庄園制支配の行われてきた土地であり、それだけに他地方では見られない、特殊な由来と、古い形とを現在に伝えているものがある。これらの事例として、布留川流域で絶大な引水権を誇る田村と、広大寺池懸りの最末流でありながら、特立した支配権を振う稗田とをとりあげて、その用水支配の実相と、その因って来る原因(歴史的)とを解明しようとしたものである。田村の特権は、布留川筋の番水の開始となれば、上流の分水点で、勾田《こまだ》・三島の二ヶ村を伴い、「田村用水」の建札を行ない、河川の水を三ヶ村で独占し、他村は配水に一切与りえないと云う不思議な権利を幾百年来、今に行使している点である。もし他村の盗水があれば「畦切」をもって報いている。この強力な用水権の発生した遠因は、布留明神石上社の神祭田が田村に在って、田村はその「御田の村」であったこと、また布留明神の祭礼に司祭権をもっていた市川四姓の家がこの田村に居住していたことによる。封建的と云うより、より古い由来のものである。

稗田の池懸り六ヶ村の中での本郷としての広大寺池支配の由来は、田村程には歴史的には明瞭とはならない。しかし池から一番遠い稗田が、池の築造にもっとも与っていたことによるであろう。この池で興味深いのは、年を経た大池で、多年の池床埋没の結果として貯水量が減少し、江戸後期には村々は底浚えを度々実施しているが、村毎に領主(小領主)が異り、領主の援助のえられなかった村はこれに参加せず、補助のえられた村だけがそれぞれ別個に池浚えを実施し、その部分の水を独占すべく池中にさらに堤を築き、別個の小樋を設けていることである。

十六　泉州堺近郊の灌漑農業

舳松・中筋・北庄・湊の四ヶ村は古くから堺廻り四ヶ村の名で知られ、環濠の外に連なる農村で、最近まで刎釣瓶による人力灌漑で知られていた。かつて堺市史編纂の際に蒐集しておかれた史料を基礎に本章を書きあげたが、そのぼう大な諸史料とともに、旧中筋村の庄屋南家の家蔵の農事暦である「老圃歴史」は、もっとも価値の高いものであった。このように史料に恵まれて、ただ水利だけでなく、灌漑農業の諸相を広く展開究明しえたのが本章である。

この地域では仁徳陵の三重の外濠を利用し、深さ一丈七尺二寸の目盛のある水標さえも敷設して灌漑池として利用して来たいわゆる「大仙陵池」が灌漑の根幹で、集水区域が陵墓の墳丘の斜面だけに限られるところから、年によっては半ば以下の貯水しかないうちに春耕期を迎え、その僅かな貯水を如何に利用するかについて、村々の農業経営事情の相違も加わって、四ヶ村は度々の対立・争論を生じている。大仙陵池の不足分を補うため、あるいは遠く狭山池の余水を貰い(買い)下す手段も講ぜられているが、池の水そのものも時には希望者に売水せられている。長い水路の途中での村々の妨害に逢い、二―三回で断念せざるを得なかった。度々の旱損に逢い、作付替もしばしばであり、高い貢租の率に悩みつつ、また極端な土地所有の分化を結果しつつ、辛うじて農村を維持しえていた諸特徴を描き出した。瀬戸内海沿岸の寡雨地域にぞくし、また都市近郊と云う性格を早くから具えていた灌漑農業地域の一典型として位置付けうるであろう。

十七　備前興除新田における新開田と用水問題

興除新田は児嶋湾岸での干拓新田の一典型として著聞している。近くに高梁川の流れがあっても、その水は上流部で十二ヶ郷・八ヶ郷の諸用水によって利用せられてすでに充分な余裕はなく、開発見込地の広大さに比べて用水問題の一点が難点であった。我国屈指の、生産力の高い新田地域でありながら、現在も用水問題が、その根底に、十分には解決されないで横たわり、村の社会的・政治的な立場にまで影響をおよぼしている事例として採りあげたものである。

興除は備前岡山藩領の地先海面で、備前藩の永年にわたる熱意により、換地を出すことによって備前領として、近くの天領倉敷代官所の斡旋・援助をえて文政年間に成功したものである。その用水は最上流の湛井十二ヶ郷樋の取入水門の二艘を、さらに一艘増設し、その分を興除に引く計画であったが、八ヶ郷以下の下流の反対で成らず、ついに、十二ヶ郷の末流と、それに近い「沢所」の余水を導く東用水路と、八ヶ郷番水川の末から引く西用水路の二本となった。これらの水路のためには、水路沿いの上流で、異議を唱える村々を私領から天領へと所領換えを断行する程の強権を実施した幕府の努力も空しく、西用水路は間もなく不通となり、現在まで東用水路一本である。興除の村内に縦横に掘られた、総面積二十ヘクタールの溝渠が、補助貯水池の任務を果している。興除の問題はこの点で、十二ヶ郷の末である庄郷からの融通が、興除の水田の死活の鍵を握っており、ここに庄村との間に、隠微な形での諸関係が生じているのである。

十八　伊予周桑郡周布村における「与荷米《よないまい》」慣行

用水不足と、人工灌漑の卓越する中山川の扇状地状の平野に位置する周布村を中心に、田野でも同じような特異な地主からの、人工灌漑の労力に対する、旧作人への費用の援助とも見られる「与荷米」の慣行が存在していた。本章は終戦の直前、したがって農地改革の直前でもある時期の、旧地主・小作関係の下に見られた、用水の特殊事情が、小作関係に如何なる影を落し、制度化せられるに至ったかを時代を追って解明したものである。その性質の特異な点だけを云えば、本書第十一章の、佐渡の番水株にも匹敵するであろうが、これは農地改革までは生きていた、水田の用水は、その耕作や地代関係に、どこまで深く関るかの一つの極点を示すものと云いえよう。

人力灌漑の負担の重さは、早くから周布では地主・作人間の問題となっていたであろうが、両者の紛争の結果この妥協が成文化せられ、地主からの補給米の与えられるべき条件と、その量とが明記せられたのは天保年間である。最初は条文の中の細部には、間々地主・作人両者の解釈がちがって問題化する個処もあったのは、漸次制度化していった過程としては止むを得ないであろう。問題は「みずぐるま」などによる人力灌漑に代って、動力揚水が普及してきた大正以降、とくに昭和三、四年であり、ポンプの運転には多額の経費を要し、しかもこれが作人の負担であったところから、古い「与荷」の規約では役立たず、小作争議へと発展したが、県の調停で、ポンプは地主・作人の共同経営と云う条件で落着した。なおこの地方に古くからあった「間免《あいめん》」＝上土権＝が、この紛争の解決によって著しく昂騰して、底土権の価格とほとんど等しいまでに変ったことも特記に値するであろう。

第一章　備中高梁川《たかはし》十二ヶ郷の特質

第一節　十二ヶ郷湛井《たたい》の発生と発展

高梁川《たかはし》が中国山地の連嶺から出て平地に展開しようとする左岸、備中吉備郡総社《そうじゃ》町湛井《たたい》の位置に、川幅を斜に横切り一文字に数百間の堰留を設け、旧石高四万六千余石、村数六十八ヶ村に達する広地域を潤す、高梁川流域の最大井郷である湛井十二ヶ郷が存在する。

この井堰の自然的位置から考察しても、現存の湛井の先駆となるものの設置年代が、中世もしくは上代にまで遡り得られることは容易に考えうるとしても、湛井郷の保管にかかる史料の性質上、現地においてはこのような確証を求めることは不可能である。

平安朝村上天皇の天慶九年、および後冷泉天皇の永承元年の両度にわたり、備中は主基の国に宛てられ、吉備の国たから井を堰いて神米を植えた事が伝えられ、(1)また延喜式二十六巻主税上の記載にも「備中国堰溝料稲壱万七千束」とある。彼と云い是と云い共に必ずしも湛井のそれに比定する事は出来ないが、湛井の下流に位置する八ヶ郷の先蹤においてさえ、明応年間の開鑿と伝えられる如く、現在に見る備中平野の中心部は、未だ耕地化せられなかった平安朝期のことであるから、規模・範囲の如何はさて置き、湛井の原型と見なすべきものが、上述した備中国堰溝料稲壱

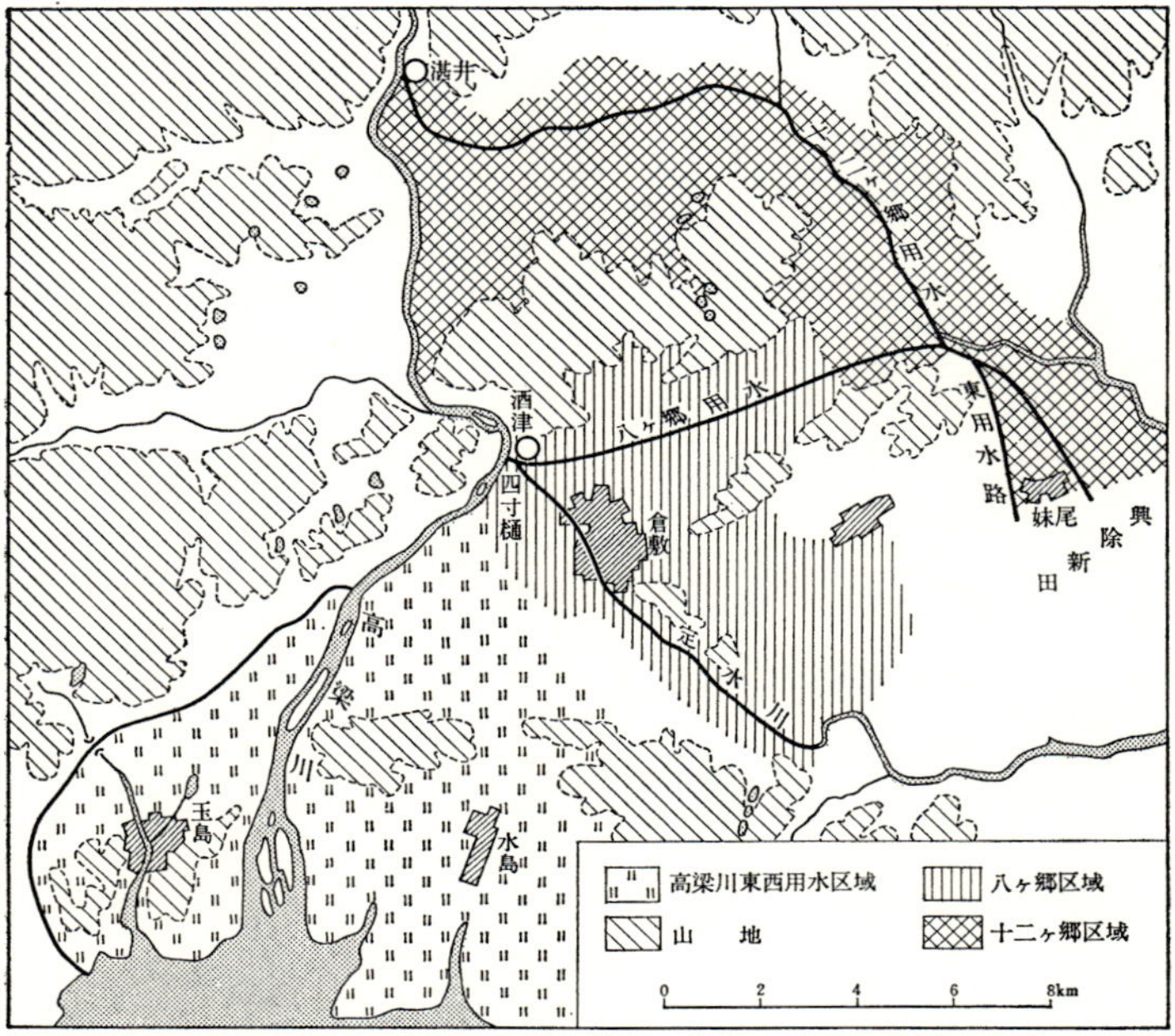

第1図　十二ヶ郷及び八ヶ郷関係地域

万七千束中の相当大きな部分を得た、高梁川筋唯一の井堰であったことは明らかであろう。

現存の湛井堰はその堰留の規模もすこぶる大きく、加うるに河川の全幅を横断するものであるから、その建設技術の高度さを要するのはもちろん、洪水のたびごとに流失するのを、年々たびたび、修覆を加える必要のあることは、莫大な官庫の補助を受けるか、あるいは井郷の範囲が大となり、このような負担に耐え得る組織を持って後、はじめて可能となるものと考えられる。したがって湛井堰の原型は、位置は現在のそれとはあまり遠くない場処に設けられたものであろうが、その構造の規模は、現状に比すれば著しく小さかったものと想像せられる。

近世末嘉永年間の書上帳には、(2)当時の井堰場から凡そ三百間下、字六本柳の地に古井堰の取入口があり、その取入口下に「井路の口」と唱える古川が田地中に残っていることを記している。江戸期に入って後の取入口の位置の変化に関しては、いちいち史料を残しており、しかも江戸期を通じてほとんど取入口に変化の無かった事情も明らかであるから、この嘉永年間の書上帳に言う「井路の口」はいわゆる湛井十二ヶ郷の完成以前のものであることは明らかであり、近世以前に在っては、堰の規模も小さかっただけに、その取入口の位置の移動もまたしばしばであったと考えうる。

等しく伝説的であるのをまぬかれないが、中世の初頭とも考えるべき、寿永年間に至り、湛井堰の存在もようやく明瞭となってくる。寿永元年、妹尾太郎兼康は地頭として井堰の場所替・再興に努め、所謂「井堰中興之開基」と称せられ、福井次郎左衛門を奉行として現存の規模に近い井堰が成り、翌寿永二年八月竣工、これとともに湛井の地に奉祀する井神社の再建をも為し、井堰に関する掟を定めたとされている。湛井の井明神には兼康の自筆と称する願文が残されているが、その文書の真偽のほどは保証しがたい。しかし、正月、三月、五月、七月、九月の四季祭の祭礼の次第として、神楽銭が上郷・下郷の夫々から一貫二百文、七月、八月の神事祭礼にはおのおの一貫五百文の納付せらるべきことの記されているのは、仮令それが瀬尾太郎金安の定めたもの(3)でなくとも、近世に入って後の井神社と湛井郷との関係から類推しても、湛井郷によって祀られ、井郷の守護神として臨んだ井神社が、夙にこの地に勧請せられた所以を察しうるのである。

近世に入って後も、井神社の維持は湛井十二ヶ郷六十八ヶ村によって行われていた。すなわち井郷中から年々米十三石八斗余の拠出が行われ、神社側には「御惣郷勧化帳」が残っている。寛政七年卯年のそれは、村々の郷歩(後述)に準拠して支出せられた村名・米の数量・庄屋名を記しており、また文久二年のものも同様の内容である。元禄元年・享保五年の社殿の修覆に際しても、その「志ゆふく銀」は井郷村々の石高に割当てられている。文政年間児島湾岸の興除新田が湛井の余水を享けて開墾せられると、井神社は興除新田へも勧化を行うことを領主に願い出ているのは、上述のような井郷の発展と井神社との関係を示すものである。（本書第十七章参照。）

湛井十二ヶ郷が現在のような形態にまで完成せられた時代は明らかにし得ない。中世末の混乱期から毛利氏・宇喜多氏による統一時代にかけてのものであろうことを推測させるにとどまる。しかし慶長十七年に至っては、すでに各溝筋・水路の組織と、これに沿う村々の懸り石高等、近世を通じ、さらに現在にまで継続する井郷の組織の明瞭に記載せられたものを残している。(4) 瀬尾太郎金安の名によって代表せられる中世的な湛井が、近世初期の再編成期に再組織せられ、このような統一的組織の起源の古さを求めて、それが妹尾太郎兼康の功に帰せられ、彼が井神社に合祀せられるまでの形勢に導かれたものと為しうるであろう。近世期に入って後の井郷の組織に関しては、後節に改めて論述する。

（1）　総社町湛井「井神社明細帳」。
（2）　湛井十二ヶ郷組合保管文書、嘉永七年寅八月「備中国賀陽郡湛井堰起立井明細書上帳」。
（3）　井神社の文書には兼康でなくて金安の名が記されている。元禄元年兼安の徳を追慕し、井神社の境内に兼康神社の創建を見た。
（4）　十二ヶ郷役場保管文書「備中国賀陽郡湛井川用水掛り之事、慶長十七年子三月十七日」。其の末尾に曰く「右者寿永元年妹尾太郎兼康公開基賀陽郡湛井川用水掛り当時郷歩拾二ヶ郷村数六十八ヶ村分水所枝川迄書面之通相違無之候」。

第二節　上流用水支配権の諸相と意義

1　堰の構造と高梁川の閉鎖

湛井十二ヶ郷が妹尾太郎兼康の中興以後の型式と称する湛井堰の構造は、近世後期、湛井堰の地位の確立した頃(5)においては次のごとくであった。

圦樋三艘据込樋前ヨリ川幅平均八間西手ヘ小波戸長三十六間　巻石四十五間　都合八十一間上手端ヨリ川西上秦村堤際迄川幅壱丈間ニテ百六間半之間一文字ニ堰立候定之処、当時西堤根ヘ附洲出来此分ヲ除　堰長六尺間百二十九間之場所ヘ底枠ヲ据込　丸石詰入　三月土用前苗代水引取　夫ヨリ五月中十五六日以前底枠入直シ　同中ヨリ十日前上枠据立是又石詰之上　明俵幷ニ莚ヲ以蔀ミ　勿論渇水ノ節ハ泥塗芝巻等ニ仕用水引取申候

以上のような堰の構造は渇水時に際して下流への漏水をほとんど無いようにするものであり、同一河川に沿って幾多の井郷の存在する場合、下流井郷への分水の一手段として、いわゆる泥塗芝巻等は之を禁じ、下流を保護するような措置の講ぜられるのが一般の事例であるにもかかわらず、湛井堰のみが之を行い得たのは、湛井郷の成立が、下流の他堰に先立つこと甚だ早く、他堰の成立した頃には、湛井はほとんど完全堰止とも称しうる、上述のような堰止法を採用していた事に由来し、中世・近世を通じての政治的関係の変遷も、湛井の堰留型式を変えさせ得ず、もって今日に及んだものと察せられるのである。

このような堰留法を採る故に、三月土用前に底枠が入れられて後は、八月下旬に至り、用水が不用となり、井堰の

取払われる迄は、井堰は閉鎖せられ、高梁川を上下する通船も指し留められる例となっていた。しかしこのような通船指し留めの規矩も、その成立した年代は比較的新らしく、近世後半期に入って後のものであることは、文政三年、倉敷代官大草太郎右馬の湛井堰見分に当って、湛井郷が代官に差出した請書に、その旨を明記しているのが最初であることによっても知られ、この時の事情は、前述嘉永七年の「湛井堰明細書上帳」にも明らかに記している所である。したがってこのような通船指し留めの初めて行われた年代は不明であるが、おそらくは用水の必要期間、全川を立て切る堰の構造と関連して生じ、後に明文として承認せられるに至ったものであろう。

湛井堰はその堰留の優越権を楯に、三月土用前から八月下旬迄の期間外においても、春以来の堰止をその儘にしておき、通舟・流水に差し支えを生ぜしめることがあったようで、文化三年九月には右期間以外における井堰の取り払いに関する請書を倉敷代官宛に提出している。

この湛井堰の通舟指し留めをめぐって二三の問題が惹き起こされ、それが通舟指し留めの事実を物語るものとして、井郷において大切に保管せられ、いわゆる通舟指し留め、高梁川の閉鎖の内容を示しているので左に摘記する。

文政五年六月、湛井の堰き止めの期間内にもかかわらず、松山の筏主藤吉・岩吉の二人は、筏の乗下しを願い、折柄出水があって用水に差し支えのない時期であったため、乗り下りを許されたが、堰枠に乗り掛けてこれを押し流す不調法があり、人を立てて内済となって納った一札を残している。時宜によっては、通舟の指し留めも緩和せられた事のあったのを示している。

嘉永七年および翌安政二年には、通舟指し留めをめぐって数多くの事件の発生を見ている。

嘉永七年六月三日、(6)折柄諸国巡歴中の遊行上人は、川上から鞆津に出るべく、高梁川筋を乗船のままで通行の旨の通達があり、これに対して湛井側は、折柄田植時で、用水の引取中であるため、井堰切払の難渋を理由とし、右の乗下りの中止を乞い、その結果、遊行上人は堰前で対岸の上秦村に上陸してしばらく陸路を採り、ふたたび堰下から乗船して堰所をすぎ、かくして湛井の通舟指し留めの権威は保たれたのである。

この時にあたり、湛井組からは、表向は上人に挨拶の為と称したが、内実は『為念堰所備之為』に役人六人が堰所に出て警戒し、かつその間川表に出水の多かった関係から、若し自然売荷船などの堰所を乗り下る事の無いよう、取締りのため惣代の者が湛井に逗留し、堰番とともにこのような心得違いの船の無いように備えている。なお此の折、湛井郷の中、八田部村は上人の通行を前もって承知しながら、樋元への連絡が悪く、かつ井郷一統が惣爪村へ立会った際にも不参であったごとき不都合があり、井郷一統に対し迷惑を掛けたことに対して謝罪の一札を入れている。遊行上人の通行はそれが最も公的な通行であっただけに、井郷のこれに対する関心も強く働き、用水期間中の高梁川閉鎖権の確保のために努めたものと見做しうるであろう。

同じく嘉永七年の七月、高梁川の川上に位置する川上郡吹屋村の吉岡銅山請負人善九郎(7)は、大坂表へ送り出すべき御用銅百二十個を、六月以来四隻の川船に分載し、成羽村の川岸から湛井の下流三里の酒津まで積み下そうとしたところ、湛井堰で乗り下しを拒否せられ、湛井の領主である蒔田左衛門佐への訴え出となった。

吉岡銅山側の言うところは、以前から吉岡銅山の御用銅船は、堰所を差し支えなく差下し来り、かつ当節は水量も多く、積み下ろしに便利の宜しい折柄であるにもかかわらず、井郷からかかる無作法の所業を被っては、自然御運上面にも差し支えを生ずべきことを述べ、若し通船が相成らぬにおいては、ともかくも以後の例とはせず、今回の御用銅百二十個丈けは、いったん井尻野村へ陸揚げし、同地から酒津迄、馬附で差し下すべき旨を主張している。

湛井側は之に対し、用水の取り入れ中は通運を差し許さないのが従来の例であり、決して今回の吉岡銅山の御用銅の場合のみに限ったことではなく、かつ堰所だけいったん陸揚して、堰下から舟積替とすれば舟壱艘に付弐貫文余で済むのに、旧慣を破り馬附で送るべしと吉岡銅山側が言うのは不審であると述べている。吉岡銅山側と湛井とは数回にわたり、繰り返し同様の主張を応酬しているが、一旦湛井へ陸揚して後の輸送法に関しての結末は不明ながら、御用銅と雖も、堰場所の積み下げをなし得ず、湛井の高梁川閉鎖権の前に屈した事情は明らかである。

御用銅一件とほとんど時期を等しくし、湛井堰番八右衛門と、川上郡平川村の船との間に、堰の乗り下げをめぐっての喧嘩一件(8)があり、このような小事件であるにもかかわらず、すこぶる大きな波紋を描いている。通船と湛井堰番との喧嘩の原因は、単なる『通船掛合方行違』であったが、両人が喧嘩の末、疵を受け、打ち倒れるような結果となり、事件を必要以上に大きくした傾きがあったが、吉備宮社家の取扱《とりあつかい》をもって、翌安政二年二月には事済となっている。

前述の遊行上人一件及び喧嘩一件は、共に湛井の通舟指し留めを廻る一挿話と見るべきものであるにもかかわらず、このために要した費用は総額二十八貫四百十六匁にも達し、これは十二ヶ郷に割付けて支弁(9)している。

2　鉄穴稼との関係

鉄穴《かんな》とは玆に述べるまでもなく、高梁川の上流、中国山地の山村での砂鉄採取業である。湛井の上流地域における鉄穴稼は古くから行われたと見え、その流出する土砂が河床を埋めるのみならず、濁水が作毛の害になると、井郷の用水権との間には、すでに元禄年間からの交渉の史料が残っている。

元禄十六年二月(10)、湛井郷惣代庄屋二十名は連印の上、つぎの如く願い出ている。

一　松山成羽川筋江銅鉄洗汁先年者三月三日ゟ九月九日迄之間少しも流不申様被成置候処近年は三四月七八月にも流し申候而諸作毛ニ当リ迷惑仕候段御料私領壱人宛伺言仕御断可申上候得共大勢之儀ニ御座候故先此者共惣代ニ参上仕候委細口上ニ可申上候用水之儀ニ御座候間先規之通被仰付被下候ハヽ難有仕合奉存候

銅山・砂鉄の稼が元禄以前から行われたこととともに、用水引用期間中はその稼を中止し、洗汁を流下せしめない様との規定の存したことを察せしめる。この元禄十六年の口上書は、このような先規が、既に弛緩していたことに対する、再取締りの歎願書である。

上流の鉱山稼との間の交渉は、時代を降るに従い、鉱山業の盛行と相俟ち、一そうその交渉事件を多くし、安永・文政・弘化と幾多の経緯の迹を留めている。

安永五年のものは、笠岡代官所下阿賀郡実村庄屋から湛井郷に宛てられた一札であって、実村地内二ヶ所の鉄穴稼が、用水期間中の下流の稲毛に害があるからと、上述の期間中は、洗汁を流さない事を誓約[11]しているものであり、おそらくは下流井郷の抗議により、このような一札の提出となった事を物語っている。

翌安永六年、川上郡坂本村の緑礬山稼ぎとの間にかわされた内済証文[12]は、その稼および休止期間の定が、前述鉄穴稼の場合とは多少異っている。すなわち毎年四月から八月迄の内、毎月上の二十四日間は稼ぎ止め、下の六日間は稼を行う条件で、用水引取期中の全面的な中止ではないことに注意すべきである。用水に対する直接的な被害が少なかった事によるのであろうか。

文政九年の鉄山稼との交渉は、相手村の数が著しく増し、哲多郡の釜村・千屋村、阿賀郡の井原村・実村・花見村・成地村・山見村等の村々に迄及んでいるが、前例の如く

『……其段稼人共江可申通左様御承知可被成候(13)』との、上記村々庄屋の一札を以て終わっている。

弘化二年から三年に亙った同様の問題に当っては、湛井十二ヶ郷よりも、其の下流左岸の八ヶ郷五十六ヶ村が主動の位置に在り、十二ヶ郷は寧ろ援助者の立場に在ったことは、鉄山稼の被害の事実上の影響如何を知り得る点に於て興味がある。

弘化二年七月、八ヶ郷から提出せられた『難渋出入(14)』は、其の冒頭に相手として、備後奴可郡の内、清原・竹森・菅・川島・田殿・森・小奴可・賀谷・内堀・塩原・所尾・田黒・上手島・下手島・小串・森脇・栗田・福代の諸村、備中哲多郡の内、三坂・田口・千屋、阿賀郡井原・実・成地・老見・大井野・山奥の二十八ヶ村を指定しており、鉄山稼の増加の事実とともに、下流部の用水組においても、漸く其の被害に耐え難くなり、詳細に上流村々の鉄山稼を調査した結果であることを示している。八ヶ郷の主張は次の如く、被害の模様を詳細に記しているので左に摘記する。

……相手二十八ヶ村之儀者松山川・成羽川上筋村々ニ而鉄山稼罷在　追々稼場所相殖近年数百ヶ所ニ而相稼年々土砂夥敷切流ﾚﾙニ付……大井堰場床敷壱丈余も砂底ニ相成自然流水砂底にくゝり養水肝要之時節少々照続ﾚﾙ得者流水案外少く……丹誠致し川中へ又川を掘立　砂中の含水迄引取用水助に致ﾚﾙ得共……中ニ者川筋ﾆ弐里三里遠方之村方者用水不行届　右ハ相手村々近来鉄直段高値に随以利欲に更り鉄山稼相増し田畑江土砂押入年増田畑成ニ相成り尚又鉄気有之濁水ハ田方立毛江相障り追々地味も相劣り……其上呑水に用ひ来りﾚﾙ村ﾐも……鉄気強キ節ハ呑水ニ不相成……　（傍点、筆者）

と言った事情であった。弘化二年度には稼場所も二百六十七ヶ処の多数であり、これ以上の増稼はもちろん、用水期間中の稼を禁止すべきことを願い出ているのであって、従来のような単なる稼の時期のみならず、鉄山の増加がさらに増して大問題となって来た様相の変化を示している。このような事態に立ち到れば、高梁川の用水権自体が、強盛となった鉄山稼の前に危機に曝されるに至ったものとしなければならない。

この時八ヶ郷は湛井十二ヶ郷に対し、安永度以降の鉄山稼人の提出した一札が、湛井郷に保管せられていたのを証拠として提出するため暫時の借用を申込み、之に答えて湛井側は、湛井の堰は下流八ヶ郷の場合とは異り、取入所が急流であるため、上流から流した土砂の滞留する患は無く、八ヶ郷のような被害は無いが、元々鉄山に増稼を生じ、其の上定の季節が猥りとなり、際限なく濁水の流れて来るのは迷惑であるとの意志を表示している。(15) この点が湛井郷をして、今回は主動者でなく、援助者の地位に留まらしめた理由であって、代官所へ提出した訴状には、鉄山稼の場所は広い深山の事であるからその場数も正確には確かめがたく、且堰枠は用水の不用時期となれば取払うから、土砂はことごとく川下へ押流れ、堰の埋没するようなうれいはないが、鉄気の濁水の農業に害のあることを述べて、増稼ぎの中止を願い出たにとどまっている。

3　井堰の上流における用水使用との関係

此の事例は井堰の位置の対岸、稍〻上流に当る、備前領下道郡上秦村との場合である。

上秦は元来池用水懸りの土地であったが、池水の不足に苦しみ、天明五年に至り、茶臼嶽の少し下手に当って水車を掛け、川水を溜池へ踏み込み、旱損に備えようとして湛井郷へ交渉した。湛井郷側は見分の上、是迄湛井の川上において、他処へ水取をする例が無く、若し湛井堰へ流れてくる用水にいささかでも妨げをする工事が行われれば、どこまでも出て掛け合い、これを停止せしめる古例であることをのべたが、上秦は井堰場川向の村故、地縁もあるからと、次のごとき条件を附した上での水車を許した。

即ち用水期間中に稼ぐ水車ではなく、九月から二月までの内、又あるいは洪水で井堰の押し流された時にのみ用いるものであり、もちろん新規の企てであるから、以後湛井郷に対して故障の生じた時は早速取り払うべき定である。(16)

高梁川に接しながら、上秦が其の流水に対して何等の使用権をもたず、もっぱら溜池灌漑に依存し、しかも旱損に苦しみつつあったことは、湛井の存在とすこぶる対照的であることを感ぜしめるが、このような事例は他でも数多く見出されるところで、大きい河川を堰止めて用水とする技術は、比較的後代の発生にかかるものであり、このような多額の費用を要する大規模な堰止の築造には、それによって灌漑せられ、多大の生産を挙げうる広範囲の水田の開発が予定せられていなければならない。十二ヶ郷のような広大な水田地域への灌漑を目標として、国司・地頭・領主による井堰の築造が行われ、又このような大井郷であってこそ、初めて年々の流失・破壊の損難にもかかわらず、その維持が可能である。高梁川に接するとは云え、一村もしくは数ヶ村だけの力によっては、高梁川を導いて利用する手段を持たなかった上秦を初とする村々が、ながく湛井の下に屈し、上流における引水施設の構築に制約を受けるに至ったのも亦ここに起因するであろう。

前述の天明五年の水車の建設に続き、文政七年には上秦村は更に新規の引水計画を企てている。すなわち同村地内の大谷尻と云う所から、山裾へ懸けて溝を掘り、同村の山谷の水を集めてその溜池へ取り込む計画である。湛井郷は松山川へ落込む山々谷々の出水は湛井に支配権があるとの見地から、倉敷代官所に出願し、上秦の領主である備前領の役所への交渉となったが、上秦村の難渋を認め、大谷尻から山根へかけて幅二尺五寸、深さ二尺の掛溝を付け、降雨の節は山谷のしたたり水を取入れ、松山川の水とはかかわりの無いことを条件とし、そのために溝の上手を掘留め、松山川とは一丈七、八尺も高低の差を付け、紛わしいことの無い様処置して事納っている。松山川の用水に就いては、湛井郷が全面的な支配権を有するものであると云うことの、最も具体的な意志表示である。

このような度々の手段にもかかわらず、上秦を初めとする対岸村々の旱害は緩和せられず、万延元年から文久四年にかけて、上秦・秦下・南秦・上原・真壁の五ヶ村は、上秦村の滝の鼻の下畑添に、松山川から附洲を掘割り、松山川の流水の潤沢な節に引き入れて、池水の足しとしようとしたが湛井郷の抗議に遇っている。

五ヶ村側を代表して八代の大庄屋は、右の計画は河水の潤沢な時期にのみ、僅かの水を引き入れるまでのことであり、若し河水の減水の節はとても引き入れ得るような地形ではない上に、溝のために潰地となる土地も、備前領内一円の畑地、或は永荒地のことであるから申分を加えられるべき場所ではないことを岡山役場へ上申している。その結果は明らかでないが、このような施設の、湛井郷に対する故障の有無を見きわめるため、五ヶ年を限って試みに井溝を付けたようである。

慶応四年(17)、このような試みの途中にもかかわらず、上秦の漁夫が川中へ割石を以て鮎簗を設け、川中に一文字に堰同様の構造をなし、湛井郷に対して、以後流水の妨げとなるような漁儀をしない旨の、詫一札を入れているのが残されている。此の井溝問題の結末に関しては、史料を欠くので明らかでないが、おそらくは、上秦初め五ヶ村の計画も遂に無効に帰したものであろうか。

(5) (2)に同じ。
(6) 「遊行上人湛井堰前上陸之件記録」。

(7) 平田卯平治氏所蔵文書、嘉永七寅年閏七月「吉岡銅山御受人より上下御役所御添翰を以て蒔田左衛門佐様御役場江願出候願書写」。
(8) 十二ヶ郷文書、嘉永七寅年「湛井喧嘩一件済口証文写」。
(9) 「遊行上人乗船差縺一件并湛井堰通船之儀ニ付川上郡平川村兼吉湛井八右衛門疵受一件共諸入用十二ヶ郷割賦帳」。
(10) 前掲平田氏文書「元禄十六年并安永五年ゟ同六年七月迄之分、川奥掛合書類留」。
(11) 『一札
一　当村之内鉄穴弐ヶ所有之候ニ付下郷御料領稲毛障リニ相成之由先規ゟ御定法之通二月彼岸ゟ九月九日迄之内ニ八決而流シ不申様下方江茂可申付候。為後日一札依而如件。(下略)』
(12) 十二ヶ郷保管文書、安永六年酉五月「笠岡御役所江差出候緑礬山一件内済証文写」。
(13) 文政九丙戌年「鉄山一件掛ケ合書写」。
(14) 前掲平田氏所蔵文書。
(15) 同、弘化三年午三月「川下井組ゟ之書翰并返答書共写」。
(16) 十二ヶ郷保管文書「一札」。
(17) 同、慶応四戊辰年五月「川西五ヶ村ゟ差入候一札写」。

第三節　下郷(下流)用水との関係

湛井の堰止めは高梁川筋の最上流に位置し、しかも其の堰の構造は前に述べたごとく、完全堰止に近いものであったから、湛井の用水権は甚だ強く、湛井十二ヶ郷と下流の井郷とでは用水量に大差があり、勢い下流に新開田の計画が行われれば、湛井からの引水が企てられ、また旱魃に際しては下郷から湛井の堰留を緩和しようとする抗議となって現われている。

高梁川の下流における最も大規模な開墾計画は、児嶋湾沿岸の干拓であった。享保九年、此の計画が樹立せられると、その用水は湛井堰から得る案であったようで、湛井郷村々は、今までの村数でさえ水量が不足であり、流末は旱損を被る事が屢〻であるのに、新田所へ更に新規の用水を取られるようになっては、井郷古田の渇水、百姓の餓死にも及ぶべき旨をのべて其の開墾事業に反対している。(18)

享保年間の児嶋湾開墾計画は実行にいたらなかったが、文政三年には倉敷代官の斡旋をえ、愈〻備前藩の手によって強力に実施せられることとなった。用水源としては湛井の流末幷に沢所《さわしょ》の余水をうける東用水路、幷に八ヶ郷用水の流末をうける西用水路の二本が計画せられたことは本書第十七章(19)の論述にも述べられているが、この東用水路の源に当る湛井郷は、文政三年九月七日、倉敷代官に対し、次のごとき請書を提出している。(20)

差上申御請書之事

今般備中国地先備前国児嶋海附洲御目論見為御用御越被成当夏中湛井用水引合ゟ井筋通委御見分被成候処湛井取入口ゟ御新開江用水御引入候而者手遠之場所ニ而其上数十ヶ村江引取候義ニ付迚も御新開場へは行届申間敷ニ付湛井用水之儀者是迄之通被差置御模様替無之段被仰渡候。且右井筋流末庭瀬川通撫川村往来橋ゟ百拾五間下ニ而新規堰所御仕立、右下モ手江圦樋御居込六間川江堀切夫ゟ撫川村地内御堀割、右水門上ミ手ゟ大内田村山田村妹尾崎村妹尾村箕嶋村地内新規御堀割之上流末之余水与沢所村々悪水一同御新開場江御引入之積候間此段可相心得旨被仰渡委細承知奉畏候。依之井組惣代御請印形奉差上候処仍如件。(傍点、筆者)

最初の計画では、湛井の圦樋三艘の所へ、更に一艘を増し、その増した分によって得られた用水量を興除新田へ用いるはずであったが、現実には取入口には何等の模様替えも加えられなかったことが上掲の請書によっても明瞭である。沢所の余水が思ったよりは豊富であったこと、および湛井の圦樋の改築は、湛井郷のみならず、八ヶ郷其他の下流井郷にも重大な影響を与え、実現の容易でなかったことが主要な原因であろう。

湛井の堰留は既述のごとく頗る堅固であり、渇水期には下流への余水洩れが甚だ少なく、下郷特に八ヶ郷に対しては甚大な影響を与えた。

文政六年の大旱の後をうけた翌七年四月、八ヶ郷を盟主とする東川・西川沿いの村々は連名の上、湛井の堰形が古形と異なり、ために下流への流水がなく旱損に遇ったと述べ、湛井郷の説諭方を願い出ている。(21)下郷は湛井の堰き方を次の如く述べている。

古来年々用水取入前に至リ川筋有合之石取集関之。尤水尾通リ明ケ置、秋末ヨリ者用水不用ニ付取払ヒ事古形仕来之趣承伝罷在ル。然処イツトナク関床不取払翌年右関株ニ堰添其上追々大造之仕様致ルニ付水尾筋埋関床〆リ自然ト川下江流水無甲斐川下村々難儀仕ル。(傍点、筆者)

しかるに昨年の夏、旱魃に当って下郷村々が湛井の堰留個処の見分に赴いた処、堰の構造は上述の古形とは異なり、数千の枠・杭を入れ、石・砂を詰め、加うるに堰の内手に幾重も莚を当てて山土を運び入れ、いささかの洩水も無いよう塗り止めてあり、したがって堰の上は湖水の如く満々と水を湛え、圦樋には十分掛り、なお余水さえも見受けられるのに、堰下にはまったく流水がなく、その数百間下からはいささかの透水はあるが、とても用水の助にはならず、川下村々は川瀬を掘って用水を獲得しようと努めたが、流末では人・牛の飲水にも差支える程である。このように下郷の難渋する理由は、全く湛井堰が古形と異なる新規の堰留をなした事によるものであると。

これに対する湛井側の答書は、三月土用前に底枠を入れ、石を拾って掛石とし、もって苗代水を引取り、五月中の十五、六日前に、更に四、五日ずつ程、枠石入れの上、井堰を立て、次第に堰留を固くし、いよいよ渇水となれば、莚部泥塗を行ない、巻石に一杯になるようにするのが仕来たりである。堰石も年々出水の節に流れ去るので、附近に有り合わせの石だけでは足らず、近辺から買い集めてきた石をもってあてている。ことに平生水尾筋を明けて置くと云うことは全くなく、既に寛延年中、湛井の圦樋の木造であったのを、石造に替えようとして起った下郷との訴訟事件に際しても、湛井が夏季用水の季節中は大川水筋を残らず堰き切り、下郷が其の余水をもって養う旨を記している程であるから、堰き切りの事はすでに下郷においても充分承知の筈である。殊に昨年の旱魃は一統のことであって、湛井郷にも流末には賀陽郡の平場村々のごとく、白土となった処もあり、また福崎・板倉・宮内の村々のごとく、人・牛・馬の飲水に差支えを生じた村さえもあった。下流の八ヶ郷以下への飲水は倉敷代官の噯《あつかい》をもって既に譲り与えた処であり、下郷の云うがごとき不法の堰留は決して行って居ない。(22) 云々。

以上湛井郷側は完全堰留が古来の慣行であることを主張し、下流側は其の意志を貫徹するため井郷一同の申合議定書を定め、井郷の言分は完全一致を本体とし、「一ヶ領限り一己之存寄」を云わぬこと、相談のための会合の節の倹約、割賦の期限通りの出銀等を定めている。(23)

湛井の堰留が古例である以上、倉敷代官の調停も之を左右出来ず、次のごとき和融に止んだ。事実は湛井の堰留権を再確認する結果となったことは是非ない次第であった。

湛井堰之義者樋所分量も有之前々仕来之通取斗可申、湛井組差障りニ不相成様時々見計流水取斗可申、尤格別之旱魃ニ而川下人牛馬飲水ニも難儀仕候程之節者双方模様見合相互ニ実意を以取斗可申事。

上述の八ヶ郷を中心とする下郷井組と湛井郷との分水に関する争論の示す処は、湛井郷の組織が完成し、水に結ばれた井郷がいずれも一致の行動を執り、幕府を背景とするもっとも有力な封建的支配力も、井郷の結束を左右することが出来ず、殊に倉敷代官所の支配下に属する村は、湛井郷の中にも相当多かったにもかかわらず、その倉敷代官の努力も十分の奏功を見なかったことを示すものであって、自然的、経済的関係に結ばれた湛井郷の纏りが、便宜的に組織せられた藩領関係に基づく政治的組織よりも遙かに優位に在ったことを示し、散在する近世的大名領の統一力よりも、一旦成長を遂げ了えた井郷の統一力の方がより強大であったことを物語っている。

(18) 十二ヶ郷文書、享保九甲辰年四月「乍恐以書付奉歎口上覚」。
(19) 「備前国興除新田における新開田と用水問題」(『経済史研究』昭和十七年十月号)。本書第十七章。
(20) 前掲、平田氏所蔵文書。
(21) 十二ヶ郷保管文書。
(22) 右に同じ。
(23) 右に同じ。文政七申年五月「申合議定書之事」。

第四節　湛井十二ヶ郷の組織と管理

1　費用負担の問題から見た組織

すでに第一節においてふれたごとく、慶長十七年には近世を通じて変化のなかった湛井郷の組織はすでに完成しており、井懸りの村名・石高も明らかで、所謂十二ヶ郷を構成する「郷歩割」が定められている。

近世を通じて湛井郷の石高合計を四万六千百三石六斗八升とする事に変化はないが、村数の数え方は必ずしも六十八ヶ村に固定せず、年代不詳「湛井十二ヶ郷御料御私領村々御高郷歩帳」(24)には正しく六十八ヶ村を挙げているが、文政三辰年「十二ヶ郷高反別写」(25)では七十一ヶ村となっており、また嘉永七年「備中国賀陽郡湛井堰起立并明細書上帳」(26)は五十七ヶ村、明治年間の組合規約(27)は五十九ヶ村を挙げているといった有様である。時代による村落の合併・分離による数え方から、このような変化を生じたものであり、組織の範囲には事実上なんらの拡張・縮小があったわけではない。次に六十八ヶ村を掲げているものに準拠しつつ、いわゆる十二ヶ郷の内容を表示すれば次のごとくである。

郷名	郷歩	村名	石高
1 刑部郷	〇、二〇	井尻野	石 七〇三、八六
	〇、二四	小寺	六五四、七八
	〇、二〇	門田	五七九、五九
	〇、二三	福井	六九〇、五三
	〇、〇八二四	刑部	四五〇、八〇
	〇、〇五七六	阿部	一三三、一九
計	一、〇〇〇〇		三二一二、七五
2 真壁郷	〇、二五	溝口	五五四、〇
	〇、二五	真壁	八〇四、〇
	〇、二五	西郡	七〇九、〇
	〇、二五	八田部（備前領）	六一三、〇

計	一、〇〇		二六七九、〇
3　三輪郷	〇、二四	三和	六二一、〇
	〇、一二三	柿木	五三三、〇
	〇、二一七	軽部	一二一八、〇
	〇、一二〇	小屋	二六六、〇
	〇、一八二	下三和	四六一、六
	〇、一一八	小屋（松山領）	三二八、〇
計	一、〇〇		三四二七、六
4　八田部郷	〇、四〇	矢田部（松山領）	一二三〇、〇
	〇、二四	井手	七四七、九
	〇、二二九	清水	六九七、二
	〇、一三一	金井戸	三九四、四
計	一、〇〇〇		三〇六九、五
5　三須郷	〇、五〇	西三須	一〇〇五、七
	〇、二六三	上林	五二四、三
	〇、二三七	下林（中林分ヲ含ム）	四八三、一
計	一、〇〇〇		二〇一三、一
6　服部郷	〇、四〇〇	溝手	一五五四、四
	〇、四〇〇	窪木	一二三一、六

	○、二○○	長良	七九四、八
		松ヶ鼻	二八六、九
計	一、○○○		三八六七、七
7 庄内郷	○、○三九九六	田中	五五六、七
	○、○六六六	福崎	五六七、九
	○、○六六六	門前	六九七、二
	○、○六六六	小山	七二七、四
	○、○六六六	高塚	四四一、四
	○、○六六六	三手	六五一、一
小計	○、三三三		三六四一、七
	○、一六六七	中島	七○○、○
	○、一○○○	原古才	六○○、○
	○、○六六七	和井元	二五○、○
小計	○、三三三		一五五○、○
	○、○八三三	立田	二一○、○
	○、○八三三	板倉	二九○、○
	○、一六六六	宮内	一五八九、○
小計	○、三三三		二○八九、○
計	一、○○○		七二八○、七
8 加茂郷	○、三五七一五	加茂	一三三三、九

		新庄上	〇、一五〇七一	六〇〇、〇
		新庄下	〇、一九六四三	六五六、〇
		津　寺	〇、二八五七七	八〇〇、〇
	計		一、〇〇〇〇	三三八九、九
9	庭瀬郷	中　田	〇、一四二六	八一六、〇
		川　入	〇、一三六二五	一二五四、八
		西花尻	〇、一五七五	五一〇、〇
		東花尻	〇、〇五三四三	二三六、〇
		延　友	〇、一二五	七〇〇、〇
		延友(中部)		二六、九
		平　野	〇、二一三九	七〇〇、〇
		平野(中部)		九九四、九
		平野(沖分)	〇、〇七一三	一二九二、〇
		三田撫川	〇、〇一四一六	九六、五
	計		一、〇一四二四	五四二七、一
10	撫川郷	日　畑	〇、一五六二五	七七四、〇
		撫　川	〇、五〇〇	二六五八、六
		日畑撫川	〇、〇六二五	二七四、一
		惣　爪	〇、二七五	九〇八、七
	計		〇、九九三七五	四六一五、四

11	庄郷	上庄	九四二、二	〇、三三三三
		下庄	一九八七、二	〇、三三三三
		西尾	一一七、二	〇、〇四一七
		山地	二〇一、〇	〇、一六六七
		矢部	二〇一、〇	〇、一二五
	計		三六六六、八	一、〇〇〇〇
12	妹尾郷	山田	一四八〇、八	〇、一六六六
		妹尾西磯	六六五、四	〇、六六六六
		妹尾東磯	六四〇、〇	
		妹尾崎（妹尾郷ノ内入作）	一〇二、〇	〇、〇八三三
		大内田	三三三、一	〇、〇八三三
	計		三二二一、三	一、〇〇〇

右の郷歩は明治に入り、普通水利組合に組織換えが行われて後も、旧慣をそのままに採用して費用負担の基準となっている。ただ灌漑面積の変化により、その中の若干村において、郷歩の変化したものを見出すのみである。すなわち刑部郷に在っては福井村の二歩二厘が二歩七厘七六に増し、真壁郷に在っては、溝口・真壁・西郡・八田部の夫々が二歩五厘宛であったのが、真壁四歩六厘四、溝口一歩八厘一、八田部三歩五厘五、西郡二歩三厘二、計壱郷となったがごとくである。

今郷歩の内容を検討するに、壱郷の包含する石高の最少は三須郷の二千十三石余、最大は庄内郷の七千二百八十石であり、庭瀬郷の五千四百二十七石がこれに次いでいる。他にも小さいものには二千石台は真壁郷の二千六百七十九石があるのみで、その他はいずれも三千余石で大体均等である。しかし必ずしも石高に準拠して一郷の範囲の決定せられていないところに郷歩の意義があり、その理由の究明は興味深い問題であろうが今直ぐには決し難い。

また壱郷内に在っても、村々の郷歩割は必ずしも石高に比例していないことは真壁郷の四ヶ村が五百五十四石から八百四石迄の開きがあるにかかわらず、その郷歩がいずれも均等に二歩五厘宛である点にも窺われる所である。

後述するごとく、湛井の普請にはいわゆる御普請と井郷の全費用負担即ち自普請の場合とがある。自普請の際は当然に、又御普請でも、不足分は郷歩に比例して六十八ヶ村から負担支弁するのを原則とする。たとえば元禄十六未年、湛井の樋伏替に際しての土方入用は、総額銀拾弐貫八百二十九匁五分六厘に達したが、この銀額は十二ヶ郷に割り、壱郷宛壱貫六拾九匁壱分三厘、これがさらに各郷に属する村々の郷歩に割り付けられたのである。(28)

湛井の維持に要する費用は、四万六千余石にまたがる大井郷である上、御料・私領を交えているから諸入用はいつの間にか膨脹の傾向に在った。寛政三亥年四月、天領・私領の諸役人立会の上、諸入用の倹約が命ぜられ、年々の支出銀額が左の通り決定を見た。(29)

一　銀弐匁五分九厘三毛

右者御不足定式二厘五毛九三之分　但銀辻壱貫二百目之積リニ而

一　銀八百目

右者樋前掘井堰所底枠同石代堰所入石三品渡シ之分

一　銀三十目　　右者堰所夜番料

但旱魃之年幷川幅不残堰渡候節若出水御座候歟　右両様見合熟談之上賃銀取極メ可申候　夏中満水ニ御座候年
者夜番料相立候ニ不及候事
一　銀六十目　　樋守
右者年中所々江遣候配符持幷飛脚賃渡シ之分
一　銀四拾三匁
右者井野明神々主井野若狭江謝礼
一　銀弐拾目　凡拾匁ゟ三拾匁迄年々不同
右者出水後堰所繕明キ俵代幷人足末々書分　其外樋所穴明キ直シ所不時入用之分
一　銀六匁
右者巻石端掘流し人足五人積
一　銀百二十目
右者樋前掘底枠堰所入石渡シ銀八百目之利分　但五百目四月渡シ壱割八分立　三百目八月渡シ壱割立之積リ
〆銀壱貫八拾壱匁五分九厘三毛

なお十二ヶ郷の出費を減少させる目的をもって、次のごとき諸事項が達せられている。

1　十二ヶ郷の出役人配りは、夫々一領限りに撰び、許可を得て後差出すべきこと。
2　役人の立合回数を減じ、みだりに立会と称して会合しないこと。
3　立会の際の賄料は随分倹約を守るべきこと。

4　井掛り水通しなどの諸普請には立会見分の上、随分吟味を遂げ、役所へ伺って後その下知通りに行うべきこと。
5　人足賃の内、臨時入用の分は日記に書記してあるのを改めて後割賦に加うべきこと。
6　諸社寺等への寄附を割賦に加えるのはきわめて不筋の事であるから、以後寄附等は一統に断るべきこと。
7　樋守の請込となった入用は村々で得心の上割賦に加うべきこと。
8　湛井入用諸事省略の上、倹約を守りまぎらわしい入用は入用帳に組入れないこと。

しかして此の「入用御定帳」の最後には天領・私領六十八ヶ村の惣代十七名が署名・捺印し、諸領の役人もそれぞれ加印して、「諸色入用減し方専一出情」の旨を誓約している。

寛政三年から十二年後の享和三年にもまた「湛井用水掛郷中諸入用倹約申合帳」(30)が作成せられ、井郷惣代立会の折の費用の節約に関して、種々詳細な点に至るまで取極めを行っている。「近年何となく入用相増候趣に付」と云うのが、此の「申合連印帳」の作成せられた理由である。

三度、文化十二亥年二月にも、また前に示したものと類似する「湛井用水掛郷中申合締書帳」が作られている。内容の主眼点は惣代出役の勤務の確実を期する点に在り、勤務に不情な惣代の差替え、立会の刻限の厳守、割賦金の支出は十二月十五日限りと定め、延引すべからざること等が寛政三年の場合と同じ様式で惣代十七名の連印をもって議定せられている。

天保十五年にも「何となく相ゆるみ候廉も有之」として、また諸締議定帳があり、出役惣代の十七名を十六名とし、郷宿を四軒に定め、立会の節の賄料を壱人壱度壱匁弐分宛と定めた事がその主要項目である。

明治五年、近年入費が莫大に懸ったため、井郷一統から疑惑が出、井郷の下流である加茂・服部・庄内・庭瀬・撫川の五郷から出役惣代に対して訴訟が行われ、その済口規定一札[31]を残していることは、訴訟を仕掛けた諸郷が、いずれも井郷の流末であり、分水問題との関連を予想させることと、この明治五年と云うことが、封建的な十二ヶ郷が、明治の水利組合に変化しようとする過渡期に当ることとに特別の関心を惹く。

「為取替規定書」に定めたところは、明治五年以後は年々の経費を百五拾両とし、もしこの額を超過した時は、十二ヶ郷中から小前惣代三人が立会見分の上、なお十月中にも各郷から壱人宛の立会いをなし、その上で割付けるべきこと、およびこれまでに生じた借財千二百三十両をそれぞれ五ヶ年賦で償還する仕法を立てたことである。出役人ばかりの処置に下郷が納得せず、小前惣代が立会うに至ったことに意義が存しよう。

2 井郷の管理者とその機能

イ 惣代出役

六十八ヶ村に跨り、かつ十一領[32]に分れていた湛井郷は、その管理に当る最高の責任者として十七人の惣代出役があり、各郷・各領を代表していた。したがって惣代出役によって取り極められた諸事項は、井郷最高の決議として遵奉せらるべきものであり、文化十二年の「郷中申合締書帳」[33]にも次の如く記されている。

一　惣代出役之者相談相極候儀ヲ組合村々ゟ彼是申出候共取用申間舗候事

附リ　組合村方ニ而茂兼而其旨差心得違乱申させ間敷候事

尚惣代出役を出すべき各領主別の石高・村数・惣代村の数を表示すれば次の如くである。[34]

蒔田領(浅尾藩)　六九二四石二七五六(十二ヶ村)

一ヶ村(井尻野・清水ノ内)

蒔田式部領　一七〇五石七二四四(二ヶ村)

一ヶ村(西三須)

池田領(備前藩)　五八四九石〇(八ヶ村)

二ヶ村(西郡・溝口又は三輪・柿木)

板倉周防守領(松山藩)　一二三〇石(一ヶ村)

一ヶ村(八田部)

倉敷代官所支配地　六八三五石八六七九(九ヶ村)

二ヶ村(窪木・長良・高塚ノ内)

木下領(足守藩)　一一二四石六八二一(二ヶ村)

一ヶ村(福崎・田中ノ内)

板倉領(庭瀬藩)　七九〇六石六五七(十三ヶ村)

二ヶ村(山田・立田・延友・西花尻・平野ノ内)

戸川領(撫川)　三〇二九石三三(三ヶ村)

一ヶ村(撫川)

戸川領(妹尾)　一四〇七石四(三ヶ村)

一ヶ村(妹尾)

花房領　三四八三石九二六五(六ヶ村)

一ヶ村(加茂)

榊原領　八〇〇石(一ヶ村)

一ヶ村（津寺）

倉敷代官所支配地　　七二四八石〇七八（八ヶ村）

三ヶ村（山地・惣爪・下庄・西尾・上庄・日畑ノ内）

上述の十一領の内、蒔田領浅尾藩、池田領備前藩、板倉領松山（高梁）藩、戸川領（妹尾）、榊原領、花房領、戸川領（撫川）、蒔田領（三須）等には前後を通じて余り変化は無かったが、倉敷代官所領、板倉領庭瀬藩等にはその所領の区域に若干の変化があった。しかし井郷としての組織は既に固定しており、近世を通じて惣代出役を出す村の大体一定していたことは注意すべきであろう。

各領主の所有石高とその惣代出役の数とが必ずしも石高比によらず、一見、甚しい不均等と偏在を示しているが、これは各領主の領地が、井郷の組織とは無関係に定められた関係もあり、惣代出役を出す村は、各井郷中の大村で、位置的にも自から出役を出すべき地位に在ったものの多かったことによるであろうが、此の惣代を出す村は江州犬上川一ノ井の親郷(35)にも比すべきものであろう。

殊に湛井の取入口にもっとも近い位置にその所領があり、井元とも称し、又井元村と呼んだ井尻野村をもっていたとしても、浅尾藩蒔田領が石高合計七千石に近い十二ヶ村中からわずかに惣代出役を一名出すに過ぎず、倉敷代官所領が略〻之に近い石高にもかかわらず、それぞれ二人、三人の惣代出役を有したことも何等かの意義を示すであろう。上流位置に在る村々が、多くは小領主の所領で、惣代出役を出すことが少く、下流の村々が天領の中に含まれて、比較的出役を出すことの多かったことも、井郷の構成上注意すべき点であろう。近世初期またはそれ以前に組織の完成していた十二ヶ郷も、その後の政治的環境の変化にともない、組織内部の諸点に関しては多少の変貌が可能であり、また政治的な所領の決定が、このような諸条件を参酌した結果なされたものとも考えられるのである。

惣代出役を出すことが、其の村にとってなんらかの利益をもたらし、願わしいことであったことを示す一例として、文政七年、都宇郡山田村が庭瀬領から上知となった際、同村から別に壱人の出役を出勤させるべき旨を湛井郷に対して懸け合い、訴訟となった事件[36]がある。元来、山田村は妹尾郷に属して庭瀬領であり、一四八〇石の大村で、寛政三年度及び享和三年度には共に惣代出役を出していた村であった。かかる村柄であったことが、上知後にも、別に壱人の出役を出すべき権利の主張となり、訴訟に迄発展したのであろうが、此の山田村の要求に対する他の六十七ヶ村の意見は次のごとくである。

　山田村御支配之御役所替リ候得者格別ニ候得共倉敷御支配ニ相成殊ニ元御領所八ヶ村と一組ニ相成度旨被願上御聞済相成候由左候得者元御領所八ヶ村と申談是迄之通両人出勤被致候へハ諸用差支候儀無之、出役人数相増候而ハ入用等茂多分ニ相懸リ殊に湛井郷中取締も相乱候ニ付新規出役之儀も相断度趣樋守与兵衛を以及懸合候処元御料八ヶ村と組合ニハ相成候得とも用水引取方之儀者引別レ当時ゟ別ニ出勤致度無左候而者人夫諸入用等茂御差出不申段返答仕候。乍併元御料所八ヶ村と壱組に相成候処用水方斗別段と申立候儀甚以難得其意奉存候。素リ出役人数相増候而者下方不為ニ相成郷中乱之基迷惑仕候（下略）　（傍点、筆者）

此の山田村は文政三年児嶋湾岸に興除新田が作られた時、それの用水路として計画せられた湛井の末流を受ける、東用水路沿いの村であり、東用水路工事に対して容易に応諾しなかったため、倉敷代官大草太郎右馬の処置をもって、他領である庭瀬領から天領に変更せられ、東用水路沿いの村々がいずれも天領となることによって、倉敷代官所の指揮の下に開墾が成就することを得た、いわば興除新田開墾のための犠牲となった村であり、上知のこともそのための結果であったから、従来、惣代出役を出していた村柄であったことを理由に、上知後は元からの天領八ヶ村と一組になりつつも、別に壱人の出役を差出すべき権利を主張したものである。この訴訟の結果は明らかでないが、おそらくは山田村の要求は容れられなかったものと想像される。

文化年間迄は十七人であった惣代出役は、天保十五年には十六人となっている。何れの領の分が壱人減じたかは今ここに明らかにし難いが、此の年の「郷中諸締議定帳」(37)には次の如く記されている。

一 出役惣代御料領ニ而拾六人出勤事足リ居申上者以後相増申間敷事 (傍点、筆者)

なお近世の出役惣代に該当する明治以後の「組合会議員」(38)は二十四人となり、新しい行政区劃に従って、吉備郡総社町四人・服部村二人・生石村一人・高松町一人・真金町一人・庭瀬町二人・都窪郡常盤村二人・山手村一人・清音村一人・三須村二人・加茂村二人・撫川町一人・庄村二人・妹尾町一人・福田村一人である。

ロ 樋守

上述のごとき広区域、且つ政治的にも複雑な組織をもつ井郷であり、惣代出役も井郷の最高議決者であるに止まり、井路の細部にまで精通し、直接の管理に当るには必ずしも適合せず、常時井堰・水路の管理に当るものとしての樋守の置かれた理由がここに在る。

樋守の初めて設置せられた年代は明らかでないが、おそらく近世初期、井郷の組織の完成と其の時期を等しくするものであろう。すなわち元禄十六年の「湛井樋伏替土方入用割賦帳」(39)の記載には、種々の入用項目を記した最後に

一 四拾三匁 樋守与兵衛普請中別而相勤祝儀ニ遣ス

とあることによっても、すでに元禄頃から樋守が明らかに存在したこと、及び樋守の名の与兵衛とある事によって、

後に述べるように、樋守の家が近世初期から世襲的に、現在は総社町の中に含まれている、浅尾藩蒔田領の金井戸村の与兵衛家の代々勤め来ったところであり、蒔田領が湛井元の名を有したことも、湛井の井堰にもっともその位置の近かった事実とともに、その領内から樋守を出していたことも、あずかって力があることを知り得るのである。

樋守の任とする所は天明三年八月、樋守次右衛門の死去の跡を受けて就任した円吉事次右衛門が、湛井郷中惣庄屋に差出した一札(40)が之を明らかに示している。

一札之事

一　湛井樋守次右衛門相果申ニ付跡役十二ヶ郷一致之御相談ニ而私樋守ニ被成度由御願ニ付支配方ゟ無相違被申付候
然上者拾弐ヶ郷対庄屋年寄中へ随分無油断相勤可申候　尤無礼毛頭仕間舗候事
一　用水過不足川筋常々見合可申事
一　大堰小堰之時分枠俵人足積共能見合費無之様先酌申候事
一　湛井樋之前後堤共痛所も御座候ハヽ、早々御左右申各様御了簡請可申候事
一　井下窪所少々之難儀御座候ハヽ、用水之節各様無油断樋少々之内も打捨申間舗候事
一　湛井川筋堤等日雇等ニ相成候節日雇人へ一味仕間舗候事
一　湛井諸役ニ付上郷下郷之差別少も仕間舗候事
右之通相心得無油断相勤可申候不及申儀ニ御座候へ共後々年勤方悪舗不届之義モ御座候ハヽ、何時ニ而も樋守御取揚可被成候　為後日依如件

加陽郡湛井樋守
金井戸村円吉事
次　右　衛　門　印

天明三癸卯年八月
郷中惣庄屋当テ

右之通惣庄屋へ申達候間弥前書之通相心得可申候　郷中為之儀ハ諸事無用捨差図可被申候　若人足等対其方へ理不尽申候ハヽ構之庄屋へ早々付届ケ可被申候承届急度可申候

卯八月　　郷中　庄屋　印

湛井樋守
次　右　衛　門　殿

右のごとき請書一札を差出した樋守は、さらに郷中庄屋の連印をもって、天領・私領各領主手代の承認を経、ここに正式に樋守役となる。

請書の示すごとく、樋守の任務は惣代出役及び村役人の指揮を受け、井堰・井筋に関する一切の業務を担当し、分水・普請に当るものであり、惣代出役の指揮下にあるとは云え、彼等に代って井郷の業務を請負うものである。したがって樋守の権威は甚だ大きいものがあり、文化十二年の「申合締書帳」には次のごとく記されている。

一　湛井堰其外普請ニ御料領ゟ人足罷出候節樋守ゟ致差図候義少も相背セ申間敷候　若心得違之者も有之候ハヽ、樋守役前を以如何様に取斗候共其者之越度ニ候間申分無之事

附り　樋守ゟ触出候人足幷莚明俵差枠其外諸道具等無相違差出可申候　若不足いたし候ハヽ、其領ゟ代銀ニ而取

立差支無之様取斗可申候事

このような樋守であったから、普請における勘定帳には十七人の惣代出役と並び、その最初に樋守が署名することとなっていたのである。

樋守の給米は年拾四石五斗、(41)各郷からこれを支出し、領主によってはその役場から樋守給米の支給せられる所もあった。任務の大きかっただけに、その給米も相当多額であったことを知る。

世襲であり、井堰の事情に通暁し、かつ権威も大であっただけに、樋守が惣代出役を無視し、勤方増長、或は不筋を理由として、樋守役の差替えが行われようとしたこともある。嘉永元年惣代出役からの弾劾書(42)によれば、

1　五月十二日の初堰入れに当り、前々日から大雨洪水であったにかかわらず、樋守与兵衛は「先例祝儀堰」等と唱え、先規により、たとえ日限が定っていても、増水の節は堰入を延期すべきであるにもかかわらず、たって堰入を行い、村々に少なからぬ失費を懸けたこと。

2　出役の立会中であるにもかかわらず、与兵衛は無断で私用の為に席を外し、出役を軽蔑したのみならず、郷の用務を疎略に考えている。

3　巻石堰の助銀を定めるに当り、文化八年の割符帳にも組入れてないものを、与兵衛は先例と強情に申張り、自分の手控だけを証拠として組入れを主張する等、役に馴れるに従い、増長の傾向に在ること。

等が列挙せられている。こうして郷方の作法の崩れる事を理由に、此の年の六月、与兵衛は樋守役を一旦取揚げられる結果となっている。

殊に与兵衛の樋守役の取揚げを強硬に主張したのは、下郷の六ヶ郷であったことは、上郷・下郷ともに依怙贔負な

く公平に扱うべきことをその就任に際して誓約しながらも、実際に当っては下郷の満足を得ることの困難であった事情を察せしめるものがある。

翌嘉永二年正月、与兵衛は立入人を頼み、再び帰役となっている。(43)

樋守与兵衛の住所は金井戸村であり、夏の期間は日々湛井に出て勤務するものであるから、日々の往来には甚だ不便であり、そのために樋所の脇の空地に、壱間半梁・二間桁の小家屋を建てて番小屋とし、ここに逗留して勤務することを許されていた。(44)

ハ　堰　番

嘉永七年の「明細書上帳」によれば、湛井(地名)の四郎兵衛、勘四郎の二人が往古から堰番を勤め、給銀は十二ヶ郷から受け、諸領主からも開畑を与えられている由が記されている。(45)すでに述べた如く、嘉永七年川上郡平川村の船との間に、湛井の堰留期間中であることを理由に、堰の乗下げにかんする喧嘩一件を起したのは此の堰番であった。樋守の指揮の下、堰留期間中堰の監視の任に当たるものである。

ニ　吐樋守・常番

井筋の末流日畑川の東・西堤樋の分水個処は、所謂四ヶ郷分水で、庄・庭瀬・撫川・妹尾の四郷の中、東西各壱郷半が負担して井手堰を設けるが、この個処に吐樋守があり、日畑村の源右衛門の累代勤めるところであった。給米は年四石の定で、上述の四ヶ郷から出したが、村によってはその領主からこの給米の出た処もあった由である。給米の他、瀬掘料と唱え銀札百廿目が組合から渡されていた。此の吐樋守の勤務は、「西壱郷半樋守兼井堰掛り」(46)であり、諸普請における人足の遣い方等を引き受け、差図を取り計らわしめるものである。

常番とは日畑川の分水個処のやや上流、岩崎の分水所に置かれたもので、その任務は上述の吐樋守とまったく同様であるが、ここでは常番の名で呼ばれている。赤浜村延吉(47)の勤める所で、給米は吐樋守と同じく四石、四ヶ郷の村々から割合の上渡している。その勤務は吐樋守と等しく、川筋掘浚等の節の人足の遣い方を引き受けて勤めるものである。

吐樋守と云い常番と云い、ともに湛井十二ヶ郷の井路が、湛井の樋尻から流末妹尾村の大福まで、延長実に九千六百五十三間にも達し、その中には分水個処も多いことであるから、そこから分水を受ける諸郷が、分水の正確、工事の完全遂行を期せんがため、それぞれの負担において設置したものであって、湛井の堰留個処における、樋守・樋番のごとく、湛井の全郷に関するものではないが、十二ヶ郷が大井郷であるだけに、上述の分水個処から分岐した水路によって用水を得る四ヶ郷のごとく、湛井郷の中にまた小井郷を生じ、その小井郷の井堰の直接の管理に当るものとして、湛井の樋守・堰番に相当する、吐樋守・常番の設置となったものであり、その給米が井筋を受ける四ヶ郷のみから負担せられている処に、吐樋守・常番の意義がある。

(24)　十二ヶ郷保管文書。
(25)　右に同じ。
(26)　右に同じ。
(27)　平田氏所蔵文書、「岡山県吉備郡総社町外五ヶ町村都窪郡常盤村外八ヶ町村組合規約」。
(28)　十二ヶ郷保管文書、元禄十六年未四月十七日「湛井樋伏替土方入用割符帳」。
(29)　同文書、寛政三辛亥年四月五日「湛井用水諸掛入用御定帳」。
(30)　平田氏所蔵文書。

(31) 十二ヶ郷保管文書。
(32) (24)に同じ。
(33) 十二ヶ郷保管文書。
(34) (29)及び(30)より作成。
(35) 拙著『近江経済史論攷』所収「強大井郷としての湖東犬上川一ノ井郷の特質」。
(36) 平田氏所蔵文書、文政七甲申年三月「乍恐以書付奉申上ル」。
(37) 十二ヶ郷保管文書、天保十五年辰十二月「湛井用水掛郷中諸締議定帳」。
(38) (27)に同じ。
(39) (28)に同じ。
(40) 平田氏所蔵文書。
(41) (2)に同じ。
(42) 十二ヶ郷保管文書、「湛井樋守与兵衛勤方不筋ケ条覚」。
(43) 同、嘉永二年酉正月「御歎申一札之事」。
(44) 平田氏所蔵文書、年代不詳「乍恐奉願上口上」。
(45) 『井堰中湛井四郎兵衛勘四郎従往古堰番相勤給銀ハ十二ヶ郷ヨリ相立遣し、尚御地頭家ヨリモ開畑被下置候儀ニ御座候』
(46) (2)に同じ。
(47) (2)に同じ。

第五節　普請と其の意義

湛井郷の井堰・水路も他の大井郷の場合と同様、所謂「御普請所」となっていた。その御普請個所は次のごとくである。(48)

一　石圦樋(上口四尺九寸・敷四尺五寸・高三尺五寸・長拾五間)　三艘
一　樋前水切　弐ヶ所
但嘉永六丑年石ニ而御仕替ニ相成申候
一　井堰長　百弐拾九間
底枠(高六尺・長九尺・横六尺)
上枠(高三尺・横四尺)
詰石
一　巻石(長四十五間・上リ平均四尺・横四間)
一　小波戸(長三十六間・横平均八間・高壱間)
一　砂吐水門
一　樋前東側石垣
一　樋尻西側石垣

一　堤山根ヨリ猿尾迄　　六百三十間之間
一　堤内外石垣
一　堤石腹附
一　捨石
一　樋前掘り

すなわち堰留工事の一切、ならびに圦樋、これに附属する堤・石垣等の諸工事の全部と称し得るであろう。

右のごとき用水取入口の御普請所の中、石圦樋三艘の分は寛延四年迄木樋であったものが、この年以来石樋に改められたものであるが、この石樋への改造に際しては、下流八ヶ郷を盟主とする七万石余の井懸りとの間に、激しい紛糾を経て初めて成就したものである。

元来木樋は腐朽することが早く、伏替を要することがしばしばであった。樋は槇板で作られ、その場合には三、四十年も持ち耐え得たが、栂板では十年程の耐久力を有したに過ぎなかった。正徳二年、湛井郷出役惣代から倉敷代官所へ願い出ている所によると、正徳二年迄使用している圦樋は、元禄十五年の洪水に流れ落ちたものを伏替えたものであるが、栂板であったために僅か十年間使用したにかかわらず、甚しい損じ方である。古来の樋のごとく三、四十年間も耐え得るよう、ぜひ共槇板にして、翌正徳三年正月中旬に伏替の着手に願い度いと。(49)

このように木樋の間は、いかほど用材を選択してもたびたびの伏替が必須であったから、寛延三年になって石樋に改造しようと問題になったのである。

新規の石樋の計画は、従来の松伏樋の、長さ十五間、内法上口四尺九寸、敷四尺五寸、高さ三尺四寸の樋三艘であったものを、六尺四方の石樋二艘に改め、かつ樋の据処も従来とは引き下げ、また樋と樋との間も板幅共に六尺三寸あったのを、壱尺三寸の石柱で隔てる目論見であった。(50)

下流井郷村々の反対の焦点は、たとい樋数は二艘に減じたとは云え、内法が大きいために結局引水量が増加する上、樋の間を僅か壱尺三寸に減らすことは、あたかも三艘の樋を合わせたと同様の結果となり、水吐の分量に過分の差違を生じ、殊に石樋の場合は木樋に比して水走りも早く、下流井郷の水不足・難渋を来たすべきことを主張しているのである。

湛井郷側の主張は「石樋ニ仕立候得者永々朽損候儀無之御入用不相掛御益筋有之」と云うにあり、殊に「湛井樋所之儀者往古ゟ六拾七ヶ村組合ニ而樋伏替等之節他村ゟ故障申出候義無之場所(51)」であることを述べたが、新規の石樋であることが今回の出入の原因になったのであるからとて、天領・私領の役人が合議相談の上、次のごとく伏替えることに決定を見た。

壱艘長拾五間(内法上口四尺九寸・敷四尺五寸・高三尺四寸)之樋三艘　据所茂古形之通無高下　樋ト樋ト之間六尺三寸宛相隔伏替可申候　(傍点、筆者)

こうして翌寛延四年、右の型式で石樋に据替えられたものである。

圦樋周辺部の御普請所の他、なお井筋中の分水個処に当っても「御料領御立会御普請所(52)」がある。すなわち

一　日畑川中木吐樋　壱ヶ所

御普請入用　掛リ高　壱万八千九百石二斗九升(村数二十一ヶ村)

一　日畑西堤石樋　壱ヶ所(但安永三年石樋ニ成ル)

御普請入用　掛リ高　六千七百四十六石三斗五升四合四勺(村数六ヶ村)
一　日畑東堤樋　壱ヶ所(但嘉永七年石樋ニ成ル)
此掛リ郷歩　壱郷五歩
内　壱郷(三分之二御出銀)
此掛リ高　五千五百五十四石三升九合(村数九ヶ村)
五歩　二ヶ村　高訳ケナク三分一御出銀

この三ヶ所の御普請所は、四ヶ郷分水と唱える、庄・庭瀬・撫川・妹尾の組合普請場であり、川の中へ土俵をもって井手堰を築くものであるが、湛井初堰の頃に普請を行い、四ヶ郷の内妹尾郷は人足等を指し出さず、他の三ヶ郷から壱郷宛人足百人、明俵千俵を指出して堰立てるものである。尚堰内の掘浚えに際しては、惣爪村のみは人足を差し出さず、外村から掘浚える。其他の諸入用は四ヶ郷村々で石高割に出銀する事となっている。名は等しく御普請所とは称しながら、四ヶ郷だけの分水個処であるから、その負担も関係四ヶ郷だけの支出に懸っている点が、先に述べた圦樋の御普請所の場合とは異っている。

圦樋は上述のごとくいわゆる御普請所であったが、その入用の負担に関しては嘉永七年の書上には次の如く記している。

一　御普請御入用ハ御料領御高割ニ而御出銀且又自普請ニ仕ル而モ是亦御高割其外年分諸入用人足等ノ割方ハ郷歩割ニ仕ル儀従古来仕来ニ御座ル　(傍点、筆者)

「御料領御高割」と称する御普請費用支出の状態を、実状によって窺えば次のごとくである。

元禄十四年正月、「湛井樋伏替入用帳」の記載に従えば次のごとくなっている。御定法樋代と唱える支出銀拾貫百弐拾四匁七厘、樋仕入用銀弐拾五貫七百八十六匁五分三厘、計三十五貫九百十匁六分がこの樋の仕替に要した費用の総額であり、その内天領の出銀六百二十一匁弐分六毛を除いた三十五貫二百八十九匁七分を二分し、これを天領三千六百九十九石余を除いた湛井郷の石高四万二千四石余に割り付ければ、百石当り四拾一匁六分余、板倉頼母領は七千九百六石余分、銀三貫二百九拾匁余を負担する。三拾五貫余から天領の分、板倉頼母領の分、御定法樋代を引き去れば残銀弐拾壱貫余、これが天領・板倉頼母領以外の他の八領、高三万四千四百九拾七石に割られて高百石当り六拾三匁四分余、これを各領の石高に比例して割り付けることとなる。以上割付の割合は、換言すれば次のごとく云い得る。天領三千六百九拾九石の地は、樋仕立入用に就いてはわずかに六百二十一匁を負担するに過ぎず、板倉頼母領七千九百余石は百石当り四拾一匁余の負担ですみ、他の八領は百石当り六拾三匁余の負担となって、天領・板倉頼母領・他領の三段階に分たれた確然たる差違がある。御定法樋代十貫余は「御領御出銀」であるから、幕府勘定所からの出銀である、いわゆる御普請の名に相当する補助金であった事は明瞭で、この幕府の勘定所からの補助の蔭に隠れて、天領は樋仕立入用に対しては、わずかの負担ですみ、板倉頼母領も特別の扱いを受けていたこととなるのであるが、このような割当の規矩の生じた理由は不明である。

以上がいわゆる御普請の実体であるが、このような各領の負担の不平等は、其の後圦樋に普請を要する時期に立ち到り、湛井郷一同から普請を願い出るに際して、村々の主張に相違を生ぜしめている。天保七年、湛井堰の戸前三艘の繕普請に当り、私領五十九ヶ村は「聊之義願上ル而も御立会ニ相成御上江ハ奉懸御役介下方ニ而ハ雑費相掛リ迷惑仕ル」を理由として自普請を希望したのに反し、御料所(天領)村々に在っては、御普請を主張して意見の一致を見ず、各領主から厳重な説諭を受け、井郷一同から提出した詫一札(53)を残している。いわゆる御普請が御料村々にとって有利であったことが、このような紛擾をきたした原因であったことは明瞭である。このような御普請か自普請かの問題をめぐる天領と私領との葛藤はしばしばであって、すでにこれより先、延享二年にも、洪水によって堰堤の押し流された復旧工事に当っても、天領は村方困窮を理由として、御願普請でなければ同意しがたいと述べている(54)。

御普請所であった湛井圦樋も、時代を降るに従って、御普請の実は次第に行われ難くなり、自普請をもって済まされる事が多くなった。寛延三年、圦樋の木造であったのを石造に改める計画も、実は木樋の破壊に際して御普請を願い出たが、自普請で済しておくようとの領主の意向のことが多く、度々の修覆費の負担に苦しんだ井郷の計画が、石樋への改築であったし、又年号の記載を欠いているので時代は明らかでないが(55)、某年、湛井幷に流末日畑村の内、西山の二個処の御普請所が大破し、井郷からは早速右二個処の見分御普請を願い出たが、西山の個処の分のみが許可となり、普請銀の下付があったが、湛井圦樋の個処の分だけは許されなかった。井郷村々は、是迄御普請場所であったものを、右様自普請を仰付けられるがごときこととなっては、以後は「御普請潰ニ相成ル程如何」と憂慮している。領主側は答えて、これは御普請所の制が決して潰れた訳ではなく、「時節柄」によるものであることを弁じ、このたびだけは自普請にしておき、以後破損の節は改めて願い出るべきことを諭している。天領・私領それぞれ領主の共通の財政難が原因となり、御普請制が漸次弛緩してゆく過程を示すものであろう。

圦樋の繕普請に当り、樋元である井尻野村と他の井郷村々との間にも、また主張の齟齬を生じたことがあった。元文三年二月、前年の八月の大水に圦樋沿いの堤に大破を生じ、十二ヶ郷は連判をもって倉敷代官所へ御普請を願い出たが、其の年は御普請の吟味は無いとのことでそのままとなり、翌三年春、改めて御普請を出願しようとしたところ、井郷の中、弐、三ヶ郷が井尻野村の申出に同意したまでで、他郷はいずれも連判出願を肯じなかった。井尻野村は、このようでは同村の亡所にもなるおそれのあることを理由に、溝口・八田部・窪木・加茂・津寺・平野・撫川・妹尾・西尾・下庄の各村を十ヶ領の代表として相手取り訴訟に及んだ。(56) 蒔田領浅尾藩の本・支領以外が、いずれも連判出願の反対者であったことは注意すべきであろう。

訴訟の相手に名指された村々は、村々の勝手我儘で連判に不同意であるのではないから、訴訟のために関東へ下るのは甚だ迷惑であることを云い、昨年は御普請は行われないとの御領の意嚮を尊重して差控えたまでの事であると述べ、湛井の入用銀は御料は御勘定所の御出銀、私領は地頭方の物入りであるから、井尻野村の云うごとく、他領村々が我儘を云って井尻野村を退転せしめようとするものであるとの云分は全くいわれのないことを陳べ、もし御普請を延期しても、井尻野村に急難を生ずるようにも見えないからであるとし、もし破損場所が用水の引取に故障を及ぼすごとき場所でないならば、立会普請所となさず、井尻野村の単独普請個処とするよう仰せ付けられたいと云っている。(57)

つまるところ堤の大破の場所が、御普請所と、井尻野村の自普請所との境に近く、その上破損個処をそのままに放置しても、湛井郷の引水には直接影響がなく、井尻野村にだけ害を与えるものであったことが、井尻野と他郷との、今回の紛糾の直接原因であろう。伏在する素因的なものに関しては、今にわかに此処では明らかにし難いのである。

なお圦樋が御普請所である事実と関聯して、御料・私領から湛井用水差配料として、米・金が支給せられていた。天領は湛井分水差配料及び敷地米・水門番給として、年々米三石二斗六升六合及び金壱両弐分が井懸り村々分として西尾・上庄・下庄の三ヶ村に下げ渡され、私領においても天領の場合と同様、村々へ下附せられる分もあった由が記されている。(58) 圦樋の普請と同様に負担が莫大で、地元村の負担だけでは耐え得なかったために、このような領主からの下附が行われたものであろう。

(48) (2)に同じ。

(49) 平田氏所蔵文書、正徳二壬辰年十一月「湛井用水樋破損仕候ニ付奉願候事」。

(50) 十二ヶ郷保管文書、天保十一子年十月「備中国湛井用水樋木ヲ石樋ニ仕替候出入済口証文写シ」備中国湛井用水組、御料・私領六拾八ヶ村。

(51) 右に同じ。

(52) (2)に同じ。

(53) 平田氏所蔵文書、天保七申年六月十三日湛井組五十九ヶ村惣代十三名連印の「差上申一札之事」。

(54) 十二ヶ郷保管文書、延享二年丑十二月　井尻野村大庄屋、上林村大庄屋から倉敷代官所に宛てた「奉願上口上」。

(55) 「藤方彦市郎様倉敷御役所」と宛名があるので天保頃以後のものである事が知られる。

(56) 十二ヶ郷保管文書、元文三年二月「乍恐書付を以御訴訟申上候」。

(57) 同、「高松領存寄リ之返答書」。

(58) (2)に同じ。曰く、

『一　御領御私領御上ヨリ湛井用水差配料トシテ米金下シ被置候　御料ニテハ湛井分水差配料並敷地米水門番給共米三石二斗六升六合金壱両弐分井懸リ村々分西尾村上庄村下庄村へ御下ニ相成御私領ニテモ村々へ同様被下候向モ有之候得共多村之事故一々書上不申候』

第六節　用水分配の問題

各郷村々への用水引き取り及び分配に関しては次のごとく記されている。(59)

一　御料領村々用水引取方ノ儀分水所ハ昼夜無絶間常水掛ケニテ取入申候　村々へ引分ケノ節ハ或ハ掛流シ又ハ三日二夜ヲ一巡ト定村々郷歩ニ応ジ昼夜刻割ヲ以番水取極掛引仕候

取入口から流末妹尾村迄の多数の分水所が、いずれも昼夜たえ間無く、常水掛けであったことは、多くの井郷に見る分水が、上流の第一の分水点においてさえ、すでに番水制によるものがきわめて多いのに比して、湛井郷の一特質であろう。高梁川の最上流、かつ完全堰止による引水の効果がここに現われている。しかして村々への分水も掛流しが多く、三日二夜を一巡とする刻割番水が、常には行われない非常措置であったことは、上述の推定をさらに裏付ける事柄であろう。この点高梁川筋では湛井の下流の八ヶ郷が、番水制(60)を井郷組織の根本としているのとは、著しく異る点が看取されるのである。

このように井郷としては、用水量のすこぶる豊富な部類に属する湛井郷に在っても、旱魃に際しては流末に白田を生じた事が報ぜられているから、用水分配の完全を期するための掘浚えは規則正しく行われ、また井郷内部の論争も、分水個処の工事に関するもの、及び井筋の上流における新開田の問題に懸るものばかりであった。

井浚えは湛井樋尻から賀陽郡高塚村の地内岩崎亀岩迄の五千五百三十六間の間が一区域をなして長堀と唱えられ、凡そ人足千二百人をもって隔年に掘浚えをなし、其の掘り上げた砂は、川筋の左右の作場へ用捨なく掘り上げ得るよう、享保十九年以来議定証文(61)が交されていた。

岩崎から撫川村大橋に至る末流二千六百間の掘浚えは、之を柳伐りと名付け、凡そ人足百人を以て、堤根定杭内に生い出た竹木を隔年に伐り払うこととなっていた(62)。然し長堀の掘浚え、柳伐りともに、いずれかと云えば直接用水分配の為のものと云うより、流水の疎通を図ることに重点の置かれていたものと云いうる。

井郷内の用水争論は、他の井郷の場合に見られるごとき、番水の取り扱い如何を理由として発生したものは全く無く、分水個処の取扱、手入の如何を問題としているものが大部分であることも、上述のごとく湛井郷では番水制が重要な意義をもたず、第二次的な分水方法で、いわゆる常時掛け流しの法が、主として採用せられていたことを一層明らかにしている。

争論の対象となった分水個処は、上流から数えてまず替田《かいだ》(階田)の胴木分水個処がある。もちろんこの分水個処における分水のことは、従来樋守の預り来った処であったが、元文五年六月、おびただしい渇水で、下手末四ヶ領が難儀におよぶと、その村々の庄屋一同は残らず川筋見分をなし、樋守に対して胴木場所に違乱のある由を詰問し、出入に及ぼうとしたが、足守村庄屋の嗳を以て、従来通り樋守に任せ、その見計いを以て依怙贔負なく分水を行うこととなり、溝手・窪木・長良・長田・福崎・田中・門前・小山・三手・高塚・中島・原古才の庄屋から下郷村々に宛てて「為取替証文」を渡して落着している。替田胴木分水個処の分水が影響を及ぼす村々の範囲をこれによって知り得るのである。

替田分水は其の後五十二年を隔てた寛政四年にも元文五年と同様の争論を生じたが、福崎・川入・撫川の三人の大庄屋の嗳により、これまた内済熟談となっている。また翌寛政五年にも問題を生じているが、この時の争の原因は、分水個処の内、足守領の用水路南堤拾六間分に、足守領から要害の為に、根石三ツ重石垣普請を行ったので、下六ヶ郷から用水の故障に及ぶべきことを抗議したためであった。此の時も内済人が立入り、石垣個処の川幅及び其の上・下共に出入の無い様、嗳人が貰い受けて工事を行った上、引渡すこととなって落着したのであった。以上三回にわたる替田胴木分水個処を廻る争論[(63)]を通じ、替田の地が大分水個処で、影響の及ぶ処も広く、川形の些細な変形が、下郷に重大な影響を与え、その関心を惹く重大問題であったことを知り得るのである。

九千間に余る長水路であるから、流域村々の中には旱損を生じ易い位置の村とともに、また地低でしばしば浸水の患をもつ個処があり、常にこれに忙殺せられた村もあった。享和二年八月、長良村は水浸に苦しみ、一応年番庄屋へ交渉の後、取計うと云う手続を経ず、樋戸前の締切を樋守に強要し、その結果井郷一同の抗議を受けて「用水組合之内少之場所立毛及水底候共数十ヶ村之義ニ御座候得者向後猥ニ樋戸前打留候儀者不致　勿論村〻難儀之義有之候ハヽ、右用水組合惣代之者江及対談一村ニ限理不尽之取斗決而不仕」旨を誓約している。[64]

また賀陽郡奥坂村の内名越[65]と云う所も、元来土地卑の場所であり、したがって大雨出水の節には至って水溜りが強く難渋の土地柄であったので、嘉永二年悪水抜の新樋を敷設した処、用水路へ多量の土砂を押流す結果となり、下郷は右の名越新樋の取上げを、奥坂村役人に対して懸け合うに至った。領主役場に於てもこれの取扱に窮し、川下村々の難渋も黙止し難い所であり、さればとて多額の費用を投じて御普請を行ったことゆえ、右の新樋の取払も容易に出来難く、ついに真壁村名主の立会により、大雨に際しては名越新樋の悪水の排出量の調節を行うとともに、悪水抜水路と用水路との落合場所の底掘を行い、流水に高下を附けて土砂の滞溜を防ぎ、加うるに此の工事個処は三ヶ年間立会人に預って前述の処置の効果如何を確かめて後引渡すこととなって落着を見たのであった。[66]この名越の悪水抜新樋の工事の撤回を主張したのは下流九ヶ郷の村々である。

文久二年、津寺村の地内の溝筋に、囲横堤を設け、水当りの強さを除こうとしたことが、また九ヶ郷の抗議に遇い、川内には新規の普請は行わぬのが例であるとして、川内の模様替えは水行の故障になるのを理由に、これまた取払を命ぜられ、堤を低くし、川縁同様の高さとすることを条件として落着している。[67]上述のごとく川上の分水個処の取扱ならびに溝筋の新規工事が、下郷の関心の的となり元形通りに、あるいは下流への悪影響の無いように処置せられたことは、一応用水に恵まれていたとは云え、下郷の立場が甚しく不利であったことを示すであろう。用水量を確保する上から、井郷の範囲が確定して後は、井郷内の新開もまた厳に禁ぜられた処であった。

寛延元年、井郷の最上流井尻野村は、湛井の井筋に三本の新堀を設けて樋を伏せ、新開を作って新規引水を企て、井郷一統から訴訟を仕懸けられている。(68)

井郷一同の言う所は、用水井路は先年から分水井数が定っており、井尻野村の鯎小井手を第一番の分水口となし、流末迄の間に都合十三ヶ所、水車一個処の他へは分水を行わず、甲乙なく分水し来った処であるにかかわらず、井尻野村は位置が上流で水量の多いことを利用し、井尻野と地続きの川原にある荒地の新開を企てたものである。もし右様の新開地への新規引水が見遁されるにおいては、これに倣い水上の他領にも追々同様の新開を生じ、水末の古田一同の渇水にも及ぶべき結果となるからとして、井尻野の新法を停止せられたいと願い出ている。

井尻野村は井手村・上林村と共にこれに答えて、今回訴訟の対象となった囲石堤・樋溝は、共に古来から有来りのものであり、新規でないことを主張して、これの取払いを肯じなかったが、その年の十一月に嗳人が立入って和解となり、次の如き条件を以って落着した。(69)

1　湛井立会普請堤の地続きにある井尻野村の石堤の新古に関する争は、扱人が貰い請け、右の石堤は今までのままに差し置き、以後上置・継足し等は決して致すまじきこと。

2　問題となった四筋の溝の中、上の壱本はことごとく埋め、その下の壱本はそのままに指し措くが、悪水落とする他、用水は決して取らないこと、その下の二本の溝、鼻紙・紺屋の二筋は今まで有り来りのごとく差置くが、溝幅・深さ共に増さないこと。

井郷一同の要求も、井尻野の新溝を全部埋めさせることが出来ず、わずかに四本中の二本を制し得たのみであり、また囲石堤も其のままとなって、井郷一同が、井尻野の新規工事とするものの一部分は残り、上流位置を占めるだけに、このような問題に就いては、井尻野側に有利に展開したことは否めないであろう。

その後安政五年に至り、井尻野村は其の地内西原空地に新開ならびに畑地下げをなし、小井手の内から新溝を掘り立て、その用水を引き入れた処、水下六十七ヶ村から用水故障を申し出でて、新開・新溝を元形通りに取払うことを井尻野に懸け合い、事件は倉敷代官所に移され、新溝筋ならびにその左右の畑地面の全部の埋立、畠の地下げを行った分も、元通り畑作を仕付けるべきことの二つを条件として、井尻野の新規開田の企ては中止を余儀なくせられた。(70)寛延元年の場合と略〻同性質の事件であるが、新規の企てであることの証拠が明白であったために、井尻野側の全面的敗北となったものである。

(59)　(2)に同じ。
(60)　『八ヶ郷用水史』八ヶ郷用水組合役場、昭和二年発行、四二―四七頁。『農業水利慣行ニ関スル調査』第壱輯、農林省農務局、昭和九年発行、九七―一五一頁。
(61)　(2)に同じ。
(62)　(2)に同じ。
(63)　十二ヶ郷保管文書。
(64)　平田氏所蔵文書。
(65)　右に同じ。

(66) 同、「済口為取替儀定書之事」。
(67) 十二ヶ郷保管文書、文久二壬戌年十一月「為取替証文之事」。
(68) 同、寛延元年辰六月「乍恐以書付御訴訟申上候」。
(69) 同、寛延元年辰十一月「為取替申扱証文之事」。
(70) 同、安政六未年六月「為取替議定書之事」。

第七節　結　言

湛井十二ヶ郷の井堰は高梁川の最上流位置を占め、かつ井郷の村数、灌漑面積の点においても、高梁川の流域に存在する幾多の井郷中最大の規模を有するものである。湛井堰の成立に関しては、既に延喜式の作成せられた平安期からの存在が予想せられるが、寿永年間の地頭妹尾太郎兼康による井堰改造のこととともに、未だ史料の確証がなく伝説の域を脱しない。湛井郷に残存する史料は、何れも近世文書であるが、慶長年間にはすでに現在の井郷と大略其の組織を等しくする井郷にまで発展していたことが認められる。

湛井堰の構造は用水の必要期間における完全堰留を原則とし、莚を張り、土砂で塗り固めて漏水を防ぐ点は、他地方の井堰の構造に比し、一段と強固な堰留権の存在したことを示し、湛井堰の成立が、下流八ヶ郷以下の井郷の成立とは年代的に大差があり、下流に井郷の発生する前から、上流用水の独占をなし、下流井郷は分水はもちろん、漏水すらも公然とは湛井郷に要求し得ないと云ったものであった。此の点は、同一河流に水源を求める多くの井郷の存在する場合において、湛井堰のごときは特異な一事例であると考えられる。

井堰の上流用水の、完全堰留による支配権は、江戸初期から備中の奥山で稼行せられ、年代を降るとともにますます増加を見た鉄穴稼との間に利害の衝突を生じ、鉄山が用水期間中に土砂・濁水を流出して井郷に大害を与えることを理由に、二月から八月にわたる用水引用期間中は、鉄穴稼を中止せしめる措置を採り得たのであり、これまた上流用水の独占を象徴する一事例である。また井堰の対岸に位置する下道郡上秦村も、湛井郷の堰止権の強盛なのに制せられて、無断で高梁川の水を用水として使用しえなかった。

湛井の用水権の強大さは上流に対しての場合と等しく、下流に対しても現われ、旱魃に際しても下流の八ヶ郷以下の井郷は、湛井の堰留の緩和を願い出ても、これをいかんともなし得ず、ただ湛井郷が従来の圦樋の木樋であったのを石樋に改め、かつその構造・規模を改めようとした場合にだけ、湛井郷を制して、木樋を石樋に改めることだけに止め、その様式・規模の変化は制し得たのであった。倉敷代官所の甚大な援助により、備前藩の手によって成就した児嶋湾岸興除新田の用水も、当初は湛井取入口の圦樋を増してこれに仰ぐ計画であったが、事実は湛井堰には手を付けることが出来ず、たんに湛井の末流の余水を受けるに止んだのであった。

湛井郷の組織は十二ヶ郷の名の示す如く、いわゆる「郷歩割」の組織をもつ典型的なものの一例であり、費用の負担はいずれも郷を単位とし、其の中の村々はまたそれぞれの歩を負担することとなっていた。しかし一郷の包含する区域の水懸り水田面積および石高は、必ずしも均等でなく、また同じ郷内の村の負担率である歩割も、面積・石高に必ずしも比例せず、ここに郷歩割と呼ぶものの特異性が存する。

広地域にわたり、十一の領主に分領せられる六十八ヶ村を有しただけに、湛井郷の管理機関は、十一領から選び出された十七人の惣代出役を井郷の最高管理者とし、各領主の一応の統制を受けるとは言え、近世的自治によって統轄せられていた。各領毎の惣代出役の選出数は、これまた石高にばかりは比例せず、惣代出役を出すべき村々は、慣行的に大体定っていたもののごとくである。井筋の上流を占める蒔田領浅尾藩に属する村々のような場合よりも、下流の村々に、惣代出役の割当の多いように見受けられることも、何等かの意味をもつであろう。

惣代出役の下にもっぱら普請、人足の使用、用水の分配等を担当する樋守があり、年十四石五斗の給米を得て、すでに元禄年間から現在に至るまで、金井戸村の与兵衛家が世襲的にこれに任じきたっている。惣代出役の上述のような性格から、与兵衛家のような世襲的で、井堰・溝筋の細部にわたって通暁する樋守の存在が必須となる理由であろう。なお井筋内部での分水個処においても、その性格が樋守に類似し、ただその職能が湛井の全郷にわたらず、その個処かぎりの管理に当る、吐樋守・常番等の在ったことは、九千間に余る長い水路を擁する以上、当然の結果であった。

圦樋はいわゆる御普請所であったが、幕末に近くなり、幕府・諸藩の財政難の加重とともに、井郷から御普請を願い出ても、自普請ですましておくよう説諭せられたことが屢〻であり、その実状はいわゆる「御普請潰れ」に近いものがあった。井郷の内天領村々は御普請を主張し、私領は自普請を主張する等のこともあり、領主を異にし、従って各領主の普請に対する下付金にも差があり、村々も立場を異にしただけに、普請に当って井郷の結束が危機に瀕したことも多かった。これは井郷が広範囲で、一元的な統率者を欠いたことの結果であり、これがよくその組織の崩壊に導かれなかったのは、湛井郷が高梁川筋随一の豊富な用水源を共有し、その恩沢に浴すると云う、水による統一力が、他の総ゆる、村落間の政治的・経済的の異質的な分解作用よりも、より強かったからであろう。

用水分配には番水制の規定は存したが、事実は掛流し分水を主とし、番水に関する史料の全く残っていないことも特徴的である。番水制と云う非常的配水措置にまで至る必要のなかったことが、重要な原因であろう。

成立が古く、下流の他井郷に卓越した用水権を有した井郷の一事例として、その組織と堰留の問題に重点を置き、湛井郷の内容を論述し、もって用水問題研究の地域的事例研究の一こまとしたゆえんである。

（一九四一、八調査　一九四一、一二成稿　一九七一、六再訂　未発表）

第二章　信州夜間《よま》瀬《せ》川八ヶ郷における井組の成立と用水支配権の発展過程

第一節　八ヶ郷を廻る自然環境

夜間瀬川は信州と上州の国境二千メートル余の連嶺に源を発する横湯、角間の二川を合して東流し、箱山の麓を過ぎ典型的な中野近傍の扇状地を形成し、河身自身はこの北境を縫い、高社山麓にいわゆる十三欠（河流にえぐられた急崖部をこの名でよぶ）の急崖を成しつつ千曲川に合流する。

扇状地を形成することによって察せられるごとく夜間瀬の勾配は甚だ大であり、したがって現存の夜間瀬橋附近を頂点としてしばしば流路の変遷を見たことは明らかで、伝説に言う応永十三年の洪水によって生じたと称する十三欠、あるいは一本木村の東方に今尚残存する細長い松林の列、ならびに比較的大きい礫の露出によって示される近い時代の河道遺跡等はこれを実証する。

このような成因を有するゆえに、本地域における地下水の分布は類似扇状地地形における典型的とも称し得る形態を示し、一旦頂部並に途中において地下に没した、夜間瀬の河水及び用水路によって導かれた用水の後は、自然湧水（1）として下小田中・西条・岩船・吉田・七瀬・田麦・笠原の同心円上に現われ、従って水田分布においても、この線以

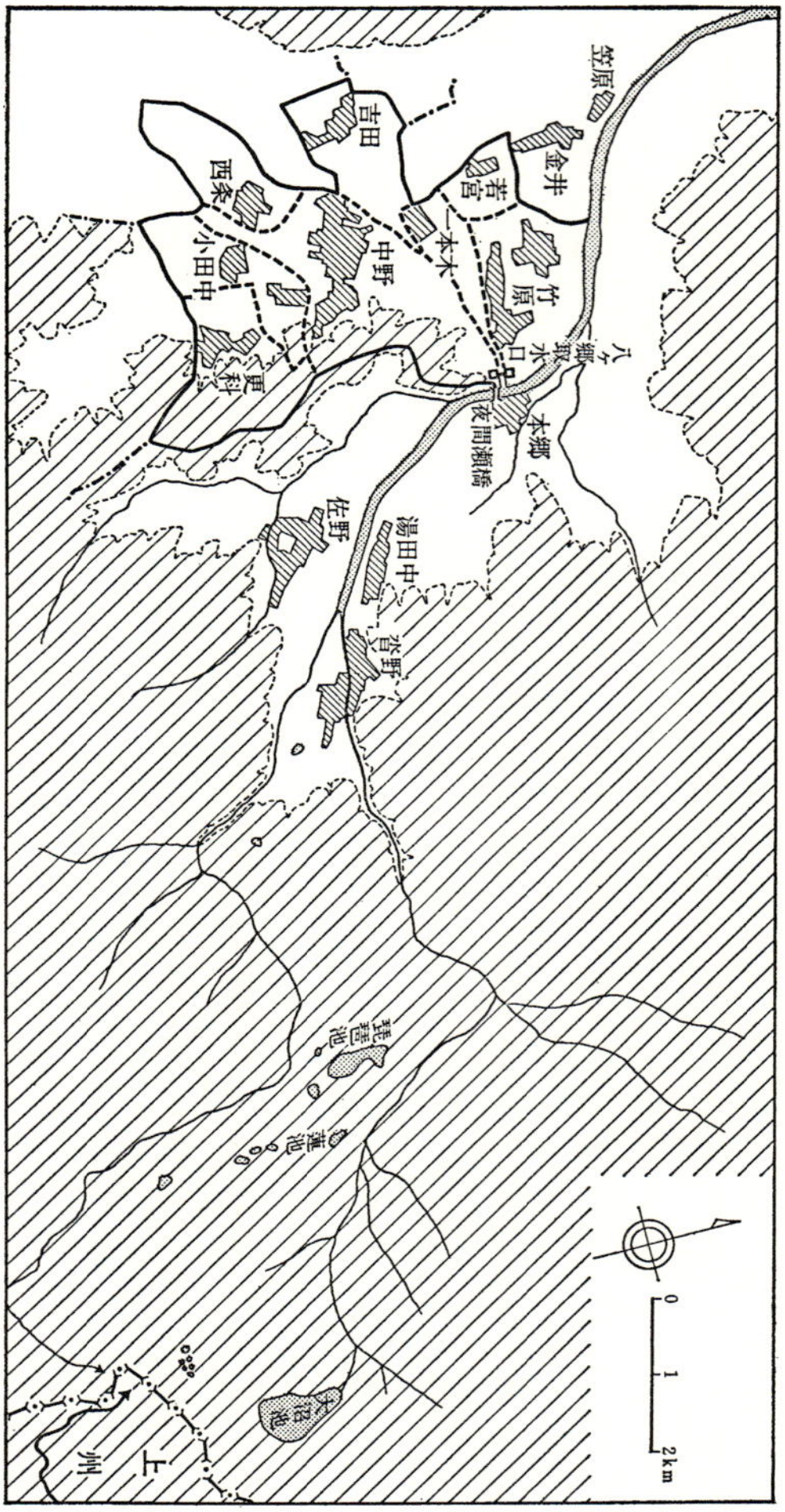

第2図　夜間瀬川八ヶ郷の区域と部落境界

東(すなわち扇状地の上部)と以西(下部)には著しい差違が見られ、以東は八ヶ郷用水の供給を受けるにも拘らず水田が少く、桑畑が多いのに比し、以西には広く水田地域の連っていることが見出される。八ヶ郷区域内においてさえ畑の卓越する事実、ならびにこの対策についてはさらに後に詳述したい。地域内の井の深度においても、頂部並に湧泉(前述の末端の線)近傍のものが浅く、中野・新井・若宮・金井の線に沿い、最も深度の大きいものの存していることもまた地形の性質からくる当然の結果である。蒐集した史料の範囲内において、八ヶ郷地域内村落相互間の用水争論史料がこれらの若宮・金井等の村落に最も多いことも、史料保存の偶然的関係によるのみでなく、この自然事情に負う所が又大きかったことを思うのである。すなわちこの線に沿う村落は八ヶ郷の最末流であるのみならず、地表水、地下水共にこれを獲得するに最も困難な自然環境に在ったのである。

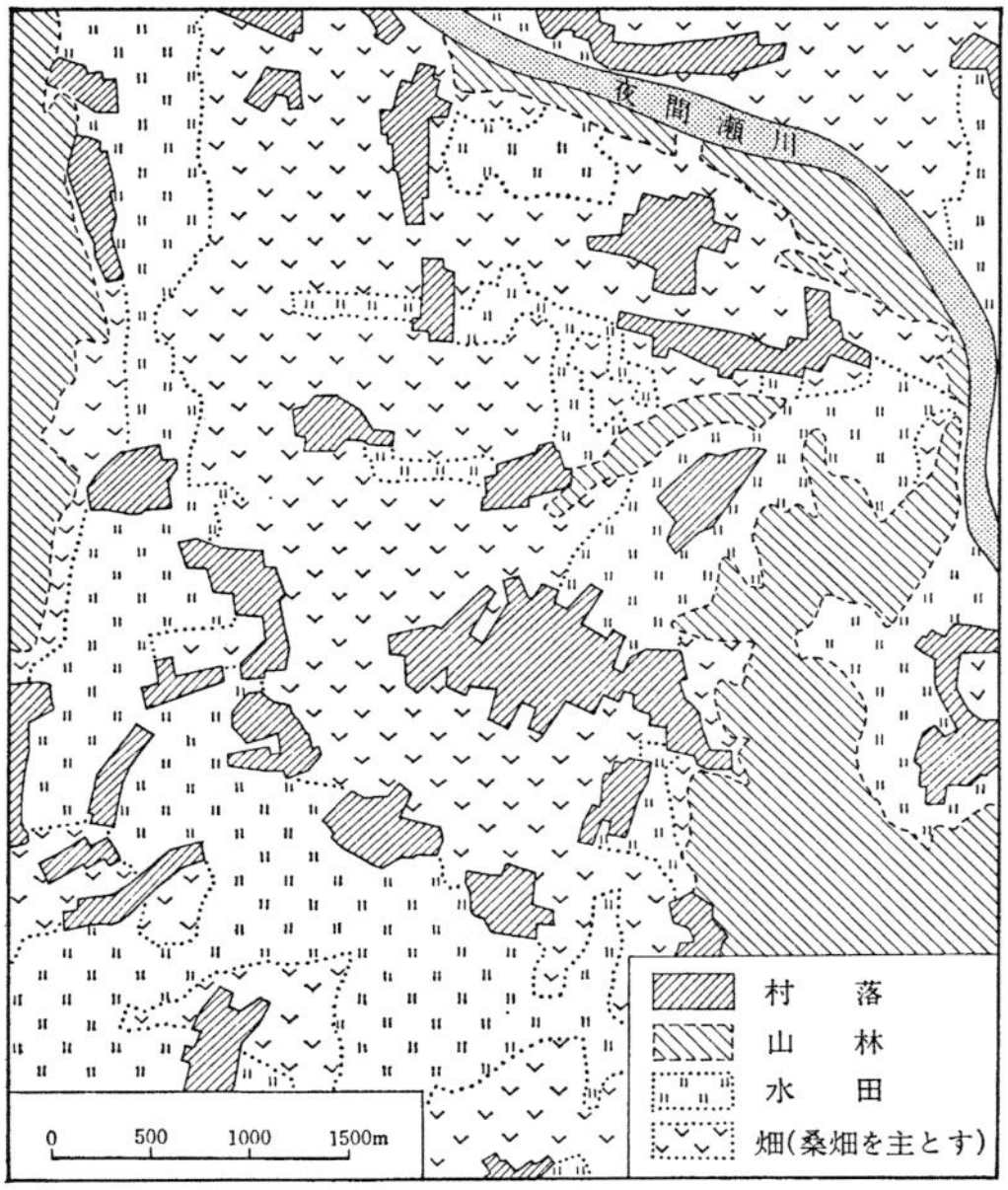

第3図　八ヶ郷附近の土地分類図

用水路は頂部にある松崎から放射状に等高線にほぼ垂直に流下している。すなわちこのような流路を採ることは最短距離であり、流速も大きく、したがって途中における消耗をも少なからしめるから、最も自然的且合理的なものと考えられるが、前述したごとく夜間瀬川の河身にたびたびの移動があったことであるから、このような用水路系統の成立が、本来的のものではなく、ある期において、八ヶ郷を中心とする用水組織が完成した時において、初めて組織せられたものであることは、若宮村に古堰と称する堰筋があり、これは寛永四年に井路附替をした古井筋であるとの若宮村の口上書（寛政十年上流竹原村との水論の際に提出したもの、

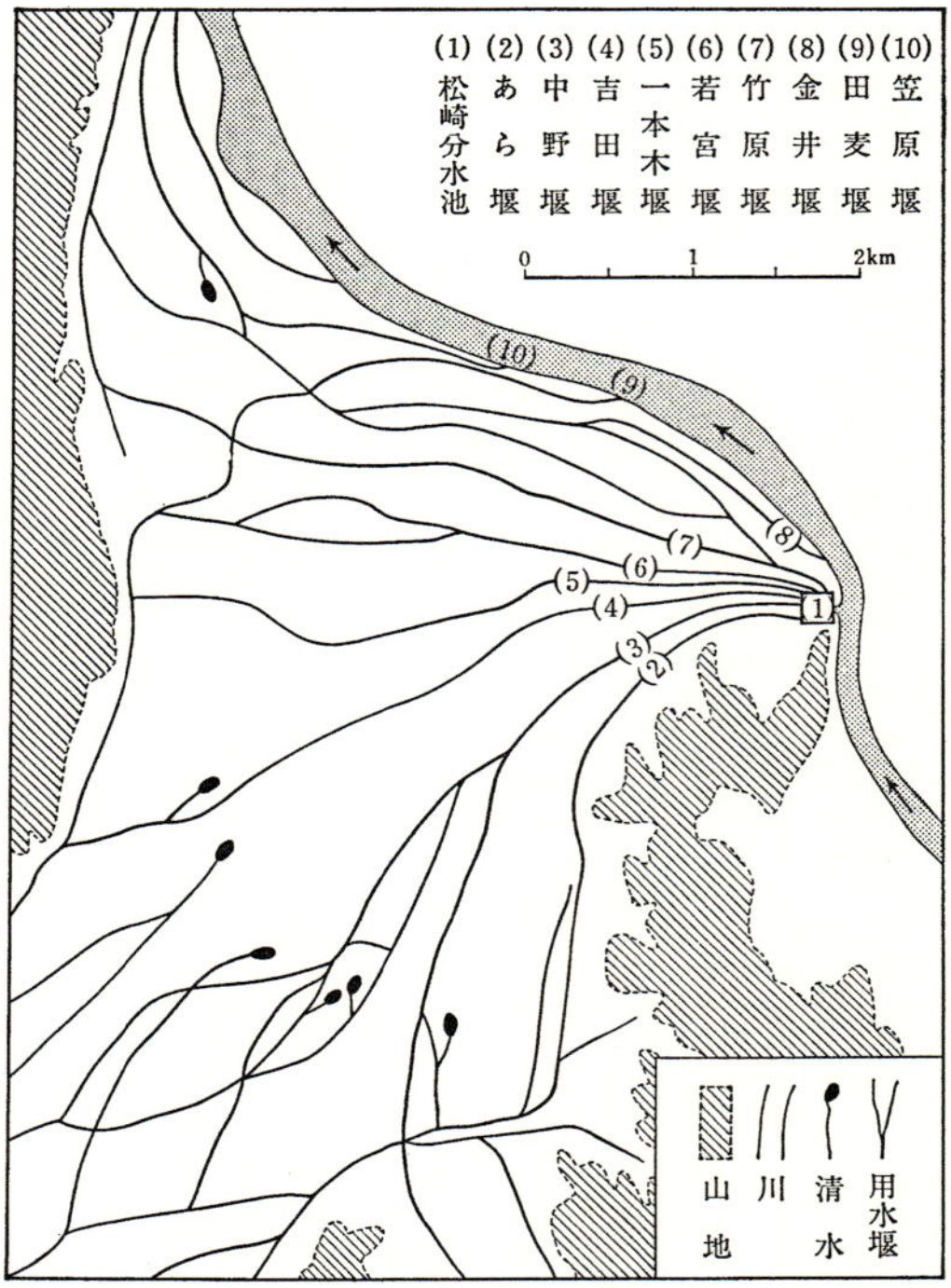

第4図　用水路分布図

古堰の称呼は裁許の結果元通り用いる事を許された)にも窺い知られるところである。

自然環境として最後に注目すべきはこの地域に継起したしばしばの夜間瀬川の増水に基因する洪水・氾濫とこれに伴う流路の移動、耕地・村落の荒廃・移転、貢租の減免等の問題である。記録に残っているもののみでも、前述応永十三年の大移動以降、大正十二年に至る(一四〇六—一九二三年)五一七年間[2]に記録せられたもの一一一回を数え、五年に一回宛と云う、実に頻繁な被害であった。河身の大移動は応永十三年のものを最後とするようであるが、中野平一円大被害と云う場合は七回を数え、村落、耕地の流失を記している。減租、免租は其の回数数えるに耐えない程である。時代の進むにつれ、河床の固定、堤防の補強が行われ、洪水の暴威も次第に制せられて、中野平の内部にまで被害を及ぼす程度の回数は漸次減少を見たのであったが、一般平地に比して不安定な自然環境は改善し尽されるべきものではなく、用水問題との関聯において、氾濫の害が八ヶ郷近傍の農村に与えた影響の大きいことは、看過しえないものである。

（1）青野寿郎「信州中野扇状地に於ける聚落に就いて」（『大塚地理学会論文集』第一輯、昭和八年、四三九頁）。

（2）『八ヶ郷組合誌』夜間瀬川普通水利組合発行、昭和十四年八月、の一四一―一四六頁の記載及び『下高井郡誌』大正十一年十一月、の六三―七四頁による。記載内容は共に同一である。

第二節　八ヶ郷の成立過程と用水支配権の発展

1　八ヶ郷組織の変遷と確立

自然環境の記述の際に述べたごとく、夜間瀬川の河身が現存の夜間瀬橋附近の頂部から下流において有史以来もたびたびの移動を生じた為に、八ヶ郷の水源地である夜間瀬の堰止位置が度々その位置を変じ、之に伴う井郷あるいは井組の組織にたびたびの変動を生じた事情は容易に想像しうるところである。現状から考えても、もっとも頂部に近い現存松崎揚水口の位置の比高が最大であるから、扇状地全般への分水点とするに適当な地点であることは明白であるが、同一扇状地上に在って近接村である金井、および竹原村の一部が八ヶ郷に属しない事実は、自然環境から見てすでに不自然である。かりに応永十三年の河身移動の事実を重視し、河身が現在よりも南方、扇状地の中央部を西流したものと考えるならば、あるいは本地域の用水路は夜間瀬川を幹とし、樹枝状に分布するものであったかとも想像せられる。そうとすれば、現今見られるごとき、松崎の堰止揚水場の一点から放射状に分布する八ヶ郷用水路の系統は、余程後になって成し遂げられた形態と思わなければならぬ。すなわちここに八ヶ郷自体の分水堰口統一の直接史料ではないが、類似の現象の存在を推定せしめる一事例が存する。後述する金井村は同一扇状地上に在りながら、八ヶ郷に参加しないで別個の用水取入口を有する、水論の場合における有力な八ヶ郷の相手村であるが、この用水路＝金井堰＝が上流竹原村との共通水源を有し、一定の分水率をもって両村の間に分水せられる事情の由来として次のごとき事実を伝えている。「弘治二年頃大洪水ノ為メ夜間瀬川筋一帯ニ川底掘リ下リ、竹原・金井ノ両村用水堰ニ水ヲ揚クルニ大イニ苦心シ遂ニ両村相謀リ、双方ノ水量ヲ見計ヒ金井分二分、竹原分一分ト決定シ、揚ロヲ一ヶ所ニ纏メ、水害ノ心配ナキ場ニテ土井ヲ作リ、双方水量ヲ分クル仕掛ニシタルハ永禄初年ノ頃ナリト云フ、又水揚堰ノ破損ノ節ハ山林、原野最寄ノ所ヨリ芝土ヲ切リ運ビ、自由ニ使用セラルヽガ故ニ金井ニテハ水除神ノ祭料トシテ清酒五升宛年々献納スルヲ例トシテ行ヒツヽアリ」(3)地形の変化による堰筋の統一の事情の一例としてすこぶる暗示的な事例である。

八ヶ郷の成立年代は史料的に明証は存しない。前述した自然発生的見地からすれば、恐らくこのような問題に明答を与える事は不可能と云う他はない。自然的環境の統一的形態に加うるに、自然の暴威による河道及び揚水組織の破壊と、これに伴う関係村落の共同的作業、これを援ける政治的支配関係とが、このような井組としての八ヶ郷組織を完成したのであろうし、『八ヶ郷組合誌』に謂う宝永年間(4)に組合組織云々の事実は史料の明証のない限りこれを支持し難い。現存する文書の最古のものが、近世も初期と云うにはやや困難を感ずる延宝七年のものであるからなおさらである。後述するように、だからと云って延宝七年にこの井郷の組織年代をおくこともまた妥当を欠く。応永十三年の河身移動のような機会が、用水取入口を合併・統一した、このような井組の成立に、重大な契機たりうることは認められるが、この頃以後、中世、近世の交替期の政治的動乱と、続発する河身の変貌とにより、すくなくも近世初期には略〻井組の基礎を完成し、近世の政治的背景を利用した強権と、その土地自体の経済的価値の上昇に伴って、其

第5図　松崎の旧揚水口
1　あら堰　2　中野堰　3　吉田堰　4　一本木堰
5　若宮堰　6　竹原堰

の地位を強化し、上流水源に近い村落、並に八ヶ郷周辺の近接村落を圧し、所謂八ヶ郷の確立を見たのであろう。事実、上流村落ならびに周辺村落の用水に対する八ヶ郷の優越権は、近世以降における所謂水論における勝利の結果であることの諸事情に関しては次章に詳述するであろう。尚ここに看過しえないことは中世以降、八ヶ郷の中心である中野の地が、累代地方的政権所有者の居地・城館[5]の場所となり、このために中野を中心とする求心的政治力の組織が助長せられ、中野近傍の諸村を結合した八ヶ郷の成立を促進した事柄である。「古来此締切（筆者註、松崎）より上流に於ける承水及湧出水は勿論蟬の小便に至る迄も総べて我等の用水なりと伝へ来る」[6]との記述のごとく、極めて新しい時代における、八ヶ郷の水源支配権の誇示的表現と称し得るであろう。

昭和九年松崎揚水口の改築以前における分水口の組織が近世以降の伝統である「夜間瀬川中に於て

先づ五ヶ郷(更科・小田中・西条・中野・松川)と四ヶ郷(吉田・一本木・灰塚・竹原)に分ち、次に分堰に分水するを例とせり(7)」と言う状態であった事実は、河床の微地形的特殊事情に順応した処置と云うよりは、八ヶ郷が統一分水口を持つに至った以前に於ては、二個の井組に分たれ、各別個の用水取入口を有した遺構を伝えるものと考えることはいかがであろうか。

八ヶ郷の組織の完成した近世においても、其の機構を伝える史料は乏しく、其の全貌を察するには不充分であることはまぬがれ得ないが、大略つぎのごとくであった。即ち中野村名主を触元とし(8)、この指揮の下に各村名主の合議的形式をもって八ヶ郷の重要事務を決した。触元はその名のごとく井組内の重要業務に関して指揮権を握ると共に、要務を組内村々に伝達するものであって、中野の地理的中心位置と、その政治的地位、経済的地位(八ヶ郷内に於て最大の田高を有す)とが、その触元としての地位を決定したものであろう。

八ヶ郷の費用負担の状態(9)を窺うに、経常的に井組としての経費を村々に掛けるに至ったのは文政頃以降、更に的確に云えば沓野村地内の大沼池に貯水施設をなし、その樋閘抜きのため、またその他種々の施設の維持費として相当の累年的支出を要するに至って後のようである。このような点から考察すれば、八ヶ郷が井組として積極的な用水支配を行うに至り、所謂八ヶ郷の存在を四辺の村落に強く認識せしめるに至ったのは、その年代が意外に新しく、近世後期の事柄に属するのではないかと想わしめる一根拠を提供する。

文久三年十二月「八ヶ村用水出入諸雑用割合帳(10)」――此の文久三年は八ヶ郷が上流佐野村との間に水論を起し、むしろ八ヶ郷側の不利な条件をもって終った年である。したがってこの年の八ヶ郷の負担が平常年に比して著しく多額であったことを知らなければならぬ――によれば、惣高七百二十八両三分二朱と八十八文が、面割四分通と高割六分通の割合で各村に分賦せられている。面割は即ち各村にその差違を認めず、戸数及び田面積の大小に拘らず、各村均等に、全額の四分通りを村数に平均に割当てるもので、各郷均等割と称せられるものであり、高割はその名のごとく所属郷の水田高に応じて分賦する方法である。八ヶ郷の田高総計は二〇八〇石一斗二升三合五勺、(11)中野村の四九七石余を最大とし、若宮村の五九石余を最少とする。包括する地域の面積の相当広大なことに比し、田高の僅少であることは、西日本における場合と著しい差異を示すが、この点が又、東西日本の田用水の意義を考察する上で、根本的な差異を生ずる基礎条件の一であろう。是等の点に関しては後章において再説するであろう。

明治二十六年、八ヶ郷が普通水利組合の組織をとるに至った後も、四と六の分賦率はこれを踏襲し、総額の六分を田地価に、三分を田地価等差割に、一分を宅地畑地価割に分賦することとなった。最後の一分を宅地畑地価割としたことは、旧幕時代にはこれを見なかったところで、八ヶ郷の用水が元々単に田用水を供給するに止まらず、飲用水、雑用水を供給するにあった事に思い到れば、このような分賦法は従来に比して一層の合理化と見るべきであろう。

大正九年に至り長野電燈会社に夜間瀬水源の利用を許すと、ここにまた同会社との契約により、会社からの定額交付金其他の雑収入及び組合財産から生ずる収入を以て組合費用を弁ずることとなり、大正十四年度からは特殊の事情の生じない限り、組合費を徴収しないようになった。組合の新しい方向として注目すべきである。

費用負担の点と共に注目すべきは、松崎の揚水口から各村の水路への分水状態、ならびにこれの分水率の問題である。従来は夜間瀬川中に於て二分し、更に之を各堰(六本)に分流したことについてはすでに述べたが、昭和九年、新に堤外に分水池を設け、四辺形の分水池の三辺に前述六本の分水口を設けて配水を行うに至った。分水量の正確を期する為である。そしてその分水率(12)は二分を平均割、八分を出資高により、分水口の大きさを規定している。これは費用賦課の場合に類似し、しかも更に用水必要量の実情に沿うものと理解し得るのである。

(3)『金井村誌』下高井郡平岡村金井、佐野武一郎氏蔵中の「金井用水源三分一ノ由来」。
(4)『八ヶ郷組合誌』七頁「組合沿革」の項。
(5)『下高井郡誌』及び『八ヶ郷組合誌』七—一二頁「管轄沿革」による。
(6)『八ヶ郷組合誌』三頁「水源」の項の記載。
(7)同、七頁。
(8)右に同じ。
(9)同、一二—一三頁「財政沿革」の項による。
(10)右に同じ。
(11)各村水田高は次の如し。

中野村	四九七石七斗五升五合	松川村	七二石二斗七升四合
西条村	四〇六石八斗二升	小田中村	三〇九石三斗六升三合
更科村	一八一石八斗五升五合	吉田村	二五八石二斗五升
一本木村	八二石五斗一升五合五勺	若宮村	五九石一斗四升三合
竹原村	二一二石三斗九升八合		
総計	二〇八〇石一斗二升三合五勺		

(12)松本一己氏稿『地理教育』昭和十五年十一月、の説明による。

2　松崎揚水口における独占と他村との関係

イ　八ヶ郷と金井

金井は八ヶ郷の中の若宮の北に接し、飯山街道に沿う村落で、其の自然的環境の点においては若宮と近似し、水利上から考えれば、寧ろ八ヶ郷に属するのを自然とするごとき位置に在る。之を政治的関係から眺めても、中世末以降、中野を中心とする八ヶ郷区域とその帰属関係を同じくしている。しかし応永十三年の河道北遷後は河筋がその北端を通る事となった結果、夜間瀬川の度々の洪水の被害を受けることもっとも甚だしく、殊に永禄八年のごときは耕地・家屋の大部分を流失し、村民が他郷に走り、残る者僅か[13]と云うごとき惨状を呈した。

八ヶ郷が有する水利史料中、年代の最古なのは、既述のように金井と八ヶ郷との水論証文の延宝七年のものであり、これが松崎における八ヶ郷揚水口の独占権の確立の根拠となり、金井は八ヶ郷外として、以後しばしばの大旱にも拘らず、用水に関しては八ヶ郷の強勢の下に、たびたびの苦難を経験せざるを得ない地位に置かれたのである。すなわち八ヶ郷は夜間瀬川を松崎で堰止め、堰き上げ、村々の堰路へ分水し来ったが、延宝六午年、金井の者が松崎の堰止から川原へ水を落し、下流でこれを堰止め、金井への用水源としようとしたことから両者の争となり、遂に検使役人の手によって、試みに松崎八ヶ郷の堰口を取払った処、河水は総べて本川通に流れ、川床よりも高い八ヶ郷の用水路へは一円不通となり、かつ本川通の末に金井村の取入堰趾の存在することから、金井が元々八ヶ郷の取水口から引水していなかったことが明らかとなって、金井の水源は八ヶ郷石堰の漏水ならびに夜間瀬村岸下二十五口の出水をもって賄うこととなり、「八ヶ村之堰松崎用水堰一切不可妨之」[14]と決定せられたのである。この延宝六年を距ること遥かに遠い時代に、すでに八ヶ郷の用水取入口が、松崎において統合せられた一個の石堰を有していたのであったら、延宝六年以前にも、八ヶ郷と金井との間には同様な用水源争奪が行われていた筈である。あるいはこの年が特別の用水難であったために金井が上述の企を行ったのか、あるいは以前にもしばしば繰返された同様の争論が、大抵地方的勢力者の解決、仲裁をもって済まされたため、これの権威において欠ける所があった関係から、再三同様の経緯を生じ、延宝七年の解決が重い中央機関[15]による裁決であったために、後世に対する、八ヶ郷対金井の根本関係を規定するものとして特に重要視せられた結果、今日に迄最古の記録として保存せられ来ったものかとも考えうるが、また他の場合を推量すれば、八ヶ郷の堰口の統一、松崎共同揚水場の設定が、延宝六年を去ること余り遠くない時代に行われ、この頃何等かの特殊事情によって、後の所謂八ヶ郷の組織に加入する機会を得なかった金井が、八ヶ郷所属村々の取入口中の最上流に当る好位置に（松崎）八ヶ郷が揚水口を移動して設置したことに対して、金井は黙止し得ず、自村と元来略〻同位置に取入口を有した村々が参加して共同に築造した松崎揚水口に対し、その石堤からの自然漏水量以上の分水を要求したものとも考え得るであろう。前述した竹原村は、八ヶ郷に加入しているにも拘らず、金井とも共同使用権を持つ金井堰を有している。この竹原のような立場を有した村が、八ヶ郷に加入して従来の用水引用の組織を解体し、そのために、以前には金井と同列位置に在った村が、一変して強勢な八ヶ郷へと豹変したものであったことも、推理としては許されるであろう。しかし総べては松崎共同揚水口の設置年代を明確にし得ない限りは、たんに推量の域に止まるであろう。この延宝六、七年にわたる八ヶ郷対金井の問題に、八ヶ郷である竹原の参加していないことは、竹原が八ヶ郷、金井の双方に対して緊密な利害関係を有していたからであるとは云え、上述の推量に一つの拠点を与えるものであろう。上述昭和九年以前の松崎揚水口に於いて、先ず川中に於いて五ヶ郷と四ヶ郷に分つ方法は、五ヶ郷とは更科・小田中・西条・松川・中野の五ヶ村であるから、あら堰、中野堰の二流に沿う村落であり、従って最も夜間瀬の上流に取入口を有すべきものであり、四ヶ郷は吉田・一本木・若宮・竹原の四ヶ村であるから、吉田堰・一本木堰、若宮堰、竹原堰の四流に沿うべき村落で、この村落群は位置上、五ヶ郷の下流に取入口を有していたものではなかろうか（第四図参照）。そしてそれが後に五ヶ郷の取入口に合併設置したのであろうか。また五ヶ郷、四ヶ郷は旧夜間瀬川筋の左右両側に位置する村落群であったかも知れぬ。

延宝七年以後の八ヶ郷はいよいよ松崎における独占権を強化し、上述裁許の内容以外の事柄にまで、金井を圧迫したようである。旱魃に悩む金井は減免、毛替等もしばしばであったが弘化三年に至っては、八ヶ郷の石堰からの漏水を導く為に、金井が河床に設けた所謂「漏水堰筋」をも八ヶ郷は不当とし、松崎揚水口の地元村たる夜間瀬村本郷に迫って金井にこれの取潰しを要求せしめている。(16) 金井はこれを「八ヶ村強勢を以小村と見侮我意を申張」とし、本郷は八ヶ郷からの度々の懸合に窮して「本郷組地先之儀ニ付不得止事」と、遂に金井の設けた河中の水路を取潰したために再び水論となり、金井の主張が認められ、一旦取潰した水路は、本郷組の手により元形に直す事となって落着している。八ヶ郷の組織の完備が、逐年対外勢力の拡大となり、遂には地元村である本郷組をも左右し得る力を具え来った事情に注目すべきである。

ロ　八ヶ郷と笠原

笠原村は金井に近く、稍〻北西、夜間瀬沿いとしては金井よりも下流に在る。享和二年、(17) 笠原は田方用水不足を理由とし、先例もある事として八ヶ郷と相談済の上と称し、中野陣屋下役人の出張を乞い、松崎揚水締切場所の口を開け、用水を流下せしめて自村の水田に引用した。八ヶ郷側の主張によれば「貸水等仕候儀先年より一切無之」ことであり、又「当年相談之上貸水仕候杯与申儀一切無御座」次第で実際は「長々照続村内田方旱損仕難渋」のために、笠原の考案した詐術であったことが判明し、笠原の謝罪をもって事は落着したのであった。松崎締切の励行が金井と等しく、笠原をも困難な地位に陥れたことの一事例である。

(13)　(3)に同じ。『金井村ノ沿革』の項の記述による。
(14)　此の裁決書は八ヶ郷にも、金井にも保存せられている。又『八ヶ郷組合誌』にも収載。
(15)　江戸へ出訴の結果であることは同書を見れば直に判明する。『八ヶ郷組合誌』にも収載。
(16)　下高井郡平岡村金井共有文書。
(17)　『八ヶ郷組合誌』五八―六〇頁。

3　上流水源の確保掌握過程

イ　沓野との関係(大沼池、琵琶池の確保)

沓野は前橋街道に沿い信州側の最東部に位置する村落で、志賀高原の麓、夜間瀬流域の最奥に在る。常に氾濫になやむ中野附近の扇状地上よりも、平地と山地との接触部に当るこれらの村落が、比較的古い発達にぞくする傾向が強く、またその流域における上流位置と相俟って、特殊な事情の生じない限り、用水権においても、下流八ヶ郷のそれに比して優位に在るべきことは当然である。しかしながら湧水の豊富であったことと、水田面積の比較的狭かった関係から、近世後期に至るまで、その村に属する、上州境にも及ぶ東方の広大な水源涵養地を利用するまでには至っていなかったようである。

しかるに文政四年沓野において、その村域内の奥山の天然堰止湖大沼池に人工を加え、池尻山合の狭い処に堤を築き、もって大沼池面の拡大、貯水量の増加を期し、その分水をもってあらたに畑田成を計画したところ、この頃すでに下流には中野を盟主とする八ヶ郷の組織が完成し、周辺に対してその支配力、ならびに独占的地位を発揮しつつあった時代であるから、早くも八ヶ郷と夜間瀬・戸狩・上条(三ヶ村共に八ヶ郷の上流、沓野の下流)三ヶ村連合の干渉に逢着し、両者の紛争となったが、ともかくも工事はすでに大半成就を見ていたので、この堰止によって新に得られる水量の下流への分水については、工事完成後四ヶ年間、大沼池堤水の増減を検した上のこととし、沓野の譲歩(下流は分水権を留保す)によって一応工事は完成を見た。

四ヶ年後の文政八年分水契約は成立を見、[18] 先に沓野において一丈八尺に築立てた土堤の上に、更に五尺の築増を沓野の手によって行い、堤水の分のみ、上述八ヶ郷(実は松川村の独立によって九ヶ村)と三ヶ村、計十二ヶ村と沓野との間に、平年は沓野四分、下流六分、旱魃の年は沓野一分、下流で九分と分水率の協定が成った。勿論、沓野においては、旱魃年における新畑田成への灌漑水を潤沢ならしめるために、自らの全負担において工事を実施したにも拘らず、工事の効果を享受しうる旱魃年に際しては、僅かに全貯水量の十分一の利用権を得たに過ぎず、ここに地元権の大半をすでに喪失したものと称すべく、下流勢力の著しい進出を認めざるを得ないのである。

ここに注意すべきはこの時代においては、沓野が松代藩真田伊豆守の領分であったのに対し、八ヶ郷及び夜間瀬・戸狩・上条の十二ヶ村は何れも天領として中野代官所の支配下にあり、[19] 井組としての組織の力以外に、背後の政治的勢力による進出の顕著であったことを認識せざるを得ない。文政十一年霖雨・洪水のため、大沼池築堤の破壊した際の再築工事のごとき、[20] 流末村々は格別の被害を受けたとして下流の反対に逢い、沓野村の普請人忠左衛門は工事の堅固を請合い、「万一相破候節は流末村々之水損之分不残相弁其上普請皆引払可申段」を八ヶ郷以外の村々に対して誓約している。沓野、八ヶ郷共用の大沼池水源確保のための施設であるにも拘らず、工事負担の全部が沓野の上に在り、八ヶ郷はその利益の享受にも拘らず、あたかも第三者的な立場に在った事を示している。

明治十六年沓野はその地籍内の坪根において新堰引水目論見を立てたが、伝統的に残る八ヶ郷の、上流水源地方に対する干渉権との間に妥協を遂げる必要があり、ここに又沓野地籍内の琵琶池、一ノ沼、蓮沼、長池等に対し、流末において貯水のために何等かの工事を行っても、沓野においては何等の故障も申出でないことを条件として、下郷との間に協定の成立を見た。(21)なお沓野組の用水の春秋不用となった時は、貯水のために琵琶池に注入すべき条項が含まれ、前述大沼池のみならず、琵琶池をも更に八ヶ郷の用水源としてその支配下に属せしめるに至った事情を示している。ことに明治十六年の沓野の計画した新水路案が失敗に帰し、明治十八年更に改訂約定の結ばれるに際しては、沓野は更に前回よりも譲歩した条件を以て、琵琶池の貯水に尽力すべき事を約している。

ロ　佐野との関係

佐野は夜間瀬左岸、沓野の下流に位置するが、この村も沓野同様松代城主真田伊豆守の領分であり、その用水引用に就いては八ヶ郷との間にしばしば紛擾を生じている。元来佐野の用水は三沢山系の芦ヶ沢から引用してきたが、文政年間に至りその堰路を延長掘鑿したところ、沓野の場合と同様流末十二ヶ村(何れも天領である事前述同様)の抗議に出会し、文政十三年の内済証文(22)をもって一応落着を見たが、事実は已来新堰掘割を、佐野では行わない事を十二ヶ村に対して誓約したものであり、流末十二ヶ村の上流支配力が佐野の自由工事を制したものであった。しかも下流十二ヶ村は佐野の新堰工事を制したに止まらず、下流の飲用水、田用水の減水難渋を理由として、新堰換水の名目により、下郷のために雑魚川上市之瀬水を横湯川へ引込み、翌文政十四年の植付期迄に、下郷で差支のないよう、代水を流下させるべきことを佐野をして誓約せしめ、これの実行が不能の折は、前述の佐野の芦ヶ沢川上における用水を、水下が自由に伐り落すべき約定である。市之瀬水を横湯川へ引き込む工事は、市之瀬の地が佐野、湯田中両村地内に属した関係から、この工事は湯田中村において担当したが、この工事は湯田中自身のための意義をも有していた。

その後湯田中への、市之瀬引水工事に名をかる新堰工事は完成し通水を見るに至ったが、下流のための市之瀬の工事は完成せず、下流は佐野、湯田中の両堰を切落し通水を差止めたことから再び下流と佐野、湯田中との争は繰返され、天保五年に至って和解し、市之瀬からの引水は廃止し、代水として湯田中村の手によって琵琶池に築閘し、もって下流の用途に充てることとなった。沓野村の大沼池と云い、佐野村の琵琶池の場合と云い、下流諸村は、地元村がその田用水のために何等かの施設を行おうとすれば、ことごとに組織の力と政治的背景をもって上流地元村に迫り、若干の用水施設を地元に許可する代償として、下流のために大沼池、琵琶池のごとき価値のある水源池に、地元村をして貯水施設を行わしめ、しかもその貯水はいずれも下流の用に供せしめるのであり、このようにして上州境にまで達する広大な夜間瀬の水源地帯の用水権は、中野扇状地を中心とする八ヶ郷諸村の支配下に入ったのである。しばしば前にも述べ来ったごとく、近世における八ヶ郷を中心とする地域の政治的地位の優位は当然ながら、近世に至っては、度々の水害を被りつつも、前代に見たごとき河床の大移動、これに伴う扇状地一円の氾濫、破壊のごとき大災害は比較的少くなり、すでに河床は大体固定せられ、従って農業生産力の増進は顕著であり、山間部に比して扇状地部が経済的意義において卓然たる重要位置を占めるに至ったことが、八ヶ郷の勢力の増大の、もっとも重要な原因であろう。洪水の害を受けながら、首邑中野が次第に発展して、漸次都市的要素の充実を示し来ったことは、これらの事情を説明するであろう。なお八ヶ郷の村々が、上州境にまでおよぶ広大な山林地帯を、共有の入会地として現在にいたるまで支配していることも、この水利権の支配と密接な関係のあることは明らかである。

近世中期において極盛に達したと思われる、下流十二ヶ村の独占的勢力も、すでに幕末に至ってはやや衰退の色を示すに至った。先に天保五年の内済議定証文の規定によって、琵琶池に代水工事を施工することを約した佐野は、文久年間、未だその工事の完成を見ないにも拘らず、弘化四年の地震によってその引水渠の破壊したことを理由とし、あらたに渠路(部屋屛風より)を開鑿し、流末の抗議に応ぜず、ここに再び水論を惹起す結果となったが、すでに時代は移り、八ヶ郷の背後の権威である天領の地位も、前のごとく八ヶ郷側の無限の優位を保証せず、流末はしばしば不利の地位に立つことを余儀なくせられ、松代藩と中野陣屋は共同で実地検証の上、文久三年「為取替規定一札」をもって局を結んだが、従来は事毎に有利な解決を見、水論の度毎にその勢力を伸張しきたった下流側としては、前例に無い、寧ろ敗北と見るべき内容の取極めであった。すなわち従来の例に倣えば、当然江戸奉行所へ移さるべきところ、「御時節柄到而御苦悩之程奉恐入……」[23]と言わざるを得ない程、すでに多端の折柄であり、中央に問題を持ち出し、下流に有利な方向にばかり一方的な解決案を得ることはすでに不可能な事態に在ったので、その「為取替規定一札」は、余程地元権の拡大進出を許容したものであった。すなわち下流側は、佐野の新堰路屛風堰の通水を承認し、琵琶池の代水工事の促進に関し、「普請金之儀者規定割合之通佐野湯田中両村既に出金相済右分普請致し流末村々未出金無之に付此度右割合出金可致候尤猶不足之分は先年規定割高を以て双方より又々出金可致事」[24]と定め、工事施設の負担が従来は地元にのみ懸っていたものが、今回は下流側も負担せざるを得ないこととなり、大局から見れば妥当、下流側からすれば著しい譲歩を余儀なくせられたのであった。文久三年十二月付の西条・若宮両村名宛の琵琶池普請金三拾両の預り証文[25]は上述「為取替規定一札」の内容の具体的表明に他ならぬ。八ヶ郷と佐野村との関係は、八ヶ郷の水源地域支配力伸縮の、時代的推移の指標として興味の多い事例を提供している。

(18)『八ヶ郷組合誌』六一—六四頁。
(19)これらの取極議定書の文末に記した領主の記載によって判明する。

(20)『八ヶ郷組合誌』六五—六六頁。
(21) 同、六七頁。
(22) 同、七四—七六頁。
(23) 同、八四頁。
(24) 同、八四頁。
(25) 同、八九頁。

第三節　引灌用水の経済的意義

1　八ヶ郷農村の経済的内容

八ヶ郷の中、松川村には中野代官所へ届け出た文政九年の植付済証文[26]が残っている。これは本書第四章(一三四頁以下)にもあらわれる、[27]東日本における天領の場合の共通現象であったと考えられるが、幕府が貢納額の維持のために払いつつあった努力の一証左と見うるであろう。八ヶ郷の村落は如何なる農村としての内容を有していたか。同じく松川村を例として之を見れば次のごとくである。

松川村[28]は寛文五年の検地において高二百五石七斗五升と定められ、爾後天和三年、寛延四年、明和三年、安永九年と度々の検地が実施せられ、文久年間には弐百弐拾弐石五斗三升三合となっている。検地の回数に比し増石は比較的少なく十六石余に過ぎない。すでにあらたに耕地を開く余裕はなく、また地目変換による石高の増加も少なかったと云い得る。耕地の内容において注目すべきは田高に比して畑高の著しく卓越すること、殊に石盛の相違から、面積上の差は石高の差違以上であったと考えられる。すなわち天明元年の割付帳に記す所によれば、高二百八石二斗四升六合中、田高五十石九斗一升、畑高百五十四石八斗四升で約一対三の比をなしている。他の八ヶ郷諸村が之と類似の田畑の比率を有していた事は、既に示した耕地分布図によって推察せられるであろう。もっとも現在の耕地分布図の状態を基礎として過去を推す事は、一面極めて危険とも思われるであろうが、現在と過去にさほど著しい変化があったとは考えられない事情については後述する所があろう。

田の免が旧田で三ツ九分、新田が二ツ三分であるに比し、畑は旧畑壱ツ二分、新畑七分で(寛文十一年の例)田と畑の免には著しい相違がある。畑の比較的多い本地域においても(たんに畑の卓越するのは此処のみに限らず、中央日本の山麓地域の共通性格としても)その少ない水田のために、用水の供給に関していかに絶大な関心を注ぎ、井組の健全な発展を企図する必要が存したかを明らかにするためには、この免の一点に注意を払う必要がある。すなわち免の低い畑が多いだけに、かえって一層、水田を重視せざるを得なかった事情に関してである。

農村の戸数の変化を示す一例として、八ヶ郷外ではあるが八ヶ郷に隣接し、しかもその自然事情の類似する金井[29]の場合を示せば次の如くである。

文禄四年	三十六戸
元禄十四年	六十余戸
文化十年	六十八戸
明治初年	八十余戸
明治十三年	九十六戸
大正年間	約百二十戸

近世初期の躍進的増加、以後徳川期を通じての著しい停滞、明治以後の急増の三傾向を認め得るであろう。これは一面、農村の全国的傾向と揆を一にする事情でもあろう。然し明治以後の急増の原因には、飯山街道に沿う金井の、商業的要素の増加による事情[30]もまた大であるから、これを全く農村人口そのものとして見る事には若干の注意を要するであろう。

(26) 下高井郡中野町松川(旧松川村)吉谷源太郎氏所蔵文書。

乍恐書付ヲ以御届ケ申上候

一　当村田方植付之義去ル五月十二日ゟ同廿三日迄早稲中稲晩稲不残植付相済申候依之乍恐村々連印書付ヲ以奉御届申上候

文政九年

戌五月廿四日　拾五ヶ村組合

連印

中野御役所

大原四郎右衛門様

(27) 「甲州朝穂堰に於ける灌漑用水の統制管理」(『東亜人文学報』第一巻二号)、本書第四章。

(28) 「甲州金川筋の農業用水」(『経済史研究』第二十五巻一号)。

(29) 以下の記述は(26)と等しく吉谷氏所蔵文書による。

(30) (3)に同じ。『金井村誌』による。

(31) (1)に同じ。三一%の商業的要素がある、と。

2　新田成の問題に現われた用水量の意義

八ヶ郷が度々の周辺村落との水利交渉によって獲得した用水権の確保が、引灌用水量を豊富ならしめて既存の水田の維持を図るのみならず、さらに耕地の中において大きい比率を占める用水路沿いの畑の水田化にあったことは、容易に想到しうる事柄であり、また一面幕府が、八ヶ郷の用水権の伸張に対して、絶大な政治的援助を与えたことも、たんに一旦結ばれた規定の貢納額の維持の一点に止らず、積極的に水田を増加し、前述したごとき、免の差違による貢納の増加を希求した事情もまた明白である。それにも拘らず、流水を土中に吸収し易い扇状地の土性の自然から、用水源を確保し、大沼池、琵琶池に貯水を行って旱魃の際の補給水とする手段を講じた後でも、八ヶ郷の用水量は決して潤沢とは云い難く、用水量に限度があるために、あらたな水田の開拓等は企て得ることではなく、村々は一旦開かれた既存の水田面積の維持経営に汲々たる有様であった。夜間瀬河水をほとんど独占した八ヶ郷区域において、自然環境の項において述べたごとく、八ヶ郷の西方地域のそれに比して、水田率の著しく小さい事実は、この事情を明らかに示している。

殊に用水不足に悩むのは、八ヶ郷区域内においても当然下流(即ち西方)地域であり、松崎揚水口に近く、用水の比較的豊富な村においては、しばしば新畑田成を行ったことに対して、実に頻繁に、下流村々からその取り潰しの交渉を繰返している実例がはなはだ数多く存在している。例えば竹原は上流に位置するため、用水の利便も多かったものと見え、下流若宮村との間に新田一件の交渉を生じている。すなわち寛政十年の若宮の訴状[31]に従えば、竹原の新田成は再々の事であり、昨「巳年又々竹原村之内荒川組新田組ニ而多分之新田成出来其上居屋敷添等迄多分新田成出来致猶又猥リニ居屋敷内に新堰等掘用水我儘ニ進退之躰」であったし、若宮は一旦これを潰させたが「当年ニ相成又々過分之新田成致出来用水引入候」と云う如く、年々の事で、したがって若宮は用水不足のために仕付荒の場所も多く、これを防ぐために、昼夜堰筋の水番を行えば是また農業の差支えになると云った窮状であった。若宮の歎願は容れられ、竹原の新田成は悉く潰され、両村の田畑の分布状態を明記した絵図面を作り、これを互に交換して、向後の異変に備えると云う方法が採られている。しかしてこの絵図面により、実地検証を行った結果、畑戻りにすべき新開田の地番、面積を一々記載した一札が添えられている。

このような絵図面の作成せられた結果、たとい絵図作成の頃から存在していた田でも、図面洩れとなった分は皆潰となすべき筈であり、特別に田形のままに継続することを許されたとしても、それは余水のある場合に限り、旱魃の節は下流の命ずるままに処置せざるを得なかった。(32) このような事例から見ても、絵図面作成の意図が、下流の保護に在ったことは指摘する迄もなかろう。従ってこの絵図面ははなはだ重要視せられ、紛失の場合には相手方に保蔵するものを借り取り、写し直す等の事が行われた。(33) このようにして関係村落に保存し来った絵図面が、現在に至るまで、なおかつ意義を有し、古絵図に照して繰返し畑田成の検出・取潰の行われ来った実例は、八ヶ郷外たる金井と、上流竹原との間に存している。(34) すなわちこれによって察すれば、寛政乃至文化、文政の頃において、八ヶ郷附近の、同じ用水路に沿う上、下流の村落間には、いずれも田畑の分布を明記した絵図が作られて、上流の畑田成を制する根拠となり(下流には勿論畑田成を行う用水の余裕のある筈がない)、若しこのような畑改が年を経てしばしば実施せられるときは、上流といえども畑田成は行い得ず、したがってここに、少くも百数十年間、八ヶ郷内の水田面積がいささかの増加を見ず、停滞の儘に現在に及んだ事情を窺い得るのである。八ヶ郷の外部に対する強力な用水権の主張の反面、内部においてかくのごとき事実の存在することは、八ヶ郷の地域が如何に水の保持力に乏しく、水田の獲得に困難な自然性を有するか、それにも拘らず、水田の獲得・維持のためにいかに絶大な努力が払われ来ったか、自然の儘に放任すれば畑作の他ないこの地において、かくのごとく水田維持のために尽力せられたことの根本理由はなど、用水には種々の意義・用途が考えられるにしても、これが田用水である場合には、わが国においては由来、土地領有者の政治的保護策はもっとも強く徹底的で、住民の努力もまた飲用水獲得の場合に劣らず著しく大であり、また飲用水に比して大量を必要とし、その反対給付も従って大きいところから、このことに注入せられる集団としての井組の力の発揮顕現も、ここにもっとも著しい形態を示したことをも想わしめるのである。換言すれば、八ヶ郷農村の内部構造の現実と、要求との間の距離の大きいことが、その偉大な用水権の独占過程へ進出せしめた有力な要因をなすものと見なしうるであろう。

(31)　下高井郡平岡村若宮共有文書。

(32)　(31)に同じ。

差出申願書之事

一　田成三畝九歩

右田成用水之儀者寛政度絵図面書類ニハ相洩候得共是迄其御村方用水ニ而養来候処今般皆潰ニ可致事ニ相究申候故扱人御一同江深御願申入右扱人衆中ゟ御無心申入被呉格別之御勘弁ニ而余水之節ハ可然旨御承知被成下忝存候乍併極早魃之節ハ御差図ニ可任候依之一札如件

文久元酉年八月

高井郡竹原村

地主　恵右衛門

上組名主　兵三郎

組頭　勘左衛門
下組名主　武右衛門煩ニ付
代悴　儀右衛門
組頭　兵右衛門

若宮村
御役人衆中

(33)　写絵図面請取一札之事

一　寛政十年御村方より及出入候節双方為取替置候絵図面当村治助紺右衛門両家ニ而紛失いたし候故其御村方之古絵図写取申候為念之請取一札如件

文久元酉年八月

高井郡竹原村
組頭　兵右衛門
同　勘左衛門
下組名主　武右衛門煩ニ付
代悴　儀右衛門
名主　兵三郎

若宮村
御役人衆中

(34)　下高井郡平岡村金井共有文書

前略

貴字三分一用水掛水田面積之儀文政五辰年六月附貴字ト当字トノ契約有之モ爾来幾拾年経過ノ今日仕用水面積非常ニ拡大致

シ候如ク見受ケ夫レガ為メカ不法ノ引用セラレ当字ニ於テハ夥シキ費用ヲ投ジ防ギ居ルモ尚及バズ困難ナル次第此際文化五年ノ地図ニ合ハセ其後地目変換等ノ有無ニ拘ラズ御潰シ相成度申入レ候猶当字トシテハ其当時ノ約束ニヨリ一切新田等ハ出カシ申サヾルコトニ候右御了承之上直ニ御実行願度申入候

昭和十一年九月二十四日

平岡村大字金井惣代

田尻茂重郎 □

平岡村大字竹原惣代

武田要人殿

尚八ヶ郷における現在の田畑面積は次表の如き分布を示している。(『八ヶ郷組合誌』による)

村名	田反別	畑反別	戸数	人口
中野	一一〇五反	八一〇反	一五六九	七一一五
西条	五一二	二五一	一五九	八〇六
小田中	四〇〇	四〇五	一三六	七二九
一本木	二七一	三五五	六五	三五四
更科	二九六	二八七	一〇四	四八九
吉田	五一九	一〇八八	一七三	八二〇
若宮	一五一	五五四	七五	三六三
竹原	四六五	九三四	一九四	一〇三二
計	三七二二	四六八六	二四七五	一一七〇八

(一九四一、四月調査　一九四一、一〇、三一稿『東亜人文学報』一巻四号(一九四二年二月刊)掲載、一九七一、六補訂)

第三章　越中における灌漑用水施設の発展と管理機構

序　言

越中の国が奈良時代、東大寺によって礪波地方に設定せられた墾田からこのかた、中世を通じて開墾がすこぶる活潑に行われた土地であり、処々に大規模な開墾が実施せられ、中央高地の急斜面から流下する幾多の奔流によって堆積形成せられた、扇状地である氾濫原の上に存在する荒蕪地の数々が、漸次豊沃な水田地域に化して行った過程の究明に関しては、既に幾多先人の業績(1)が存している。後述するごとく、越中平野における水田の開発は、近世前田氏の入部後に至り、特に一線を劃する程の盛行を見たものであり、このような意味において越中の地は、近世初頭には水田開発の業の、すでにある段階にまで到達していたものと考えられる、近畿以西の古い地域とは、其の趣を異にする一面の存在したことを予想し得るのである。

殊に中央高地の諸高山の奥深い処から出る豊富な水源を有する為、必要とする用水量其物に関しては、他地方にしばしば見出されるが如き難点は存しなかったとは云え、暴水を導いて有効な灌漑用水として利用するためには、他地域のそれとは様相を異にする諸多の難題の解決が必要であった。現今に見出される如き、地形を巧妙に利用した樹枝状の灌漑水路網の発達と、これに伴う全平地の水田化の現象は、上代・中世以降の新開の継続、ことに該地域一円を領知した大領主としての前田氏三百年の治下における用水問題の整備と解決とが、そのもっとも重要な要素をなした事は何人も否定し難い所であろう。

前田氏の治政下における用水問題の解決は、その完備した農村支配の組織と緊密な関聯を有し、あたかも広地域にわたる天領の一円領知の場合に見られるごとき、最も典型的な機構の迹を留めている。

(1) 竹内理三氏著『寺領荘園の研究』、牧野信之助氏著『土地及聚落史上の諸問題』所収「越中国新開地帯散居村落制三論」、小野武夫氏著『日本庄園制史論』等。

第一節　近世越中における用水施設の発展

扇状地地形に見られる、一般的な現象の例に洩れず、越中平野の諸川は頻繁な氾濫と、これに伴う河道変遷をしばしば繰返し、これら諸川にその水源を求める用水施設も、河道の変遷に伴い、取入口の移動と、これを中心とする用水享受の組織の離合・集散の歴史を数多く留めている。今史料の確証を有する庄川筋の場合を中心に、その状態を一瞥するであろう。

庄川が現在の流路を執るに至ったまでの、河身移動の歴史を示す最初の記録は応永十三年(2)に求められる。すなわち往時は小矢部川に合流した河道は、この年の大洪水によって野尻川に入り、さらに東して中村川・千保川に注いだのであったが、この後更に二百年を距てる天正十三年には、大地震を契機として再び河身に変動があり、寛永七年に至って、遂に今日の流路に決定を見るに至った。ゆえに庄川から用水を獲得する今日の二万石用水の組織の発生は、時代をこの寛永七年以後に置くものであり、事実、庄川筋岩屋口用水に関係する最古の史料も、寛永十三年、岩屋村十右衛門が岩屋口用水の肝煎役を命ぜられたもの(3)をもって最初としている。

このように河身の固定が、統一的組織体としての所謂二万石用水(4)の組織化をもたらしたことは当然であり、ここに近世的な井組の発生を見ることとなったのであるが、もちろん水田が相当広範囲にわたって存在した以上、移動前の庄川筋を中心とし、前代における何等かの用水組織の存在したことは当然であるが、河身の移動を契機として、前代の組織の再生したものが二万石用水であり、やがて引続いて行われた溝筋・水路の附替によって第六図に示した常願寺川筋の場合に見られるごとき、組織的な水路網を形成するに至ったものである。

庄川筋のそれが、前述のごとき、河身の変動によって生じた前代のものの復活、再組織であるのに比し、近世以降における原野の開墾・水田

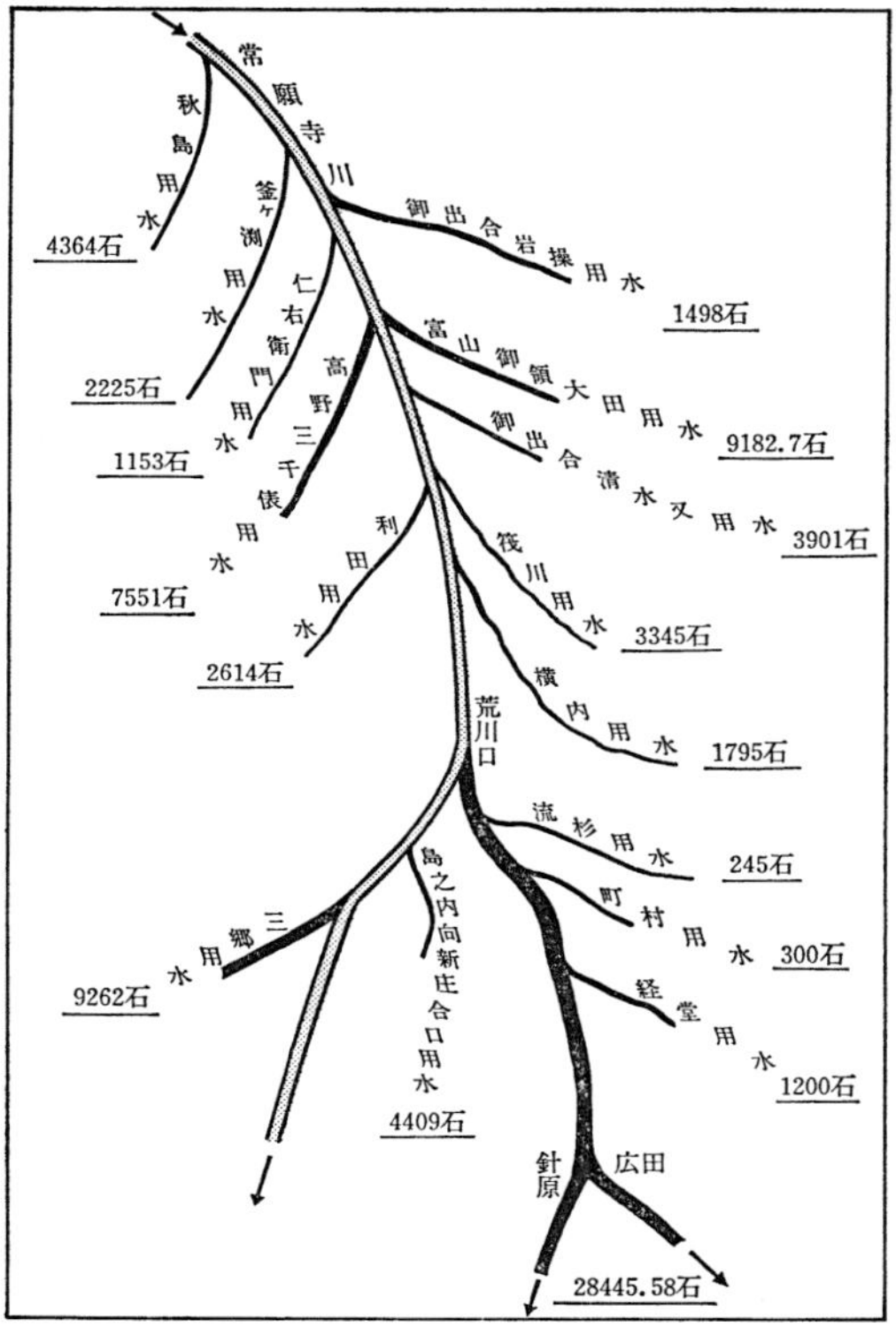

第6図　常願寺川筋の用水路系統

化の進行は、また前代には存在しなかった新な用水施設の設置を促した。ここにその一例として「牛ヶ首用水」の事例を示すであろう。

牛ヶ首用水(5)は寛永元年以後の全く新しい計画にかかるものである。すなわち寛永元年、呉東射水・婦負の両郡の地は池沼・原野等の荒地の多いにも拘らず、用水路疎通の方策が立たなかったため、開墾のことも行い得なかった処、地元民三名を惣代とする三十三ヶ村の懇願は、遂に領主前田氏を動かし、同年八月十六日をもって工事着手の運びとなり、山田川を堰き止めて水源とし、牛ヶ首用水の第一段の完成となった。

用水施設の成就は、直ちに藩の開発奨励・新村起立の慫慂となり、寛永三年には藩老から入百姓の招致に関する定書が出されている。すなわち村々から「百姓ニナキうかされ人」を見立て、一村一人宛を差出すべく、同時に三箇年の鍬下年期が与えられ、新村は永代無役の特典が与えられた。用水鎮守たる神明社の勧請も此の時のことである。

この新開の成功は、更に直に藩をして大規模な開墾を立案せしめるに至ったもののごとく、同寛永四年には藩主利常の名をもって、一層大きい用水源の獲得のため、上述山田川の堰止めに加うるに、井田川の全流を横断して堰を設け、高田村地内に閘門を新設し、山田川からの水路に結び、ここに牛ヶ首用水の基礎は確立し、寛永九年には用水を享ける各村の草高の上申が行われている。上述の河身の移動による二万石用水の再組織の完成が寛永八年前後、新たな開墾地への用水供給を目標とする牛ヶ首用水の完成の寛永九年と、ともにその発生の事情を異にする用水施設でありながら、いずれも年数の相距たること遠くない時代に新たな発足を見たことは、越中一円における近世的用水組織が、前田氏初世の統治策の一環の事業として、きわめて強力に遂行せられたことを察せしめる。

用水施設の発展過程において、用水源の獲得と並んで、組織の完成化に当って看過し得ないことは、隣接する用水組織の統合と、これに関聯する水路の附替、取入口の合併をめぐって惹起した複雑な諸問題の解決である。以下若干の事例を示しつつ、その諸性格を述べるであろう。

以上のように氾濫に基因する川筋の変化と、これの対策としての用水路の掘替は、用水施設完成の直後から発生・継続した事柄であった。呉東常願寺川の末流を受ける広田用水は、早くも寛永八年、水路掘替に伴う溝敷年貢および普請費用の負担に関する一札を残している。すなわち「大川うちこし江ふちかけ」の災害を被った村々は、町蔵庄の内に、屋敷地ならびに田・畠敷を掘って新水路を獲得し得た代償として「末代江下之者共として御年貢急度御納所可申御事」(6)を約し、なお「用水ニ而そこ年申候ハヽ、江下者普請仕何時成共用水そこ年さる様ニ仕相渡シ可申御事」および「御作り替」の名の示す替地を、溝敷となった村へ提供することを約しているのである。

広田針原用水は寛文五年にいたり、なおも江違を生じたため、その上・下流と対談の上、次のような処置を講じている。すなわち上流の新庄用水へ一旦その必要水量を取込み、それから針原用水へ導くことを得たのであって、「針原用水ひの口ゟ上水取入申ふしん針原江下ゟ仕新庄用水も其内ゟ勝手次第ニ水取可被申候」と約し、自己の負担において成就しようとする施設を、上流用水である新庄用水の使用することを許し、また針原用水の末流を受けて用水を得つつあった権三用水に対しては「若権三用水於後日水上り不申候ハヽ、右指図次第針原江下ゟ普請仕其上かけひすいもんなと入申候ハヽ、其義も我々ゟ仕立水上り申様可仕候」と、その江違を原因とする新庄用水路の利用の結果が、近隣の用水への影響の少なくなかったため、このような莫大な犠牲によって、漸く上・下の許諾を得たことを示している。整然たる水路網組織の存在する反面、その一部の水路の変更が、全般に対して与えた影響の重大なことを察しうるのである。複雑な水路網の単純化、組織化が用水各組相互の利益であったことは云うをまたない。それにも拘らず、藩の慫慂する各用水の取入口の合併も、夫々の利害の衝突のため、計画通りの遂行は容易に成し得ないところであった。寛保三年、庄川筋野尻・岩屋用水の取入口を、新用水口に合併しようとする藩の計画に対し、野尻・岩屋用水側がその差支えない旨を述べたに反し、新用水口側は次のごとき反対理由を陳述している。(7)

1　取入水量の増加の結果は、その水路江縁が堪え難くなり、石・砂等の馳込みによって迷惑を被ること。

2　新用水の流路の勾配のゆるいため、地低の野尻・岩屋用水と合併しては、大部分の水量が後者へ落ちて行く危険のあること。

3　新用水の取入口は山中岩場であり、難所故、堰の増築は困難であり、また出水によって堰の切れた際は、働き場の悪いため、代りの取入口の成就するまでは、用水も江絶えとなる虞のあること。

新用水側のこのような反対も、やがて藩の意嚮に従うことを余儀なくせられ、延享三年に至り、遂に合併の事に決したにも拘らず、新用水の水下七千石の地は、従来用水費用も少額で済んで来たことを理由として、用水費用の高割負担に応せず、野尻・岩屋から、その年々の入用米および人足の総べてを支出することとなり、「一、九石九斗二升一合　新用水仕入料米并雇人足代　且又江柱普請水門番給米共　一、五百七十二人　右用水下出人足」(8)の年々の負担を約している。

川筋の附替、取入口の合併は、地元の要望と云うよりも、むしろ藩の立場を中心として、立案せられたことがしばしばであった。したがって附替などに際して意見を徴せられた村々は、新工事による不勝手の数々を述べつつも、終極においては「御益之筋」であることを認め、その不利益を是正するための若干の工事の施行を条件として、藩の方針に聴従するのが一般であった。例えば寛政七年、呉東常願寺川筋中川の掘替に際し、新水路によってその耕地を両断せられる宮成新村は、中川掘替の場所にいわゆる「御収納通橋」を架設して、初めて掘替を承諾し、また同じ状態に置かれることとなる中野新村も、田地の川越になるのを防ぐため、いわゆる「領通橋」の敷設を願い出ている。また宮成村が掘替の結果、水込となる見込地三十余石分の見分を願い出ているのもまた同様である。(9)

水路の附替が、旧水路に沿う地域の地下水脈に異変をおよぼし、たとい灌漑用水は適当な措置によって他からこれを仰ぎ得るようにせられたにも拘らず、水脈の変化した結果は、数丈の深井戸によっても飲用水、雑用水を得難く、あらたに懸樋を上郷用水路から導いてこれに充てることを願い出た例は、常願寺川筋の西光寺村における弘化二年の(10)ような場合がある。これは西光寺村の旧用水路である白岩川が、享保年中に川切普請を施行せられた結果、被った被害であった。

(2)『二万石用水史料』一頁。
(3)(2)の二頁。
(4)此の称呼は明治三十六年以降のもので、以前は野尻岩屋口用水の名を以て呼ばれていた。(2)の四〇一頁。
(5)以下の記述は『牛ヶ首用水沿革誌』「寛永元年創始以来の経歴」の項による。なお牛ヶ首用水については、昭和二七年刊の、坂井誠一氏の手になる『牛ヶ首用水史』が出ている。
(6)富山大学経済学部蔵「川合文書」。
(7)「川合文書」「乍恐以書付新用水下村〻御歎申上候」。
(8)「川合文書」「野尻岩屋口新用水江加り申ニ付定書」。
(9)富山図書館架蔵「杉木文書」。
(10)右に同じ。

第二節　用水管理者の階層とその機能

越中における用水管理の統制者としては、藩の地方行政機関である改作奉行所および定検地奉行所[11]がこれを掌握し、その下に在って各行政単位支配の、事実上の実施機関たる扶持人・十村が責任を負い、扶持人・十村の合議により、用水支配の監督権を有していた。すなわち村々・組々から、年々普請個処の申請があると、十村は一応これを検分の上、普請金の下附を改作奉行所に申達した。しかし改作奉行所あるいは十村・御扶持人の用水管理機能は、そのすべてに亙って管掌する地方支配の一環として、用水管理のことにも関係したものであり、用水管理を専らの任とするものではなかった。以下もっぱら用水の管理に当るために設置せられたものの階層と、その身分・職掌の諸点について筆を進める。

1　井肝煎　井肝煎は土着農民の中から任命せられた最高のものであり、各用水筋、数千石乃至万石余の地域から、二名あるいは四名宛位の定数を以てこれに任ぜられるのを常とした。庄川筋においては寛永十三年、岩屋村の十右衛門[12]が岩屋の用水肝煎に任ぜられたのを初とする。寛永十三年に一人であった井肝煎は、三十四年後の寛文十年に至って、野尻・岩屋口用水組において、その水当り石高が前者は九千五百七十六石余、後者が八千二十五石余の区域中、左のごとく増加任命を見ている。まず野尻口に在っては

苗加村清左衛門　明暦二年ゟ用水肝煎仕候切米二石七斗家高ニ半分草高ニ半分取申由家高壱軒六歩指除申候　外ニ壱軒指除小遣に遣申候　持高百四十二石八斗三升七合

野尻村義右衛門　万治元年ゟ用水肝煎仕候切米二石七斗割符右同事　家高弐歩七厘指除残テ壱軒三歩三厘　水下ノ内新屋敷柴田屋内ニ而銀子ニ直シ三拾三匁二分五厘取申由　外ニ小遣右同事　持高弐拾三石

岩屋口の場合は、

岩屋村十右衛門　寛永十三年ゟ用水肝煎仕候　慶安三年迄給銀なし　同四年より高ニ半分家高ニ半分拾五匁宛取申候　此外家高壱軒うへの木たわり指除申候　持高六拾九石二斗二升九合

寺村市兵衛　万治四年ゟ用水肝煎仕候　給銀拾五匁何れも右同事　持高九拾四石五斗七升(13)（傍点、筆者）

以上の記載によってうかがわれるように、岩屋口の十右衛門は井肝煎就任の当初は給銀もなく、一種の名誉職であったが、やがて人員の増加とともに官制的な用水管理の担当者となり、報酬としての切米、および現銀の支給を受けるに至ったものである。その持高も野尻村義右衛門の二十三石を最少とし、数十石乃至百数十石に達する額は、十村階級を除いては農村在住の最も富裕な階級であり、村内における位置は長百姓並であった。(14)

井肝煎の交代は勤務上に特別の失行のないかぎり、病弱・老衰等を理由とし、本人の申し出により、後任者の選定も村の肝煎の合議推薦によって選ばれ、定検地奉行所の承認を経て正式任命の運びに至ったものである。すなわち文化四年、新川郡常願寺川懸り、広田針原用水の井肝煎であった手屋村又三郎が、病身を理由として退役を願い出ると、その後任は直ちに村々肝煎の連印をもって次のごとく推されている。

右常願寺川懸り広田針原用水井肝煎四人之内手屋村又三郎儀病身ニ罷成御用相勤兼申旨御断申上候ニ付代り井肝煎之義同村五郎右衛門江奉願候間被仰付可被下候　則年弐拾弐ニ罷成持高十五石二斗支配仕御用可相勤慥成者ニ御座候ニ付水下村々納得之上奉願候間願之通被仰付可被下候　以上(15)（傍点、筆者）

しかして十村一同は「右肝煎被仰付可然奉存候」との裏書をし、翌文化四年十月に至り、五郎右衛門は正式に井肝煎たることを認められている。

井肝煎は後述する、その配下である者に対しては統制権を確保したが、十村の意嚮によっては被免せられたこともあった。享保六年、同じ野尻岩屋口用水肝煎であった四人の内、その一人の八塚村吉兵衛の死去後、他の三人は「勤方不精之仕形」(16)のあったことを理由とし、十村が連名の上、役儀召上を申請せられ、代りは「追而御断可申上候間願之通可被仰付下候」と、三人が同時に役儀を召放たれる事件を生じている。

この「勤方不精の仕形」と謂う事件の内容は明らかでないが、井肝煎の任務の重大であっただけに、その勤務内容に関し、井肝煎が戒飭を受けたことはしばしばであった。享保六年、前記三人の役儀取放を契機として出された井肝煎の起請文(17)はその職務の内容を具体的に示しているから煩を顧みず掲出する。

井　肝　煎

天罰阿弥陀之裏　起請文前書之事

一、洪水之刻者不及申ニ　水色替リ候ハヽ、水下ヨリ人足召連　早速罷出水戸口防　其外川除切込可申躰之所有之候ハヽ、普請為致可申事

一、常々用水水戸口　並川除無油断見廻　少々ニ而茂損ジ申所者　早速修理為致可申御事

一、水下ゟ出シ申人足度々帳面ニ記置　切々草高ニ応ジ　人足平均仕　高下無御座候様　人足為出可申御事

一、日照之時分ハ　無油断水仕廻シ上下共依怙贔負無御座候様ニ　水廻シ可仕御事

一、用水先棟江普請等入用有様ニ水下草高ニ割符可仕候　其上水わき、棟江　土居ニ仕　少茂水洩不申様可申付

候

右之条々於相背者、忝茂左ニ申訳神罰冥罰、我身ハ不及申ニ、二人之親共、白癩黒癩之病を請、未来におゐて者、無間奈落苦ニ沈ミ、一代浮申義御座有間敷候　依而記証文如件　（傍点、筆者）

以上のごとく、常時・非常時を通じて、用水施設の保全に当るとともに、用水分配の公平・円滑を図り、人足・費用等の割賦の任に当るのが井肝煎の最大の職責であったが、その他用水路の合併等につき、十村からの諮問に応じて現状に即した意見を述べ、また普請に際しては、材料の吟味、直段の検査、工事の監督、立会等、万端にわたるものであった。

井肝煎の称呼は必ずしも不動のものではなく、時により、場所によって多少異って用いられた場合も少なからず存した。神通川筋牛ヶ首用水においては、寛永十年[18]には井肝煎に当るものに、湯大将の名が用いられているが、寛文年間[19]に至っては江才(宰)許の名に代えられている。江才許が或は用水才許として用いられた場合もある。宝暦四年の「射水郡用水定書」[20]に見出されるのがその一例である。

2　下才許人　　井肝煎の手足ともなり、其の勤務を助けるために、多くは近世中期以後に至って任命せられたもののようである。下才許人の性格は某年上野村孫兵衛他二人の請書[21]によっても容易に看取しうるところである。

私共射水郡用水方下才許被仰渡奉得御意候　就夫用水御普請相廻り普請方等之義可申談義も可有御座候　且又御見分之砌御召連可被成候間万端実躰ニ相勤依怙贔負ケ間敷儀毛頭仕間敷候　万一不心得之趣御聞および御座候ハヽ急度御咎可被成段被仰渡奉畏候御請之上申候　已上

上野村　孫　兵　衛

十村宛　他二人

このように下才許人は十村・井肝煎に伴なわれて用水施設の見分をし、手代末席として普請の際の巡回には脇指を許されたものであり、そのために弐拾間縄、間竿、懐中尺を携行すべきものと定められていた。見分の証として、下才許人も普請の見届書に加印すべきこととなっているのは、下才許人が単なる人夫でなくて、下級役人的な地位を認められたものであろう。したがって普請に際しては材木の検分を行って極印を打ち、普請中もしばしば見廻りを行い、江廻りの者及び番人の監督を行うなど、用水管理の実務は多くその手中に在ったと見るべく、寛政十年には十村から庄川筋の下才許人中に宛てて、詳細な勤務内容の通達(22)がなされている程である。役料に関しては当初のうちは決定していなかった模様である。

なお神通川筋牛ヶ首用水においては下才許人とは称呼は異るが、同様の任務に服する者に杖突があり、杖突切米二石四斗を与えられている。下才許人の給米(役料)もこれとほぼ同様の額であったことが推察される。

3　江廻りの者　一般に江廻りの者と称した中には、杖突の支配を受ける小頭および里子の二者がある。小頭はその字義のごとく、杖突と里子との中間に在り、里子はすなわち用水筋の管理・維持のために常傭せられた人夫で、その発生は比較的早く、牛ヶ首用水の場合には寛文三年に廿一人が定数として置かれている。文久元年には減じて十二人となり、現在も十一人として継続している。廿一人の里子は夫々受持の丁場を定められ、切米一石四斗、喰塩四升の他、その勤務期間以外の、春総出の前に使用せられる時は、一日の雇給六十文宛、春江浚中は一人一日宿料として十二文(23)を受け、また同じく勤務期間外である二百十日以後においては、一日二升五合の給与を受けた。総出から二百十日迄の間が、その規定せられた勤務期間であったことを示している。

江廻り里子は常傭人夫であるゆえに、上記の報酬の他、道具料・持籠代・足半草鞋代・乗船給・酒肴料等の手当があり、雪消え次第、総出の行われる時期から、前述の二百十日迄、盆・節句の他二、三、七、八月の三日宛、四、五、六月の二日宛の休日の他は、参不参なく勤めるべきものであった。

里子と称するものは年季奉公人であった。それ故里子一同は勤務の諸項と心得を列挙した請書を出し、請人を立て、もし心得違で不勤の者があれば請人から代人を出すべきことを約している。[24]

江廻りの者の中には里子の他に戸番人[25]がある。春の彼岸から二百二十日迄を勤務の期間とし、給米一石五斗に飯米一日七合五勺宛、および増扶持三斗五升を受けて井肝煎の差図の下、受持の水門の番をし、水取入中の水門の保全に当るものである。

井廻り水番[26]は水路の番人で、郷中から一人を立て、その勤務期間は水取入から二百十日迄で、他の人足と同様であり、これもまたその担当区域が定まり、給米も場所により壱斗五升乃至壱石から、二石乃至二石五斗迄の差があった。その勤方に関して請書を提出したことは江廻里子に等しい。その人数は長大な水路であれば、相当多人数の水番人の存在したことが察せられる。

(11) 後述する番水施行のごとき場合の最高の指令はここから出ている。
(12) 前掲『二万石用水史料』二頁。
(13) 前掲書、四頁。
(14) 前掲『牛ヶ首用水沿革誌』二十五丁。
(15) 前掲「杉木文書」。

(16) 前掲『二万石用水史料』一五—一六頁。
(17) 同書、一九頁。
(18) 前掲『牛ヶ首用水沿革誌』四丁。
(19) 同書、十一丁。
(20) 前掲「川合文書」。
(21) 右に同じ。
(22) 右に同じ。
(23) 前掲『牛ヶ首用水沿革誌』十・十一丁。
(24) 同書、六十二・六十三丁。
(25) 同書、六十六・六十七丁。
(26) 富山県立図書館蔵「杉木文書」、文政十年三月、「定書」。

第三節　用水費の徴収・下附と普請

越中における灌漑用水史料中、分量的にもっとも多くの部分を占めるものは、実に用水費の下附・徴集をめぐる往復文書であり、また普請の施行に関する対策・定書とも称すべきものである。前節に言及した用水管理者の整然たる階層的な存在も、本節において述べようとする、用水費の徴収・下附、および普請による、用水路の機能の保持を適切にするためのものであったとも云い得るであろう。越中の地は前田氏の一円領知の後、たとい寛永十六年に富山に支藩の成立を見、金沢・富山両藩の支配下に立つに至ったとは云え、両藩の関係から、その立場は特殊の場合を除いては、あたかも一領下のごとき状態に在り、一円領知と変らず、もっとも統制的な管理を受けたものである。以下項を分ち、水下銀の徴収・御郡打銀および加銀の下附、普請の方法とその意義について述べることとする。

１　水下銀の徴収　　水下銀とは用水普請に要する諸費用に当てるため、水下区域から、夫々の標準に応じて徴収する銀高の謂である。すなわち用水路に沿う組を単位とし、「用水江高帳」が作成せられ、村別に水下銀負担の基準となるべき水当り面積を表示する「用水役高」が記載せられている。もちろん永い年限の間には用水区域の変化、および近世の後半期にまで継続して行われた、他地域に比のない著しい新開高の増加により、村々の用水役高には変化の生ずるのが当然であるから、同じ用水路沿いのものでも、時代を異にする「用水江高帳」は幾通りも残存している。このような「用水江高帳」の作成は、十村の任とするところであり、定検地奉行所宛に提出せられる。

水下銀の負担において注意すべきは、村によって「丸水下[27]」と「半水下」との区別の存することである。「丸水下」とはその文字のごとく、水当て高全部に比例する水下銀を負担する村を謂い、「半水下」とはこれに反してその村の水田が、一個以上の異る用水路から、別々に用水を仰ぐもののある場合、双方の用水路に両属の結果となるから、特定の一用水組に対し、水当石高に比例する負担分の半額を支出せしめるものを称している。すなわち各村名の上には「丸」「半」の文字が記され、半水下の場合には例えば、

千四百七十三石五斗　杤津川御納戸半水下
　四ヶ村　　常願寺川秋ヶ嶋用水
但御納戸用水相勤申ル
此村〻末谷口村米道村下金剛寺村坂井沢村

〆四ケ村(28)

のような形式で記載せられている。また銀高は後には銭に換算せられたようで、明治元年には各川筋別・組別に記した「水下銭上納根帳」(29)が残っている。

2　御郡打銀あるいは加銀の下附　水下銀の徴収は用水普請の増加に伴って生じたものであり、当初の裡は水下村々はいずれも藩の助力を仰がず、新開地への引水のために、用水工事が公儀の負担で行われた場合を除いては、いずれも大抵水下村々の力で修覆工事を成し遂げたものであったが、やがて自力に及ばぬようになり、郡役所の助力を求めるにおよんで、藩庁は水下銀と唱える、一種の租税的なものを徴収し、もって用水施設の修理に要する費額を捻出し、あわせて洪水による急破個処等を生じた村々が、一時の多額の支弁に耐え難い場合を補助し、保険的な基金としたものであった。よって水下銀の徴収と云うことは、当然御郡打銀あるいは加銀の名目による、藩庁からの普請金の下附を、その前提とするものである。

礪波郡の例を採ると、藩祖以来元禄の頃迄は、用水普請個処を調査して台帳を作成し、これに基いて郡打銀を下附するようなことは行われず、村方の力に及び難い個処があれば、郡役所へ加勢を願い出で、このような際は郡の御扶持人・十村において僉議の上、検分を遂げ、その見積りにしたがって加銀を与える方針であり、したがって村方の負担すべき普請の部分が多かったのである。(30)しかるにやがて各用水別に、普請個処ならびにその範囲、所要材料等を明記した根帳と共に、組別の郡打銀高が定められるようになると、漸次打銀高は一路増加の傾向をたどり、物価騰貴の影響を考慮に入れても、元禄頃の礪波郡の郡打銀高が拾四・五貫目から拾七・八貫目であったものが、明和の頃に至っては、三拾四・五貫から三拾七・八貫となり、享和の頃に至ってはさらに増加を見るに至った。

したがってこの頃以後の御扶持人・十村から出された「用水仕法書」の類は、いずれも郡打銀の減額に言及しないものはほとんど無い程であり、役人の謂う所は、「村々の心得不宜……少シ之事茂村々申立見分相願候様ニ罷成……畢竟村々取勝之様ニ相心得——百姓中一統之難儀」(31)となることを強調している。このような郡打銀の増加には、次に述べる普請の方法とも関連する事柄であるが、庄川筋等においては用水普請を渡世の如くにする者があり、是等の者が中心となり、少しの事にも度々見分を願い出るによるもののあることを指摘しているのは注目すべきであろう。

このような郡打銀を減額しようとする詮議は、しばしば繰返されるとともにまたそれだけ、減額の希望が容易に実現し難かったことを示しているが、十村は打銀願高の増加の結果「最早詮議之遂様も無之程之場」(32)に至ったことを云い、翌年度は従来の例に拠らず、再詮議すべきことを達している。ここに年数が経つに従い「用水格帳」の内容を改め、(33)又郡打銀を止めて、夫々用水路沿い村々の支出する「江下料米格銀」をもって、組別に普請するよう命ぜられた天保九年(34)のような場合が生じたのである。

3　普請の方法とその意義　普請には村普請・組切普請・郡普請の三種(35)がある。

村普請は村切で行うものであり、その工事のもっとも麁漏なものであったと見え、郡普請はもっとも規模の大きいものであり、組切普請はその中間に位する。しかし郡普請が、入用が過分に懸けられたにも拘らず、要した銀高と普請の結果との釣合わないことのしばしばであったことが指摘せられ、このような現象を生ずるに至った理由として、一は株あるいは権利分となり、年々普請を出願するため止むを得ず、多額の郡打銀の下附となり、いたずらに普請請負人の私腹を肥す結果となる(36)ことが述べられているのは必然的な成行であり、ここに上述した根帳の改正の要がしばしば生じたのであった。

郡普請は多くは請負の形式によって行われた。井肝煎による請負は堅く禁止せられた処で、(37) 主として村請負および一般的な請負人による入札請負の場合が普通であった。

村方請負の一例として次の場合がある。

覚

一　壱ヶ所　土合新村一口取揚

一　壱ツ　取入鞍懸水門

一　壱ヶ所　口堅戸水門

一　弐拾間　口堅御普請続

一　前田用水取揚井戸水門

一　同村岸普請上ノ境ゟ下境迄

〆

右私共在所用水御普請今般御普請之上当一作弐貫七百目之銀高を以御普請村方請負被仰付奉得其意候右御普請丈夫ニ仕万一大変之義御座候とも用水不指支様ニ仕御郡江御難題懸申間敷候　尤水下格銀御定之通年々上納可仕候為其御請申上候　以上

寛政十年三月

土合新村　肝煎　半兵衛

同　組合頭　弥兵衛

同　同　半右衛門

同　同　覚兵衛

加納村権六殿等七人宛

右之通一作与書付ニハ有之候得共三ヶ年之請合申渡候銀高之義ハ両年分之内四百目繰上ケ当年三貫百目相渡未ノ年申ノ年ハ弐貫五百目宛相渡可申事[38]

このような村請負の場合はいずれかと云えば少く、仕入人の名を有つ請負人に、五年或は十年の年季をもって請負わしめることが多かった。仕入人は、子年の芹谷野用水の請負[39]の例によれば、仕入料米二十六石一斗五升七合、江下格銀二貫二百十六匁、三谷口格銀九十三匁六分、郡償銀二百八十貫文をもって、七ヶ年季を季限として請負っている。請負の条件は村請負の場合とほとんど同様である。

仕入人は、その地域内に居住して相当の歩持であり、かつ経験に富む者であることが必要で、大抵数人以上の仕入人の連帯責任で請負っていた。だから弘化四年、野尻・岩屋口の請負仕入人の事例のように、川筋に連年の異変が続出して請負人の損分が打ち重り、到底数人の請負人では請負年限中の責を果し得ない情況になると、十村の斡旋で壱歩乃至八分の株を負担する十八人の仕入人を加え、年々の工事を請負うべきことに換えられている[40]。またこのような仕入請負人は、その契約の年限中でも、修理等の不行届の節は、請負を取揚げられる[41]ことが請負条項の中に必ず挿入せられている。

しかし仕入人で、請負工事に精励の結果、その功労を認められ、報酬として、以後定付請負人になることを命ぜられた者があり、また拝領銀を受けた者もあった。いずれも庄川筋中野村甚兵衛等の場合であって、定付請負人に定められたのは天明元年九月で、左の如く記されている。

覚

一　六　百　目　　中野村甚兵衛
一　五　百　目　　庄新村与十郎
一　五　百　目　　青島村　善次
一　五　百　目　　杉木新町　勝助
一　五　百　目　　同町　義兵衛
一　弐百五十目　　金沢　太田屋与右衛門

右之者共庄川御普請申付ル節、只今迄定使等ニ日雇御用為相勤ル所、入精ニ相勤ルニ付、年中右之通リ定銀被下ル儀、夫々相達ル所、御聞届ル之条、以後定使に相勤御普請方之儀、常々心懸致入精ル様可申渡ル　以上

辛（天明元）九　月　　　十村六名連　印

また拝領銀は同天明三年十二月、甚兵衛の銀百目を最高とし、他の請負人九人がそれぞれ銀二枚、或は銭五百文・一貫文等を受けたものであった。(42)

このように普請工事の実際に当っては、村請よりも仕入人の入札請負の場合が頗る多かったにも拘らず、藩庁の根本方針は江下村々による請負を原則とし、もし村方請負の不可能な場合に限り、いわゆる請負人に年季を定めて請負わしめる方策であった。すなわち村請とすれば、「手前之物と相心得物毎取縮もいたし可易趣」とは、藩庁の期待したところであった。

このような十村・井肝煎の検分による計画をもって、工事の銀高を定め請負わしめた関係上、用材の質、価格等に

対する規格は厳重であり、射水郡の場合であれば、高岡木町の材木商が指定せられ、それぞれの年代によって「用水方値段附定」[43]に、「草槙」その他の用材の値段も、長さ二間を標準とし、八寸角、七寸角と、大小に応じた値段が定められていた。

このような手続を経て年々施行せられた普請銀高が、如何なる額に達し、また如何なる方法によって支出せられたかに就いては、射水郡の天明元年から寛政十年に至る十八年間の数字が残っている。今かりに、天明元年のものを示すと

外ニ拾八貫五百五十目　安永九打銭銀
一百貫四百弐拾四匁　天明元年総図リ銀高〆百十八貫九百七十四匁
　内百九貫四拾目三分　拾五万九千三百五十五石壱斗七升之内火事高引六拾八匁九分懸リ
　残而九貫九百三拾四匁　延銀[44]

すなわち水下百石当り六拾八匁九分の負担によって、射水郡十五万石余の区域に対する図り銀高、百九貫余が得られた事情が明らかであり、尚九貫九百余匁が翌年への繰延べ分となっていることを示している。この十八年間における惣図り銀高の趨勢を窺うに、最少額は寛政三年の七十六貫八百拾四匁七分、最多額は寛政八年の二百四貫七百五十六匁であり、此の寛政八年は六十七貫余を延銀として残している。

(27)　前掲、川合文書、「天保十年　礪波郡諸用水江高帳」。
(28)　前掲、杉木文書、「天明二年　水下銀之訳書上」。
(29)　同文書、「明治元年　新川水下銭上納根帳　定検地所」。
(30)　前掲、川合文書、「享和三年亥十二月　用水仕法書　礪波郡　御扶持人・十村」。

(31) 右に同じ。

(32) 前掲、杉木文書、「諸郡打銀一件」。

(33) 前掲、川合文書。

「右用水格帳年数相立書入等紛敷相成候ニ付帳面相改候尤年限相満普請申付候節者先図裏書物指出見届之上可申付候事

十村連判

(34) 前掲、川合文書。

礪波郡庄川筋等諸用水普請仕法方享和三年詮議之上格帳相改材木等直段取極方も其節遂詮議申渡置候得共数十年相立候故先年難事之用水も当時事軽に相成其節事軽之用水も此節難事之堰入ニ相成候向も有之色々相替居候ニ付追々可遂詮議筈ニ候得共此度詮議之上先御郡ゟ定銀を以相渡し来候分来年ゟ指止都而図リ口之外江下江引渡候様江下料米格銀を以致普請用水不指支様可被相心得候　(以下略)

十村連印

定銀ケ所村々

役人中

(35) 前掲、杉木文書、「文政五年午正月　御郡用水打銀致増長候ニ付減方詮議一件」。

(36) 右に同じ。

(37) 前掲、杉木文書。

一　普請方井肝煎等引受出来候ケ所も有之躰ニ候得共役筋通リ水下人足召連れ取入致勢子候儀ハ格別以来普請引受等堅為致申間敷事

右之通リ無違失相心得可申事

午二月　寄合所

(38) 前掲、川合文書。

(39) 右に同じ。
(40) 右に同じ。
(41) 前掲『二万石用水史料』七八―七九頁。
(42) 同書、六三―六四頁。
(43) 同書、六六頁。
(44) 前掲、川合文書。

第四節　用水分配法の特質
――特に新開と用水分配の問題――

用水分配法の中、組を異にする井組間の場合に就いては、特別の旱魃、あるいは洪水等の急変によってまったく用水の得られない状態に立到った場合、各井組、互に特別の融通を行う方法が存していた。すなわち借《かり》水の制である。これらの異変の中、前者の事例は文政四巳年、常願寺川筋秋ヶ嶋用水の上領村々が、格別の旱損を被ったため、十村一同は連名を以て、秋ケ嶋用水の井肝煎中に宛てて、その見斗いをもって、上流村々の用水口を如何様の手段を尽しても一時借り受け、旱損に苦しむ上領村々の水田に一当て水を通すべき措置を命じ、このような非常の融通を行えば、当然上流村々でも、旱損になるのは予想せられるところであるが、上領村々の場合は格別であるから、止むを得ずかかる処置を命じたゆえんを述べている。従って上流村々とは、充分に談合を遂げるべきであり、上流も旱あがる場合には、充分適切な処置のあるべきことが併せ記されている。(45) 一円領知の下、十村の統制力によって、はじめてこのような措置をなし得た事情を察せしめるものがある。

後者すなわち用水口の被害により、一時的に他の井口から借水をして用水を仰いだ場合は、庄川筋野尻用水に一、二の事例がある。一は文化八年三月二日、庄川の洪水によって水路が破れ、困却した野尻用水は、鷹栖口江筋から借水をしてその急場を凌いだ。『一　文化八年三月二日、野尻口用水切流、大破至極ニ罷成苗代水等水殊外指問申ニ付、苗代水ハ鷹栖口ゟ　方々借野尻伝兵衛向之、高岡道之下ニ而落申候』(46)とあることによって明らかである。また弘化三年四月十四日にも、これと類似の事例が発見せられる。この度は野尻岩屋口用水が舟戸口から借水したものである。

野尻岩屋口大変ニ而、用水指支候ニ付、舟戸口ゟ借水之義、遂詮議候処、是迄之江幅にては水取入方行届不申に付、右口砂壱番水内ゟ石川除水門迄、江幅切広ケ方等も急速取懸り可仕申候、右入用人足之儀者、舟戸口仕入人中並野尻岩屋口江下ニ而半々ニ而相弁可申居候　以上

四月十四日　　得能覚兵衛等六人

野尻岩屋口
舟戸口井肝煎中
野尻岩屋口
江下役人中
舟戸口　仕入人中(47)

以上の叙述は、異った井組間の用水分配の一種としての、借水に関するものであるが、つぎに常願寺川筋の場合を例にとり、一井組内の用水分配の仕法とその特質、ことに新開地の増加に伴う必要水量の増加がもたらした用水分配

の問題に就いて述べるであろう。

常願寺川筋に在っては、すでに第二節に示したような、樹枝状に分派した系統的な用水路の存在と相俟ち、すでに近世前半の延宝三年(48)には、整然とした分配の規格が定められていた。すなわち上流から順次、各用水筋は、その水当石高に比例する水量を、常願寺川から取入れることとなっており、たとえば最上流の秋ヶ嶋用水は、水当て高四千三百六十石に対し、「通り水之内五厘五毛分量水を以水相渡残り九分四厘五毛広田針原江水取下ヶ申旧格ニ御座候」と記すように、以下下流へ釜ヶ淵用水・仁右衛門用水・高野三千俵用水・利田用水・岩操用水・富山管内太田用水・清水又用水・筏川用水・横内用水の上江口拾口三万七千六百余石へ分水の後、末流に沿う広田針原用水二万七千六百余石へ引用することとなっていた。

末流である広田針原用水に含まれる多くの小支流の中、流杉用水(49)と唱える二百四十五石の区域は、御客用水と称して、用水取入のための人足も勤めないで引用する権利を有していた。御客用水の意味は、広田針原用水の完成前に、独自の取入口を有した古い用水路であるか、或は広田針原用水全般の取入口の最上流に位置することによって(恐らくその理由は前者であろう)、所謂徳水(50)(費用を負担せずして引水し得る権)を得たものであろう。なお広田針原用水中の新庄用水二千六十四石の区域も、また御客用水の名を得ている。

また下沢用水と称する、その支流千二百五十六石の区域は、がんらい広田針原用水の水を分ち与えられ、元禄年中迄は分水を得ていたが、広田針原用水の旱魃の連続によって、充分の分水を受け得なくなり、下沢用水十三ヶ村から種々の申出があり、その結果として、下沢用水の負担すべき千二百余石分の江代米九石余は、広田針原用水から支払うこととなっている。(51)御客用水区域の存在とともに、広田針原用水内の分水を廻る処置として、注目すべきものである。

常願寺川筋には、広田針原用水四人の江肝煎の支配によって番水が行われていた。上江組すなわち十口、三万七千余石の区域と、広田針原用水との間における番水による分水は、元禄十三年から行われたことが記されているが、次に述べる広田針原用水組内における各支線用水との間の番水は、宝永六年以後、改作奉行所の旨を承け、広田針原用水井肝煎四人の執り行うところとなったものである。すなわち彼等井肝煎の言う「延宝三年……初而広田針原江肝煎被為仰付候ニ就而者右用水ニも不限惣而岩峅川筋用水懸り御才許江相断水有所ハ水口ほそめ或者とめ旱田之所に当させ申様ニ可仕　尤下モニ壱反不足仕候ハヽ上ニも壱反不足仕候様可致旨被仰付……」[52]と述べるところによって、その番水仕法の実体を窺い得るのであるが、以下所謂番水仕法の施行の順序に従い、その方法と意義を述べるであろう。

1　内分水　広田針原用水を盟主とする常願寺川下江組の中、広田針原・三郷・嶋の三用水は、川筋が減水し、江下村々の内、旱田を生ずるようになると、広田針原の江肝煎の手配によっていわゆる内分水に取り懸る。内分水とは江肝煎が江下村々を見分の上、用水の過不足を見て、村々相互間の水の適当な分配を行うと共に、その翌日を期し、荒川口を初めとする下江組内の堰口へ入念に芝を踏込み、漏水の無い様取計うと共に、広田針原の定日雇水番、すなわち江廻り人夫廿人に加え、三郷用水・嶋用水の水番人をもって、都合三十余人の人足でそれぞれ用水の取入口へ分水に登らせ、「水当テ高」に比例する用水量よりも多い分の水口に、適当な処置を行い、もって相互の融通を行うものであって、三日間これを続けて行い、さらに用水不足に際しては、次に述べる本分水に移行するものである。内分水の名は常願寺川筋上江の村々一般への通達を行わず、下江組の間のみで内分に分水を行う故に生じたものである。なお内分水を行う以前に在っては、三郷・嶋の二用水は広田針原用水の末流の洩水を以て田地を養う掟であるが、内分水が行われ、上流の水の取下げられた後は、三郷・嶋の二用水は広田針原の末江を切明けて、用水を得ることとなる。

2　表向分水（本分水）　上述のように、内分水が三日間打ち続き、なおも減水を続けると、江肝煎の手によって表向分水あるいは本分水が施行せられる。すなわち表向分水実施の日の朝卯ノ一天に至り、飛脚を以て広田針原用水の江肝煎から上江組諸用水の江肝煎に宛てて、表向分水実施の通達が行われる。

以手紙得御意候頃日用水ニ付此頃ゟ内分水ニ日々遣置候得共弥増減水ニ相成流末村々行届不申旱田相成申ニ付今日分水ニ相登候間各口々江御出可被成候　尤定之通参不参ニ不構分水仕候間左様相心得可被成候　右為御案内如斯御座候　以上

月　日　　　広田針原江肝煎

上川口ミ

江肝煎衆中

この通達の文面に見るように、広田針原江肝煎の指揮により、分水が一刻をも争うべきことを理由とし、たとい上江組の江肝煎の立会の有無に拘らず、上流用水の取入口の分水が行われ、こうして得られた水量は、また常願寺川原の間に都合のよい所を見立て、勝手次第に取下げる例である。表向分水の施行期間には制限がなく、水不足の間は下江組の心のままに幾日間でも継続せられる。

表向分水は広田・針原の江肝煎以外の者によっては行い得ないものであるから、したがって広田・針原の江肝煎に交替のあった場合は、その名書を上江組江肝煎中まで通達するのを例とし、また上江組において水路の附替を行った際は、その由を広田・針原へ届け、その立会を受けることを要する規定の存在するごときは、下流広田針原側に至大な用水支配権の所在することを示すものであるが、その理由如何に関しては後に述べるところがあろう。

3　皆落し　更に旱魃が続き、下江組から皆落水を願い出でると、早速上川諸用水の才許衆中へ下郷の才許衆中からその由の通達が行われ、その次第が下江組の江肝煎へ通知のあり次第、下江組才許衆中から上江組の江肝煎に宛てて左の達しがなされる。曰く、「常願寺川減水いたし先日来致分水居ル得共諸用水共行届不申ニ付下江組ゟ明何日ゟ皆落水相願承届ル間夫々不差支様相心得可被申ル　以上」と。ここに皆落水の開始となる訳であるが、皆落水とは初日、朝六ツ時から暮六ツ時迄、広田針原等の下江組へ常願寺川筋の全水量を取請け、次いで暮六ツ時から明六ツ時迄夜中、短夜の間上江組が又全水量を取入れるもので、減水した水量を最も有効かつ重点的に利用するものであり、他地域の事例にもしばしば見出される、番水制の典型的なものがここでは皆落水の名をもって呼ばれていることを知るのである。

4　内輪江狩　しかし昼・夜の別によるこの皆落しが、短夜をうける上江組にとって、甚だしく不利なのは自明であって、皆落水の継続は甚だしく上江組の困却を加えるのは当然である。したがって皆落水になると大抵の場合、上江組の江肝煎は広田・針原の郷宿である町新庄へ来り、皆落水に代えるにいわゆる「内輪江狩」をもってすることを申入れる。

常願寺川筋の用水支配は広田・針原の江肝煎が棟梁であり、したがってその上申でなければ役所において採用せられない。すなわちここにおいて広田・針原の江肝煎は、三郷・嶋の江肝煎へこの由を通達の上、上江組の江肝煎に広田・針原の江肝煎壱人を添え、才許衆中へ手分けの上、内輪江狩を申出でる。こうして下江組才許衆中からの左の文面の達しをもって、内輪江狩の開始となる。

常願寺川減水ニ付拙者共相談之上内輪江狩承届候間明何日暮ゟ一日一夜代り下江水取請可被申候　右之趣諸用水江肝煎江申渡候条先格無相違相心得可被申候　御出合用水之儀者彼御領当リ之分無相違水相渡し大田用水過水ニ取入不申様分量綿密ニ先格之通取斗可被申候　以上

月　日　　　　下江組才許衆中　連印

広田針原江肝煎中

内輪江狩と云うのも、事実は「皆落水」類似の番水であり、唯昼・夜の交替を一日一夜替りとし、上・下の分配の不均等を是正するに過ぎないものである。しかも内輪江狩の際における時間の交替は、岩峅寺村目代の鐘を合図として切換えられる点が、「皆落水」の場合と異っている。

江狩番水の実施に際しては、常に諸用水口を切広げて置き、その切り広げに不足はないか、また定った分水口の外に、村々が別口を設けたことはないか等、すべてに異変のないか否かを検するため、広田・針原の内に三石五斗の給米をもって、二人の者が常に召抱えられ、江筋の見分を行い、格外の処置の取潰しに任じていた。

以上の用水分配仕法に関係するものとして、さらに広田・針原組の内に芝打場が付けられている。芝打場とは減水の節、分水の完全を期するため、堰口の塗留めに用いる芝を得ようとして、荒川筋の通称「新庄野」と唱える、面積凡そ六十町歩の草地が附けられていたものである。ところが、享保十年に至り、その内の二十余町歩が三百四石の高を附して新開地となったが、残り三十余町歩は依然としてその後も芝打場として明治に至るまで残っていた。用水分配に当っての周到な用意と共に、近年にまで新開可能地が各地に残存する越中の特性を示唆するものであろう。

前に掲げた内輪江狩の通達の中、御出合用水、或は彼御領の字句が見られ、しかもまた大田用水が過分の水量を取入れることのないようとの意味の文言が見えている。彼御領とは寛永十六年に金沢藩の支藩として独立した富山領を指し、御出合用水とは常願寺川の左岸、最上流に取入口を有する金沢領、富山領入組の千四百九十八石の用水組であり、大田用水も同じく左岸、御出合用水の次の位置を占める富山領九千百八十二石四斗をうるおす用水を指している。はじめ金沢藩の一円領知の地として、用水統制にはきわめて好都合な地盤をなし、富山藩の分立後も本・支藩の関係から、ほとんど一領同様に円滑な用水分配の行われた常願寺川筋も、時代を距てるに従い、両藩領の間に、ようやく対立的な気分を生じて、その間の用水分配が次第に困難の度を加重して行く過程を端的に表示するものと考え得るであろう。(53)

上述のように最末流である広田・針原組の井肝煎による常願寺川筋用水の統制も、明治に入り、封建的用水管理組織の解体変貌するに際し、その三年、上江組である高野三千俵用水から、広田・針原の統制権が否認せられようとし、これを契機として、広田・針原に統制権の与えられて来た所以の一部が、ここにはしなくも顕われているのも興味深い。

高野三千俵用水側の云う所は、表向分水に当り、広田・針原側が高野三千俵用水の江肝煎の立会を待たないで、分水を行った結果、その分水に甲乙があり、高野三千俵の田地に旱損田を生じたため、以後高野三千俵側の立会を待って後、分水することを要求したものである。

広田・針原側の答弁は、かの分水は水番人廿人の者だけによって行ったものではなく、双方示談の上、先格に則って行ったところであるにも拘らず、高野三千俵側がその時には何の抗議もなさず、十日余を経て、分水量の甲乙を持出したのは不実の云い分であること、さらに、彼等が分水後愈〻減水し、旱損を生じたとするのは、分水の甲乙に因るものではなく、十日余の間に、更に一層の減水を見たことによるものであるから、旱損を受けたのは上江組、下江組共通の現象であり、ことに元来高野三千俵用水は、僅かの地域を潤す用水であるにも拘らず、野方の多い地であり、次第に新開の増した結果、本来の割当量以外に、法外余計の水をも取入れ来ったため、制規通りの分水量を与えられた表向分水に際し、多大の旱損を生じたところである。水の沢山な節は、下江側においても出来得る限り見遁しの態度を執り来ったにも拘らず、このような如き申出をするにおいては、以後は江格の通り一水の用捨もなし難い次第である。

ことに高野三千俵用水の江肝煎に常願寺川筋の分水権がなく、広田・針原の江肝煎がこれを掌握することに定められたのは、延宝三年以来のことであり、そのゆえんは、広田・針原等下江組が流末で、凡そ高四万石余の大用水であることがその一、また殊に「至而高免之場所柄」であることがその二である。高野三千俵用水は、古田の水当高七千五百五十一石であるにも拘らず、新開の増加はその後に野口新村等の分村をも生じた程であり、四万石余の古田を有する下江組の立場を無視しようとするものであるから、高野三千俵用水七千五百余石の地域の絵図面を作り、広田・針原に与えられ、これを基準として分水することこそ、下江組の望むところであると述べている。深山を背後に擁して、用水量は他地域に比し豊富である上、その地形の傾斜を巧に利用すれば、灌漑用水には事欠かない越中においてさえ、このような古田、新田の対立関係の発生は、感情的な対立のみならず、近世初頭以降の新開の発展が、ようやくその豊富であった用水量をも飽和点に達するまで使用せられるに至ったことを暗示し、このような水論の事実の反面には、江戸期を通じて著しい発展を見た隠れた新開造成のすこぶる顕著であったことを思わしめる。

(45) 前掲「杉木文書」。

(46) 前掲『二万石用水史料』九八—九九頁。
(47) 同書、一六五—一六六頁。
(48) (46)に同じ。
(49) 「弐百四拾五石　広田針原取入之内荒川口ゟ分水仕候流杉用水
但此用水ハ荒川口用水取入人足も相勤不申広田針原御客用水ニ相成居申候義ニ御座候」
(50) 拙稿「井組の問題より見たる江州湖東平地の灌漑用水論」(『経済史研究』昭和十四年十一月。『近江経済史論攷』所収)。
(51) 「但此下沢用水与申ハ広田用水江手足ニ而元禄年中迄則広田用水ゟ分水仕居候得共其是中広田用水連ゝ御田地及旱田申ニ付右手足新用水流末十三ヶ村願出候ゟ其江代米九石余米高領付村ゝ江今以広田郷ゟ年ゝ相斗リ居申義ニ御座候」
(52) 前掲「杉木文書」。
(53) 同、「文政元年　同四年寅七月　常願寺川番水一巻」には次の如くある。

打続日照ニ付常願寺川減水仕村ゝ用水行届不申ニ付口々分水先達而内輪江狩等為仕申候得共次第ニ照強御田地旱損仕申ニ付富山御領大田用水先格之通番水ニ仕度旨江下村ゝゟ相願申候　併田草之儀も最早取仕舞ニ茂相成時節茂末ニ罷成候間江下村々水当テ流レニ仕候而茂為行届申度御座候ニ付御双方井肝煎共申談下ニ而一日一夜代リ番水ニ為致申度奉存候尤私共附居申候得共若彼方御領井肝煎共等任我意ニ争論におよび申義御座候ハヽ御断可申上候間先格之通表立番水ニ被仰付可被下候　右之趣富山所領十村方江申遣候間此段御聞届可被下候　以上

寅七月廿一日　十村連印

御改作御奉行所

表書承届候条前ゝ振合之通可相心得者也

改作奉行　印印

第五節　用水路の支配から見た用水権の位置

用水路の維持に就いては早くから万全の保全策が執られていた。すでに元禄四年、庄川筋では大水のときには早速用水戸を閉じ、大川の水の大量馳込による水路の破損を防ぐべく通達が発せられていたし、[54] 用水路へ木材を流し通ることも、薪・木呂などの特別に規定を設け、川流しを許されたものの他は堅く取り締られ、[55] 禁を犯して通る者には用水普請費用の半分を負担せしめるなど、厳重な規定があった。このような点から観察すれば、用水路の使用をめぐる用水権の優位は、はなはだ著しいものであったが、時代を降るに従い、用水路を使用しようとする他の利益との間に、種々の関係を生ずるに至っている。今これを夫々の目的によって分類し、その大要を述べる。

1　通舟と用水権　弘化二年六月、[56] 庄川筋の内、新用水江筋である岩武用水へ、江筋村々の内の本江村などが通舟を願い出で、すでに領付村々の納得を得たのに対して、新用水側の反対した場合がこれである。新用水側の反対理由は、元々新用水は水高七千石の用水であったが、後に延享年中、野尻岩屋口用水との合併を命ぜられ、取入口の幅を増し、取入水量を増加して今日に至っている。もし本江村等の願いのように、通舟を差し許せば、岩武新村などの田地用水の他、さらに通舟のために、多量の水を取入れることとなるべきことが察せられる。増水の取入は当然用水路に流れ込むべき石砂の量の増加となり、新用水側の不利益をもたらすことが第一の難点であり、また分水口で、舟を通す者共が深い考えもなく、自由に水を抜き落すようになり、その結果は分水口から用水をうる、新用水側の流末に水不足を生ずるおそれのあることが第二である。過分の水の取入は、石砂の馳込による水路の埋塞となり、舟の通行に際しての分水口の水門の抜き捨ては、用水不足の因となる。いずれにしても舟の通行は用水路を生命とする江下村々に不利益を与えるものであるからと云うのである。このような岩武用水側の反対も、前述した本江村などによる屎物舟の通行にとどまらず、やがて藩庫への貢米の通舟が考慮せられるに至って、新な場面の展開を見るに至った。

すなわちこの貢米の運送を目指した通舟問題に就いての意見を徴せられた十村一同は、従来井波の年貢米が舟戸口用水から小舟によって下されたことと、岩武用水路を下る場合との比較をし、岩武用水を下す方が年に壱貫八十目の益のあることを述べ、かつこの水路へ百姓屎物舟の通行をも差し許せば、その小舟挊の者共からの弁金をもって、岩武用水の用水の差支えとならぬよう、手配すべきことを具申したため、ついに岩武用水の反対も容れられず、翌弘化四年一月、川舟の通行に便利なよう、岩武用水の川の切り広げ、および川の両岸の七木等の伐除が行われ、小舟が三十艘出来たことが記されている。本江村の出願した百姓屎物舟だけであるならば、岩武用水の反対の奏功することもあるいは期待せられたが、藩の貢米輸送の舟の問題が改めて登場した結果、用水権の優越もこれに一歩を譲らざるを得ない結果となったものと云いうるであろう。

2　漁業権と用水権

漁業権とは川筋に敷設せられた、香魚・鱒等の漁獲を目的とする簗の設置を指し、神通川筋牛ヶ首用水の場合にその事例をしばしば見出しうる。簗にも御用簗の名を冠したものと、そうでないものがあり、それぞれの場合に対する取り扱いも多少異っていた。

御用簗の場合は、その設置個処について用水側の承認を得ることを必要とし、もしその個処が用水の障りとなるにおいては、簗の使用期間の過ぎた後は、簗堰は残らず取り揚げ、用水通行の妨げとならないことを条件として用水側がこれを差し許したことが多く(57)、一応のことわりのなされた限りは、その稼ぎは例年継続し得た。

また稼ぎ簗に在っては、その設置しようとする場所の如何によっては、用水への差し障りを理由として変更を命ぜられ、またそのままに許されたとしても、用水取入の障りとなる時は、即刻取払うべき旨を一札に附言する必要があった。(58)また簗の為に水流が滞留し、用水堰を崩すが如き事態に立到った時は、簗稼人から人夫を差出し、昼夜に限らず、堰を元形に直すことは勿論、用水期間中「魚道」(59)などと名付け、堰に切り明けを設けるのは厳に警められたところである。

このように簗はいずれも当一作(60)を条件とし、用水引用に妨げを為さない限り、比較的容易に設け得たものであり、また当一作と称しても、年々差入の一札を改め、ほとんど累年継続し得たものであったから、用水権の優位の蔭に在りながら、御用簗・稼簗共、用水権との妥協により、甚だしい制約を受けないで存続し得たものと考えうる。

3　御用心水と用水権　御用心水とは天保五年(61)、東岩瀬に在る藩の蔵所の用心水としようとして、常願寺川筋広田用水の水路に用心水を導き下し、利用しようとした事例である。広田用水側は用心水の通路として、其の用水路が利用せられようとすることに対し、稲の耕作期間中の御蔵所への水の取り入れは、広田用水組の用水量の不足を生ずべきこと、また広田用水沿いの村々の中、低処の村々は冬水の通行によってその田地の乾きがむずかしく、春田に害のあること、さらに東岩瀬の御蔵へ御収納米を運ぶ馬は、往路には道を通るが、帰路には水流の少ない用水路を通ることが多いから、その便宜を計り、多分の冬水を引く事を止められたいこと、御蔵所への取入水に要する費用を、用水方へ転稼することのないようなどとの諸条件を掲げ、広田用水路の使用に反対しようとして種々の陳情を行っているが、十村仲間の計いにより、試みとして、一度限り用心水を通し、その結果を見て対策を講ずることとなって一応落着しているが、その結果は不明である。これも通舟の場合と同様に、藩の意図によって用水路の他目的への利用が考案せられた場合には、用水権の存在もこれに聴従せざるを得なかった事例として注目に値する。

(54) 前掲、川合文書。
(55) 前掲、川合文書。
(56) 前掲、「二万石用水史料」一六三―一六五頁及び一七四―一七七頁。
(57) 前掲、『牛ヶ首用水沿革誌』一二五―一二六丁。
(58) 同書、一二四―一二五丁。
(59) 前掲、杉木文書。
(60) 前掲、杉木文書。
(61) 前掲、杉木文書。

第六節　結　言

本章を終えるにあたり、越中灌漑用水史における特質とも見るべきものの若干を指摘し、もって結びに代えたい。越中における灌漑用水施設の発展はその開墾の歴史から見ても、相当古いものの数多く存することは明らかであり、その起源を上代、あるいは中世にまで溯って確かめうるものもまた少くはないが、その地形の影響を受け、諸川は氾濫を繰返すことが多く、その度ごとに取入口の変化、水路の移動と、これに伴う用水組織の変化を被ることがしばしばであり、さらに近世に入り、金沢藩前田氏の入部後、あらたに開墾の事業と関連して起工せられた用水路も少なからず存し、現在に見られる引水施設の組織は、近世前半においてようやく完成したものの多いことを察しうる。用水路の組織が、一応完成した後に至っても、水路の附替、井組の合併が相継いで行われたことは、越中の用水施設発展史上の一特質とも見るべく、これは水源を荒れ川に仰ぐ河川・水路が移動し易かったその自然的条件とともに、幾度にも亙った、一円領知の大領主としての前田氏の用水系統整備化の方策が、繰返し実施強化せられた結果であろう。

前田氏の治下における用水管理は、改作法の名によってあまねく知られる地方支配の組織と一連の関係に在り、郡役所である十村・御扶持人を出先の指揮者とし、その最重要事項の統制権は改作奉行所の把握するところであった。しかし十村は、用水管理に関する重大事項の僉議に参画し、種々の実施策に対する意見の具申をするに止まり、其の下に井肝煎・下才許人などの下級役人的な、直接用水の管理に当る者があり、前者は長百姓並の大高持中から任ぜられ、各江筋によってその定員があり、職務は現場支配の最高者の位置にあり、給米を受けて特別の失行のない限り、老衰・病弱等を理由として交替し、後任者は村々肝煎の推挙によることが多く、後者はその名の如く井肝煎の補助者であり、依怙贔屓なく現地の事情にそくした、用水の管理維持の措置に当ったものである。

両者の下にいわゆる「江廻りの者」の名の下に一括せられる、里子・戸番人・水番等の年季奉公人の人夫が附属し、直接水路の維持・監視に当っていた。

用水路の普請はもっとも統制的に行われた、当地域用水管理組織の一面をなし、水掛り区域から水下銀を徴収してこれを基金とし、普請個処およびその規模を調査・記載した台帳に基づき、時代に応じてしばしばその記載内容を改更しつつ、普請個処の変化する事情に適合せしめたが、水下村々の要求による、普請個処の増大の結果は、郡役所からの下附銀である郡打銀の増加となり、しばしばこの再詮議を命ずることを余儀なくせられている。

普請の実施は水下の村請を原則とし、用水役人の普請者となることを厳に戒めたが、事実上は村請よりも仕入人の名を有つ請負人によって行われることが多く、年季を限り、支出銀額を定め、用材の質、値段までも公定せられていた。仕入人にして年来の功労を認められ、年季請負人から定付請負人となった者も存したのである。

一見その用水量の豊富なことを予想せられる越中においても、新開の増加は近世末期に至っては、その豊富な用水量をも一応飽和点に達せしめたようで、用水分配においては、番水制が広く施行せられている。用水の争奪を廻る悽愴な水論の事実の伝えられるものは少ないが、これは多地域に比すれば、未だ水量に余裕のあったことと、十村・井肝煎以下の用水管理組織の完備が、用水分配に当ってその効を収めた結果と考え得るであろう。

しかし川形の変化によって一時水源を取り失い、他の用水路から借水をなし、急場を凌いだ事例は数多く存して、越中の特異性を示している。

用水分配のことは井肝煎の手中に在り、常願寺川筋の事例のごとく、最末流井組の井肝煎が、用水不足に際しての番水の施行に、全権を有したことは、他地域にも類例を見る、下流の救済を目的とする藩の措置の結果として理由付けられる他、下流で、しかも比較的新しい開墾地でも、すでに近世初期以降においては、高い免が結ばれて藩の重要視する地域となり、近世的な用水分配の規矩の成立期である近世の前半には、すでにその優位を承認せられたものであることは注目をひく。

内分水・表向分水・皆落し・江狩分水と、これら種々の分水の形式も、原則的には番水制の一型態と見倣しうるものであり、いずれも末流井肝煎の支配によって行われ、上郷井組井肝煎の立会を必ずしも要しない点も、また一特質である。しかも番水仕法中の最後的方法である江狩分水が、上・下郷のもっとも公平な用水分配法であり、それ以前の分水法が、多くは下郷の井組に実質的な利益のあるように見られることも著しい事実である。このような用水分配実施の時期に当り、しばしば上・下流の対立を醸した根本原因は、水当て石高を標準とする分水の規矩の成立後、すでに相当の年数を経、その間、それぞれの用水下においては新開の増加をもたらし、与えられるべき水量と、現実の必要水量との間の開きが、次第にその大きさを加えたことに基くものが多いことも指摘すべき一点であろう。

用水路の使用権をめぐる、用水権と通舟・漁業・その他の目的を有する利用者との間の関係においても、用水権の優位は動かなかったが、しかしこれらの用水路使用の目的が、藩の直接利用を背景として立案せられた場合においては、その藩から絶大な保護を受けたことの代償として、これに譲歩せざるを得なかった事例を少なからず留めている。御用簗の名を冠する漁業権との関係もまた同様であった。

以上述べ来った諸点は、裏日本の深雪地域で米作単一を主とし、水量は豊富であるが、その自然的環境は氾濫をもたらして水路・耕地の変遷がしばしばであり、暴水を導いて用水とする手段を有する大領主の至大な統制力により、初めて活潑な利水および開墾の進捗を見、近世に入ってようやくその用水組織の完備した輪廓を示すに至った越中平野用水史の特質で、これは京畿以西の、古い歴史を有する地域の場合とはすこぶるその様相を異にするものと解し得るのである。

（一九四三、一〇調査、一九四三、一二稿、『経済史研究』三一巻二・三号（一九四四、二・三月刊）掲載　一九七一、六補訂）

第四章　甲州朝穂堰における高原地開発用水問題と管理機構

第一節　序

――開鑿過程――

1　浅尾新田と浅尾堰

浅尾堰は甲斐北巨摩郡、八ヶ岳と茅ヶ嶽との間を流れる塩川を、江草村八巻で堰止め、茅ヶ嶽西南麓の斜面を縫って南流し、浅尾新田に至る用水路で、寛永十六年に着手し、正保元年に完成を見たものである。浅尾堰はこの下流部を称する穂坂（一三五―一三七頁参照）および楯無の堰とともに、由来三堰と唱えられ（朝穂堰の名は明治に入って浅尾、穂坂両堰を合併し、各その頭文字の一字宛を採った称呼である）、これらの三堰はほぼ類似の起源を有し、ひとしく天領甲斐の用水堰として甲府代官所の支配を受けた。

浅尾堰の開鑿は浅尾新田の開発計画に直接の関連を有つ。寛永十六年、茅ヶ嶽麓の平坦な高原、浅尾原に近い上神取村の清右衛門、重右衛門の二人が、この台地の開墾に着眼し、代官平岡勘三郎に願いいで、芝間新田村の用水として引水計画を立て、浅尾栃沢までの自力掘渡に成功し、ここに浅尾堰の基礎は成った。前述した楯無堰の開鑿が寛文六年江戸出生の野村久左衛門の発案にかかり、また近くに位置する徳島堰が寛文元年に開かれたなど、甲州における近世初期の活潑な新田開発、用水堰開鑿の気運、若しくは政策の一環の事業として起された事情は明瞭であり、浅尾新田の開発に援助を与えた代官平岡勘三郎は、すでに北山筋富竹新田の経営に成功した直後であった。

浅尾新田は特に新田経営の面だけから見ても、相当に異色のあるものと思われるが、ここではたんにその概略に止め、浅尾堰あるいは穂坂堰との関係についてだけ若干の説明を試みることとする。

浅尾新田は清右衛門、重右衛門の二人にその開墾の提案、ならびに自力による堰の掘渡を行わしめた以外の諸点については、すべて官営事業であった。地所割はすべて平岡勘三郎の手に成り、割付以前の百姓の勝手起は厳に禁ぜられ、浅尾堰も水引渡しの後は公儀人足によって営まれ、新田高は諸役免許ならびに屋敷年貢もともに免除の条件であった。ことに免許屋敷と唱える五十七戸分の屋敷地は、その面積が甚だ広く「浅尾新田棟梁　上神取生　清右衛門」一町二反一畝十八歩を初め、同じく「棟梁　村山東割生　重右衛門」の八反歩、以下二反歩未満の者は僅かに七戸分に過ぎない状態である。後に至って免許屋敷地の大部分を開いて水田とし、用水費の負担がなく、無租地である田地に多量の用水を引灌し、下流村々との間に種々の関係を惹き起した事情に就いては後述することとする。

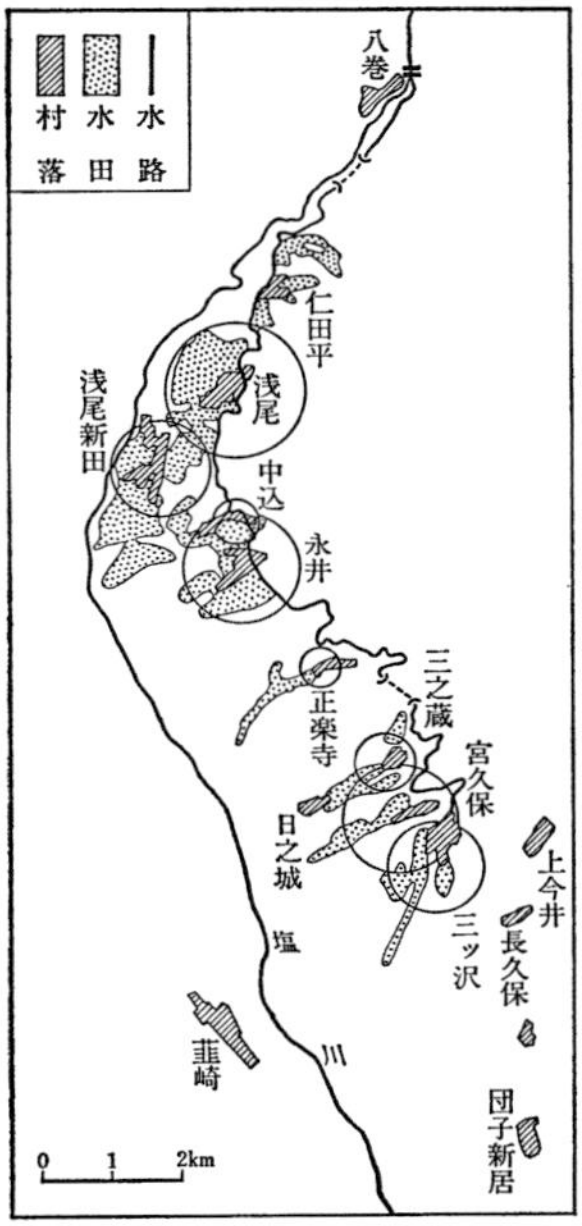

第７図　朝穂堰附近の地域図(現在)
(円は字別水田面積を示す)

２　穂坂古堰

穂坂古堰は寛文八年、後に穂坂堰組の中に加わった三之蔵村の杉村七郎右衛門の計画で

（元大阪町人と伝える）浅尾堰を拡げ、浅尾村長坂から掘り継ぎ、上手、小笠原、三之蔵の三村へあらたに引水し、三ヶ年にわたる工事の結果成功した。堰掘継の条件は新田開発、所務差上が眼目で、畑成新田高は江草村二町余、浅尾村二町余、浅尾新田五町余、永井組十七町余、正楽寺組三町余、三之蔵二町余、合計三十一町余歩の田成年貢の上納を行った。掘り継ぎは三之蔵村に止らず、流末三つ沢村にまでおよび、さらに下流にも新田高をうる筈であったが、七郎右衛門の資金難のため寛文十二年春、公儀への「堰差上げ」を行い、以後は甲府代官の支配となった。幕府の手に移って後、寛文十二、延宝元年両年の普請が堰筋の給地人である渡辺平左衛門、新見備中守二人の立会普請となり、上、下の二筋に分けて普請を行ったことがあり、さらに延宝二年以降は、江草村大口から浅尾村長坂までは幕府の手により、長坂から三之蔵までは新見備中守の手によって行われ、堰水番が二人（五月から七月迄の間江草村で一人、永井村で一人）定められ、賄分として金子三両が与えられた。穂坂古堰がようやく浅尾堰と共通の管理を受けるに至ったことを示す。もっとも七郎右衛門は扶持米六俵、三之蔵地内に無年貢の新畑四反七畝歩を堰差上げの代償として与えられた。

浅尾村長坂までのいわゆる浅尾堰の部分は幕府の手に在ったため、堰普請も年々つつがなく行われたが、新に掘継いだ部分は三之蔵、三つ沢の地頭新見備中守、宮久保村の地頭渡辺長門守の両人は普請費用の負担に耐えず、百姓自力普請を命じ、分水役人を廃した結果、穂坂古堰筋は荒堰と化し、後穂坂堰の掘継まで放置せられるに至った。三之蔵の新開は十二年間、宮久保、三つ沢村分は僅かに三ヶ年の命脈を保ったに過ぎなかった。長大な堰の開鑿には、統一せられた政治的支配権と、財力の支援とを必須条件とすることを実証する。

なお宮久保村の例を見れば、古堰筋の堰支配に、村外居住の町人資本の進出の証跡がある。甲府柳町の伴藤右衛門は、堰の支配管理の報酬として初めの三ヶ年は立毛の四分を、以後は一反歩に付甲金三分宛、さらに百姓請の芝間中に、一町歩と屋敷三戸分を受け、堰番賃は一ヶ年甲金二両二分宛、藤右衛門から支払いを約している。藤右衛門は地頭と地元民の間に介在する請負世話人であり、この人が資金を供給し、地元民の労力提供によって芝間開発の試みられた事情を示す。

3 穂坂堰

上代の穂坂郷に当る三之蔵、宮久保、三つ沢三ヶ村の地域は、元来畑方ばかりの地で田方は一切無く、全くの天水場で一、二ヶ月も照続く時は呑水にも事欠き、坂下一里余を距てる塩川から牛馬で附け上げ(今も牛殺し桶の名が残っている)農耕の時を割いて飲用水に苦心を払いつつあった。ことに天和三年、穂坂古堰の荒堰となって後は、正楽寺組から下流へは全く通水を見ず、村々の困難は旧に倍した。

正徳六年、三ヶ村は共同の訴願を藩主柳沢氏に提起し、古堰の修覆、ならびに浅尾堰筋の水面の傾斜が大きく、水勢の急な事情に着目し、堰筋をあらたに設けることを計画した。したがって上流江草村地内の堰幅を拡げて用水の引入量を増し、上郷に水奉行を設け、三つ沢村までの引水と、これに伴う新田開発を併せ期待したのである。「堰開鑿議定書」によれば、三ヶ村は戸数、耕地反別に差違があるに拘らず、人足諸色の三ツ割、使用水量の三ツ割を定めている。新開田の予定は三ヶ村を通じ二百六十余町歩である。歎願が容れられれば、目論見金の名目による着手金五拾両の貸与を受け(諸道具買調の為)、芝間開発の上は免許屋敷をも要求しているのは、浅尾新田における前例の好条件に倣ったものであろう。右の新堰普請の御入用堰を願った点、ならびに上郷の樋口数ヶ所に、分水奉行の設置を願ったことは、穂坂古堰の前轍に徴した結果である。

享保三年開鑿案は決定を見、幕府の支出金額は五百八十七両と定り、かつ新田開発の反別も、二十町歩を最低限度とし、この反別に達しない時は、入用金は減額せられる条件の定書がある。ただし五百八十余両以上の経費を要した場合も、増額は認められず、三ヶ村代表十五人の連判者の負担に帰する筈であった。事実、工事完成には千両に余る資金を消費し、残額は規定の如く十五人の負担する結果となっている。堰の掘継に伴い、江草大口以下の堰幅は三尺を切拡げて九尺とし、堰長は浅尾堰分六千三百四十五間に加え、穂坂堰八千三百間、深三尺、堰の延長中、穴堰となすべき部分は三百間であった。

堰工事の最難所であった正楽寺から三之蔵に至る風越山の穴堰も、長さ一間に付銀六匁五分の掘賃、扶持米諸色は村賄、土引人足の村勤をもって強行せられ、幾多の劇的場面を経て享保三年、遂に三つ沢村までの完成通水を見るに至り、かくして芝地開発の業もその緒に就き、江草村大口本途水五割増の分を以て、三ヶ村の無水田村は有水田村へと変貌したのである。

第二節　普請における支配と統制
——管理機構　その一——

1　普請人（定請負人）の変遷とその意義

穂坂堰掘継以前における浅尾堰、穂坂古堰の普請は、いわゆる自普請所で、水下村の共同責任において行われ、普請担当人と見るべき者は存しなかったが、穂坂堰掘継後は、堰長も大口から三つ沢まで、七里余の長間に達したため、普請人（定請負人）の出現を見るに至った。

穂坂堰に近い団子新居村の六郎右衛門は、すでに慶長十七年大垈堰を開鑿し、四百余石の新田開墾に成功した経験者であったため、穂坂堰の掘継に際して、三ヶ村の「右三ヶ村之儀只今迄は畑在所に御座候へハ堰方になれ不申候に付貴殿を頼見立并せわやきに三ヶ村に而御頼申候」との依頼を受け、宮久保、三つ沢両村の田成見込地百四町歩の八分一である十二町五反歩を得、さらにその馬肥をも入会場から得る条件をもって、堰世話役を受諾した。「六郎右衛門由緒書」の文言には、堰掘継の報酬として宮久保、三つ沢両村地内に年貢諸役免許の屋敷地、ならびに年貢地を与えられた際の証文には「右堰用水之世話永可仕……」との保証のあったことが見えているから、その浅尾穂坂両堰普請の定請負の事実は、この時以来の例と見做し得る。かくして六郎右衛門の定請負は累年継続したが、二十四年後の寛保三年には六郎右衛門の排斥、水下村請が請願せられ、一旦入札請負となったが、延享二年以降再び旧例に復した。

寛政二年、六郎右衛門は浅尾堰の地がその居村団子新居から手遠の故をもって、十ヶ年期と定め、水下浅尾、浅尾新田、永井組の三人の下請人を指名し、幕府の下附金の二割五分をその手中に収めることを条件とし、普請の実施を下請人に譲った。下請人の出現は寛政四年の役人見分の結果の普請不合格の例に見られるごとく、中請の弊《マヽ》害を暴露し、実際上の利益享受者である水下村の利害と相反する結果となった。すなわち「当年甲州一円田畑一統法作と申ならし罷在候処私共村々之儀者右御用水定請人下請人の者共御普請仕立方等閑仕候より水行届き兼私共二ヶ村之儀者当子年田方旱損仕……」とはこの事実を示す。

寛政五年、六郎右衛門と水下村との和協が成り、下請を廃し、定請負人の手普請とし、清右衛門、重右衛門等をも加えて責任者を五人とし、損徳金の処分は十分の三を六郎右衛門分として控除し、残る十分の七中の四分の三が六郎右衛門初め他の二人の差添人分、四分の一が重右衛門、清右衛門分となっている。定請負人六郎右衛門の勢力の残存の度合のはなはだ強いことを示している。

文化七年頃になると、五人の定請負人の下に水下村による諸色仕立方引請を生じ、さらに文化十一年に至っては、幕府の財政難に由来する諸色代の減額があり、六郎右衛門も遂に定請負を辞そうとし、他の定請負人さえも出でようとする形勢に、ここにふたたび水下村請が出願せられている。

六郎右衛門の定請負は遂に文政元年に至り、文化十一年夏から夏急破普請を引請けて手廻りがよく、穂坂堰村々の信頼を得た浅尾新田忠左衛門（棟梁重右衛門の後）との間に、六郎右衛門の「手廻り兼ぬる」ことを理由とし、十三ヶ年期をもって譲渡の契約が成立した。その条件は初の三箇年間は二割、後の十年間は一割五分を、幕府の下付すべき定普請金中から六郎右衛門に与える定である。なお臨時普請に際して、余剰金の出た際は、六郎右衛門と忠左衛門の二ツ割である。しかし忠左衛門は名義人でその妹婿幸左衛門が事実上の定請負人であった。これとともに諸色出方引請人として、江草村庄兵衛の登場を見る。幸左衛門が浅尾穂坂両堰仕立惣代の名を獲たのは文政六年以降である。

幸左衛門の仕立惣代は契約の十三ヶ年をさらに延長して天保年度に至り、水下村との関係も良好で、ようやく六郎右衛門の名義は忘却せられ、幸左衛門の一判で甲府との交渉を行うに至ったので、天保五年には六郎右衛門の名義復活願があり、加うるに穂坂堰組（下郷）の満足は浅尾堰組（上郷）の不満となり、天保九年、幸左衛門の二十五ヶ年の季明けに至って、上郷四ヶ村は幸左衛門の不正の廉々——丈夫な井路をわざと破壊して普請金を受けたこと、仕立人足を他から雇い、水下の者を雇わなかったこと、幸左衛門が仕立惣代となってから、上郷の植付の旬後れとなったこと——を挙げて仕立惣代役の取放しを要求し、幸左衛門の留任、取放しを中心とする上郷、下郷の抗争対立となり、天保十年に至った。上郷の幸左衛門に対する反対の真因が、幸左衛門の公平な取り斗いの結果、上郷で堰筋に盗穴を拵えることが不可能となったこと、ならびに上郷でみずから普請を担当し、利益を得ようとすることなどに在るのを指摘している点、および幸左衛門の取斗いの結果、用水の供給の潤沢となったのを見、役人があらたな畑田成を徴しようとしたことが、上郷の誤解の基となったことを述べているのは注目に値するであろう（下郷の陳述及び幸左衛門の追憶書）。幸左衛門が老衰のゆえを以て提出した、その子茂左衛門の惣代役見習のことは容れられず、上郷、下郷の折合の宜しくないことの故を以て、遂に幸左衛門は罷免せられ、上郷、下郷八ヶ村を通じ、各村一名宛、「普請仕立方」の名をもって「身元相応平日実体のもの」が選任せられ、ふたたび水下村々の共同管理に移ったのである。

共同管理は一見甚だ合理的なように考えられるが、責任者のない為、工事の不行届となり易い傾向は、すでに過去において幾度か経験したところである。すなわち天保十一年には表向は組合請であるが、「御組合村々之内ニ而者手堅候御人無之趣に付私共江御普請仕立方諸世話御頼被成……」として、浅尾新田忠左衛門、愛蔵の両人が仕立惣代を依頼せられているのである。然し「仕立惣代」に関する村々の要求は百出し、あるいは惣代のない村の不利益を唱えて一村一人宛の惣代を要求し、あるいは長年季を避けて四ヶ年季を主張し、また下郷から、上流村々の秘密の新開田がすこぶる多く、これに要する水量を確保しようとする上郷の野心を訴える等の事件が連続している。

天保十一年五月、上郷、下郷を通じ、二ヶ年季の五人の堰惣代の選任を見、「御為第一……年々御入用相減候様……流末迄通水行届候様」との勤務心得が附せられた。この際江草村庄兵衛を差添え、ふたたび六郎右衛門の諸色出人としての地位が認められた。しかしなお五名の仕立惣代の下に人足方と称する二人が、事実上の担当者となったことははなはだ意味深い。安政二年に穂坂堰組合から出された歎願に言う、仕立惣代は単に定式普請だけに力を注ぎ、普請見分済の後は水下村へ引渡しとなる結果、水配中は水役で世話する他はなく、工事が二途に出でて不都合の多いため、仕立惣代と水役を一途にとの要求、また文久二年、極流末である宮久保、三つ沢両村の、仕立惣代役を換えられる際はこれ迄通り、流末二ヶ村中から任命願い度い旨の願書は、用水分配の実際上から見て注意すべき要求であろう。

以上縷々述べて来た普請人の変遷は、これを一言に尽せば、最初村請であった浅尾堰の普請は、穂坂堰へ掘継がれるに際し、堰見立幷に世話に経験のあった隣郷団子新居村の六郎右衛門が定請負人の名義を得て、普請担当者となり、幕府からの下附金の範囲内で、自己の計算を以て普請を行い来ったが、寛政二年から場所手遠の故をもって水下村に下請人の出現を見、六郎右衛門は幕府の下附金中の二割五分を収めることとなった結果、定請負株名義の所有者と化した。このような中間的な請負業者の存在は、当時の吏僚に実際の土木事業の手腕を欠いたことによるであろう。中請、下請人の出現は益〻工事を粗漏にし、その直接の被害者である水下、特に下郷の奮起となり、ふたたび六郎右衛門の手普請となったが、事実は六郎右衛門に普請金額の三割以上に当る利益金の分配の保証を条件とした、水下村請と見るべきものである。文化十年から堰仕立惣代となった幸左衛門の請負は、二十五ヶ年間継続し、下郷の信頼を得たが、上郷における新田の秘密開発の結果としての上郷の用水不足と、盗水の行い難い事情、幕府役人の新畑田成の増免要求等が原因となって遂に却けられ、村請の名による堰仕立惣代五人の選任、その任期の短期化をもってついに明治に及んだのである。幸左衛門一件によって、上郷と下郷の利益の相剋が暴露したものと解し得るであろう。

2　普請箇処ならびにその方法と意義

浅尾堰、穂坂堰が延長七里に余る、流域に火山岩が卓越し、水保ちがわるく、崩壊を招き易い山腹を縫い、所々に掛樋若しくは繰抜穴の幾つかを有する関係上、これの維持経営に常に多大の労力と費用とを要し、一旦これの管理を怠ると、たちまち流末へは用水の不通となるのが常であり、ことに堰の成立の関係から、上郷、下郷の二堰組に分れてその間の連絡が充分でなく、一層用水の不通を来す虞が多く、この維持に困難を重ね来ったことは見易い道理である。堰の開鑿後、水路への不断の通水のため、年々行われてきた普請には、定式普請と夏急破普請の二者がある。前者は冬期に定請負人、もしくは堰惣代の計画をもって行われ、仕様帳の記載と照合し、役人(一五四頁参照)の実地見分の上引渡される例であり、後者は夏期田用水の通水中、故障を待って随時行われる、名の通りの急破普請である。

普請の際は下流への通水を一時中止する必要があるため、普請期の如何は下流の作毛に重大な影響を及ぼす。したがって天明三年六月、風越穴が塞り、一時通水の杜絶えた際の急破普請のごとく、土用中でもっとも田用水を要する時期であるため、穂坂堰組はたとい半日でも用水を皆止めにせられては旱損の憂のあることを理由として、秋中までの延期を願い出ているのはその一例である。

堰の機能保持のため、幕府が払った関心の度は、後述する普請金の項で詳述するが、全般的に云えば、時代を降るに従い幕府の財政難に由来する普請の簡易、粗略化は免れ得ないところであった。

穂坂堰の完成後四十余年を経た明和年間に、この現象はすでに現われ、明和五年、大満水で大破した箇処の修覆は、御普請惣体減少の理由をもって充分でなく、堰床高、堰幅狭縮、洩水等が相次いで起り、流末は田畑皆無作にも拘らず、役人の派遣すら杜絶えるごとき事情にあり、出役方の歎願が提出せられているのを最初とし、寛政五年の費用減額復旧願、文化八年の正楽寺、三之蔵間の堰幅の狭い箇処の切広げ願、安政三年の、定式普請目論見増願と相続き、幕末、財政難は極点に達して堰にまでその手が及ばず、弘化三年には春定式普請は休年となり、幕府の手段を待つばかりでは堰筋の継続が不可能となった結果、水下村役の請負によって手直し浚普請となった事例も存する。殊に慶応三年には既に掛り役人も現地に到着せず、明治に至るまで、普請は行われない破目になったのである。

普請箇所は、常に破壊し易い場所の堰の付替と、掘抜穴の天井切広げが主要なものである。前者は度々崩壊して極難場であった三休の普請(嘉永六年)、浄居寺沢の付堰の急破箇所の新穴掘抜等が著しいものであり、後者はその穴堰の延長が三百間に近く、中央部が狭くしばしば堰水の閉塞を招いた風越穴(寛政十一、天保六、安政六、文久二年と度々出願)は、ついに文久二年に至り、幕府の下知はなくても組合村々で引請け、割合金をもって成就しようとし、村役人が請負人となった場合、また三之蔵村地内狐穴天井切工事の例もある。

これらの定式普請(浚えを主とする)に加えて、急破普請の年々行われたことは、本井堰が、人工の限りを尽くして成った難堰で自然的条件があしく、到底近世以前の土木技術の幼稚さをもってしては開鑿の困難な事業であり、また幕府の支援のない、村落間の協同(この協同も近世に入り永い間の一円幕領を前提して行われた)だけでは成就し難いものであったことを物語る。

春定式普請は例年とは云いながら、もっとも大きい官営普請であった故に、その普請に際しての申渡条項ははなはだ緻密で細部にまで言及している。天保十四年の例を採り、ここにその一例として示す。

一、普請仕立中場所掛りは日の出前に人足相揃、直ちに取掛り、夕は日の入に仕舞のこと。

(附り)　昼前、昼過二度宛並昼食共都合五度の休、日の長短に応じ線香で分量を極め、いずれも掛け引太鼓の事。

一、村役人共は日々早朝から場所へ詰め、夜まで附居、各持場の分通り相違なく働き、他を顧みず自身の励方専一の事。尚人足着到のことは一入念入に改め、その日一番の着到人は増歩賃銭、遅参の者は差帰し、以後遣うべからず。
一、石積は大石を以て積立、根石深く掘込み、土台の据方其他惣而麁末の義無之様。
一、箱樋、穴内埋樋の諸色は総て入念に用意し、木性の撰方第一に心を用うべき事。
一、新規築立の井路堤その他の分共成るべく真土を以て築堅むべく。
一、穴内浚は別けて入念たるべく。
一、井路浚は水盛地杭書付の通り浚うべし。
一、諸色改めは掛りの者下改し、其者共から申出、極印済の上用うること、若歩おとりがあれば掛りの者の越度たるべきこと。
一、床芝込芝別けて入念に仕立つべく、ねこだ継目、重ね目等肝要の事。
一、甲蓋木を掛ける場所は石垣の上端を五、六寸も低くし、上山より石、砂利等が落ちても甲蓋木の保方専一に心掛くべく。
一、掘割の場所は法りを付け、きっ立に掘るまじく。
一、落石は猥に取除けず、欠崩の場所が有れば最寄の分は持運び、段付の様に仕立べく。
一、蛇籠は手本籠に倣い、これに劣る分は一切使わず、石詰も大、中石で詰めるべき事。
一、穴内掘込は中に大石のある時も、脇へ掘廻さず石工を頼み割取り、水行の宜しき様取斗うこと。
人足の遣い方ならびに普請施工上の注意事項が主である。なお嘉永五年の請書には、国恩の程を忘却致さず、普請中雪融、出水等で普請が手戻りとなれば幾度も仕立直し、増入用は要求しないこと、および普請金は甲乙なく割渡し、請取書を取置き、後日勘定出入のない様、普請出来の日限は相違なく守り、出来栄の見分を受けるべきことなどが添えられている。

3　普請金の支出とその負担

(一)　幕府と堰組との負担関係

穂坂堰の掘継以前の浅尾堰は自普請所であった。しかし慶安元年から元禄十六年まで、五十六年間の堰普請は諸色は御入用であり、次いで宝永元年から享保三年までの十五年間は、春定式普請人足はいわゆる御扶持で、壱人に付米五合宛が与えられ、水下村で割合ったのであった。ただし夏急破人足は扶持がなく百姓勤めであった。したがって宝永四年のように、地震のため、数ケ所の崩壊地を生じた際は、特別急破普請入用の下付が出願せられている。すなわち浅尾堰は自普請所とは言いながら、漸次幕府の保護の濃厚化する傾向が窺われ、御普請所化の途を辿りつつあったものとなし得るであろう。穂坂堰の掘継以後は甲州三堰の一として御普請所となり、諸色代并に人足賃永を下付せられ、普請人(定請負人又は堰惣代)がこれをもって定式ならびに急破普請を賄ったのである。

普請金の下付は前貸、中貸の形式をもって、その内の相当部分が予め前以て下付せられるのを常とした。明和九年から天保十年にわたる十一通の「奉請取御普請金之事」と記した前貸請取書は、拾両乃至百両の資金が前以て与えられたことを示している。安永六年の例によれば、三堰定請負人六郎右衛門は、合計材木三千三百七十八本、米三十一石七斗三升余、金三百六十八両余を受取っているから、前貸の金額は受取総額中においては、それ程大きいものとは認め難い。明治におよんでも、その三年までは御普請所としての従来の方式が踏襲せられ、水防府御役所、若しくは堤防方役人の名をもって、諸色代ならびに人足賃の下付の継続せられているのを見る。

幕府からの普請金の下付は、上述のようであるが、時として――否文化頃以後はしばしば見る現象である――何らかの事情により、下付金または手当の後れる場合、普請人は手許の算段に窮し、地方有資者の短期融資に依頼することが少なくなかった。融資者の中、もっとも著われるのは江草村岩下組の庄兵衛である。その利足は、月一割五分と云うはなはだ高率のものであるが、これらの融資は多くは短期で、あるいは文化三年の御材木の下渡期が後れたためと云うように、大抵半季以内の場合が多かった事情に依るであろう。借用名目は他に芝代金(天保八年、同十五年、弘化四年)、定式普請入用の不足(天保十一年)、諸色代人足賃手当(天保十二年、同十四年、弘化二年)、急破御普請取替金(天保十五年)等と見えている。もっとも多額であった場合は、天保十三年改正の結果、多分の辨金を必要としたために、六郎右衛門の宮久保村地内に所有する免許地、ならびに三堰定請負の由緒を質入し、百五十両の融通を受けている例である。但しこの場合の利息は、年壱割の低率である。ここに庄兵衛が六郎右衛門の差添人として登場する契機が存する。あるいは明治の時代を迎えることがなければ、庄兵衛が定請負人名義の所有者となったことも可能であったろう。

幕府の下付金中、諸色代永は時代を降るに従い、しばしば減額(単価切下)若しくは村役(無代供出)を要求せられるに至った。宝暦七年の竹、縄代永の引下げ、文化五年のねこだを水下村役に差出すべき要求などはこれである。また御扶持米人足賃永も慶応三年には正米所相場を廃し、江戸張紙直段割増をもって交付しようとする等の事情に在り、これらはいずれも水下村の歎願の結果漸く前例を固守し得たのであった。

諸色中、材木に関しては、無代木下付の名目ではあったが、用材を伐出すべき地は山梨郡積翠山で、堰までの距離が遠く、運搬費に窮し、下げ渡しの材木は下値ながらも地元で売却し、普請材木代中不足の分は、水下村の辨金をもって補い来った実情に在ったのである。この無代木も文化十二年以降は中止となり、材木運搬費だけを与えられることとなり、幕末におよんだのである。

普請費用削減の傾向は、急破普請の手続にも現われている。すなわち現実上の必要に迫られ、急破普請を行った際にも、その普請金は直ちに下付の取運びにならず、これを翌年の定式普請に組込み(文政六年日向穴が大雨のため、天井が崩落ち、穴内掘廻し普請を行った際の例)さらに翌年の定式普請金の範囲内に於て賄わんとした為、翌春の定式普請額は格別減額の結果となり、堰仕立惣代の歎願となったごとき、また急破箇処を仕越普請として修理すべき命を受けて普請を実施したにも拘らず、予期に反して組込みは行われず、堰仕立惣代の負担と化し去ろうとしたごとき(天保九年三之蔵沢の修理)幾多の実例を挙げ得るのである。当初の完全な御普請所の実体が、時代を降るに従い、幕府の財政難に基く諸色、賃永に対する単価の切下げ、また急破普請金の定式普請金への組込みのごとき現象を招来し、水下村の辨金の必要度を次第に増し、やがて水下村の全額負担を余儀なくせらるるに至る過程を示すであろう。幕府の保護の稀薄化が、やがてまた堰組の経済の独立化を促進する結果となった事実は意味深い。

㈡　堰組内部の負担関係

浅尾堰が自普請所で浅尾、浅尾新田、永井、正楽寺四ヶ村の組合であった頃の負担関係中、人足割合は次のようであった(宝永四年)。

(イ)　堰御普請御目論見人足(定式普請に当るもの)は四ヶ村田反別割の事

(ロ)　破損人足諸入用(急破普請に当る)は浅尾新田が割元で四ヶ村七ツ割、但し一つは正楽寺、残り六つは三ヶ

村で歩割合の事

割元の名は浅尾堰開鑿の由緒により、穂坂堰の掘継後に至るまで、浅尾新田の有する処であった。すなわち村内に割元会所を設け、村役人が年番でこの任に当り、負担割付の決定者たる地位を保持した。破損人足諸入用の歩割合も後に改めて反別割となったが、この際(享保九年)にも浅尾新田はその反別の格別多いにも拘らず、その負担額がたんに村割(歩割合)に過ぎない理由を、割元の役引である所以を述べ、反別割の採用に際し、除分五町歩を許されている(祖先の功に報いるため)割元村と云う称呼は、あるいは割合村とも称し、諸会合の会場となり、また堰筋触立てなどのことも、この村で行う処であった。

浅尾穂坂の両堰が御普請所であったとは云え、この実質の完全に行われたのは、春定式普請の場合に限り、急破普請に際しては水下村々はしばしば人足諸色の臨時的な負担を余儀なくせられた。人足は高百石に付村役人足五拾人、五拾人は米七合五勺、その余は米七合五勺に加えて永八文七分の割合であった。人足の他、支出を要するものに芝代、留草、明俵代がある。なかでも芝代銀壱町当り甲銀四匁壱分八厘三毛(三度に割合って差出す)、留草、明俵代甲銀七拾弐匁の七ヶ村割(何れも天保十五年)などは主要なものである。

下郷穂坂堰組はまたその内部で、大体村割と見るべき割付の標準を有していた。すなわち三之蔵、宮久保、三つ沢は三つ割を原則としたが、三之蔵の反別が過少のため、正楽寺村分をこれに加え、合せて一ヶ村分とした(三之蔵持分の$\frac{1}{5}$を負担)安政五年三休の急破に際しての人足も、大体この率を以て割合っている。

上郷(浅尾)下郷(穂坂)の負担割は、原則的には上述のような定があったとは言いながら、上郷は時に応じことにより、ややもすれば下郷に過当の負担を負わしめようとし、両組間に紛擾を醸したことは一再に止まらなかった。すでに文化八年には芝代割合と称し、格別に上郷よりも多額を下郷に割付け、穂坂堰は大口が一つであるのゆえを以て、穂坂堰分の負担の他、浅尾堰分の負担をもなすべき要求を受け（慶応二年）、熟談の結果上流江草村分内の分として、穂坂堰組から年々甲銀四百二十匁余を出銀すべき契約となったように、下郷の位置上の不利に由来する、負担の上での不利は到底まぬかれ得ない処であった。明治八年の規定書においてもこの事実は再確認せられている。

村々負担分の中、さらに注目すべきは、組合七ヶ村以外の近隣村が、組合村への割当水量の余剰を受けて新田を開き、その開墾反別分に相当する負担金を私的に負担しつつあった事実の存在である。文久、元治に亙った三之蔵村とその下日之城組との一件は、日之城組から助合人足年参拾人宛、また西ノ田見舞として差出した負担銀若干額の協定をもって落着を見ている。

4　堰筋の保護

年々莫大な維持費を投じた普請所であるから、その保護に万全の策が講じられ、種々の禁令の見られるのは当然である。つとに享保三年穂坂堰の完成を見ると、堰筋に高札が建てられ

一、此堰筋に於て材木不流魚取申間敷候事
一、堰土手之竹木幷草苅取申間敷候事
附　堰土手之上へ作毛仕付申間敷候事
一、堰土手江牛馬を猥に放申間敷候事
附　水門前待を掛申間敷候事

の三条項を戒め、寛政四年には再び類似の高札を江草御詰所前、浅尾一ノ口、新田大峯、同長坂の四ヶ所に建てたことがあった。それにも拘らず、宝暦十一年には穂坂堰筋宮久保村の井路縁に畑作を仕付け、あるいは文化十年江草村地内において、小魚捕りのため、冬中で呑用水の引取中であるに拘らず、江草村の大口を締切る等の違反者の絶えなかった事例を残している。

第三節　堰の支配関係
——管理機構　その二——

1　御詰所の設置とその経営

御詰所は享保三年穂坂堰の開鑿と共に、河除奉行の命により、七里に余る遠堰の用水の完全な疏通を図るため、浅尾から三つ沢までの間、三ヶ処を選んで小屋を設け、水配の役人の屯留に供し、その小屋経営の諸懸りは、水下村の賄をもって設けたものである。三ヶ処とは、浅尾村の中に一——浅尾、浅尾新田で経営——正楽寺村に一——永井、正楽寺で経営——宮久保村に一——三之蔵、宮久保、三つ沢で経営——であったが、大口の江草村に水奉行がなく、不都合の多いことから、享保六年、正楽寺の小屋を江草村根小屋に移した。享保九年、国守柳沢氏の移封により再び幕領となると、浅尾村の小屋を廃して江草村根小屋及び宮久保村八丁原の二箇処にこれを改め、江草小屋は浅尾、浅尾新田、永井三ヶ村の負担、八丁小屋は正楽寺、三之蔵、宮久保、三つ沢四ヶ村の負担となった。しかし二ヶ処の小屋の建直しの場合は、七ヶ村の反別割とし、また流末に田反別が多く出来、根小屋小屋賄組合の分を凌ぐに至った時は、上郷、下郷共に反町割合改で出金すべきことを約している。小屋の設置当時は、反別が少くて、しかもなお八丁小屋を経営した下郷組の不利であったことは勿論である。

下郷宮久保村八丁原の詰所は、安永八年にまた少し移動して、同村内「降宮」に位置する事となった。その理由は明らかでないが、宮久保村が旧位置に置くことを拒否した事情が見えている(宝暦十三年)。詰役人の行動あるいは待遇に関した問題からであろうか。

また役人自らが主動となって詰小屋の移転を策した例もある。すなわち安永八年に上郷の根小屋詰所を江草村の内八巻組に移そうとした場合であって、上郷村々は根小屋の位置が大難所の中間に在り、かつ大口への距離も廿町内外で、大口の掛け外しにも便利な由を述べ、八巻組に移っては距離が遠く、急場の間に合い難い事情により、根小屋に留め置かれ度い由を陳情している。根小屋小屋の位置の交通の便否が、このような企てを起さしめたのであろう。

水下村々は御詰所の設置、役人の駐留により、配水上の利便を亨ける反面、賄費用その他の煩忙に窮した事例も数多く存する。享保九年柳沢氏が国替となると、浅尾、穂坂両堰水下七ヶ村は連合して、三ヶ所の詰小屋を潰し、徳島、楯無両堰並に、堰筋の最寄村々に滞在を願い、また天明二年には永井村の百姓品右衛門は普請役に対し「村方迷惑に付堂宮に成共御引越」を要求したなどの事は、いずれも村方の困却を物語るであろう。

御詰所の連年の修覆入用ならびに賄は、文化十一年頃から堰仕立惣代の請負であった。壱ヶ年甲銀九十六匁(文政五年の定)をもって請負い、その半金は役人到着の折に、残る半金は役人引払の節に支払いを受ける定であった。役人滞在中の木銭米代は所相場をもって支払われるから、一見水下村の負担は、御詰所修覆入用の他にはほとんど要しないようであるが、事実はこれに反した場合が多く、役人の引揚げに際しては、水下村から「一汁一菜の他御馳走ヶ間敷義決而不仕」との請書の提出を見るのを常とし、また「御水配御用御詰所御詰合中御賄方入用仕上帳」があって、支出の全額と役人支払の分とを明記し、その差額の村への割付額を記載しているにも拘らず、村方が過当賄を行い、入用が嵩んで注意を受けた事実が見られるのである（天保十三年）。天保十四年の穂坂堰組の例に拠れば、仕上帳に記された支払金額は三拾貫八百余文、役人の木銭支払分は拾八貫六百余文、差引拾弐貫文余が三ヶ村に割合うべき分となっている。同年の上郷根小屋御詰所の支払金もこれと大差のない額である。

「賄方入用仕上帳」の記載では、上述のごとく上郷、下郷の相違を求めることは不可能に近いが、下郷「降宮」の御詰所では、詰所の建替、増築が頻繁に行われていることは注意を魅く。安永八年、八丁原から降宮への移転に続き、文化十三年の建替、文政十一年甲銀五百七十六匁余を投じた建継、天保七年の奥座敷新建立、同十年の涼み台御手銀普請、同十二年御手銀による片縁、石垣裏土手直し、文久二年の勝手方建替、及び涼座敷新建立、慶応元年泉水築山外門建立、裏土手築立替等と、天保以後は水配役人の交代毎にその意を迎え、何等かの建替新築の行われたものであって、御手銀、御手賄と称するが事実は村賄であり、御詰所の建築が、最初は三間の小屋であったものが、後には堂々たる邸宅と変貌した事実は、下郷の通水に関する努力を物語るであろう。上郷根小屋詰所においても、弘化三年増敷地の事実が存在する。上、下郷相競って行ったことを示すであろう。

2　水配役人の配置とその勤務

穂坂堰掘継以前は水配役人がなく、上郷四ケ村で引水を行い来ったのであったが、享保三年以降御詰所の設置と共に、年々水配役人が来て夏秋中堰筋に滞在し、配水統制の任に当ることとなった。享保十年、上郷からすでに水配役人の不要を述べた口上書の提出せられている事実に徴しても、水配役人の配置の目的が、特に下郷の救済に在った事情は明白である。以後水配役人は年々春、堰筋に派遣せられ、八月彼岸過まで滞在し、もって四十年後の宝暦八年に至ったが、この年以後普請方役人（水配役人）は来らず、手代方のみが来る事となり、漸く水配役人の機能は失われるに至った。宝暦十三年、明和七、八年には下郷から苗代枯死届、旱損見分願が出され、「皆損相成大根其外粟稗野菜等至迄種物迄失い申候躰に御座候得者当時より来春作刈取候迄之夫喰取続候手当無御座困窮至極……」と云う状態であった。よって下郷三ヶ村は、明和八年にふたたび水配役人の配置を願うべく、江戸出府の上歎願運動をも行ったのであったが、安永三年、普請役大木新蔵の堰筋見廻りがあって、近年に例がなく流末迄用水が行き届き、下郷は水配役人の必要性を一層痛感し、大木新蔵の再任、あるいは取計いの宜い役人の来任を歎願したが空しく、翌安永四年は手代の来着を見たのみで再び旱損を繰返し、「村方可及退転儀」ともなったのである。遠堰、かつ引用水量に比して比較的灌漑面積の多いこと、ならびに浅尾新田、永井を初とする上郷における無制限の秘密裡の畑田成により、徹底的な支配者の配水統制がなければ、流末迄の通水の困難な事実、および幕府の保護によって成立した井堰は、幕府の保護統制を離れ、村落団体間の相互交渉だけでは堰筋の経営、水田獲得の目的をも共に果し得なかった事を示す。

文化十年、遂に下郷の連年の要求は容れられ、上・下二人の普請役の来任を見るに至ったが、この年の窮状は土用入十日迄も植付を行い、したがって旬後れによる損害は甚だしく、最流末三つ沢村では田方取米合計三十七石九斗五升七合のところ、僅かに四斗八合に過ぎず、他の穂坂堰組合村々もほぼ同様の有様であった。このような貢租の減少は、勢い幕府をして、水配役人の配置に伴う負担を敢てし、ふたたび水配役人の任命をなさしめた所以であろう。こうして水配役人の来任は以後の例となり、もって明治四年に及んだのである。もっとも慶応三年には幕府の倒壊の結果、五月になっても役人の派遣がなく、以前の窮状を再現した。

「甲州川々御普請御役人様名前附」によれば、いわゆる文化十年の改正以後、例年「春御普請」と称して、一人の勘定役の下に、十人内外の御普請役の任命を見(正月早々来着)その御普請役中の六人が「三堰夏御水配」の名をもって、秋彼岸まで滞在して御詰所に在り、配水に当ったのである。以下水配役人の勤務に就いて概略を述べることとする。

㈠樋口改　後述するように、堰からの引水は、堰に沿って数多の樋口を設け、その樋口の寸法に比例する用水を受けるものであるから、樋口寸法の不正は事実上の盗水であり、限りのある用水を減水せしめ、下流の旱損の因をなすことももっとも大である。上流は監視の緩やかなのに乗じ、樋口を大きくし、不当量の引水をするため、この対策として、下郷からの要求として、三十六ヶ所の樋口の伏替、尺寸改願は享和二年、三年、文化元年としばしば見受けられるのである。

㈡分水板の打立　植付は上流から日限を定めて行われるから、植付中の樋口は皆払となり、樋口寸法に満ちる用水量が供給せられるが、植付済後は、その翌日から水配役人によって樋口に分水板が打たれ、植付中の八分の二の水量を受けることとなる。分水板は水配役の権威の象徴であるから、打付後は百姓は一切これに手を触れることを許さず、夏、用水が不用となった後は村々において保管し、ふたたび春の分水以前に御詰所へ差出すべき定である。ただし分水板の打立後、耕地へ用水の行届かない際は、役人が見分の上幾度でも打直す筈であった。文化十四年、下郷三之蔵村小前市蔵は分水板を無視し、皆払としたために詫一札を徴せられている。

㈢盗水の監視　堰筋に不正の工事を施し、不法盗水を謀るのはもっとも多い例であり、水配役の不時見廻に際してこれが発見せられた実例は枚挙に遑が無い程である。浅尾中込組、江草村仁田平組、江草村、永井組等の上流筋に多く、あるいは水役が責任を追求せられて手鎖となり、あるいは過料三拾貫文を命ぜられた場合などがあり、夜中無燈火で堰筋へ寄る場合は、盗水と見做すなど、堰の延長が大で、監視が行き届かず、盗水はもっとも容易であったから、これが下流への用水不通の最大原因であったことは当然である。

㈣植付証文　水配役人は配水を円滑ならしめ、秋の年貢収納を確保するために派遣せられるものであるから、植付済証文を水下村から徴し、その任務遂行の保証とする。安永五年のものを初とし（残存するものとしては）以後年々徴したものであるが、いずれも村々の田高とその反別を明記し、植付着手ならびに終了の日限を記し、役人の丹精威光をもって、つつがなく植付の完了したことを記載している。

㈤実法（稔）証文　大抵八月、役人の引払い直前に提出せられるものである。役人の努力によって流末まで潤水し、無仕付、仕付荒などもなく、早稲、晩稲共に充分に稔ったことを述べ、秋、田方検見の節に至り、用水不足の故をもって稲作の出来劣りを言い、後日に至り御願筋の毛頭無い由を記したもので、此の最後の項こそ、水配役人の使命をもっとも端的に表現したものである。寛政七年八月日付のものを初見とし、以後植付証文と同様例年徴したものである。

稔証文は上述の性質を有するものであるから、仮令、稔が充分でない年でも、水配役人は強いて水下村から稔証文を提出せしめることを欲し、したがって稔証文の一旦の提出後に至って、紛擾を見たことははなはだ多い。稔証文の後、水下村が不熟を訴え駈込訴訟をし、後に役人の利解を受け、役人の尽力によって皆植付の出来た由を再び述べたもの（享保三年下郷三ヶ村）、夏、用水不足の上、役人の到着もその期を失し、総て旬後れとなり、植付証文・稔証文を要求せられ、八九分通の稔の由を記して提出したが、事実はようやく四分通の植付ならびに稔に過ぎなかったため、小前の不平を押え難く、甲府代官の直見分を願ったもの(文政十四年下郷三ケ村)、さらにははなはだしい場合は、実法証文の免除を願ったなど(文政八年下郷四ヶ村)、すでに八月五日になったに拘らず、実法証文の差上後、俄に冷気が募り、虫喰、渋入、穂枯等を生じたことを挙げて、実法証文の記載内容の訂正を願った(嘉永八年八月五日穂坂組合四ヶ村)など、実法証文に不合理のあったことは随処に見出し得る。

水配役人は分水期間中、絶体権をもって水下に臨んだ。従ってこの権威を冒すごとき行為は厳に処分せられるを例とした。水配役人の廻村に際し、道端に参会していた小前が、難渋の廉を申し述べたのを心得違として叱責せられた例、浅尾堰の分水に、下郷役人も参会するから、穂坂堰の分水にも上郷役人も立会いたい由を述べたのに対し、役人から、立会のため下郷役人を召連れたのではなく、堰筋の水深を測らしめるためであるとその心得違の廉を咎められたごとき(嘉永五年)、また御用状継送りの延引等閑を指摘せられた江草村役人などの例がある。

秋、役人の引払に際しての引払証文とも称すべきものは、この事情をさらに説明する。人足遣方、木銭払方等に不正がなく、賄に付不当の村入用を支出した事実がなく、音物を一切受納しなかったこと、且つ家来中においても、『ねだりヶ間敷儀』の無かったことなど、種々の具体的条項を記載した寛政九年に初まるこれらの引払証文の内容は、これらの事実が慣習的に存在したことを反証するであろう。甚だしいのは下郷から特殊の賂を受け、上郷を改めること厳に過ぎ、依怙の取扱ありとして、上郷村々惣小前から排斥せられた水役配人の例も見出し得るのである(安政三年)。水配役人が詰所に居ないで村内に詰めたため、前例通りの、御詰所詰を願われた水配役人の存在も同様の事例である(安政三年三つ沢村)。

3　水役（堰見廻り役）・樋口番

水役はまた堰見廻り役とも称する。水下村々の役人中から壱年替りに、初は一人宛、後に二人宛この任に服した。堰名主の名をもって呼ばれたこともある。したがって正楽寺組のような小村で、名主を有しない村でも、特別に堰名主の名目がある。水役の任務は用水引取中、昼夜を限らず堰筋を見廻り不正を検し、江草村大口までも改め、上郷水役は根小屋御詰所へ、下郷水役は八丁原（后降宮）御詰所へ、毎朝堰筋用水の水量寸尺を報じ、夕立、俄雨等で急出水の場合は、堰通りの破損しないよう、吐落しを行い、急破出来の節は早速御詰所に届け、かつ応急処置を講じ、水行に差支のないよう取斗うものである。水役見廻りの確実を期するため、三之蔵分内から上流江草村水門に至るまでの間に、拾ヶ所の堰廻り札掛所が、下郷三ヶ村の願によって設けられていた。

水役は用水引取中、連日その任に当るものであるから、水役給の定がある。下郷宮久保村の例によれば、役引九反歩、給米四俵であった。村役人だけが交替に、水役の地位に在ったことに対して、小前中から抗議が出て、文化五年以降は水役を村役中から壱人、小前中から壱人となし、水役給も役引九反歩の中、村役人方で三反六畝歩、小前方で五反四畝歩とし、給米は弐俵宛と分けられたことは注目に値する。浅尾新田では甲金弐両が水役給であった。

樋口番は村内で樋口数の多い場合（浅尾新田、永井の如く）これの監視のために、村内において夫々給銀を与え、特定の人をもって勤めしめるものである。天明四年浅尾新田村の樋口番給甲銀七十二匁と見えている。

水役給は上述のように、その勤務の負担に比して少額であったために、村役人中においても水役の引請を肯じなかった場合もある（寛政五年宮久保村の長百姓留右衛門の場合）。

水役、樋口番は村々から出たから、かえってその本来の任務に反して居村のためを計ろうとし、不正を敢てし、あるいは不正を黙過した場合がはなはだ多かった。水役、樋口番の、役取放しの処分を受けたものの大部分は、以上二点の何れかの理由によってなされている。また上郷の用水壟断により、下郷の用水の連年不足を告げるに至っては、下郷の村役中水役の任に当るものがなく、この選出に苦心した事例は、水役が水配役人の処置と自村の利益との中間に立ち、その立場のすこぶる困難であった事情を物語るであろう。

第四節　用水統制の運営

1　分水施設による統制

――用水統制組織　その一――

(一)　水門の敷設とその取締

浅尾堰開鑿の初めから、直接水田への灌漑には樋口分水の制が採用せられ、各水門樋口には所属反別が明確に定められていた。けだし限りある用水量であるから、放任による新開田の濫出を防ぎ、下流における用水不足の惹起を緩和するために意図せられたところである。樋口は箱樋口を本体とし、その長さおよび口寸法もこれまた原簿に登録せられた儘で、容易にその変更を許されなかった。これは永い年月の間に、徐々に堰筋が延長せられ、ぜんじ流域に水田の開発を見たものとは異り、ある期間を限り、一定の計画の下に、上、下流ほとんど時を同じくしてきわめて画一的に、水門敷設の行われたがゆえであって、本堰の経営機構の一特質をなすものである。竹樋口も存在するが、これは

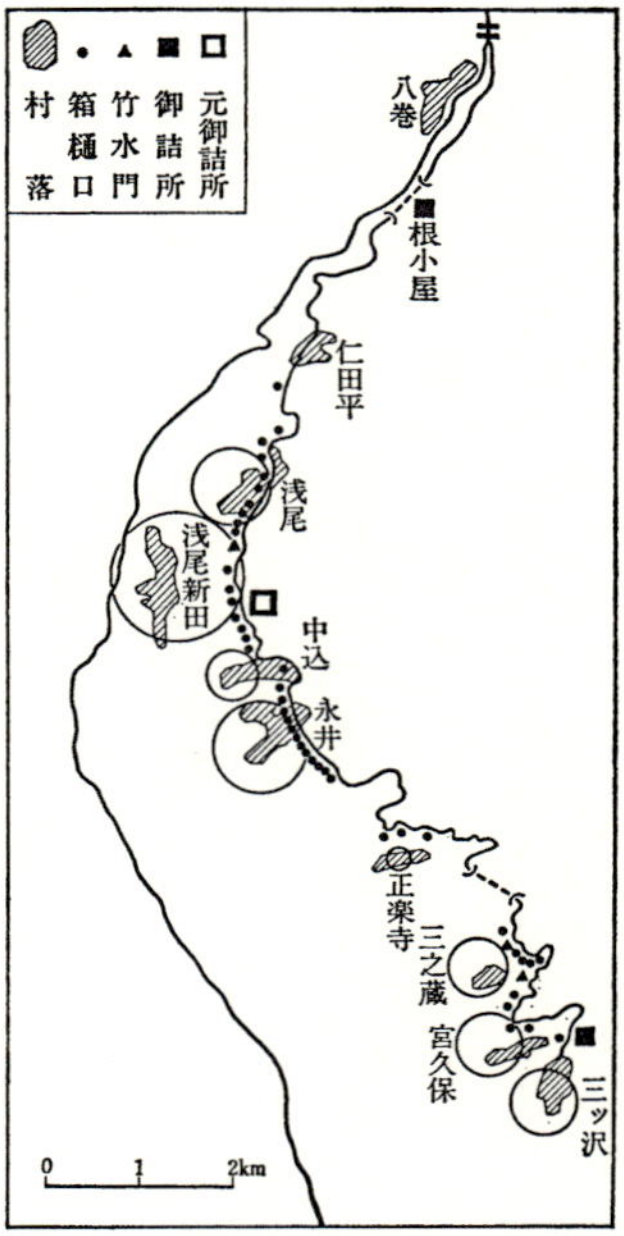

第8図　御詰所，樋口並に水田の分布(文化11年)
(円は字別水田面積を示す)

補助的なものでその数も少く、特殊の事情により、一旦配水量の決定せられた後に、増水願が聞き届けられて敷設せられたものである。水門数ならびにその規模は、穂坂堰の掘継後、享保十五年頃までに大略その確定を見たのであって、その間に在っては、樋口付替、増水等の件に就いては度々の移動があった。

浅尾新田の上流江草村地内には、浅尾堰開鑿以来二ヶ所の樋口が許可せられていた。内根小屋組の樋口は何等の負担をもしないものであり(最初江草村は通水を許さず浅尾ならびに浅尾新田との間に水論を醸し(元禄六年)、江草地内を年中用水の通過することは江草村の麦作に害があるとしたが、遂に江草側の譲歩となり、江草村の地域内に通水を許したことに対する代償か)、他の仁田平組樋口は水役芝と称し、春、定式普請に際して、年々芝八百枚を差出して来たものである。以上は寛政度の「村々樋口寸法改帳」にも明記する処であったが、後天保十三年に至り、根小屋組樋口の二寸五分四方であったものが、四寸四方になり、なお山橋に従来見なかった竹樋口壱箇の設けてあることを発見せられ、地元江草村では、証拠書物は焼失したと強弁し、仁田平組樋口の例に倣い役芝百枚をもって、樋口の存続を希望したが容れられず、箱樋口は寸法改の上伏替を、竹樋口は掘出しの上、新田成は埋立を命ぜられている。水門数ならびに寸法の定の厳重であった一例である。その他分水板の不正、紛失、箱樋の不注意による打ち砕きなどに対する糺明は枚挙にいとまがない。

樋口取締の厳重化は下流への通水を可能ならしめた反面に、上郷村々をして用水不足を歎ぜしめるに至った場合も存した。ことに文化十年の改正以来この傾向は著しかった。安政六年の浅尾村の歎願によれば、元々浅尾村は反別に比し樋口数は少なかったから、洩水を見越し、これをもって田地を相続し来ったところ、厳重の取斗いとなってから洩水も乏しく、耕作は困難を極め、田地を持主へ返す小作人の続出した事情を述べている。

（二）　水門数ならびに樋口の規模と灌漑反別との関係

浅尾、穂坂両堰筋を通じ、樋口水門の位置、規模、ならびにこの灌漑反別を記載した記録は享保十五、文化十、天保十五の三が存する。この三者の記載内容を次表に示す。

水門名（所属村） ｛規模 ｛灌漑反別	享保十五年	文化十年	天保十五年
1 根小屋（江草）	｛二寸五分四方 ｛不明		
2 仁田平（江草）	｛二寸×三寸 ｛不明		
1 宮之後（浅尾）△	｛四寸四方 ｛六町五反二畝	｛同 ｛五町一畝廿五歩	｛同 ｛四町四反廿六歩
2 天神森（浅尾）△̇	｛四寸四方 ｛六町一畝三歩	｛二寸五分×三寸六分 ｛二町五畝廿歩	｛三寸×四寸 ｛三町六反一畝廿七歩
3 俵石（浅尾）○		｛二寸四方 ｛四反三畝	｛三寸四方 ｛三町六反廿八歩
4 平石（浅尾）○	｛竹樋口八寸廻り ｛三反一畝廿七歩	｛同 ｛九反五畝四歩	｛同 ｛一町二反七畝十歩

水門名（所属村）		享保十五年	文化十年	天保十五年
5 大福寺（浅尾）		竹樋口七寸廻り 不明	同 不明	竹樋口七寸廻り 九畝十歩
6 芦田日向（浅尾）		三寸五分×二寸五分 一町六反五畝歩	四寸四方 一町三反七畝三歩	
1 吉良久保（浅尾新田）	△	二寸四方 一町一反二畝	同 五畝廿六歩	同 五畝廿六歩
2 大福寺（浅尾新田）	△	一寸五分四方 九反三畝歩	同 三反七畝十五歩	同 三反七畝十五歩
3 北原（一ノ口）（浅尾新田）	○	四寸四方 二町七反五畝廿歩	同 四町四反四畝十八歩	同 四町四反四畝十八歩
4 北原（二ノ口）（浅尾新田）	○	四寸四方 七反五畝廿歩	同 六町二反廿七歩	同 六町二反二畝廿歩
5 白山（浅尾新田）	○	五寸四方 三町四反八畝	同 四町八反七歩	同 四町八反七畝
6 湯沢（浅尾新田）	○	竹水門七寸廻り 一反二畝廿六歩	同 三反九畝十六歩	同 三反九畝十六歩
7 向原（大峯）（浅尾新田）	△	五寸四方 三町六反七畝	同 一町三反一畝十一歩	同 一町三反一畝十七歩
8 踊石（一ノ口）（浅尾新田）	△	四寸四方 三町七反五畝廿歩	同 一町三畝十六歩	同 一町三畝十六歩
9 踊石（二ノ口）（浅尾新田）	△	二寸五分四方 一町五反歩	二寸五分×二寸 七反三畝十三歩	二寸五分×二寸 七反三畝十三歩
10 大根（浅尾新田）	△	四寸四方 二町七反五畝廿歩	同 二町四反七畝一歩	同 二町四反七畝一歩

11 長坂(二ノ口)(浅尾新田)	○	五寸四方 三町九反八畝	同 四町四反七畝	同 四町四反七畝
12 長坂(三ノ口)(浅尾新田)	○	四寸四方 三町一反五畝廿歩	同 三町八反七畝廿三歩	同 三町八反七畝廿三歩
13 浄居寺(浅尾新田)	○	三寸×三寸 一町五反七畝十歩	三寸×三寸 一町二反一畝一歩	同 一町九反一畝一歩
計		二八町五反六畝十六歩	三一町一反九畝廿四歩	三二町八畝三歩
1 足手日向(中込)				三寸五分×二寸五分 一町六反七畝一歩
1 石平(永井)	△̇	三寸二分四方 一町三反九畝		三寸五分四方 一町二反六畝十八歩
2 山ノ神(永井)	△	四寸四方 三町二反六畝十八歩		同 一町九反九畝三歩
3 板橋(永井)	○	二寸四方 四反九畝歩		同 五反一畝廿歩
4 北永井(永井)	△	四寸四方 三町一反九畝歩		同 三町六畝廿二歩
5 馬場(永井)	○̇	三寸四方 一反九畝十四歩		四寸四方 三町四畝廿二歩
6 南永井(永井)	○̇	四寸一分四方 一町七反九畝廿三歩		四寸二分四方 三町一反三畝十八歩
7 小物成(永井)	△̇	四寸四方 一町七反九畝		二寸四方 四反九畝廿一歩
8 中新居(永井)	○	四寸四方 一町七反九畝		同 一町九反廿二歩

水門名（所属村）		享保十五年	文化十年	天保十五年
9 中新居（永井）	△	三寸四方 一町一反九畝		同 一町一畝廿三歩
10 南小物成（永井）	△	四寸四方 一町九反九畝		同 一町九反二畝廿二歩
11 南久保（永井）	○	四寸四方 一町七反九畝		同 二町三畝廿二歩
12 御崎林（永井）	○	二寸四方 一反一畝一歩		同 四反七畝十九歩
計		一七町九反八畝廿六歩		一七町八反八畝廿二歩
1 ちやらくほ（正楽寺）	△	一寸五分四方 四反六畝十三歩		同 四反廿歩
2 道ヶ入(寺ヶ入)（正楽寺）	△	一寸五分四方 四反七畝六歩		同 四反三畝歩
3 牛久保（正楽寺）	○	二寸四方 六反五畝十六歩		同 七反四畝歩
計		一町五反五畝五歩		一町五反七畝廿五歩
1 大宮前（三之蔵）			三寸×四寸 一町三反四畝十三歩	三寸×四寸 一町三反四畝十三歩
2 孫八平（三之蔵）			竹樋八寸廻り 三反二畝歩	竹樋口八寸廻り 三反二畝歩
3 孫八平（三之蔵）			四寸四方 一町七反八畝廿一歩	四寸四方 一町七反八畝廿一歩

4 小中沢（三之蔵）		二寸×三寸 七反五畝六歩	二寸×二寸五分 七反五畝六歩
5 上ノ平（三之蔵）		三寸×四寸 一町三反三畝二歩	三寸×四寸 一町三反三畝二歩
6 大中沢（三之蔵）		二寸×三寸 八反六畝四歩	二寸×三寸 八反六畝四歩
7 八丁原（三之蔵）		竹樋七寸五分廻り 不明	竹樋口七寸五分廻り 不明
計		六町二反九畝十六歩	六町二反九畝十六歩
1 八丁原一番（宮久保）			三寸五分×五寸 一町一反六畝廿五歩
2 八丁原二番（宮久保）			二寸五分×五寸 一町一反六畝廿五歩
3 八丁原三番（宮久保）			一寸五分四方 三反五畝廿七歩
4 保久原（宮久保）			二寸五分×三寸五分 三畝歩
5 降宮前（宮久保）			五寸五分×八寸 四町七反二畝五歩
1 分堰（三つ沢）			五寸五分×一尺二寸 八町七反四畝廿九歩

○印　享保十五年と天保十五年との間に灌漑反別の増加したもの　・印　樋口の大きさに変更のあったもの
△印　同　減少せるもの

資料の関係上、三者の比較考察は完全には行いえないが、大略次の諸点を指摘し得る。

(イ) 水門数ならびにその規模に変化を見たことははなはだ稀なこと。

(ロ) 水門の灌漑反別には変化が多く、増減共に存し、全然変化のないものは存しないこと。

(ハ) 水門掛り反別総計においては、浅尾新田に新田成漸増の傾向のあること。

したがって大口からの取入水量が一定し、しかも堰開鑿の当初に、努めて新田成を行い、すでに最大限にまで開発せられた余裕のない水量であるから、下流におよぼした影響の僅少でないことを推しうる。新田成開墾については項を改めて詳述する。

村名	水門樋口面積合計	灌漑反別	灌漑反別一町歩当り樋口面積
浅尾	四〇、五 平方寸	一三、四三、〇九 町畝歩	三、一〇 平方寸
浅尾新田	一七五、七五	三一、二一、〇四	五、六三
浅尾中込	八、七五	五、九〇、〇三	一、四七
永井	一四六、八九	一七、九八、二二	八、一七
上郷(浅尾)小計	三七一、八九	六八、五三、〇八	五、四三
正楽寺	八、五	一、五九、〇〇	五、三五
三之蔵	六〇、〇	六、二九、一六	九、五四
宮久保	八〇、〇	六、二四、二三	一二、八二
三ツ沢	六六、〇	八、七四、二九	七、五四
下郷(穂坂)小計	二一四、五〇	二二、八八、〇八	九、三八
合計	五八六、三九	九一、四一、一六	六、四一

上流下流の差異のあるため、たんに画一的に、与えられた水門の割当量の、田反別に対する比率をもって、水下村々の用水量の過不足(否多少)を論ずることはいささか当を失する虞があるが、試みに天保十五年の樋口寸法を採り、これと田面積との関係を求めれば右上表の如くである。

(イ) 水門は上郷の浅尾新田と永井に特に重点が置かれ、浅尾堰開鑿の目標が両村の開墾とこれに田用水を供給するに在ったことは明白である。下郷三ヶ村においては、水田開発はむしろ第二義的のものであったことはその水田面積の上から考えられる。ただし水量の制限を受けて、その水田開発への意欲に拘らず、これ以上の水田化の不可能であった事情も充分考慮せられねばならぬ。

(ロ) 灌漑反別当りの樋口面積(これにより吸水量が規定される)は上郷よりも、下郷の値がはるかに大である。ただしこれは上述のように下郷の水田面積の少ない事情に基くこともあろうし、しかもこれはたんに施設上の値に過ぎず、樋口を充すべき水量の来ない時は、樋口が大きいとしても、何等の効果の無いことは明白である。下郷の困難は、施設でなくて、すでに用水量が上郷で消費し尽され、下郷への通水量の、樋口を充して吸水するに足らないことによる。ここに上郷樋口の改を厳にして、流末迄の通水をはかることの重要性が認識せられる。

(ハ) 上郷においては中込組は小村で灌漑反別も少いゆえしばらく問題外としても、永井の割当量がもっとも大きく、浅尾新田がこれに次いでいる。浅尾村が堰名を有する村であるに拘らず水門が少く、用水不足の事情を述べた事情も数字的に立証される。ただし浅尾村の水田は、浅尾新田の開村に際し、三役免除の特権を得るため、浅尾村からは入作の形式を採り、浅尾新田村分に繰込んであるものの少なくなかった事情も注意すべきである。

(三) 御崎林水標

水役の任務中、日々堰筋の水丈の寸尺を改め、これを御詰所に報告すべきであったことはすでに述べた。これは村毎に設けてある定杭の寸尺改めを指している。御崎林は上手村永井地内に在り、この地点において、浅尾堰から穂坂堰に分水するがゆえに、いわゆる「穂坂堰元水」の箇処であり、ここに穂坂堰組合で建てた水量杭があり、村毎の定杭よりは一段の重要性を有していた。すなわち御崎林水標である。水標取建の年代は、用水不通に悩む穂坂堰組合が文化十年の「御改正」を期とし、従来存した定杭を、一層強固なものとして、文化十三年に建てたものである。

文政八年、浅尾穂坂両堰村々の対談書によれば、御崎林水盛杭の水丈は、壱尺五寸を以て定水とすべきことが記されている。壱尺五寸の水量は穂坂堰組の絶対需要量の最小限であったことをうかがいうる。木杭であった水標は、天保十年から石標に改められ、石標の示す水丈を明瞭ならしめるために、石標の前後十間宛程は高下のない様、堰底が浚えてあり、この監視のため、同年から定小屋が建てられた。ところが同じ天保十年の冬、氷の張詰のため、石標の倒壊を見た際、穂坂堰組は浅尾堰組の故意の結果と見做し、紛擾を生じたこともあったが、天保十四年穂坂堰組の自普請、浅尾堰村々役人立会の上で再建せられた。御崎林水標の穂坂堰組に対して有した価値を認め得る。後に嘉永四年、江草村詰の水配役人が浅尾堰組に命じ、水標に手入の普請をなさしめた際にも、穂坂堰組の強硬な異議の申立が提出せられている。

2　植付日割の規定とその意義
——用水統制組織　その二——

水配役人による植付日割の規定は、用水統制組織の具体的な表現としてもっとも著しい事実である。植付証文の提出が安永五年に初見することはすでに述べたが、植付日割の規定はいわゆる「御改正」以来の方策であったようである。

下郷穂坂堰組の連年の凶作は、陽気の不順、用水の不足に基づくのはもちろん乍ら、最大の原因は、上郷の植付期における用水壟断に基づき、下郷の植付が旬後れを余儀なくせられ、ことに山間で秋、冷気の襲来することの早い土地柄ゆえ、成育期間の短かい結果であることは明白であった。したがって下郷の植付期を早からしめようとする希望ははなはだ強く、穂坂堰組から逆に早く植付を実施しようとし、この運動を行うため、天保四年には下郷村々の議定書を見る程である。下郷の旬後れを防ぐべく採用せられた策が、水配役人による植付日割の規定であり、年代的に見れば天保十二年に行われたものを初見とする。

植付日割規定の実施に対する、上郷の反対理由は次の二点に懸っている。一は浅尾堰組の位置が山間寒冷の地で、規定せられた植付日のような、早い時期には、未だ苗の生立が充分でないと唱え、二は麦作の収穫も終らないことである。これに対する水配役の見解は、一に対しては、寒冷の地であるからこそ別段に植付期を早める必要があるとし、二に対しては、麦作は百姓の勝手作で、元来浅尾、穂坂堰組村々は両毛作の土地ではないとしている如く、植付日割を厳守せしめ、下郷を救済することにその意が存した。「早植も難渋左候迚末江相廻し候義も難渋、別段手段工風も無之旨」を述べた浅尾側の態度は、水配役にとっては「甚浅尾堰之もの共不束の心得方」であった。こうして従来浅尾穂坂両堰に分駐した水配役は、ともにその名も「両堰用水配」と改めることとなり、上郷、下郷一統の植付日割統制を行うこととなったのである。

各年度における植付日割の実例を表示しその状態を見ることとする。

暦日が旧暦である関係上、画一的に植付日の各年における遅速を論ずることは不可能であるが、つぎのような事実を指摘しうる。

(イ) 上郷においては浅尾新田から永井迄が、下郷では四ヶ村が一括に植付期間を指定せられている。しかも上郷の三ヶ村では四日以上が、下郷では三日乃至十日間が植付期間と定められている。この日数の多少は、それぞれの年度における用水量を支配する特殊事情に基いて適宜定められたものと考えられる。

(ロ) 上郷三ヶ村では上流である関係上、植付開始日は定められず、終了日(すなわち下流村への用水引渡期日)だけが

実施年	浅尾堰 浅尾	浅尾堰 新田	浅尾堰 中込	浅尾堰 永井	穂坂堰 正楽寺	穂坂堰 三之蔵	穂坂堰 宮久保	穂坂堰 三つ沢
天保十五	五月一日→十日	五月一日→十一日	五月一日→十三日	五月一日→十五日				
弘化四					五月十三日	(九日間)	―	→廿一日
嘉永一					五月二十日	(十日間)	―	→廿九日
嘉永二(閏)					五月四日	(八日間)	―	→十一日
嘉永三					五月十八日	(六日間)	―	→廿三日
嘉永四					五月廿七日	(七日間)	―	→六月三日
嘉永五	―	―	→五月八日	(二日間)九日→十日	五月十一日	(四日間)	―	→五月十四日
嘉永六(閏)	―	―	→五月十九日	(二日間)廿日→廿一日	五月廿二日	(五日間)	―	→五月廿五日
安政三	五月廿一日	(四日間)	→五月廿四日	(二日間)廿五日→廿六日	五月廿七日	(六日間)	―	→六月朔日
安政四(閏)	―	―	→五月四日	(三日間)五日→七日	五月八日	(三日間)	―	→五月十日
安政五	―	―	→五月十五日	(二日間)十六日→十七日	五月十八日	(四日間)	―	→五月廿一日
明治三					五月廿九日	(六日間)	―	→六月三日

指定せられている。

(ハ)　上郷の永井組は別に扱われ、二日乃至三日間が当てられている。その面積の狭小にも拘らず、この特別の日数を与えられている事情は、おそらく何等かの特殊事情にもとづくことと考えられるがこの点は明瞭を欠く。安政五年の植付日割御請証文には「但永井組植付之儀二日ニ而者大きに六ヶ舗様子に付上三ヶ村一日引上り来之通り来年より三日に致候方可然哉御勘考之事」と添書せられているのを見る。

なお植付期日の規定は年々の事情を考慮して決定せられたものとは言え、上郷、下郷の協議により、若干の変更を見たこともあり、必ずしもその規定通りに実行せられたとは限らなかったようである。安政四年のごとく「当年之儀者苗毛生立悪敷候故田方植付御日割之儀者前書之通りに御座候処上下組合相談之上……尤後年之例には不相成様一同申談御日延奉願上……二日後れ皆植付に相成申候」と言う年もあった。ただしこのような年でも「後年のため植付証文之義者前書之通り日限に致御掛り様江奉差上候」と言う事情であり、水配役の統制の画一主義の一端を示す。上郷の植付中でも、その間下郷をして植付の準備をなさしめるために、昼間は上郷の樋口の皆払を行い、充分用水を引入れしめるが、夜に入っては上郷は耕地養いの分量のみに止め、無益の落水の無いように取計い、この夜間の余水を下郷に分ち、苗水となさしめる処置は、用水統制の妙を示すものと云うべきである。

第五節　用水管理統制の意義
——耕地開発の諸様相——

1　穂坂堰開鑿当初における芝地開発策

浅尾堰の開鑿が、浅尾新田への田用水の供給を第一目標としたのに対し、穂坂堰は飲用水の不足に悩む穂坂郷三ヶ村の願望によって成就した事情に関しては、すでに詳述した。地元の意志はこのようであったとしても、この工事を完成した国守柳沢氏、さらにまたその後を享けた幕府当局の意嚮は、何処に在ったであろうか、支配者の目的は、その後に執った対策が明白に物語るであろう。

享保三年掘継工事の完成に当り、最後分の普請金の下付は翌四年の「宮久保村分之芝地開発仕御年貢御上納仕候に付翌る年(四年)以来御見分被遊御入用被下候御事」と云う状態で、すでに堰普請の意義が、往古の穂坂牧の名残を当時に伝えていた「牛馬牧の入相場」の耕地化にあったことは明瞭である。宮久保村の内に在った八丁、鳥の小池村の三百水、三つ沢村の牛池等は、芝土が惣百姓に割り付けられ、耕作の間を利用して開発すべく命ぜられ、堰工事の世話役であった六郎右衛門の報酬は、三之蔵、宮久保、三つ沢三ヶ村の芝地開発分の八分の一を受ける契約であったことは、開発前の芝地の価値の低かった事実と共に、三ヶ村の役人十五人にまで、容易に与えられた芝地、あるいは堰の開鑿に功労があったと唱える神社、仏寺等に分与せられた広面積の芝地の場合と等しく、芝地の開発をこれら在住の有力者をして担当させ、促進しようとの策に基づくものであることは、容易に指摘しうる。

三つ沢村分の楯無原が、地元三つ沢村、隣村岩下村、上の山村の開発競願となった事実は、用水開通を見越した村々の先占権の争奪であり、幕府の意図が充分に達成せられつつあった過程を示す。開鑿後八年の享保十一年に至っては、六郎右衛門は三つ沢村が先の契約に反し、楯無原開墾地の八分の一の割合を差出さないことを訴えている。八年間に、従来は僅少の小物成高地に過ぎなかった芝土が、完全な耕地と化し、これが三つ沢村をして、先の契約に違わしめた原因であろう。こうして水田は堰筋七里余に亙る間の各処に散在し、その反別は比較的少いに拘らず(後述)用水の引用が、たんに水田の開発と云う直接目的の達成を促したのみならず、芝土を畑地と化する作用をなし、幕府の貢租収納額の増加と云う表面上の事実以外に、水下村の内容の充実に貢献した所の甚だ多いことを察せしめるのである。

2　新田成の調査と水下村

享保十五年に至り、堰筋の分水樋口、ならびにその樋口に所属する水田の灌漑面積が定められ、堰筋の耕地開発が一定の段階にまで到達した後も、幕府は度々の新田開発調を実施し、さらに極言すれば、新田成調査に藉言する年貢増免を要求している。寛政十年の場合に見られるように、浅尾新田はその二月に一旦「畑田成新開反別可差出旨被仰付候処田主村役人立会相改候処新開畑田成等一切無御座候」と報告したその三月に、ふたたび「畑田成相改差出候様段々御吟味に付」として、壱反拾弐歩を申告し、浅尾堰組の浅尾、中込、永井の村々も、二畝歩乃至八畝歩の畑田成を同時に報告した事実によっても裏書しうるところである。

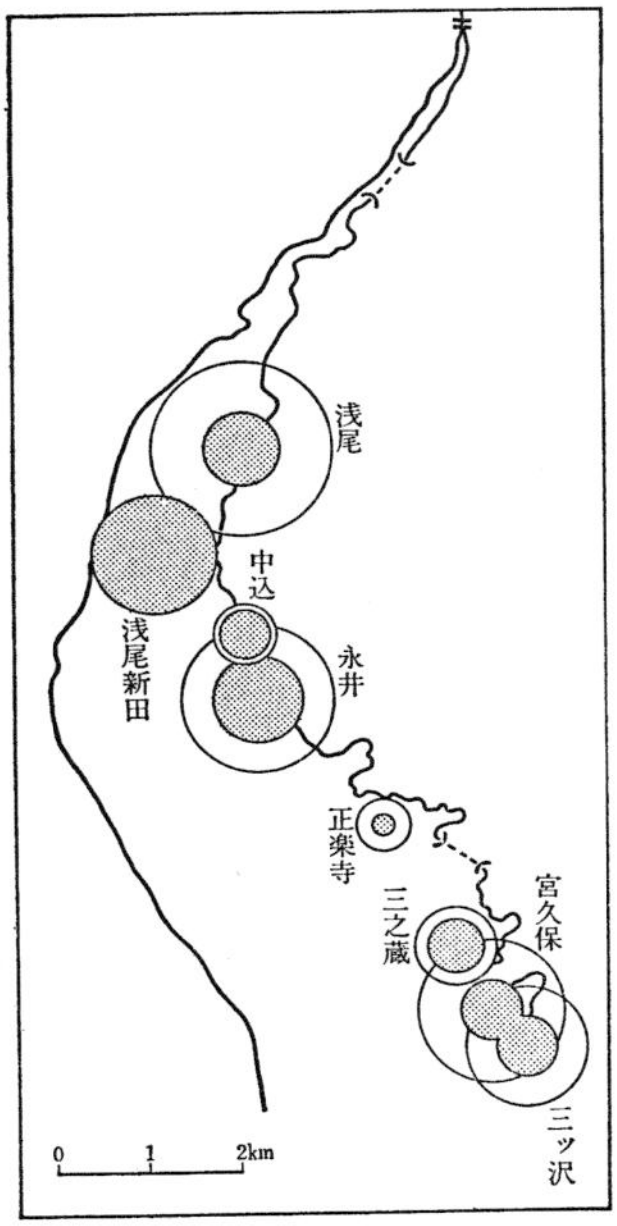

第9図　水田面積の変化
(黒円は文化11年，白円は昭和8年)

このように、畑田成の調査に対する報告(要求に対する止むを得ない申告)は、事実上もはや新開田の行われ難い条件の下において要求せられるから、その性質は漸次「為冥加」への変質を余儀なくせられ、したがってその申告反別のきわめて僅少であるのはもちろん、あるいは安政三年穂坂堰組三ヶ村の夫々七畝乃至一反歩の新畑田成申告の理由に「嘉永五子年より定式御普請無御手替定御掛りに而御仕立被成下置丈夫之御堰に罷成流末迄沢山通水仕……為冥加と右畑田成の分御所務奉差上度

村名	文化十一年（町反畝歩）	昭和八年（町反畝歩）
浅尾	一三、四、二、一六	七二、四、四、二三
浅尾新田	三三、二、一、〇四	三三、六、九、二六
浅尾中込	五、九、〇、〇三	七、四、九、一九
永井	一七、九、八、二二	四七、一、〇、一二
正楽寺	一、五、九、〇	五、五、三、一二
三之蔵	六、二、九、一六	一三、一、五、〇
宮久保	八、三、四、二三	四五、五、五、〇六
三つ沢	八、七、四、二九	三三、五、五、一〇
合計	九五、五、〇、二三	二五八、五、三、二八

候」としているような事情を記し、あるいは新溜井が御普請所に組込まれるまでは、新田成開発調の延期を願っている（天保十五年下郷三つ沢村の例）ごとく、新田成の報告が、水配役の勤役の効果に対する村々の保証もしくは文字通りの冥加と化しつつあったことを証しうるのである。しかし如何に少額の新田成でも、報告する由のない場合も相応に在ったと見え、安政二年穂坂堰四ヶ村のごとく、ひたすら調の「御日延」を懇願するほかなかった例もある。

堰の開鑿当初での、きわめて積極的な水田開発の奨励もしくは要求と、これに応じて、成るだけ多量の樋口分水量を獲得しようと努めた水下村の態度の一致によって、最大限にまで水田が開かれ尽し、一旦畑田成となりつつ、暫く時期を経て、ふたたび畑戻りを余儀なくせられたもの（享保六年六郎右衛門の見付田七反六畝八歩の畑戻り願、距離の遠いため用水の行き届かないことを理由とする）また下郷宮久保村のごとく、開かれた田が、上郷の横暴により用水の不通となった結果、一旦畑戻りとなったものが、文化十年の改正以後、多少宛ふたたび田に戻りつつあり、しかも畑戻りのさなかの分でも、田年貢を支払いつつあった例が存するように、堰掘継の直後における、水田化の過飽和の事実は、すこぶる多く認められる。文化十年下郷三之蔵村の「堰掛り高反別書上」には、高六拾四石四斗七升八合中、拾弐石壱斗弐合の不足分があり「是は往古浅尾御堰掘継之節書上候高反別に而御堰掛り之儀者相勤来り候得共場所位違故歟右高不足仕候尤御年貢上納之儀者有高之通御上納仕来り申候」との説明のように、往古と文化十年現在との十二石余の相違は、上述の用水不足による畑戻りの存在、および堰開鑿当初において、樋口要求の基礎数字として作成せられた、はなはだしく開発の見込分をも含めて書上げられた数字と、現実の開田高との差違の現われたものと見ることは不当ではあるまい。

このような僅少の反別にも拘らず、水配役人が繰返し求める新田成調の結果は、ただに水配役人一個人の業績を表徴するものであるに止まらず、一にはまた田と畑の単位面積当り年貢収納額の差の大きいことに基づく。浅尾新田村での例を見れば、水田の反当り石盛平均一石一斗四升余に比し、畑は反当り石盛平均二斗一升余、実に水田の五分の一に過ぎない低額である。下郷村々が、通水増加を歎願した文末に、用水潤沢となった上は、必らず新畑田成を行い、御益上納を行うべく附言しているのは、この幕府の意嚮を充分に知悉していたが為であろう。

浅尾穂坂両堰沿いの村々は、浅尾新田村明細帳(宝永二年)に見るごとく、元来、粟、稗、蕎麦、大豆、野菜、大麦、小麦を主とする地方で、堰の開鑿後も、田面積のもっとも多い浅尾新田も、田面積は畑面積に及ばず(四十九町余に対する三十二町余)霖雨が打続き、不作の年は米質が悪しく、城米とすべき米の収穫は不能であり、畑方の作物を売却して金納に代えるような事情にあった。浅尾新田でもこのようであるから、他村も勿論同様であり(天保七年浅尾堰四ヶ村の籾納を金納に改める願)収納の現米量を確保する上からも、水田面積の拡大化の必要の大きかったことを認めうるのである。

3　堰の新開ならびに復活に関する対策とその意義

(一)　一ノ口分堰と新堰開鑿問題に現われた水の意義

一ノ口の分堰とは、規定水量が上郷に壟断せられ、連年用水不足に基因する旱損に困却した下郷が、浅尾村分内において、約一丈ばかりの滝堰となっている一ノ口に着眼し、此処で浅尾堰と穂坂堰の用水を二分して、各〻定水とし、穂坂堰の用水量を確保するために企てた計画で、寛政二年、享和二年、文化十三年、文政六年、天保九年乃至十一年、明治二年の前後六回に亙り出願したものである。一之口分堰出願の年は、いずれも下流の困難が極点に達し、万策の尽きた際、年を経、繰返し、ほとんど同様内容の分堰願が提出せられたものである。

下郷の説く用水不足の原因は、要は上郷における過分の用水使用、しかもほとんど盗水に基づくとし、上郷における無制限の田反別の増加が根本と見ている。こうして御定の「樋口書付板の法」も破れ、下郷水役の樋口改めも、劣勢の人数では到底実施の不可能なことを述べている。恐らく真実であろう。さらに上郷から下郷への掛り銀は累年増加して、反別甲銀八—九匁にも達し、下郷の維持の困難なことを述べている。これに対する上郷の反対理由は次のごとくである。一之口分堰筋の計画水路に当り、上郷の下々畑、見取畑が多く、堰敷に潰地を出すのみならず、堰の急破の際は、畑地の押流される虞があり、また肥料秣場も減少すべきことを挙げているが、これらはいずれも有力な積極的反対理由とはなし難い。

開鑿費用の多額を要することが根本原因であろうが、前後六回に亙る計画も一度も幕府に取上げられるに至らないで了った(文政六年のごときは下郷では自力掘割の具体案が出来ていた)。費用の多額に比し、救済せられる下郷の水掛り高が僅かに百五十石余の少額であったこと、また下郷の潤水は逆に上郷の用水不足を招来し(江草村大口の取入水量を増加しない限り)、またしたがって幕府の収納減となり、実質的には幕府の得る所は変化しないとの見通しの存在したことも、たんに下郷の計画だけに止んだ有力な一因であろう。

新堰開鑿とは、安永九年浅尾村地内の鰻沢から、新堰筋三千間余を、浅尾堰筋よりも比高の大きい山手に開こうとする計画で、三堰通り見廻り代官の命により、浅尾村役人の立案したところである。この開鑿に要する資金の予定額は、四百五拾両余、この尨大な計画の眼目は「右新堰と古堰之間御新田にも可相成相見え候所左之通」とある百拾五町三反歩に在った。地元からの歎願がなくても、新田開発の可能性を看取すれば、直ちに計画する積極性に、幕府の用水対策の根本の一斑をうかがい知り得る。

（二）　上今井の用水堰の場合に見る飲用水と田用水

上今井村は三つ沢村の隣村で、もとからその飲用水に苦心を払い来った事情は宮久保、三つ沢と揆を一にする所である。正徳六年、上今井村は長久保村とともに、三つ沢まで掘り継がれる穂坂堰の、居村までの延長を願い、享保三年の掘り継ぎと同時に、上郷（穂坂堰組）の間合を見、呑水を引取るべき条件をもって、一旦上今井までの堰は掘り継がれたのであった。

飲用水堰の掘り継ぎ後、如何なる事情に基づくか（夏季は通水を見なかったことも一因であろう）堰浚えは延引を重ね、幕府の追求を受け、改めて高割、家別割をもって浚うべく誓約し、上今井、長久保二村の浚うべき距離割合を二、一と定めたにも拘らず、その堰筋の管理は充分でなかった（享保六年）。「其上丑之春御上之御物入ニ而溜井迄御掘被下被仰渡候得者新堰段々水届……拙者村々にても畑成田新開仕上け候様にと被仰付候得共以今開発を不仕候」との口上書に見られるように、上今井、長久保には田地新開の意志は全くなく、呑水だけを引取り、冬春呑用水入用の諸色、人足だけは、堰筋村々並に、家数に応じて負担することを条件として、従前通り、通水の方策を講ぜられたいと歎願するにすぎなかったため、幕府の積極的な援助がなく、遂に堰筋は荒堰のままに放置せらるるに至った。

上今井村が田方新開の意志がなく、冬春呑用水だけの必要から堰の掘り継ぎを出願し、しかもその可能性を疑わなかったのは決して故なしとは言いえない。秋彼岸、田用水の水配りが済み、水配役人の引揚げに際しては、浅尾、穂坂両堰水下村々の水役は御詰所に集合し、冬中呑水引取方の手続をし、夏中と同様の水量の、堰筋を流下する例であったことは、享保四年以来の慣例であり、水下村の水掛り高反別控には「呑用水掛り村々家数」の記載のあるのを通例とした。

荒堰となって後、上今井、長久保の飲用水の困難は旧に復し、元文六年には渇水時には宇津谷村地内の楯無堰筋まで、牛馬で汲上げる労を余儀なくせられた。したがって嘉永五年には、上今井堰の復活願が提出せられ「入用之儀如何程相掛候とも出精いたし井路素形に普請仕度」と苦衷を開陳し、また明治元年にも同じく茅ヶ嶽山麓に位置し、湧水を全く有しない十三ヶ村の中、何れの村も堰の恩恵に浴しつつあるにも拘らず、上今井だけは取残された事情にあり、他村からの入り人は、飲用水の辛苦に居附く者がなく、九拾六軒の家数も減じて、七十一軒となった困難をも添えている。一旦廃毀せられたものの復活の、新開鑿以上の困難性は、この場合にも現われ、水上の反対に逢着し、ついに幕府に採り上げられるに至らなかった。幕府の立場における、田用水の飲用水に対する優位は、此処にも明瞭に具現せられている。穂坂堰村々が連年の旱損に加えて、高額の村割に甘んじ、その水田高を維持して来た理由も、農民の米に対する欲求以外に、この飲用水の事情の、力強く横たわっている事実もまた見逃し難い。ちなみに、天保十五年に、上郷六十四町歩余、下郷二十四町歩余で、七里に余る長い堰筋、しかもその完備した統制管理機構にも拘らず、いわゆる甲州三堰中でも、最少の水田面積を有するに過ぎなかった本堰流域の水田面積も、現在は上郷百六十町歩、下郷九十一町歩にまで増加を見ている。明治に入り、両堰が統一せられ、朝穂堰の名をもって呼ばれるに至った後、七十年間の変化である。とは云え、畑が田に卓越することは依然として不変である。全耕地面積中に占める田率の低さに拘らず、用水問題にかくまで努力を継続した事実、これが日本農業において、水田が今日の程度にまで開かれた事実の、最大の、しかも無言の、力強い裏付けであろう。

（一九四〇、一〇調査、一九四一、五稿、『東亜人文学報』一巻二号（一九四一、九刊）掲載、一九七一、七補訂）

本章に引用した史料はすべて故三枝善衛氏の筆写・保蔵にかかるものなので、出典の注記を省略した。

第五章　藩営の用水施設「土佐山田堰」

第一節　山田堰の開鑿とその構造

長曾我部元親の実施した天正検地の石高二十四万八千三百石(1)の土佐の地は、もともと平地に乏しく山勝ちであったとは言いながら、関ヶ原の一戦後における長曾我部氏に代る山内氏の入部後は、江戸初期全国的に見られる新田開発の事業が、他国・他藩のそれにも増して殊に著しく、なかでも寛永八年の頃から寛文三年までの三十二年間、土佐藩の執政、奉行として藩政を一身に掌握した野中兼山の手に成ったものがはなはだ多く、その新田開発の約十七万石(2)にも達したことは著名な事実である。

兼山の実施した殖産・土木事業の数多いうち、新田開発と、その前提としての用水施設の充実は、そのもっとも力を注いだところであり、その采地であった山間の「本山」の地に見られる、主要なものだけでも、十三個処(3)に達する井堰・溝の施設をはじめ、国内第一の大河仁淀川筋の八田堰、鎌田堰、本章に論述する物部川筋の山田堰・野市堰、その他国内各地に兼山の苦心経営した迹を見出すのである。

山田堰の営築、ならびにこれから導いた上井・中井・船入川の諸用水路の開鑿は、高知城東六里の地に在った、いわゆる鏡野(4)六千石の開発計画の根本をなすものであり、寛永三年に開始せられた「百人衆郷士」の取立、および定着

と不可離の関係を有したものである。すなわち鏡野は

御国に二つの荒野ありその中を川一筋流れ川の東を香美郡西を山田野と言へり幅員濶大なれば地形川より高く水そゝぐべき便なし……(5)

とせられた荒野であり、用水難のため、これまで空しく放棄せられていたものが、兼山の着目とともに、開発の対象地として採り上げられるに至ったものである。

山田堰は土佐国内第一の、灌漑区域をもつ大堰であり、(6)したがって堰から西に導かれる上井・中井・船入の三川、ならびに対岸(東岸)に導かれる父養寺《ぶやじ》井の諸水路は、それぞれ起工および竣工の年代を異にしている。すなわち山田堰の流水を西岸に亨ける三川の中、中井川はもっとも早く寛永十六年に成功し、上井川はこれに後れる六年の正保二年、船入川はさらに十三年遅れる万治元年の成功で、ここに鏡野開発の基礎は初めて成り

山田野地村は往時鏡野と称し荒原にして山田郷に属す　正保年間の開墾にして三百余町歩の水田陸田となす　万治元年始て山田野地村と称す(7)

とあるごとく、鏡野の開発、新村起立に至った経緯は明瞭である。

開鑿疏通年代の異った三本の用水路は、当然にその規模および灌漑面積を異にしている。すなわち

上井川　深き所六尺浅所三尺広所三間半狭処二間　緩流四十三町　舟筏不通　山田・山田野地・中野三村の耕田一二六、七六町歩を潤す

中井川　深所五尺浅所三尺広所五間狭所三間　緩流四十四町　舟筏不通　灌漑面積九〇、一二町歩

船入川　深処四尺浅処二尺広平均四間半　緩流長一里十四町四十間、舟筏通路の便あり　灌漑面積三四二、五町

此川水は香美長岡両郡を通して一万九千三百余石の耕田水に供す[8]

歩

とある。なお山田堰によって堰止められた用水を導くものに、対岸(東岸)に取入口を持つ父養寺井《ぶやじ》があり、西岸に導かれる上述の三川とほぼその年代を等しくし、船入川の完成に先立つ事三年、明暦元年に同じく野中兼山の手になり

深処三尺浅処一尺広九尺　耕田四二町歩

の規模を有つ水路であり、その後種々の変遷を経た事情は

其後物部川自然深くなり水井溝に上らす正徳四年全く廃物となれり　文政の初年川形の変遷によりて井溝水旧に復す　其中間無用に属せるを以て世俗呼て「阿房堀」[9]と言

以上で山田堰を設けた位置——物部川が山間からはじめて平地に流れ出る、水流が極めて急で、従って川床の変化もしばしばであった——の模様と、井堰工事の困難——これが兼山を俟って初めて用水堰の設置を見るに至った理由——とを推知しうるであろう。

山田堰の構造を窺うに、物部川を川東片地村字神母木から西岸の片地村小田島にかけ、やや斜に、川を横切って築いたものであり、延長百八十間、幅六間　高五尺、これに用いた材木は、大小の松四万二千八百本、大石千百十坪と言った数字であり[10]、これに堰止められた水を導くのに、上述の西岸三、東岸一の各用水路があり、それぞれの閘門をもって導かれている。同一の用水堰の潴水を、利害を異にする東西の両岸が相共に引用し、堰を共用しているが如きことは、かつてはその事例に甚だ乏しく、漸く現代に至って、いわゆる統一堰として施工せられるものを間々見るようになったものであるが、寛永・正保の時代に、すでにこの地においてこれを見えたことは、開鑿の当初から藩営事

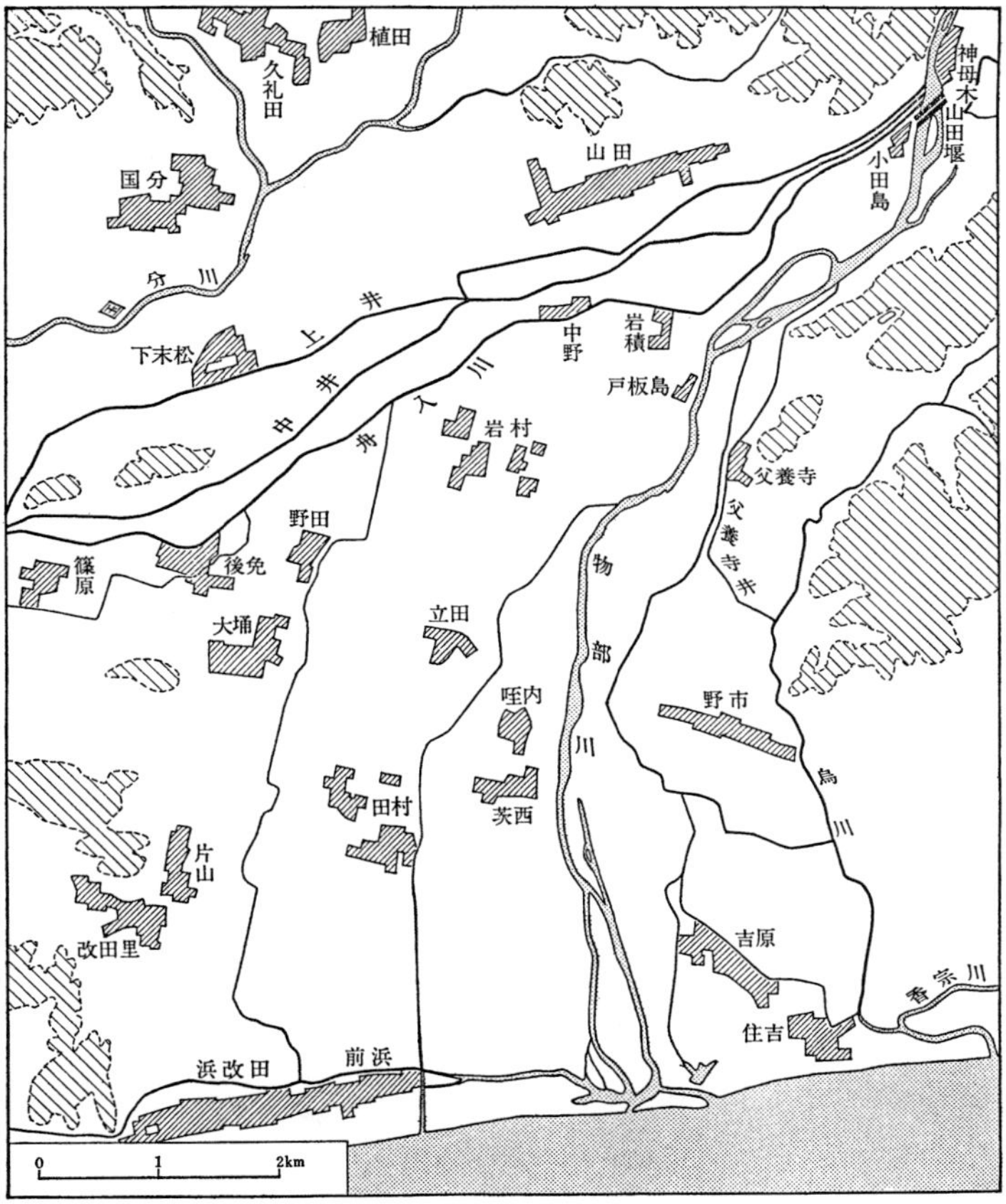

第10図　物部川山田堰関係地域

業として、一元的にその事業の実施せられた特異性として指摘しうるであろう。

山田堰はその下流に、野市堰(12)を初め数個の類似の用水堰をもち、したがって用水不足時の山田堰の完全堰止は、下流各堰の死活問題となる。このような矛盾を解決するために、山田堰はその構造に「水越」と呼ぶ、流量調節の装置を持つ。次にこの「水越」設置の由来、ならびにこれをめぐっての山田堰対下流堰の交渉を略述し、「水越」の有する意義を明らかにするであろう。

そもそも山田堰完成の初においては、「水越」は全く存しなかったようであり、元禄年間、下流野市堰側の請願により、初めて井堰のほぼ中央部に、堰止を低からしめて溢水せしめる装置である、幅二間の「水越」を許すに至った。その後元禄十三年に至り、山田堰の井下(灌漑区域)は旱魃に遭遇し、ために一旦設置した「水越」は藩から差し止められることとなった。

山田堰の完全堰止により、用水不足時に苦痛を感ずるに至った野市堰は、九年後の宝永六年、山田堰普請の成就後、野市堰表に通水がなく、干切れ、呑水・火の用心水にも欠乏したとて、野市井役人から山田井役人に対し、山田堰を切り明け、野市井に通水すべく交渉したが、山田井役人はこれを拒絶したため、野市井側は藩の普請方に訴え出るところがあり、その結果普請方から山田井役人永吉久兵衛に対し、

只今山田井下は水余り捨り申由に候　野市井は呑水等も無之様之事に候得者時節柄火之用心水等の為め故早速水通し可被成処彼是と申出てられ詮議無之段沙汰の限り千万に存候　則野市井役人……御立会に而四五日間御明被成野市用水不足無之様御首尾可被成候(13)

との厳命があり、二年後の正徳元年、幅壱間半の「水越」がふたたび設けられ「定水越」の名を付したのである。以

後永くこれを規矩となすべきものとの意であろう。その後寛政四年、野市村の水不足を理由に、さらに水越の幅壱間の拡張が普請奉行から命ぜられるに至った。すなわち以後は水越の幅が二間半となったわけである。その達書に曰く(14)

野市中井下井近年水掛り悪布用水不足ニ付毎度及訴出仍テ右両井筋村〻遂見分ル所両井筋共水鮮取分下井旱魃之砌今難儀ニル得共融通方双方申合不相調旁以年久敷入組ニ相成ルニ付此度我々詮議之上山田堰水越壱間弘ヶ方被仰付右水増之分野市中井堰新ニ壱間定水越仕成被仰付筈ニ内定有之ル得共山田堰之儀広大之井下故容易ニ御決定難相成仍之右井下段々遂詮議所定水越之所ニ於テ此度壱間弘ヶ方被仰付而モ聊差支無之段井下十八ヶ村ヨリ連判始末ヲ以テ申出ニ付御奉行中ヘ相達右之通御決定ニ相成ル間水越弘ヶ方之作配可有之ル　尤向来極々旱水等ニ至ル節ハ早速可訴出其節御詮議被仰付ル条彼是被得右旨作配可有ル　以上

寛政四年子十二月十日

毛利源六
原彦右衛門
岡田孫三郎

元吉泰右衛門殿
井下村々
庄屋老中

水越の幅はこのように決定したが、その後も「水越」をめぐる紛擾は継続している。すなわち文化十二年の大洪水のため、物部川の水源である韮生・槇山両郷地方の山岳が崩壊を見、その土砂は下って山田堰表に堆積し、水流の模様を変ぜしめるに至った。ここにおいて山田・野市の両井堰は合議を行い、水越の浅くなった時は、双方立会の上、水越の川幅の通り長さ二十間の間、縄張をなし、その範囲内の土砂を浚渫することに定めたにも拘らず、弘化二年の旱魃に際し、野市堰側からこの慣例を破り、多人数が集って水越表を無制限に掘り明けたことから、危く大事にも及ぼうとし、僅かに地元庄屋達の奔走によって鎮静に帰したのであった。

明治十二年には「水越」が腐朽し、これを改築しようとするに際して、野市井側の立会を求めたが応諾を得ず、一時紛糾を生じたが、翌明治十三年に至り、ようやく以後の改築の際には、立会と決して事は納っている。また大正十三年の水越改築に際し、水越面の畳石の根固めのために、コンクリートを使用したことに対し、野市村から抗議が出て、この時はすでに灌漑期も迫っていることゆえ、その一部を取り除き、残部の取除は次期の水越改築の時に譲って一先ず落着している。

なお山田堰の潴留水を、異った三本の用水路によって西岸に導く、上井・中井・船入三川の取入口(閘門)の構造は、その設置した位置の高下によって、取入水量の多寡が決るから、堰の開鑿の初めから明確な規矩が定められる必要がある。すなわち閘門の上端の高下を示す分木とも云うべき地福木(今地覆木に作る)があり、その高下は水越の地福木を基準とし、兼山の営築した初めのそれは不明ながら、寛政四年の規定に従えば次の如く定められている。

一　船入川地福木より水越地福木　五寸上り
一　中井南の井流地福木より水越地福木　五寸壱分上り
一　中井北の井流地福木より水越地福木　壱尺九寸壱分上り
一　上井神母谷口井流地福木より水越地福木　弐寸弐分下り

一　水越長拾弐間幷弐間半　但水口より下三寸下り(15)

上述したところは、下流井堰との分水施設としての「水越」および三川への分水基準としての「地福木」に関してであったが、明治以後における堰の構造および分水口に関する諸事情を追記すれば次の如くである。

明治三十三年、春季の井堰普請に当り、測量を実施したところ、中井川および船入川、ならびに水越の地福木の高さに、旧規と異ったところがあったことが判明し、地福木の高低は分水量に直接の影響をおよぼすものであるから、堰下関係井筋の紛擾を生じ、復旧を主張するものと、その儘に放任することを主張するものとの間に、劇しい対立を生じたのであったが、越えて翌三十四年三月、次の処置を断行することによって落着した。

舟入川地覆木ヲ三分七厘五毛削り下ゲ、中井南ノ閘地覆木ヲ二寸二厘打チ添ヲシテ高メ、同北ノ地覆木ヲ一寸二分二厘高メ、水越ニ三分七厘五毛打添ヲナシタリ(16)

従来松材および大石をもって築造した井堰も、大正四年以後は機会を利用し、漸次コンクリートに改築せられるに至った。堰止材料の変更は、下流への漏水量に変化を生ぜしめ、その耐久力にも著しい変革を来さしめるから、他地域に在ってはしばしば激烈な用水論を惹き起こす原因となることが多いにも拘らず、山田堰においては比較的容易に、数回に分ち、何時の間にか井堰の大部分がコンクリートの永久的工作物へと改築せられたのであった。すなわち「水越」の設置による下流への分水装置の存在が、下流堰の、山田堰の構造・材料の如何に関する関心を稀薄化せしめ、また野市堰を初めとする下流堰が、山田堰に比すれば小井堰が多く、これに対抗する力を有しなかったこともまた一因であろうが、このような改築が容易く遂行し得られたことは、また一特質となしうるであろう。

すなわち大正四年六月二十四日の洪水によって、井堰の全部が破壊せられたのを機に、堰の西端砂吐の個処二十二間をコンクリートに改め、大正七年に至り、右の東の部分中央部の「水越」に至るまでの間、延長四十間幅七間を、高さ四尺の木床コンクリート堰に、大正九年には第三砂吐から以東、東岸の小田島堤防に至る延長百二十間、幅二間のコンクリート堰化、大正十年には「水越」以東小田島堤防に至る延長五十八間、幅七間乃至十間のコンクリート堰化、以上四期の改良工事をもって、山田堰は完全に近代的構造へと化したのである。舟入川の閘門もこれと歩を同じくし、大正九年に開鑿当初からの木造が、コンクリート石造へと根本的に改造を見たのである。

(1)　松好貞夫著『新田の研究』二三六頁および二五四頁。
(2)　寺石正路稿「昔の農政と野中兼山の農業土木」高知県耕地協会発行、二四頁。
(3)「南海之偉業」に曰く「本山ハ兼山ノ采邑ナリ故ニ其ノ近傍開拓至ラザル所ナシ宜ナル哉彼ノ山間ニシテ彼ノ富実ヲ致セルコト井溝ノ多ク鑿タザルヲ得ザル所以ノモノハ山間屈曲高低ノ難地ヲモ捨テズ之ヲ水田トナサン事ヲ欲シタレバナリ」。
(4)　(1)の二七五頁。
(5)　(3)に同じ。
(6)　(2)の附録による。即ち仁淀川筋八田堰の灌漑面積八六二、二町歩、鎌田堰の灌漑面積六八七、一町歩に比し、山田堰のそれは上井・中井・船入の三川を合し一六七〇、五町歩に達する。なお父養寺井掛りは僅かに四二町歩、同じく物部川に沿い山田堰の下流に位置する野市堰は上井・下井を合して六六〇町歩を有する。
(7)　高知県立図書館蔵写本「土佐史料」三八九。
(8)　右に同じ。
(9)　右に同じ。
(10)　右に同じ。
(11)　信濃梓川流域の場合、「梓川農業水利沿革史」前編。
(12)　野市上井川は正保元年の成功、深所四尺・浅所二尺・広三間、緩流一里、耕田凡そ四百六十余町歩の養水となる。野市下井川は寛文四年に成り、深所三尺・浅所二尺・広二間、緩流一里拾町、耕田凡二百町歩の養水となる。

(13) 山田堰土功組合所蔵写本。

(14)(15)(16) 右に同じ。

第二節　藩営普請の諸様相とその変遷

鏡野開発の目的が新田の獲得、郷士の取り立てにあったことは多言を要しないところであるが、開発の基礎工作としての水路の敷設、井堰の築造は、一般農民を使役して完成せられたものであり、ここに農民の徴発・使役をめぐる「いもぢの十連」(17)のような挿話を残している理由がある。したがって鏡野新田は一種の官営新田であり、その開発計画は、一切藩で定めたところであり、そのために、その後の井堰・水路の維持・修繕には、藩営の御普請に俟つものが多く、御普請に関する詳細な制度と、その運営の迹を残しているのである。

普請に関して具体的な実施法を示しているのは、宝永二年酉三月の日付のある、山田堰井役人に宛てた普請奉行からの「覚」(18)であり、すなわちその冒頭につぎのごとく見えている。

山田井下近年打続風雨虫痛損毛雖有之第一は関（堰）不意急破損の時普請早速不相調田地に水溜不申に付立毛損毛夥敷様に相聞依之向後普請之仕筋左に記　（傍点、筆者）

として、山田井下近年連続の不作の原因が、全く井堰急破の際における修理の延引に在ることを明らかにし、これの救済策としての普請法を述べている。

堰および溝筋の普請は、毎年九月に計画がたてられ、明年二月までに成就している筈である。[19]当然に、非要水期が普請期で、春耕に支障をなからしめようとするものであることが知られる。必要とする人夫は、井下村々から出夫し、しかもこの人夫の村々への割付は、御普請方役人によって行われるが、その細部に亙る日々の出夫数などは、時宜にしたがい、井役人の宰配するところである。

上述した定式普請の完成後、要水期間中において不意の破損を見た際は、井懸りの田地壱反に付、壱人五分の増人夫を出して修覆する定である。これが「夏役」[20]であり、冬季から早春にかけての定例普請は「春仕成」と呼ぶ。

急破損の節の修理普請にあたっては、井に定置の役人が立会い見分の上、急速に出夫の廻文を井下村々へ触れ出し、村々からは夫々の庄屋が廻文に記した人数を召連れて出動する。[21]このような急破普請の場合の村々の出人夫の過不足は、一々記載の上、毎年九月初めに普請方役所へ提出し、出夫の過多の村は「田役夫」の名を持つ定式の出夫数の中から指引[22]かれることとなる。

このような急破に際しての夏役の割付は、ことが急な上に、井役人の「大積の割付」も許容せられているだけに、ややもすれば村によっては割当の不公平であった場合もしばしば生じたと見え、明和年間[23]に至り、その遣い方に過不足のないよう、また滞った村へは、二人役宛の過怠を課して督促すべき旨が達せられている。

普請に要する材木その他の材料は、堰の破損をみて調達するような方法では、日数が空しく経過し、普請の遅滞を来たすから、普請方役人の大積りの計算によって、兼ねて用意して置くべきことが要請せられ、その普請用諸材料の置場は、堰にもっとも近い小田島村の中に、四間・二間の小屋を建て、番人を附け、一ヶ年に田役六十人分がその小屋の敷地年貢および番給として支給せられる定[24]である。

なお出水の度毎の、井口の流砂による埋積は、これまた井役人の立会により、井下へ夫役を割付けてこれを掘り明けしめ、水の疏通に支障の無いようにする。(25)

山田堰は国内屈指の大井堰であり、しかも上述のような不意の急破もしばしばであり、井下村々の出役負担もこれに伴ない、他地域のそれに超えるものがあったから、左のごとき特例が設けられていた。すなわち一般に村々は、十月朔日から翌三月晦日までが本役、四月朔日から九月晦日までが夏役であったが、急破の多い山田堰およびその井筋は、三月朔日から九月晦日までの夏役は指し引かれていたのであり、また郷侍の負担する夫役としての「郷侍領知役」は、その領知の物成米拾二石未満の場合は無役の定であったにも拘らず、山田堰の井下に領地を有する郷侍の場合は、他の野市・高岡・弘岡の各堰の井下に領知を有する郷侍と等しく、物成米十二石以内でも、特別に半役銀を納めることとなっていた。元禄三年以後の制ではあるが、直接井下に位置してその恩恵を被るだけに、これら井下以外の地域の場合とは異った取り扱いを受けたものであろう。(26)(27)

御普請であっただけに、井堰・閘門等の修理に要する用木は、当然藩から与えられ、たといその用材の種類が留木であっても、郡奉行の吟味の上で与えられ、普請個処の近くに林地をもたない場合は、「立山」からも、普請奉行・郡奉行の両者吟味の上で伐出す事が許可せられていた。用水普請重視の一証差と見るべきであろう。(28)

明治に入ってもその六年までは、藩政時の制が踏襲せられていた。すなわち普請費用は安芸・香我美・長岡・土佐・吾川・高岡六郡の共通支弁するところであった。ところが明治七年に、ついに六郡共通支弁は廃せられ、河川・道路・堤防等に対し等級の制が立てられるとともに、山田堰およびその閘門は「民費支弁」の部に編入せられるに至った。これはまことに井堰草創以来の大変革であり、従来受けて来た藩の保護・管理を脱し、井下村々の自治的な処理に委ねることを余儀なくせられたものである。

明治七年三月四日、井下十八ヶ村は集合衆議の上、以後の堰の維持のための普請に関し、おおむね藩政時の法に準拠しつつ、左のごとく定めている。

一　冬役仕成之事(29)

但井下村〻田役余り夫を元に立遣詰割賦の筈　尤村〻示来之余り夫高取調根は相立申筈

一　夏役仕成之事

但砂吐夫示来之通り半々仮堰分は水取夫同様地石割の筈

一　冬役積方之事

但其年之年番立会の上暮中に積り置く事

すなわち藩政期の「春仕成」が冬役であり、臨時普請である夏役は名実ともに藩政当時と同様であり、春普請の計画が前年中にたてられることになっているのもまたほぼ同様である。

さらに同明治七年十一月の集議に際し、前々に井堰の用に充てることを目的に買って置いた「羽井原山」を、入札で売却すべきことを決定している。前述のごとく、藩政時にあっては、藩の立山からも用材を与えられる掟であったが、この「羽井原山」が、旧藩時代から山田井下の買って置いたものであるか否か、また明治以降の買い需めであるかの事情はあきらかにし難い。

なおこの機会に当り、井堰普請に関しても左のごとく議定している。すなわち

一　井堰仕成之義者三筋ノ井共本田新田地割ヲ以仕伏可致事　但井流裏ヨリ流末ハ其井筋毎ニ取切之筈

一　水取之義ハ村々本田新田地石割ヲ以テ船入川ハ従前ノ通り　中井ハ高堰ヨリ上ミ大ワ井ハ子ノテ分木ヨリ上
浚方可致筈

一　介良野伊達野ハ流末且苦情地ニ付本堰仕成之節正夫差除筈

官営を廃し、一切をいわゆる「民費負担」とすることになると、その経費は井下村々からの拠出に俟つの他ないから、明治七年からは関係井筋の本田・新田に賦課することとなったのであり、また当時船入川閘門の腐朽した時期であったので、すでに「民費負担」と決定していたにも拘らず、井下村々は県庁に対し、旧慣のごとく官営を再三歎願するところがあり、明治十年遂に「民費官営」をもって落着している。県土木課員の監督により、井下の経費負担をもって成就したとの意である。けだし多年の藩営から井下の自治的な処理に移ろうとするに際しての、過渡期的現象と考えるべきであろう。

(17)「南海之偉業」に曰く「いもぢの十連と言諺ありいもぢは芋魁の茎を取つて釣り干にしたるものなり民家米食の不足に備ふ野中氏土工を起すに当りて巉巌を切る斧を以てすも一日掘り得る所少々たり石上にいもぢの茎を焼く時は容易く挫砕するを以て村落の戸毎に十連を極度として徴収するの令を聞くや民家多く食料を欠くを以て頗る困却の色ありしと云、故に今人当惑なる容貌を目して「いもぢの十連も掛つた様な顔」と云」とある。

(18)山田堰土功組合所蔵写本。

(19)「山田堰溝筋共毎年九月に積申付候間普請相調明る二月限に溝筋共普請成就可為仕候普請人夫之儀井下村々より出夫御普請方役人割付置候間召使役人に申付通無滞出可申候尤も溝筋の儀も普請緩急相考時々随宜可申付事」

(20)「御定之向後普請成就以後其秋之内堰不意破之度々井掛り田地壱反に壱人五歩の増を以て普請仕御定法に候間兼て村々百姓共出夫を割付置井役人より申来次第早速人夫相揃候様に可申付事」

(21)「関不意破損之節は兼て定置の役人立会見分之上出夫廻文認時付を以て井下江可相触廻状参着次第に兼而定置人夫庄屋共

召連可罷出候則井役人中遅速相改牒面に記置若又小破に而井下之人夫大勢不及相集候はゝ右役人大積の割付を以て可申触候庄屋老無油断人夫相滞候はゝ普請成就不仕内庄屋年寄は勿論人夫壱人にても罷帰候はゝ科可申付事」

(22)「右割付人夫之儀何村に而茂出勝に可召使候出不足之村江は過怠之夫役相加へ遠方外輪御普請所江召使はれ出勝之村は其暮田役夫指引可遣候　過不足之儀委細牒面に縮村々庄屋年寄判形に井役人中相違無之趣奥書仕毎年九月初御普請方江可指出候積役人江申付可為指引事」

(23)　高知県立図書館蔵写本『土佐史料』六十。

「御普請方当用書抜写」に曰く

山田関夏役水取夫近年は打続余計掛り就中去未年分(宝暦十三年か)ハ勝而夫増ニ而井下村之百姓とも難儀之趣相聞候井下人役を以仕成候場所候得者出夫之者共情《マヽ》力をつくし相働筈然ニ他村へすかり出夫相滞村も有之由且井役人幷村々庄屋とも厚引受夫込ニ不相成様之作配方いたす筈尤夫遣場所又ハ働等により褒美遣儀は当然之《マヽ》候乍過半之増役遣し不相応之事柄も有之様ニ相聞例式流風俗損右次第と被存候右彼是に付村々出夫余計之過不足令出来就中及難儀村茂有之趣に候条向来右等之儀屹度相改井下村々出夫無甲乙第一夫高余計不掛様之儀井役人初村々庄屋共考方専要之儀ニ候将又出夫触付相滞者於有之者弐人役ツヽ之過怠夫庄屋ともゟ屹度可申付右関入用木道具井下割合を以壱ヶ村限に払出候様に屹度入念可被示聞候　以上

御普請方

申五月三日

右之通を以山田井役人へ壱通井下村々へ壱通廻文を以先遣共ゟ申達事

(24)　(18)に同じ。すなわち曰く

一、関不意破損之節示来ハ水落積ヲ請以後山役道具遣付ヲ以テ御山切手取申ニ付日数押移普請及遅滞ニ向後ハ御普請方役人大積ヲ以テ木道具増夫役ニテ兼テ伐置早速普請可仕候若用意之道具可致不足様子ニ候ハヽ井役人大積ノ指出ニ御郡方下役人証判ヲ以御山方ヨリ仮リ切手出申筈普請成就之節御遣付取本切手之首尾可有事

一、右用意ノ木道具置所ハ小田島村百姓居屋敷ノ近所ニ小屋作事仰付右之百姓ニ小屋木道具預ケ番役共申付則小屋床御貢

物幷番給共壱ヶ年ニ田役六拾人引遣候間木道具散失不無様ニ可相守候若猥之儀於有之ハ急度可申付事
附右小屋四間ニ二間ニ相建可申作事入用之木道具御留山ニテモ遣候尤作事材木出シ役其他葺縄作事役共人夫百七拾人役御普請方役人積ノ通リ水取之内ヲ以申付候間向後修覆モ可為其通也
(25)「水出之度々井ロ砂埋居上用水ニ相障候ハヽ井役人立会夫役積相極井下江割付早速掘明水通シ可申事」
(26)(23)に同じ。曰く
一、田役所十月朔日ゟ翌三月晦日迄本役四月朔日ゟ九月晦日迄夏役尤山田関井井筋者三月朔日ゟ九月晦日迄夏役指引仕事
(27)高知県立図書館所蔵写本「土佐史料」五十四巻。元禄三年「御普請方御定目写」の中「郷侍領知役之定」に曰く
「野市山田高岡弘岡井下に有之領知は本田一列之井普請在之に付物成米拾弐石之内たり共半役銀に相定也勿論拾弐石之余ハ本役銀たるへし元禄三年年より如此相定事」
「郷侍領知都而本田分目之通にして物成米拾弐石迄ハ無役之定也大抵免四ツ成地高三拾石ニ指宛如此十二石之余ハ本役銀可相立事」
(28)「土佐史料」五十四巻「万定目写」「御免方之分」に曰く
一、田地為用水掛樋井流道橋或者渡船等之用木者留木之類たりとも郡奉行衆吟味之上可遣事」
一、在々井川除堤普請道具ニ者山無之所者立山之内たりとも普請奉行衆郡奉行衆吟味之上可遣事」
(29)以下の記述は「山田堰土功組合」所蔵記録による。

第三節　管理機構

藩政時の山田堰の水下井懸りは左の十九ヶ村、石高合計一万六千七百九十石四斗五升六合から組織せられていた。(30)

三八九三、〇八六石　　西野地村

岩村郷	二六八六、四七五石
山田野地村	一〇七〇、四五三石
山田村	八〇三、〇九六石
戸板島村	一一一、八三四石
下大埇村	一二一三、六七六石
上大埇村	一一四三、九〇〇石
大埇野	二〇四、二三七石
片山村	八一九、〇九〇石
里改田村	一〇九七、四九五石
篠原村	七五六、〇一二石
介良野	一七六、九七七石
伊達野	九八、五〇七石
中野村	四二二、八一二石
小田島	一〇〇、〇〇〇石
岩積村	一二三、〇四〇石
立田村	九三〇、九二二石
下野村	一七〇、〇二四石
野田村	九六八、八二〇石

このような広大な井郷支配のための組織としてつぎのごときものがあった。

1　井　役　人

井役の任務は水取・配水・井筋の浚渫等をもっぱら掌るにあり、堰設置の初めから置かれ、その待遇は「郷侍御用人御普請外輪役」同様の扱で、郷侍の内から任ぜられ、[31]野市堰の井役人の場合と同様で、特別の支障のない限り世襲[32]であることの多かった事情が察せられる。最初一人であったが、不意急破損の時に備えて、宝永二年[33]以後、山田辺に住居を有する郷侍の内から二人宛、一ヶ年替りに、三月から九月までの間、井役人加役として勤めしめることに改められた。

2　井役下役

二人を定員とし、井役人を助けて用水の分配に当る者である。この下役は庄屋並の扱いを受ける者であったが、明和元年[34]に至り、右の二人の下役は免ぜられ、森尾丹右衛門・松崎八右衛門の二人の郷侍が、無扶持をもってあらたに「加役」となり、郷侍であっただけに、その勤務内容および取扱いも向上し、「井役人一同之勤」へと変化している。下役の廃止とともにその格上げをし、宝永二年の制に見られる郷侍一年交替の臨時的な加役が、恒常的なものへと変化したものである。

3　井筋見改役

明和二年から下代類二人があらたにこの役名のもとに任ぜられたものであって、常時その任に服するため、小田島村の内に設けてある「井役詰所」に、交代で定詰となり、井下から出夫した田役二人を与えられて服務[35]した。

4　川　番

その名のごとく御普請所である井堰の諸材料の盗み取り、洪水時の井堰の諸材料の流失・故意の破壊・薪拾い、殺生禁断に拘らずこれを犯す者等を監視する任務を持ち、藩の御普請方が任命する。[36]大体世襲であったが、百姓中から出るものであったから、庄屋中の保証が必要であり、相続の場合、また跡役推挙の場合、ともに庄屋の願出を必要とし、普請方役所でその人柄を彼是見分し吟味の上、任命せられるという手続を必要とし、推挙の通り聞き届けられた時は、庄屋同道の上、御普請奉行所へ御礼挨拶に罷り出るべき定である。番給は壱ヶ年に田役余り夫の内三十人役を(37)引き与えられた。

猶野市・広岡・高岡の諸井堰に存在したから、山田堰でもその存在の推定せられるものに「井流番」また「堤番」がある。報酬は川番同様、田役余り夫の内から役引として与えられたようである。

5　井役詰所

井筋見改役の設置とともに、その現場への交代・定詰のために、小田島村の中に、井下から設けたもの(明和二年以後)で、その施設・経費として

一　賄夫一日ニ壱人ツヽ、井下村々ゟ相勤筈
一　燈油一夜ニ五才ツヽ　小中折六帖
一　墨半丁　筆一対
一　太米四斗之

が支給せられた。右の内、小中折六帖以下は一ヶ年間の分となっている。(38)

小田島村の井役詰所は、五年後の明和七年からは楠目村の内に、あらたに作業の上移転している。すなわち畑地七代弐歩、貢物太米壱斗壱升八合の地を敷地とし、九尺梁二・四間の小家一軒を建築し(下《シモ》屋一軒を添える)敷地の貢物米および、その建物・諸道具の修覆料として太米四斗が年々「御郡新田方」から支給せられたのである。

上述した井堰・溝筋の管理に当る役々は、当然に、もっぱら用水路を中心とする水取・配水・浚渫などのことを担当するものであるが、なお副次的に上井川・中井川・船入川の三川の内、船入川筋以外への、竹木筏ならびに諸品を積載する船の乗入、土取船の乗入等をも監視すべき任務(39)を有していた。

井役には(井役人・井役下役・井筋見改役ともに)役米の支給のあったことが推察せられるが、直接これを証する史料を欠いている。しかし山田堰とほぼ同様の管理機構の下にあった野市堰においては、井下水掛地から毎年拾弐石の米が拠出せられ、壱人に六石宛、二人の郷侍から出た井役人がこれを受けていたことが明らか(40)であり、野市井の井役下代も井下村々からの井領米(41)を与えられているから、山田堰においても類似した事情にあったことを推定しうるわけである。しかも明治七年、官営の手を離れ、以後まったくの民営へと変じた当初の山田堰の維持に関する諸規程中には、さらに藩政期における給米の存在したことの予想を、一層確実にする条項(42)が存在するのである。

明治七年改正の制(43)は、当然藩政時のものをほとんどそのままに踏襲し、ただ役名に若干の変更を加えたに過ぎない事情は、次に記すごとくである。

(イ) 井筋係　藩政時の井役人に該当するものと考えられる。人員は壱人で給米高拾石の内、六石は官からの下げ米をもってあて、残る四石は田役(水下に課せられる出夫負担)の「余り夫」中から支出せられる。

(ロ) 年番　戸長一人、年番村係二人、勤番四人が年番と云う称呼のもとに存在する。これら年番の勤務は、従来は夏役(用水期間中における臨時普請)の場合にだけ立会って来たものであったが、以後は一月一日から大晦日に至るまで、井堰定規の事項に関与することに改められている。戸長一人の年番は藩政時に存した郷侍から出た「井役加役」に相当し、年番村係は井筋見改役、勤番四人は井下から出夫した田役夫に相当するものであろう。従って干支により、村毎にその勤番割を定めた「戸長年番順」「村用係年番順」「百姓勤番順」の三種の番割が作成せられている。なおこの時、小田島村には、夏・冬の田役引を手当とする「井流番」が置かれたことが記されている。野市・高岡・弘岡の諸堰における藩政時の「井流番」と同性質のものであろう。

明治十三年には、井下の組織も「山田堰組合聯合」と改称しているから、藩政時のままの色彩の濃厚であった明治七年改正の機構に比し、余程現行のものに近付き、組合聯合会議員の選出する、任期六年の「井筋取締」一名が、従来の井役人の機能を一身に掌握し、年給米拾弐石をえて左の職務をとり行う。

(イ)　聯合村会の決議を経て行うものに、非常事件・新規土工のこと、井流仕成替および修繕のこと、水越の仕成替および修繕のことがあり

(ロ)　年番戸長および理材委員に商議の上行う事項には、人遣いおよび定夫の任免進退に関すること、ならびに器械購求および修繕に関することがあり、

(ハ)　専決しうる事項には「凡テ土工配水等ノ為メ日限を定メ所轄戸長ニ照会シ人夫ヲ召集シ及其ノ使役ノ順序ヲ定メ之ヲ指揮スルコト」更には「旱魃ニ際シ配水幷ニ通シ水ヲ請求セル村方有之トキハ各村ノ干潤ヲ酌量シ臨機施工スルコト　此ノ場合ニハ臨時配水係六名以下ヲ登傭スルコト」となっている。

井筋取締は藩政時の井役人に相当するものとは言いながら、井堰・溝筋の維持管理が、すべて水下村々の組織した組合の負担に俟つこととなり、従って井筋取締はその組合の選出によって任ぜられた井筋管理のための職員である地位に置かれ、藩政時の井役人が、藩の普請方奉行の任命するところで、藩の意嚮を代表するものであったのとは異るだけに、その専行し得る権限の範囲がいちじるしく局限され、重要事項は聯合村会の決議、また年番戸長および理財

委員との商議を要することとなった事情が、従来に比して著しく変化した点である。

井懸りの最高諮問議決機関である聯合村会議員は、水懸りの旧反別六十町歩に一人を標準として、村々から選出せられるもので、村毎の定員数は左のごとくである。(本節の冒頭に引用した井懸り村別石高と対照)

西野村	六名	岩村郷	四名
山田野地村	二名	山田村	一名
戸板島村	一名	下大埇村	二名
上大埇村	二名	大埇野	一名
片山村	一名	里改田村	二名
篠原村	一名	介良野	一名
伊達野	一名	中野村	一名
小田島	一名	岩積村	一名
立田村	二名	下野村	一名
野田村	二名		
計	三十三名		

現行の山田堰工功組合は、明治二十八年以後の改正であり、井懸りの関係反別(田及び宅地反別)を標準とし、村毎に分担金を徴してその維持費にあて、組合長・助役・収入役各壱名の役員を置く。組合の重要事項の議決に当る組合会議員は、定数二十三名で、片地一名・佐古一名・山田一名・明治二名・岩村三名・日章二名・長岡四名・御免一名・野田一名・大篠四名・介良一名・三和二名となっている。(44)

土功組合の管理となって後も、井堰・樋・閘門・用水路の修繕・浚渫、水量の分配等に関しては、いずれも山田堰創始以来の旧規が準縄とせられ、その施設の維持の大部分には組合長の直営がおこなわれ、唯改修の場合にだけ、関係町村の立会を原則とし、旱魃に臨んだ際には、臨機の配水法の採用が承認せられている。また船入川閘の使用に対し、船壱艘一回五銭、筏一乗(幅四尺、長さ二十八尺)十三銭五厘の定であり、木材の管流しに対しても、それぞれ使用料が徴収せられているのも堰の維持がいわゆる民費に俟つ以上は当然の事項ながら、特記すべき事項であろう。

(30)「山田堰土功組合」所蔵写本。

(31)(23)に同じ。曰く

「山田堰井役人之儀ハ郷侍御用人御普請外輪役同様之御扱を以被備置為水賦下代類弐人下役ニ御備被仰付候」

又野市堰の場合は同書に

「野市井役人之儀ハ右井関出来已後郷侍領知差取ニ被仰付為水賦右井下住居之郷侍勤番之内ゟ弐人宛年番を以相勤来ル　然ニ居村之郷侍故賦方混雑仕依之御僉議之上田野住居之郷士岡本宅右衛門御普請功者之訳を以上下三人扶持被遣井役人ニ被仰付候　是ハ右郷侍年番之掛りを以職分之ものへ被仰付ル故御扱方も職分之通ニ而御座候」とある。

(32)同書に曰く

「山田井役永吉久兵衛躮長蔵儀於御普請方僉議之上場所見習申付為致出勤右勤役中田役壱人ツヽ遣筈ニ享保十一年午年僉議之上相極ル事

但享保十三申年致僉議右長蔵儀示来為見習罷出相勤本文之通人足夫壱人宛被遣ル所最早数ヶ年堅固ニ相勤御用達之ものに付向後山田堰加役並ニ田役夫弐人ツヽ可遣旨御郡奉行示談之上相極申付候事」

(33)(18)に同じ。曰く

「一、不意破損普請之節井役人一人ニテハ難手合ニ付向後山田辺住居勤役之郷侍之内二人宛一ヶ年替リ三月ヨリ九月迄井役人加へ相勤筈ニ付申付候事」

（34）（23）に同じ。曰く
「一、示来山田関井役人永吉長蔵壱人勤ニ而下代類弐人被備置候処御僉議之上明和元申年右下代ハ御免被仰付新ニ森尾丹右衛門松崎八右衛門両人無扶持を以加役ニ被仰付右長蔵一同之勤ニ被仰付候事」
（35）同書。
「一、右山田堰見改役下代類弐人此度新に御備被仰付小田島村へ交代を以定詰に被指置候事」
（36）同書「香我美郡」の部に曰く
「覚
一、物部川筋御普請所杭小桁等はつし取或ハ四ツ和久牛和久桁、貫木伐取其上薪拾又ハ殺生仕ものとも石を起御普請所を傷マセ候ニ付先年御僉議之上川番被仰付置候然共近年勤方悪布右御制度不相立候ニ付此度重き御詮議之上各番役被仰付候間左ニ記所附之通時節斗昼夜無油断相勤可申事」
また曰く
「藪番川番共給夫を以御普請方ゟ申付候もの相続跡役共荘屋ゟ願出申ニおひてハ人柄彼是見分之上相応之者ニ候得ハ其段相達之御普請奉行聞届先遣共ゟ申渡候事
但御普請奉行江庄屋召連御礼罷出候事」
（37）「右為番給示来之通壱ヶ年田役余リ夫之内三拾人役引遣候事」
（38）支出費目記載の末尾に曰く
「但小田島村百姓宿へ示来井役人詰メ所仕次を以井下ゟ建置候処へ相詰申賄入用之諸道具右百姓自物を以御用立申ニ付一ヶ年ニ右之通被遣
右者山田関井筋改役此度新ニ指置候ニ付僉議之上銀米方ゟ相渡候様明和二酉年申付候事」
（39）「覚
一、山田上井中井筋竹木筏並諸品共乗入申儀御制禁被仰付候事

一、右両井筋江土取船乗入候節ハ時々御普請方江断出右役手ゟ川遣附書通候筈ニ候之条猥ニ乗為入申間舗事」

(40)「野市井役人之儀示来井下水掛地ゟ拾弐石被仰付壱人ニ六石ツヽ被遣野市住居之郷侍之内弐人ツヽ中井下井年代りニ相勤来候処居村之郷士相勤候故水賦ニ付井下之者共我儘之儀とも在之地中一統不仕毎年及干水御為不宜布候ニ付御普請功者之役人公儀より御備被仰付可然旨正徳二辰年三月廿七日御郡方御普請方一所に御仕置中江申達御僉議之上上下三人扶持井下出米六石被遣郷侍岡本宅右衛門井役人ニ被仰付候　尤地下浪人中島庄右衛門儀宝永六丑とし先達而井下出米六石を以井役人ニ被備置候ニ付右両人以来井役相勤候様ニ被仰付候事」

(41)「野市井下代弐人井領米遣之地下ゟ相備井役人致作配候」

(42)「一、井筋係給米之事
但高米拾石内六石官ヨリ御下米相残四石役余リ夫ヲ以テ備フル筈」

(43)以下いずれも山田堰土功組合保管記録による。

(44)昭和十五年十一月改「組合例規」。

第四節　他井堰との紛争
——特に父養《ぶやじ》寺井との関係——

山田堰関係史料のうち、他井堰との紛争事件を留めるものははなはだ稀であり、堰の創設当初から、藩の普請方の完全な統制下に在って、よく管理の実を挙げ来ったこと、およびこの堰の設置以前に在っては、到底物部川の水量を利用し尽くし得ず、徒に大海に放流せられる部分の多かっただけに、山田井下と競合すべき他井堰の存在しなかった事情もまた与って力があったものと推察せられる。古い開拓地で、少量の用水量を、群立する井堰間で争奪する場合とは、その根底において地盤を異にしたことは、無視し難い点であろう。

他井堰との紛争のうち、「水越」の設置およびその規模の問題を中心とする、野市堰との関係に就いては、すでに第一節で触れるところがあったから、本節では主として同じ山田井堰によって堰止められた水量を、対岸に分ち取り、しかも、同じく野中兼山によって明暦元年(山田堰中井川及び上井川に後れるが、船入川に先立つこと三年)に完成せられた父養寺井との関係を取扱うこととする。この両者の関係においては、藩営時代には紛争の迹をとどめず(父養寺井が正徳四年から文政の初年迄、川形の変化によって機能を失っていた事情も、このような紛争の生じなかった一因であろうが)明治以降に至って、はじめて紛擾を起すに至った点も、物部川に沿う各井堰に統一的支配の行われた藩政時と、各井堰が独立的地位を獲得するに至った明治以後との差異点としても理解しうるであろう。

明治十一年から十二年にかけて勃発した第一回の紛争事件[45]は、父養寺堰の堰止位置の問題を中心とするもので、史料の関係上詳細を尽し難いが、次に示す山田井組との間に成立した「条約証書」の記載から察すれば、山田堰の対岸に取入口をもつ父養寺井の、その取水の為に設ける堰き止めが、もし父養寺井側の恣意の儘に行われると、山田井側の取入水量を激減せしめ、はなはだ不利な影響を与える結果となるから、山田井組の奮起を招いたものと察せられる。問題は明治十二年八月二十九日、県土木課員の出張調停により、左の規約を結ぶことによって落着した。

一　香美郡佐古片地両村ノ灌漑田ニ必要ナル父養寺堰ハ該井口ヨリ斜線ニ起リ其ノ西部ハ団子岩ヨリ上ミ三間ヲ距レテ堰床ノ位置ヲ占ムルモノトス

二　父養寺堰ハ前条ノ位置ヲ占ムルト雖モ其堰線ノ西端ニ於テ東面セル巌石ノ最東角ヨリ旧来ノ通リ直径四間ノ距離ヲ開キ該所ハ旧来ノ如ク底堰ヲ設ケテ河水ヲ下流セシムベシ

三　父養寺堰ハ其井組ノ便宜ニヨリ年々堰具ヲ存否スルコトヲ得

四　父養寺堰ハ後来水勢ノ景況ニヨリ今般決行スル堰床ヨリ上流小巌迄ノ中間ニ於テ便宜変移スルコトアルベシ

五　父養寺井組ハ前条決議ニ従ヒ従前団子岩ニヨリ設置シタル堰具ヲ以テ本年九月廿日ヲ限リ改正ノ位置ニ移スベシ　（傍点、筆者）

以上の条項から帰納すると、団子岩を基礎とし、これによって堰を設けた父養寺井の従前の堰が、山田井組にとって耐え難いものであり、したがってその堰の位置を三間上流に移すとともに、さらに時宜によっては若干上流へ移動せしめる自由をも認め、かつ堰き止めの西端に、四間の間隔を開き、下流山田堰へ河水の容易に流れるようの処置を講じて落着したのである。父養寺堰は粗朶をもって築造したもの、すなわち「粗朶堰」が慣例である。

大正三年父養寺堰は県へ出願して、揚水器を据え付け、物部川の流水を汲み上げる策を立てたが、これまた山田堰側の反対に遇って実現を見なかった。山田堰側の主張によれば、父養寺井の用水路で、近年旱魃に際して踏車を使用して引水力を補っているのは、まったく他の用水路関係者の同情的黙認に過ぎないものとし、各堰ともに在来の引用方法の範囲内で、最善の法を尽して引水して来たのが、野中兼山以来の法であるとし、揚水機の設置を承認しない態度を持している。このようにして父養寺井側の計画は実現に至らなかったようである。

大正九年、郡当局が父養寺井耕地整理組合に対し、父養寺井取入口の延長願を許可した一件をめぐり、山田井側はその水利権を侵害するものとして県知事を相手取り、行政訴訟を提起し、三度相争うこととなった。

山田井側の主張に従えば、父養寺井は平時においては、物部川の水を引用することはなく、唯夏季、旱魃時に際してだけ所要の用水量を引き入れる、所謂「旱魃堰」に過ぎないにも拘らず、今回引入口を延長し、常に六個壱分の流水を吸入しようとするのは、旧来の分水秩序を破壊し、山田井の水利権を侵害するものとし、県の行政処分を不法としてしりぞけようとするものである。

これに対する県側の答弁は、父養寺井は決して山田井の謂うごとき「旱魃堰」ではなくて、平時と旱魃時とを問わず、必要水量を自由に物部川から取り入れる慣行上の権利をもち、物部川の水位が低下して、自然の儘では必要水量を取り入れ得ないようになれば、構造上一部の制限を有する堰止工事を施工し、水位を高め、さらに踏車をも用いて揚水し、関係耕地への灌漑を充分に行い来ったもの故、その要水量を六個と限定して取入れを許可したのは、決して山田井の取入水量に影響をおよぼすべきものでなく、また今回父養寺井の取入口を、従来よりも四百間上流に移転することを許可したが、これは一に六個の水量を、経済的に引用する目的に出でたほかに意義がなく、したがって山田井の取入水量に悪影響を与えるものではないこと。六個壱分と決定した父養寺井の取入水量は、過多であると云いうべきものではなく、もしこれを過分であるとすれば灌漑反別の割合から見ても、従来山田井の取入れて来た水量もまた必要以上の過分の水量と云わざるを得ないと述べて、逐一反駁するところがあり、もし今回、山田井側の主張に聴従するの他ないとすれば、以後類似の問題の発生に当っては、特別法の制定のない農業水利は、まったく現状維持の他、方法がないようになると述べている。

大正十一年六月、この行政訴訟事件は香美・長岡両郡長の調停をもって和解となり、左の覚書を取交している。

一　父養寺井耕地整理組合ハ物部川本流ヨリ随時引用スル水量ヲ四個以内トス

二　父養寺耕地整理組合ハ前項水量ヲ引用スル為新設水路若クハ之ヲ延長シテ取入ロヲ設クル事ヲ得ルモノトス

但シ川床ノ変化ニヨリ前項取入ロノ井堰設置ヲ相互不利益ト認ムル時ハ双方合意ノ上香我美橋以北ノ適当ナル

箇所ニ取入口ヲ変更スル事ヲ得ルモノトス

三　父養寺耕地整理組合ハ前項引用水量ヲ限定スルガ為、新設水路中香我美橋以北五拾間ノ地点ヨリ上流ノ適当ナル個処ニ余水吐ヲ設置スルモノトス

四　父養寺耕地整理組合ハ第一項第二項引水ノ為必要ニ応ジ水路取入口ニ於テ臨時ニ井堰ヲ設置スルヲ得ルモノトス

五　前項井堰ノ材料ハ主トシテ木材・粗朶・莚・土砂ノ類ヲ用フルモノトシ永久的施設ト認ムベキ工事ヲ為ス事ヲ得ズ

六　前項井堰ニハ西岸ヲ東方ニ距ルコト拾六間ノ個所ヨリ東ヘ幅四間ノ水越ヲ設置シ之ニ底堰ヲ設ケ川床ノ変化ヲ防止シ且ツ水位ヲ高ムルモノトス　但シ底堰ノ高サハ舟筏ノ通過ニ支障ナキヲ限度トス

七　第二項新設水路取入口及第三項余水吐ノ構造ハ専門技術者ノ設計ニヨルモノトス

八　本協定ニヨル父養寺耕地整理組合ノ権利義務ハ組合解散ノ後ハ該事業ヲ引継ギタル父養寺井水利組合ニ於テ継承スルモノトス

九　以上協定事項ハ双方調印済ノ上ハ直ニ実行シ、同時ニ山田堰土功組合ニ於テ大正九年第八十六号及第百六十号行政訴訟ノ取下ヲナスモノトス

父養寺井の取入水量を、県の前に許可を与えた六個壱分、および山田井側の主張する必要量三個との中間をとり、四個と決定したのを最初に、父養寺井側に右の水量を取入れるための水路新設および延長の権を認め、その代り、井堰の材料を限定し、水越および余水吐を設けて父養寺井の取入水量を規正しようとするものである。山田井側のやや

過大にすぎるとも思われる引水権の主張を制して、一応限定せられた範囲内で乍ら、父養寺井の常時引水権を確認したところに、本協定の意義が存するであろう。

(45) 以下の叙述は何れも山田堰土功組合保蔵記録による。

第五節　結　言

山田堰は南海の生んだ、封建時代を通じて最大の為政家と見るべき野中兼山の建設になり、高知城下の東北数里の地に、正保・寛文の頃まで、主として技術上の困難から、未開墾のままに放置せられた鏡野開発の基礎的施設として登場したものである。

この堰の特質は、藩の一元的な支配の、もっとも強力に行われ易い自然的ならびに人為的環境に在っただけに、兼山の意図を体しての藩営山田堰は、諸他の土佐国内での井堰の場合と等しく、あるいはさらにこれらにも立ち勝って、完備した統制機構のもとに置かれていた。冬季から早春におよぶ定式普請をはじめ、夏季の急破に備える夏役の臨時的普請の制があり、よく一個の山田堰を基幹として、その貯溜水を引用する西岸の三川(上井川・中井川・船入川)東岸の一川(父養寺井)の各井筋をひかえて、充分にその機能を発揮して来たものであった。

山田堰の中央に設けられた、下流諸井堰への分水を目的とする「水越」の設置も、藩と云う最高支配者の統制意図のもと、現在に至るまで、その分水調整の機能を継続し得たものである。明治の初年、廃藩とともに、従来の藩費支弁による堰の維持は、当然民費支弁への転換を余儀なくせられ、しかもなお暫くの間は、藩政時の制を踏襲した六郡共通支弁制が行われたが、これもやがて水下村々だけによる維持の他ないようになり、現行山田堰土功組合の組織へと導かれたものである。

管理機構にあっても、兼山の社会政策的意図によって取り立てられ、爾後土佐藩の地方統制に絶大な効果を収めた郷侍の登用が、この堰の支配機構にも明瞭に認められ、郷侍中から世襲的に任命せられた井役人は、後にさらに二人の、同じく郷侍から出た加役をも加えて、現場における最高の責任者となり、普請奉行、郡奉行の指揮のもと、それぞれの任務に服して来た。農民中から出た井筋見改役および川番も、水下の推挙により、井堰にもっとも近接する水下小田島村に設けてあった井役詰所に常時駐留して、堰および水路の保全に任じた。

明治以後になっても、このような藩政期の管理組織は、その役名の若干を改めただけで、井筋係あるいは年番など、ほとんど旧時の機能を享け継ぎ、以後土功組合組織の時代までつづいている。

山田堰を中心とする他井堰との交渉関係は、水越を中心問題とする野市堰を初め下流諸井堰との葛藤、また対岸に引水する父養寺井の引水堰の位置およびその水量に関して紛擾の跡を止めているに過ぎず、このような大井堰であり乍ら、他地域の類似の井堰の事例に比し、著しく平穏な経過をたどっており、物部川から引水する幾多の井堰が、ほとんど兼山の事業として、略〻同時代に着手完成せられ、従って、諸堰が設置年代の新旧による引水権の強弱の差を楯として争うべき基盤をもたず、かつ物部川の水量もまた比較的豊富であり(山田堰の設置当時に至るまで、この河水を田用水として引用するものが少なく、自ら余裕のあったことによるか)また兼山の定めて置いた分水の法が、例えば西岸の三川の取入口である閘門の高低差の規定にも窺われるように、はなはだ合理的に設計せられ、井下民に厳格に遵奉せられた事実も、このように平穏のうちに過ぎた、山田堰と諸堰との相互関係のうちにも見出されるであろう。兼山の歿年までに、実に十数万石の新田を得たと伝えられ、土佐国内の各地に、その事業の遺跡を伝えるものの数多いうち、山田堰を採り上げて一例証とする。

（一九四四、四調査、一九四四、六稿、未発表。一九七一、六補訂）

第六章　越後低湿地における用水史

第一節　序　言

越後の低地部は本邦屈指の皆田地域であるとともに、また低湿地であることを特色とし、冬季の積雪量の大きいことは、一毛作を余儀なくさせ、また水田耕作への集中を必須ならしめる。

低湿な事情に関しては、この地域が信濃川の連続堆積により、きわめて最近に陸化したこと、および、後述に見るように、近世末期に至るまで、かつての一大沼沢地であったことを示す痕跡として、諸処に潟の残存することによっても明らかなところであり、ことに信濃川がこの平地部では、西川・中ノ口川・信濃川本流の三川に分流して、その間に一大洲島を挾み、河道の移動の頻繁であったことを示しているのはなおさらのことである。

このような低湿な洲島が主要部を形成する越後の低地は、その一円水田化の結果、これを灌漑する施設として、上記の三川に水源を求め「樋管」を設置し、それから導いた用水路網を建設し、縦横の用・排水兼用の水路網を示している。これら用水施設の起源に関しては、その淵源を史料的に明瞭にしうるものはきわめて乏しく、第三節に詳述する鎧潟の南岸に近く、馬堀一円を潤し、西川に取入口をもつ馬堀用水が、馬堀の里正田辺小兵衛の独力経営したところであり、寛永二十年に着手し、正保元年に完成したことを伝えるように(1)、他の類似の施設の創始・完成の年代が、馬堀用水の寛永・正保をへだたること余り遠くないものの多かったことを類推せしめる。越後の低湿地域一円の完全な水田化の現象が、ほとんど近世初期の出来事であることは容易に否定し難いところであろう。

越後低湿地の皆田地域として確立した年代が比較的新しいだけに、採訪蒐集した史料の示す用水事情の変遷は、いずれも直接にこの地域の用・排水問題の現状への推移の迹を、そのままに示すものであり、このような史料の示す年代は、農村に残存する用水史料の最古の年代の頃には、すでに一定の用水秩序の完成していたことを思わしめる西日本の古い水田地域のそれとは、まったく様相を異にし、河道の移動等の地形の変位が、用水事情をも刻々に変化させ、古く成立した秩序の永続し得なかった事情を一応認めるとしても、越後低湿地の水利史の新しさは否定し得ないであろう。

本章において、越後低湿地の称呼のもとに一括して叙述の対象地域とするのは、現在の大河津分水施設の存在する、信濃川本流と西川との分流点附近を上端とし、中ノ口川と上述西川とに囲まれた紡錘型の地域を指し、東西の両川に挾まれて、中央部に大通川・木山川・飛落川とこれらの注入する鎧潟とを含む一大洲島地域である。

低湿地であるだけに、用水は排水と密接な関係を有し、用・排水の混淆・相剋が、また本地域の水利問題の一特質を形成する。しかし一様に低湿地であり、西・中ノ口の両川に挾まれた洲島であるとは云え、その上流部と中流部とは、微地形的な条件の異なるに従い、ことに最高処と最低処とでも、その差十一メートル(最高笈ケ島附近の十一メートル、最低処は海面と大差がない)に過ぎないとは云い乍ら、一面の低平地であるだけに、その僅少な高度差も影響する処ははなはだ大であり、洲頂に近い国上村一円の地域の場合と、洲の中央部あるいはやや下流に当る鎧潟の沿岸とは、用水問題においても著しくその内容を異にし、さらに観点を変えれば、西川に水源を得つつある西川沿いの地域と、西川分水口よりも上流部とは、はなはだしく様相を異にすることを見出すのである。よって以下節を分ちの諸項に亙って論述を進め、越後低湿地における用・排水問題の史的展開を試みるであろう。

1　西蒲原郡国上近傍の用・排水問題

2　西川沿岸村々と分水口上流村落との用水関係

3　鎧潟南岸村落間の用水問題——水利を中心とする一村一国の関係——

（1）「馬堀用水路開鑿之偉人田辺小兵衛氏小伝」。

第二節　西蒲原郡国上《くがみ》近傍の用・排水問題

——円上寺潟の排水と干拓——

この地域は大河津分水工事の完成による新信濃川の疎通により、現在は東西の両部に断たれるに至ったが、それ以前にあっては、当然連続した一地域を形成し、信濃川本流と西川、ならびにこれに注流する島崎川の二川の合・分流地点であり、ことに島崎川と西北部の山地との間には、円上寺潟の一大沼沢地が存し、これら諸川の用・排水問題に加えて、潟の氾濫と、これの対策としての排水事業とを必須ならしめ、降雨に際しては、一そう過剰水の処置に困却し、排水問題をより前面に押出さしめる特質を有している。円上寺潟に沿う所謂「潟七ヶ村」とは、地蔵堂大庄屋の支配に属する下曾根新田・川崎新田・京ヶ入新田・辨才天新田・本泉・中曾根新田・蛇塚新田の七ヶ村を指し、(2)さらにこれに当新田をも加えることがあり、天明三年にはまだこれらの村々が、ほとんど新田名を有することからも、これらの

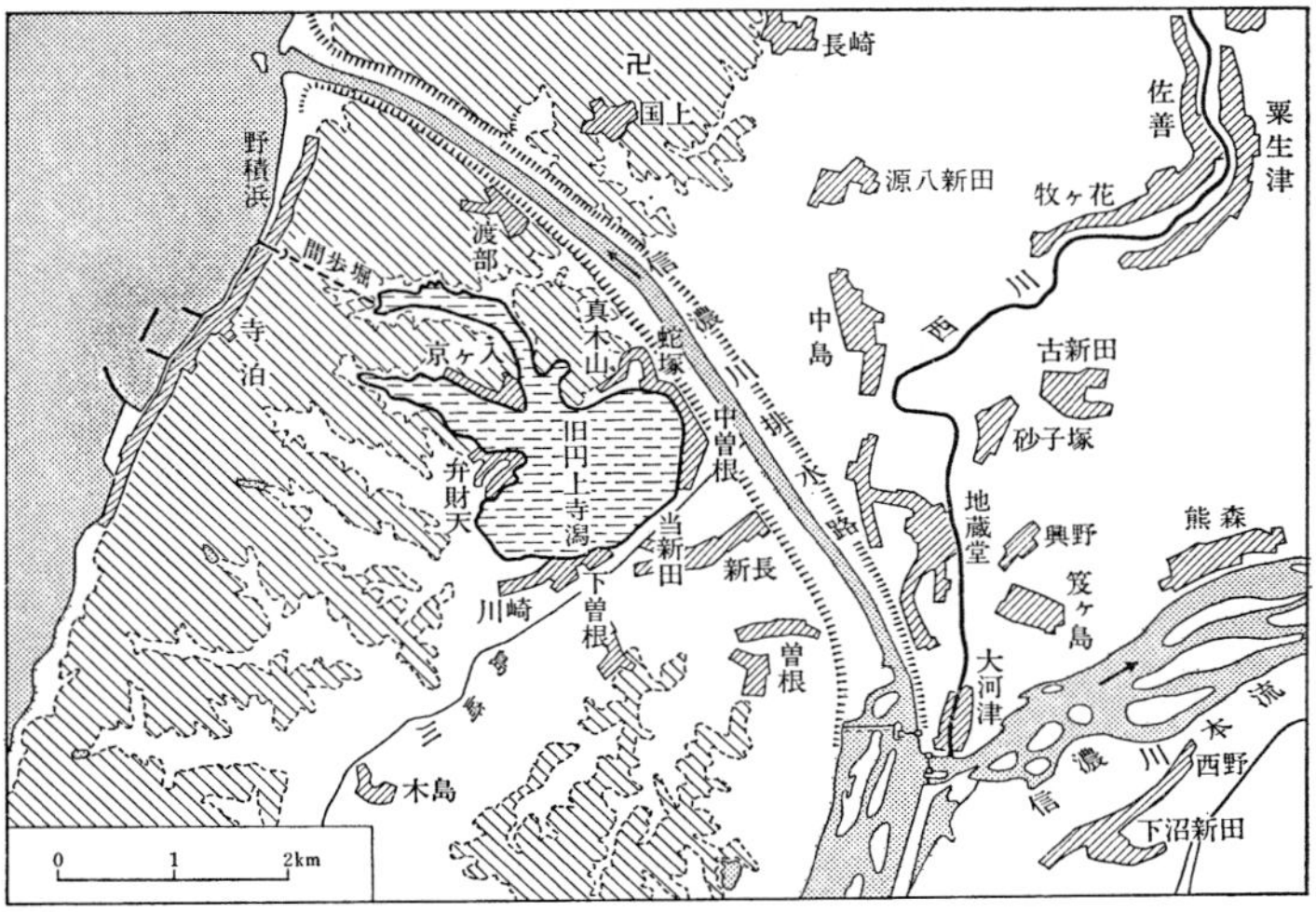

第11図　円上寺潟及び西川分水口附近図

村々の起立が、円上寺潟の水面の縮小した比較的新しい時代であることを知らせる。円上寺潟に沿い、直接これと関連をもつのは上記の七ヶ村であったが、なお真木山・渡部・国上・泉新・新庄・長新・小豆・曾根・竹森・鰐口・木嶋・中島・牧ヶ花の村々も潟に近く、直接・間接に潟の影響下に在ったのである。

円上寺潟は、かつて広区域に亙った沼沢地が、周囲から漸次開拓の歩の進むにしたがい、もっとも地凹の個処に湛え残ったものであるから、その悪水の排除ははなはだ難事であった。この地域一円を領有した村上藩においても、はやくからこの悪水排除には意を注ぎ、多大の費用を投じて普請に努めて来たのであったが、元来地窪の場処である上に、西川筋の流水量の増加は、潟からの排水路の流末を押える結果となり、様々の手段を講じたにも拘らず、排水の効果は著しくなく、度々実施した排水路の浚え工事も、排水路が一本であったために著しい効験を見ず、ついに安永三年九月には、西川への新しい排水路を設けようとして、その新排水路の注流する西川の地先に当る、牧ヶ花・中島の両村の説諭方を願い出ている。

潟七ヶ村の計画は、潟の排水路として従来からあった真木山締切・古締切を明けるとともに、中島村に通ずる新水路を開け、西川へ水吐堀を穿ち、その西川への落合口には、水門を伏せ入れ、西川筋の洪水に際しては、樋蓋を差し、逆水除を行ってその排水を完うしようとするものである。

「用・悪水は相互の儀」とする潟七ヶ村の希望に対し、あらたに悪水を承けるべき中島・牧ヶ花の両村は、水田への湛水と、用水の引き取りに障碍を生ずることを理由として、これに応諾の色を示さず、困却した潟七ヶ村は、中島村に対する交換条件として、かねて中島村がその用水不足の節の補助手段として、あらたに西川の水を取り入れるべく、七ヶ村の支配下に在る潟川・島崎川の両川に掛樋を設けようと計画していたのを許可し、ことに七ヶ村のあらたに開こうとする排水路の予定敷地が、水田の中を掘割るべき部分は極めて少く、過半は畑地で、中島村の犠牲の少いことを指摘して計画の遂行を策し、地続きである渡部・真木山の同意をもえ、領主役所の斡旋を出願しているのである。(3)

この潟七ヶ村の訴願の結果は明かにし難いが、おそらくは新排水路によって直接の影響を受ける中島村の不同意によって成立し得なかったものと思われる。ところがそれより八年後の天明二年に至り、今度は逆に牧ヶ花村から田用水の引取に就いて潟七ヶ村を相手取り訴訟が提起せられるに至った。

潟七ヶ村が排水に困却して何等かの手段を講じようとすれば、排水口に当る村々の反対に遭遇して容易に目的を達することができず、また下流の牧ヶ花が用水獲得の新手段を達しようとすれば潟七ヶ村の同意をえ難く、悪水と用水との調和は、一見容易であるかに見えて、その実はきわめて困難であり、上・下流の微妙な特殊事情が、かくせしめた理由は、次に詳述するであろう。

牧ヶ花村は同村の用水事情を述べて次のごとく言う。元来牧ヶ花村の用水は、島崎川に堰を設けて自由に引取り来ったところであったが、宝暦年中円上寺潟に沿う当新田の願人から訴願があり、潟の排水路である潟川は、泉新田の上で島崎川と落ち合うから、排水がよくなく、当新田の迷惑することを理由として、両川を更に下流牧ヶ花村の近くまで掘分け、両川の合流点を下げることによって排水を計りたいと述べた。

当新田の要求が容れられた結果、牧ヶ花の島崎川からの取入水路は、潟川を跨ぐことになり、この部分は掛樋とし、潟川の排水の妨げとならぬよう、堰の高さ、筒樋の通水量等協定を遂げたのであった。

その後明和八年、潟七ヶ村はふたたび悪水排除の困難を訴願し、役人が見分の上、牧ヶ花村から島崎川に設けてあった堰を、潟川に打ち替えることを命ずるに至った。牧ヶ花は反対意嚮を表明したが聴かれず、試験的に潟川に堰を設けることを承諾したが、予想通り潟川の堰からは十分の用水量を得ることが出来ず、西川筋からの引入難と相俟って牧ヶ花の旱損は甚だしく、もとのように島崎川からの引水を要求するに至ったのである。牧ヶ花のこのような要求に対し潟七ヶ村は反対を続け、「万一願之通被仰付候而ハ七ヶ村退転仕候より外無御座候」とさえ陳べているのである。

その後竹森・小豆曾根の両村庄屋が曖人となり、奔走の結果成立した内済条件は左のごとくである。

1　牧ヶ花の引水筒樋として、西川前筒樋なみに潟川の筒樋の二個は、従来通り有来りのままとし、潟川に設置した堰は取払うこと。

2　西川前の筒樋で、用水引入れの不可能な場合は、島崎前に草堰を揚げること。堰の高さについては定杭を設ける。

3　西川前の草堰を設置する回数は、牧ヶ花の植付仕舞以後、夏の土用明けまでの間に二回とし、その堰立ての日限は、一回昼夜四日とする。ただし植付を終って後、三十日程も堰を立てる必要がなくて済んだ年は、夏土用明けまでに堰立は一度とすること。

4　ただし植付後三十日程は堰立を行わないで済んだ場合でも、その後土用明けまで照続き、西川前の筒樋に水の乗り兼ねる場合は、堰立二度、また世間一統旱魃の節は三度のこと。

5　牧ヶ花の植付水として前の規定以外にさらに一度、昼夜四日の割をもって用水引取のこと。ただし植付前に用水が豊かで、堰立の必要のない場合は、植付水の分を植付後に加えうる。

6　潟川の排水手段としては、夏の土用明けから翌年八十八夜までの間、島崎川に潟七ヶ村で堰を立て、島崎川の水を潟川へ移し、両川の水勢を利用して排水すること。

7　島崎川の堰の揚げ下げ、西川前筒樋の水の乗り分量などを検分のため、立会うべき惣代は潟七ヶ村中から蛇塚・中曾根の両村が輪番で出ること、堰の高さは定杭、筒樋の水乗りは筒口の目盛によるべきこと。

両者の紛争を裁決する当局者の立場が、潟七ヶ村の悪水排除に重点を置き、牧ヶ花の要求も、排水の要求の前に制せられている事情を見出すのである。したがって内済の条件は、制せられた牧ヶ花の用水獲得の要求を、どの程度にまで許容するかが中心問題となり、回数・時日を限って牧ヶ花に許した島崎川の堰揚の規定が、もっとも重要な部分として現われている。

円上寺潟の排水問題は寛政十年、潟に近い二十二ヶ村から、潟の北端渡部村牛が首から西北に、所謂「間歩堀」で山を抜け、海岸の野積村須走浜に出て直接海に排水しようとする、大計画の樹立せられることによって、一新機軸を見るに至った。

二十二ヶ村惣代として、三条の藩の治所に、この計画の具体案を提げて出願した小豆曾根・真木山両村庄屋の願書によれば、本計画は潟の悪水の完全排水によって、水面の新田化を目指すものであり、年々の侵水の害を、一挙に解決するとともに、新開の造出と云う一石二鳥を期している。しかし何分費用も多額を要することではあり、かつ掘抜こうとする岩盤が砂岩等で、「間歩」の開鑿の困難な場合を慮り、魚沼郡広瀬郷での大規模な「間歩堀」に成功した石工の棟梁に下検分を行なわしめ、成功の見込が立ったので、先ず百間程を二十二ヶ村の負担で試掘を行い、見込のように成功する見透しを得た上で、藩の拝借金をえ、その返済は関係村々の立直り次第、追々返上することを陳べている。計画の周到さ(4)を見るべきである。

また同時に寺泊役所に宛てた願書(5)は、このような悪水抜の開鑿により、あらたに被害を受ける渡部・野積両村の説諭方を、右両村の支配者である寺泊役所に願い出ている。渡部村があらたに悪水路に沿うこととなる結果、約千四百間の間が湿地となり、野積村は、海岸の塩田地域に、悪水の注流口の設けられる結果、直接製塩に故障を受けることを挙げて、新水路の敷地の提供を容易に肯じなかったからである。

廿二ヶ村側の種々の奔走の結果、翌寛政十一年二月、野積村・寺泊町と二十二ヶ村との間に成立した妥協条件(6)は左のごとくである。

一　金三百五拾両　右者野積村へ塩浜余荷并川敷地代共に相渡レ極　但渡方之儀者　一　金弐百両　試掘致レ前日に相渡可申極　右金不相済内者鍬入仕間敷事　一　金百五拾両　間歩成就之上相渡可申極

一　掘割成就致兼レ節者野積村より返金可致事

一　須走住居之儀者掘割成就之後欠崩居住相成兼レ節者家小屋居屋敷共悉皆村上領廿二ヶ村ニ而引請須走勝手之所へ引移し可申事

一　島崎川之儀決而振向申間敷事
一　土捨場之儀者野積村へ熟談之上差支無之場所へ為捨可申事
一　米三拾俵宛　寺泊町塩浜諸色余荷
右者来ル申秋ゟ永久年々寺泊御蔵所へ村上御領廿二ヶ村より斗入可申極　万一相滞候ハヽ、間歩穴口寺泊よりふさぎ可申事
一　右掘割成就不致節は余荷三拾俵宛遣申間敷

こうして寛政十二年春「間歩堀」はいよいよ聴許を得、その四月に鍬初めを行い、文化十二年春、延長千三百七間余の水路の貫通を見た。延人員十九万余人、総工費四千五百両を要した。

十五ヶ年の歳月を要して成った「間歩堀」は、円上寺潟の悪水排除を直接の目的とするものであったが、耕地の面積、雨量等に対する正確な測定を欠いたのは当時としては止むを得ないことであり、したがって春季の融雪、秋季の霖雨に際しては、この間歩だけでは、到底完全な悪水排除は不可能であり、ことに間歩自体の内部構造も不完全であったため、水勢が弱く、ために穴の中に土砂の沈積を見、年々冬季に浚渫を行ったにも拘らず、排水にはしばしば故障を生じた。

明治に入り、地元の有志によって信濃川分水工事の計画が民部省に出願せられ(7)、献策は納れられて、明治三年正月に許可の指令があり、翌四月に起工せられるに至った。時はちょうど民費多端の際であり、この分水工事を尚早として反対煽動をする者があり、ついに明治五年四月、暴民が柏崎陣屋に迫ると云う、所謂分水騒動を惹き起したのであった。この結果明治八年、この分水工事はついに中止のやむなきに至ったのである。

潟七ヶ村はこれに屈せず、さきの分水敷地跡を買収して、上述円上寺潟の悪水吐水路とする計画をたて、地元疲弊の故に国庫の支弁を歎願して容れられ、苦心経営、明治十六年に成就し、ここに水利工功会の組織を見るに至り、さらに明治二十五年普通水利組合に改編せられ(8)、廿二ヶ村、四百五十一町八反九畝十二歩の地域をその区域とするに至ったのである。

明治八年に一旦蹉跌した信濃川分水事業は、その後も信濃川が氾濫を繰り返し、沿岸に暴威を逞しくしたので、ふたたび採り上げられる機運となり、明治四十二年国庫の補助金をもって着手せられた。ところでその工事の予定期限の十ヶ年の間、潟の排水路は分水路の敷地となり、排水が全く不可能となったので、潟七ヶ村を初めとする沿岸村々の歎願により、信濃川の分水工事と並行して、円上寺潟の排水のための隧道工事を実施し、遂に大正元年に貫通して、潟はその中心部の最低処でも、一滴の湛水を見ず、ここに完全な陸化を遂げたのであった。次いで成就した分水工事の成果が、多年の低湿地を、全く湛水の難から免れしめるに至ったことはいまさら冗言を要しないところである。

(2) 西蒲原郡国上村真木山、原田捨蔵氏所蔵文書、天明二年寅十月、牧ヶ花村との間に交した「為取替内済証文之事」。
(3) 同氏所蔵文書、安永三年午九月「乍恐以書付御願奉申上ル」。
(4) 同、寛政十午年九月、地蔵堂組小豆曽根村庄屋吾右衛門、同組真木山村庄屋要右衛門から「三条御役所」に宛てた「乍恐以書付奉願上ル」。
(5) 同、寛政十午年十月。
(6) 同、「内済為取替証文之事」。
(7) 以下の事実は原田捨蔵氏編(未定稿)「須走川普通水利組合誌」による。
(8) 前掲原田氏文書、明治二十五年十月十一日「普通水利組合契約書」。

第三節　西川沿岸村々と分水口上流村落との用水関係

西川はその名のごとく、大河津附近で信濃川の本流から分岐し、本章の対象地域の最西端、弥彦山の山麓に近い部分を北流し、内野を過ぎて海岸砂丘の内側を通り、ふたたび信濃川本流の下流部に合流するが、その沿川には、堤塘に樋管を設置して灌漑用水を引用するものがはなはだ多く、その中、比較的大きい灌漑面積を有するものだけでも、南から数えて、太田用水・富永用水・鴻巣用水・馬堀用水等があり、なおこのような著名なものの外、西川沿いの村々がいずれも大小無数の掛筒を有し、水源を西川に仰ぐ事情は、例えば粟生津村の場合の

西川掛筒四ヶ所　長サ八間余　深サ壱尺壱寸　内法幅壱尺七寸
　代米壱石五斗宛被下置候(9)

とあることによっても推知せられる。

しかし西川は本流に比して幅が狭く、水量が乏しいのは勿論、中ノ口川に比しても遙かに劣り、かつ信濃川河道の東遷の影響もあって、水乗りがわるく、本流からの分岐点附近は流速の小さい関係から、流砂の堆積することもあり、したがって用水源としては充分でない上に、一旦洪水に際しては、本流からの溢水を享けて、沿岸に被害を与えることも尠なくなく、沿岸諸村にとっては、その河状の改善・変更は、早くから望ましいところであり、すでに天和年間から、西川沿岸諸村と分岐点の上流に当る村々との間に、水論を生じ、これが次第に発展してその関係地域を拡大し、ついに宝暦年間の西川一件へと進展したのである。

天和三年六月、長岡領の粟生津・下粟生津・太田・中野・吉田・鴻ノ巣・宮小路・本町・巻・下和納・赤鏥・真田・東汰上・西汰上・曾根・押付・簸屋・桑山・中野郷屋・明田・大友・坂井・真木尾・新通の廿四ヶ村、与板領富永、三根山領和納・馬堀・高橋・安尻・潟頭の五ヶ村、すなわち西川の分水点に程近い粟生津から、流末両川の合流点附近の新通までの、西川右岸に位置する三十ヶ村は、この年日照が打ち続き、西川の瀬が浅くなり、用水の引取り難くなったことを理由に、西川の分流点に近い砂子塚村から大河津村の分水点迄の間、川筋の中にさらに川掘りを行い、水を通したいと西川の上流に沿う村上領の五ヶ村、即ち砂子塚・笈ケ島・地蔵堂・五千石・大河津の諸村に対して願い出で、村上領側は先例もないと云い、また村上領村々の場合は、当年はそれ程の水不足ではないからと、別段川掘りの必要は認めないとは云いながら、下流三十ヶ村の要求を容れ、次の条件をもって一札を取替わしている。

一　水筋之義大川ゟ砂子塚迄川之内堀幅幷深之義御相談之上掘可申候　自在成儀仕御領障に成申儀仕間敷候　勿論川筋之内堀能所御座候而人足等勝手能義御座候共御領内障ニ罷成候所者掘申間敷候事

一　我等共方ゟ川筋掘申に付笈ヶ島・砂子塚・大武新田三ヶ村用水之義堀筋ニ堰揚ケ水入用程御取　其外之水ハ川下へ御通シ可被成候　川上之義与申殊ニ御領分之内此方より掘申義に候へハ其方用水不足ニ仕間敷候　且又船往来等之義ニ付此方ゟ掘申候川筋之由ニ而妨之義申間敷候　尤如斯御相談相究候得共双方勝手悪敷義御座候ハヽ、何時にても御相談可仕候[10]

これは三十ヶ村側から村上領五ヶ村に宛てたものであるが「先例も無之」と記した点から見れば、少くも近世初頭以降、天和三年に至る数十年間には、このような川掘は曾つて行われたことがなく、西川筋の流水量の漸減(河床の堆積にもとづく)、用水引用施設としての樋管の増設に伴なう、西川の用水源としての水量の減少化を物語るものであろう。

川掘の実施は、上流部の河床に滲透した水量を、ことごとく下流に流下せしめる結果となるから、三十ヶ村側が五ヶ村に対して、迷惑を与えないように、相談の上で行う必要があったのであり、また笈ヶ島・砂子塚・大武新田の三ヶ村は、下流の川掘りによって、その用水を奪い尽されないため、掘筋に堰を設けて必要用水量を取り入れる特権を留保したのである。笈ヶ島を初め他の二ヶ村の処置は、「川上之義」と云う言葉に現われた特権に基礎を置くものであり、また三十ヶ村の川掘りを行う区域が、三ヶ村の領域内の川筋であったこと、いわゆる「御領分の内」であったことによるものである。

天和三年の「為取替書」に見る西川分水口附近の川掘は、西川への注水量を増加せしめる手段としては、きわめて消極的であり、到底前述三十ヶ村の用水不足を救済しうるものではなかった。天和三年を距る二十九年後の宝永八年、(11)西川筋三十ヶ村は新しい分水要求を掲げ、ふたたび村上領に対して訴訟を仕掛けた。三十ヶ村側の言分は次のようである。

二十ヶ年前(元禄四年頃か)村上領であった頃、西川口にはさらに新川口が一本付けられたのであったが、川口が二本となっては、これに注入する水量の多すぎることが問題となり、十一ヶ年前(元禄十三年か)にその新川口は閉塞せられた。西川筋の水入の悪いのは、四十年来の(寛文の末頃に当る)現象であり、用水不足はいよいよはなはだしいから、右の元の新川口をふたたび開くか、あるいは他の適当な個処に、川口を掘替えたいと云う。

今回の分水論の対手となった蒲原郡七十三ヶ村、三島郡十六ヶ村、すなわち計八十九ヶ村側はこれに答えて、三十ヶ村の謂う新川口とは、商船の通路として地蔵堂町から出願し、先年明けたものであったが、信濃川の水がこれに押し入り、川下十里余の間に一大水損を被ったので、右の水損場となった村々から歎願して、右の新川口は十一年前に塞いだのであった。ふたたびこれを開いては、以前のように水損所を生ずるのは必至であると反対を述べている。

その結果は幕府から実地検使役の出張となり吟味を加えたが、三十ヶ村側から出願した新川跡の場所は、信濃川の本流が突き当り、水勢の強いところであるから、もしふたたびここを川口とすれば、地低の個処に押し入り、水損を生ぜしめるのは明瞭であり、また新規の川口を掘るにも適当な個処も見出し難いとの見解であり、これに加えて、西川口から砂子塚村まで二十七町の間の水準を改めた処、二十一尺の落差のあることが明らかとなったからとて、三十ヶ村側の要求は却下せられ、天和三年の「為取替証文」の示すように、用水の不足の時は両者が相対の上、砂浚えを行うべく命ぜられて終ったのである。

このような全く一方的とも見られる程の、三十ヶ村側の要求を否認した裁決の裏には、西川分水口からの流下水量が増加すれば、ただちに洪水の危険に曝される危険のある天領村々の、強硬な反対の提出せられている事情に留意すべきであろう。

天領五十五ヶ村、壱万六千六百四拾石余の地域の割元の四名は、西川口支配の村上領の大庄屋に対し、もし長岡・三根山両領分の願に、村上領村々が同意せられるならば、天領一円の百姓は退転の他なく、よって西川口は、従来有り来りの姿のままにしておかれるようにと願い、さらにその内部事情を述べて、近隣の地高で、条件のよい村々は、与板領の上知となった際に、長岡領に替えられ、残りの天領に編入せられた村々は、いずれも「地低水損悪作所斗り」であり、かつ長岡領から代地として天領となった村も、地低の水損所のみであって、この上西川口からの水入が増加しては、数ヶ村は退転の他ないと述べている(12)。幕府から派せられた検使役が、三十ヶ村側の歎願に耳を藉さなかった裏面事情の一斑はここにあったのであろう。

西川分水口からの水量増加の期待が、遂に空しくなった以上、三十ヶ村はその自らの内部での分水に留意し、もって適切な措置を講ずる必要を生じた。正徳元年（宝永八年）七月、長岡・三根山の両領村々の間に取結ばれた証文(13)を左に示す

一　西川筋懸筒村方相談之上無堰に相極申候事

一　此後何程に渇水致候而茂少々ニ而も堰申間敷候事

一　川西御領村々にて若堰仕候ハバ其向村ゟ早速差留可申候　其上にも理不尽に堰仕候ハヽ我々共支配地之内川半分はかたく為致間敷候　向方川半分之儀茂随分致断はらはせ可申候様可仕候　其上にも我儘申候ハヽ仮令御公儀沙汰に及候共各御一所成はらハせ申候様に可仕候事

渇水に際して、西川沿いの村々がこれを自由に堰き止め、勝手に引水したことが一層用水不足の原因であったことを認めて、一切これを撤廃することを約したのがその一であり、二はその対岸の(左)天領村々から、もし西川に堰き止めを行う事があっても、その対岸に当る村からこれを差し留め、なお理不尽にこれを行おうとするものがあっても、河幅の中央を境とし、半分だけは絶対に堰を許さないことを契約したものである。

長岡・三根山の両藩は長岡を宗家とし、本支の関係に在り、一領に近い立場と纏りをもつものであり、天和三年の争論の対手村は、村上領五ヶ村、この度の宝永八年の対手村は、村上領・白川領・天領であった。越後低地が、幾多の藩領に分割せられながら、一つの水路に沿う狭長な地域が、一単位として、一つの領主の支配下に収められていることの多かった特殊事情が、このような用水争論において、利害を同じくする一領をして結集せしめるのに、一層容

易であった事情は否定し得ないであろう。地域的な結合の上に、さらに政治的な勢力関係の結合が、この地域の纏りを裏付けたからである。西川沿岸においても、長岡・三根山の両領は右岸ばかりであり、左岸が天領であったことは、上述した宝永八年の、長岡・三根山両領の協定の裡にも明らかに見出しうるところである。

宝永八年から四十一年後、宝暦二年十一月、長岡・三根山の両領六十七ヶ村、石高三万二千余石の地域は結束し、天領・高崎領・白川領・村上領八十三ヶ村を相手として、天和度以来しばしば企てて、しかも成功を見なかった用水取入難を一挙に解決しようとし、江戸評定所への訴訟を提起した。

その訴状に謂うところは、信濃川の分流西川から用水を引取って来た上述の六十七ヶ村、三万二千石余の地域は、近年次第に水乗りが悪くなり、元禄年間、村上領村々が領主に出願し、川上に別の川口を掘明けた処、図らずも天領・私領村々の水損を招き、故障を被った村上領から、村上役所への歎願によって、右の川口はふたたび閉鎖せられ、かくしていよいよ西川筋の水乗りは悪く、宝永七年の西川分水口の掘替願も容れられず、天和年間の「為取替証文」に記すごとく、西川口の砂の掘浚によりて用水をうるよう命ぜられたとして、幕初以来、西川筋の用水引入が、次第に困難を加えて来た事情と、これに伴う上流分水口に近い村々との交渉の経過を概述し、いよいよ当面の問題に入る。

宝永八年の裁許後、両領村々では、年々人足を出して砂浚えを行って来た処、近年は別して信濃川は筋違いを起し、東に傾き、西川の口は全く横川となり、砂を押上げて平地同然の姿であり、二万人余の人足を入れ、砂河原の深掘りを行ったが水乗が無く、一旦掘り上げた溝筋も、両側から砂が崩れて、たちまち元形となった有様であり、西川沿いは水元を取り失い、天水場同様の窮状に在る。

以上の次第なので、今回右の救済手段として歎願する処は、在来の西川口を締切って出水を除き、かつ常に水乗りの良い場処を選んで、わずかの水門を伏せ入れ、常水を取り入れて田用水に供し、また信濃川の出水の節は、右の水門の樋蓋を指し、その開閉のためには番人を附して堅く守ると云うにある。このようにすれば、過分の水量を受けることが無いから、先年水害を被った村も悪水の害がなく、かつ右の六十七ヶ村は田地養育の手段を得ることとなると説いている。また六十七ヶ村では、去る冬中から、先年故障を主張した八十三ヶ村に対し、内談を行った処、中には得心した村もあるが、何分多数の村数のことゆえ、内熟は結局容易でないようである。何卒右の趣を御見分の上、適切な処置を願いたい(14)と云うのである。

この訴状は採り上げられ、奉行が裏判の上、絵図を仕立て、翌年二月十三日評定所で対決すべく命ぜられるに至った。相手八十九ヶ村側は、ちょうど「地所一面之雪」であるため、絵図が早速には出来難いことを理由とし、二月十三日の対決を四月三日まで延期することを願い出るとともに、返答書を提出し(15)、六十七ヶ村側の言分を駁している。すなわち

1　相手の云う信濃川の筋違いのような事実は全く存しない。

2　渇水の節は、相手方六十七ヶ村だけが旱損を被るかのように述べているが、信濃川筋・中ノ口川筋・西川筋いずれも同様で、万一越後が日旱でも、信濃辺に降雨があれば不時の出水を見ることがしばしばである。旱魃のために皆無作となることはほとんど無いが、水損の被害は年々はなはだ大きいものがある。六十七ヶ村の要求は、水損のことを全く考慮しないことによるものである。

3　訴訟方は夏中におよそ二万人余の人夫を差し出し、砂浚えを行った由を述べているが、全くもっての外の偽で、近年は殆んど砂浚え等は行っていない。砂子塚村は一村でありながら、西川が渇水で旱魃の際は、単独で、よく

数百間の場所の砂浚えを行い、殆んど旱損の経験もなく用水を取入れている程である。訴訟方の村々は、砂子塚の川下地続きであり、かつ地盤も余程低く、島崎川・矢川の水も西川の床へ落ち溜っているから、砂浚えをさえ充分に行えば、用水の不足は無い筈である。

4　西川口を締め切り、あらたに門樋を伏せ入れたいと願い出ている場所は、信濃川筋の突当りで水勢が強く、いか程丈夫に伏込んでも、出水の節には必ず門樋を押し抜くであろうし、また万一門樋を押し抜かない場合は、今まで三本に分流して受けていた信濃川の出水を、二本で受ける結果となり、到底人力をもっては防ぎ難い程の大洪水となり、村々退転のもといとなるであろう。

5　今迄の西川は、悪水排除の水路としての意義をも有していたが、新門樋を立て、樋蓋を設けて常水とする場合は、悪水吐の方途を失う結果を招来する。

要するに上流湛水地域の排水路としての西川の機能を、そのままに保たしめるため、新門樋の伏入れはもっとも好まない処であり、西川沿い村々の用水は、河浚えを行えば、充分に得られるであろうと云うに在る。

また村上領二十五ヶ村壱万二百石余の地域も別に返答書[16]を提出し、これらの村々が円上寺潟の存在のために、もっとも水損を被る村々であり、もし新門樋を伏せ入れるならば、かえって島崎川口へ逆水を受け、村上領の悪水排除は全く不可能に陥るであろう。西川筋の用水不足は、全く手入を怠った結果であり、また水不足の場合には、畑地への転換も可能であるが、水損地には植えるべき作物がなく、百姓の渡世にも差支えるであろうとして、極力その水損の問題を陳べ立てているのは、前節に述べた円上寺潟の低湿地を有した村上領としては、あるいは当然の主張であったかと考えられる。

宝暦三年八月、この争論もついに「内熟」となったが、その条件[17]は左のごとく、訴訟方六十七ヶ村側の要求が、相当程度にまで容認せられたのは注意すべきであろう。

1　西川口締切場所及び堤の仕方

西川口川幅十二間の所で締切り、ねた二十間通り砂の分は残らず上下へ掘退け、真土をもって築立て、その高さは東西の堤に準じ、掘退けた砂は、東の畑へ揚げないこと。

2　水門樋の伏せ所およびその普請の仕方

水門は長さ二十間、樋の内法は三尺四方、戸前一枚に作ること。水門伏込の場所は当時の川形の川床から三尺五寸深く伏せ込み、以後修覆等の節も、この規定を守るべきこと。

3　水門戸前の開閉

四・五・六月の三ヶ月間は、戸前の下方一尺五寸を常に抜き明けとし、一円旱魃の節は戸前を全部明けること、雨天の節は勿論、信濃川・島崎川・矢川の出水があり、西川の河床に落ち溜り水の有る節は、水門の蓋を塞ぐべきこと。残る九ヶ月間の水門戸前の開閉は、八十三ヶ村側の勝手次第のこと。但し春中年貢廻米の川下げの行われるに際し、西川が渇水で通船の困難な時は、相談の上、信濃川の水を引入れ、船の往来の便宜を計ること。

4　水門戸前の鍵の保管

四・五・六の三ヶ月間は、一ヶ月の中十日間は長岡・三根山の弐ヶ領に預り、二十日宛は八十三ヶ村側に預ること。勿論双方とも鍵預りの節は立会封印をし、我儘に戸前の開閉を行わないこと。七月から三月までの九ヶ月間は、八十三ヶ村側で鍵を預ること。

5　西川筋砂の掘浚え

西川の門樋から吉田村までの間の川通りを、深さ三尺、幅四間通り掘浚えること。但し年月を経、ふたたび水路が埋没する時は、八十三ヶ村側の好みの通り掘浚うべきこと。

6　地蔵堂・大武新田の引水施設

地蔵堂の町裏、村上領村々の希望の処へ、東西の河岸から真土をもって壱箇処刎出しを設けるが、水の通る分として四間を明けて置くこと。これは門樋の塞いである時、門樋から島崎川まで水不足であるから、その際は右の四間の所を土俵で塗り塞ぎ、地蔵堂・大武新田両村の用水を引取るためである。もっとも用水取入が終れば、早速取払うべきである。

7　土取場の事

白川領大河津村の内で、最寄の場所を選び土取場と定め、六十七ヶ村から年々「入附米」を支払い、なお普請中、土取場附近の作物を荒さないこと。

すなわち上述の諸条項が明示するように、長岡・三根山領側(訴訟方)の願望した門樋が、分水口に伏せ込まれ、その開閉に関する規約に従って用水獲得、水害防除の手段が講ぜられることとなったのである。門樋を三尺五寸低く伏せ、四・五・六月の用水期間中はその門樋の下方一尺五寸を開けて吸引すること、および出水の節はその樋蓋を塞ぐなどの規定は、訴訟方が有利な立場を獲得したことを示すであろう。従ってこの内済証文の末尾には、次のような念書が添付せられている。

若後年に至双方之内何れ之村方ニ而も不為之筋有之候ハヽ門樋取払如元之ニ可致候　且又此度極之外後年に至り

不宜筋有之　万一如何様之義ㇾ共宝永年中御裁許之外此熟談証文に拘り証拠之申立ニ者致間敷ㇾ　（傍点、筆者）

この宝暦三年八月の「熟談為取替書」が、臨時的かつ私的な申合わせであるに止り、宝永八年の裁許絵図裏書こそ、訴訟方・相手方の根本関係を規定するものであることを、実状は兎も角、一応表示したものと解すべきであろう。

このような内熟にもっとも不満であったと考えられる村上領廿五ヶ村（蒲原・三島両郡の分を合す、元来村上領がもっとも湛水地域であったから、その悪水を無制限に西川筋へ排出することこそ、望ましい処であったのに、新しく門樋が伏込まれ、自由な排水が不可能となったことに対して、最大の苦痛が存したのであろう）は、翌宝暦四年六月、六十七ヶ村側が「済口証文」の規定を履行しないことを問責し、奉行所に願書[18]を差出している。その問責の内容は次の条項に関してである。

1　西川門樋から吉田村までの掘浚えに就いて、その深さ、幅を示すべき定杭を打つべきことを此方から要求したが、六十七ヶ村側はこれに応ぜず、かつその掘浚えも、はなはだ不充分である。

2　島崎川から吉田村までの川の掘浚えに就いても、六十七ヶ村へ度々催促するが、延引を重ね、ようやく遅れて着手した掘浚えも、立会って検分すれば、僅かに高所の砂を少々撫で除くのみで、掘浚えとは云い得ない程度のものである。この島崎川から吉田村までの掘浚えは、村上領廿五ヶ村の切望によって加えられた条項であり、この場所を広く深く掘浚え、それによって島崎川からの悪水を充分に排除し得ないときは、その代り、六十七ヶ村側をして、信濃川から新規に水を引入れさせない訳柄のものである。ところが、六十七ヶ村側はこの排水を度外視し、村上領の希望する島崎川から吉田村までの間は、申訳の掘浚えをするに止り、六十七ヶ村の引水のために有効な、水門下から島崎川近くまでだけを充分に掘浚えている。

3　水門戸前の錠鍵の預りに関しても、六十七ヶ村は春の掘浚えの終了後用水は引取りながら、右の錠鍵は今もって渡さない始末である。

このように、六十七ヶ村は「内熟済口証文」を交換して後は、全く自分の好都合なようにばかり工事を行い、すなわち昨十二月には雪中にも拘らず西川口の締切り、門樋伏入れの工事を行い、かつ門樋からの用水引入に好都合なように、門樋下から三十余町の間は、早くも三月中旬に丁寧に掘浚え、二十五ヶ村側の要求する、島崎川から吉田村までは、五月に入って後、小人数をもって形式的に済ませ、このように万事勝手の取計方ばかりが多く、しかもその上、六十七ヶ村は何時でも再訴訟に応ずる決意を固めており、二十五ヶ村は困窮の村方故、打ち捨て置く他なく、さすれば千三百五十石余の田地の亡所におよぶのは眼前であると訴えている。

八十三ヶ村中、もっとも排水の困難であった村上領廿五ヶ村であっただけに、新門樋の影響を鋭敏に感じ、排水手段の補強に関して、上述の歎願となったものであろう。村上領村々のその後の排水・干拓の事業の進展に就いては、すでに前節で関説したところである。

以上のような数々の経緯を経て作られた西川口の水門樋も、その生命は意外に短かく、完成後七年の宝暦十年、ふたたび取り払いの運命に逢着し、その後の処置は宝永八年の裁許の通りに落着した。長岡・三根山両領惣代から村上領惣代に宛てた一札(19)には

西川口〆切水門樋伏せ入候得共水乗存込と違候に付此度右〆切水門共取払元形之通致度旨及御熟談候処御承知被下候　然上者宝永年中御裁許絵図御裏書之通此末無違変堅相守可申候　（傍点、筆者）

と記されている。西川分水口からの取入水量の増加の方途が絶えた結果は、その後西川に水源を持つ下流、洲島中

央部の村落をして、一層用水難を痛感せしめ、西川筋に伏せ込んだ樋管から引水する幾多の村落をして、用水関係を中心に、一村毎の独立的な立場を執らしめるに至り、悪水排除の共通目的が、比較的広大な地域の結合をもたらしたのとは、正に逆の関係を生ずるに至る。鎧潟南岸に事例を求め次節で詳述するであろう。

(9) 西蒲原郡粟生津村　和田慶太郎氏所蔵文書　宝暦三寅年八月「此度御尋に付村々明細書上帳」粟生津組の「粟生津村」の項。
(10) 和田慶太郎氏所蔵文書「西川一件書留記」の中、天和三年亥ノ六月十三日「為取替申一札之事」尚原田捨蔵氏所蔵文書中にも同一のものがある。
(11) 前掲「西川一件書留記」の内、宝永八年辛卯三月十三日「御裁許絵図御裏書」。
(12) 同、宝永七寅ノ四月十日「口上書」。
(13) 同、正徳元卯年七月「為取替申証文之事」。
(14) 同、宝暦二壬申年十一月「乍恐以書付御歎申上候御事」。
(15) 同、宝暦三酉年四月「乍恐以返答書奉申上候」。
(16) 同、宝暦三酉年四月、内藤紀伊守領分蒲原郡九ヶ村、三島郡拾七ヶ村惣代の「乍恐以返答書奉申上候」。
(17) 同、宝暦三酉年八月「為取替熟談扱証文之事」。
(18) 同、宝暦四年戌六月「乍恐以願書御伺申上候」。
(19) 前掲原田捨蔵氏所蔵文書、宝暦十辰年三月「西川口水門樋取払候一札之事」三根山領十四ヶ村、長岡領五十三ヶ村惣代から村上領廿五ヶ村惣代地蔵堂村大庄屋に宛てたもの。

第四節　鎧《よろい》潟南岸村落間の用水問題

——水利を中心とする一村一国の関係——

馬堀を中心とする鎧潟南岸の地域は、西・中ノ口両川の挾む洲島のほぼ中央部に位し、上流の洲頂部から悪水として流れ下った不要水を取り入れて、これを適度に用水とし、しかもその余剰分をまた悪水として、自村の地域内に湛水せしめないように流下せしめようと努力する。このように、同一の水でありながら、異った村落間ばかりでなく、一村内に在ってさえ、用・悪水二様の性格を有して、その調整は実に困難を極め、したがって上・下流二村の利害の衝突は避けえない運命にあり、ことに用水路を横断して設置する堰の存在は、いよいよこの問題を複雑化せしめる。領主の異る場合にはなお一層のことである。

村毎に利害の相反する場合、一村を利する引水施設は、他村・他郷の好まないところであり、したがってその妨害を受けるのみならず、このような問題の解決は、領主間の対立によって一層期し難く、村落の困難ばかりがいよいよ加重する傾向にあり、用水施設の完備には、これを統御する統一的な政治力の存在の必要なことを痛感させる。

さきに序節で、寛永・正保年間に完成したことにふれた、田辺小兵衛の独力開鑿した馬堀用水は、四百三十石の村高をもつ馬堀村が、用水源としてはただ僅かに南の佐渡山村から得る「土居掛堤」の水溜を有するだけで、旱害が絶えず、「テンコウフキ馬堀」[20]の名を近隣に唱えられた地位を改善しようと企てたものであった。しかも小兵衛は、自ら秘かに水路筋を測量し、領主長岡牧野氏の廷に願い出たが容易に許されず、三ヶ年の歳月を経て漸く自費着工を許さ

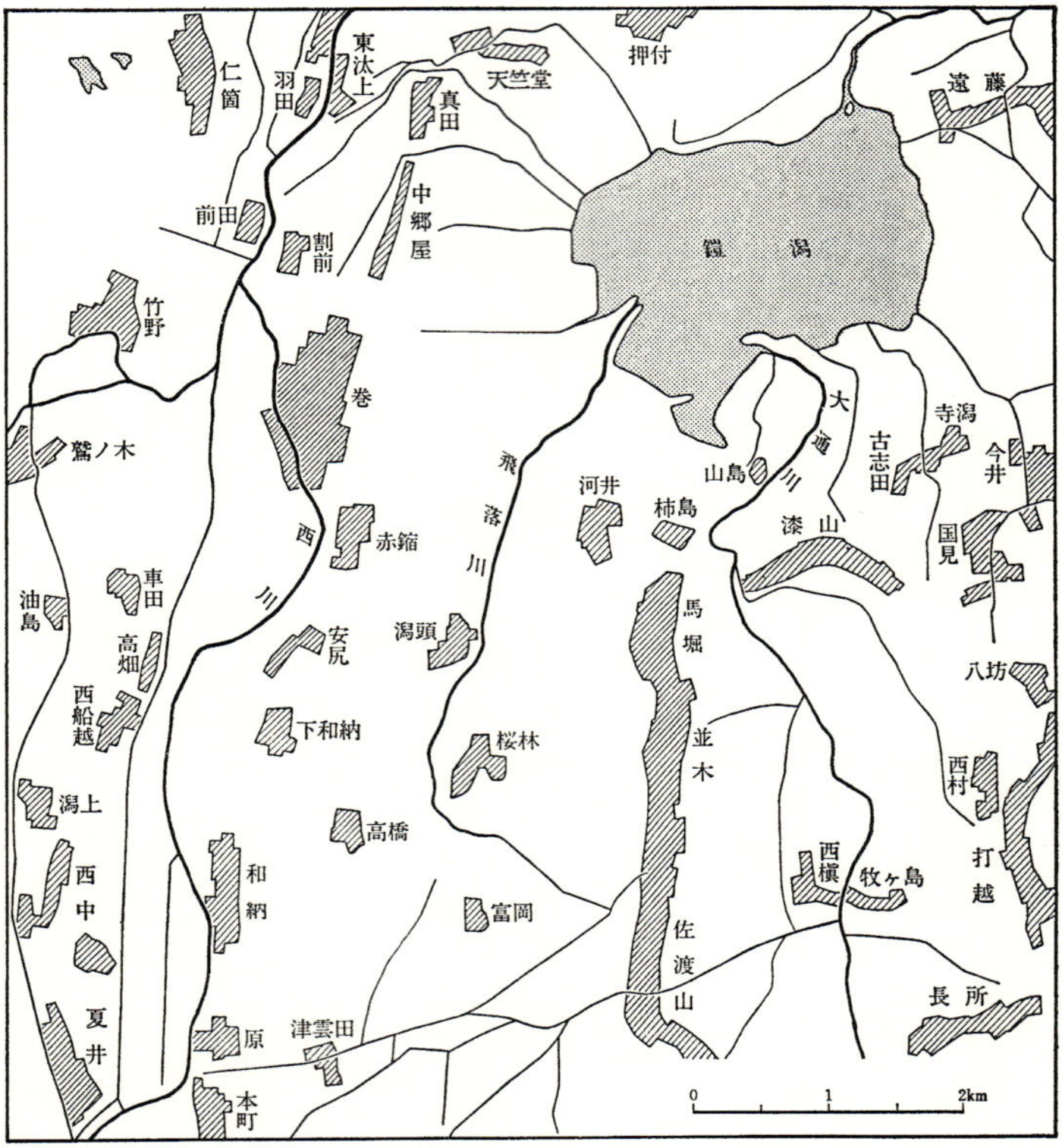

第12図　鎧潟沿岸地域

れたものである。

このような用水路開鑿の結果の利益は、甚だ自明であるにも拘らず、長岡藩が容易に起工を許さなかった理由は、その後の事件の推移が明らかに物語るところである。

すなわち馬堀用水路完成の翌年春、幕府の役人の出張があり、新開見込地を改めた途上、たまたま上述の筒筋に着目し、右の施設が南方上之郷に不利であり、ことに水害を与える虞のあることを見て、長岡藩を追求するところがあった。長岡藩は、その責任の帰することを恐れて、馬堀用水は小兵衛の独断で起工したものとし、入獄を申渡し、かつ自裁を命ずるに至ったものであった。

天領に不利を与えたこと、用水路の完成の結果、恐らくは長岡領の新墾地の増加を結果し、内実高の増加が、幕府へ上申せられないうちに、幕吏の発見するところとなったこと等が、用水路開鑿の恩人をして、入獄自裁せしめるに至ったものと見るべく、複雑な当時の封建制下の政治的環境を、推知させるものがある。宝暦二年、小兵衛の邸地内にその霊を祀る塔の建立せられた際、時の領主三根山牧野氏が、建設資金を下附してこれを援助したのは、小兵衛服罪当時の事情を暗示する。

引水施設の着工に当っては、馬堀用水の事例のように、様々の場合が存したと考えられるが、一旦成就した引水施設に対しては、領主の保護ははなはだ厚いものがあった。

元禄七年六月、馬堀に近い三根山領潟頭《かたかしら》村では、この年検地が行われるに当り、その「掛け江」の修理のため、水路添堤防外の地が北側は三尺、南側は六尺を除地とせられ、もし堤防の幅の縮少した時は、その幅を規定のように拡げるべきことが、関係村落間に手形として交換誓約せられている。(21)

また享保十七年、馬堀村はその前年の洪水によって一円の大水害を被り、数日間の満水によって馬堀組三千余石の田地が水腐となったのみならず、江丸(堤防)土手にも、幾多の崩れた個処を生じたのであった。馬堀村の名主は、領主に対し、馬堀用水開鑿の来歴を述べるとともに、「此度江丸土手普請仕度御威勢奉願上候(22)」と、普請金の援助を出願している。享和年間には、すでにその「江丸」が藩の普請所に編入せられていたことを知るのである。

普請材料の下付を藩役所に願い出たものとしては、宝暦七年六月十五日、馬堀・桜林の村役人から、代官所に提出せられた、左の一札が残っていてその実状を示す。

乍恐以書付奉願上候

一、土俵　三万二千俵
　　内大土俵　壱万六千俵
　　常土俵　壱万六千俵

一、造縄　百五十束

一、篇朶　七千束　但三尺〆

右者馬堀村懸筒江丸土手切所用水先達而被下置候土俵之義今明日迄不残遣切無拠又候此度大図リヲ以再応奉願上候　以御慈悲ヲ右願之通早速被仰付被下置候ハヽ、普請所水上に可仕与難有奉存候　以上[23]（傍点、筆者）

馬堀用水は、西川筋から本町村を初め、その他の村々を通過して馬堀村に導かれたものであったから、馬堀村は水路敷地として、これ等の村に潰れた田地の分の代地を差出すとともに、なお不足分は「江代米」として、年四石宛を吉田の御蔵[24]へ納めていた。

このように他村とのさまざまの交渉を経、江代米を納め、ようやく引水し得た用水路であったから、その水路筋の通路の変更および水路の途中での通水に影響のある施設は、その用水路の所有村として容易に許し難いところであった。明和六年四月、馬堀村の久福寺は、その南に接続する並木村に宛てて一札[25]を提出し、この度久福寺の堂の建立に当り、境内に掛り流れている並木村の苗代江筋の掘替を願い出で、もし新しい水路が、用水引取方に都合の悪い時には、何時でも元の水路筋を、元形の通りに浚え、用水通行の差支えとならないよう処置すべきことを、馬堀村役人の保証を添えて誓約している。

ことにいちじるしい事例は、正徳五年二月、馬堀用水に添う上流富岡村が、その村域にぞくする「辰の起田地」へ居屋敷を移そうとしたところ、馬堀村は「惣百姓了簡不仕」として、全面的な反対の意嚮を明かにし、馬堀用水は、西川の樋管から用水を取入れても、水路を遠く距てて、馬堀村までは用水の充分に届かない有様であり、ことに旱魃年には、途中で理不尽に水を切取られることが少くなく、少々の切落しでも、水路の附近は窪地のこと故、多量の水が漏れ落ち、馬堀の田地は干上る結果を見ている。この上水路の近くに富岡村の居屋敷が出来ては、いよいよ自由に馬堀用水の水を切取るであろうし、こうなっては馬堀村の田地の障りとなることを明らかに述べている。長い水路に在っては、途中での盗水が如何に一般的であったかを示すであろう。馬堀村はさらに添えて、その用水路の監視に当るために、「我々も相願候而叶申義ニ御座候者外之田地を出し筒近所へ少々も替へ寄せ中度奉存候事」[26]と述べている。

このように、馬堀用水の上流を扼し、盗水を警戒せられた富岡村であったが、用水難の甚だしい際には、内々で用水の分与を受けたことも間々あった。明和二年の場合はその一例で、馬堀村に頼み、内々で水除土手口を切り明け、用水を貰い下げたが、一旦切り明けた土手の塞ぎ方の麁末なことを追求せられ、差し出した謝罪一札[27]が残っている。

このような内々の依頼による用水分与の反面、不法引水、あるいは盗水の行われたことはしばしばで、宝暦十四年三月、中野村役人は馬堀に詫の一札を提出しているが、その内容は、馬堀村水除土手の中、中野村の地籍内の四反田で、三月二十五日夜何者かが土手を二ヶ処切り明け、用水を引下げたので、中野村に疑が懸り、中野村の役人は村内の百姓を糺したが判明せず、今回だけは内分で済まされたいと願い出ているのである。

用水路の疎通とともに、組織を見た配水の区域も、その後の事情の変化によっては、再編成の行われることも少なからず存した。馬堀用水によって分水を受けていた桜林村が、弘化四年に至って、その支配下を脱するに至った事例がこれである。

弘化三年は植付終了後格別に照り続き、西川筋も旱揚る有様であり、西川に懸筒を設けて引水していた村々は、ここで一同相談の上、川浚を行い、その締出し水を、ようやく筒筋へ引入れたのであった。この時に当り桜林村は、宝永年間の「為取替書」の趣意によって、馬堀村の大筒口の寸法の四分の一の分量で伏せ込んである筒樋から、規定量の分水を引き取るべき旨を申出で、馬堀村は、これに対して、桜林村は元来窪地であり、したがって過水の際、右の四分の一の分量の水を引入れられては迷惑となるから、不用の節は右の筒口を差し塞いで置き、入用の節は四日に一日宛(即ち四分ノ一に当る)引き来った旨を述べて双方の主張に齟齬を来し、水論となったのである。

馬堀は近年の西川の河床の上昇が、懸筒に入る水量を減少させた上、馬堀村の位置が筒前から壱里余の遠方に在って、水勢が衰えている上、その水が窪地の桜林村の田地へ逆落しとなっては、いよいよ馬堀村一円の旱損となるべき事情を訴えている。

藩の役人も現地の検分を行ったが、まことに馬堀村の申立てのように、桜林村の要求するままに分水を行うならば、馬堀村の田地は多分旱損地となることが明白となったので、次のように熟談(28)が整い、桜林村は馬堀大筒組から脱退することとなった。

1　馬堀大筒組から桜林村を離し、馬堀大筒は馬堀村の一村持とし、以後一切桜林村から干渉しないこと。

2　桜林村は右の組から離脱し、分水筒を全部潰したので、その村の田地の中の旱損地の養育料として、金弐百両を馬堀村から請取り、桜林村独自の用水路を目論むべきこと。

3　以後大筒の修理の一切は、馬堀一村の負担で、桜林村は関与しないこと。

用水路の開鑿があたらしく、配水区域の組織の成立もまたこれに伴ったものであっただけに、このように比較的新しい時代に至るまで、用水組織からの離脱、再編の現象が見られたのであり、これも越後低湿地における用水史の一特質として指摘しうるものであろう。

馬堀を中心とする鎧潟南岸村落間の用水争論は、用・排水の錯綜した、きわめて複雑な形態をとるとともに、一村毎に利害の対立が激しく、隣村相互がちょうど敵国の立場に在り、異色に富んでいる。次に村落間での用水争論の対象となった各種の施設およびその論点を、用水論の実例にもとづきつつ展開し、その特質の闡明に努めるであろう。

鎧潟の南岸地域は、水損地・旱損地二様の性格を具備している。したがって用水の導入および悪水氾濫の防禦施設としての二重の意義を有する水路の両側の堤防、すなわちこの地方固有の表現に従えば「江丸水除土手」は、水論の対象としても第一の重要施設であった。某年六月、馬堀・桜林の両村が、三根山代官所に口上書を差し出し、「江丸水除土手」の普請に関して両村の間に争を生じ、三根山代官所の仮の処置によって一旦は落着したが、その普請が延引し、切崩したままの形で差置かれたため、両村は「水旱両用大切之場所延〻罷成御田地養育之安堵無御座」と、堤普請の速な着手を願い出ていることによっても、その「江丸水除土手」のもつ意義は明白である。[29]

洪水に際して、悪水の氾濫を防ぐべく設ける悪水除土手は、水路に臨む一方の側が高く築けば、その対岸に於いてもこれに対抗的に築造する必要がある。享保三年、鎧潟にもっとも近い柿島・山島の二村が、新規に「田地水よけ土手」を築造したために、潟頭の田地の障となり、そのために潟頭でも「田地囲廻し水除土手」を築くこととなり、後年修覆の必要を生じた時は、三ヶ村立会の上のこととし、また三ヶ村の田地は互に入込んでいることであるからとて、以後新規の「水除土手」の築造をなさないことを約している。この享保三年の「為取替一札」[30]は、現在に至ってもなおその意義を有しているものであり、明治四十年六月、上述三ヶ村の間に「契約証」[31]が取交され西蒲原郡漆山村大字山島村新田、柿島耕地へ介在セル大字潟頭耕地ハ該二ヶ大字耕地ト水理ノ関係同一ニ有之ル処今回大字潟頭耕地ヲ除外シ新規築堤ヲナシタルハ往昔即享保年間ノ契約ニ背馳スルノミナラズ水理ノ干繋上大字潟頭ノ迷惑不尠ニ付将来ノ紛議ヲサケンタメ今般左ノ通リ契約ヲ締結ス(下略)

として、その旧来の関係を再確認している。

汜濫防禦のための堤防の築造が、上述のように各村落間に相競われ、水論の一因となる反面、共通の水害を防除するがため、共同で堤を築造し、その堤敷地となるべき土地の替地を行った場合もある。慶応二年馬堀・桜林の両村が、中ノ口川の堤防の決潰に伴う逆水に備えるため、あらたに土手を築造してその敷地は互に替地をして事を済ませ、悪水吐水路である飛落川(鎧潟に注入す)に、費用二つ割で、逆水除門樋を伏入れたがごとくである。[32]共通の災害に対しては、このように村落間の結合が見られるが、多くの場合においては、結合は寧ろ稀で、対立が一般の形態となっている。それは上流の悪水が下流の用水となると云う越後低地の用・悪水の特殊事情と、一円の低平地であるだけに、微細な地形上の相違が、一には汜濫の害、他には旱損をもたらし、容易に両者の利害の一致を見なかったことが、重大な原因であり、これに加えて、政治的環境および上・下流の開拓の新旧の差による勢力の如何が、与って力のあったことは、さらに後述しようとするところである。

水除土手の新規築造について、在来の土手に上置を行い、堤の高さを大きくすることも、また重要な論争の焦点となる。慶応元年に再燃した馬堀に近い和納・津雲田・中野・富岡・高橋の五ヶ村と、桜林村との論争[33]はこれであって、桜林村の地内を流れる排水路、飛落川の東縁に在る桜林村の水除土手は、その上置の問題に関して、右の五ヶ村と桜林村との間に、すでに宝永三年、宝暦四年、文政六年、嘉永二年と、度々の訴訟を繰返して来たところであったが、洪水の折、桜林村はその水除土手に上置をし、村の耕地を護る権利があると称して来たところ、上流の五ヶ村は、この年、ただに桜林村地内の飛落川の川浚えを強行したのみならず、その上置を取払い、さらに古形までも崩して水除土手から越水させる行為があり、紛争はついに暴力沙汰にまで発展したのであった。上流に位置する五ヶ村は、悪水の疎通を良好ならしめようとして桜林村の犠牲を顧慮せず、桜林村は自村の区域を水害から護ることにもっぱらで、悪水の疎通・流下を念とせず、ここに多年の争論の根本原因が存したのである。したがって今回の争論の示談内済の条項は、双方の立場を認めて、土手の腹付・上置に関しては、桜林村の随意とし、その自由裁量を認め、その代りに、飛落川筋の川浚・藻払いに対しては、五ヶ村側の自由処置を承認している。但し河岸に定杭を打って川幅を規定し、五ヶ村側および桜林村の工事を行いうる範囲を定め、飛落川は専用の排水路として、双方共に一切田用水として引入れないこととしている。

用水論の対象の第二は、水路の中を堰止め、上流からの悪水を湛えて田用水とし、また必要以上の過剰水の自村地域内への流入による湛水を防ぐ作用をいとなむ、平坦地では欠くことの出来ない施設である堰、或は堰場の存在である。ことに堰の位置により、それが上・下流の二村に対して切実な関係を有する場合には、その堰は「立会堰」として両村の支配に属し、一層複雑な問題を生む。天明四、五年にわたって争論を惹き起した馬堀に近い潟頭対川井の場合は、(34) その一例である。

訴訟は天明四年七月、分家の三根山藩牧野伊予守の知行所潟頭村から、本家長岡藩牧野備前守領分川井村を相手取って行われた。訴状の述べるところに従えば、潟頭村の地内に在る用・悪水立会堰は、潟頭・川井の両村が立会の上、春土用前に堰を入れ、七月中に取り払って来たものであったが、今度川井村の庄屋は、右の堰は川井村の自由に支配して来たところであり、また潟頭村南の田地にある古来からの排水路をも、新規の江筋と言い、ともに川井村に横領しようとの底意である。三根山領は長岡領の分知であり、潟頭の田地も川井の田地とことごとく入組になっており、さらに隣村のことゆえ、先代の庄屋までは諸事一村同様の間柄に在ったが、潟頭村の現任の庄屋の就任以来、本家の領分であることを笠に着、また潟頭の庄屋が新役で、万事不慣れなのに附け込み、右のような潟頭の田地を亡所に陥らしめるような我儘を云い募り、迷惑至極である由を述べている。潟頭は、川井の不法に堪えず、今までにも訴訟を試みたが、領主の本・分家の関係から、訴状は容易に採り上げられるに至らず、また川井村の態度も潟頭の弱点を見抜き、いよいよもって強硬である。何卒潟頭にばかり犠牲を強いない、公平な判決を願いたいと言うのである。元来一領であったものが、本家から分家への所領の分割によって他領となり、しかも従来の関係から、本家領側に幾多の優越点があり、分家の所領となった村に、事毎に不利の多いことは首肯し易いところであろう。このようになっては、一村一国の対立的関係をさえ保ち得ず、政治的な従属関係に立つことを余儀なくせられるのである。

天明五年七月、奉行所から下された裁決は、本家長岡領で、下流に位置する川井村の優越的な地位を全面的に承認したものであった。すなわちその要点は

1　堰は隣村の絵図に就いて調べた処「川井村上堰」と記してあり、実地検分の結果も、全く川井村の用水堰であり、川井村周辺の水田は、ことごとくこの江水をもって開発したことの明らかなものがあるから、立会堰ではなくて川井村の堰であるべきこと。

2　江筋も見分したところ、新しく見え、且宝暦年間に、下和納・赤鐇《さび》の両村が作製した地図によっても、この度争論の的となった江筋江丸の記載は全く見えないから、新規の江筋であるに相違なく、よって江筋は埋め潰し、

江丸を取払うべきこと。

3　新に堰の水分量を定め、悪水吐新水門の普請を川井村で行い、分量を越した際は、早速右の水門を開き、過水の分を下げ、また上郷の田植に際して、湛水して植付に差支えを生じた時は、分量の規定に構わず、交渉の上過水を引き下げるべく、霖雨の時は、堰の東側に臨時の排水路を設け、規定の分量まで、水を落すこと。

4　堰の所在地は潟頭村の地続きであるから、地元は潟頭村とし、江水は川井村の開発用水であること紛れないから、川井村の支配たるべきこと。

5　堰所番人は仕来りの通り、川井村で小屋を懸け、堰守を置き、番人給米壱石・麦六斗を遣すべきこと。

以上のように、川井村の有利に解決した事情は明白である。このような用水論に在っては、下流の不利に落着するのが一般の例であるにも拘らず、むしろ上流の潟頭を制御し得る地位を得たところに、川井の上に働いた政治的な勢力関係を推しうる。潟頭が南手(上流)及北手(下流)に水論相手村を有ち、二面的な関係をもって困却していたのに比して、川井の北(下流)は鎧潟で、ただ悪水をこれに排除するだけで事足り、これを妨害する村落はなく、その水論の相手が常に南方(上流)の村落だけに限られていたのは、著しい自然的位置の有利、不利の相違であった。すなわち潟頭は、上述天明年間の川井との角逐のみならず、これより先、宝暦三年、その西北に当る赤鎗村との間にも、飛落川にある赤鎗の堰場に就いて争い[35]、堰場水通りの川幅、これに架すべき橋、潟頭の船の通行、藻払などに就いての協定をしている。四隣の村落相互が、いずれも、こと用水に関しては、対立した一国の地位に在ったことを示す一例である。

このような村落間の用・悪水争論は、越後低湿地が純水田地域であっただけに、他地域に比して一層激烈であったようで、嘉永元年桜林村の堰を廻っての、馬堀・中野・富岡・東津雲田の四ヶ村間の、堰留め取払い争論[36]において、桜林村の百姓由右衛門は疵を受けて死亡し、組頭長左衛門は負傷を被ると云う事件を生じ、四ヶ村から愁傷金その他計金百両が手交せられた請取一札[37]が残っている。類似の用水論の頻発と、激烈さを示すものであろう。

自村本位の立場から設けられた堰の存在が、周囲に与える悪影響が甚だしく、大きい事から、その存否が論争せられ、協議の末ついに破堰となり、新しい引水・排水法が講ぜられた場合もある。明治二年、長岡・三根山両藩の役人が打ち合わせの上実行した、大通川に設けられていた漆山・馬堀両村立会堰の廃止と、これに伴う米納津・鴻ノ巣両川の掘拡げ、および江丸(堤防)の築立により、佐渡山・並木の両村を悪水の被害から逃れしめた処置のごときはこれであって、その際の「為取替規定書」[38]には、もしこのような処置の結果として、今後馬堀を初とする水下村に故障を生じた時は、交渉の上、模様替をすべきことを約しているが、並木・佐渡山の両村は、馬堀を初め犠牲を払った村々に対して、潰地・吸田の江代米と云う意味で、次のように冥加米を差し出したのである。

馬堀	四斗七升入七俵と一斗七升五合	
潟頭	同	四俵と四升六合五勺
川井		三斗一升三合五勺
柿島	同	拾三俵と五勺
山島	同	壱俵と一斗三升七合五勺

なお右の冥加米は、「豊凶に不拘如何様之義有之候とも永々十一月中佐渡山並木両村ゟ右村々江相送り候筈[39]」とせられている。馬堀村は右の破堰措置に対して、なお難渋を唱えたが、その年の九月、出雲崎民政局役人の立会再見分の上、ついに破堰と決し[40]、新たに「悪水下げ江」を掘立てて落着した。

江筋に伏せ込み、用水を引用するための、掛樋の埋め込みの、深さの浅深に関する争論[41](寛政七年二月川井と潟頭)、また横樋の伏替に際して、樋の寸法の造り違いによる争論[42](明治三年四月、馬堀対漆山・山島・柿島の場合)など、用水施設の微細な点に関する争論はなおすこぶる多く、一見微細な点であっても、それの影響する所が大きかっただけに、それぞれ有力な水論の原因となり、水利関係を特色付けたものであったが、ここではその詳細は省略に従うこととする。

(20) (1)に同じ。
(21) 西蒲原郡漆山村潟頭、樋浦直衛氏保蔵文書、元禄七年戌之六月二日「手形之事」。
(22) 西蒲原郡漆山村馬堀区有文書、享保十七年「乍恐以書付ヲ奉願上候」。
(23) 同、宝暦七年丑六月十五日。
(24) 同。

覚
一　米四石也
右者為江代米吉田御蔵ニ而慥請取申候　為其如件
享保十六年　長岡領本町村庄屋
亥十二月朔日　太兵衛　○
峯山領馬堀村庄屋
伝次左衛門殿

(25) 同、明和六年丑四月十日「一札之事」。
(26) 富岡村は馬堀用水の影響下に在ったにも拘らず、正式にこれに加入していない。したがって上述のような事件が惹起したのである。正徳五年未之二月十六日、「口上」「今度富岡村居屋敷願候ニ付馬堀村田地さわりに罷成候事」

(27) 馬堀区有文書。

一札之事

当夏中私共村方用水不足ニ而致難儀候ニ付馬堀村江相頼ミ申し内々ニ而水除土手水口切明ケ用水貰下ケ候処右水口埋返し古土手ゟハ窪ク麁末ニ塞キ置候段御不審を請一言申訳無御座候　向後右水除土手通リニ差障リニ罷成候儀曽而不仕候様百姓中間江茂急度可申付候　為後日之一札仍而如件

明和二年　　富岡村庄屋
酉ノ二月廿五日　　伝右衛門
馬堀村割元
小兵衛殿

(28) 同、弘化四未年六月「為取交済口証文之事」。
(29) 同、「乍恐以口上書御願申上候御事」。
(30) 西蒲原郡漆山村潟頭、樋浦直衛氏所蔵文書、享保三年戌ノ四月十九日、潟頭村より柿島・山島・川井三ヶ村に宛てた「指進申一札之事」。同、享保三戌年六月十一日「為取替証文之事」。
(31) 同氏所蔵文書。
(32) 漆山村馬堀区有文書、慶応二寅年三月「為取替申証文之事」。
(33) 同、慶応元乙丑年閏五月、訴訟方相手方の六ヶ村から代官所に差出した「奉差上熟談済口証文之事」。
(34) 潟頭、樋浦直衛氏所蔵文書、天明四辰年七月「乍恐以書付御歎奉申上候」——潟頭村の訴状——および天明五巳年七月晦日「蒲原郡川井村与潟頭村江筋江丸新古争論并草谷内出入裁許之事——裁許絵図の裏書——。
(35) 同、宝暦三年寅九月七日、潟頭・赤鎗の「為取替申証文之事」。
(36) 馬堀区有文書、嘉永元申年七月、右村々間の「熟談済口証文之事」。
(37) 同、嘉永元申年七月「請取申金子之事」。

(38) 同、明治二己巳年七月「為取替規定之事」。
(39) 西蒲原郡漆山村役場所蔵文書、明治二巳年月「仮席書之事」。
(40) 馬堀区有文書、明治二己巳年九月「越後国蒲原郡漆山馬堀両村立会字大通川用水堰破堰見様難渋出入内済之事」。
(41) 潟頭、樋浦直衛氏所蔵文書。
(42) 馬堀区有文書。

第五節　結　言

以上越後低湿地の用水事情をもっとも具体的に象徴する、西蒲原郡地方における三地域を採りあげ、その用水組織の内部構造の変遷過程を史的に解明し、それぞれの特質を抽出して越後低湿地用水史の闡明を試みた。ここにその諸特徴を要約すれば、信濃川の本流およびその分流の影響下に在る越後低湿地は、他地域に見られるごとき、用水不足を根底とする単純な用水関係に止らず、常に排水問題との関聯においてその特質を把握しなければならない点はその一であり、一望の低地でありながら、僅少な高度差の存在は、また用水の引用、悪水の排除にも、それぞれ至大な影響を与え、上流部と下流部に在っては、全くその用水事情の様相を異にすることはその二である。

信濃川・西川の分水点附近のように、比較的上流部に在っては、用水不足地域と、悪水過剰地域とは、この不足・過剰の二点を標準としただけで、相当の広地域に纏めて指摘し得るが、西川・中ノ口川の形成する洲島の中央、鎧潟近傍に在っては、上流部の地域対地域の用・悪水の対立は、転じて村毎の対立となり、一村毎におのおの用水難・悪水排除難の両性格を具有し、一村一国の関係へと変じ、かつ藩政期の藩領の分布も、一本の水路に沿い、上下流を通じて、細長く地域をまとめて領有するものが多かったとは言え、隣村の位置にありながら、幾多の藩領に分割領有せられ、上述の水利事情にもとづく関係を、さらに複雑化させた傾向がある。

越後低湿地の用水史は、悪水の排除および干拓と、地域単位あるいは一村単位の用・排水の調和を計るべき施設、ならびにその支配関係の合理化への発展史であるとも理解しうるであろう。悪水の排除ならびに用水引用施設の発展・変遷は、そのままに、江戸期の越後低地の米作発展史を裏付けるであろう。ことに江戸期以降の完成になる干拓、および用水引用施設のはなはだ多い事実も、また本地域用水史の、時代的な特質となしうるであろう。

（一九四四、三調査、一九四四、八稿、未発表。一九七一、五補訂）

第七章　東予国領川流域の用水関係

第一節　水利を中心とする自然環境の概観

標高二千メートルに近い四国最高の脊稜山系が燧灘に急斜するところ、三ツ森山に近く源を発する国領川は、燧灘に注流してきわめて傾斜度の大きい、新居浜近傍の扇状地様の小平地を展開する。いわゆる国領川沿岸の平地は広袤僅か十キロ四方内外であるにも拘らず、その自然的生成の関係から、小区域ながらも、その内部での各地域によって水利上の条件が著しく異り、上流と下流、東岸と西岸等、全く様相を異にする景況と、このような自然に適応した用水源の開発利用とが見出され、同じく同一河川の沿岸ながら、各村落間には複雑な用水関係があり、地域統一的でない、一村毎にその内容を異にする特殊事情の展開と、これへの適応、さらには村落間の角逐さえも見出され、小地域であるにも拘らず、わが国用水問題の複雑性の縮図を見るごとき感をさえ抱かしめられる。以下地域を分ち、その自然的環境の特殊性と、それに基づく用水の事情を叙述し、本章の序章たらしめようとする。

1　川東と川西

既述したように別子の山中から急に平地に流れ出る国領(岡崎)川は、その流路の、山中を離れようとする角野(ス

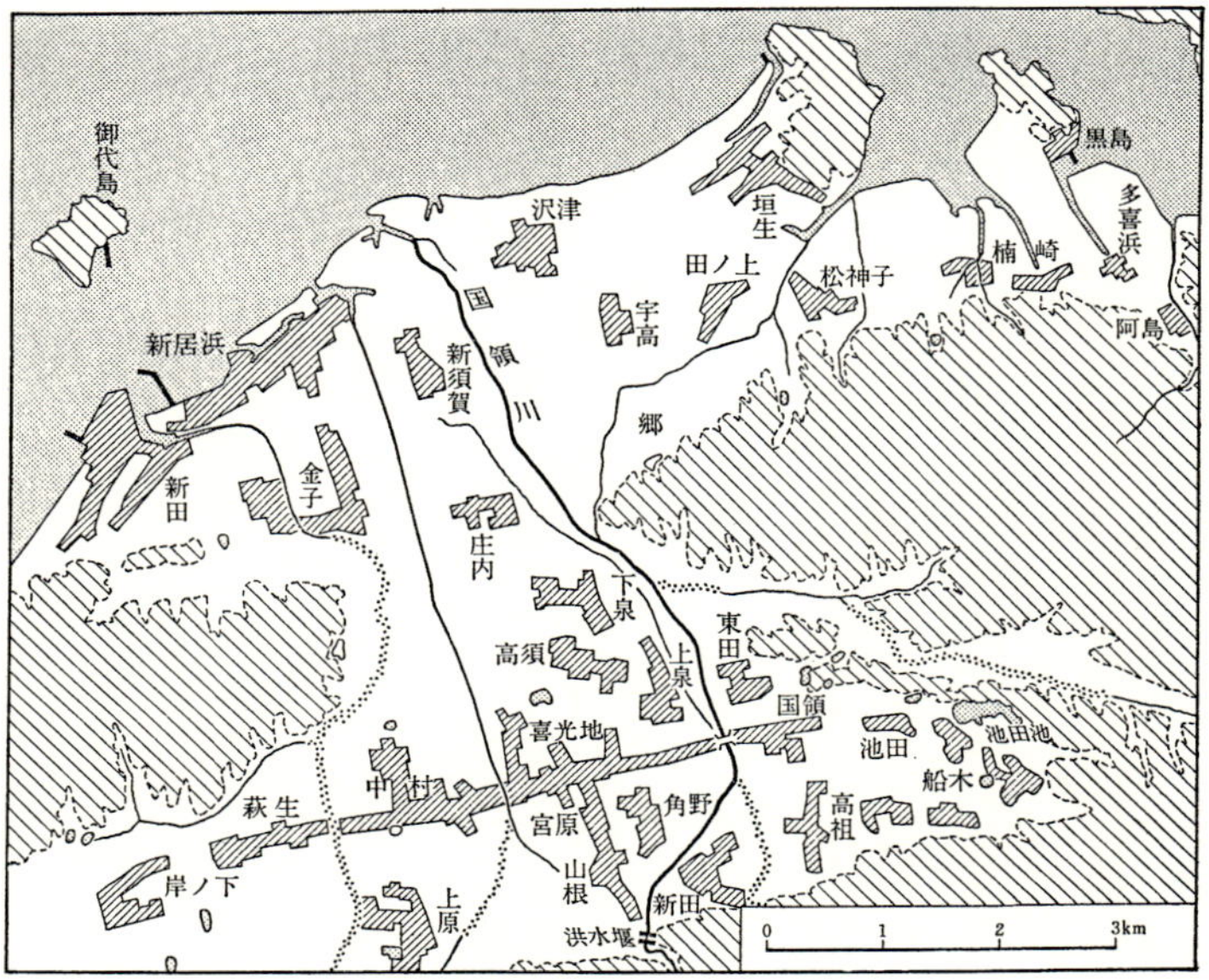

第13図　国領川流域関係地域図

ミノ)村の地域内に在っては、幅約五十メートルの峡谷状を呈するが、以後は直ちに傾斜した扇状地状の平地に流入するので、河身はにわかにその幅を増し、数百メートルの大きさに達するとともに、河表水は堆積した砂原の中に吸収せられて急激にその量を減少し、平時に在っては中央部の一条の水路を除く外、広漠たる砂原の景観を現出している。

　河身は有史以来、しばしばその流路を変更したことが予想されるが、現在ではやや東偏し、したがって中流部は川東(右岸)では山麓に接して流れ、川西(左岸)にやや広潤な平地を展開する。すなわち中流部の川東側にあっては、街道に沿い東方へ袋状に伸長した船木村の緩斜台地を有するのみであるのに比し、川西に在っては、海浜の新居浜に達するまで、一円の水田地域を展開している。

　川東船木村の地は、東西に貫通する高松・松山間の幹線道路の沿線に当り、海浜部よりもむしろその開拓

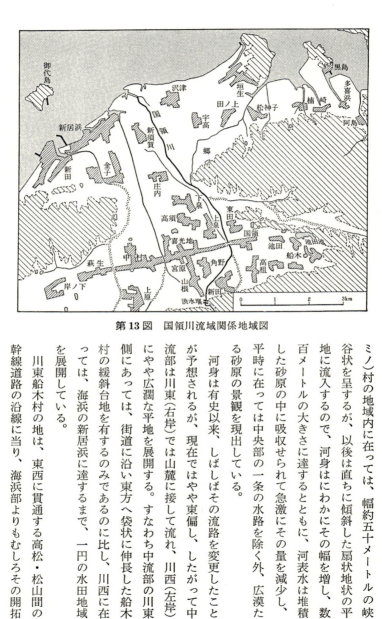

の古いことを知られる地域であるにも拘らず、その自然的制約から農業的な開発は川西部に比してははなはだ遅れ、水田よりもむしろ畑地の多かった事情は、次のような記述によっても明らかである。すなわち荒地の多かった事情は

勿論池田原東田原等其節（筆者註、往時を指す）大概原にて御座候由……(1)

とあるによって知られ、また西条誌(2)の新居郡船木村、「用水」の項には、

客谷の水を受けて元船木大久保等の在所へ引其末へ池田の池に流れ入る、此池甚だ大なれ共沢津組四ヶ村の用水なれば当村を潤すに足らず、余水あれば松岡池に受て松岡新田に注ぐのみ、此外は御領種子川東谷の水を高祖国領等へ引、又種子川の西谷水をも四分程高祖国領へ引、上野村の内の清水谷を長川組へ引のみにて用水乏しければ、田わずかに三分にて畑七分也(3)

と見えている。船木村の自然的環境を察すべきである。すなわち僅少な自然の谷水を受けるものだけが、唯一の用水源であり、他には格別の用水施設はなく、畑地を主とすることを余儀なくせられ、村内唯一の大池たる「池田池」は、地元船木の利用するところではなくて、はるかな下流、沢津組四ヶ村のためのものであった事情はさらに後述するところである。

等しく川東側とは云いながら、国領川が山麓を離れて、海に注ごうとする、海岸の沖積地に位置する村々（松神子《まつみこ》・埴生《はにう》・郷《ごう》・宇高《うだか》の四ヶ村と沢津《さわづ》）は、川東と云うよりは、国領川の流末としての用水環境の特色をもっとも明瞭に表現するものであり、用水源を国領川の流れに依頼し得ず、また中流部の河岸に接した地域（後述）のような豊富な湧水も無く、その困苦は著しいものがあり、もっぱら小規模な堀井戸に依存する刎釣瓶《はねつるべ》灌漑が盛行していた。「西条誌」宇高村の項に云う

岡崎川の銅水と池田池とを引く、然共甚不足する故、村の下手にては畑の頭にわき井を掘り、刎釣瓶にて汲取灌く、故に井の数昔より惣改帳に出したる分、弐百六十にて後世増したるを合て四百五十に近し、昼夜刎取りて民の辛苦沢津にひとし、村の上手にては水遠ければ、井を鑿つ事も成難く、旱損の患大甚し(4)

宇高に隣接する沢津村もまた同様の条件下に在り、むしろその困難の度は宇高を凌ぐものさえ在ったことが察せられる。

岡崎川の銅水を引き、外に小池六ヶ所あれ共、田地を潤すに足らず、故に畑の頭にわき井を掘りはね釣瓶にてはね取り灌ぐ、因て地懸りの井の数甚多く、五百に近し、苗代田の水といへ共、皆如斯して取用ゆ、炎旱には男女老若をいはず、数百の井の辺に群り掲、夜を以日に継、艱苦深き村とは聞ゆ、此処の奴婢童豎の歌に

習て何する水取歌を　不断沢津におりはせず　つらいものぞや沢津の小供、生れ落ると水を取

皆辛苦於悒の余より出しなれば、此に志るして水少きの証とす(5)

川西は平地が比較的広く、しかも殆んど水田化された地域であり、用水の便宜にも恵まれていた。川西の用水源としては、国領川を堰止めて獲得するものと、中流部の河床・堤外から湧出する伏流水を利用するものとの二者があり、堰としては上流から数えて、国領川が平地に出でようとする、もっとも効果的な位置を利用した洪水(コウズイ)堰を初めとし、以下高柳(上泉川・庄内・新須賀の三ヶ村)、高柳横(郷・埴生・松神子・宇高の川東四ヶ村)、岡崎(同四ヶ村)、沢津村横川と、都合五個の井堰が順次構えられ、泉(湧泉)には中流部上泉川村地内に噴出する地下水を掘鑿利用した所謂高柳泉三ヶ所(川原泉・本泉・中泉)および鳴金泉等があり、明治以後に拡張掘鑿せられた高柳泉の上流に位置する吉岡泉も、また同様の形態に属するものである。

五個の井堰の中、常時水量が多く、堰としての機能の完全に近いものは、最上流に取入口を有し、角野・上泉川・中・金子・新居浜の村々を潤す洪水堰組だけであり(これとても流末の困却する事情は後述)高柳堰以下は、上流井堰からの漏水のとぼしいことと(堰にはかね入をなし漏水を防止する)、ほとんど砂礫からなる土質の結果として、常時はほとんど河表に流水を見ず、したがって堰としての機能も低く、幸にして中流部以下から流出する湧水を河水に併せ用い(高柳堰は国領川の河床・堤外の湧泉を堰止めによって導き得た水量を水源とする)、あるいは池水と堰水とを併用し(沢津組四ヶ村が高柳横堰・岡崎堰と池田池を併用するごとく)て辛うじて水田耕作を維持し得、しかも下流程、その困難を痛感しているのは、前に宇高・沢津の項に於て述べたと同様である。

高柳泉を初とする中流部の湧泉がすこぶる水量に富み、むしろ国領川の河表水をも凌ぐ重要性を有し、高柳泉組のように、下泉川・庄内・新須賀の三ヶ村を潤してはなはだ潤沢で、後述するように川東四ヶ村(沢津組)から分水の要求もあった程の特殊な意義を有したことは前に引用した「西条誌」の中に次の記載を見ることによっても明らかである。

高柳泉甚タ名泉也　此泉の内小名ありて中泉・横泉・本泉(此の本泉を下泉川村にては東泉と云)斯く三名に分る。然共中に少の松原あるのみにて脈絡貫通の一泉なれば、別に小名を立るは煩しきを覚ゆ。

成兼(又鳴金に作る)泉・川原泉　右の泉二ヶ所にあり、高柳を合して三ヶ所なり、三ヶ所共に当村(上泉川村)へも少々懸り、下泉川村、庄内村、御領白須賀村へは十分に懸り膏沢を蒙る事甚深し(6)

上掲のように高柳泉を初めとする他の二泉は、共に数十メートルを距てるのみで、その位置は相接近し、洪水堰附近から一旦地下に滲透し去った河水が、ふたたび地表近くに現われたのを掘鑿して用水源とし、これに泉の称呼を与えたものであり、その水量は豊富で、用水源としての価値は、むしろ国領川に勝ることとさきの「西条誌」の記述に徴しても明かなところである。百年後の今日も、湧水の模様は旧に変る所を見ない。高柳泉の水が海岸に近い新須賀村にまで引用せられる事実は注目すべきである。

2　上流と流末

上流・流末の区別は必ずしも確実な基準にもとづくものではないが、洪水堰・高柳泉を承ける川西側に在っては、比較的南北の距離が遠いため(約十キロ)上流部と流末部では種々条件を異にしている。以下流末部の事情を述べることにより、上流部との比較を試みたい。

洪水堰は国領川筋最上流の堰で、その水量は河水だけでほぼ十分であった事情に関しては既述した。洪水堰懸りの中、もっとも流末に位置するのは新居浜浦であり、その位置上の不利からははなはだしい用水不足を来し、大庄屋所に宛てた旱損の救済に関する歎願書を数多く残している。

寛政二年同浦の頭百姓一同から差し出された願書には

新居浜浦中百姓小百姓共近年不作仕其上当夏作旱続ニ而不作仕飯料等無御座候(7)

と云った状態であるのを口実に、来亥年の収穫期までの麦の拝借を出願しており、これに添書をした「村役人」も、「飯料貯無御座此節ニ而ハ内間難渋仕申様子」であることを裏書しているし、また嘉永六年にも、またまた

当夏長々之日照続ニ而畑作ハ不及申稲作御毛見御願申上呉候様百姓共申出

たことを述べて扶持米の支給を歎願していて、類似の違作の現象がしばしばであったことを暗示している。洪水堰

の普請の粗漏にもとづく漏水を防ぎ、あるいは用水の差支えを来すべきことを憂えての井堰普請の完全化の要求などは、明和八年、および文政十二年の事例(8)にも見出しうるが、これ等は井組の中、角野を除外した、上泉川・中・金子・新居浜四ヶ村の共同出願であり、また其の中で、他の三ヶ村にも増して、流末新居浜浦の立場の不利であったことはたしかな事実であった。

3 銅水問題

元禄年間国領川の奥に、従来から存した立川銅山につづき、別子銅山の稼行を見るに至って後、是等の銅山から流出する銅毒水の害は、年とともに次第にその暴威を逞うし、幕末頃に至っては、その頂点に達したものと察せられる。

国領川の河水を灌漑水として引用する村々の、銅毒水に悩んだ事情は「西条誌」の努めて記載を惜しまないところで、上泉川村の高柳泉の豊富なことを叙べ、下泉川・庄内・新須賀三村の恩沢を被ることの甚大なことを記して後

但夏中は立川谷(筆者註、岡崎川上流の谷)の銅水交り流るゝを痕とするのみ(9)

とあり、また角野村の洪水堰に関しても

水不足と言にはあらざれ共、銅気田地を荒す事甚しければ、稲作るべき良田も畑物を蒔様には成り行き、百姓難儀成場所也(10)

とあって、国領川の下流が等しく銅毒水に困却し、水田は不作を重ね、畑作物への転換の見られること、その他中村(11)・郷村(12)ともにその揆を一にしている。

立川・別子両銅山の稼行の開始以来、その毒水の稲作を害することははなはだしく、水下農民一同は云うまでもなく、この被害地域内に所領を多く有っていた西条藩（紀州藩の分家松平氏三万石）にも共通の憂患であり、幕府の銅山助成の方策に対抗して、この被害を僅少に止めしめるべく、種々画策奔走する処のあったのは次に述べるごとくである。

別子の銅鉱脈の発見せられて後、立川銅山は大阪屋久左衛門、別子は泉屋吉左衛門（住友）の経営する処であったが、宝永六年立川銅山は「公儀御山」となり、やがて別子の経営者である住友吉左衛門が主としてこの経営に任じ、西条藩領から天領へ替地となるとともに、銅山に接する立川山・大永山・種子川山・両角野の諸村は、銅山の必要とする薪炭・用木を供給する目的をもって「御手当銅山附」となり、さらに新居浜浦に近く海岸に臨む新須賀村は、これまた「浜に出船場之御積り」(13)をもって、天領への変更が行われたのである。銅山経営の保護のための、幕府の積極策の一具現と見るべきであろう。

銅山の利は幕府を後楯とする住友の壟断する処となり、しかも地元の下流村はその毒水の被害ばかりを受ける結果となったので、水下舟木組の金子・新居浜・中・上泉川・下泉川の五ヶ村、沢津組の沢津・庄内・郷・宇高・松神子・垣生六ヶ村、計十一ヶ村は宝暦十三年(14)、別子・立川両銅山の合併経営の行われようとするのに際し、銅山対下流村々の旧来の関係を縷述し、下流村々の利益の擁護に関して訴え出るところがあった。

水下側の叙述に従えば、立川銅山はかつて大阪屋久左衛門の稼ぐ処であったが、手許不如意のため、延享四年泉屋吉左衛門の手に移り、別子・立川両銅山の一手経営が開始せられた。こうなっては両銅山の毒水は、一路立川谷へ落込むことによって被害の一層増大することを懼れた水下と、銅山側との間に一札が取り替され(15)、立川の鉱石は一切別子で処分し去り、西条領に対しては、「里方田地之障リニ不相成様可致事」が誓約せられたのであった。

前約のように別子側が守れば、銅毒が以前よりも増すべき筈はないにも拘らず、銅山側は違約をあえてし、西条領村々の探査によれば「別子銅山舗水を立川銅山舗へ落し申候仕組に相懸り居申」ことが判明し、西条領村々の奮起となったのである。

銅毒の激しさは「大釘を水中へ入置候へハ一夜の中に朽り無形相成候程の毒水」で、通称「ろうは」と称するそれであり、水田面への被害は「年来相重リ申候故田畑へ銅毒染之強ク地すそ迄も次第に銅水痛相増候に付年々撰之土入替各別撰等茂不仕候而ハ作毛生立実り等悪舗」有様であり、こうして田畑壱反歩中の二、三畝程宛は永荒となり、田畑壱町所持の百姓も、清水掛りの田地六、七反を持つ者にも劣る実状であり、地末までも銅気の染渡りの為に、虫附・立枯・穂枯等の害を必至とするに至った。

さらに上述の新須賀を除く、天領に繰替えられた五ヶ村は、下流村々にとっては、入会山の所在地であり、これら村々が銅山附となった結果は、その山々も用木・薪炭等のために伐り荒されて、農民をして「作間稼」である木樵・木材流し等をも取失わしめることとなった点も、間接的な被害として見遁し難いものがあった。こうして「仮令いか程勝手御座候とて大勢之難儀も不顧別子銅山舗水立川銅山舗に落し候仕組仕候段有間敷致方と奉存候」と云うのが、西条領村々訴願の要旨である。

かようなしばしばの抗議にも拘らず、しかもまた地元民の名において、西条藩の積極的な後援の事実を予想せしめるにも拘らず、幕府の銅山保護の立場は微動だにもせず、従って西条藩に在っても、銅水被害地に対する特別の毛見減免法[16]の採用を余儀なくせられ、また末梢的な手段ながら、銅水懸り地に対し、その被害を最少限度に止めしめるべく種々の措置を命ずるに至ったのである。

西条領村々十一ヶ村が一致して銅山側に対し、立川谷へ銅水を流下せしめないよう交渉しつつあった頃、西条藩に在っても、「銅水荒起戻り相改帳面」を領下村々から提出させ藩庫の収入減を極力減少せしめるべく努めていた。寛延四年三月、銅水懸り（洪水懸り）上泉川・下泉川・金子・中・新居浜の五ヶ村から差出した一札[17]は、藩のこのような処置と、水下の実状とを余す所なく表現している。村々はその対策として「水口悪ごみ取除け、地末を深掘、土を入替、其上水口分には格別修理肥等も余慶仕」の手段を講じ、「畑作仕付」をさえ行い、百方手を尽したにも拘らず、すでに銅山の被害は深刻となり、「土底のにが地にて御座候へハ、諸作出来方不宜、一体の作毛実法悪敷其上色々之虫付不作仕候義ハ毎歳御見分被遊候通」であり、畑作のみを行っても、また根虫付きあるいは立枯れを経験し、止むなく水田作に還ればまた「水口荒」に遇うと云う窮状で、もっとも塩釜の「釜から土」を肥料として施せば、水口荒も多少は除き得る様であるが、「釜から土」はその重量が極めて大きいため、遠方への運搬も容易でない有様であると報じている。この中に農民一流の、貢納額の減少を希う、多少の誇張的表現の伏在することを承認しても、水口起戻しの延期を願った上述の歎願一札が、必ずしも真相を隔たること遠いものとはなし難いであろう。因に、国領川筋一帯の銅毒水問題は、明治以後に至るまで引続いて存在し、この地域灌漑農業の永い禍痕として継続したものであった。

（1）　愛媛県新居郡船木村、合田辨逸氏文書、元文四年未正月、船木村庄屋から中村組大庄屋に宛てた池田池の除ケ井問題をめぐる訴答文書中の「再返答口上」。
（2）　天保十三年西条藩の儒臣日野暖太郎の編著にかかる伊予西条領内の郷土誌（一部二十巻）で、昭和九年西条史談会の復刻発行にかかるもの。
（3）　（2）の十四巻、船木村二―三丁。
（4）　（2）の十五巻、宇高村二―三丁。

(5) 同十五巻、沢津村の三丁。
(6) 同十三巻、上泉川村の三—四丁。
(7) 新居浜市役所保管、白石文書。
(8) 同、白石文書。

乍恐奉願上御事

洪水井堰当春御普請被仰付御座候処五月廿四日之風雨ニ高水堰落申候後仮積にて水取候得共兎角水上りかたく此節田干続きニて野方用水差支申候

右に付恐多御儀に御座候得共本積急々御普請被為仰付被下候様……何卒右奉願上候通被為仰付被下候ハヽ、水組一同難有仕合ニ奉存候　此段宜被仰上可被下候　以上

文政十二年丑六月

大庄屋宛

(9) 「西条誌」巻十三、上泉川村の四丁。
(10) 右に同じ。
(11) 同巻十三、中村の二丁、に曰く、

立川谷より落るハ銅水にて田地に害す。又銅毒を恐れて其水懸るべき田地ハ稲をやめ、畑物作る事多し。

(12) 同巻十五　郷村の二丁、に曰く、

用水ハ当村の西、岡崎川へ横に堰積を構へ釜の口を付て国領川の銅水を引ゆへ、田地荒れ傷み、農民難儀なる場所也。

(13) 新居浜市役所高橋彦之亟氏写本(新須賀村岡田家文書)「高柳根元実録」宝永元年の項。
(14) 新居郡船木村合田辨逸氏文書、宝暦十三年未四月「乍恐奉願御事」。
(15) 「一　立川銅山大坂屋久左衛門ゟ泉屋吉左衛門方江譲受候及内談候処西条御領立川水懸り之村〻ゟ障リ之儀御願出候夫ニ付於江戸久左衛門代武兵衛奉願候趣此度被仰聞承知仕候右之儀ニ付今般西条御役人御衆中松山御役人御衆中御出合御相談被

成候右譲受御願相済申候ハヽ、立川銅山舗ニ付替之儀早速御伺申上舗口付替別子銅山舗口江立川銅山鉑石素石等迄江出し別子山にて致吹焼申儀ニ御座候間立川之舗口江鉑石素石等一切出し不申儀ニ御座候左候へ者銅煙等も只今迄ゟハ峯一ツ越候故西条御領ハ遠く罷成候間弥毒気も薄ク可罷成と奉存候　且又立川銅山舗内へ別子銅山舗水落可申様無御座候右伺相済候へ者右之通取扱里方田地之障リニ不相成候様ニ致可申候　尤右両様願相済申候ハヽ、吉左衛門ゟ西条御領御百姓中江右之趣を以堅キ証文相認差遣可申候此段宜様ニ御相談被下度奉存候

寛延元辰八月

別子銅山師泉屋吉左衛門代
金右衛門　印

白石貞助殿
近藤幸八殿

(16)　新居浜市役所高橋彦之亟氏写本「治藩の余波」の一節
「一　銅毒荒用捨方之事
上泉川村　下泉川村　中村　金子村　新居浜浦
右村〻別子鉱山銅水掛りに付年〻水口荒用捨致遣し候事
(17)　新居浜市役所保管白石文書、寛延四年未三月四日「乍恐奉願御事」。

第二節　用水源の開発とその背後関係

1　洪水堰の設置

国領川を堰き止めて引水する五個の井堰の中、最上流に位置する事実、ならびにその堰止の位置が、峡谷から平地

に出でようとする、川幅が狭く、かつ両岸が自然の岩壁で漏水が少なく、理想的な個処に存在する点から見ても、洪水堰の設置が、おそらくは国領川沿岸ではもっとも早い時代の起立にかかるものであることが察せられ、その時代が近世以前であることは、ほとんど疑を容れる余地のないところであるが、蒐集した史料中には、その創設の経緯を伝えるものがなく、寛永四年三月の日付をもつ「洪水井関仕形定為取替ル定書」は、現行の洪水堰の築造法の基準を定めたものとして、もっとも古いものであると云うに過ぎない実状である。

この為取替定書は、堰の位置の特殊性にもとづき、堰の所在地である両角野村および下流村々の利益を害しないため、その築造法の細部に亙って規定したものであり、このような定書を設けた理由に関しては、その冒頭に明白に次の如く記している。

井関場所之儀者大石多き所に付出水の模様により中小之石少き年は自然と丈夫に出来大水之節関落兼ル時者両角野村人家幷川除道堤等之害に相成ル儀も有之　猶又井関出来立之善悪に依而用水取方之勝手不勝手之品も可有之に付此度双方申談之上(18)……

とある。なおその具体的な規定の若干を見れば

一　井関当時長ロ四拾間

一　根畳石当時之幅　凡六、七間

是は年々出水之節関床幷関下掘埋之模様ニ而普請勝手宜様可有長短候事

一　井関惣高は釜の口(筆者註、用水取入口)道堤馬踏より壱間下けに出来候事

一　本井関之分是迄之通大石を用畳石より積登り出来候事

一　小関之儀者右本関之上江高三尺五寸幅三尺程重石ニ而両面積別に出来候事
是は出水之節小関之分は早く落レ様に中小之石を用普請仕立可申事
一　小関之儀者大水之節早く落堅井囲幷川除之害に不相成様専に相心得普請出来可申事
一　井関東西之端四五間程宛丈夫に出来候事但し以来損しレ節本文之心得にて普請出来レ筈　是者関下両脇江常
水通りレ時者自然と川除之害も可有之レ間関のうての分は丈夫に出来可申事（下略）

本井関の上にさらに小関を積み重ね、その調節作用によって洪水による井堰全部の流失を防ぎ、また両角野村を水害から救おうとするところ、巧妙である。

洪水堰の位置と相俟ち、その水組には角野・上泉川・金子・中・新居浜の諸村を包含し、山手から海浜に至るまでの諸村を区域内に容れる、自然的に見ても、当地域において最大の規模を有するものであるから、近世諸藩の積極的に関与した以前に成立したものであることは否定し難いところである。

2　高柳泉の利用とその用水権

高柳泉の模様に就いてはすでに前節に述べた通りであり、下泉川・庄内・新須賀三ヶ村の用水として、もっとも水量の豊富を誇ったものである。泉源を一見して知られることは、高柳泉の位置が、あたかも国領川の形成した扇状地の下流部に当り、また旧河道の幾変遷を経験した地域であり、かたがた地下水位の高くなった個処に、若干の人工を加えて掘鑿し、河の流れに勝る、不断の水源を獲たものである点である。また泉横の河原に堰を築造し、洪水関の余水を享ける、国領川筋第二位の上流位置を占める高柳堰をも有し、この河水および上述の泉からの湧水を併せ利用する点から察すれば、堰の築造が湧水の利用に先き立ち、後に河水よりも却って水量の多い高柳泉の湧水が、代って主役の位置を占めるに至ったものであろうか。

高柳泉の掘鑿年代は不明である。寛文年間に初まる松平氏の西条領有の前、一柳氏が西条に在って、慶安・正保にわたり領内の新検地を実施した頃、すでに高柳泉が定水分水を命ぜられた程の地位を有した、確実な用水源であったことを知り得るのみである。

高柳泉は国領川筋の最古かつ最大の泉として、爾後次第にその用水権を強化するに至ったもののようである。高柳泉の水量の豊富なことを見てこれに倣い、その近辺にあらたに泉を掘ろうとする川東村々との間に、数回に亙って紛争を重ねつつ、終始その要求を拒否し得た事情は、次節に詳述するところであるが、ことに宝永元年、泉懸りの内、新須賀村が天領に編入せられて後は、同じく西条領であった下泉川および庄内が同領である故をもって、川東村々の歎願に起った西条藩当局の圧迫を受け、遂に泉からの分水、あるいは近くに新泉を掘鑿することを許容しなければならなくなった時においても、新須賀の一村だけは、天領であることを背景に、あく迄屈せず、高柳泉の独立性を確保し続けえたのであった。

3　池田池の創始と川東四ヶ村

海岸に近い川東四ヶ村(郷・宇高・埴生・松神子)の用水事情の困難な点に関しては、すでに前節で述べた。川東四ヶ村の困窮に深い関心を有した西条藩一柳氏は、その救済のために、位置が高く、しかも荒原畑地の多い船木村の地に着目し、明暦二年(19)藩費をもって御普請池である池田池を築造し、四ヶ村に与えた。池田池の概況は西条誌

がもっとも要を得ている。すなわち

池田の池と称するは大池にて囲拾八町、長弐百六拾六間、幅七十二間、此池三方は山に因て堤となし西一方土手を築く、土手百廿間あり、明暦元未歳創々築き、寛文九酉歳、洪水にて堤切れ、其翌十年御拝地となり右普請仰付けらる。宗藩より加納覚兵衛来り其の事を支配す。沢津組四ヶ村の用水と成、後世永く潤沢を蒙る(20)

この水を四ヶ村に導くべき用水路は、船木と川東四ヶ村との間には、丘陵があって直接の疎通を妨げ、かつ丘陵の周辺を迂回しようとしても国領川がその山麓を侵蝕して一片の平地もなく、用水路を通ずべき便がないので、一旦国領川を横断して西岸にいで、河に沿い下り、ふたたび東に横切り四ヶ村を潤すものである。

池田池を引く水道は国領川を横に堰積(イセキ)を付く、これを高柳井堰(堰積)と云、斯くして水を西の方上泉川村の高柳泉の下にとり、それを北に通し、下泉川村、庄内村の内を経せしめ、岡崎川の(国領川の下也)堰積より、かの水を東に引き、岡崎の釜の口に入しむ、前の如く大川を横に西へ導き、又転じて北せしめ、東せしめて其普請巧に工夫したるもの也(21)

との西条誌の記載はよくその全貌を伝える。しかして高柳で河を渡り、池田池水の西岸に導かれる水路は、高柳泉組の井堰下約二間の個処を、高柳泉組の井堰に並行に敷設せられている。この現在の水路は、元禄二年以後のものであり、明暦二年から元禄二年に至る三十三年間は、「東基宮《とうだいぐう》の前」へ通じていたが、この年初めて現在の位置に付替えられたものであり、この時に当り高柳泉組に対し、左の一札を差入れている。

証　文

一　上横之水ツラゟ下江東ニ而拾二間西ニ而拾九間半東西弐間幅ニ掘り候得共上ヱ者少も掘不申候　猶又上横へ

手掛申間敷候　水ぬすみ又者透水等致間敷仍而証文如件　但伏柴共にかき立堰之約速ニ而御座候[22]

両堰の位置が、上述のように極めて相接近していただけに、このような証札を必要としたのであろう。船木村は遠く奈良朝の古、東大寺領として、早く溜池の設置せられたことを記録に止めるが、西条藩によって地元から遙に打ち隔った川東の四ヶ村のために、池田池の設けられたことは、爾後船木村に種々の問題を生ぜしめ、池田池すなわちその水を享ける川東四ヶ村と、船木との間に、池田池の存置、またその設備の諸点をめぐって、度々の紛争を生じ、この間、西条藩の四ヶ村保護の立場の濃厚なことを、一層明瞭に感知させるものがある。

池田池の築造をめぐる地元船木村と池懸り四ヶ村との紛争の第一は、池田池の貯溜水の排水施設である「除け」の規模の大小如何を中心とするものであり、元文三年・同四年に跨っている。

船木村はその地籍内に池田大池の掘鑿が行われた結果、何等自村に恩恵を被るところがなく、その貯水は川東四ヶ村の独占である上、池その物の管理権も当然に四ヶ村の手中に在り、さらに一旦洪水に際しては、その池堤が破壊して地元船木村に大害を与える虞のあるにおいては黙止し得ず、池の廃止を衷心希求する立場に在り、しかも此の池が、西条藩の御普請によって成り、四ヶ村に対する保護の頗る厚いことを知っては、到底池の廃止のような希望の容れられ難いことを察し、機会のある毎に、口実を設けて、池の潴水量を最少限に止めしめるべく種々劃策するところがあった。

元文三年、船木村の訴え出た口上[23]は、近年池田溜池の「除け」に四ヶ村から土俵等を夥しく指し入れて貯水量を増す手段が取られつつある。ために当年八月の洪水には、池堤の危く切れようとする程の急にも臨んだのであった。船木村から事の由を郷村組(当時は沢津組と称せず郷村組と称した)大庄屋へ届出でたが、相手方の承引を得なかったから、改めて然るべく処置を賜りたいとの訴訟内容である。

四ヶ村はこれに対して反駁し、先ず「除け」に就いて次の如く説明を加えている。

除ケ井手と申者常々溜際よりほり下げ土俵ニ而囲置大雨なとふり常之溜メ除より余慶溜りㇾ時土俵取のけ除ゟはかせ少ミツ丶自由ニ通成申様に仕義(24)

となし、由来定式の溜り際まで溜め込むことは、船木村の嫌悪する所であるため、四ヶ村からは常々油断なく、その溜込量に就いては注意を払って来たところであると述べている。先年も池田池堤の切れたことはあったが、当年八月の洪水の節の溢水は、池田池の貯水が直接その原因ではなく、船木村一円から押し出した水の故であり、もし池田池が破壊してそのために地元以下、下流村々に損害を与えたとしても、その責を四ヶ村に引請けるべき謂のない旨を返答している。

船木村はこれに屈せず、ふたたび返答口上を差し出して、洪水大雨の時分は堤切れを恐れて船木村から大勢が罷り出で、「除け」の土俵を取りのけ、随分掘り下げて充分には溜めない様心懸けつつあり、洪水に際しては、その直前二、三合に過ぎなかった溜水が、一時に一升を越す事も少なくなく、その水量の調節は四ヶ村から備えて置いた樋守壱人の働き位をもってしては、到底急場に応じ得るものではなく、出水の度毎、堤切れには至らなくても、船木村諸方の痛みは決して僅少ではない。宜しくこれの修理費用は、池田池懸り村々から負担する様に命ぜられたいと。(25)

船木の要求は、四ヶ村側すなわち西条藩当局に容れられなかったもののようである。然し船木は屈せず、以後再三、機会ある毎に、同一の問題を蒸し返し訴え出で、寛保四年には池田池の貯水を引用するための「客谷口」から池迄の、引水井手幅の拡張せられようとするに当っても、歎願書を提出し、井手幅の拡張が、井手沿いに在る船木の田畑の痛となり、あるいは唯今の井手の儘でも余程の大井手であり、洪水の時には僅々半日の中にも満水する程であるからとして、再度除ケ井手の掘り下げを要求している。(26)

西条藩に在っても、地元船木の要求を拒否し続けることも不可能となり、ここに地元と池懸りとの両者の調和策を講ずる他ないようになり、嘉永二年船木村に諭して、掛井手の幅を狭くし、また「除け口」の掘拡げをすることは、池が御普請池である以上、独り四ヶ村だけの自由に取計い得ないことを強調し、船木村の出願の内容は、稀な洪水の場合においてのみ当て嵌まることであるから、風雨の節には四ヶ村で、当番の村役人が人足を召連れて池元へ出張し、万端の取計いをすることとし、なお次のごとく池田池の貯水量に関する管理権の一部を、船木村に分与する措置を採った。

一　除井手筋草木苅明相浚ひ除口深幅をも広け候様可申付候　尤出水模様により四ヶ村役人之内無遅滞罷出防方手当いたし候筈　右出張之儀者東田川江分石立置何合水よりかならす出候様相究置可申事

但樋の錠前弐つ拵船木村庄屋幷樋守方江壱つ宛相渡置出水之節差支ニ不相成様可致事(27)

船木村からの要求である「除口」の掘り下げは今回も見合せとなったが、除口の幅を四間、井手筋掘留三間として掘浚うべく定められたのは、船木側の不断の要求の一部分が認容せられたものと解し得る。

しかも引続いて、なお上述の仕法を敷衍した一層詳細な取極めが達せられている。即ち

一　除口堰方之儀者現在之根石ゟ土俵二俵重ネ踏堅メ惣高二尺二間留可申事

但両淵江新規切石高サ二尺之刻ミ付候分石相立可申事

一　関床ゟ下弐間之間畳石新規可申付事

但弐間之間ニ弐尺五寸之はへ打付可申事

一　風雨洪水之節者嘉永度指図之通東田川分木江水乗ルハヽ早速四ヶ村人足引纏ひ罷出防方取斗可申若万一致不参船木村へ手数相掛ケルハヽ一度銭弐百目四ヶ村ゟ過代として船木村江指出可申事

一　前ミ何れ之仕業ニル哉猥ニ除口堰を切落ルもの有之ル哉ニ相聞ル　右者四ヶ村自分用水ニ無之全御田地御年貢相育ル為之用水ニル所右等之致方有之ル者甚以不届之至ニル　右池者船木村地内之儀ニ付申合惣分番手之心得ニ可罷在ル　其上にも不届之もの於在之者遂穿鑿厳重之可及沙汰事

一　都而池田池懸りニ付船木村へ掛りル普請之節者前以四ヶ村ゟ船木村へ致沙汰双方村役人立会ニ而可致若一己之取斗いたし故障出来ルハヽ無断之方可為非分事

池田池の水が四ヶ村だけの用水ではなく、大切な御田地養育のためのものであることを明言し、藩の立場を端的に表明した点に注目すべきであろう。このような立場において、池田池の除け口の掘拡げ、掘下げを幾度も繰返し要求した船木村の池田池下惣代百姓は「言掛りにて我意を主張いたしルに相当り御成固に拘りル御田地用水之差障り等ニ相成ル而者弥以不容易事ニル……於船木村も害障をも不見して此上強而願出ルハヽ屹度咎可申付条心得違無之様」と厳にその態度を戒飭せられる結果となったのである。

船木と川東四ヶ村の用水権をめぐる問題の第二は、船木村自身のための松岡小池の設置と、それへの引水溜込の手段に関する、当時既得権として存在した池田大池への引水権との角逐である。

船木村には池田池の下流に当り、松岡新田と唱える一連の水田地域があり、その為の用水源としては、池田池の奥に当る位置に「吉左衛門池」が存在したが、明暦二年池田大池の築造せられた結果、吉左衛門池の池敷は池田大池の内となりおわった。その後松岡新田の耕作百姓一同は、新池を願い出で、文化三年に至り松岡池に小池(下池)を築き立て、池田池の漏水を仕受けて溜込むこととなった。然しそれだけでは水源は完全とは云い得ず、文化十四年に至り、郡奉行所へ池田池の水源である「客谷」で、池田池への引水堰の下流に、あらたに堰を設け、池田池堰の「越し捨り水」を得ることを出願し、遂に新井手・新井堰の普請を、藩の普請方の指図の下、組切普請として実施することを許可せられたのであった。

しかしこの引水施設は船木村の地籍内ではありながら、西条藩の後楯の下、川東四ヶ村の水源である池田池がすでに厳乎として存し、かつ客谷の水の取入れ溜め込みに就いては、池田池が既得権として確保していたところである。したがってこの度は地元と池田池懸りとの関係は、前の紛争の場合とは逆になり、池田池懸りに優越権が在る形をもって進展するに至った。川東四ヶ村は地元によって、このような用水施設が造られるに当っては、古くからの水利権者の発揮する立場をここにも明白に表現し、「新井堰幷井手出来候時者池田池掛水之害ニ相成候間」として、普請の延期を願出たのであったが、「申立之条々いつれ茂見越之儀に付取扱難成若又後年に至申立通害有之候ハヽ、右新井堰井手共取潰可申付旨」を条件として、松岡小池への引水普請は施行を見ることとなり、文化十五年四月、川東四ヶ村との間に左の条項を定めた証文を取交し、客谷からの新井手は完成を見たのである。

1　松岡小池への用水堰は、池田池の客谷井堰よりも四十六間下手に新設すること
2　池田池への引水井堰及び掛井手のかまちを少しも痛めないこと
3　船木村の中、大久保の呑水は従来池田池の掛井手の中から取受けて来ているが、その呑水の余水は爾後新井手へ落込む事となる。以後新井堰の前に流水のない時は、呑水の余水分量よりも余計に吸引しないこと

4　新井手が池田池への引水井手を横断する時は、横渡しに掛樋で取り受けるべきこと
5　新井手には股井手を付けないこと
6　従来からの田地以外には、新に田地を開くべからざること
7　松岡古池および新池(小池)の水面積は以後拡張すべからざること

客谷の水に就いては池田池の優先が確立して居り、田三歩畑七歩の耕地内容を有した船木の立場はあくまで不利であり、以後畑地の田地への地目換をさえ禁止せられた、きわめて受動的な協定を結ばざるを得なかったのである。石高四百五十七石三斗六升四合、取四ツ四分三厘五毛であった船木と、川東四ヶ村二千八百七十三石余との比重の差が、藩の立場に現われ、船木をして事用水に関し、川東四ヶ村に屈伏することを余儀なくせしめたものであろう。但し池田池の完成後も、四ヶ村の用水は決して充分ではなくて、その池水の利用法は「西条誌」の記載に従えば

これは(筆者註、池水の四ヶ村への引用)銅水(河水)涸れ減じての後の事也、此池水凡十五六日程之間四ヶ村へ引けばこれも亦涸渇に及ぶ、故に四ヶ村は旱損多し、[28]と。

地元の反対を排し、藩の積極的な援助の下に成った池田大池も、川東四ヶ村には補助水源としての意義を有つに過ぎなかった事情が判明する。

第三の問題は嘉永四年、船木村頭百姓惣代の名によって差し出された、船木村池田組における新池築造願に現われた事件であり、自村の最大の水源および溜池敷地を川東四ヶ村に奪い去られ、しかも洪水に際しては池田池破壊の害を受けこそすれ、ほとんどその利益に均霑し得なかった船木村が、新池築造によって畑作村から水田村へと転換しようとする、最後的な企図であったと見なしうるであろう。

船木村の出願した新溜池の候補地は二ヶ処あり、一は池田の南にこれを設け、船木の本田を潤した小川谷井関からの流れ捨り水を受けるもの、二は「通谷」から「長野川」へ流れ捨たるべき水を、谷間に湛えようとするものであり、元来地味の薄い畑地で石盛三斗五升余である新畑約四十町歩を水田化し、もつて年来の不作による困窮から脱することを企図したものである。願書に述べるところは、事実をさらにやや潤色誇張した点は在るとしても、連年の不作と穀物の高値、しかも御救普請が行われても、船木からは仕事場への距離が遠いために充分の救済とはならず、山柞をしても、薪は一切近隣では捌き得ず、しかも船積は禁止せられており、このように困窮が弥増しては、「自然心得違他所柞袖乞等に罷出ル者数多出来御百姓相減し御田地相荒しル様相成ル而者如何斗奉恐入ル」として、百姓逃散の虞のあることをさえ暗示している。このように出願した溜池は、当然に「御救御普請」であり、当難凌ぎと永久策との性格を併せ有するものである。また新溜池の候補地は二ヶ所共、村方本新田の用水および沢津組四ヶ村の池田池に対し、いささかの差障りの無いことを附記しているのは、新溜池の計画としては当然の考慮であろう。

願書の結末は不明ながら、おそらくは許可に至らなかったものと察せられる。時代のせいもあり、又御救普請と云う、余りにも地元に好都合な条件も、さらに開かれるべき水田化の地積の狭少であったこと等、これ等の様々の要素の伏在したことが、この計画をして、たんに計画に終らしめた原因であろう。船木村の立場は、他村に用水利用権を奪い去られた、地元畑作村の運命を如実に示したものとなしうるであろう。

(18) 新居浜市役所保蔵文書、但し泉川村役場保管文書の写本。
(19) 前掲「高柳根元実録」。
(20) 「西条誌」巻十四、船木村の六―七丁。

(21) 同、巻十五、郷村の二―三丁。
(22) 前掲「高柳根元実録」。
(23) 新居郡船木村、合田辨逸氏所蔵文書。
(24) 同、元文三年午ノ十二月、四ヶ村から郷村組大庄屋に宛てた「返答口上」。
(25) 同、元文五年未正月、船木村役人から中村組大庄屋に宛てた「再返答口上」。
(26) 同、寛保四年子正月、船木村役人から中村組大庄屋に宛てた「奉願御事」。
(27) 同、「証文之事」。
(28) 「西条誌」巻十五、郷村の二丁。
(29) 前掲、合田辨逸氏文書「嘉永四年亥四月　池田組新池願書控」による。

第三節　用水源を異にする村落間の紛争とその意義

用水紛争は水量にもっとも余裕があると見られた高柳泉組と、(30)川東四ヶ村との間にもっとも多くの事件を止め、洪水堰関係のものは、史料の残存度が低いからか、ほとんど不明である。後述するように、洪水堰掛りの中に在っても、下流末の新居浜浦のごときは常に困難を重ね、明治に入ってからは、分水法の変更をさえ申し出た程であったから、下流においてはその用水量が比較的乏しかった上に、泉の場合は、其の湧出個処の近くに、さらに新泉を掘鑿すれば容易に新水源となしうる可能性も強く、そのために、他村との間に、高柳泉の近くに新泉の掘鑿計画が行われたことを契機として、用水論の発生することの多かったのに比して、河川から導いた井堰に在っては、このような事情が存在せず、井堰懸りを安定した状態に置いた事情も、このことに与って力があるであろう。以下紛争の内容を、相手村および紛争の原因に重点を置きつつ叙述し、その経過のうちに、問題の意義を把握したい。

　川東村々の高柳泉に対する妨害は、早くも寛文二年に始っている。記録の簡単なために、その詳細を尽くしえないが、高柳泉三ヶ所の泉の中、東基泉《とうだいいずみ》即ち川原泉のことで国領川の河床を掘り下げ湧水をえて泉としたものに対し、川東から「筋なき事」(31)を訴え出で、高柳泉組をして引水せしめなかったため、高柳泉組は日焼を生じ、立毛に損亡を来したが、奉行から川東に対して説諭を加え、奉行から泉組に一札を与えて一応落着している。川東側の着目するところが、先ず湧水量の豊かな高柳泉組の諸泉であった事情を察せしめるに足る。

　また一方高柳泉側の常に確保しようと努めるところは、洪水堰の余水を享ける高柳堰にしばしば「はかね入」を加えて堰の強度を増し、漏水を極力回避するとともに、高柳泉の湧出量を脅威する虞のある、その近接地域での他村による新泉の掘鑿をあくまで許容せず、もって高柳泉の存在を他に冒されることなく維持しようとするに在ったから、以後川東村々とは、繰返し類似の紛争を生ずることとなるのである。

　川東四ヶ村と高柳泉組との次回の角逐は元禄六年(32)に起っている。すなわちこの年、洪水によって高柳泉三ヶ所の中「外泉」の堤が切れ、大破に至った時、泉組から藩当局へ願済の上、井関底へ「はかね入」を行わんとしたのに際し、川東四ヶ村から抗議が出され、高柳横井に「はかね入」が行われるならば、川東郷村の「城下つづらふち泉」の湧水に害があるからと普請の中止を願い出た。その結果、高柳泉組においては普請を中止し、もし井関から漏水のある時は、「はせ土」を行う約束となって一旦は事納っている。「はせ土」とは、堰の上手を土で塗り留めることを謂い、「はかね入」よりはその効果が劣るが、同様漏水を防ぐための手段であることは同様である。

　次いで元禄十年の旱魃に際しては、川東側の態度は前二回の場合に窺われるごとき、高柳泉組の引水を妨げ、あるいは河流の全水量の引用を妨げようとするのとは異り、高柳泉組の水の、川東への分与の要求であり、その態度の積極化と共に、川東側の背後に、その窮状を救わんとした西条藩(郡奉行によりて代表せられた)の関与を見るに至った点が著しい特色である。

藩の意嚮は「川西村々者洪水口用水井手高柳水掛之分者忽之難儀も不相見候　何卒高柳之水を、一水川東江遣し候様に致度」との語に充分に表現せられている。役人衆の再度の説得にも拘らず川西側の態度ははなはだ冷淡である。曰く

用水之儀者太切之儀ニ而往古ゟ仕来リ候土地之幸不幸ニ而御座候得者川東難渋仕候迚川西之用水取可申様無御座候間何分被仰付候而茂得心し不申

として、両岸を挾み、相対立する村落間の用水争における態度が、もっとも露骨かつ典型的に現われている。

折から川東の立毛の検分に来た郡奉行は、その惨状に深く同情を寄せ、藩の収納にも拘ることであるから、いずれ一水は取らせ与えるであろうと云ったのを伝え聞いた川西高柳泉組の百姓は、堰が川東の村々によって押切られることを怖れ、大勢が相集って庄内村の「城がはな」に押寄せ、郷村に止宿中の奉行に対して悪声を放った者があり、元々高柳泉組の百姓が、我意を強硬に主張したことを心憎く思っていたからか、奉行は「百姓徒党」を口実に、泉組の中ではもっとも流末である故に発頭と目された新須賀の長百姓二人を牢舎の後追放の処分に附している。但し一方、この処分をもって分水の問題は事止みとなり、[33] 以後藩から川東への分水の命は出ないようになったと云う。もっとも遙か後年の嘉永六年の大旱に当っても、川東は呑水および牛馬の呑水にも困窮する程の状態に立到ったので、四ヶ村の歎願により西条から郡奉行が下泉川村まで出張し、庄内・下泉川両村の村役人を召し寄せ、右の旨を伝えた処、二

ヶ村役人の答弁は左の如く狡猾を極めるものであった。

元来高柳之水者新須賀之泉ニ而候得共上二ヶ村へ分配被下候水ニ候得者二ヶ村ゟ遣事相成不申(34)

高柳泉が泉川・庄内・新須賀三ヶ村の水源であり、しかも新須賀が最末流であるだけに、その分配に当っては、もっとも不利な立場に在ったのは次節に明かなごとくである。しかるに二ヶ村は、この時に当り、高柳泉は新須賀の水であると答えている。これは一に、新須賀が宝永元年以後天領に繰替えられて、東予川之江代官所の支配下に在り、泉川・庄内の二ヶ村が川東と同領の故に、西条藩の意嚮を無視し得ないのに比べ、新須賀はよく独自の立場をもってこれを拒否し得ることは、従来の数々の事例によって明白であったからである。奉行から新須賀に対しての分水依頼の交渉を頼まれた二ヶ村は、案の如く拒絶に遇うや、「新須賀村御公料之事故水曬ひ申事六ケ敷候　上二ヶ村江分配之内ニ而「城下」江大桶を居置人夫を以汲入置候間呑水勝手に汲取べし」と答えている。八月朔日、二ヶ村がこのように承諾し、奉行の帰館したその夜から大雨となり、大桶の水は使用に至らないで止んだのであった。

川西高柳泉組からの分水計画が失敗に帰すると、川東村々は新しい手段として、高柳泉処に近く、湧水の見込のある個処を撰定し、新泉を掘鑿しようとの計画をたてるに至った。

寛保元年、川東組はいよいよ新泉掘鑿のため、郷村組の大庄屋が所々を見分の上、「柳原」と呼ぶ個処を撰び、西条の地方役人も検分の上試掘の運びとなった。ところがまたも高柳泉組からは、その泉所の近辺での泉掘りは、御用捨下されたいと願い出たのであったが、柳原と高柳泉所とは二百四十間余も距たることゆえ、高柳泉所の害には成らないとの奉行所の達しにより、下泉川・庄内の両村は止むなく退かざるを得なかった。

このような際にも、西条領でない新須賀だけは容易に屈せず、なおも反対を続けたが、その庄屋忠右衛門は西条の地方役人と懇意であったため、村民の説得を命ぜられ、その条件として、新泉の掘鑿が「若害にも相成ㇾハ、高柳ハ井関江はかね土を入させ其上にも泉所減ㇾハ、古来の泉所江難義致させ可申様無之ㇾ　何時にても掘埋させ可申遣」との言質を得て、なおまた後年のため、証文一札を高柳泉組に対して与えた。

郷村
宇高村
埴生村
松神子村

右四ヶ村用水就払底此度遂見分下泉川村内光明寺谷落合藪鼻ニ而泉壱ヶ所　上泉川村之内東田於柳原泉壱ヶ所試掘申付ㇾ　少ミニ而茂水涌ㇾ得者東墓一ツ橋同所宮前余水取添右四ヶ村用水申付ㇾ　右柳原泉所之義者東墓宮ノ前泉幷ニ高柳泉江ハ相隔リ有之儀ニ付故障聊不相見ㇾ
然共万一宮前泉高柳泉於相減者訴出次第早速掘広させ其上高柳井関江者羽か年土入させ可遣ㇾ　其上ニ茂弥害ニ相成申時者遂吟味新泉ハ埋させ可遣ㇾ条件之趣上泉川村幷ニ高柳水組下泉川村庄内村新須賀村右村々江兼而可申聞置者也

寛保元酉年六月

西条地方役人連名

郷村組
中村組　大庄屋宛

なお東基泉から柳原新泉までは、間数二百六十間、これより南へは新泉を掘広げない旨の証文も、同じく郷村組四ヶ村から上泉川村に差出され、これ等両通の証文が基礎となり、以後川東が高柳泉に近く新しい泉掘りを計画した際には、常にこれをもって制し得ることとなった。例えばその後川東の大庄屋が替り、またまた国領川の西、往還端に泉掘りを行うことを計画し、普請奉行の見分さえも行われたが、右の証文をもって訴え出たため、中止となったごときがこれである。(35)

天明六年四月、河原泉の東隣に添い、またも新泉の掘鑿が試みられることとなった。この計画は川東四ヶ村および西条藩の家老竹ノ内立左衛門、郷村庄屋等の間で立てられ、高柳泉組の抗議にも頓着する所がなく工事は進められ、ことに西条領である下泉川・庄内二ヶ村の庄屋は、西条役所において説諭を加えられるところがあり、彼等は家老の威を畏れて、止むなく新泉の掘鑿に対して承諾を与えたのであった。二ヶ村は屈したが、天領の新須賀だけはまたも独自の政治的立場によって容易に降らず、川之江代官所へ訴え出たため、川之江代官所と西条藩との交渉となり、事件は縺れて寛政元年にもおよんだ。この折の両者応酬の中で注目すべきは、川東側が高柳泉堰の「芝付はかね入」に対して、「先年はかね芝付候儀は証拠も御座候哉」と申出た事実である。川東側の言分にしたがえば高柳泉堰は元禄六年にはかね入を行う計画を立て、川東の抗議を受け、これを中止して「はせ土塗り」をもって満足する他無かったものであるにも拘らず、何時の頃からか「はかね入」を常例とするに至ったものであると衝いているのである。高柳泉組はこの事実に対し

常式に入申儀にても無御座候　前々より大水之節横前井手筋大痛ニ罷成候節は御願申上勝手次第にはかね土入申儀に御座候

と答え、立川筋(国領川筋)五個の堰は一番堰である洪水関以下五番堰に至るまで、はかね入を行うのは往古から勝手次第で、これに対しては、下流堰から故障を申出るべき筋ではない(36)としている。

川東の四ヶ村中では、郷村が用水に関してはもっとも困難な地位に在ったようで、高柳堰の「はかね入」およびその釜の口(取入口)の下流への移転、堰床の低下等の措置によって全く高柳堰からの漏水を取り失い、従って今回の問題に当っても自ら川東四ヶ村を代表(37)する位置に立つに至ったものである。

新須賀の反対にも拘らず、西条藩の意志は下泉川・庄内の両村を圧して、新泉の試掘をなさしめ、これとともに、右の両村に対し、新泉が高柳泉の湧水にいかなる影響を与えるかの点に就いてしばしば尋問を発している。天明六年六月の二ヶ村の答には

当時ニテハ外泉出泉格別差支相見へ不申ル得共旱ニ而川水不足仕新泉水下横へ切落申時ハ先達テ御問掘之節之振合ニテハ外泉水透落泉掛之三ヶ村用水不足仕差支ニ相成可申と奉存ル(38)

また同七月の再返答には

右新泉御問掘被為仰付ル処其後毎度雨天ニ付川水等も相増ルテ一体当年ハ水沢山ニ御座ル　殊ニ右新泉ハ未何方へも水御通し不被遊ル故当村ニテハ格別用水之差支相見へ不申ル(39)

とある。両村の苦慮は察するに足るものがあろう。

寛政元年三月、天領巡検使の来るや、新須賀村は駕籠訴訟を試み、その結果として、西条藩はその立場がようやく不利に傾いたが、なおも依然として素志を捨て去らず

元来用水之儀者田畑之乳母ニ而用水無之ルては稲作生立不申儀に付大切に可致事は勿論之儀にル得共銘々田地江

掛け余り海へ捨りㇾ水千田難儀之村方へ遣し不申との儀は不人情千万之儀(40)

として、下泉川・庄内両村の惣百姓に対し、新須賀の言分のように余水の分与が、高柳泉組に害があると思うもの、思わないものの二つに分ち、それぞれに賛否を徴した程であった。

ここまで進捗した西条藩の新泉計画も、川之江代官所から西条藩に対して種々談合があり遂に

新泉所向後双方ゟ不致手入を不用に相成ㇾ事(41)

とし、寛保元年の証文の内容のように、処置することとなって落着したのであった。川之江代官が新須賀村の庄屋・組頭以下百姓中一同を召し、読聞かせ与えた達しの中

村方用水差縺一件追々内済取扱有之ㇾ得共不整最早公儀御裁許を御伺可申上積有之ㇾ処此度左京太夫様厚キ思召を以被仰出有之村方聊差支無之様内済相調ㇾ段銘々大ニ仕合之事ニㇾ

右一件者元来証跡茂有之是迄申逢ㇾ処全心得違之儀ニハ無之ㇾ得共段々申聞ㇾ様ニ都而御公裁を請ㇾ儀多ク者十分之理分ニも不相成素り村方入用等も夥敷及後悔ㇾ義間々有之事ニㇾ処右様内済相整ㇾ儀者寔以難有仕合ニㇾ間是等之処克々相省以来右一件之儀におゐてハ一切是非之取沙汰をも不致勿論御先方村ミ之者江対しㇾ而者猶亦和順いたし万端相慎可申ㇾ村役人長立之者共克ミ右之処相辨若き者とも江者別而心を添聊心得違無之様取斗可申事

とあるのは、今回の新泉一件に当り、川之江代官所の果した役割と、新須賀の地位の意義とを察せしめるに足るものがある。

明治の末年から昭和二年に跨って起った高柳泉対吉岡泉の繋争事件は、高柳泉を中心とする最終、かつまた高柳泉の存立をもっとも脅威した近代的意義を有するものとして注目すべきものがある。

吉岡泉は川東の郷・宇高・沢津の村々が計画し、高柳泉の上流数町の位置に従来から存した吉岡泉の敷地を買収し、これにあらたに人工を加えてその湧出量を増加せしめ、もって三ヶ村の新用水源としたものである。同側河岸（左岸）、しかも上流位置に在る吉岡泉の大規模な掘鑿は、当然その下流に位置する高柳泉に甚大な影響を与えるから、高柳泉側の奮起するところとなり、ここに前後二十年間に亙る用水紛争事件となったのである。

吉岡泉側の敷地買収(42)と県当局からの掘鑿拡張の許可は、すでに大正元年に与えられており、やがて元禄・寛保・天明の諸年度における川東との新泉開鑿をめぐる紛争に、上述のごとくよくその存立を維持し「古来高柳泉ハ八町四方ニ於テ新設泉ノ掘鑿ヲ許サザル慣例」を確信していた高柳泉組との対立となったのである。この間、大正四年に至り、知事の調停により、吉岡泉の流水は、高柳泉組の補水設備工事の完成するまで、吉岡泉側では利用しないことを約し、県は吉岡・高柳両泉の水量測定にも着手した。

大正十二年、補水設備の未だ成らないのに先立ち、吉岡泉側がその湧水を引用したので、高柳泉側は吉岡泉の水路を堰き、その流水を高柳泉の水路に放流したため、一層紛争の激化・拡大を見るに至ったのであった。

大正十二年八月、知事の調停により、吉岡泉は全水量の三割を高柳泉組に分水する条件で仮分水が行われ、後さらに昭和二年、分水比率は高柳三一％、吉岡六九％と正式に改正決定せられ、遂に多年に亙った事件も落着を見た。

その後吉岡泉は、新居浜市で操業する倉敷人絹工場に対し灌漑用水の保証を条件に、その湧水の一部を譲渡したが、工場自身もその後工場の敷地内に掘抜を鑿ち、多量の工業用水を獲得し得る結果となり、また動力ポンプの設置が行われて、郷・宇高・沢津の三ヶ村の田用水も、吉岡泉の湧水を譲渡したにも拘らず、従前のような用水難から脱却(43)し得るに至っている。

(30) 天明年間の争に際し、川東側四ヶ村は次の如く述べている。
「御存被為遊通水ニ而者四ヶ村者難儀人庄内村ハ有徳成と申ほと違居申村方ニ御座候」と。
(31) 「高柳根元実録」中に左の一札が載っている。
一 東蓁泉之水当年に至河東ゟ筋なき事岩崎重兵衛方江申込水如前之入させ不申に付日焼仕立毛損亡いたし迷惑仕候由申候故則郷宇高埴生松神子之庄屋中召寄吟味仕水之儀如跡之遣し候様に船木村松岡新田之水出入之時分一同ニ川東之者共江申渡候得共以来又何かと跡なき儀申候得者出入に罷成迷惑申候条印をも呉候得と申理により以後申分仕らせ間敷ため書付を以申入候間可成其意候也
寛文二年寅八月廿一日
吉田宇右衛門 印
河村儀太夫 印
泉川村 勘右衛門殿
孫太郎 殿
百姓中
(32) 「高柳根元実録」元禄六年の項。
(33) 「右之通リニ用水ニ付御仕置ニ相成候得共泉所之儀先格之通リ相堅リ其以後者如何程之大旱ニ而も川東江水遣し候様之御沙汰相止候事」
(34) 「高柳根元実禄」嘉永六年の項。
(35) 「東蓁泉所ゟ柳原新泉所掘留迄間数弐百六拾間有之候従是南へ掘広不申筈之証文郷村組四ヶ村ゟ上泉川村へ請取有之候右泉敷之儀此方泉所へ少々ニ而茂障リ申義有之候ハヽ、泉組申合一同ニ御願可申候 若其節ニ至拙者共及遅滞候ハヽ、其村ゟ直ゝ御願可被成候 仍而連判如件
寛保元酉年六月

第三節 用水源を異にする村落間の紛争とその意義

上泉川村庄屋　庄右衛門　印
下泉川村庄屋　勘右衛門　印
庄内村庄屋　伝太郎
新須賀村庄屋
忠右衛門殿

(36) 新居浜市役所保管写本「堰関係高柳旧記」に曰く
「三ヶ村外泉井手筋井関前はかね入候儀は乍恐御当代之儀にても無御座御先代ゟ之儀にて何之年御願申上新規にはかねを入来り候と申儀は無御座候得共先達ても奉申上候通り常式に入申儀にても無御座候　前々ゟ大水之節横前井手筋大痛ニ罷成候節は御願申上勝手次第はかね土入申儀に御座候　惣て立川筋井関之儀は高柳横に不限一番洪水二番高柳三番高柳四ヶ村横四番岡崎四ヶ村横五番沢津村横川　上ゟ順ニ井関御座候処一番横を始め五番横迄何れもはかね入申儀は往古ゟ勝手次第に仕候得共下横ゟ障りの儀は不被申筋ニ御座候……下略」

(37)「一　四ヶ村之内にても郷村之儀は春夏秋冬共旱続候得者右したり水を以呑水等相凌居申村方に御座候得は卯歳以来之通り芝付はかね入猶又高柳釜の口は九間も下手へ下げ一尺程もひくく居関筋違に仕水引落申時は一向滴も無御座様に罷成年々模様にゟては呑水之儀は不及申苗代杯仕申儀も相成不申様に罷成申儀に御座候」

(38) (36)に同じ。天明六年午六月「御尋に付乍恐口上」による。

(39) この返答の前書に藩の尋問の趣が見えている。すなわち「新泉之儀に付外泉出水之障りニ相成候由ニテ新須賀村ゟ用水不足有之難渋之趣申出候　右新泉問堀ハ致出来候得共未用水等ニモ致不申儀ニ付外泉出水指支之儀ハ無之筈之処前段之通此節難渋之申し有之之段甚不審にて両村之者共ハ如何相心得居候哉」とある。

(40) (36)に同じ。

(41) 寛政四年十二月。

(42) 以下の記述は主として「水利紀念碑」――泉川町高柳泉に近く国領川の堤に立つもの――の記載に従う。

(43) 以上、沢津村居住、前吉岡泉組惣代、前代議士小野寅吉氏談による。

第四節　井郷の管理・分水組織とその影響

洪水堰懸りおよび高柳泉組ともに、史料を残すに至った近世前半期から、早く番水制が実施せられ、これによって用水分配の行われたことを示している。次に是等各井懸りに分ち、各〻の特殊事情に注目しつつ、管理・分水機構の性格と、その意義とを瞭かならしめたい。

1　洪水堰懸りの番水制とその影響

洪水堰は国領川の最上流を享け、その流域に存する五個の堰組中に在っては、水量の豊富を誇ったにも拘らず、その番水制は早くも近世的な統治組織の完成と、ほぼ時を同じくして行われたもののようである。すなわち一柳氏のこの地域を領有した寛文五年六月十八日、藩の地方役人の名によって金子・新居浜に与えられた番水に関する墨付が残っている。(44)

尚以上三ヶ村江も墨付遣申候以上

一筆申入候　然者新居郡洪水之水之義角之村両方上泉川村両方中村金子村新居浜浦両方番水之義五月節ニ入中五日前ヨリ右五ヶ村番水ニ申付候

其外自然急ニ水入申村〻於有之ニ者此方江早々可申断候　随其見合用水可申付候　ケ様ニ相定遣候上者以来少モ

互ニ出入仕間敷候為後日如此候　恐々謹言

山岡三郎右衛門　書判
高橋弥右衛門　書判
吉田次郎右衛門　書判
鈴木九左衛門　書判
金子村村役人宛
新居浜浦村役人宛　（傍点、筆者）

上掲の墨付の示す所は、用水分配に関して関係五ヶ村間に争論があり、その解決法として西条藩（一柳氏）の地方役人が、番水法の開始時期を定めたこと、およびこの番水開始期の規定も、この寛文五年においては未だ決定的意義を有するものでなく、急に用水の必要を告げる村のある場合には、役人の検分により、事宜番水期を適当に変更し得る余地を残したことを示している。この墨付は番水開始期だけを定めたものであるから、施設あるいは時間によって用水の分配を行う番水法の事実は、すでに寛文五年以前から存在したことを察せしめる。

宝永元年七月（寛文五年から三九年後）の洪水懸り村々の取替し連判一札[45]は、上述の番水規定をさらに詳細にし、かつ一層確固たらしめ、後日の規範を置いた点に意義がある。

一、洪水横井用水共従先規相定之通五月中五日前ゟ五ヶ村一日一夜其内金子村ハ二日二夜又番水ゟ内ハ苗代水植付水共古来ゟ仕来リ之通互ニ相違仕間敷候
其内上三ヶ村ハ旱田之所ニ候得者田方植付之節ハ見合ニテ植田少〻干申共水増減リ可致候

一、先規ゟ有来リ井手筋ゟ外互ニ新井手附申間敷候　勿論有来リ之井手筋両カマチ共田畑へ掘添井手サラへ土砂揚置所無之様ニ致間敷候　依テ為後日申替シ連判如件

宝永元年申七月

金子村村役人
新居浜浦村役人
中村村役人
上泉川村村役人
東角野村村役人
西角野村村役人

右之通拙者立合承届申候　以上

中村組大庄屋代与次左衛門

宝永元年は一柳氏に代り、松平氏の西条に入部した（寛文年間）以後のものであり、番水の開始期とともに、その番水割当の時間をも確然と規定している。

この時の番水規約がその後永く踏襲せられたことは、明治九年新居浜浦から差出された番水法改革要求の内容および大正十一年の「金子配水取締規則」に見ても明らかな処である。この中の前者は、番水法の流末に与える影響に就いて、後者は現在尚行われる番水配水の実情に関し、それぞれ興味深いものがあるから左に摘録する。

明治九年の記録に現われた洪水堰懸り用水の五ヶ村への分配は左の率により、上述宝永元年の申替セ一札の儘であ

ることを知る。すなわち角野・中・上泉川・新居浜は共に一分六厘六毛宛、金子だけは二倍の三分三厘二毛である。(46)ここに新居浜浦が明治の新政に当って当局に要求するところは、番水開始期の繰上げであり、すなわち旧来の慣行である番水開始の「五月中五日前」は、明治に入って太陽暦が採用せられた結果「夏至五日前」となったのであるが、その時期の遅すぎることを歎じ、毎年五月十五日から番水開始に改められたいと云うのである。

新居浜浦がこのような要求の理由として掲げる処は、(47)洪水堰から用水路の流末である新居浜浦尻無川裾までは、その間数二千九百三十五間(壱里十二町余)その間に無数の屈曲があり、流水はおおむね上流村々の吸引する処となり、新居浜浦の川表に流水を見るのは、ただ番水の順番に当った時だけに限られる有様である。これは全く数千間の水路の流末である故であり、かつ夏至五日前から番水が開始せられる場合には、その時期が余りに遅く、それ以前養水を必要とする時期に幾日間旱りしても、番水となることが無いから、新居浜浦には用水がなく、植付もまた遅延を余儀なくせられる実状であると。

なおさらに新居浜浦の陳べる処によれば、往昔番水始期の「五月中五日前」と定められたのは、当時は植付期の遅かった故であろうとし、今回地租改正、地価取調の行われるのを期に、右のごとき多年の分水の不公平を除去しようとして角野・中・上泉川の諸村へ交渉を試みたのである。上流村々は確たる返答を与えず、暗に不承諾の模様が察せられるのであるが、不承諾の旨をも言い寄こさず、旧慣を楯に、身勝手ばかりを申立て、官裁を仰がるべし等と責任回避の回答をしている。何卒不合理な旧慣の制限から解放せられたい処であると言うのである。

新居浜浦の右のごとき要求も、ついに他の四ヶ村に容れられず、その儘に終ったことが察せられる。分水規定の改正の困難と、その持続性の強さばかりを三歎せしめる結果となった訳である。

大正十一年六月の決議にかかる金子の「配水取締規則」(48)は、その作成年代の新しさにも拘らず、藩政期以来の旧慣を盛ること濃厚なるものを示している。

配水事務を担当する役員には配水取締委員二名、同副委員二名が水利会の選挙によって推され、最高の指揮者となる。次いで金子の中で更に細かく分れた各部落(七部落)から選挙せられた十名の配水取締役があり、委員の指揮を受け、配水の実務に従事する「中落」「水役」「又守」等を監し、かつ番水の受け渡しをなす。中落・水役・又守は取締委員の撰定する処であり、配水上の一切のことは上掲の配水役員に一任し、耕作者は決して自らの耕地へ入水しない規定である。

配水法は旧慣による「正枝又」からの順次掛け下りの法であり、用水が欠乏し、番水をもって荒田の植付をする年は、水利会の決議を経、一戸一切れ当り配水を行う。また「割田」と云う方法もあり、一回の番水で、上から下に至る水量の程度の水量をもって執行する。

配水役員・作人等の配水規定違反に対しては過怠金・罰金・入水禁止等の罰則が存する。

比較的上流に当る金子でも、このような配水規程の存することは、前述新居浜浦の要求に見られたごとく、番水制が高度にまで行われ、多年の常法となっていること、ならびにその背後に潜む、用水量の根本的な不足の問題を想起せしめる。

2　高柳泉組の分水組織と新須賀の特殊性

高柳泉組において番水制の創始せられた年代は正確には知り難いが、西条への一柳氏の入部、および引続いて行われたその一族への分知と関聯して実施を見るに至った。正保五年開始の新間歩竿(六尺三寸間)による新検地のことと関係があるとする説は興味深い。すなわち

右検地改リ村々田畑畝数相訳リ〆に付而用水も村々田畝之大小ニ随ひ分量出来ル也(49)

新検地による田畝面積の正確な計量が、やがて用水をも計画的に、面積の広狭を基準として分水せらるゝに至ったとする見解であって、高柳泉組の番水制の開始が、明瞭に慶安以後に在ったことを暗示する記述(50)である。

しかして高柳用水は定水の場所ゆえ定式の分水が行われることとなり、泉組三ヶ村の中、下泉川一日一夜、庄内二日二夜、新須賀一日一夜の日割分水となったが、流末の難渋を考慮し、水路の分岐点での分量割配水に変更を見、下泉川二分五厘、庄内五分、新須賀二分五厘に改められた由が見えている。番水とすべき水量の余りに少い時は、むしろ日割番水を利とするのが一般的であるが、この場合は、逆に日割番水から分量割に転じている。比較的用水量が豊富で、分量割としても流末にまでおよびうるだけの水量を有したことに基因するであろう。

但し分量割とは云いつつ、それは未だ完全なものではなかった。すなわち分水個処は上泉川村地内の「大又」壱個処が存するのみであり、此処で下泉川二分五厘と、庄内・新須賀の合計七分五厘とに分ち、二ヶ村側の内、庄内の下流に位置する新須賀は庄内の流末を享け、したがって庄内・新須賀の両村間だけは七分五厘の水をふたたび日割分水とし、庄内二日二夜、新須賀一日一夜に分割するものであったから、新須賀への引水の際には、水路が長くて多くの番人を要し、かつ庄内村へ引水の時は、新須賀は一水をも得られず、呑水にも苦心する有様であり、逆に新須賀への引水時には、水量の多過ぎる不便があった。ここに新須賀から庄内に対し、上述の分水率による別井手築造の要求の提出せられた理由がある。

庄内はこれに対して、内心不同意であったが、「御公儀次第」との返答を与えた。この結果新須賀から西条へ此の旨を願い出たところ、家老の権威によって庄内も止むなく承伏し（新須賀の庄屋市郎右衛門は一柳氏の家老崎田伊織と懇意であった由が見えている）寛文五年五月に掘立ての完成を見た。庄内村の中「上城下」に位置する「野津子又」がこれであって、分水石を建て、新須賀分を庄内分の半分として出来上った。以後新須賀は呑水ならびに田畑用水の断絶、番人の煩もなく、間もなく領主に移動があり、西条が一柳氏から松平氏の手に移っても、「用水之儀者古法之通り」となった。宝永元年五月の定書(51)にも、新須賀の用水は、

一　宇高組之内新須賀村井水入合之場所ハ中村組之内上泉川村高柳中泉外泉共四分一取来り申候

とあり、また庄内村に就いては

一　宇高組之内庄内村井水入組之場所ハ中村組之内高柳中泉右弐ヶ所水半分取来り申候

とあることによって明白である。

なお高柳泉組の経費の負担は、村毎に分水量に比例して年々負担して来たもののようである。元文三年の洪水に、国領川の堤が破れて泉所を埋没し、翌年早春からの再掘は、三ヶ村に分水割の比率で人夫を割り当て、新須賀は二分五厘懸りで人夫三千人余、「村方難渋なから用水之事故相勤候也」とあることによっても推しうるところである。

さきに寛文五年、新須賀村は「野津小又」で、庄内井手から分れる新須賀井手を掘鑿し得たのであったが、八十三年後の寛延元年、洪水による川欠のため、庄内村の地内に在った新須賀の用水井手は崩れ流れ、呑水だけは漸く庄内村の井手から供給を仰いだ有様であった。新須賀は庄内に対し、庄内村の田地の中へ新井手を掘らせて呉れるよう交渉を試みたが、庄内は、元の井手の位置に置井手を拵えるべし等と答え、不承諾の意志を表示したが、郷村組大庄屋

の取扱を受け、元禄七年に庄内村の囲堤が切れ、田地の中に井手を掘り、その井手敷を永川として引き去った事例もあったので、この場合に倣い、庄内村の田地端に井手を掘ることとなった。しかし元禄七年には庄内・新須賀は共に西条領であったから、「永川引」をもってことが納ったのであったが、この時は西条領と天領とに分れていたから、井手敷の地畝を測り、その分の年貢米を新須賀から支払うこととなったのである。

その後寛延四年（宝暦元年）またもや切れ損じ、庄内は前年の井手工事の粗漏であったことを難じ、再度は掘らせないとさえ主張したが、ふたたび郷村組大庄屋の斡旋により、井手の外に石垣を附け、柳を植え等して保全策を講じ、ふたたび井手を通じえたのであった。もっともこの時庄内に対して、井手敷の年貢米を支払うことの是非に関し、新須賀村の内部においても異論を生じたのであったが

他領之義末々に至り井手附がたき様に切損しㇾ時者難儀にㇾ　何分御田地之内掘ㇾ例に致せ可然と申談宛り米を以御田地之内掘しㇾ

とあるのは、同じ泉組であるにも拘らず、天領となった後、井料米の支払を余儀なくせられた新須賀の特殊性(52)を示している。

所領関係の変化に伴ない、上述のような立場に置かれた新須賀は、また其の井筋が流末である地位から、宝暦頃から上流部での畑の水田への地目換、およびこれに伴う附井手の増加に悩まされ、これに対処する必要があった。もっともこの場合は、新須賀一村のみとは限らず、流末位置である点で、類似する庄内とも共通の問題であった。

すなわちこの頃から「大又」から下る庄内・新須賀両村の井手筋に、下泉川村の者がその水路から附井手を設けて引水し、畑を田に換える者が漸次増加しつつあった。水量の豊富な間は、下の両村でも見遁しの態度を執り、水不足

の節は水番を附ける程度で黙過して来たところ、このような田地の中にも「孫左衛門株」と呼ぶ畑田があり、これには由緒証跡もあるとのことで、下の両村でもその由来の調査に延引を重ねる裡、下泉川村では井手に近く、また上流位置に当ることを利し、孫左衛門株の畑田の近辺に、次第に畑田の増加しようとする勢を示して来た。

孫左衛門株の畑田の由緒と云うのは、曾つて孫左衛門に対し、庄内・新須賀の下両村の樋守を勤めさせたことがあるゆえ用捨したものと云い、あるいは井手掘の節、孫左衛門持の畑が井手敷となったので、田に改めさせたとの両説があり、ともに確かな証拠もないことであったが、他にこれに倣うものが続出するようになっては、下の両村も捨て置き難く、両村から船木組・沢津組両組の大庄屋に対して、いわゆる由緒の調査およびその処置方を願い出、宝暦七年四月には、両組大庄屋ならびに庄内・新須賀両村村役人の立会見分となった。その後二、三年間はまたまた用水が潤沢で、自然事態の決定も延引したうち、ふたたび宝暦十一年の大旱を迎えることとなり、この時下二ヶ村が「孫左衛門又」および附近の井手筋を差し塞ぐにおよんで両泉川村の奮激する所となり、諍論の激化を見るに至った。

西条からは郡奉行の一行が出張の上、再度調査するところがあった程の紛糾ともなったが、ついに下泉川村の庄屋から右の地所は「田受にて者無之畑面之由」であることが証言せられ、五年後の明和元年に至って漸く落着を見たのである。済口の条件は史料を欠くため不明ながら、恐らくは、両泉川の引いた新井手の閉鎖をもって終ったことが推察せられるのである。

このような上流部での自由引水をさえも、平常年には下流の黙過した事実に徴しても、高柳泉組が川東四ヶ村等に比すれば、格段の水量に恵まれていたことは推測し得る処であり、また川東側も、高柳泉組が番水などと称している時にすら、多分の水量が下流へ流れ捨りつつあることを指摘(53)しているが、また一方庄内村の陳述(54)によれば、其の番水制の実施そのものが、小村の庄内にとっては相当の負担であった事実もまた存したのである。

すなわち高柳泉組の水量の豊富なことを、川東側から非難がましく云われるが、これはその用水源である三ヶ所の泉の底浚えをしばしば行って来た結果であり、また番水の節には村役人は云うに及ばず、「水番」「水入」「中落」「股守」等、一昼夜に十七、八人もの水役を必要とし、前述の掘浚えおよびこの水役を家別に勤める時は、一戸当りは意外に重い負担となり、唯、用水大切の一念から莫大の失墜をも顧りみず勤めつつある実状であると述べていることである。

藩政期の高柳泉組村々の配水事情を推察せしめるものに、明治三十年の「新須賀村配水規則」[55]および明治三十一年の「庄内配水規則書」[56]が残存し、ほぼ同様の規定内容をもち、数百年来の番水制の内容を示している。

庄内の場合は全村の水田を旧慣によって上・下の二区域に分ち、上下一昼夜宛の交代配水法を採り、上の区域は掛け上り、下の区域は掛け下りを行う。ただし「天水田」は旱魃に際して二巡の後、三回目に初めて水利会の決議を経て、灌漑を受け、上・下の番水の授受は常福寺の半鐘を合図として行われる。

配水の最高責任者は水利会で撰任せられた「配水委員」正・副各二名であり、番水中は委員一名宛が一昼夜宛出務し、配水一切の指揮に当る。配水委員を助ける者には水利会議員および庄内居住の主な地主中から出た二名宛の一昼夜毎交番の勤務者があり、配水委員に協力する。

配水委員は配水当面の責任者であるが、配水中に惹起した重大事件に関する諮問機関として、水利会議員の構成する水利会がある。

配水の実務に当るものには左の役がある。

a　中落　　委員の指揮を受け配水に従事す。一昼夜交代勤務で賃金を給与せられる。

b　水入　　庄内居住の一般農民および出作人の義務であり、勤務は一昼夜交代、その人員は配水委員の決する所である。

なお水入の勤務は、その耕作面積の大小により、(一反未満から一町五反以上におよぶ六階級、一人乃至六人の出役義務を附す)出務割当が定っている。

その他水入の交代期、怠勤者の罰則、不正引水に対する罰則等が厳密に設けられている。

最後に連日旱魃の際に備えて「畦切」の規定の存在することは、番水制の意義を一層強からしめる点で注目に値する。畦切とは「灌漑水ノ多寡ヲ審査シ多ク入水シタル分ハ切落サシム」るものであり、村内配水の公平を保つべく、最後的な分水に当るものである。

新須賀の配水は旧慣による順次掛け下りであり、庄内のように、上・下の二区域に分つことは行われていない。また庄内の「天水田」に当るものに「川田」があり、本田に二回配水の後、三回目の始めにようやく配水を受ける。しかし非常な旱魃には水利会の決議により、川田は灌漑を受け得ないことがある。おもうに、新須賀の「川田」庄内の「天水田」は、称呼こそ異るが、同一性質のものであり、高柳泉の水を正式に享ける権利を有しない新田の謂であろう。

配水委員の撰任、勤務、水利議員および地主の配水委員に対する義務的協力等の諸点は庄内の場合に全く等しく、配水の実務担当者は、その名が庄内とはやや異るが、左のようである。

a　水役　　委員の指揮を受け配水に従事し一昼夜交代の勤務、但し相当の賃金を受く。

b　畦切　　新須賀の小作人および出役人中から毎日九名以内が義務的に出務し、同じく一昼夜交代であり、委員の指揮を受ける。なお畦切の出務は庄内の「水入」と同じく、耕作反別による出務の標準があり、一反未満乃至五反以上の四階級に分ち、一人乃至四人の割合である。庄内の「水入」に比し、その耕作反別による階級区分の段階数の少ないのは、畦切の出務者が、多くは小前小作人であることに由来するであろう。

新須賀の「畦切」は、庄内の「畦切」と名称を等しくするが、内容において異なり、実は庄内の「水入」に該当するものであることを知るであろう。その怠勤者に対する罰則の内容はこれを察せしめる。

不正引水の処分、又永畑への入水者に対する罰則等は総べて庄内の場合と吻合する。

(44) 新居浜市役所保蔵、写本。

(45) 同、泉川村役場文書の写し。

(46) 以下、新居浜市役所保蔵記録「組合養水之義ニ付掛合証」による。

(47) 「右村〻組合定約之上新居郡立川山村ゟ流出スル銅水ヲ角之村ヱ組合村〻ヨリ相当夫役ヲ以テ堰ヲ築キ其ノ堰ヨリ新居浜浦尻無川裾迄間数二千九百三十五間ヲ経テ北海ニ入ル　其間数百ノ曲又アリテ村〻ヘ灌漑シ耕田ヲ養フ　然ルニ当新居浜浦ニ於ケルヤ番水当番ノ外其水ヲ見ルコトナシ　大分水ノ方法アリト雖モ入用ノ候ハ一滴ノ流来スルナシ　是数千間ノ流末ニ位置スルヲ以テ他村ノ為ニ塞カルヽモノナラン一日偶〻二十五六人之夫ヲ役スト雖モ植付ノ養用ヲ為ス事希ナリ　又番水ノ法タル四月中旬ヨリ之ヲ取リ得ルモノナレバ聊カ歎情ノ起ルコトナシ　ウラムラクハ番水ニ旧法トカ呼称スル束縛ノ制限アリテ旧五月中五日前ヲ以テ始メトス乃チ太陽暦夏至五日前ナリ　其前幾日旱スルトモ番水トナル事ナシ　然ルニ人民銅水ヲ頼ム而已ニテ他ニ養水ナク植付ニ歎苦スル少ナカラズ　右制限解ケズンバ地租改正地価取調ニ於テモ人民紛議ヲ生ズル必然之事ニ付何卒下情御洞察之上旧順番之通ニ而四月中旬ヨリ番水ノ方法相立候様右水組村〻江御理解被成下度尚御不審之廉有之候ハヾ惣代召連出願仕御答可申上候条御採用之程奉願上候也」

(48) 新居浜市役所保蔵記録「金子村大字金子配水取締規則」。

(49) 「高柳根元実録」

(50) 新須賀辺は正保五年(慶安元年)新間歩竿によって改められたことが記されている。
(51) 新居郡船木村、合田辨逸氏蔵「覚」、これは「高柳根元実録」にもその儘採録せられている。
(52) 「高柳根元実録」の編者である新須賀村の庄屋岡田市郎右衛門は、この一件に関して次の如き感想を記している。
「未世ニ而用水井手に御年貢を出ル事いかか心得ル哉と申者も可有之哉と委細記す」
(53) 天明年間、川東四ヶ村が高柳泉処に近く新泉を計画した時の、川東対高柳泉組の応酬に際し、川東側から庄内に対し次の如く云っている(堰関係高柳旧記)。
「高柳泉中泉掘広け泉水五分通庄内村へ取受ル儀に御座ル得者如何程旱続ルても水に難儀等申儀は無御座筈ニ奉存ル……番水抔と申候ても水は下へ流捨り居申候」
(54) (53)に対する庄内の答弁。
(55) 新居浜市役所保蔵記録。
(56) 右に同じ。

第五節　結　言

主要水源としての井堰・湧水、これを補う溜池および田頭の掘井戸、その地域の比較的狭少なのに比して、国領川沿岸の水田地域に見られる灌漑様式の複雑さは、日本の縮図と言うも過言でなく、扇状地状の平地の開拓・利用は、立川、別子両銅山の銅毒水問題をも加えてすこぶる多彩である。新居浜市を中心とする海岸地域の、近年の工業化は、農耕を中心とした往時に比し、その灌漑用水問題の重要性を相当変化せしめ、田用水から工業用水への質的転換の問題をさえ包蔵しているが、この地域の大部分は、依然として藩政期以来の水田農業の重要性が根本に横たわっていることは否定し難い。

時代を寛文頃以降に限られる用水史料の示す所は、平地内の各小地域が、それぞれの自然条件に完全に順応し、地域に即応した用水施設を具え、藩もまたこれに対してつとに多分の援助を惜しまず、銅毒に悩みつつも、流末の一部を除いて、近世前期から用水に関しては、ほぼ完成した形態と組織をもち、明治以後に亙って之に加えられた変更も、唯吉岡泉の問題を見るのみであった。番水制の実施に見られるのと同じく、現状の基礎が、一柳・松平両氏の西条への入部転封を見た頃に完成せられたことを思わしめるであろう。

川西高柳泉掛りと川東四ヶ村の紛糾、船木と川東四ヶ村との争、また新須賀をめぐる西条領と天領との関係等、是等個々の問題の有する意義は、他地域にも見出される類似の事件に比して格別の相違点があるものともなし難いであろうが、このような諸問題が、国領川流域と言う一小地域に集中・継起していることこそ、その特色と見るべきであろう。

（一九四五、三調査、一九四五、六稿、未発表、一九七一、五補訂）

第八章　美濃国本巣郡席田井組における「井頭」

序　言

西濃の奥深い山中に発する根尾川は、平地に出て糸貫(古、この川から産して禁裏にも奉ったせりの根が、糸のごとく白く清げであったところから、この名が起ったと伝う)、籔(享禄三年の大洪水で大籔を押破りこの川を作ったのでこの名がある)の二川に分流し、この根尾の流を享ける一ノ井(最上流の用水)として、旧石高二万四千余石におよぶ地域を包含する席田井組がある。

席田井組の末流に近く、往古から所謂「井親」としてこの井組を支配し来った仏生寺には、井頭仲間に伝え来った相当量の共有用水文書が現存し、井頭と云う井組支配者の存在、ならびにその機能・伝統と、寛永以降、隣接して同じく根尾の水を享ける真桑井組との間に実施し来った、番水制との両者に関して伝える所がはなはだ詳細で、享禄以降、時代的にも一貫した継続性がある。

本章はこれらの事項中、主として前者、すなわち井頭に関し、その発生・社会的性格・機能等に亙って究明することを期する。井頭が主として統制実施する番水制に関しては、別稿に譲ることとしたい。引用史料は総べて前記の仏生寺村井頭引継文書および以下の論述中にもしばしば現われる旧井頭家である堀部文書(信治郎家)である。筆者が井

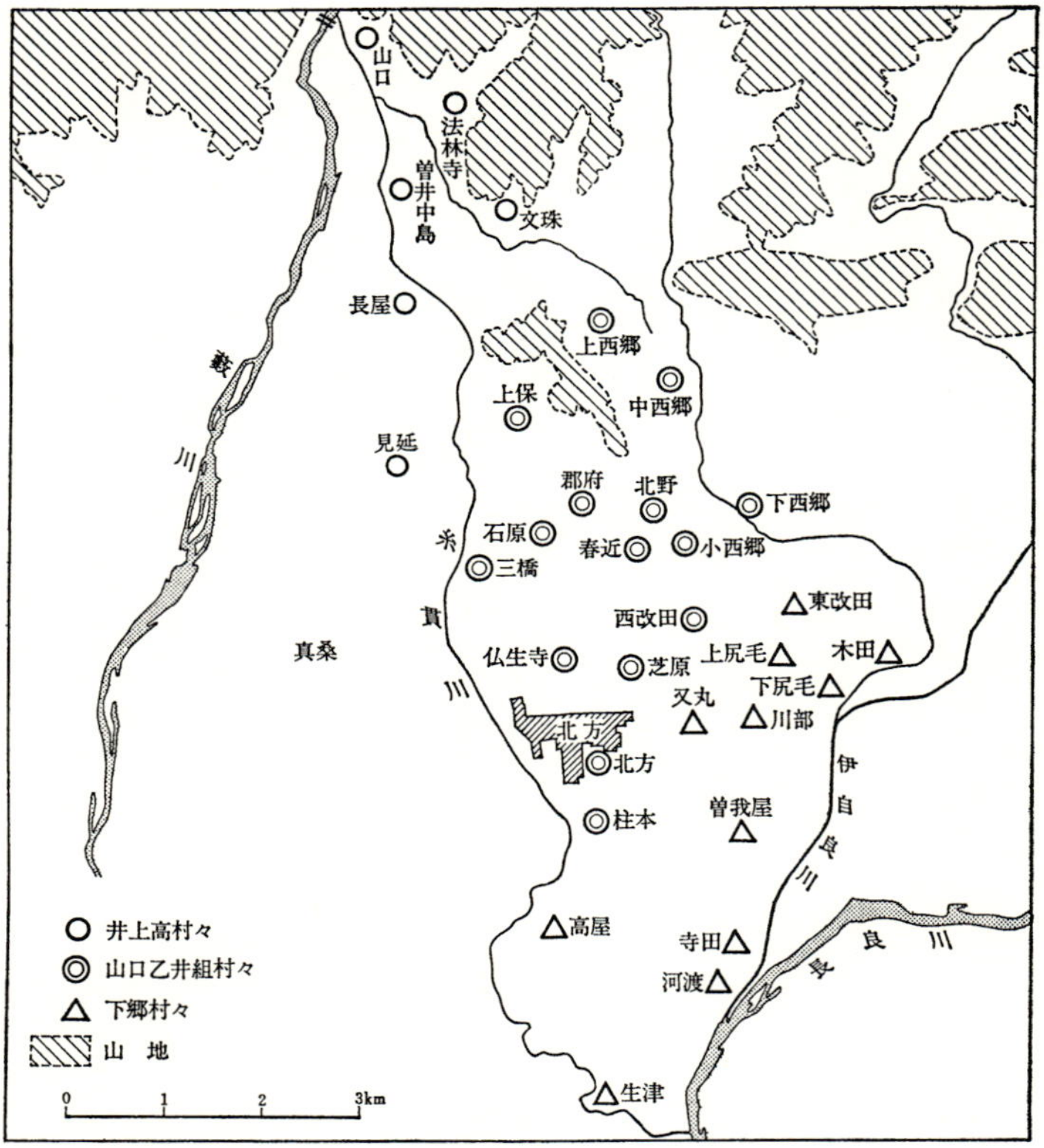

第14図　席田井組関係地域

頭に関しここに小論を試みる所以は、井頭が中世末の永正以降、幕末まで引続き存在したのみならず、後述に見られるごとく、その当初においては、元来その地の土着者であったとは云え、守護大名たる土岐氏から補任せられた下級荘官的なもので、武士的性格を有したものが、中世・近世の過渡期に起った激動期に遭遇し、その称呼とともに身分・機能の幾分を改変しつつも、その土着性の故にか、よく近世にまで残存し、庄屋役とも異って、井組内の多数の村落に亙り、その井水統制をもっぱらの任とする特殊な機構として至大な権威を発揮し、その職掌の世襲的な傾向と相俟って、近世支配階級の、屢次に亙る部分的な、その機能・勢威に対する抑圧策にも拘らず、その存在を継続して幕末に至り、今なおその伝統を指摘しうるものがあり、用水支配組織の、中世から近世への推移と、その変質の過程を一貫して辿り得るものであることが第一点であり、またこのような世襲的・独占的な類似機能の存在は、用水関係においても、比較的数少いものの一つであろう。

第一節　井頭の発生とその変遷

――政治的側面から見た――

1　井奉行の成立

井頭の称呼は近世においてのものであり、中世――少くも同様の機能を有する井水支配者の発生当初――においては「井水之奉行」若しくは「井奉行」と称した。このような名称の変化した正しい年代は、今ここに明かし得ないが、寛永七年以降十八、九年の間であることが推察される。称呼の変化は、必然的にその性格の変化をも予想させるから、この点に関しても考究を必要とするのであるが、この詳細は後節に譲るであろう。すなわち「井奉行」の称呼は、寛永七年にはまだ明かに用いられている。摘出すれば、

一　山口井水之奉行仏生寺ゟ先年仕来り候所ニ上保（筆者註、上保は席田井組中、上流部に位置する村名）ゟ今更井奉行之申事きゝ申間敷と申候先年之仕置ちかい候ハヽ仏生寺ゟ井奉行仕間敷と被申候井奉行無御座候にては残郷中ひそん可仕候（中略）

如先年之被仰付可被下候御事

寛永七年午ノ卯月九日

莚田郡三橋村　花押
石原村　花押
郡符村　花押
春近村　花押
開田村　花押
芝（改）原村　花押
かも村　花押

岡田伊勢守様
御小姓衆御申上(1)

この文書は種々の面から重要な意義をもつ。すなわち従来仏生寺村で執り行って来た井奉行職が、寛永七年に至り、上流上ノ保村によって一応否認せられ、仏生寺の井奉行がなくては用水の分配がわるく、日損に及ぶことを恐れる下流七ヶ村の連判歎願となったこと、したがって寛永と云う中世から近世への切替期に際し、井組内で、その自然的位置上、比較的自由な立場に在った上ノ保村によって、中世的用水支配機構の否認せられようとしたことがその一事である。この事件の結末は明瞭ではないが、後述する所によっても知られるごとく、仏生寺村はやがて井奉行の称呼はこれを喪失したにも拘らず、井頭と云う新しい称呼の下に継続し、たとい井頭数が増加し、その従来独占して来た機能を分担する村役人的なものに変じたとは云え、井奉行の伝統を多分に伝える所があった。

席田井組における井頭は由来堀部・鵜飼両党の独占する所であった。したがって井奉行、あるいは井頭の発生過程は、両党の究明、とりわけ堀部氏一統の解明に筆を起すことを余儀なくせられる。以下堀部本家に伝え来った系図・文書類を中心に、暫くその発生・推移の過程を窺うであろう。

堀部氏系図[2]の記載に従えば、堀部氏は宇多源氏佐々木の裔であり、江州阪田郡堀部に居住し、新たに堀部の家を興した成綱は、正嘉の頃美濃国池田の城主となり、子氏綱、孫時綱・清綱を経(清綱迄の系譜は近江蒲生郡志二巻八三三頁の堀部氏系譜の記載と一致するが、成綱が後に美濃池田の城主となった事情は不明であり、ここに第一の疑問が残る)、曾孫光綱に至って、土岐頼遠に組した事情が記されている。この光綱は暦応の頃京都で卒し、その子光清は齢三歳であったが乳母に伴われて、美濃国根尾徳ノ山に潜み、二十四歳の康安元年、莚田郡下ノ保の内仏生寺に土着し、土岐幕下に職し、所司となった。ここに堀部氏と仏生寺村との関係が始まる。前に記した光綱が、暦応の頃京都で卒したのは、土岐頼遠がその武功に驕り、京師で鹵簿を犯して不敬を問われ、斬罪に処せられた事件に坐したのを指すものであろうか。そうとすれば、その年代は暦応ではなくて、康永元年である[3]。彼と云い是と云い、佐佐木源氏の一族である堀部氏が、美濃莚田郡仏生寺に移ってここに土着するに至るまでの所伝には、若干の分明でない諸点が存在し、今俄に信じ難いとしても、光清の子である光高は堀部九郎左衛門尉と称し、応永二年、五十六歳をもって歿し、次代兵庫光忠は永享九年歿七十歳、さらにその子兵部丞光直は宝徳三年五十九歳で歿、次いで光定(刑部大輔、寛正四年四十六歳を以て歿)、光時(永正五年歿六十四歳)と相続し、ここに採り上げる刑部丞光勝の代に至る。もっとも光高以降の分は、古色蒼然たる位牌に法名と共に歿年の記されたものが今尚堀部家に保存せられ、仏生寺村に土着して後の堀部氏の伝統を物語っている。

光勝は例の系図[4]に『井奉行名主相勤、堀部刑部丞、永正・享禄ノ頃、土岐左京太夫ノ代、天文十一壬寅年三月十日卒七十三歳、法名教翁禅定門、妻真桑村福田何某娘』とあり、系図の記載から見ても、堀部氏累代の中、最初に井奉行を勤めたものである。すなわち岐阜県本巣郡志下巻所収文書(5)に土岐頼芸根尾川筋の文書として

根尾川筋水末河渡村生津村迄
右田筋用水無甲乙支配可致候尤右川筋
水方之儀者在来之田所□□□新開之
田所右川之水分用水令停止候右用水方
奉行支配役申附者也
　　頼芸[黒印]
永正二丑年五月
　　堀部刑部之亟へ

とあるものは刑部亟光勝に対する頼芸の、根尾川筋用水の奉行役補任状とも見るべきものである。ただし井水奉行に任ぜられた刑部亟光勝は、土岐氏に属する土着の小土豪であり、その事情は彼の妻が隣村真桑村の福田某と云う堀部家と類似の社会的地位を有する家から嫁し来ったことによっても知られる所である。刑部亟光勝の井奉行職は後の記載に従えば「古来者井大将又は井奉行とも云(6)」ったものであり、また「永正年中ゟ天文の始まて井奉行名主壱人役(7)」とあるものである。すなわち根尾川筋の井奉行は堀部刑部亟光勝の独占執行し来った所であり、その子小右衛門光栄(刑部亟二男、天正元癸酉年八月十八日卒、七十一歳、妻は芝原村堀兵衛尉娘、天文年中ゟ永禄始まて井奉行名主)、孫小右衛門光長(小右衛門光栄二男、慶長二丁酉年卒五十四歳、妻仏生寺村鵜飼惣右衛門娘、永禄の末より天正年中井奉行名主)、曾孫小右衛門

光之（光長二男、承応四未年卒、八十四歳、妻仏生寺村鵜飼庄左衛門娘、文禄より寛永年中井奉行名主）と累代相伝えてその名称も「井奉行名主」のままに寛永年代に至ったのである。寛永期が席田井組の支配組織において大きい変革の機であったことは前にもすでに多少触れた所であった。また用水分配の組織に関しても、真桑井組との間に六分四分の番水制を、寛永末から採用せざるを得なくなった事情も稿を改めて説述するところである。このような近世的な変革の萌は、当然井奉行職の上にも現われるに至ったのである。中世における井頭の権威は「古来は山口井水所（席田井水の取入口）へ乗馬に鐙をも持たせ井下名主百姓中大勢召つれ登り申候」(8)とあるように、中世的土豪の面影を偲ばしめるものが存したのである。

2　井頭への変化と井廻り役の出現　　寛永以降の井奉行は如何なる変形を遂げたか。寛永から承応の初まで勤めた小右衛門光之の二男喜兵衛光景の場合は、役名も既に「井頭名主」であり、光之から光景への交替期に井奉行は井頭と変わった。加えて喜兵衛は病身で井頭役も父小右衛門の勤めたことが多く（歿年も喜兵衛は承応二年で父より二年早い）、また堀部家の独占であった井奉行職が、数人の村役人的性格を有する人々の、合議共同責任制になろうとする現われとして、慶長・元和の頃から「井廻り役」と呼ぶ、井奉行または井頭に対する加役的なものをも生ずるに至った。

「井廻り役」は小右衛門光之の弟与左衛門、ならびに同村鵜飼八右衛門（後の清右衛門の祖）、鵜飼又四郎（与左衛門の跡役）の勤めた所であり、「井廻り役」はまた「井水役」(9)とも呼んだ。ここに堀部統と並ぶ、仏生寺における土豪鵜飼統（「濃州城主志略」によれば仏生寺の領主鵜飼刑部少輔の後と云う）の、井水役への参加が見られるのである。また後に仏生寺村三人の井頭と並んで、古くからの井頭として席田井組の支配に参加した三橋村の翠姓（ミス）の家も、小右衛門光之の老衰したのを理由として「加役」井頭を仰付られた由であるから、加役がやがて変じて、小右衛門と対等の井頭へと変形した、井頭四人制の出現は、喜兵衛光景の代（詳しくは父小右衛門の実権を掌握していた）、寛永以降のものであることを知り得る。以後仏生寺村三人の井頭は堀部統の本家一人、および鵜飼統の二人（又四郎・清右衛門）をもって世襲的に就任を見ることと成り、三家以外から出たものは、たとい堀部・鵜飼姓の者でも、上述の三家と夫々特殊な血縁関係を有したものであった。すなわち寛永初年に井頭となった堀部小四郎は「但し小四郎儀ハ与左衛門娘ノ一男也依之井水役相勤ル」[10]との註に見るごとくである。同じく井頭三人と云っても、中の二人は井頭・庄屋（名主の称呼は喜兵衛以降庄屋となる）を兼ねるものであり、一人（小四郎のごとく）は井頭役だけであって、ここに等しく井頭と称しても、その地位には若干の差等のあったことを認め得る。小四郎以後の例によれば、小右衛門・又四郎両家は井頭・庄屋兼帯、清右衛門家は単に井頭だけであり、もって享保十七年に至っている。このような井頭仲間での地位の分裂、差等の問題に関しては後節に述べるであろう。

3　井頭の増加　寛永以降仏生寺三人、三橋一人の世襲的井頭をもって統制し来った席田井組は、元禄以後数次に亙り、上流の枝川に沿う各村落に、新規井頭の増加を見るに至った。その設置の年代および村別を示せば次のようである。

(1)　元禄八亥年席田井組の中、西郷三ヶ村および文珠村と曾井中島村との間に井論が起り、分水堰口の幅を定め、地形の高下に随って公平な配水をするため、「自先規堰頭四人雖有之向後中西郷村にも壱人定置之用水無甲乙可令吟味事」[11]となり、かつこの中西郷の新井頭も仏生寺・三橋に在来の四人と等しく、席田井組弐万四千余石全体の配水に与り得ることとなり、したがって、「山口堰普請の節は五人之者可立会事」[12]ともなった。ここに中世以来の特権的井頭はただに仏生寺・三橋に限らず、他村にも事情によっては井頭を設置し得ることの端緒が開け、幕府自身の裁許の方針が、広く村毎に井頭を設け、下流の特定の村による独占支配を避けて、一応合理的な支配機構の確立を意図しつつあったことを示すものである。

(2) 享保七寅年井上七ヶ村と席田井組十七ヶ村、ならびに下郷七ヶ村との間にまたも配水に基づく井論が発生し、幕府が裁許した結果は、枝川の堰口分水工事掘浚の際の、井頭の工事立会の不履行から、この水論は起ったものとし、上流七ヶ村の中、四ヶ村には井頭が無いからと、長屋村に壱人・曾井中島村に壱人、新規に弐人の井頭が命ぜられ、それ等の上流堰口の分水に際しては、合議立会の上、過不足のない様分水すべきこととなり[13]、井頭増加の傾向はいよいよ顕著となった。

(3) 享保十五戌年加納、安藤対馬守領十七ヶ村壱万八百余石中に井頭がないので、流末の村々で、渇水の節は甚だ用水に困難することを理由として、西改田村に井頭壱人、無役高（後述・常には用水を享けないから、井役高を負担しない）木田村に一人の井頭の設置を願い出で（江戸表へ）江戸表から笠松役所へその差障りの有無、および可否の紹介があった処、時にちょうど安藤対馬守は老中職に在り、村々は江戸表へ召喚の上、応諾を余儀なくせられるよりはと、ここに承諾に決し、先ず長屋・曾井・中西郷三人の井頭、次いで仏生寺・三橋四人の井頭から差支えのない旨を返答し、またあらたに二人の井頭の増加を見たのである。ただしその勤務には相違があり、井役高井頭である西改田村井頭は「有来候井頭同様御料私領之無差別」[14]支配すべきことを条件とし、無役所木田村の井頭は、長屋・曾井両村の井頭に準じて勤務することと成った。以上享保十五年までに、井頭は都合九人にまで増加を見たのであったが、その設置の順序と、位置とにより、九人の井頭にもその性質上、三様の区別が存した。すなわち1、席田井組の源、堰口山口での真桑井との分水等、席田井組全体に関する支配は仏生寺・三橋・中西郷・西改田の四ヶ村六人の井頭の支配　2、枝川分流八ヶ所の井口の支配立会は以上六人に長屋・曾井中島の二人を加えた八人の井頭の支配　3、木田村井頭は余流と称える、下郷十一ヶ村の差配だけで、かつて上流本川通の立会には罷出でない定となった。しかし最後の享保十六年の裁許の結果にも見るように、井組の地域が相当広範囲に亙るため、この統制の必要上、漸次井頭人数の増加を見、遂には勢威ある領主を背景に、特別の理由もなく、あらたに井頭設置の出願をするものもあるようになり、幕府が村役人的な井頭を多数に設置し、統制力の集中から生ずる弊害を避けようとした方策が、地元の、従来分水に対して容喙権を有しなかった村々の願望と相俟って、以上のような結果に立ち到ったのであろうが、この傾向はさらに次に述べようとする、寛政六年、金谷小井口の差配のため、下西郷村にもあらたに井頭を得ようとする要求となって現われ、次のような仏生寺・三橋四人の井頭の共同反対声明となった。曰く「金谷内井水差配之義下西郷村に井頭被仰付候而茂他組之儀に御座候得者只今私共においゐて者差障無御座候（筆者註、弐ヶ村四人の井頭の立場の控え目であることに注意）併乙井組（二ヶ村の属する井筋）迄差響後日又当組合ニ而茂村毎に彼是申上候種にも相成候而者畢竟井水方差支之可為基歟与迷惑ニ奉存候（中略）此已後類例ニ仕井組村々追々井頭御願申上人数多に相成候而者却而了簡区々ニ而勝手而已を申用水掛引及遅滞自然与甲乙に相成御裁許ニ茂相抱リ井法猥ケ敷成行」とあって、井頭の増設に対する反対意嚮を尽している。こうして反対が奏功し、寛政八年に至り、金谷内井は十年間、総井頭の兼帯差配となって一応の落着を見た。井頭の無制限な増加が、かえってその運営統制に好結果をもたらさないことを、幕府当局も察知したためであろう。

（1）井頭仲間引継文書、鵜飼光次氏保管。

（2）この系図は享保・元文の交、幸右衛門の当主であった時代に作成筆写したものと考えられる。その理由は、幸右衛門およびその子小右衛門光央兄弟迄は、最初から同一の筆蹟できわめて整然と記載してあるのに反し、小右衛門光央の子円左衛門・その子小右衛門の代の記載は、筆蹟の明らかに異ること、またその分家の血脈を記すること享保末年まではすこぶる詳細で、以下は全然記載のないこと等である。恐らくは、後述する、仏生寺村の惣頭分の間における享保の所謂棟札論に刺戟せられ、その祖先を明らかにする必要から従来の所伝・記録等により書きあげたものであろう。従って享保から時代を遡る程、他に明証の存しない限り、その正確さは時代の古いほど減ずる筈である。

(3) 『濃飛両国通史』上巻五一〇頁。
(4) (2)に同じ。
(5) 二〇頁。
(6) 井頭引継文書、元禄七甲戌年三月「莚田井水幷井頭の訳覚書」仏生寺村堀部小右衛門、鵜飼又四郎　による。
(7) 「井頭庄屋役代々之覚」堀部信治郎文書、作成の年代は享保頃か。
(8) (6)に同じ。
(9) (7)に同じ。
(10) (7)に同じ。
(11) 「美濃国西郷村三ヶ村文珠村と同国曾井中島村並追訴三十一ヶ村水論裁許之条々」仏生寺井頭仲間引継文書。
(12) (11)に同じ。
(13) 「濃州本巣方県両郡之内七箇村より両郡並席田郡之内席田井頭拾七箇村同下郷拾壱ヶ村用水論裁許之事」井頭仲間引継文書。
(14) 「井水記」所在(13)と同様。

第二節　井頭の社会的性格

1　村民社会における位置

仏生寺での井頭が中世以降、土着の著姓堀部・鵜飼両統の独占する所であり、しかも両統内でも、本家またはこれと特殊な関係を有する一、二家の間に占めて来た事情に関しては、すでに前節で触れる所があった。

堀部・鵜飼の統が土豪的性格を有し、時代の推移とともにその形骸は存しつつ、次第にその社会的地位を村落生活の内部で低下し、自らは後述するように「惣頭分」[15]として党的結合を保ちつつあったにも拘らず、村落内部では優位を保持しつつも、武家階級とは絶縁の状態に近附きつつあったことは当然ながら注目に値する。

堀部氏系譜を繙くと、初代の井奉行名主刑部亟光勝の嫡男、在郷して堀部の家を継いだ小右衛門光栄の兄源右衛門が、岐阜屋形へ奉公に出て弘治三年に卒したのを初見に(ちなみに現在仏生寺に残る堀部の諸家は本家信治郎家を除き、いずれもこの源右衛門の後の蔓延したものである)[16]、三代奉行である小右衛門光長の長兄佐市郎も、これまた岐阜屋形へ奉公に出て、共に武家社会に没入し去り、同じこの小右衛門光長の嫡子忠左衛門(井水役与左衛門および小右衛門光之の兄)は岐阜乱の砌、池田三左衛門に従い知行三百石を得、後、池田家の備前に転封の際にも随行して子孫連綿、後分知して百五十石宛の両家となったような例があり、五代目の井頭名主、喜兵衛光景の長兄庄之亟も加納松平飛驒守へ近習奉公に出たように、寛永の頃までは、いまだ士・農の社会が固定しなかった事情もあるにしても、長兄で仏生寺在郷の、井頭・名主の身分を弟に譲り、然るべき仕官をしたものの続出したことは、未だ当時における堀部家の社会的位置が高く、相応の武家階級と対等に近い地位に在ったことを認めざるを得ぬ。やがて代を降ると、このようなものはほとんど見受けられず、僅かに元禄・享保の交、井頭であった幸右衛門の弟喜太夫が、尾張の家中横井豊後守の中小姓奉公に出たこと、幸右衛門光斎の二男勘之右衛門が寛延年間から江戸に出て清水家の大御番御賄頭となった例、および喜兵衛光景の曾孫因入の兄弟が(分家)囲碁の特技を以て、毛利家および越中の松平長門守に仕えた以外には(共に享保年間に歿す)武家奉公に出たものを見ない。喜太夫の場合は陪臣への仕官であり、勘之右衛門は賄頭、因入兄弟の場合は特殊な技能の故である。ここに前代に比し、堀部家の社会的位置の相対的低下を察せしめる。これは土豪であった堀部統の村役人化、即農民化がこのような推移をもたらした最大の理由であろう。

さらにこれを鵜飼統の場合に就いて検討するであろう。堀部統の場合と比較すべき、近世初期に就いての事例を欠くが、貞享四年井頭となった清右衛門事前名七右衛門は「江戸殿様へ御足軽仕居」(17)た処、清右衛門善秀の死去により家督相続井頭役となったものであり、また寛保三年清右衛門家を継ぎ井頭を勤めた清右衛門は、同統彦左衛門の二男、善治郎と云い、江戸屋敷に足軽奉公を勤めていた処、清右衛門家の養子となり、岳父清左衛門の跡役となったごとくである。彼の場合は相続すべき家督井頭を捨てて三百石の武士となり、是は足軽奉公から入って井頭役となる。武士階級の固定化の一因からだけではこの現象は解き得ず、他の一面、井頭であった両統の社会的地位の低下と云う重大な要因の存在を指摘し得るであろう。

時代は余程降るが、文化七年の年号のある井頭引継文書の箱の裏側には「仏生寺邑惣頭分」と云う称呼の下に、堀部姓十一家、鵜飼姓二家の氏名が唐傘連判の形式で記載せられている。これは惣頭分十三家が相互の位置に高下のないことを表示したものである。このような党的な、村人一般層とは一応隔離し、一段上層階級を構成するいわゆる惣頭分一統は、仏生寺村の村社、春日神社の祭祀で座的な結合をし、祭祀を独占する。すなわち春日神社に程近く、これを囲繞する二十戸内外の家屋の集団はこれを大門組と称し、その祭祀に際しては面積二反七畝十八歩[18]の神田の作徳米をもって神撰米にあて、三月八日の早暁、大門組の若者一同山口の井元まで携えて行ってこれを洗い、また桶一杯の清水を同所から汲み来り、その年の祭礼担当者である渡元《とうもと》の宅で焚き、明九日神前に供える行事を持つ。山口が井元で、近隣ではもっとも清冽な清水の得られる場所と云う意味以外に、用水支配の事実との関聯を有するものであろう。春日神社の氏子である大門組の中には、両統以外に佐野姓を有するものが五戸在る。これは堀部小右衛門家に永年仕えて来、その故をもって春日神社の祭礼に参加することを許されたものである。事実天正以降、数度の年代に亙って見出される、春日神社の棟札の数々にはいずれも堀部・鵜飼党の氏名のみが列挙してあるのを見る。[19]

このように村民中の特権階級と自負し、結束を固めて来た両統は、後述するように仲間内では時代の推移と共に多少の紛糾を醸したことも在ったが、他の村民階級に対しては一致結束、もって相互扶助・尊厳維持に努め来ったものである。すなわち脇百姓と称えて来た他の村民階級とは婚を通じないのは勿論(両統相互間もしくは近隣村の有姓頭百姓階級間とだけに行われたことは、前述堀部系譜の示す所である。殊に前出宰右衛門光斎の孫で庄屋であった小右衛門には本妻がなく、下妻であったため、その子は直に相続人となり得ず、一旦養子となって後、本家を相続した事情を記している)、村方(即ち脇百姓)統制の為の「惣頭分拾三軒示合一札之事」[20]をも有している。すなわち

一　村方宮々五社之儀当村惣社之儀ニ候得者宮々破損および修覆者勿論鳥居・拝殿・家根葺替等之節村役人者不及申惣頭分相談之上可取計事

一　当時頭分拾三軒有之以後拾三軒之内何れ之家ゟ分家致候迚茂新古無高下家元ニ而茂分家ニ而茂惣方一同之事

一　村方脇百姓取治其外村法ニ付前々ゟ有之書類何れ之家に預り有之候迚茂頭分一躰之事ニ候得者其家之規模ニ不可存若村治ニ付出入出来致候節者早速預之書類何方江茂差出速ニ事済致候様可致事

一　村方出入ニ付脇百姓気前乱立候以後之儀ニ候得者拾三軒頭百姓之儀者相互ニ無腹蔵語合第一村方脇百姓取治候様可心掛候事

一　村方役儀者惣頭分之内何れ之家ニ而茂其節之時宜に応じ相勤候事候得者役前之儀者格別頭分内家柄村法等之儀ニ付而者当役ニ而茂無役ニ而茂惣方一同之事

一　前書之通今般頭百姓拾三軒示合ケ条書之趣惣方得心之上拾三本相認銘々ニ所持致候勿論□本ニも名前不同ニ而筆頭筆末を不相揃前後入違ニ相認候若於子孫茂心得違之儀申出候者有之候節者此書付を以相治和熟可致事

右之通示合後年心得違為無之取治ケ条書相認頭分不残連印一札致置候処如件

文化七庚午年十一月　　仏生寺村頭百姓

堀部小右衛門　○

（以下十二名連印）

この示合一札の示す所は、あくまで仏生寺村惣頭分たる両党の結束をもって、脇百姓治め方を規定したもので、明らかに、村役人階級としての頭百姓の、意識的な脇百姓階級からの独立性を指摘し得るのである。

このようであるから、若し脇百姓の中で財力的に、またその他の何等かの理由によって、両党を凌駕しようとする者を生じた場合には、何等かの方法をもってこれを処置する必要が起る。以下に掲げる数個の事例はその具体的な様相を物語るであろう。

(1) 上下（裃）着用の許可

一札

一　此度私共一家之者向後上下着用致候様ニ各様御許容之上者以後何様之儀出来仕候共堀部統江随ひ一類子々孫々迄違乱仕間敷候且又祭礼之規式、村法古格之通り相背申間敷候

享保十六辛亥正月

八三郎印
弥平次印
一類共印

堀部幸右衛門殿
同　伝兵衛殿
同　御一類中

覚

一　此度其一家上下着用之儀手前共江願により堀部統相談之上令許容候尤此一類江永々相随旨一札之通り無相違上者此方ニも永違変無之候為如件

享保十六辛亥正月

堀部幸右衛門(21)印

（以下略）

八三郎殿

（以下略）

上下着用の条件として、永々堀部統への随従を盟った点、当地方の他村にも見られる、所謂名披露の形式[22]とは多少異っているものがある。

(2) 門構の許可　煩を避ける為に史料の掲出を省略するが、宝暦十三年、堀部小右衛門は、脇百姓元四郎が堀部の祖先と妻縁の関係がある故、望の通り門構を許可したのであり、これに対する元四郎の一札には「私共ニ而茂先規之通無別心小右衛門家江随身万端取持可申候」[23]とあるのが意味深く注目をひく。堀部統に対し、脇百姓元四郎家は従来隷属的な位置に在ったものであろうか。このような僅かな旧縁をもって門構を許可したことの反面、このような許可を見るに至った直接の動機と推測せられる一史料が別に存在する。すなわち小右衛門が同年合計弐拾五両[24]の元金を元四郎から借用した証文の存在であって、元四郎の門構株取得の裏面事情を物語っている。

(3) 甥分としての待遇の附与　宝暦九年、脇百姓忠蔵・儀八・十郎平・勘助・助四郎・治兵衛・勘右衛門の一類はその先祖喜平次に対し、鵜飼勝左衛門からの「田畑引分」の証文があり、右畝高を古帳面によって検した所、相違ないとの故を以て、「右喜平次義勝左衛門族リ有之甥分と相見え候」[25]として、甥分の待遇を受けるべきこととなり、永々堀部・鵜飼両統への随従を盟っている。この一札には忠蔵一類はすでに甥分を許された故か、一同「鵜飼」の姓を冠している。これに対し小右衛門家の覚には次の如く書き添えている。「此一札苗字書記持参候故可（マヽ）致存候得共若用立之儀可有之哉と存取置申候」と。堀部統の矜持を知るべきである。

以上述べて来た所は、堀部・鵜飼両党の血縁ならびに井頭役の伝統、これに伴って生じた他の農民階級との間での、頭百姓としての優位と、その結束に関してであった。ここにまたその村民社会における優位の一面を経済的側面から観察する。仏生寺村に残存する検地帳は天正十七年、増田右衛門督を奉行として施行した所謂太閤検地の写[26]一冊であるため、時代的に両統の所有石高を比較考究する手懸りを欠くことははなはだ遺憾であるが、しばらく天正十七年の一本によってその内容を窺おう。

この時の仏生寺の総石高八百八拾九石八斗の中、「名主小右衛門」は一人でよく田・畠・屋敷総計九十五石九斗七升一合、一村の十分一以上を所有している。田方八十七石四斗九合、畠方一石四斗九升、屋敷八石五斗五升二合で、ことにその屋敷の一筆三反八畝八歩は他家の追随を許さない広大な面積である。この年の村内の田方所有者の氏名を検するに百十三名、筆数は小右衛門の五十六筆、禰宜右衛門(春日神社の世襲神官家)二十四筆、京正二十三筆、喜介およぴ小右衛門の分家四郎兵衛の十六筆、又四郎の十五筆の順である。これをさらに実際の石高に就いて見るに、京正の三十二石七升が二位、禰宜右衛門の二十三石九斗四升が三位、又四郎の十一石八斗七升八合の五位の順位である。これは村内で小右衛門の卓絶した土地所有と、土豪的性格を裏付ける財力とを示している。ことに天正の当時、いまだ一般的に土地兼併の甚しくなかった時代での、百石近い土地所有の有する意義の大であったことは、現在の予想以上のものがあったであろう。後世は知らず、天正の頃には鵜飼統の財力は、堀部統に一疇を輸したもののようで、後に分家を生じて増加を見た堀部統の家数の十余家に比し、鵜飼統が永く二家(前述文化七年の惣頭分の名前書による)で止んだ事情もここにその一因を見出し得るであろう。堀部小右衛門家の土地所有高はこの後も永く八十石と記されている。また堀部系図の記載によっても、初代小右衛門光栄の兄源右衛門の曾孫小市郎は本家喜兵衛光景の弟分となり、その父小右衛門光之から屋敷・田畠高十六石余を分ち与えられている。まだ堀部家の財力に余裕のあったことを示すものであろう。

両統の村民社会での性格を示す他の一面は、村役人としてのそれである。堀部本家の当主が代々「本家井奉行名主」又は「本家井頭名主」の名を冠して来た事情はすでに述べた。名主役はまた庄屋役とも記され、しばしば並行して二種の称呼が用いられて来たようである。すなわち天正十七年検地帳の表書には名主小右衛門とあり、元禄七年三月「仏生寺村御検地幷名主役代々之覚」(27)にも「名主」だけが用いられ、堀部文書「井頭庄屋役代々之覚」(永正から延享三年迄を記す)には庄屋、また慶安二年の西改田・三橋始め八ヶ村による小右衛門・清右衛門の出入仲裁一札には明らかに「庄屋之儀」と見えている。よって以下の叙述では一応名主・庄屋は同じものとして取扱うであろう。永正から寛永に至る堀部家四代の「井奉行名主壱人役」の「名主」は「ミョウシュ」かとも考えられるが、この文書の記載せられたのは延享年間のことであるから、厳密に名主・庄屋の両者を分って考えることはむしろ不可であろう。

永正から慶安二年に至るまで、井奉行職とともに堀部小右衛門の独占した名主としての位置も、井水加役としての「井廻り役」の生じて以来、その独占はようやく制せられる方向にあり、遂に清右衛門の抗議によって小右衛門・清右衛門の出入が取り結ばれ、三橋以下七ヶ村の仲裁で次のごとく両者の妥協を見た。

一 庄屋之儀者両方相庄屋様ニ相違可(マヽ)被成候事
一 御蔵の儀ハ如先年一つに米納入可被成候事
一 御蔵払方幷ニ御用之儀相談ニ而無由断御きもいり可被成候事
一 請取御蔵預り御勘定御蔵之ふり諸事之儀両判ニ可被成候事
一 庄屋給之事ハ米七石之内四石二斗小右衛門殿二石八斗ハ清右衛門殿庄屋給として地下中ゟ御取可有候付り御代官衆様御公儀役人御馳走之儀ハ右庄屋給わり之ことく可被成候　為後日仍而如件(28)

「井役庄屋役代々之覚」に「慶安弐丑年に庄屋役初而四分六分ニ成ル但シ喜兵衛代終リノ時也庄屋六分、喜兵衛一男小十郎、同役四分庄屋鵜飼清右衛門」と記してある事件がこれである。井水に関する訴訟書類の面では、村々庄屋に先んじて井頭と署名し、一見井水関係の事柄では庄屋の上位に在った井頭も、仏生寺村では頭百姓の地位に在り、庄屋役をも兼ねたものである。（もっとも元禄以降の公文書とも称すべきものには、仏生寺の井頭の姓はいずれも記してなく、名前だけである。したがって鵜飼、堀部と名乗ったのは私文書でだけである。寛永頃以降庄屋役を兼ねるとともに、あるいはより早く天正検地の時以来、表向には武士的性格を喪失し、農民として取扱われ来ったものであろう。）格別大村でもなく、また二人の領主によって分領せられる村でもなくて、仏生寺一村に、六分・四分に分担する二人の相庄屋の存在したことは、井奉行・井頭の職と関聯した仏生寺の特殊性であり、井頭・庄屋兼帯の二家が、それぞれ堀部・鵜飼の統の代表的地位に在ったことは、仏生寺での両統の発生・成育の事情から初めて理解し得るであろう。

寛文十一年以後、両庄屋は庄屋役隔年勤務に変更を見たが、延宝三年の事例のように、清右衛門は「身上不勝手」をもって庄屋役は又四郎方へ譲り、井頭役だけを勤めているのは、井頭・庄屋兼帯勤務の有する意義を一層明瞭にするものであろう。享保十三年、堀部幸右衛門はことによって庄屋役を退役となると、同十九年まで五年間(29)、鵜飼惣右衛門一人で庄屋を勤め、やがて幸右衛門の子小右衛門が家督を相続して井頭役は勤めたが庄屋役とはならず、跡役庄屋一人は領分の庄屋中から、并に一家（一統）から願い出るよう命ぜられている。この間の事情から窺い知られることは次の二項であろう。

(1)　井頭役・庄屋役はともに仏生寺では両統の独占する所で、一統の推挙によって初めて成立し得たこと。両統の地盤および村治における伝統が然らしめたものであろう。

(2)　庄屋役に比し、井頭役は幾分私的な性格を有したこと。身上不如意を理由に、また何等かの都合によって庄屋役は辞しても、井頭役はこれを引続き勤めた例は二、三に止まらない。庄屋が、近世においては確然たる制度としての村役人であるのに対して、井頭が中世以来の伝統に育まれた井組内部の(井組を構成する村落の領主は錯雑して、よく井組全体を統制し得るものは幕府以外には存在しない)便宜統制のために設けられたものであることに由来するであろう。

2　井頭仲間(惣頭分)相互の関係　文化七年の「惣頭分示合ケ条書」に窺いうるような、頭分間の協力結束の状態は、決して最初から成熟していたものではなく、頭分相互間での種々な経緯を経て、初めて成立したものである。既述のように、堀部・鵜飼の統も近世中期に至るまではその家数も少く、党とも云うべき性格を具有していたものではなくて、村落社会に卓絶する堀部・鵜飼の二家を中心に、堀部統では初代小右衛門の兄源右衛門の子、四郎兵衛家・鵜飼統には又四郎家の他、清右衛門家が存するだけで、頭分(井頭仲間と仮に呼ぶ)相互の間には何等複雑な関係の生ずべき余地が存しなかった。

享保前後を境とし、特に堀部統から分家が多く派生して、その中での本末上下の関係、ならびに鵜飼統との間に醸し出された相互の地位に対する微妙な勢力関係の推移、頭分中に在って卓越した伝統と財力を保って来た堀部本家の人的ならびに財的な実力の隆替、中世的特権ならびに家格を一応否認して、統御し易い劃一的な機構に導びこうと、機会ある毎にこれを利用しようとする幕府ならびに出先役人の方針、力のある近世封建領主の権威を背景に、従来何等の容喙権をも有たなかった村落団体の、井組統制機構への関心の増大等。このような諸種の要因を原動力として、頭分内部の秩序はしばしば動揺したのである。以下このような主要な事件の原因・経過を略述し、その中に汲み取りうる井頭の社会的性格の推移の諸相を描出するであろう。

(1)　享保十三年春日神社の棟札論　この年、仏生寺村に古来から有り来った神明・若宮八幡の両社の、春日神社敷地への引遷りに際し、両社造営の棟札を掲げるに当って、堀部幸右衛門光斎は心の儘に、両統の面々の名前よりも自分の名を一字上りに認めた事から、堀部統の中、古い時代からの分家である（源右衛門の系）彦左衛門・藤蔵・伝十郎・四郎兵衛・惣四郎の五名および鵜飼統の惣左衛門・清右衛門の七名から、出訴せられた事件がいわゆる棟札論の発端である。

七名の出訴の理由は「列名之次第不順[30]」を採り上げてはいるものの、彼等七名の目標は単に棟札の一字上りだけを云々するだけでなく、仏生寺村の支配万端に亙り、独裁的立場に在った幸右衛門の専権を打破し、幸右衛門と並ぶ他の一名の庄屋役の権威の確立、宮世話に対する幸右衛門の恣意による独断執行を廃し、いわゆる頭分仲間の各員の対等権の要求に在ったようである。幸右衛門は一字上り署名の理由として、この事は頭分の者共相談の上のことであるとともに、すでに現存する春日社造営の砌の格合に認めた由を返答している。また七名の抗議の焦点は、禰宜を差置き、三十四、五年前から（元禄年代に当る。堀部家は小右衛門光之＝浄翁＝の代か）宮の鍵を小右衛門方で所持しており、棟札のことのみならず、相役庄屋惣右衛門（後の鵜飼又四郎）の存在を無視した処にも在った。裁許の結果は、鍵は在来のように禰宜方に預け置き、祭礼の節は庄屋・組頭立会の上、扉の開閉をし、且つ祭礼の節の供物も、幸右衛門の了簡による新法の供物を廃して古例に任すべきこととなった。両党の座的結合によって執り行われて来た春日社ならびに附属社の祭祀が、幸右衛門一個の手により、堀部本家の私神のごとく取扱われた所に一同の不満が存した模様である。

棟札論は必然的に先祖血統論にまで展開を見ている。幸右衛門は天正の検地帳の中、鵜飼の先祖又四郎の屋敷所有の存しない事実を指摘し、且つ鵜飼統の中、清右衛門の四代先は河渡村から堀部統の四郎兵衛方へ奉公に来ていたものであり、鵜飼の縁故もあった故か、四郎兵衛がこれを取立聟とし、鵜飼姓を名乗らせたことを云い、堀部統の鵜飼統よりも優越したことを主張している。堀部系図によるに、源右衛門の子四郎兵衛の長女は「当村元祖鵜飼清右衛門妻、此清右衛門ハ父四郎兵衛取立聟ニス」と記してあるのを見れば、奉公云々の事は兎も角、幸右衛門の申立も全然の虚構ではないことを知り得る。清右衛門家の場合と同じく、又四郎家をも無視しようとする幸右衛門の陳述は、鵜飼統の先祖釣書(系譜)の調査へと問題を発展させ、鵜飼統の先祖は修理亮、その三代目の修理(七郎)の子に又四郎、その子に清右衛門と記してあることが判明し、鵜飼統をも元来堀部統に随従してきたものとしようとする幸右衛門の主張は一蹴される結果となっている。

最後は幸右衛門の家が、代々井水頭取をし来ったとする主張の当否如何の問題である。幸右衛門の主張の根拠は、その家に古来からの井水証文等を多数所持して来ている故に、井水頭取と考える旨の主張以外には、積極的な根拠はなく、承認を得るに至らなかったが(実質的には堀部本家が頭取的地位に在ったものであろうか)、掘部家が前々から庄屋役をも勤め、その上井頭役をもして来たこと故、堀部統の総領家であることは承認せられている。

以上のように幕府当局でも、煩雑な先祖論をも惹起した筆頭論の裁決には手を焼いたものと見え、終局的な結論を与えることなく、「互ニ遺念を不差含万端和順ニ申合(中略)就中農業之務専可相励之猶又此筋におゐて事之諍論等茂取結申間舗候若是等之趣違犯之もの於有之者急度重科可被仰付条能々可相守候」と「頭百姓共」との名宛の裁許を下したままで、その文言からも窺い知られるように、頭百姓たる農民階級に在るものには、祖先論・系図論は無用であるとの見解を固持し、これを無視する態度に出で、農業勉励専一を諭し、以後かかる問題についての諍論は、厳科を以て処置すべきことを達しているのである。統治者たる武士階級にとっては、このように農民階級に伍し去った頭分仲間内の論争は、一顧の価値もない無用論であり、これが村政統治に関係する限りにおいては、採り上げる価値を有するに過ぎないものとしても、中世の伝統に生き、その伝統の権威を楯に、席田井水の統制権を掌握する頭分にあっては、この問題はかく簡単に処理してしまってはならない重要なものであった。だからこそ、類似の諍論は引続いて継起し、もっとも忍ぶべからざるを忍ぶことを余儀なくせられた小右衛門家の、逼促処分をとしての再燃となるのである。この棟札論の裁決にあきたらない幸右衛門は、享保十三申年三月「庄屋子細有之、幸右衛門ゟ願上退役に成る」(31)との結果となり、以後満五箇年間、惣右衛門(又四郎)の壱人庄屋役ともなり、さらに同十七年に至り「幸右衛門儀病身申立井頭役願上、子円左衛門と成る」と云う結末を見たのである。(幸右衛門は宝暦三年七十歳で歿、庄屋退役後二十五年である。故に真に病身の故ではない。)

(2)　延享三年以降寛延二年に亙る井頭筆頭論　　先の棟札論から十八年後の延享三年、石原村延命寺に井頭の集会があり、庄屋と井頭との立会に関する一札を認めた際、「井頭年番相止メ前々之通」と記したことから小右衛門光央は「古来ゟ仏生寺村井元ニ候間前々之通拙者引請ニ而致筆頭」べき事を井頭中に申出で、一同は一旦この申出に承服したごとくであったが、内心は逆でここに再び筆頭論の再発となった。もっとも享保十三年棟札論の後、清右衛門は自ら筆頭となるべきことを申出で、再論の素地を作ったのであったが、幸右衛門は不満の故を以て退役し、跡を襲った小右衛門光央は、若年の故に老年の清右衛門・又四郎に従い、そのままに過ぎて来たが、この度年番を廃し、「前々之通」となるならば、小右衛門家の筆頭は当然であるとて、真桑井組の井元真桑の例を援用し、古来からの書類を預ってきた事情、また真桑井組から席田井組への交渉が、古例を違えず小右衛門家に対して行われること、小右衛門家の井頭役が元々時の支配者から命ぜられたものであるとともに、また井組村々からも頼まれて引請けたこと、豊年祈願のために伊勢神宮への祈禱を依頼してある御師からの書状等は、総べて小右衛門宛であることなどを再説し、又四郎・清右衛門も村々への割賦受払の事には関係したから、書類の若干は所持するであろうが、大切な書類等は「私先祖ゟ筆頭仕預り来申候」[32]と断言し、清右衛門の我意を排し、宿意なく得心し得るような吟味を願い出た。さらに延享四年の再願書には、清右衛門等が他領井頭と馴れ合っていることを云い、最後的に「(1)清右衛門・又四郎井頭役之儀何時ゟ相勤古来ゟ同役に候哉、(2)井頭給米之儀何年以前ゟ被下置最初ゟ同様之給米ニ候哉、(3)莚田乙井組之内ゟ麦取候義ハ何様之訳ニ而取来候哉　右三品之訳御吟味可被下置候御事」と、その自信のある態度を示して鵜飼統の又四郎・清右衛門に詰問[33]している。後述するごとく、また前述によって若干窺い得るごとく(井頭と村役との関係の項参照)この点に小右衛門の優越があり、筆頭主張の根拠が存するのである。

多勢に無勢、加えて井組の平和攪乱を理由に、延享五年(寛延元年)小右衛門光央が井頭・庄屋両役共に召上げられると、その弟勘之右衛門の泣訴となったが、「願相止め和談可仕」との当局の方針に、請書を差出さなかった小右衛門は両役取上げ、さらに親類に慎居すべきことを達せられ、勘之右衛門の堀田相模守への駕訴も効がなく、古くから有来りの四人(仏生寺・三橋)の井頭中、小右衛門は家筋も古く見え、小右衛門の先祖に特別の働きもあった故、外の村々も小右衛門の旨を用いるようになり、水末(流末)ながら自然と仏生寺井筋元のように成り、書類等も多く預っていることとなったものであろうとの、官の同情的な解釈を得たに止まり、井組の内および井頭中に差別があっては差支の基との見地から、美濃の他の井組の例に徴しても、井頭、井元の定ったものはなく、総べて年番制であることを根拠に、席田井組の特殊な由緒は遂に葬られ、再三強弁の故をもって手鎖宿預となり、勘之右衛門は所払となって了った。円左衛門が「明和三故郷を去洲原村に住す、有仙と改名、洲原村古田兵左衛門分家と成り居住す」[34]とあるのは、この事件の結末を示すものである。この場合に注目すべきは、幕府が統治の方針上、井元、井頭の存在をも、他に類例がないとの理由をもって斥け去ろうとした、劃一的な井組管理の方策であろうか。序に述べるならば、この時小右衛門はその主張の根拠であった、井水に関する小右衛門名宛でない一切の書類の、地頭への差出を命ぜられ、以後小右衛門家伝来の井水史料が、井頭仲間引継文書となって、現今に伝えられた一事は意味が深く、また延享三年に堀部統の九家は釣り書を作成し、以後十年毎に書き足すこととなり、「本家別家当役無役之無差別一家同様」に万事申談じ、村方和順に治めるのを専一とし、且つ一統中の「身上取替不申様」相談の上、万端質素倹約第一の事を盟い合っている。以後の頭分仲間の関係は円滑で、前述「惣頭分示合ケ条書」も、この後に作成せられたものである。思うに二回に亙る諍論が、両統、特にその宗家であった堀部小右衛門家に与えた打撃の深刻であった結果、かえって両統の結合を容易ならしめ、このような機運を醸成せしめたものであろう。寛延以後の小右衛門家は、昔日の威を失った儘、再起の暇のない裡に、明治の新しい時代を迎えたのである。

なお文化十年にも井頭年番の引継に伴う記録の譲り渡し一条に就き、仲間内に紛擾のあった一件の請書が見えている。小右衛門家の前轍にも拘らず、相互に優位を占めようとする心意の、奥深く流れていたことを察せしめるに足るであろう。前述の書類の役所への差出は、井頭の独占して来た井組統制権の根拠が、役所の手に遷されたもので、井頭の井組統制機能の盛衰の見地からすれば、これは画期的な事件と称し得る。井頭仲間の内紛が、逆に幕府の統制力の強化を助長したものとも一面には見なし得るのである。

(15)　「惣頭分示合一札之事」文化七年五月、堀部文書。
(16)　系譜の記載並に当主信治郎氏の言による。

(17) (7)に同じ。
(18) 鵜飼光次氏の教示、史料提供による。
(19) 本巣郡志、上巻、二五五―二五七頁。
(20) 堀部文書。
(21) 堀部文書。
(22) 本巣郡七郷村東改田、近藤太朗氏所蔵、数十通の名披露証文がある。
(23) 堀部文書。
(24) 堀部文書。
(25) 堀部文書。
(26) 井頭仲間引継文書中に在る。
(27) 井頭仲間引継文書。
(28) 井頭仲間引継文書。
(29) (7)に同じ。
(30) (1)に同じ。享保十三年春日神社棟札論の裁許書。
(31) 堀部文書。
(32) (7)に同じ。
(33) (26)に同じ。
(34) (2)と同じに記載。

第三節　井頭の機能ならびに報酬とその意義

1　井頭の機能

享保十六、十七両年に跨る、惣頭分中の棟札論を契機として発生した筆頭論の結果は、井頭年番制の確立となり、六人の井頭の年番順が鬮《クジ》取によって定められ、「仕来年番順」の制定となって永く後の規範となるに至った。すなわち子・午は仏生寺の又四郎、丑・未が中西郷の甚右衛門、寅・申が三橋の喜藤次、卯・酉は西改田の平兵衛、辰・戌が仏生寺の俊左衛門(小右衛門の代理)、巳・亥が仏生寺の清右衛門となり、さらに寛保二年には「井頭勤方之覚」[35]が出来上っている。ここにその主要な項目を列挙し、具体的な事例と対照しつつ述べるであろう。

(1)　分水に必要な一切の工事・施設の支配・監督権の掌握。すなわち山口の普請所は例年早春、席田六人の井頭が見立・目論見の上、三ヶ所の地頭役所へ届け出で、実地の着手は夏至よりも八十四、五日以前から初まり、六人の井頭は連日出勤、曾井・長屋両村の井頭は普請期間中に一日だけ出張のこと(ここで席田方六分・真桑方四分の分量を決定する)、また井筋七ヶ所の井口の掘浚、ならびに乙井下五ヶ所の井口浚は井頭の出張、立会見分を経るべきこと。この二つの項目は分水の公平を期するために井頭に与えられたものであって、井組内部の紛擾が、主として用水の分配を中心とし、村々の対立となって現われることが多かっただけに、井頭がこの統制機能を発揮して調停奔走した事例はすこぶる多数に上る。すなわち明和八年郡符村と石原・仏生寺との間の井溝浚を原因とする紛糾の取嗳、[36]天明六年の井頭一同の井川筋検分のこと、[37]年代不詳ながら枝川分水の七ヶ所の井口へ渇水に際して村々小前百姓が罷り出で、[38]騒擾に及んで井頭の用水差配権を犯そうとしたことに対する村々の詫一札の存在等は、何れも用水分配に影響のある井筋の管理全般に対して、井頭の有した絶対権の存在を意味する。しかし享保七年[39]の場合のごとく、上流分水個所の浚工事の事によって、上流村々と下流村々との間に、争論の生じた際は、下流四人の井頭の首唱をもって、下流村々の結束によって、連判状が作成せられている。井頭の機能が、なるべく平穏裡に、村々の公平な利益を擁護するに在ったこととともに、時に際しては、自己の所属・居住する村々の権益擁護のために、しばしば起つこともあったことを示している。すでに述べたように、従来井頭を有しなかった村々が、いずれも競って井頭の新規設置を願い出たことは、ここにその理由が存するのである。

(2) 真桑井組との間の番水、渇水時の席田井組内における通水の処置、ならびに刻割表の規定。これは1と並んで井頭の重要な機能で、井組はこれ等の処置に関して全然井頭の執行権に容喙し得ず、寛文五年の郡奉行からの達書にも「とかく井頭次第にいたし候様」とせられている程である。

(3) 真桑方其他との井組に関する対外関係一切の処理。

(4) 井頭および井組間に伝来の書類の保管。この事の重要性に就いては惣頭分相互の関係の節で詳説したところである。

(5) 豊作祈願のための伊勢への代参。洪水・渇水の憂がなく満作を期待するために、席田井を伊勢井と称し、年々代参を井頭中から派することは、寛永二年以降の慣例[40]となっていた。すなわち上保(壱石八斗)・三橋(八斗三升)・福田地(弐斗)・石原(九斗)・郡符(六斗六升)・北野(四斗七升)・春近(五斗九升)・下西郷(壱石六升)・西改田(六斗五升)・芝原(五斗)・仏生寺(八斗五升)・加茂(九斗六升)の村数拾弐ヶ村・この米合計九石六斗をもって参宮し、御師の許で神馬拾弐疋の引渡し、および壱万度の御祓を受ける訳である。この事を例年引請けて担当する御師が三人あり、すなわち森太夫・田中太夫・久保倉但馬守の各年交替で、代参は年番井頭がこれに当り、四斗五升の代参料が定められていた。寛永年間の井頭堀部小右衛門と、御師久保倉但馬守との間に往復した、伊勢への祈禱に関しての書状はすこぶる数多く現存しているが、井頭からの祈願の条々は「莚田へかゝり申山口井水うまり不申せきぬけ不申水かゝり申様に」と、井組上下の願望を率直に示している。この「立願米」(41)の供出には、その後多少の変化があり、寛永度には祈禱の相談に加わらなかった上西郷・中西郷・地下・両町地方が、文化十年の書上げには加わっており、村々の供出額もそれぞれ多少変動し、最初の十二ヶ村から計八石五斗七升、上西郷壱石三升五合、中西郷・地下・両町地方の合計壱石弐斗八升五合となっている。この「立願米」が井料の名で呼ばれていることは注目に値する。

(6)　井組内村々への井水費用の割賦徴集のこと。この事柄において注意すべきは、時代の降るとともに、割賦徴集の事を契機として、井頭の支配機能に、村役人である庄屋の容喙しようとする傾向を見るに至ったことである。延享三年、井懸り村々庄屋中から井頭に対して左のごとき申し入れがなされた。

入用割賦金之儀者村〻井役高ニ相掛リ申事ニ候得者立会置入用之品々委細存知罷在村〻高持百姓前逐一申聞疑無之様ニ仕度候(42)

結果としては井頭仲間から右の要求は拒否せられたとは云え、庄屋の勢力の村落内における擡頭が、やがて井頭の統制権にも触れようとしたものである。井頭の反対意嚮は次の文言が明白に物語るであろう。

新規に庄屋立会申候而者若強気成方茂有之御普請之相障ニ茂罷成候而者井頭共無念之筋にも可相成哉(43)

上述のような機能を発揮し、井組統制の任に当って来た井頭の報酬は如何であったか、また果して如何なる意義を有したものであるかを次に検討するであろう。

2　井頭の報酬とその意義

(1)　井頭給米　　もっとも古い起源を有する、仏生寺・三橋の四人の井頭は、領主から井頭給米を得ていた。ただし小右衛門・又四郎・清右衛門・又蔵(翠)の各〻は、井奉行あるいは井頭就任の年代が異るゆえに、給米の内容にも多少の差異が存したようである。次にその各〻に就いて述べる。

小右衛門「古は定而不被下時々御褒美として被下候由申伝候　先松平丹波守様御代より爾今至迄少給被下候」

とあるから近世以前は不定期に、以降はその額は不明ながら、年々与えられて来た事情が判明する。

又四郎「先丹波守様より少々被下候」

清右衛門「始ハ小四郎(堀部与左衛門孫)と一つニ先丹波守より被下候　後に小右衛門同様に被下候」

又　蔵「小右衛門同様に先丹波守様より被下候」[44]

又四郎以下は近世初頭以降はほぼ小右衛門同様であったことが推知される。「少給」とは果して幾許であったかは明らかでないが、明治七年の記録には「井頭拾弐石之処五割増三石宛」の由が見えるから、六名で十二石(仏生寺・三橋以外の三人をも加えて)壱人当り二石であろうか。任務の重大さに比して少額と言うべきである。明治九年には給米は年給一人参拾円[45]と改められ、昭和十八年現在は七拾円であった。

(2)　井料麦　　清右衛門・又四郎は乙井溝筋の「井廻り役」を勤めるため、元禄七年の記載によれば、井組村々からその「為働」[46]として井料麦の名の下に、年々左の額の麦を貰っていた。すなわち又四郎は芝原(壱石四斗)・春近(三斗二升)・小西郷(二斗五升)・北野(二斗七升五合)・郡符(壱石二斗)・石原(壱石)・福田地(壱斗)の七ヶ村から計四石四斗五升を、清右衛門は三ツ橋(九斗)・福田地(四斗)・西改田(五斗)・両加茂(米三斗麦ノ代)の四ヶ村から弐石壱斗を得ていた。井頭給米が領主から受けるものであるのに比し、井料麦が井組村々の中から出たことは、井奉行または古い頃の井頭が、領主から命ぜられた、中世の荘官的な性格を有するに対し、井廻り役が主として村人の依頼・推挙によった、村人の役人である傾向(47)を多分に有したものではあるまいか。後の新しい井頭(寛永以後の)は、この荘官的なものと、村人中からの推挙者との二つの性格を、一身に兼ね備えたものへと変質し、ここに一人の強力な井頭の独裁統制を排して、数人の井頭による、年番制の出現した契機も存するのであろう。

このような井頭給米・井料麦を報酬として受ける反面、井頭の家には例えば「先祖より代々七色物不作覚(48)」のような禁忌さえも存在し、享禄五年席田方と真桑方との水論に際し、土岐氏の岐阜屋形において、堀部の先祖刑部亟が真桑方の代表者と鉄火取をした際、以後作らないことを神に盟って勝利を得た七色の畑作物、黍・荏・胡麻・辛子・紅花・大唐米・筑後麻は、又四郎家でもともども一類子々孫々に至るまで、固く作らない掟のあったことに窺われるように、井頭の家累代が慎誡し、井組の無難・繁栄を希求した責務感を知り得るであろう。

(35)　(1)に同じ。
(36)　右に同じ。
(37)　右に同じ。
(38)　右に同じ。
(39)　右に同じ。
(40)　(14)に同じ。
(41)　御師に年々差出す米を「立願米」として「井水記」に記してある。

(42) (1)に同じ。
(43) 右に同じ。
(44) (6)に同じ。
(45) 井頭仲間引継文書「井水勤役記」による。
(46) (6)に同じ。
(47) 清水三男著『日本中世の村落』一〇九頁参照。
(48) (6)に同じ。

第四節 結言

席田井組の井頭は、中世末永正期にその源を発し、史料の明証を有する井奉行が、近世に入っていよいよ農村の間に土着没入し、その称呼をも中世的な井奉行から井頭へと変化したものであり、井頭の数も、元禄以降は近世領主の新しい勢力を背景とし、その包容する村数の多いことを理由とする村々の要求・訴願によって、初の四人は六人あるいは九人へと増加したにも拘らず、井奉行の発祥の地、近世に入っては彼等の自ら唱えた井元村たる仏生寺では、井頭職は土着の著姓、井奉行堀部刑部亟の裔である小右衛門家と、これに比肩し得る鵜飼統、すなわち堀部・鵜飼両統の独占する所であり、現在もなおこの事実は実質的には残存することを認め得るのである。

堀部・鵜飼の統は近世に在っては公的には「頭百姓」、両統の私称より云えば「惣頭分」であり中世に有した土豪としての性格は、近世封建制再編成期の社会的動揺の波の裡に、その多分を喪失し去り、土地所有者としての経済的優位、その内部に堅固な統的結合を有つとともに、春日神社の神事祭礼での祀祭権を中心とする座的結合を力として、一般村民(脇百姓)との間に確固たる障壁を設け、村落内部の生活での中世的な権威を維持するとともに、井頭役に加えて、近世の村役人としての庄屋をもその統に占有し、この庄屋役も、他に特別の理由もないに拘らず、堀部・鵜飼の両統それぞれの代表者二名からなる、相庄屋をもって村治に当って来たことも、仏生寺におけるこの両統の存在(或は一致し、或は競争しつつも)と云う事情から興味深く観察し得る所である。

分家の多数派生したことによる両統宗家の経済力の減退、時としては人材でない当主の出た事情、統内の内紛、加えて最大な理由としての、幕府ならびに近世領主が、井頭と云う井組統制者の存在、ならびにその絶対的統制権の大きいことに好意をもたず、機会のある毎に、特別の家に権威の集中することを防ぐとともにこれを分散し、井頭をしてたんなる庄屋同等、もしくは以下の村役人的位置に置こうとする継続的・伝統的な方針と相俟って、その井組統制の機能・権威は、時代の推移に従い、漸次低下する傾向に在った。井頭家の社会的地位の低下、武士社会から隔離して行く過程は、堀部氏系図の記載の明瞭に物語るところである。

その表現の形式に、時代的な相違のあったのは当然ながら、井頭の機能は、時として井頭の手腕に余った場合にだけ、代官、あるいは下役人の出張を乞うことがあるが、井筋の工事、配水(最も重要な番水・通水の処理)、費用の賦課等に関する全部をあげて掌握し、上述のように享保頃までは井頭中の有力者が、以後は井頭仲間の年番担当で執行し来ったところであった。報酬としての井頭給米・井料麦等の存在は指摘し得るが、その額は何れかと云えば少額で、またその家によって額にも多少の差異が存した。問題は報酬の多少でなくて、その報酬の有する歴史的意義による、両統の有つ井組支配権の所在、強弱関係等、また井頭を出した村々の経済的地位の有利・不利の差異と、井頭である家にとっては、その報酬に表現せられる、伝統の維持に重点の在ったものと看做し得るであろう。

幕府もしくは諸侯の手により、武士の身分を有する用水役人の派遣によって井組統制の実を挙げた事例は、他にも数多く存在するにしても、このような性格の井頭(四百余年に亙って村落内の同じ血縁社会の中に伝え来った)によって統制せられた事例は他にはそれほど多くはないであろう。殊に井元または井親が、多くは井組の最上流、用水の取入口に近い村に在るものが一般には極めて多い裡に在って、むしろ末流に近い仏生寺に存在したことも、また一つの特徴的な事象である。上古、この地に悠紀祭田の置かれたことに、この事の理由を求めようとする説は、積極的な根拠を欠き、また近世に入って後、配水の便宜のために、特にこの地に井頭を設置せられたものでもなく、中世動乱の余波を被る事の多い西濃席田仏生寺の地に、偶〻流浪土着し、守護であり、大領主であった土岐氏との特殊な親近関係を得て、あるいはその器量の故に、井奉行ともなり、累代伝えたその職が、その統に、延いてはその村に残存して近世に至り、旧慣・遺構の残存し易い用水支配において、井頭として伝わって来たものと考え得るのである。

(一九四三、一調査、一九四三、二稿『経済史研究』三〇巻三号〔一九四三、九刊〕掲載、一九七一、七補訂)

附表として堀部系図の簡略化したものを左に示す。（○印以後仏生寺に土着、位牌もあり、歿年も明瞭）

佐々木
秀　義―定　綱―広　定―┬時　綱（延元二年池田落城ノ時死ス）
　　　　　　　　　　　　└成　綱（堀部氏ノ祖、江州堀部ニ居城・正嘉頃美濃池田ノ城主トナル由小右衛門系図ニハ記ス）―氏　綱―清　綱―光（土岐頼遠ニ仕エ暦応ノ頃京ニテ卒ス）綱―○光　清（康安元年仏生寺ニ住ス土岐幕下所司トナル）

―光高（民部少輔）応永二年卒―光忠（兵庫）永享九年卒―光直（兵部丞）宝徳三年卒―光定（刑部大輔）寛正四年卒―光　時 永正五年卒―光勝（刑部丞）井奉行名主 天文十一年卒

―┬小右衛門（光栄）井奉行名主 天正元年卒―小右衛門（光長）井奉行名主 慶長二年卒―小右衛門（光之）井奉行名主 承応四年卒―喜兵衛（光景）井頭名主 承応二年卒―小右衛門（光好）井頭名主 貞享元年卒
　└源右衛門 弘治三年卒―四郎兵衛 慶長四年卒

―小右衛門（光信）井頭名主 正徳四年卒―幸右衛門（光斉）井頭名主 宝暦三年卒―小右衛門（光央）井頭名主 明和七年卒―円左衛門 井頭名主 寛政十一年卒―小右衛門 庄屋 天保十年卒―┬小右衛門 井頭 弘化三年卒
　└小右衛門（栄吉）本家相続 元治二年卒

―永三郎 明治三十一年卒―┬幸右衛門
　└信　治　郎（当代）

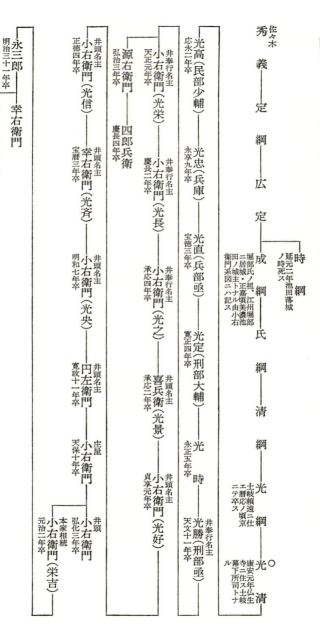

第九章　南山城瓶原の大井手における「井手守株」

第一節　大井手の開鑿と支配者の変遷

洛南相楽郡瓶原の地は聖武天皇の御宇、恭仁京の旧跡であり、ここに瓶原郷一円を潤す灌漑用水路としての大井手がある。大井手は瓶原の東北方、江州境から出て木津川(泉川)に合流する和束川の流を、和束郷石寺の地で堰止めていわゆる井手枕を設け、それから幅約壱間の水路を右岸に導いて山裾を廻り、延長三千七百五十三間、瓶原郷北方の山麓を西方に流下し、大井手の南方斜面に展開する水田地域の灌漑に当てられる。

大井手の開鑿は天平七年、この地が南都東大寺の鬼門に当る故に、良辨僧正が勅旨を奉じて開いたと伝える海住山寺と密接不可離の関係を有つ。(1) すなわち恭仁京の荒廃後、辛うじてその法燈を維持しえた海住山寺は、鎌倉期承元二年に至り、笠置から藤少納言通憲の孫、左中辧貞憲の子である解脱上人の来住によって再興の気運をえ、次いで高弟で後継者の慈心を迎えるに至った。再興後の海住山寺は学侶・行人の多数を擁し、洛南の一勢力を形成した。(2) このような雰囲気から生れた大井手が、現在に至っても今なおその管理様式の遺構に、行事に、数々の中世的な様相を伝えるのも決して故なしとしないであろう。

慈心(3)はその前身甘露寺光長の嫡男で、参議正三位兼民部卿の地位に在ったものであり、海住山寺に移って後、瓶原

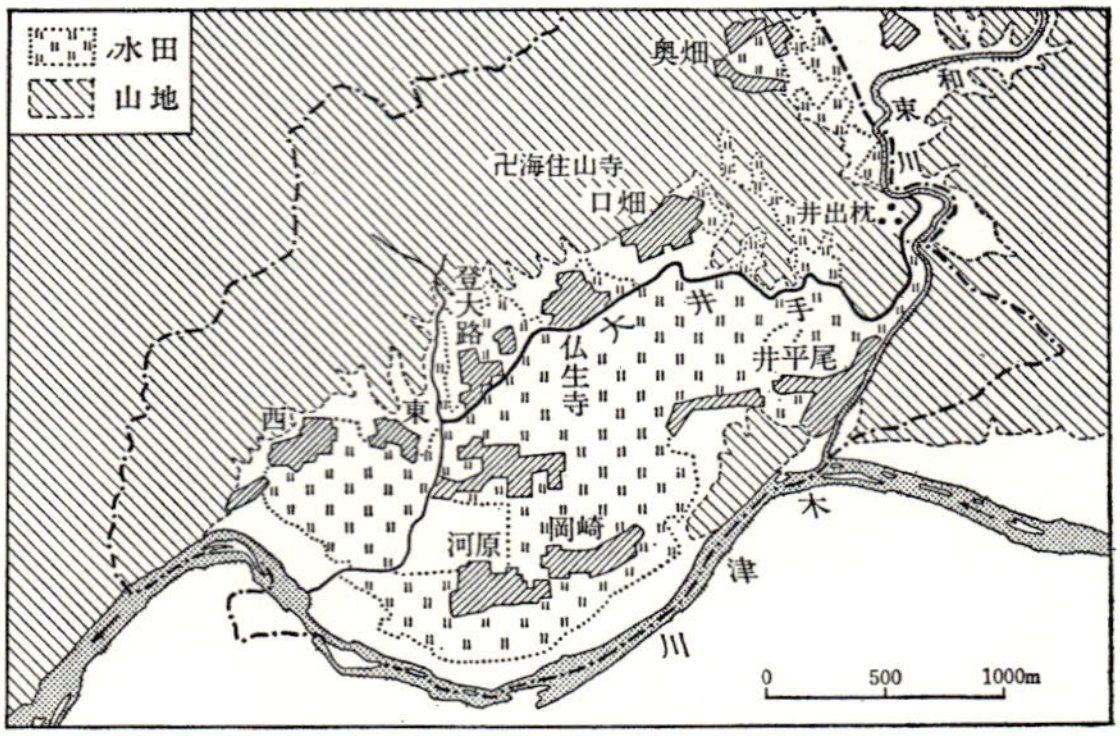

第15図　瓶原郷と大井手

の地が畠地ばかりで稲の生育しない事情に着目し、民を憐んで井手（用水路）の開鑿を志し、自ら地形を踏査し、貞応元年開通を見たものが、上述三千七百余間の大井手である。

此所始而五穀秋成之地となる自爾緩渓澗瀉として旱魃の年といへとも無愁民戸豊饒之御宝代々を経て断事なし実に此上人の洪恩たり仰何人か崇さらんや

とは瓶原に伝える「瓶原井手記」[4]の記す処である。また大井手の存在の権威のあることを述べて

如此井手たるにより浩溶はるかなりといへとも他郷ゟいささか水路に妨をなす事不得是往古ゟ定れる掟也[5]

と称するごとく、後述によって明らかとなる、大井手の取入口がその地元である隣郷和束郷の圧迫を制して引水の権を確立した諸方策の数々は、中世を通じて有した瓶原郷の勢威の反映と考えうるにしても、また開鑿当初に海住山寺が有した宗教界ならびに俗界における権威の象徴として、ことに慈心の仏門に入る以前の経歴が示す、俗的社会において有した政治力の潜在したことを否定しえないのである。

中世の瓶原郷は瓶原一族と唱え、近世に至っても神社の祭礼に侍の座を有して、中世の面影を伝えた[6]瓶原郷士の蔓延占拠した地であり、大井手の開鑿維持に関しても、彼等の占める位置は決して鮮少でない。ここに瓶原郷士に就い

て数言を費す所以がある。

瓶原郷士の主流をなす所謂「瓶原郷士七家(7)」は安倍氏で、また松浦党であったと伝えられる。すなわち安倍宗任の後、肥前国に在って松浦党を称し、その末孫であった兄弟が、承久の頃に罪が有って都で討たれるべき運命の処、慈心上人がこれの助命を乞い、瓶原の地に伴ない、彼等はやがて武人の身分を捨てて庶人となり、その兄を和田某、弟を炭釜某と称し、慈心に随従して瓶原の地に来ったものであるから、慈心はこれを家人の如くに遇した間に、その子孫が次第に土地に繁栄立身して地下を押領するに至ったとし、またあるいはたんに「安倍国基ハ肥前国松浦氏ニ而安倍宗任ノ子孫也海住山慈心上人ニ随テ此瓶原ニ来其時分ハ郷ニ守護人無之静謐ナラズ故ニ時ノ天下ニ乞テ国基ヲ守護人ト被成是レ郷士ノ始リ也(8)」と記すように、最初瓶原に来住土着するに至った過程は若干の相違点も存するが、慈心の海住山寺に在った頃から、瓶原郷士の祖先とも見るべきものの、土着蔓延の事情は想到しうる。このようにして元弘の変、笠置の戦に、錦旗の下に馳せ参じた近郷諸侍の着到名簿の中にも(9)「加茂三日ノ原ノ者」として炭竈氏の名を録するに至った著名の土豪としてまで、成長発展を遂げ得たのである。

やがて二家から小田・井上・新・石井・津越の五家を分って七家となり、さらに秋田・黒田・山田・堀・朱雀の諸氏を分派し、党的勢力を構成して「一族中」と称し、若党と唱える数十戸の従類をも擁するに至った。戦国の世に至っては、これらの諸家はそれぞれ時世に随い所縁に連り、処々の戦乱に出陣加勢をし、天正五年織田信長の松永氏征伐に当っては「瓶原七家衆中(11)」宛の、瓶原郷の静謐守護を命ぜられた墨付を残している。

戦国の世の終末に伴い、織田・豊臣二氏の手による近世的秩序の出現は、中世的土豪としての瓶原一族の運命に新しい変革をもたらすものであった。すなわち其後豊太閤之御代〻次第にすいびして子孫わずかに残り所々に出勤或は地下の土民となる和田・炭竈・石井等初幷に末家之子孫今民家にあり津越氏本家断絶小田氏備州岡山池田氏に仕へ惣高千五百石領す城址今に有[12]

と云う趣勢に到り、一族は神社の祭礼に「一族中」「侍中」(若党)の名の下に座を保ち、旧来の地位を表示する他、武士的性格を喪失するとともに、経済的位置にも変動があり、その党は一般に神事祭礼に際してだけ帯刀を差許され[13]、近世に至っても瓶原郷河原村の、一族中の他所へ退転する者の多いに拘らず、その門地を維持し来った黒田氏のごときは、元禄三年[14]、京都町奉行から郷中に住して帯刀する者について吟味の加えられるに際し、瓶原一族の由緒をもって帯刀の存続を熱望したが、在郷では申分の立たないことを慮り、平百姓と同品に成下るのを遺憾とし、同族堀氏と共に南都一乗院門跡に懇願し、年頭の礼を条件として「御家頼分」の名目を得、もって常時においての帯刀を存続しえたのであった。

以上述べて来た処は、瓶原一族の発生ならびに近世における庶民階級への没入過程に関する概述であるが、今少し中世期の瓶原一族による瓶原郷の掩有、海住山寺との結合、大井手の開鑿・維持においての繋りを眺めるであろう。瓶原に土着繁栄してこの土地の守護人と成り了った瓶原一族は、海住山寺の家本となり、一族中の末子は寺に入って学侶寺主の位置を得、一族は外護人[15]となって寺を護るべき定であった。地下の豪族を羽翼として武力的・経済的に寺の支柱とした点に、海住山寺の維持における中世的姿態を偲び得るであろう。

「一族中古本知之時[16]」或は「七家横領す[17]」と記された瓶原一族による瓶原郷の占有期には、大井手の支配でも一族中の力は大きく動いていた。すなわち毎年五月、大井手の井手掘りの行われるに際しては、郷中百姓不残出動に当り、一族中は「奉行役[18]」を勤め、もし終日掘る時は中食は一族中の持(負担)であった。

近世に入っても、中世における瓶原一族による大井手の支配の痕跡はこれを認め得る。すなわち大井手三千七百余間の延長の間、北側の谷々から流水が下って来て大井手を横断する個処の五ヶ所に、それぞれ五箇、筧が設けられてあり、これ等の筧は、近世には瓶原の知行者から年々新たに一個宛造られる掟であったが、樋見と唱え、井手守中の一老・二老および触役の三人が西村（瓶原郷中の一村）へ寄り合う行事があり、その慣例の由って来った理由に関して「是者先年和田殿（筆者註、瓶原一族の和田氏）ゟ筧御造作之古例也」[19]と、和田氏によって筧が造り与えられたことを伝えており、中世における和田氏による瓶原郷の守護あるいは知行の事実を傍証するに足るであろう。

解脱・慈心の在世当時、是等二僧の宗教的ならびに世俗的な地位と、前述瓶原一族の護持、また大井手開鑿のような厚生的施設をもって、よく瓶原郷一円の帰依を得、寺院が絶大な権威を振った中世と云う時代環境と相俟って隆昌を極め、寺領も高五―六百石程と称せられた海住山寺も、近世への推移とともに、瓶原一族の衰微とその揆を一にし、近世に入っては五十七石の寺領[20]を有するに止まり、後述するごとく、大井手の管理に当った井手守の行事に、前代の壟断的であった大井手支配の片鱗を示すばかりとなった。

天正十七年秀吉の奉行長束大蔵大輔正家の手によって、この地に検地[21]が行われるや、瓶原郷は近世への脱皮を完了して、古田織部正重勝の支配地となり、さらに藤堂大学頭の所領と変じて江戸期[22]におよび、その承応二年、瓶原九ヶ村中の五ヶ村（奥畑・口畑・仏生寺・登大路・東村）高千十石（取六百六石六斗）は伊勢大神宮ならびに日光東照宮の例幣使料[23]となり、南四ヶ村すなわち井平尾・岡崎・河原・西村の千四百石余は禁裏御料に編入せられ、もって明治におよんだのである。

（1）　瓶原村口畑、炭本一夫家文書「瓶原井手之記」および瓶原村河原、黒田二郎家文書「瓶原井手之記」に殆んど同様の来由を記す。

(2) 黒田文書「甕原一族曩祖ヨリ事記」に曰く

「解脱上人ゟ御弟子慈心上人御在世之時分ニハ寺モ繁昌シテ寺領モ高五六百石も有之由寺之制法も急度相立候得共乱世ニ成
寺領モ落申故ニ寺モ衰微ニ及申事
然共寺役等ハ于今無懈怠　其古繁昌之時分ハ学侶ト行人派ト学侶ハ侍法師一族之末子行人派ハ百姓法師ニ而本堂之内内陣
ゟ南ハ学侶致出仕内陣ゟ北ハ行人派致出仕相勤事今ハ氏モ不致猥ニ成申事　然共寺本ハ皆一族ニ所持申事」

是は一族中の堀家から入って黒田家を継ぎ、宝永五年に死んだ黒田国延の記したものと推察せられる。

(3) (2)に同じ。

(4) (2)に同じ。

(5) (2)に同じ。

(6) 黒田文書、その内容は肥後和男氏著『宮座の研究』七〇—七一頁に紹介せられている。

(7) 黒田文書『瓶原古今志』所収「郷士之七家」。

(8) 黒田文書「黒田系図書」。

(9) (7)に同じ。また黒田文書の「笠置着到覚」。

(10) 黒田文書、宮座の一族の座に続き若党座がある、その家名を記したものに宝永六年、宝暦六年、寛延三年の三葉がある。

(11) 『瓶原古今志』所収。

此度松永父子逆意依之令退治畢其刻其地堅ク相守出陣加勢可無用条如件

天正五年八月廿七日　信長判

瓶原七家衆中江

(12) 黒田文書。

(13) 黒田文書「御公儀より刀を帯する御吟味に付記置事」曰く

「一　右段々度々刀を指申義御吟味有之ニ付亦神事祭礼斗ニ是迄刀を帯来者之分ハ一族衆ゟ若党迄も不残今迄之通ニ刀を帯申様に御公儀相済申事」

(14)　黒田文書。

(15)　(2)に同じ。

「安倍之末葉ヲ招寄解脱上人之御忠策ニテ瓶原之守護人ト被立置又海住山寺之家本ト被成一族之末子を学侶寺主と定被為置一族ヲ外護人ト被成寺ヲ外ゟ可守之法制也……」

(16)　(2)に同じ。

(17)　(7)に同じ。

(18)　(2)に同じ。

(19)　「瓶原大井手定記」炭本一夫氏文書。

(20)　『瓶原古今志』所収「海住山寺」の項。

『瓶原古今志』所収「例幣使料」の項。

(21)　炭本一夫家文書、承徳二年「例幣使料定納覚」。

(22)　(21)に同じ。

(23)　(21)に同じ。

第二節　瓶原郷農村の構造

大井手の潤す瓶原郷の地は、近世に入っては前述したごとく上流から下流まで、井手に沿い九ヶ村を有していた。次に九ヶ村の有した内容を簡単に記すであろう。

奥畑村　位置的には井手枕にもっとも近いが、村域は和束川原の面よりも遙かに高い北側の山の斜面に在り、したがってかえって後述する井平尾村等よりも井手枕への往来は不便である。高百五十石余、いわゆる北五ヶ村例幣使料の内、「里は山掛り谷がかりなり　家所々に有　さひしき所也　田地山田多くして得分多き故能所也」(24)とある。

口畑村　高百四十石余、奥畑と同じく例幣使料五ヶ村の内「里山畑にして有地田地広野に有能所也」である。

仏生寺村　高三百十九石余、例幣使料北五ヶ村の内、「村平地故家ならびよし田地広野にして水掛りよし」である。

登大路村　高二百六十七石余、例幣使料、その自然的環境は仏生寺村に類似する。

東村　高百十八石余、例幣使料、「村平地ならず段々作り也　小村故さひしき所也　田地前西の方に有り」である。

西村　高三百四十余石、南四ヶ村の内で禁裏御料、村の位置は「郷中之西にして北の山よせなり　同地川端故水入しげし」である。

井平尾村、岡崎村、河原村は瓶原郷中の大村、水田も平地が多く、河原村に頻りに水入(洪水)を見た他は条件がよく、禁裏御料となり、所謂南四ヶ村の主要なものである。

瓶原郷農村の構造を説くに当り、ここに逸しえないことは大井手に接し、瓶原九ヶ村の入会となっている草山の存在した事実である。「瓶原大井手之覚」(25)に曰く

一　草山之儀者井平尾村奥畑村口畑村仏生寺村法花寺村野村右村〻近所ニ御座候是者瓶原中ゟ互ニ立合苅来リ申候以来相違有間敷(下略)

瓶原九ヶ村の庄屋は連判で互に異議のないことを保証するとともに、その末尾に「瓶原九ヶ村中として立会苅申草山所ミ覚」が附記せられ、いわゆる立会苅申草山の四至とその所属・用途(井手修理に使用すべき)が明記せられている。すなわち

一 法花寺野村ニ而ハ五百山ゟ岩籠迄
一 西村ニ而ハ　下志め谷ゟ○乃谷迄なり此内ニ西村東村年貢山少有
一 東村
一 奥畑村ニ而ハ　西ハ檜木山限リ東ハ和束境目限リ北ハ湯柴山べリ迄道限リ東ハ峯限リ南ハ両畑の御検地の田地境目かきりなり
一 口畑村
一 井平尾村ニ而ハ　南ハ小山かきり北ハわんひよう谷限リ東ハねそハ谷限リなり
一 口畑村領之内ニ岡崎村弥之介河原村与右衛門自分ノ年貢山有
一 口畑村領之内ニ河原村彦兵衛自分ノ山有先年御蔵納之時ゟ年貢なし
一 奥畑村領之内ニ河原村蛭子殿御供山有はいりなねの南原也
一 岡崎村領の内ニ井手山与申而先年奥畑村領ニ而御座候とも例幣使料の刻ゟ井平尾村領内へ入置岡崎村ゟ苅申山也
一 例幣料内に大井谷山有　此山ニ而例幣使料之杭木井手のかぶ遣候様ニと被仰付候
一 大学様御領内ニ流岡山　此山二ヶ所ニ而大学様御領内ヲ川除杭木井手のかぶ遣し様にと被仰付候

なお最後に

一　瓶原惣中　田畑の畦草ハ前〻ハ入相ニ刈候得共自今以後ハ境目極リ候間分切ニ而仕候事

とあって前々、すなわち中世には田畑の畦草ですら入会にしてその用益に制限のなかったことから察すれば、所謂草山でも、入会の様式はこれと同様であったものが、中世から近世への推移期に当り、郷を単位として組織せられた瓶原惣中が、九ヶ村それぞれを単位とする村毎の経済圏に分割せられたことを示すものであり、大井手に関しても、瓶原郷の惣中としての営築維持が中世以来の本来の姿であり、井手の維持に要する各種の負担の、村割制が明確に定ったごときは、近世的な姿相と断じうるであろう。ただし井手が元来公共的施設であり、村々の結束による維持によってのみ、その本来の機能を発揮すべきものである以上、その開鑿の時代である中世での瓶原郷中の、惣的な管理機構の数々を、部分的には近世的に改編せられたものを含むとは云え、よくその近世にまで伝えたことも、また必然的な事象と見るべきである。後述するように、井手管理の様々な行事でしばしば遭遇する「是上人以来の掟也」と記してあるものがそれである。

このような入会草山の存在は瓶原郷の水田経営にとり、用水源としての大井手とともに、肥料の供給源としての草山が不可離の存在として重視せられ、瓶原郷水田農業の支柱として郷の管理に属してき、近世に入っても、なおその意義を継続したものであり、かつて筆者の論述した[26]、江州姉川筋大原郷の出雲井、および入会山としての川戸山の地位に比すべきものであろう。また宗教的・精神的な結合の中心としては、かの大原郷の大原神社の存在に比すべきものとしては海住山寺であろうか。

井手、草山の二位一体的な意義の、その儘に近世統治者の承認を得た所である事情は、同じ「瓶原大井手之覚」の

裏書に

表書之井水幷野山之儀従前ゝ相定之通瓶原九ヶ村之庄屋とも連判之書付ニ候後々末代迄書面之趣無相違急度可相守候令違乱非儀申候者於有之者早速可申出穿鑿之上曲事可申付者也

との京都所司代板倉周防守以下の連判を得たことによっても窺われる所であり、また「伊勢大神宮　日光東照宮例幣使料定納之覚」[27]の末尾にも

野山幷井水之儀前ゝゟ相定候通相違有間敷候……

と見られ、草山が井手と等しく瓶原郷農業の基礎条件であったことを示している。

瓶原郷の農作物の種類に関してはここに引用すべき史料に乏しく、すでに述べたごとく大井手の開鑿以前に在っては瓶原郷は畑地ばかりで、まったく水田を欠いたにも拘らず、以後は井手よりも低い面の耕地の全部が水田化せられた他、中世の作物に就いては何等、より以上の確証をえ難い。近世に入っては元禄の頃[28]、すでに水田にも棉作の普及を見て、同十四年の大旱には「天気草」のこととて、稲の不作にも拘らず、中位の収穫を得たことが知られ、また井手上の天水場では、旱魃に際しては水田に豆・小豆・黍の植えられたことが知られるのである。

(24)『瓶原古今志』。
(25) 炭本一夫氏文書。
(26)「江州姉川筋の用水分配」(『社会経済史学』昭和十六年四月号、拙著『近江経済史論攷』所収)。
(27)(23)に同じ。
(28) 黒田文書「元禄十四年巳五月、旱ニ付田不植に付粗々書留申事」。

第三節　井手の施設

和束川の上流で他郷である和束郷中に取入口すなわち井手枕をもち、加えて瓶原郷の地籍内に入るまでに、相当距離の間流路を和束郷内に採り、しかも「他郷ゟいさゝか水路に妨をなす事不得」と誇称した大井手は、確実な史実の明証を欠くが、おそらくは開鑿当初からの深い見透しに基づいて設定せられたものと考えうる、井手枕の位置の安全を確保するための万全の方策が採られていた。

すなわち大井手の井手枕の下流には、上郷である和束郷に属する和束川左岸の水田を潤すべき椀兵堰《わんびょう》の存在があり、大井手は地元の建設した椀兵堰の位置を超越して、その遙か上流である和束郷内に井手枕を設置したものであり、従って椀兵堰の堰口が、その地籍内の上流位置へ移動することは、大井手の存在を危殆に陥らしめる虞が鮮くはない。この対策として、大井手の井手枕の対岸(左岸)、山麓の和束川に迫るところ、その幅約百米に亙り、面積五—六反歩の山林は何時の世からか、瓶原郷の郷山飛地となり、椀兵堰の瀬上りを絶対的に不可能ならしめ、瓶原郷の用意の周到であったことを示している。

大井手枕の椀兵堰の超越、および和束郷内の地での大井手の溝筋の敷設と関連し、明治十二年和束郷と瓶原郷との激烈な山論の勃発に至るまで、瓶原郷は西和束白栖村へ年々小豆三升、白紙十帖を持参する慣例があった。堰(井手枕)の位置は和束郷石寺村の地籍に属したが、白栖は西和束の代表的地位を有する有力村であった。瓶原郷側においては、この小豆および白紙は「古来大井手が西和束の地内を通ることに対する挨拶」と解し来ったようで、他村の領内に用水路を通じて引水することの対価として、地元村に支払った井料となすべきであろう。ところが和束郷側はこの井料を以て、瓶原郷が和束の草山へ出作する年貢とし、瓶原郷の草山を中心として両者相争い、山論に立ち到った経緯の有つ意義は前に述べた、瓶原郷の入会草刈山の性格を理解して初めて明瞭となるであろう。

井手枕は元来全部土俵から成り、洪水の際には容易に流失して井手内への洪水の溢流を防ぎ、水路の破損を避け得るように工夫せられていた。近年に至り、枕の基本的位置を固定するため、コンクリートの脚を二基、河中に設けた処、かえってその根本に寄砂の溜滞を見、しばしばその滞砂を浚える必要が生じ来った。(29)

井手枕から取入れられた用水は、幅壱間の水路となって導かれるが、枕より下二、三メートルの水路中に第一の水秤石が存し、以下僅かの距離を置き、さらに二個処の水秤石が在る。上流から数えて「瓶原井手之記」に謂う「頭巾石、烏帽子石、牛が鼻」であり、「此石を以て水五合より十分之増減を量り堤之崩壊を知る事上人以来の教也」(30)である。水量が水秤の頂にまで達するのを以て一升とし、これが充分な水量であり、洪水で秤石を越すようになれば、一升二合、一升五合等と称する。原始的かつ単純な装置によって水路中への引水量を測り得る点は巧妙である。

水秤石から約百メートル下って所謂「一のはつし」(31)があり、以下流末までに同様の「はつし」は十一ヶ所を数え、急雨増水の節、和束川へその水量を放出する用をなすとともに、秋の彼岸以後、用水の不用となった時は、この「はつし」を解放して全水量を再放流し、井手の保存をはかる用をなす。瓶原郷の水田は殆んど二毛作田であるから、冬季の通水は寧ろ耕作に害を与えるに過ぎないものである。「はつし」の取扱は総て井手守の手中に在り、それぞれ担当の分が定っている。(後述)

「五のはつし」から下になると俗称「船」(32)と呼ぶ筧が五個処あり、水路の北側の山の斜面から流下する小川が井手と直交し、これを破壊するのを防いでいる。この筧の築造は元々瓶原郷の地頭、守護人から作り贈られるべき慣例であり、近世に至ってもこの慣例は継続していた。すなわち例幣使料五ヶ村はこの為に「杭木山」と唱える五ヶ村の入会山が附せられていたために、五ヶ村は高役負担であり、南四ヶ村の場合は「筧代」(33)として定引方米約壱石八斗が年々与えられていた。

大井手が瓶原郷内に入り、登大路村地内に達すると、井手はすでに末流であり、最後の分水個処である水口となる。その二本の分水路の中の一は、西村および東村へ、他は河原・岡崎を潤すが、この分水個処に当り、千本杭(34)と称するものが設けられている。径一寸、長さ四―五寸の松杭千本を溝底に建て並べ、その杭の抵抗を利用することによって、二本の溝への分水量を均等ならしめるべく考案せられたものである。千本杭は井手守の打つところであり、旱水時にはその杭の位置如何によっては、両溝に沿う村々の間に争論を醸すことがしばしばであったが、現在では溝底を石敷とし、その間隙はコンクリートをもって充たされている。附近の村民は千本杭の位置における水深をもって、用水量の多少を判じ得たのである。

(29)　炭本清太郎氏の解説による。
(30)　(1)に同じ。
(31)(32)　炭本一夫氏文書「瓶原大井手之覚」。
(33)　黒田文書「瓶原井手記」に曰く

　下山　人屋ど里　霜田　畑川　里坊　右五ヶ所筧有之　此筧ハ当郷地頭守護人ゟ可被送也
右之筧代幣料五ヶ村ハ杭木山とて大井谷山被附置候ゆへ高役ニ而出之南四ヶ村者御地頭ゟ年々定引方米之内ニて可被送附リ　四ヶ村江筧代被下候米ノ割

四斗六升八合　岡崎村
七斗五升五合　河原村
四斗三合　　井平尾村
参斗二升九合　西村
右之寛年々壱ヶ所ヅヽ、新ニ調之

（34）（29）に同じ。

第四節　井手守の発生とその性格

大井手の完成に当り、常にこの保護・管理に任ぜしめるため、慈心上人によって附置し定められた十六人が所謂井頭人であり、またの称呼井手守である。十六人は十六善神にちなんだ数であり、「……井頭人と云家名被下井頭人ハ井之加しらなれハ難有苗字也」とは「瓶原井手記」(35)に云う所である。

井手守拾六人は井平尾・岡崎・河原・登大路・仏生寺・口畑・奥畑・西村の八ヶ村に在り、家筋（株）となって今日に伝わったもので、各村々の井手守数は左のごとくである。

井平尾村	四人	岡崎村	二人
河原村	二人	登大路村	一人
仏生寺村	二人	口畑村	二人
奥畑村	一人	西村	二人

すでに述べたごとく「一族」「若党」等の、中世において武士的身分を所有した階層が蔓延し、大井手の開鑿・維持に当っては、海住山寺の慈心上人と相結び、瓶原郷の開発・防護に当った彼等を、村落階級の上層構造として包容した瓶原郷に在って、直接井手の管理に任じた井手守は如何なる身分・地位を有したものであろうか。

「大井手之記」によれば次のような記載を見る。

十六人之井手守を当所根本百姓と云ふ五百年来今に子孫相続也(36)

根本百姓と云う語は井手守の有する身分・地位を適確に示したものであろう。現在口畑村で井手守の家筋であり、本家と称せられ、井手守株(後に詳述)中の最も古い家と伝えられる炭本一夫家に就いて調査するに、承応二年、従来藤堂大学頭の領分であった瓶原郷が、例幣使料と禁裏御料に二分せられるに際して作成せられた「定納之覚」に、他の八ヶ村の庄屋と共に連判している口畑村の庄屋孫右衛門は同家の祖であり、所謂根本百姓として、慈心上人によって井手守に定められた家が、近世に入っても庄屋階級の農民であったことを示している。此処に明治に入り、炭本一家によって「一家紀念報恩会趣意書」(37)の作成せられた契機が存する。

井手守十六軒の家筋は株として固定するのを原則としたものであった。「都而十六人無退転」と記された所以であり、もし井手守の家に子孫のない時は、十六人の家筋の七歳以下の者を養子として迎え、その家を相続せしめる定であった(38)。ここに上述のごとく炭本本家に「井手之記」及び「例幣使料定納覚」の本紙が今に保存せられている理由が存する。

井手守の株と関連して重要な意義を有するのは、井手守十六人に与えられたとする三町三反の給田の存在である。しかし承応二年十一月十一日、九ヶ村の庄屋連判、所司代板倉周防守以下四人の裏判を以て定められた「瓶原大井手

之覚」には次のように記されている。すなわち井手守の存在と村別の人数を記して後

則先規ゟ繕田とし、拾六反御座候外ニはさみ与申八反御座候

はさみ田の意義ならびにその存在の跡付けは、今俄に明らかにし難く、暫く不問に付する他止むを得ないが、給田に当るべきものに繕田の名を当てて呼ばれている一事は注目に値するであろう。「給田」と明記しているのは、前述炭本本家蔵の「瓶原井手之記」および黒田家文書「寛保三年」の年号の記載のある「瓶原井手記」の両者で、ともに同じく左のように記されている。

井手守十六人給田三町三反諸役免許也
内壱反ハ井手守中之触役給田也　上人以来右田地検地無之
右給田ハ太閤秀吉御代長束大蔵大輔為奉行天正十七己丑　年検地有之先規之通り雖相断不被許之運地となる
然共右之内十六反ハ高壱石宛被令免除
往古ゟ三町三反の田地売買之不及沙汰

右の説明によって所謂「給田」なるものの性質は明瞭である。三町三反から触役給一反を除き、三町二反を十六人に分てば一人当り二反宛、これが秀吉の検地によって普通田と同様の取り扱いを受けることとなり、上人以来の無運上であったことを主張し、検地からの除外を願い出たが容れられず、漸くその内の十六反のみは反当一石の免除を許されたに止ったのである。仮りに石盛を一石五斗とすれば運上の懸るのは残る五斗分の訳である。

安永四年午三月、相楽郡河原村(瓶原郷河原村)「田畑地並帳」(39)によって「給田」と称せられた田地の所在を確かめるに

中縄手
一　上田六畝拾三歩　　石井株
　　分米九斗　　　　井料

と記されたものがある。後に説くごとく「石井株」とあるのは、河原村の井手守株の両石井家の意であり（瓶原では党と云うごとき、あるいは一統一族を意味するものが株の称呼を以てせられていることが多い）、二反若しくは一反には達しないが、河原村の地域内に於て「給田」とせられたものの一部分が存在したことを証する。ところでこの記載によれば「給田」でなくて「井料」と明記せられ、前述した「大井手之覚」に云う「繕田」ともまた異った表現を用いている。「繕田」と称するものの意味する所は、領主がその領内に在る井手の修補の費用に当てしめるために、特に設けた田地の意味で、時代は近世初頭に降るが、満濃池の修補料に当てるため、天領三ヶ村をこれに当てた「池御料」(40)と同様の性格を有すべきものであり、「石井株　井料」の場合は、領内の灌漑施設の維持のため、食料或は工事費(41)として、領主・地頭から地下農民あるいはその代表者・管理者に下行せられた給与であって、繕田とほぼ同様の性質をもつべきものであるが、すでに石井株と明記しているごとく、井手守の取得すべきものとなり、繕田としての性質がやがて、石井株の独占する、報酬としての意義を有するものに立到ったことを示すものであろうか。「給田」と称する場合は、すでに明らかに、繕田的な井料の性質をまったく喪失し、井手守の私的用益を公認せられた、井手の管理の勤労に対する報酬田と化し去っていることを示すであろう。思うに、おそらくは当初は三十三反は繕田であり、また井手の修補に要する材料はすべて地頭から下附せられ、工事は村人の賦役に俟ったから、井手守が繕田の収穫の中から、井手の修理に要する費用を支出すべき部分はすこぶる僅少で、三町三反の田地の収穫はあたかも井手守十六人が年中管理に当ることの労力の報酬とも称すべき実体を有するようになり、やがて「井料」とも記され、近世初頭には秀吉による検地の施行を契機として、その田地の有した性格の如何が問題となり、若干の特権を認められたとは云え、遂に運上地に編入せられ、文禄四年にはすでに「給田」と明記せられるに至ったものであろうか。これ等の異った称呼をもって記された文書の作成年代が、近世初頭で殆んど著しい相違を有たないにも拘らず、すでに繕田、給田と異った意義を有する称呼が同じ田地を中心に、相並んでそれぞれの場合に用いられ、またそれよりも後れて「井料」と云う称呼の使用せられたことは、曾つて有した性質と、現実の性質とが混乱し、称呼の錯雑はすなわち性質の混乱していたことをそのままに、表現したものであろうか。

次に井手守株の現状ならびに給田の所在とその処置を追究し、もって井手守株・給田の意義を明らかにする手段としよう。

八ヶ村での井手守筋(井手守の家筋)は現在左のごとくである。(42)

奥畑　六軒、内中岡姓四軒、山村姓二軒。

ただし山村姓のものは親戚から株を譲渡せられたもの、計六軒の株の中から一人宛年々交代で勤める。

口畑　七軒、全部炭本姓、其内炭本一夫家を本家として「一家紀念報恩会趣意書」に七家が署名していることは既述のごとくである。七軒中から交代で二人宛、年々二人に夫々正副を設け、其年の副は翌年正として勤める。

井平尾　四軒から四人を出す。その人数のもっとも多い故は、村の位置が井手枕に馳せ付けるにもっとも都合がよいからと伝える。福井・次井・加納・井久保の四軒。

岡崎　中西両家二軒から二人を出す。

河原　石井両家二軒から二人。
西村　大溝・吉田の二軒から二人。
登大路　林一軒の株。
仏生寺　金辻・西坂の二軒から二人を出す。

ただし金辻家の株は先頃まで本家に在ったが、現在は分家に移っている。

なお奥畑・口畑以外の村々に在っても、現在は井手守を勤めないが、井手筋と唱える家が、奥畑・口畑と同様に存在し、文禄四年の「井手記」には総べて十六人退転の無いことを謂い、また子孫の無い輩の養子相続のことまでも規定して、井手守株には全く異動・分裂のないごとき印象を与えるにも拘らず、現在の井手守株には相当の異動を生じており、また一族中の本家・分家間に譲渡せられたものの尠くないことを察せしめる。例えば仏生寺村金辻株のごとき、当主の幼弱であったため、あるいは戸主に男子を欠いた場合となったために、血縁者間に株の譲渡せられたことを示している。奥畑・口畑における交代制のごときは、その好例であって、最初は井手守株の定数のみの家数であったものが、上述のような事情から、同族・血縁者間に移動し、その結果として、いわゆる井手筋の家の増加となり、やがて交代制をとることを余儀なくせられたものであろう。なお井手筋の家でも、養子一代の間は井手守は遠慮、その相続者の男子が十五歳となれば再び井手守株を恢復する慣例である。

井手守株の異動・分裂と関連して注目すべきは、井田（給田）のその後の処置、およびこのことの井手守株の異動との関係である。すなわち壱株二反宛、計三十二反の井田（給田）は明治の地租改正を期として十六人各自の個人名義の所有となり、奥畑・口畑・登大路の三ヶ村の場合だけは「井手の田」として、今に井手守の手中に所有せられているが、他村ではすでに自由処分に附せられて、井手守の手中に存しない。井田三十二反の中、十六反は比較的井手の上流部分に当って纏って存在し、井手守行事の項で述べる「早開《さびらき》」はこの十六反の田地で執り行われ、この田の田植を了えなければ、郷中一般の田植を行い得ず、また一旦旱魃に際会し、稲の生育があしく、種籾にも不足するに到れば、この十六反の籾をもって、瓶原郷中の種籾とする慣習があり、このように特殊な意義を有した十六反が（太閤検地に際し反壱石を免除せられたのはこの十六反か）処分し了えられたことは、中世以降の伝統の破壊であり、給田十六反の処分後に至り、井手守に対するこのような現実的な報酬によっても保証せられた権威を失った井手守株が、容易に異動する傾向を生じたことも予想しうるのであって、前述のような分化・異動は恐らくは、明治の地租改正以降の現象の多いことが察せられるのである。

(35)　黒田文書。

(36)　黒田文書。

(37)　「一家紀念報恩会趣意書」

夫報恩ハ天地ノ大義也鳩ニ二枝ノ礼アリ烏ニ反哺ノ礼アリ草木ト雖モ花実ノ時ヲ違ヘス　況ンヤ人タル者ニ於テヲヤ　茲ニ来ル明治四十五年ハ当瓶原ニ尤モ尊重スベキ井水御証文確定ヨリ弐百六拾年ニ相当ス　抑該井水御証文ハ我本家先代孫右衛門村庄屋在勤之時代承応二癸巳年十一月十一日当瓶原郷九ヶ村従来藤堂大学頭領地之処北五ヶ村ヲ割テ伊勢日光例幣使料地ト定タル当時九ヶ村庄屋連印ノ上御五方裏書認印ノ上御下附相成タル確証ニシテ従来保存ノ井手旧記ト共ニ示来永久本家ニ於テ保存セラル　今明治時代ニ至リ当瓶原郷有用山ニ対シ隣村銭司村及和束郷ヨリ山論起訴セシモ瓶原郷ニ於テハ皆此確証ヲ基礎トシテ弁論シ決局明治十八年十二月廿五日東京大審院ニ於テ当郷全勝ノ判決ヲ得大イニ我郷ノ名誉ヲ博シ益確証ノ尊重ヲ高タリ　是レ該証ノ確実ニヨルトハ雖モ亦一ノ過失ナク完全ニ保存セラレシ本家代々ノ功労寔ニ尠少ニ非ルナリ加斯祖先本家世ニ多シトセズ実ニ本家名誉ノミナラズ我々一家ノ光栄ナリ　猶益尊重ナル確証ト共ニ本分一家ノ永久ヲ祈リ爰ニ相

謀リ示来弐拾年毎ニ一家紀念報恩会ヲ開キ子孫ノ永ク祖先ヲ追慕シテ和親質朴ヲ期ス　是レ祖先ノ功ニ対スルノ赤誠ニシテ報恩ノ一端ナリ

于時明治三十年十二月廿五日

炭本治右衛門典則識之

本家　炭本久吉〇

以下分家八家連印

(38)　(1)に同じ。

「若子孫無之輩ハ十六人家筋七歳以下之内為養子其家を令相続也」

(39)　黒田文書。

(40)　拙稿「近世における讃岐満濃池の経営と管理」(『経済史研究』昭和十四年十二月号。本書第十二章)。

(41)　宝月圭吾著『中世灌漑史の研究』一一八―一一九頁。

(42)　炭本清太郎氏に就いて聴取。

第五節　井手守の管理機能

――年中行事との関連――

井手守が掌る大井手の管理に関する具体的な事項は「井手記」あるいは「瓶原大井手定記」に詳細に記す処であり、ことに前者は文禄四年の記載であるが、開鑿の来由とともに中世以降の管理法の要点を記しているから、正しくは中世の管理慣行をそのままに記述したものと見るべく、さらに寛永十一年、火災に逢って井手記の軸端を焼き、文字不足となり、また同じ他の一軸は掛雨漏で字画が不分明となったので、二軸を校合の上、あらたに記し直し、またさらに承応二年に瓶原が例幣使料と定められるに当り、京都所司代板倉周防守の披見に具えたものである由が見えるから、この井手記は実に大井手の規矩を記した無二の宝典であったことが知られ、後者は正徳四年井手守仲間により、仲間の慣行が成文化せられたもので、前者よりも一層詳細に、年中行事的な細部に亙っての記述が見られる。今両者の内容を比較綜合しつつその大要を叙述するであろう。

井手守の行事は慈心上人の命日である正月十六日をもって初まる。すなわち井手守の十六人は海住山寺に参集し、新年の挨拶とともに種々行事の打合わせをし開宴。

正月下旬　塵取捨と称して井平尾村井手守方へ十六人が参集し、井手の中に溜った塵芥を取捨てるとともに、十六人は年比べをし、その年の一老、二老を決定し、その上で井手祭の吉日を撰び定める。井手祭は井手の神である八大竜王(水神)にちなみ、竜・巳の日を撰ぶ例である。

正月下旬　井手祭は一老の家で経営する筈であり、井手杭への備(供)物として、八大竜王を祈り籠めてあると伝える、井手枕の上流約五〇メートルの右岸に在る巨岩の蔭に御幣・白餅・酒を三重の棚を拵えて祀る。儀式の次第に就いては口伝があり、井手祭の奉仕は十六人の内末座二人の役である。餅の数は十六個で、井手守の人数を表示する。祭終って帰宿の上、白餅・酒の振舞があり、昼食・夕食をともにする。

春から夏にかけ、井手祭を初めとし、以後十五度井手守の会合があり、報恩講と称し、一汁一菜・酒二献を限度とし、その度毎に井手堤の破損個処の修理をする例である。もし破損が大きくて、井手守だけの手に余る場合は、郷中役人へ断りの上、郷人足をもって修補する。

十五度の会合の外に寛かけの会合がある。船玉の祝として酒宴。入用は郷中の負担。
四月末「早開《さびらき》」と称して十六人が集合し、一老から十一人目のものの勤めであり、米と大豆で粽を造り、諸神・八大竜王・慈心上人に献じ、その上で粽・酒で祝儀がある。早開とは井手守の給田十六反に植初めることの謂であり、この後瓶原郷中の田植を行う例である。この日瓶原郷中は軒並に出て、井手枕から井手の末まで井手掘を行い、なお当日は海住山から末座の僧八人(海住山寺が多数の僧侶を擁したことを知る)が出て、井手枕で水旱災がなく、五穀成就の祈禱を行う。八人は八大竜王を表示したもので、井手の行事が如何に中世的・宗教的な雰囲気の中に行われたかを察せしめるものである。井手掘には出産の家七十五日、死穢三十五日の忌日がある。

早苗振はまた吉日を撰び、井手守中十二人目の担当であり、同時に水掛けの開始となり、以後井手守中毎日二人宛、井手の末から枕まで巡回し、水の漏れ費えのない様監督する。ただし奥畑村の井手守は井手枕に近い故、俄の洪水の節は直に馳至って水を切落す役を有するから、毎日の勤からは除外せられている。なお十一ヶ所のはつしは、急雨に際しては全部奥畑村井手守の切外す役であるが、個所が多く、一人では手が廻り兼ねるから、最下流の三個のはつしは井平尾・口畑・仏生寺三ヶ村井手守の担当となっている。水掛けは五月節三日前が恒例のようである。この日の造用酒食代も郷中の支辨する所である。

五月から八月までの間、旱魃に際しては杭入が行われる。すなわち旱魃で流の井末にまで届かないようになれば、井末である西村・河原村の井手守で相談の上、十六人が会合して井手枕に上り、水掛けを行い井手への増水を計り、三日三夜これを行えば奇瑞が現われて降雨を見る筈である。もし奇瑞が現われないで旱魃が続き、水秤石である頭巾石の水が五合程とも見える時は、いよいよ雨乞行事の開始を見、瓶原郷中は木津河原に出て八万八千の石塔を積み、海住山寺僧の法華経読誦、祈禱が執り行われる。

この間にまた田虫送りが行われ、その日は井手守で決定し、海住山寺僧の勤行がある。

十月十日　海住山寺で虫供養。

井手祭に初まる年十六度の会合（報恩講）中、夏当と称し、夏季に番の当る四人の井手守には、夏季は米・酒の値段の高くなることを理由として、米四升宛が増し与えられる。なお下戸はあま酒代の名の下に米四升宛を与えられる例である。十六度の会合の振舞（郷中の負担）が井手守に対する一種の報酬的な意義を有したことを知り得る。

七月末　杭拵ならびに杭打がある。十六人が集り、杭は瓶原郷中高百石に付弐本宛の割合で、長さ二間、末口二寸の杭を出し、これを登大路村の井手守の所に集め、井手筋の中あいだ（地名）から下流に当る分水口十一ヶ所を改め、杭を打つ。杭拵当日の宿は登大路村の井手守の宅である。杭打にも上人以来の掟としてその担当分が定っている。

十月二十日　報恩講の終り、蛭子講の祝儀があり、十六人中の末座の当番である。十六人が参集の上、井手守仲間一年中の諸色算用がある。当日は昼食・夕食の振舞がある。

なお十六度の会合を行うに当り、月に四日の忌日を設け、これを避けている。すなわち朔日・三日・十六日・二十八日であり、さらに三日・十六日は解脱、慈心上人の命日とてこれまた忌日となっている。

以上井手守十六人の大井手管理に関係する、年中行事の概略を述べたが、次に右に要する費用、すなわち彼等が「井手の桝とて往昔慈心上人様ゟ伝来の御桝」(43)と称するものの内容を示す。

一　米四斗　　井手祭入用

訳　三升　　井手杭へ備下御酒代

　三升　同　白餅代
　壱升　　御幣ノ紙代
　壱斗五升　　めし代
　壱斗壱升　　酒代
　七升　　宿ニ而の酒代

一　米四升五合　新訟とて一老・二老・触役三人へ壱升五合ヅツ遣之
一　米壱斗　ちや代とて井平尾村井手守四人へ弐升五合宛遣之
一　米壱斗六升　なつとう四人へ四升ヅツ増遣也
一　米壱斗五升　樋見造用　西村井手守へ遣之
一　米四升ヅツ　下戸之分あま酒代
　　是ハ十六人之内下戸ノ分人数不定
一　米壱斗五升　早開入用
　訳　七升五合　ちまき代
　　　七升五合　御酒代
一　米弐斗七升　触役取
　訳　壱斗三升　ふれ役取
　　　壱斗三升　ロあけめし代
　　　壱升　　紙代但帳帋也
一　米三斗六升　十月二十日(蛭子講)入用
　訳　弐斗三升　もち米代

八升　　　　さけ代
五升　　　　へつい代

合計壱石六斗三升五合以上（あま酒代の人数不定の分を除くから）に達し、会合のしばしばであっただけに、郷中の負担も僅少ではなかったことを察せしめる。

以上の年中行事を通じ、その特色と見るべきものを列挙すれば次のごとくであろう。

1　井手守行事の数々がいずれも海住山寺との深い繋りを有し、大井手の開鑿および井手守の設置、その後の維持・管理等に関し、海住山寺の関係したことの如何に甚大であったかを示している。

2　雨乞行事を初めとし、行事中に祈禱の占める部分がはなはだ大であり、忌日の定め、数のとり方等、井手の開鑿せられた中世における宗教の偉大な勢威の程を反映している。

3　井手守が近世の村役人的な色彩よりも中世の荘官のごとき立場を有し、村人から撰ばれた井手の管理者と云うよりも、井手の所有者である海住山寺の代官としてのような性格を有したこと。それだけに近世を通じてようやく前代の伝統を伝え得た井手守も、明治以後に至っては行事の細部においては兎も角、瓶原郷における社会的地位、ならびに大井手支配の実権に関しては重大な変化を遂げざるを得なかった。井手の管理における支配権の一部分の喪失、行事に要する費用の額の限定等がこれである。

4　「大井手之覚」中に「口伝」と記す個処が三個処ある。すなわち水秤石によって水量を知る標準のことが一であり、井手祭の儀式次第がその二、七月末の井手水口への杭打に際し、その個処の改め法がその三である。これは「大井手三ヶ所の秘事にて普く志る事にあらず不至ハ志るべからず」(44)とあって仲間の神秘化し、タブー的な意義をもたしめたものである。三の中の一は、もっとも神聖であるべき井手祭に関することであり、他の二は水量の測定および用水の分配に関するもので、ともに大井手の成立した時代と、その有する意義を示す、大井手の根本的重要事項とも称すべきものであって、これが口伝として一般民への伝授の防がれた処に、十六人の株の有した封鎖性を窺いうるのである。このような点から考察しても、井手守株の分裂・異動を生じたのは主として明治以降、前述した給田の処分以後に懸るものの多いことを推察せしめる契機が存するのである。

井手守の機能は井手の管理・維持に終始し、用水の問題においてもっとも重要であり、かつ紛糾を生じ易い用水分配に関する規定の少いことは珍らしい事例と称すべきである。杭打以外には「大井手之覚」に唯一つ、次の如き条項を見るばかりである。

一日照之時ハ番水に仕河原村・岡崎村・西村此三ヶ村へ水を取流之末ゟ次第ニ入上リ申候

下流救済の為の手段であり、現在もこれに類する非常の方策が執られている。すなわち植付終了後、河原・西村・東村は「水もらい」と称し、午後一時頃から同三―四時頃まで、上流部に当る井手沿いの分水口を塞ぎ、その全水量を三ヶ村の水田に注ぐ慣習があり、下流の困難を認識し、上流村々は「貰い水」を容認してこの慣行を続けている。上述以外には具体的な用水分配に関する細則の存在しないことは、大井手の引用水量が常に豊富で、あるいは旱魃程瓶原郷は豊作と云い、あるいは瓶原郷の雨乞は他郷の行って後、もっとも遅れて開始せられるから、瓶原郷が雨乞を開始する時期になれば、如何なる旱年でも、すでに降雨期が近く、程なく降雨を見ることが多いために、瓶原の雨乞の効果的なことを近郷に信仰せられた程に、用水に恵まれた地域であり、したがって他郷のような甚しい旱魃の経験も少なく、[45] また水量が豊富な故に、水口に溝幅の定めもなく、したがって分配に関する争論も稀で、これに対する井手守の関心を要しなかったことに因るであろう。一に大井手の絶対的な効果の賜であり、このことが慈心以来の掟が今に信奉せられる所以でもあろう。

(43) 炭本文書「瓶原大井手定記」。
(44) 右に同じ。
(45) (28)に同じ。これを唯一の例として残している程度である。

第六節 結言

瓶原郷九ヶ村、近世におけるその石高二千四百石の地を潤し、従来の畑地ばかりであった瓶原郷の地を、近郷屈指の能率の高い水田地域と化した大井手も、本邦の各地に見られる類似の灌漑施設に比べれば、その規模は必ずしも大きくはないし、また一筋の用水の疏通が、水田農業の支柱となった事例もまた尠くはない。然るにも拘らず、敢えて本稿を成した所以は、瓶原郷がその自然的環境から、一郷としての統一にすこぶる有利な形勢に在り、時代の推移にも拘らず、常に自然的・精神的な村落結合を存続し、鎌倉期貞応元年に開通を見た大井手を瓶原郷水田農業の根幹とし、井堰の開発者である海住山寺僧慈心が定めたとする十六人の、家筋の定った井手守を中心とし、その手中に委ねられた管理機構を今日に伝え、中世における用水支配機構の様相をほとんどその儘に受け継ぎ、全国的に大観しても、その類例の少い、興味の深いものが存するからである。残存する史料の記載せられた年代は、いずれも文禄以降に限られるとは云え、近世的秩序への推移期に当り、井手の開鑿の恩人である海住山寺の慈心上人への信仰と相俟ち、中世の貞応以降執り行い来った慣行の数々(恐らくは口伝の域に止ったもの)を録したものであるから、中世の姿をその儘に伝えるものと考えるべきであり、井手守株の固定していた事情は、またよくこのような中世的管理機構の存続を助け、現在にその様相を残したものである。

大井手の開鑿に当っては、瓶原郷における海住山寺の有した地位、およびこれをめぐる瓶原一族と唱えた中世的土豪の存在したことを無視し得ない。学侶・行人の多数を擁して宗教的に、また世俗的に、洛南での一勢力であった海住山寺、これに在住した、その前身が歴々の公卿であった慈心の力、慈心と深い関係を有して瓶原郷を掩有した土豪としての瓶原一族の勢威、このようなものの合体が、克く他郷を圧して、幾多の中世的障碍を突破し、隣郷和束郷内に取入口を敷設し、その妨げを制して、大井手の基礎を確立し得たのであった。こうして大井手の存在は中世的環境における、一庄・一郷を単位として成立した用水施設としての典型的な一例であろう。比較的小規模な井堰であるとは謂え、七〇〇年の古の開鑿に懸るものでありながら、今日もこれに何等の改更を加える必要のない大井手の設計は、慈心の名によりて代表せられる、土木技術の優秀であったことを察せしめるものがある。井手の開鑿、全郷の水田化とともに、肥料供給源としての入会草苅山の制が厳としてつとに立てられ、井手とともにその制の維持して来られたことは、自給自足を根本的な立脚点とした中世荘園経済のもっとも完成した形態であったことを示している。

瓶原郷の村々にいわゆる株となって固定・残存した井手守は、井手の開鑿に当り、慈心を助けたいわゆる瓶原根本百姓の後であり、近世に至っても、村役人的な地位を占めて村内に重きをなし、繕田・井料・給田とその名称および意義を異にしつつも、事実においては、同一の田地である三町三反の地を等分して所有し、特別の事情の無い限り、その株の異動を防ぎ得て、今日に至っても、明らかにその家を指摘し得ること、瓶原郷に今も残存する宮座の制とともに、生きた史実として、瓶原郷の村落構成上、意義深い問題を提供する。

井手守による大井手の支配・管理は「上人以来之掟」と称し、近世初期に成文化せられた慣行のままに、その細部に至るまで、掟の通り行われ、正月下旬の井手祭に初り、十月二十日の報恩講に終る十数度の会合は、雨乞行事のそれとともに、海住山寺を中心とする、如何にも濃厚な中世的雰囲気を伝えるものであり、このような行事の費用の負担が、総べて瓶原郷中から行われ、最近に至るまで、毫も改変せられなかったことは、水の歴史の伝統とともに、井手守が瓶原農村の根幹である大井手の支配と関連して保持して来たその特権的な地位を示すものであろう。敢えて用水管理の中世的遺構と呼びたい所以である。

（一九四三、八調査、一九四三、一一稿『東亜人文学報』四巻一号〔一九四四、三刊〕掲載　一九七一、九再訂）

第十章　美濃国根尾川筋席田・真桑両井組間の番水制

第一節　番水制の成立過程

根尾谷の深い奥から出る根尾川は、享禄年中までは現在の糸貫の流をその流路として来たが、享禄三庚寅年六月三日に大洪水があり、流路は変じてあらたに西方の大籔を打ち抜き、ここに他の一筋、籔川の出現を見るに至った。(1)
(享禄三年の大洪水を一に枝広流れとも云う由、その謂は土岐氏の家士、枝広某、この洪水に邸諸共押し流されて溺死したのでかく云うと伝える。(2))

席田・真桑の両井水はつとに根尾川(糸貫川筋)を承けて、それぞれ席田・真桑の郷を潤して来たが、享禄三年の大洪水を期とし、その取入口に変化があり、ここに両井組の関係は新たな発足をすることとなった。(3)

席田井組は従来所謂「山口一ノ井」(4)として、根尾川の谷から出て平地に流入する山口の地で、最上流位置にその取入口を有するものであったが、流路の変更によって、既往の上・下関係の一応解消し去ったのを機に、「二ノ井」に当る真桑井から、その水を取り度いとの願が領主で美濃の守護大名でもあった岐阜城主土岐氏に訴え出でられ、以後一一〇年間に亙り、根尾川用水の取得権をめぐる席田・真桑両郷(井組)間の争が、番水制確立の年である寛永十八年まで繰返し継続せられることとなった。

この両郷の井水論解決に対する土岐氏の態度は、既得権を有した席田井郷の特権の保護・確認にあったもののようで、享禄四年五月、馬場孫六景茂の名によって席田十一ヶ郷の名主・百姓中に当てた「席田井水之事可為如先規」(5)との折紙を初に、同名修理進入道景吉の名のある「従来の筋目に任せ、山口一之井を堰き、井水を採るべき旨」(6)の折紙をも得、翌五年六月、真桑から莚田の井堰を理不尽に落した際には、さらに改めて松橋又七自之の署名のある一通の折紙(7)を得て、席田井組の既得権を早くも確立し得たのであった。

以後天文拾弐年にも真桑方から岐阜へ訴え出て、竹腰四郎右衛門の証文が席田井組に与えられた事を伝えている(8)が、その折紙は紛失して実物の存しないため、その真偽は不明である。なお年号は不明ながら、天正の始と伝える、稲葉刑部亟良弘の「井下名主御百姓中」に宛てた、上使を遣わして見分を遂げしめ、先々の如く心得べしとの一札(9)も現存するから、享禄五年以降も同様の紛擾が繰り返されたものであろう。

戦国も過ぎ、徳川の世となっても、席田・真桑の水論は継続するが、その形式は前代とは異り、その地の地頭・領主の許に訴え出るに止らず、これを駿府あるいは江戸に持出し、幕府自身の手による裁許を得ようとするに至ったことであり、時代に伴う用水論の審判者の変化と、これに対応する農民のこの問題に処する態度を示している。すなわち慶長十二年、席田が加納城主松平摂津守の領下であった時から、両者の裁決は地元を離れて、以後は駿府に移されたのである。寛永に入って相論はさらに頻繁の度を加える。すなわち

寛永二年大日旱に付、真桑方から瓜畑(名産の真瓜を江戸の将軍に献じ、その瓜畑に灌水するのを口実として、真桑方は非常の際の用水分配を得ようとしつつあった。このような機会をも利用して、中央との接触を多からしめ、有利な立場を得ようとした真桑方の苦心に注意する必要がある)に注ぎ度い由を申し出たため、領主松平摂津守はその家臣河村善兵衛に井頭小右衛

門・喜藤次を差し添え、江戸に下したのであった。(10)井組間の水論が領内の井組を保護しようとする近世領主間の対立となり、さらに領主のみでなく、地元農民の立場の代表者としての井頭をもこれに加えるに至ったことは、新しい用水論の傾向として注目に値する。

寛永九年、同十四年(11)と両者の角逐は続き、幕府も両井組関係の根本的な調整をしようと決意したものと見え、市橋下総守・高木藤兵衛・高木治郎兵衛の三人の検使役の山口分水所への派遣(12)となり、現地で両井組の対決があり(六月)、さらにその七月には江戸評定所にまでその対決を延長している。この際の領主(加納城主)大久保加賀守の態度には注目すべきものがあり、その郡奉行二人を江戸に下し、次のような強硬な決意を表明せしめている。

加納城主代々飛騨守代迄(筆者註、松平)代々此井水を往古之通り被申所ヲ加賀代ニ罷成岡田将監支配ニ而新法可仕由申掛候此上ハ加賀守身代ニかへても不被成と被仰候　(傍点、筆者)

たといこれが席田井組側の記載であるとは云え、席田側が享禄度土岐氏の折紙以降の数々の証拠をもって、真桑方の度々の要求を斥け得た所以は、「一ノ井」の既得権の存在のみでなく、このような累代の領主の絶大な保護によった所の頗る大であったことを思わしめるものがある。また真桑方に対する、その領主で幕府の当路者でもあった岡田将監の尽力の一方ならぬものが、この頃から加わりつつあったことをも指摘し得るであろう。

こうして席田・真桑の関係も、ついにその最後的決定の時を迎えるに至った。寛永十六年、加納の城主に転封があり、大久保加賀守に代って明石から松平丹波守が入部(13)すると、これを機会に岡田将監の斡旋で、老中加判の奉書が戸田左門(大垣)・松平丹波守(加納)に宛てて達せられた。すなわち

濃州真桑方席田方井水論ニ付真桑之百姓年々当地江致参上訴訟申候彼井掛之所ニ両人知行も有之由ニ候得共以相

談落着可被申付候為其如此ニ候　恐々謹言

十月六日

阿部対馬守　判

阿部豊後守　判

松平伊豆守　判

戸田左門殿[14]

松平丹波守殿

老中の権威による、両者の関係の調停のための強制命令である。これに加えて岡田将監からさらに戸田左門宛の書状もあり、よって加納、松平丹波守は井下の井頭・庄屋に廻文を発し、岡田将監の大垣来着とともに、左門・丹波守・将監の三人の評議があり、井下井頭・庄屋に対して、ここに初めて四分・六分の分水が命ぜられ、「御奉書到来故」とのことで、「もり水四分」[15]を真桑方に譲ることとなり、さらに十七年、高木三人衆および岡田将監の山口出張の結果は、十二時・十八時の所謂四分・六分の時分けの規矩がここに成り立ち、翌十八年から番水はいよいよ実施せられることとなったのである。もり水四分から時分け四分への発展に、真桑方の攻勢が察知せられる。その覚書は次のごとくである。

席田方

番水之覚

真桑方

一　席田方ゟ只今迄堰候一之井口ゟ弐拾間余下ニ而新溝掘渇水之時ハ席田方真桑方番水ニ可仕候一日一夜真桑方二夜一日席田方此分ニ而十弐時十八時之積四分六分相定申候此番水ニ仕候年ハ大水ニ而一之堰損シ候ハヽ席田

井方も真桑井方も立合　一之井堰可仕候番水ニ不仕候年者真桑井方のものかまい無之事

巳八月廿四日

岡田将監
高木治郎兵衛
高木権右衛門
高木藤兵衛

席田方真桑方村々在判[16]

面書之通御請申候

このように番水の原則は立てられたが、この前後の経緯から見て明らかなことは次の諸点であろう。

1　真桑井方の「御瓜畑」すなわち「上様江上り申御瓜畑之義[17]」を表面の理由とする、実に拾数度に亙る真桑方の分水要求、これが幕府要路への関係付けであっただけに、結果から見てすこぶる有力であった。

2　領主の度々の転封の結果、新領主の下では席田井方の保護についての領主の関心の度も漸く弱まり、さらにこのような転封権を有する幕府の用水統制権が、転封の度毎に強化せられたこと。

3　岡田将監のような積極的な、領主でしかも真桑方のために尽力した用水奉行の出現したこと。

4　「一之井」の既得権だけを理由とする席田方の独占が、幕府の統制下、ようやく合理的見地からも是正せられようとする傾向に立ち到ったこと。すなわち寛永十三年の席田井方の分水反対の訴状には「只今之分ニ水取来候而さへ莚田方者山口井口一ヶ所ニ而三万石余江かけ申井水道のり三里の間江かゝり申候ニ付而日旱之年ハ壱万石余日損仕めいわく申候」との申立も、真桑の困窮に比すれば物の数でないとして、上述の決定を見たものであり、幕府の手により、あらたに中世に定められた用水に対する規矩を改更し、その独自の見地による用水配分の再編成をなそうとする企てが、偶〻この席田・真桑の番水問題にも現われたものである。

なおこの番水制の決定を見るまでの間に、席田方が分水に反対して述べた陳訴の文言中にも、一、二の注目すべき点がある。その一は寛永十三年の訴状中で、真桑井方へ近年水の行届かない理由として、曾つて真桑井が南原で、根尾川筋二番目の井口で水を取っていた時は、水量も充分であったが、その地が真桑から距離が遠く、普請に多くの手間の懸るのをいとい、遙か川下で、五番目の井堰を立てたために水が懸り兼ねるようになった由を述べている点である。果して然りとすれば、真桑方が四分・六分の番水を得たことは、その永年に亙る努力と、その灌漑地域の一万余石に亙る広大さとから来った生産力の故であるとも考え得る。第二は寛永十六年、番水を命ずべく岡田将監の現地出張があり、席田方に番水のことが強制せられた際、井頭・庄屋は存外のこととし、江戸表へ断りに参るべしとさえ述べたが、奉書で落着せしめよとの両領主への命もあり、是非請けるようとの大垣戸田左門の意嚮により、断りも立ち難く、番水の承諾となった事情である。これは前述4の条項を更に敷衍するもので幕府の統制力の強化の一証標に他ならない。

番水の制は、かくして寛永十八年から実施せられるに至ったとは云え、技術的には未だ幾多の難点が残存し、解決にはさらに年数を要した。慶安三年の洪水によって井口が破壊し、再興普請に際して紛糾して決せず、同五年江戸で裁決の結果、枠・新堤が出来、井口弐拾三間宛の事が決定し、さらに寛文四年にも、番水口の事に就いて真桑方から江戸へ訴訟(18)があり、真桑方六人、席田方八人が江戸下りの上、評定所で対決、次のごとく決定を見た。すなわち分水口に六本の胴木を据え、井溝底の高低から生ずる双方の不平等を打破するためのものである。

真桑方席田方番水口如前々幅両方弐拾三間宛井溝底等内ニ六拾弐間之内分木御目論見通六通ニ被仰付候　以後井溝底損候ハヽ支覆仕右之通何々迄も可相守候為其一札如此ニ候　以上

寛文五乙巳年三月廿九日

真桑　席田村々井頭庄屋連判(19)

高木三人衆宛

この胴木据付は、縄張りを行い、地形の高下を測定して行ったため、「席田方弐尺余埋ル」(20)と言う結果となった。このような処置が、席田方の従来の有利性を減殺するものであったことはあきらかである。こうして席田・真桑両井組の間には「其以後猶山口井堰論無之候」(21)と云う状態が現出したのである。

(1)「井水略覚記」仏生寺村井頭引継文書、席田村仏生寺鵜飼光次氏保管。
(2)(1)に同じ。
(3)後述する享禄年間の折紙の宛名は、夫々席田(莚田が古い)真桑郷の名主百姓中に宛てたものである。
(4)(1)に同じ。
(5)井頭引継文書中に其の実物が保存せられている。曰く、

就去年六月高水に莚田井水之事可為如先規候猶委細同名修理進可令申候　恐々謹言

享禄四　五月廿三日　馬場孫六

景茂　花押

席田十一ヶ郷

(6) 井頭引継文書に曰く、

就去年六月洪水糸貫川始往古西籔川に付候然に莚田井水之儀従先規於山口為一井被執候任其筋目一井をせかれ井水を可被取候為其同名孫六折帋進之候　恐々謹言

享禄四　五月廿三日

名主御百姓中

馬場修理進入道
景吉　花押
莚田名主御百姓中

(7) 井頭引継文書に曰く、

其方より山口井水を先規の如くせかせられ候処ニ七ヶ井下之衆罷出理不尽におとし申候儀幷事之由藤左衛門殿新右衛門尉被申候て御屋形様江被得御意則為御上使罷越如前々七ヶ井下之衆ニせかせ無別儀其上七ヶ井下名主御百姓中一行をさせ可被遣候慥に御うけ取あるべく候為其如此申入候　恐々謹言

享禄五　六月十三日

松橋又七
自之　在判
莚田井方名主御百性中

(8) 井継引継文書中の「元禄七甲戌年　莚田井水並井頭之訳覚書」中に曰く、

「一、天文拾弐卯六月七日斉藤山城守様御代竹腰四郎右衛門殿より井下拾壱ヶ村名主百姓中之折紙御証文被下候」と。

(9) 席田井水の儀に付而御上使被遣候如先々可令其覚悟候若違乱方候はゞ任交名《カ》可被申越候委細御上使可被申候間不能子細候恐々謹言

七月八日

稲葉刑部亟
良弘　花押
井下　名主御百姓中

(10)「井水記」による。
(11)(8)に同じ。
(12)(1)に同じ。
(13)井頭引継文書。
(14)(1)に同じ。
(15)(13)に同じ。
(16)(13)に同じ。
(17)寛永十三年席田井方の四分・六分の番水に対する反対訴状、井頭引継文書。
(18)「井水記」中に曰く、

寛文四年六月真桑方追付江戸江罷下り番水口之儀御訴訟申上御裏書を以席田方江越し申候
一　同九月廿八日席田方罷立十月十四日両方共御評定所江出ル　此時度々対決有之井口之内同木ニ被仰付候十月廿五日被
仰渡相済也
一　三月廿九日高木御三人衆山口江被成御越証文被仰付候

(19)井頭引継文書。
(20)「井水記」による。
(21)(8)に同じ。

第二節　番水施行の手続とその意義

番水施行の手続に就いては「井水記(22)」中にその詳細な記述がある。今暫く順を追いその大要を述べるであろう。

1　番水開始の用意　永々旱天が続き、山口分水個処での四分・六分の時分け番水法による分水を必要とするに至った時期は、当然山口では察知し得るから、席田井組の井頭は、山口に人を派してその状況を連絡承知し、大堰の莚張りの所の軽重を改めるとともに、早々割符を井組村々へ廻し、少くも一両日前には登せて置く必要がある。すなわち「番水莚村々割付覚(23)」があって、井組村々の差出すべき莚数および人足数には慣習的な規定が存する。上西郷・中西郷・北野・小西郷・下西郷・西改田・上保・芝原・福田地・三橋・石原・郡符・春近・仏生寺・加茂・両町地方・地下の十七ヶ村はそれぞれ莚および人足を、例えば

一莚八束八枚

六束三枚人足六人　　上西郷村

のごとくにして差出す掟である。しかし人足に関しては「格別少水とも相成候時ハ井下人足呼立候程之儀も無之節ハ山口村江相渡候儀も是迄度々有之候」とあるように、大抵は井下村は莚ばかりを出し、人足は山口村で雇う事が多かった。山口村の人足請負人は次のごとき一札を提出する。

一札之事

一　当番水堰之儀席田方堰石ヲ以真桑方川口留切候段夕落朝落共当村江請負申処相違無御座候然ル上ハ夕朝共御

差図之刻限聊無遅滞一旦ニ急度留立可申候為其仍而如件

山口村請負人惣代
氏　　名

御井頭中

莚はそれぞれの場合によって軽重がある。高百石に付七から、軽い節は四位の割合であって、その莚の請取には「巧者成小遣」が遣され、立会改めの上請け取った。莚を代銀で差出すことは厳に禁ぜられていた。(24)

2　番水の開始と解除　　番水は真桑方からの申込によって開始せられる。すなわち真桑から「暮六ツ明限」に申込んだ節は、小遣および人足を山口へ飛ばせ、山口の雇人足をもって即刻大堰を「ぬり留」めるのである。こうして最初席田方へ水を取り、次いでその日の夕落から真桑方へ取り、番水の開始となる。

もっとも真桑方から番水の申来り次第、席田の井頭は切配符で村々へ早々触れ知らせるが、申込は真桑から席田井組の井元仏生寺へ申来る先例であり、仏生寺の井頭から他村の同役へ通達する。また番水がそれぞれ領主の斡旋によって成立したために、従ってこれを監督する意味であろうか、番水を申来った夜、井頭から翌日支配奉行の出張を乞うべく、支配所へ使が派せられる。

こうして開始せられた番水は、降雨がなく、日旱の続く限りにおいて、夕落・朝落と繰返し引続いて行われ、延享四年の例のごとく、真桑方・席田方それぞれ七回宛落している程である。また番水が格別長く続く時は、先例により能郷の白山権現へ井下村々から雨乞の代参があり、さらに伊勢へも雨乞の掛かることさえあった。(25)

番水中は当然堰口に番人が附け置かれ、時計り役が置かれ、鐘を打ち、拍子木を鳴らせ、番水の切替えが行われる。(26)

繰返し番水の行われる場合、六ツ落す(六回)迄は井役高(後述)の村々から落し、七ツ目からは曾井中島・長屋・見延・文珠の村々へ助落しを依頼するが、これは夕落しばかり三度であり、朝落しは下の村々から落す例である。

番水は降雨があって水嵩が増し、番水の必要のない時に至って初めて解除せられる。解除の要求もまた真桑方から行う処である。かくて井頭はふたたび配符をもって井組村々にこの事を通達し、番水は止み、大堰のもれ水分水となる(四分・六分となるように堰口を開け、技術的に分水するを云う)。この際の配符は次の如くである。

番水之儀今日少ゝ出水候付両口ニ可致段只今真桑方ゟ申来候依之大堰水分レいたし候間此段御承知可被成候

(22) 井頭仲間引継文書「番水覚」による。

(23) 右に同じ。

(24) 「但右莚代銀ニて登せ候村方無之様配符追而書ニ可申遣事」

(25) 「番水覚」中の「両乞之節井下江配符」による。

(26) 「……時計番立会左之組合之通割付刻限中郡符村福応寺江御立会可被成候尤時斗刻限ニ至候ハヽ鐘を撞堰所之番人足江柏子木無間違打次候様御申付可被成候　以上」と配符の文言にある。

第三節　番水制を中心とする席田井組の組織

1　井組の組織と負担　席田・真桑両井組間に六分・四分の時間番水の行われる際には、席田井組内に在っても井頭の支配の下、さらに整然たる時間配水(刻割分水)が行われるが、このような配水法を採用するに至った基礎としての、席田井組の組織および負担に就いて述べることとする。

席田井組は旧の席田郷をもってその区域としたからこの名がある。井組の組織は享禄三年の大洪水以前からすでに定っていたであろうが、これに関する史料を当然欠いている。「番水制の成立過程」の節で既述した、享禄四年五月二十三日の「莚田井水の事先規の如くたるべし」との一札は「席田十一ヶ郷」の名主百姓中に宛てられたものであるが、今ここにその郷名を明かにすることさえ不可能である。

村名を記したもっとも古いものは、年代を天正中と伝える(27)「莚田山口井水村数之覚」であり、その内容は某年三月二十四日、莚田井組二十七ヶ村から、山口井普請について井組中から修覆工事を行うことを願い出たものである。あるいは前後の事情から、伝えるごとく天正年中のものかとも思われ、席田井組の組織を示す、もっとも時代の古いものである故、煩を厭わず掲出することとする。

一　上の方(上保)村	一　きく松村	一　福てんじ村(福田地)	一　三はし村(三橋)
一　ぐんふ村(郡府)	一　はるちか村(春近)	一　かいてん村(改田)	一　しははら村(芝原)
一　かも村(加茂)	一　石わら村(石原)	一　仏生寺村	一　さいがう村(西郷)
一　そい村(曾井)	一　長屋村	一　もんじゆ村(文珠)	一　まばせ村
一　いもしや	一　北方村	一　中島村	一　三のへ村
一　川部村	一　東改田村	一　山口村	一　□□□村
一　又丸村	一　しつけ(尻毛)村	一　五もう村	

〆廿七ヶ村

去年大水ニ付而井口打うめ水一円ニ通り不申候右之村中ゟ普請仕候様にと申候へ共下〻おもそろい候ハヽ、普請仕

候事不成候間御意得申事に候池田三左衛門御知行之時も右之村〻悉出候而普請仕候其後太閤様御蔵入之時もいぎ
清兵衛殿御代官にて普請被申付候条今以右之村〻罷出御普請仕候様ニ被仰付可被下候左様ニ無之候へハ莚田之郷
中之義者不作仕事候間さて〳〵致言上候　以上

莚田百姓中

三月廿四日

武光新次郎様
長野次郎兵衛様

天正度二十七ヶ村の席田井組は寛永十三年(28)には三十ヶ村、寛文四年(29)にもまた同様である。すなわち天正の頃から井組の範囲は確然と決定しており、唯、一村の行政区画の変更により、分離独立したものもあって二十七ヶ村から三十ヶ村に増加を見たのである。

さて山口大井口(30)において、四分・六分の分水を受ける席田・真桑両井組の石高合計は三万八千百三十六石余、内四分方(真桑)一万三千二百八石余、六分方二万四千七百二十八石余で、事実上の石高の比は真桑方を四分とすれば、席田方は六分よりも遙かに大となる。この理由は元来六分方の石高は壱万八千石であったが、後に述べる下郷八千石があらたに加わったためである。(元禄年中の金谷井論の裁許には既に二万四千石と記載せられている。)

この二万四千余石の村々は、これを領主別に観察(31)すれば、天領八百九十四石二斗・安藤対馬守領分一万八百二十九石八斗三升六合八勺・戸田孫十郎知行所五千百四石一斗一升二合・戸田隼人正知行所四千九百八十石七斗八升六合・石河伊賀守知行所千六百十四石三斗六升八合・大嶋久左衛門知行所千百十三石八斗二升・松波平右衛門知行所百四十

石・円鏡寺領五十一石三斗八升の内訳となるが、領主による分領とは別に、席田井組の村々は負担上から、さらに次の三個の群に分れている。この事実こそは、井組その物の組織として、分水の量、および負担を左右する重大条件である。

(1)は「山口乙井井役村々」あるいは「莚田惣井役村々」と称するもので、上保・三橋・福田地・石原・郡符・春近・北野・西改田・芝原・仏生寺・加茂・北方・地下・柱本・小西郷・下西郷・中西郷・上西郷・春来町の十九ヶ村、石高総計壱万千二百九十石二斗二升七合の区域であって、本来の席田井組とも称すべきものであり、山口井堰普請の費用、番水・通水の費用、井溝浚普請の費用等、総べて井頭の割賦をもって負担するとともに、その反対給附である用水配分に関しても、完全な権利を有するものである。ただしこの内、特殊の例として柱本村の場合(32)が存在する。すなわち同村は元来熟地で、用水の不行届と言ったようなことは曾つてなく、したがって番水・通水には関係しないことを理由として、寛政九年十一月、負担の軽減を願い出で、井頭の採量をもって、番水・通水中の費用の半分は柱本村を除外し、残り半分は柱本をも加えた井組村々全体へ割付けることとなって落着を見たのであった。ただし次のような条件が保留せられているのは注目に値する。「若此以後柱本村江通水不仕候半而難叶時節ニ至リ候而通水之義御届ケ申出候ハヽ、番水通水皆入用不残向後柱本村高ニ割請可申候事」とある。

(2)は「莚田井役除ケ高村々」の内、「下郷」または「余流」とも称え、その位置は席田の最末流で、木田村井頭の支配下に在り、本流へは差出ず、番水・通水をも享けることがなく、上流を潤して余裕のある時に限り、その水を享けるものであるから、したがって井役高もなく、莚田諸入費の割賦にも応じないものである。すなわち東改田・木田・上尻毛・下尻毛・又丸・川部・曾我屋・寺田・高屋・河渡・生津の十一ヶ村がこれに属する。

(3)は「井役除ケ高」で、費用の負担を全くしない事は(2)の下郷十一ヶ村と同様ながら、「井上高」と称して(1)の井役高村々の地域よりも山口に近く、上流に位置する曾井中島・長屋・見延・法林寺・文珠の五ヶ村がこれに属し、(2)と(3)の井役除ケ高村々の石高総計は一万三千三百五十石に達して、ほぼ井役高村々に匹敵し、ことに井上高村々は、その位置が上流に在って、自然的に、井役を負担する村々よりも引水に有利な地位にあり、しかも井役を負担しない故に、その上流としての特権は、加えて甚だ大きいものがあったのである。たとえば、享保七年、乙井組の井頭・庄屋は井上無役高村々の立場を指して次のように述べているのである。「文珠村曾井中島村長屋村見延村此村〻之儀井普請役茂相勤不申大切之用水井上ニ而我儘ニ引取申流末難儀仕候(中略)外村並ニ被為仰付可被下候御事」[33]と。もってこれら村々の性質を理解し得るのである。またこの内から出た長屋および曾井の井頭が、木田村の井頭と等しく、莚田井組全部に亙る差配統制には関与しなかった事情も判明するのである。したがってこれ等の井頭は山口の普請開始の際も現場に出ず、他の井頭から工事に取掛った旨の挨拶[34]を受けるだけであり、また真桑方との番水に際し、七回目の落しからは、井上無役村が夕落のみは助落し[35]と称して助けることも、井役高がなくて、しかも用水を享けることの代償である意義を有するものであろう。

2　番水の配分　　番水はもっとも旱魃の激しい際、席田・真桑両井組の間に根尾川の全水量を吸収し、山口で十二時・十八時の時間単位の切り替えを行い、交互に引水する最後的方法であるが、番水に至るまでにはこれに先立つ分水・配水の方法が存在する。番水を述べるに先立ちまず是等に就いて概述する。

(1)　平均水　　ようやく渇水の徴が見え、用水不足の模様が感ぜられ、しかもまだ大川(根尾)の水の涸れない内は、この平均水と呼ぶ方法が採用せられ、席田・真桑の両井組は真桑方の要求により、山口分水所で目分量により四分・

六分の気持で真桑方へ水を分ち与えるのを常とする。これが平均水である。平均水のことは寛永十八年、両井組の四分・六分の番水が定められた際、すでに覚書(36)の中に見えている。曰く

大川之分カレ不申候内ハ一ノ井セキノ所ニテ四分六分之心持仕川下江モ水能ク参リ候様ニ仕置候而川下真桑方ハ石神更地上秋ヨリ真桑井下迄番水ニ可仕候川上莚田方モ長屋曾井文珠西郷〆莚田井下迄是又番水ニ仕候ハバ大形ノ日照ニハ両方事カキ申間敷候（傍点、筆者）

上述の覚書により、平均水が旱魃克服のための分水方法としては、第一の段階に置かれるべき手段とせられたことが判明するとともに、山口分水所においては平均水の名を以て呼ばれるものでありながら、平均水によって得られた用水が席田・真桑の井組内に導かれた場合には、両組内では既に自由分水ではなく、それぞれの組内での番水（井溝又は村毎への時間配水）法の採用せられるべきことを示している。しかもこの方法により、大抵の旱魃年には、用水に事欠かず過し得ることを期待しているのである。平均水によって得た用水を、井組内で時間配水とするのを席田井組では通水と呼ぶ。次に通水に就いて述べるであろう。

(2)　通水　通水はまた「通し水」とも呼ぶ。席田井組の乙井組（仏生寺・三橋を含む八千余石の組）の事例に就いて見るに、通水の執行は井頭の権能で、もし井組内で用水が不足し、旱損を被り、あるいは危機に瀕した村もあって、井頭にその由を届出でた際(37)は、井頭は早速現地を検分の上、その状況に応じて直ちに組内に触流し、配水時間表を定めて通達し、時間配水を行って旱魃の甚だしい個所から、順次重点的に救済手段を採るものである。きわめて新しいものではあるが、昭和十七年六月十一日の通水配符の場合をもって一例とするであろう。

乙井下流苗田用水不足ニ付今十一日夜ヨリ左記時間割ノ如ク下流へ通水ノ便宜ヲ計ルベク以後隔日ニ同時間ニテ

継続可致候事

昭和十七年六月十一日

井　水　取　締　□

各区長惣代御中

これは苗代水不足の場合であるが、各井溝筋毎に、またその井溝沿いの村別に、耕地面積に応じて時間が定められ、必要の大きい村から順次引水し得るように時間割は作成せられている。通水の目的を明瞭にするために、「但苗田以外ニハ用水ヲ引カサルコト」と注意が添えられている。また同じく昭和十七年七月十日からの通水の通達には左のように記され、上述の場合とは若干異るものがある。

乙井下流用水不足ニ付通水執行可致時間割左之通　昭和十七年七月十日午後九時ゟ

同十一日午後六時迄

但以後毎日同時間ニテ出水迄執行致シ別ニ御通知不申候

しかして六月十一日の場合とは異る村順によって、また配当時間も多少異って執行せられている。(38) 多年の経験と幾多の事例により、通水での分水配当時間割には大体の標準は定っているものの、時宜により井頭の採量に委任せられた部分の多かったことを知り得るのである。

すでに昭和十七年度の実例にも見られるように、通水を繰返す裡、根尾の水量はいよいよ減少し、やがて真桑方の要求があれば、真桑方との分水個処の山口でも、全面的ないわゆる番水に移行し、このような際はまた改めて席田の井頭から「番水時割」が井下に配符せられて、直ちに実施を見ることとなる。昭和十七年においては、七月十一日からの席田井組内の通水は、同七月十八日から番水時割となっている。しかし全面的な番水となっても、その組内での配当時間割には甚だしい変化を見ず、継続せられることが多い[39]。なお通水の施行に関しては、次の文言が明瞭にその実状を示しているので左に摘記する。

乙井組之儀者旱田出来仕候得者其村々ゟ年番井頭江届有之候ニ付即刻罷出田所見分之上届無之村々井口留切リ或ハ仮堰仕旱田之村方江刻割を以通水遣シ其村役人旱田養水配リ仕無甲乙様平均仕候儀ニ御座候

組内数ヶ村江引入候井口広狭水行之遠近有之川筋悪敷候故少水ニ相成候得者番水以前ゟ刻割通水仕候[40]（傍点、筆者）

(3)　番水　番水の実施は、上述寛永十八年の岡田将監および高木三人衆の真桑井組宛の覚書が、その開始の時期・方法に就いて的確に示している。四分・六分の番水を行うべき位置に関しては

一　莚田ヨリ旦今セキ候一ノ井口ゟ弐拾五間程下ニ而新溝ヲ掘渇水之時ハ莚田方ト真桑方ト新溝ノ所ニテ番水可
仕事

とあり、いよいよ番水を要求し得るのは

……若莚田一ノ井ゟ川下エ之水四分ゟ少ナク通シ候ハバ川下ノ水不足候ハバ真桑方ゟ断次第早速新溝之番水ニ可
仕事

の記載の示すごとく、平均水をもってしては、四分の水を真桑方へ得られない場合に、真桑方の要求によって初めて四分・六分の番水となることを示している。

しかも真桑方の要求が「暮六ツ時限」であるならば、席田方は直ちに山口井堰の「番水塗止め」を行うとともに、その水の最初の引水権を有し、翌日夕落（現在は午後二時）から真桑方に、一日一夜二十四時間の根尾川の全水が与えら

れる。但しここに一言すべきは、真桑方の二十四時間に対し、席田方の二夜一日、三十六時間をその儘に実施する時は、井口の切替時が真夜中となり、都合が悪いので、すでに寛永十八年の番水開始の直後から、席田方の要求により、三十六時間を四十時間と三十二時間とに分ち、席田方は四十時間(長)・三十二時間(短)を交互に繰返す方法を採用して来ている。

「番水刻割」(41)が通水と異る点は、通水が井組内の特別旱損所への重点配水を主眼とするものであったのに比し、「番水刻割」は、各井溝沿いの村別水田の石高(現在は灌漑反別)を基準に、長・短の時間をそれぞれ石高に按分し、もし時間に端数の出た際は、一回目と二回目に一時間の差を設け、その平均値が石高に割当てられた時間数にほとんど近いように、工夫して作成せられた合理的なものであり、さらにこの合理性を裏付けるものとして、乙井組では最初に配水を享ける上保村には、石高に対する時間当以外に、分水所から所要の水田まで、用水の達するに要する「水足」(42)三時間が計算外に考慮せられているごとくである。この「水足」はまた曾つては「壱時」(43)であったこともある。

番水配水の基準となるべき「刻割分水帳」は、井組内外の水田の新開が厳に制せられていたから、一度作成せられたものは相当長年月に亙っての使用に耐え、井頭の手鑑である「井水記」の中に記載せられていた。井組内に配水の不均等を理由とする水論等が起って改更せられるのでなければ、むしろ不変とも称すべきものであり、残存するものには「享保十乙巳年　莚田乙井掛村〻高石溝刻割分水帳」「席田井水乙井組時間割」(明治九年に作成せられた反別割のもの)等がある。

このような「刻割分水帳」には、乙井組内の割当てだけが記載せられてあるから、「余流」「下郷」と称えられる区域は、渇水時に際しては、何等の用水配分をも享けず、たとい無役高であるとは云え、一見六分方二万四千余石の中に含まれることの無意義であるかにも考えられるが、特別旱水の節は別として、多少余裕の存する時は、余流村々でも、しばしば番水中の配水を享けていた。すなわち「享保十六辛亥年六月　番水中井口時分ケ分量水日記」(45)によれば、余流又丸村は七月五日の明六ツ時から日中六時「正理東井口」掛なしで与えられ、また東改田および上尻毛村は、七月十日の四ツ時から暮六ツ時まで、山本圦膳輪東井口での四時を、又丸村は再度七月十八日、暮六ツ時から夜中、善輪東正理西井口星川口で分量し与えられたが、その夜雨が降り、中止となった旨が示されているのである。

席田井組の配水でしばしば問題を惹き起し、仏生寺・三橋の井頭の支配する乙井組の配水に支障を与えたものは、その上流に七ヶ所の井口を擁し、「井上無役高」と呼ぶ石高八千余石の地域の存在であった。これらの無役高区域は上流位置を利用し、下流をして云わしめれば「井上ニ而段々妨流末村々江水届不申」と云う影響を与え、配水をめぐって井頭の努力、処置を要するものは、いずれもその「段々妨」げる所の、施設の除去と云う事で在った。例えば享保五年、曾井中島村が、新規に川中へ築いた籠堰井ノ子の取払論、享保七年、長屋村の築いた仮堰を、下流十七ヶ村から取払ったことから生じた井論等と相継ぎ、こうして享保七年に至り、乙井組村々は井頭・庄屋以下連名で、七ヶ所井口へ夫々の石高に比例した胴木分水法を採用することを申し出で、隣の真桑井方では、すでに宝永年中までに全部、井組内の所々の分水口にはいずれも胴木分水法が採られ、上・下の間に違乱のない由を申し添えているのである。しかし乙井組の要求も遂に容れられなかったものと見え、翌享保八年には、上流井口の井凌えに対する、下流井頭の立会を認めるや否やに関して争い、また享保十七年には、曾井中島村の井口で、井頭の立会済の後に、村方から勝手に莚堰を作ったことが問題となり、曾井口井頭の以後を誓った陳謝によって事が収ったような事例が、繰返し起っているのである。

無役高井上村々七ヶ所井口の横暴以外に、乙井組内にもまた、通水と番水との移行・切替に関し、比較的井上に位置する上ノ保・北原・芝原・春近・石原・福田地・三ツ橋から、井頭の処置に関して抗議が提出せられている(文化九年)。これら上流村々の主張する所は、もし番水以前の刻割中(通水)に、真桑方から番水を申込んで来た場合は、ただちに通水を止め、井組村々一同平水に立戻り、番水によって得た四分の増水は惣村々で受け、通水はただちに止めるようとの、四分の増水の処分に関するものである。

井頭の反対理由は、そもそも番水以前に在っても、流末村々は川上よりも先に旱田が生ずる故、前々は流末にだけ通水が行われたが、近年は井組村々一同から通水願があるから、井頭が検分の上、旱損の軽重に従い、通水刻割を行いつつある処である。もちろん通水でも、下流から先に潤おそうとする時は、多分の水足時間の費を要するから、川上村々から順々に通水を行う所以である。もし只今の村々の要求のようにすれば、上流だけは通水がすみ、下流の通水中にも拘らずこれを中止し、四分増の水を惣村々で承けることとなっては、またまた川上村々で勝手に小川毎に堰止めて引水する結果となり、川下へは一切用水は下らず、殊に川下は早くから旱田となっているのであるから、通水がようやく来る頃になって上流が留め切られ、その裡に十二時を真桑方に譲り、後六分方へ落し、川上から順次配水するとなれば、丸三日程も下流は旱田のままに捨て置かれることとなる。したがってたとい番水となっても、未だ一順しない通水はそのままに続け、山口で四分の増水となった分は、井頭の計らいをもって、その分だけ通水時間の減刻とすれば合理的である。それにも拘らず、上流の要求のように処置すれば、下流の旱損はいよいよ必至であるとするのである。上流の身勝手な要求とともに、下流仏生寺に井頭が数多く存在して、下流の擁護に当ったことの意義をここに見出し得る。

さらにこれらの村々の中、上保村の立場は、一層上流位置の特権を極端に主張しようとするものである。上保村は曰く、上保は他村と違い、通水を引取ることは稀であって(上流で用水の便宜のよいためほとんど旱田を生ずることがないから)、もし番水となった場合は、上流位置を占める故に、最初に割り当てられる所の先水、および下流村々の通水刻割の時刻が過ぎて後、まだ山口分水所から大川通にかけて、湛え流れ残る水を引入れて来た村方である。したがって通水の刻限の終った上は、湛残りの水を一切下流へ下げることなく、上保の使用に任されたいと。

井頭はこれに対し、湛え残り水は元来上保村に割当てられたものではなく、「後れ刻限水」である。したがって組中で用水のまだ行届かない村々のために、手当として残して置くものである。また番水初めの「水足」時間中の走水も、組一同の物で、上保の私に引用することを許されない所である。もし上保にも用水の不行届の個処があり、旱田の生じた場合は、井頭へ届出次第、後れ刻限水を下流へ下すことを止め、上保村へ与えるであろう。一旦乙井口に入った水は、たとい湛え残りにしても、途中からの湧水であっても、組一同の水であり、井頭の差配すべき水であると返答している。

吾々はこのような具体的な事実によって、より一層、席田井水における番水配分の微細な点を知り得るとともに、数百年の経験の結晶である、このような配水法が、如何にも合理的なもので、井頭の配置およびその執り行う配水法が、上流・下流の不均等を制して、井組内の公平な用水の配分に適するように組織せられたことを知り得るのである。

(27)　(8)に同じ。

「山口井普請之儀ニ付延田百姓中より岐阜中納言様御代武光新次郎殿長野次郎兵衛殿へ三月廿四日に書付上ル年号天正年中と申伝也」とある。

(28) 寛永十三丙子年七月三日、席田村々から提出せられた四分・六分の分水の反対訴状。
(29) 「謹而上真桑村更地方ゟ指上申ル御目安返答書之事」寛文四年辰十月。
(30) 「井水記」による。
(31) 「山口井水惣高覚」。
(32) 「済口一札之事」寛政九丁巳年十一月。
(33) 「乍恐以口上書奉願ル御事」(享保七)寅ノ十月二日。
(34) 「井水記」中の「山口年番勤方」による。
(35) 「井水記」中の「番水覚」。
(36) 真桑井方文書「井水証書類写」中にあり。本巣郡志、下巻、八八六―八八七頁「寛永十八年の覚え書」。
(37) 文化九申年八月、乙井組井頭一同から差し出した「乍恐以口上書奉申上ル」の内に見える。本文に掲出する。
(38) 比較の為に「善ノ輪下」井口での通水配分の時間表を両度分掲げる。

A	六月十一日午後六時ヨリ 十時迄	郡　符(4)
	〃 十時ヨリ 十二日午前二時迄	北　野(4)
	〃〃 二時ヨリ 午後六時迄	小西郷(4)
B	七月十　日午後六時ヨリ 午後九時迄	上　保(3)
	各岩戸留切	
	善輪カセ下	
	十　日午後九時ヨリ 十一日午前三時迄	郡　符(6)

〃十一日午前三時ヨリ十一時迄　北　野(8)
〃〃十一時ヨリ午後六時迄　小西郷(7)

六月の場合は郡符・北野・小西郷の順で各四時間宛であったものが七月の時ではあらたに上保が最先に得、上保の終って後、今度は時間数が変って郡符六・北野八・小西郷七時間宛の通水を受けている。

(39)　七月十八日からの番水時間割を次に示す。

七月十八日午後二時ヨリ五時迄　水足三時間
〃十八日午後五時ヨリ十時迄　上　保(5)
一、善ノ輪東ロカセ下
十八日午後十時ヨリ十九日午前七時迄　郡　符(9)
〃〃七時ヨリ午後六時迄　北　野(11)
〃六時ヨリ二十日午前六時迄　小西郷(12)

(40)　(37)に同じ。
(41)　「刻割分水帳」として多年に亙る刻割の実例がその儘一括して伝えられている。
(42)　(39)参照。
(43)　「享保十乙巳年七月十日、莚田乙井掛村々高石溝刻割分水帳」。
(44)　享保二丁酉年八月、席田井組の上流、大野郡結城村之内牧野開田を差し留めた「結城村之内牧野改(開)田之儀双方和談之上取替し申一札」井頭仲間引継文書。

(45) この時の番水は六月晦日から開始せられている。

第四節 結言

莚田井組は享禄三年の根尾川筋の大洪水の結果として再生し、根尾川筋一之井の特権を守護である土岐氏から承認せられ、幾多の折紙にその証跡を残し、史料的には翌享禄四年から一貫した井組の組織・発展のあとを示している。莚田井組の成立史は、また他の一面においては下流真桑井組との水論史でもあり、莚田井組に対する真桑井組の分水要求は、両者の間に、寛永十七年番水制の確立を見るに至るまでの百余年間に、十数回に亙って繰返され、従来莚田井組の有して来った一ノ井の根拠とともに、近世初頭における度々の領主の交替にも拘らず、累代の領主がこの権益の保持に特別の援助を与えたことと相俟って、根尾川筋用水の独占的支配をなし得たものであった。

寛永年代に至り、真桑方は領主の一人に当時の幕府の要路を占める岡田将監を得て、莚田方に対する攻勢は頓に積極化し、その代表者は度々江戸に下って訴願を反覆し、ついに寛永十六年、老中連判の、地元の領主間でこの問題を解決すべき旨の奉書の下るとともに、岡田将監・高木三人衆の現地出張となり、ここに幕府と云う新しい全国支配的な統制力の下、双方の承水区域の石高の比によって、ついに四分・六分の番水のことは決定し、永く後々までの規矩は定められたのである。

莚田井組の範囲はすでに享禄年間から決定していたであろうが、その村名を明瞭に示すものは天正時代が最初であり、合計二十七ヶ村、その後に至っても、大略この村数には変化のなかったもののようである。ところが山口分水所での四分・六分の番水分水ばかりではなく、席田井組内での刻割分水である、通水・番水の制の確定を見た頃（寛永十八年以後享保に至るまでの間であろう。井組内村々の間の水論と、これに伴って増加した井頭の数とは、このような井組内の組織の完成化の過程における現象であろう）には、莚田井組は二万四千余石の区域中、井役高・無役高の別を生じ、前者は十九ヶ村、一万二千石、後者は井上と唱える五ヶ村、および下郷あるいは余流と唱える十一ヶ村、計十六ヶ村、一万二千余石の地域とからなり、井上高の区域は、席田井組全体に懸る費用を負担しないで、しかも上流に位置することから その特権として、石高に比例する用水量を、その七ヶ所の井口から得、ただ真桑方との番水落しに多少助力の人夫を出すのみであり、下郷は井役を負担しない代りとして、番水・通水等の渇水時の特別の用水の配分に与る権利はなくても、平時は井役高区域と同等の引水権を有するばかりか、番水中でも、井役高の区域に余裕のある時は、その幾分を享けたことが一再ならずあった。上述のように、このような負担を異にする区域の発生年代を明らかにすることは不可能ながら、井上、下郷に含まれる村の中には、すでに前述した天正年間の井組村々名の中に含まれるものがあり、[46] したがって井役高村々だけが最初からの莚田井組であったとはし難い。ただし下郷村々の地域は、末流で、地形傾斜の関係から自然と湧水が多く、[47] 仏生寺を中心とする井役高区域よりも用水困難の度は少なかった事情も指摘し得るのである。このようにして莚田井組とは乙井組を中核とする井役高一万二千石に近い地域を主とするものであった。

番水の実施はすべて莚田六人の井頭の支配に懸り、番水開始の準備、開始と解除等、それぞれ一定の手続があって、その詳細は井頭の手鑑とも称すべき「井水記」の中に摘録されている。

番水の配分にも三様の段階があり、一は平均水と称して、真桑井組との間にまだ時間番水を行うに至らないで、山口井堰の所で四分・六分に分ち、その水は井組内に入っては時間配分となるものを云い、二は通水と唱え、さらに渇水が加われば井頭の処置で、井組内喫緊の個処から順次時間配水を行うを云い、やがて山口での真桑方からの要求をもって、いわゆる三の番水に入り、莚田井組内も村別・井溝筋別の石高按分により、井頭の指揮下、その作成した時間割によって、通水は番水へと移行し、降雨を見ない限り、莚田方は真桑方へ与えられる二十四時間と交替に、四十時間、三十二時間宛を交互に繰返し、配水を受けるに至る。

このような一見極めて合理的な番水配分の行われるにも拘らず、乙井組を中心とする井役高村々の難点は、上流に七ヶ所の井口を擁する井上無役高村八千石を有することであり、井上八千石は、その上流の井口に、下流井頭の立会を待たないで堰留の新施設をし、また溝凌えを行い、また井役高村の中にも、通水から番水への移行に際しては、下流旱損村の困却を無視して、ただちに通水を中止し、上流から番水を行うことを要求するもの等があり、整然とした番水法の存在するにも拘らず、また席田が真桑の上流で根尾川筋の一ノ井であるにも拘らず、莚田井組の経営には種々の困難があり、乙井組の内、仏生寺・三橋に四人の井頭があって、莚田井組の統制に当るとともに、井役高村であって下流沿いの村々の立場を保護して来たことは、井頭の設置に当り、最初からこのような事情を予想して配置した結果ではないとしても、(48) 莚田井組の運営には後々好結果を収め得たものと称し得、また「井頭考」で論じたように、この井組には井頭と呼ぶ特殊な井組の統制者が世襲的に、享禄度の、莚田井組の再生前から継続存在して、大きい支配権を揮い、井組内外の事件の処理に当って来たその必然性も、番水をめぐる整然、かつまた一面複雑な莚田井組の機構の分析研究の結果から、初めて理解し得る処であり、このような事情が「井頭」あるいは「番水制」として席田井組の一事例を詳細に展開させた所以である。

(46) 東改田、又丸、しつけ(後上・下尻毛の二となる)の余流、そい(曾井)、中島、長屋の井上無役高村々の名が既に含まれている。

(47)　享保七寅ノ十月二日、乙井組の井頭・庄屋の「乍恐以口上書奉願候御事」(井上七ヶ所井口の胴木分水を歎願したもの)の中に曰く、「莚田総井組井掛高弐万四千石余……(中略)右高辻之内下郷十一ヶ村之内出水有之村方茂御座候ニ付八千石余用水之内千五百石分之水西郷村江分ケ可遣旨被為仰付候……」

(48)　本書第八章参照。

(一九四三、一調査、一九四三、二稿『経済史研究』二九巻四号(一九四三、四刊)掲載、一九七一、五補訂)

第十一章　佐渡長江川流域における耕地と分離した用水権「番水株」

第一節　長江川流域用水路の開鑿・発展と分水制度

長江川は源を佐渡第一の高峯金北山に発し、東南に流下して加茂湖に注流する、下流部での川幅約二メートルの小渓流であり、吉井村(現両津市)の東部がその灌漑区域に包含せられている。小渓流ながらも冬季の降雪量の多いこと、水源地域の斜面に樹木の密生しているため、年中を通じて流水量は比較的豊富である。

長江川の本流は吉井村域のもっとも東部を貫流し、西方に分派する諸水路は後述のごとく、いずれも西方に展開する斜面上の水田を潤すべく人工をもって成ったものであり、その分派の状況は左に記すごとくである。

- 長江川
  - 定江
  - 定江
  - 下　江(長江川本流)（長江および釜屋・籠米）
  - 上　江(三ツ江)
    - 大　江(上横山、下横山)
    - 中　江(上横山および三瀬川ノ一部)
    - 立野江
      - (三瀬川)
      - 太郎右衛門江
      - (立　野)
      - (本　郷)

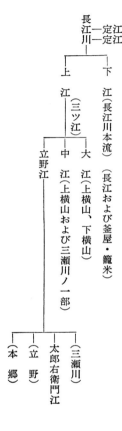

すなわち長江川は左岸に二本の定江(後述)を分って間もなく、長江村字稗田で一度本流を堰止め、現在はコンクリート[1]で築造してある分水口に上げて上江、下江の二水路に分ち、下江の流水はただちに長江川の本流に戻り、天然の流路がそのまま下江の用水路となり、上江は人工の用水路となってやがて三ツ江の分水点に至る。三ツ江はまたの名五ヶ村分水であり、そのわけは後述するであろう。三ツ江とは大江・中江・立野江の三水路に分岐するからであり、立野江はさらに三瀬川、立野、本郷の三水路に分岐する。三瀬川江からは右岸に「太郎右衛門江」と称する小定江が分れているが、これに就いてもさらに後に触れるであろう。

以上記した用水路の区域は、いずれもいわゆる「番水江方」に含まれるものであり、長江川の水を直接に引用し、番水法によって配水するからこの名があり、さらに上江の流末には「落水方」と称し、番水江方の落水を利用して灌漑し、「落水十関」と称して「帆柱水」他九本の水路が存在する。

上述の各用水路における分水の制度は、番水制としても典型的なものの一つであるが、その制度の成立には他地域の場合と等しく、用水路開鑿の由来と不可離の関係を有するから、まずこの点に就いての説明を試みる。

天然の流路である下江から上江を分つ水路の開鑿の年代は詳らかにし難いが、中世足利期[2]とする推定が行われ得る。上江の開鑿に与った吉井の地頭は藍原氏であり、初め小野氏を称したが、鎌倉期の治承年間、秀俊の代に藍原氏と改め、頼朝に仕えて功があり、上州藍原の庄を得たと云う。後、建久年間に至り、本間・渋谷・土屋の三家とともに佐渡に移って吉井に在城し、吉井十六郷[3]を領して代々大和守を名乗ったが、後大和守秀氏に至り、上杉景勝の佐渡攻略に際会し、天正十七年六月に戦没、その子秀時もまた死してその家はついに没落した。

長江は本間信濃守の幕下で瓜生屋・長江・釜屋の三ヶ村を領した小地頭名古屋氏の居地であり、その五代雅楽之助重倫の長女と、前述藍原氏の嫡嗣との婚縁が上江疏通の契機をなしたとしている。(4) すなわち藍原氏は長江の山林が繁茂して水量の多いのを見、山水の余慶に与りたいと乞い、水路を穿って吉井の田地に灌漑水を通ずるとともに、吉井十六郷中の十郷の住民は「長江の山子」(5)となり、その山中に入って自由に薪炭を採取する権を得、上江分水の規模は初めて成った。

室町末期の開鑿に懸る上江の水路は、慶長年間に至ってさらに整理拡張せられて現状にほぼ近いものとなったのであるが、その間の事情に関しては左記の証文(6)の内容が明瞭に物語っている。

証　文

以前上江之儀は四寸の竹の管にて水引下し候処此の度長江玄重と立野村太郎右衛門殿両人の工夫に依りて上江開ぼついたし長江川水一ノ関にて沢分の儀上江六分下江四分通り引来る事と相定め候江道開ぼつの儀には長江村二筋の江又は太郎右衛門筋の儀永年定水に引江なされ候　後日の為一札相渡申候所依而如件

慶長十一年五月

上横山村役人　連印
下横山村役人　連印
立野村役人　連印

立野村
太郎右衛門殿

慶長以前の上江への分水が「四寸の竹の管」のような、少量且つ臨時的ともなし得るものであったのが、慶長十一年のこの規定により、上江六分、下江四分と明瞭な分水率をとるようになり、この分水に参画した長江村玄重と立野村太郎右衛門の二人は、右の功労に対する報償として、前者は長江村地内で二本の定江、すなわち一般の番水とは関係をもたず、その所有水田に長江川から直接に絶えず灌漑しうる二本の定水路を、後者はその下流三瀬川筋から分派する同性質の「太郎右衛門水」と呼ぶ一本の定江を獲得し、後永く番水制の圏外に立った特権用水路となったのであり、筆者の曾つて掲げた江州姉川筋郷里庄における類似の用水路「大野木土佐守隠居田七反歩（通称百分一）」[7]に匹敵するものである。なお右の「太郎右衛門水」の性質に就いては、太郎右衛門の後裔佐々木民蔵による左の解説[8]がある。

私ノ先祖ハ長江井上玄重ト同意シテ上江筋ニ江通ヲ切開キシ元祖ノタメ井上玄重ト拙者ノ江筋定江ロアリシト云フ古書アリシモ其後私ノ先祖ノ時代一向不行儀者ノ時代一世アリ病人重ナリ借金ヲ負ヒ重ネシタメ持所田地河原田町市郎平ト言者ヘ質地ニ相渡三十年余モ証文入替エ旁々致シ大イニ失足《マヽ》シ其ノ為田地水作人任セニ在ツテ定江水引取者無之為メ只謂レナク定江水消滅シ夫故残念ノ至リ……（後略）

太郎右衛門一個人の水田に灌漑することを条件として許された定江が、その水田に属せず人に属した結果として、その後水田の所有権の移動に伴い、何時か消滅の運命に立到った事情は、本章の主題である土地から分離した番水株の研究に当っても若干の示唆を与えるであろう。

上江六分、下江四分の分水率は後嘉永年間に至り、間断（けんだん、分水堰の義）伏替に際して均分の率（二ツ分チ）となり現代に及んでいる。因に藩政期における上江筋、下江筋、落水十関掛りの灌漑反別[9]は左のごとくである。

下江筋	一二一町四反四畝廿四歩
上江筋	九九町九反九畝　六歩

落水方十関　　四四町四反二畝

上江の流水が大江・中江・立野江の三水路に分岐する「三ツ江」の個処での分水率は正しく当時の灌漑反別に比例するものであり、その間断(分水堰)幅は次の如くである。(10)

一　大　江　　五六町八反六畝廿八歩　此水口五尺六寸

一　中　江　　一三町五反四畝廿一歩　此水口一尺三寸外ニ一寸七分合テ有合一尺四寸七分

一　立野江　　二九町五反七畝一七歩　此水口二尺九寸

一　水湊三ツ　　　　　　　　　九寸七分宛

　　惣間　　壱丈壱尺九寸

このように整然とした間断の設置があったとは言いながら、分水点での三ヶ村の紛争はしばしば繰返されたもののようである。すなわち文政元年(11)には立野はその水路筋が地高で、水吐方の宜しくないことを理由に異議を申し立て、五ヶ村立会の上、分水堰に高下のない様にし、また水平均木を仕込む等の処置を講じたが、旱魃の節は「何れ之村方ニ而茂旱魃之村方ハ早速五ヶ村一同見分之上水之流用可仕」旨を互に誓約しているし、弘化二年、既述のような各江筋の灌漑反別に比例する水口の幅を定めた際にも、このような水口幅の決定が、水口の切明けに就いて紛議を生じ、出訴にさえなった事件の解決法としてのそれであることを明らかに記しており、ここにもふたたび文政元年の場合と等しく「五ヶ村之内干越ル村方へハ臨時ニ流用水配分可仕ル」と結んでいる。

上述の為取替証文に明記する「臨時流用水配分」とは「五ヶ村検分」あるいは「八ヶ村検分」の制度を指すから次にこれを説明する。

旱魃が甚だしく、番水法を行っても流末でなお用水の不足を告げるに至ると(上流水路沿いでの半公然の盗水および地中への滲透による)下流不足地域の申立により、稲葉の枯先の見廻りが行われ、その関係村落の数によって大江筋関係五ヶ村(上横山・下横山・立野・本郷・三瀬川)のみの検分を「五ヶ村検分」と称し、さらに加えて下江筋三ヶ村(長江・釜屋・籠米)をも含む時は「八ヶ村検分」と称する。検分を遂げ、検分申請地域の窮状が顧出のようであれば、五ヶ村あるいは八ヶ村は合意の上、一日間上流部の引水を止め、旱魃地域に助成の用水を与えるものである。当然に「五ヶ村検分」が先ず申し込まれ、なお不足の時になって「八ヶ村検分」が行われる順序であり、大抵は「五ヶ村検分」で止み、八ヶ村におよぶことは稀である。検分水の申請をするのは、位置的にもっとも旱魃の被害を受け易い三瀬川・水渡田・本郷の三ヶ村の中の何れかからせられるのを常例としている。

「検分」はその行われるに至った当初には、字義の通り、検分の結果如何によって検分水を与えるべきや否やを決すべきものであったが、何時からかその当初の意義は変じて検分立会の者に饗応[12]することによって用水一日分の特別融通を獲得しようとする、一種の買水的行為としての性格をもつものとなり、慣行化するに至っている。

なお検分水に関して看過しえない点は、その饗応の席での関係村々の坐席を廻る立野・下横山両村に懸る坐席争いの問題がある。論争の後決定した「八ヶ村検分」の際の坐席[13]は次のごとくである。

8　左四番　本郷江子惣代(上江立野江本郷筋)
6　左三番　三瀬川江子惣代(上江立野江三瀬川筋)
4＊左二番　立野水元(上江立野江水元佐々木太郎右衛門—世襲—)
2　左一番　上横山区長(上江筋元締)

1　正　中　長江区長(長江川元締、下江元締)
3　右一番　釜屋区長(下江筋)
5＊右二番　下横山区長(上江筋)
7　右三番　籠米江子惣代(下江筋)
＊印は論争のあった席順、但左を上席とする。

明治四十二年六月二十四日、三瀬川村神蔵権右衛門宅で起った席争いの結果、八ヶ村協議の末決したものが上掲の坐順であり、下横山が「立野水元」として上江開鑿の功により、世襲的に「五ヶ村検分」あるいは「八ヶ村検分」の坐に列った佐々木太郎右衛門の坐位である左二番の坐位を獲んとして、立野との間に生じた紛争事件で、下横山がその灌漑の実面積が立野を凌ぎ、かつ戸数も多いとして立野よりも優位にあることを主張し、また立野は、立野村の中には本郷の分をも併せ含む故に、灌漑面積においても下横山の上位に在ることを言わんとして互に論争を試みたものである。

下横山の主張の要旨は「抑モ上江筋一ノ堰ヨリ三ツ江(五ヶ村分水)迄毎年江流ト言フ事アリ、長江上江筋及ビ上横山・下横山・立野・三瀬川五ヶ村ノ江流間場アリ、本郷ニ於テハ間場ナシ」として、本郷が分水において正式の参加権の無いのを理由に、立野の優位を排せんとし、また之に対して立野は「本郷ノ間場モ立野ノ中ニ含ミアリ、即チ本郷ノ町反ハ立野ノ町反ト合併故、下横山ヨリモ二反歩余ノ増歩アリ、而モ立野ニテハ堰番モ据置キ……」として屈しなかったのである。

今両者の主張の要旨を検討するために、上江筋での両村の灌漑反別を摘記すれば

一、二十九町五反七畝十七歩　立野江筋　他村入会
内訳　十九町六反廿四歩　立　野　分　吉井本郷
内　二町六反五畝廿四歩
二町四反歩
（以下略）

一、五十六町八反五畝廿八歩　大　江　筋
内訳　三十五町七畝一歩　上横山分
二十一町七反九畝廿七歩　下横山分
内　一町八反一畝八歩　他村入会

となっているから、この点に関するだけで論ずれば、下横山の主張も強ち無稽として却け得ないものである。前に示した坐席順は、用水路開鑿の順序を物語るとともに、関係村落相互の長江川筋に関する用水権の優劣の序列の指標として興味の少くないものである。長江は長江川筋の総元締である上に、下江の元締でもあるからその正中席は当然であり、次位である左一番の上横山は、上江筋の元締であることからこの地位を獲得し、三位である右一番は、下江筋で長江の次に地理的位置を占め長江から下江を分水する水路の開かれた室町期に、地頭名古屋氏の領であった釜屋と、夫々の地位に相応した坐位を得、四位を上江懸りで、立野江筋の代表かつ落水十関の元締である立野、しかもその代表者が他村の場合と異り、累代世襲的に上江開鑿に由緒のあった佐々木氏の後裔たる当主の出席した立野の位置を、大江筋上横山の下流である下横山がこれに代ろうとしたのであった。

尚「五ヶ村検分」に際しては上横山が正中席に、立野が左一番に、下横山が右一番に夫々席を占めるものである。上述の分水の他、さらに落水方への分水(14)がある。これは五日に一日、上江、下江ともに引水を堰止めて落水方に分水するものである。但し落水の度毎、落水方から長江に対して挨拶を行う必要があるのは、長江の総元締であることを表わしている。

また下江筋に在っても、長江の支配の下、釜屋・籠米の申出により、植付後用水不足を告げるに至って番水制である「水割り」が行われる。番水開始以前の水は「散し水」と呼び、最上流の長江に有利なことは云うまでもない。以前は釜屋・籠米の申込を俟って初めて行われた長江による「水割り(15)」も、現在は長江から自発的に行われる場合が多い。下江筋の「江番人」の撰定も、長江の特権であり、下流両村はその反別に応じた江番人の報酬である「江番米」は負担するが、江番人は出すことを得ない慣習である。

(1) 以前は分水石を置き、五個の胴木を五尺乃至一丈五尺の間隔を置いて伏せ、川床を平かにして分水堰が設けてあった。伏替に当っては上江五ヶ村、下江三ヶ村の立会の下に行った。――嘉永六年六月の「間断出来形立会絵図」下横山、神蔵勝次郎氏所蔵に見る――

(2) 『吉井村現勢附村小史』昭和二年編の記述による。

(3) 吉井本郷・舟津・馬場・横谷・中島・水渡田・三瀬川・細屋・青龍寺・安養寺・立野・潟端・上横山・下横山・青木・石花の十六郷。

(4) 長江村神蔵源治氏保蔵文書、宝暦五年の作成に懸る「長江邑神蔵源兵衛家門興隆因由之記」に曰く、

「名古屋殿有二女一男吉井城主藍原大和守殿通於良媒請長女於嫁嫡嗣某、重倫公忻然応請、即備六礼之式合二姓之好、婚姻既調矣、或時両家晤語之序藍原ノ言ク貴方ノ領地山水浩蕩林樹蓊鬱、我領内阪田広々河水涓涓、冀分与山水余慶、重倫公即

時召家老胤貞評之、胤貞曰両家如水魚勿拒賕望、於此二君登臨一之坂（両殿腰掛ノ二石今尚在）窺用水之便、穿山腰数千間以通吉井田地、且亦吉井十六郷之内十村大小民屋為長江山子、採薪調食竈煙賑賑、若又有旱災丐落水於家老、則直上一之堰遠瞠東辺の景見石、測日輪之運転、定分水之多少（遠瞠於景見石彼家ノ秘事ナリ）夫落水・番水・二十三堰之水口等者各々有旧格彼家支配丐」

(5) 十ヶ村民が長江の山中に入って自由に薪炭を得る入会山の制は、明治におよんだが後入会山は吉井村の村有林に編入となった。

(6) 立野村佐々木亘氏(太郎右衛門の後)保蔵、但し写本、原本は両津町の大火に際して焼失。

(7) 拙著『近江経済史論攷』三八一頁。

(8) 前掲佐々木亘氏所蔵記録「明治三十年より水論記載簿」に記した明治四十二年六月二十七日の佐々木民蔵の発言。

(9) 佐々木亘氏保蔵「上江筋書類綴り帳」の中「上江筋田反別」による。

(10) 同じく弘化二巳年八月「為取替申一札之事」。

(11) 同じく文政元寅年七月「相渡し申為取替証文之事」。

(12) 料理は素麵に酒と定っていた。約三十円を要する例であった。元来は手弁当で羽織は着ず、座敷へは上らぬ筈であった。

——神蔵勝次郎氏談——

(13) 前掲佐々木亘氏所蔵記録「明治三十年より水論記載簿」による。

(14) 長江区長保管記録。

「昭和廿年度下江筋番水」には左のごとく現われている。

七月六日始

第一日　落水

第二日　一昼　両新田　（長江新田・秋津新田）

一夜　前一川　籠米

第三日　昼夜　長江　　後一川　長江・釜屋
第四日　一昼　籠米　　前一川　釜屋
　　　　一夜　　　　　後一川　長江
第五日　昼夜　釜屋
　　　　　　　　　　　　　　　　以上

(15) 長江区長　市橋治一氏談。

第二節　下横山における番水制と番水株

本章首題の地域である下横山は、前節で明かとなったように、上江筋の三ツ江から分水せられた大江に沿い、上横山の下流(現在の県道筋以南)に位置し、三ツ江の間断によって大江筋の古田の灌漑反別五十六町歩に相当する五尺六寸幅の堰口から流下した用水は、番水として上横山一日一夜(二十四時間)、下横山一日(十二時間)の割で分配せられ、下横山の十二時間はさらに午前・午後に二分せられ、それが東・西の二組に分れた番水権所有株二十五(東十三株と西十二株)に午前・午後、交替に配水せられる。

上記したように、下横山の番水株は「二十五」の権利分に分割せられている。二十五の数は、慶長の古検当時の下横山の本百姓数に割り付けたものと考えられる。下横山の農家戸数は昭和初年に在っては二十六戸、その後増加して三十戸を数えたが、ふたたび減少して二十七戸が現在数(昭和二十年十二月)であり、上述の「二十五」と云う数に比較的近似した数である。

戸数とともに、番水株数の決定に当り、その基礎として採用せられたのではないかと考えられ易い水田面積に就いて見るに、長江川流域での分水量の基礎となっている古田面積の具体的分布を示すべき古水帳の下横山部落に残存しないことはまことに遺憾であるが、元禄七年の検地帳(16)の示す所に拠れば、田拾九町九反八畝廿一歩で、明治十年には弐拾六町壱反拾壱歩、現在約三十八町歩と漸増の傾向を示しているが、元禄七年から少くも八十余年を遡る慶長年間に、拾九町歩余以上の水田面積の存在は予想し難い。なお幸にも元禄七年のそれとともに、慶長古検水帳に現われた耕地の所有者別定納石高調「古地子帳」の残存する隣村上横山村の事例にしても、慶長の定納石高合計(17)百八十二石九斗五升で、元禄以後(18)の田米貢納額五ヶ年平均二百六十四石二斗九升五合(取四ツ一分一厘二毛余)よりも遥かに少い値を示すことは、上横山に在っても元禄七年の田面積が、慶長古検の年代の田面積を凌ぐことを知りえて、下横山に慶長年間「二十五」と云う番水株の定数を置いた数字が、数え易い古田灌漑面積一町歩当り一株であったかと云う推定も当らないことを知りうるのである。

しかし元禄七年の下横山村の検地帳から検出し得た地持百姓名は三十九、その中、田・畑・屋敷の三者をともに所有する者二十三、屋敷を有する者二十六、田または畑のみを有する者十三名、屋敷持で田あるいは畑の何れか片方だけを有するもの三名を数えうるから、耕地の増加にも拘らず、家数の変化の比較的少なかったこと(近世初期以降農家戸数が「二十五」の数からは著しい上下を示さなかった事実から)および屋敷・田・畑の三者を完全に具有する百姓こそ、下横山に根拠を据え、安定した「一戸前」とも呼ぶべきものである点を考慮すれば、「二十五」の数に近似する上述の三者併有の戸数の二十三、あるいは屋敷を有する者の二十六と云う数は、慶長年間の古検実施、また分水契約の行われた当時の、農家一戸前の戸数を単位として株数の定められたものであることを、間接的ながら推察しうる手懸りでありうるものである。

慶長当時の農家戸数を単位として上述のような「二十五」の株数を定めたとする説明を、今一応是認するとしても、その所有あるいは経営の田・畑面積の異った各農家に対し、等しく二十五分の一に当る番水引用権を附与したことは、慶長当時の各農家の所有面積が相近似するものであり、現在では一見不合理にさえ見られるが、一戸当り一株(二十五分の一)の番水引用権の分配が、当時に在っては現在よりも公平に近いものであったことを論証する必要が生ずる。

上述のように下横山村に保存せられる検地帳は、元禄七年実施のものだけで、慶長度の古検のものを欠くから、下横山と同じく「耕地と分離した番水株」の制度のいまなお残存する隣村上横山村に就き、幸にして今に残る慶長の「古地子帳」と、元禄七年の検地帳との内容を比較し、下横山の場合を推す援けとしたい。

元禄七年の記載に上った上横山の農家戸数は屋敷・田・畑の三者の完有者五十一戸、他に右の三者の中のいずれかを欠くもの三十八戸を数え得るが、同じ三者完有の百姓でも、大は田一町七反一畝十五歩、畑四反三畝二歩、屋敷八畝二歩の所有者である市兵衛を筆頭に、田一町七反一畝十二歩、畑二反二十三歩、屋敷八畝十三歩の助右衛門を次位とし、他に一町歩以上の水田を有する者九兵衛、甚兵衛、仁右衛門、孫右衛門、清右衛門、忠左衛門、与四右衛門、忠三郎、長助、六右衛門、新右衛門、佐兵衛、吉兵衛の合計十五名であるのに比し、五反歩以下の所有者は五十三名で、なおこの関係を表示すれば左表のごとくである。

水田所有面積別戸数

1　一町五反歩以上　四

内　屋敷・田・畑ノ所有者　一三
　　屋敷ノナイモノ　一（但新右衛門）

2　一町三反歩以上　五
内　屋敷・田・畑ノ所有者　〇五
　　屋敷ノナイモノ

3　一町歩以上　六
内　屋敷・田・畑ノ所有者　〇六
　　屋敷ノナイモノ

4　八反歩以上　一一
内　屋敷・田・畑ノ所有者　一一
　　屋敷ノナイモノ　〇

5　五反歩以上　一五
内　屋敷・田・畑ノ所有者　一四
　　屋敷ノナイモノ　一（但利右衛門）

6　三反歩以上　八
内　屋敷・田・畑ノ所有者　一七
　　屋敷ノナイモノ

7　一反歩以上　一一
内　屋敷・田・畑ノ所有者　三五
　　屋敷ノナイモノ

8　一反歩未満　三四
内　屋敷・田・畑ノ所有者　一四
　　屋敷ノナイモノ　二〇

これと対照しようとする慶長の「古地子帳」は、各人の所有反別の一筆毎の記載がなく、各人名別貢納額だけを記したものであるから、前掲の表と比較し、八十余年間の田地の集中兼併の傾向を直ちに知る資料とはなり得ないが、慶長年間の貢納額を通じての土地所有状態を推しうる資料とはなり得るであろう。当時の上横山の地子納入者四十六名の貢納額別人数は次表のごとくである。(前掲元禄七年の検地帳に現われる田地三反歩以上を有し、かつ屋敷・田・畑の三者を完全に所有する者の合計は四十六名である。)

六石以上	六戸
五石以上	二戸
四石以上	一八戸
三石以上	九戸
二石以上	六戸
一石以上	四戸
一石未満	一戸

最高は庄兵衛の六石八斗六升二合六勺、最低は仙蔵院の四斗五升三合六勺で、これは寺院であるから例外とすれば、百姓で貢納額一石未満の者は一人もなく、元禄七年の検地帳の記載に比すれば、戸数も少ないが土地所有は著しく均等で、慶長年間番水株の数の定められた当時に在っては、各農家の所有反別の差異が比較的少なく、水田別に番水の順位、権利を与えるよりも、各農家に番水引用権を割り当て、農家戸数と同数の株数となしたことが、今日、このような処置に対して考えられるよりも、遙かに合理的な措置であったことを知り得るのであって、この上横山の事例を援用し、下横山に在っても、農家戸数の「二十五」が、番水株の数「二十五」となったことを推定しうるのである。

前節に述べた立野江の立野部落に在っては、番水の開始とともに、立野に入った用水は、分水堰によって「十七」に割られて各水田に導水せられるものであり、その配水は均分配水と称すべく、各水田は平等の番水引用権を有する。したがって番水の際の用水権も田地に附随して移転し、上・下横山部落におけるごとき、耕地と分離した番水株は存在しない。しかも「十七」の数は立野の古田面積十六町九反五畝歩、約十七町歩を基準とし、古田一町歩当りの用水量を単位として分水堰で十七に分割せられたものであろう。上・下横山の場合と比較考量し、用水権分割の株数または間断(分水堰)での分割の基本数が、何を基準として定めたかが、その後の用水引用権の性格を根本的に規定する契機となった点は興味深いものがある。以下論述しようとする番水株の性質が、慶長年間に行われた分水に関する基本数の基準如何によって由来した所、もっとも大きい故に、敢えて冗漫を顧みず、この点の解明のために多言を試みたのである。

論述をふたたび番水制に引戻して説明する。上横山の大江から下横山の耕地の中央部を貫流する幹線水落はいわゆる「大門江」であり、これから分岐する水路には、釜山江・東江・硲江・円寿島江・宮ノ前江・清明江・中屋敷前江・西江・荊尾江・腰ノ江・稲葉屋敷江等がある。十三、十二の東西に分れ、交互に引水する各番水の状況を示すものとしては明治十八年に定められた「水落番定書」(19)の記載を左に引用する。

西初番落

一　市郎右衛門水　　何某　(一番)

(又は惣右衛門水とも云ったことがある)

一　利右衛門水　　何某

一　治右衛門田水　　何某

一　仁左衛門水　　何某
東二番落
一　将下田水　　何某
一　百合田水　　何某
一　辻道水　　何某
一　荆尾水　　何某
西三番落
一　源在衛門水　　何某
一　清左衛門水　　何某
一　文右衛門水　　何某
一　武兵衛水　　何某
東四番落
一　釜山水　　何某
一　日下水　　何某
一　円寿島水　　何某
一　頭無水　　何某
西五番落
一　三郎左衛門水　　何某
一　堀内水　　何某
一　掃部水　　何某
一　中屋敷前水　　何某

東六番落

一　大坪水　何某

一　権左衛門水　何某

一　喜一郎水　何某

一　上段水　何某

一　喜平水　何某

右ノ通リ協議ノ上相定メ候処相違無之候然ル上毎年右組合人名ヲ横帳ニ製シ惣代人ヨリ相廻シ可申候也

以上

二十五は奇数であるから、一回を四番(二十五分の一の権利分を一番と称す)宛とし、六回目だけ五番としている。なお上掲の番水の名称に人名を冠したものと地名(字名)を冠したものとの両者の存在するのは興味深く、ことに西初番落の部に見られる人名を冠した水四番の中、三個迄は慶長から八十余年の後の作である下横山村検地帳中に、惣右衛門は田一町四反余持の百姓として、仁左衛門は田一町三反余の持主として、利右衛門は田四畝廿五歩の持主として、夫々同一人名の発見せられることは、慶長年間に定められた番水権が、各百姓に与えられた事実をいよいよ確実にするとともに、各農家に盛衰は免れ得ないとしても特殊な事情のない限り、番水の名とともに同一の家に伝って来たことを知りうるのである。

上述によって、番水制の確定後、その権利分(株)が農家戸数の二十五に定められ、それが時代の進展にも拘らず固定し、耕地よりも人＝農家＝に属する番水引用権となった事実は明らかとなった。農家戸数の増加は当然に番水の単位である壱番の権利分の分割を行わなければ、耕地を有しながらも平常は兎も角、旱魃時の番水の開始とともに、自己の耕地に引水し得ない農家を生ずる筈であり、また各農家間の耕地の移動は、同じ水量を引用し得る権利である壱番の番水の支配下に在りながら、番水株の定められた当時よりも、さらに著しい灌漑面積の広狭の差違を生ずる訳であり、昭和の初年には壱番の番水の灌漑反別、少いのは二―三反から多いのは一町二反にまでおよぶ差を生ずるようになり、同じ隣接水田でありながら、灌漑上有利、不利の対照を見る有様となった。したがって自己の有する番水数に比し、所有耕地面積の大き過ぎる場合に在っては、旱魃が甚だしくなれば、その番数に伴った水量によっては耕地全体を潤し得ないようになると、むしろその所有水田の一部に全水量を注入して効果を挙げようとする方法が採用せられ、ここに灌漑用水が耕地を離れ、番の所有者の自由処分に附せらるべき性格を有つに至った事情が明らかとなった。

自由支配権をもつ番水であるから、番水の引用に関しては、番の所有者がすべての負担、義務を負うべきものとなっていて、江番米(大江懸り用水費の負担)も下横山の負担分四斗、これが二十五の番数に割り当てられ、一番一升六合宛を番の持主即ち「水元」が持番数に応じて支出することとなる。中江・立野江等に在っては、用水費が耕地反別割に賦課せられるのとは異った、番水株の性格に由来する一特質をなしている。

また番水の管理においても、番の所有者は、自己の番の属する組が引水番に当った時は、所有者自ら「三ツ江口」まで登って水を引き下し、その責任において所有田に灌漑する必要がある。

農家戸数の増加と、定った二十五の株数、一番の支配反別の広狭差による水の効果の差異等の諸原因は、当然に番の分割所有、あるいは移動現象の発生を予想せしめる。用水引用権である番水株の売買移動の事情に関しては別に詳論を次節に譲り、分割に関してだけ述べると、一番の二分の一を「片番」と称し、さらに「七分五厘」の株および「二分五厘」の株にさえも分割せられた実状であったが、「二分五厘株」は公的には承認せられない持分であった。

既述した東・西に水組を分っての番水の交互配水に当り、「初番落」の組に編入せられた四番の所有者は、いずれも全部一番持（丸番持）であることを要する定であったのは、分水制度開始当時の基本形態を伝えるものであろう。

(16)　下横山区長引継文書。但し文政二卯正月十九日、神蔵伊兵衛峯章写、神蔵勝次郎氏蔵、による。
(17)　上横山区長引継文書。
(18)　新潟県立図書館文書。
(19)　下横山区長保管文書、神蔵勝次郎氏提供。

第三節　売買移転の現象を通じて見た番水株の性格

――その発生の原因、経過と現状――

所有耕地面積に広狭の差のある耕作者に、壱番宛分与せられた番水は、各農家の許にあってあるいは不足し、あるいは過剰を告げ、掛り水田の多い者はなお多くの配水を望み、掛り水田の狭い者はたとえその番水の一部分を他に分っても痛痒を感じないと云う差を生じ、さらに進んでは質地等の形式で、事実上の水田の売買の行われる場合に在っても、用水に比して水田の多い者はその水田の売却に当っても、用水権を水田に付けず分離して自己の手中に残そうとし、逆に掛り水田の尠いものは、用水権だけを分離して他人に譲渡することが可能となる筈である。

このような関係事情は所有水田面積の多少の差等を無視し、各農家一戸を標準とし、均等な用水権が附与せられた当初からすでに発生するであろう現象であるが、事実においても、番水株の売買の早くから行われたことを証しうる。蒐集し得た関係文書の中、年代のもっとも古い宝暦年度のものを次に掲げる。

一、[20] 我等持分之番水壱番売渡し申証文之事

一　代銭八百文　但シ九六銭也

右者我等持分之田地字横山田上田弐反弐畝廿歩之処前度質渡ニ致置候処右之田地番水壱番水ほのぎ共ニ此度売渡し代銭慥ニ請取申所紛無御座候　然上者此番水我等持分之田地之内江者不及申脇々江成共くばり水少成共無御座候間向後其元御支配ニ而緞其元之田地之内江御引被成候共我等少茂捲無御座候間此証文を以末々水ほのぎ前共ニ御支配可被成候　為其村役人連印ニ而売証文相渡し申候　仍如件

宝暦十年辰三月　　下横山村

番水売主　喜兵衛事 権　助 〇

与　頭　与七郎 〇

百姓代　伊兵衛 〇

組　頭　清左衛門 〇

名　主　孫左衛門 〇

夷　町

喜左衛門殿

これは宝暦十年よりも何年か前に入質されていた喜兵衛事権助の持地弐反弐畝廿歩に附けて、この時、代銭八百文で番水壱番を売渡した一札であって、宝暦十年よりも遥か以前に田地が売却せられ、幾年か遅れてこの番水株の売買譲渡の行われたことを物語るものである。

ところが夷町の喜左衛門に売渡された番水はさらに持主を替え、その半ばが分割せられて下横山村の次郎兵衛の手に帰した。十六年後の安永五年の事である。その関係一札を示せば

相渡し申水証文之事

一　其方持分之田地下横山村高之内字横山田上田弐反弐畝廿歩之所前度喜兵衛方ゟ質流ニ致置候所其後右田地ニ付候番水ほのぎ一番宝暦十辰年別而其元御買被成候所紛無御座候　然処ニ右田地此度其元様ゟ御無心申私ニ御売被成忝存候　番水之訳申候得ハ壱番与五歩横山田へ御付被下かたじけなく存候　残五歩只今迄之通り惣右衛門持之内へ御付可被成候　然ハ右番水ニ相懸り候諸役半〻ニ相つとめ可申候末〻此水ニ付何角与申者御座候ハ、此加判之者共立会埒明可申候　為後日之仍如件

安永五年申三月

下横山村
証文主　次郎兵衛　○
請人　喜兵衛　○
名主　兵左衛門　○

夷町
喜左衛門殿

次郎兵衛に渡った横山田水半番の残余分半番も安永八年に至り下横山村伊兵衛の手に帰している。勿論田地の売買と相伴うものであった。すなわち

相渡し申水証文之事

一　此度其元江譲渡し申候田地番水之儀下横山水壱つ上横山二番石水三分引来り候所ニ右三分水ハ其後中絶いたしすたり申候其替として其村喜兵衛横山田水壱つ買取引来り申候処ニ弟次郎兵衛方へ右横山田ヲ質地ニ売渡し申候其節右番水半分相添相渡し申候　残而半分者惣右衛門田地江引来り申候間此度譲渡し候ニ付喜兵衛方ゟ買取申候　本証文其元江相渡し申候間此後横山田水半分ハ悉皆其元御支配可被成候為証拠仍如件

安永八亥年十二月

佐〓加茂郡夷町　久　吉○

下横山村

伊　兵　衛　殿

以上一連の文書により、番水株の売買がつとに行われてこのような水証文を添え、村役人の連印をもってこれを保証する慣習であったこと、したがって番水の売買が田地の売買と等しい地位において社会的事実として公認せられたことを証するであろう。また番水株の移転が比較的屢〻行われて番水持主(水元)の変更を見たこと、時宜によっては分割の行われて行く事情をも窺い得た。

田地とは一応分離した番水株であるから、上掲の事例に見る、田地の売却に番水の譲渡の随伴することは必ずしも常例ではなく、たんに田地だけを売却した証文は数多く残存しているし、特に田地を質地に入れる場合、あるいは売却する場合に、その田に相応する用水量を、自己の所有する番水中から与える時には、その証文に右の旨を附記した添証文をするのである。すなわち質入の田地の地籍・反別・四至・借入金額等を記載した末尾に

「且ツ番水之儀ハ　我等片番有之候水之内水見合ヲ以反歩ニ相応御引可被成候(21)」

と附記したごとくである。このような、或る番水によって養われて来た土地を、他の者に譲渡する際、この田の面積に相当する用水を今後も分つべきことを契約し、番水所有者がこれに対して幾分の用水を振り向けることを「振水《フリミズ》」と呼ぶ。また、ある番水で従来養われて来た田地、あるいはその田地の所有者を「水下《ミズシタ》」と称し、後者、すなわち田の所有者である「水下」は、番水の所有者である「水元」に対応した称呼である。

また前述の場合とは逆に、振水を受ける水下の土地所有者が、第三者に田地を売却する場合には、水元の承認許諾を得て置く必要があり、もしこの手続を経ないで売買の行われた場合には、水元であるいは配水を拒むことがある。番水の所有者の権威の強さは、このような点にも現われている。

明治の世に入っても、上述のような形式の番水の質入・売却・振り水等の契約は引続き行われ、明治十五年の日付のある旧幕府時代の村役人に代る戸長、あるいは総代の奥書の証文をも蒐集し得たが、明治三十一年以後、民事訴訟を契機として区長の奥書は穏当でないとして停止せられ、当事者だけの証印となった。

明治年間のものながら、番水だけの売渡証文の一例を左に示す。

永代売渡申番水之証書(22)

一　番水片番　　此代金五円也

一　私持所三瀬川村高之内何十何番字何何田何反何畝歩之場所其御村方之番水壱番先年ゟ引取候処尤反歩不相応番水過分ニ有之貴殿ニハ旧恩之訳も少〻有之　依而右番水壱番之内片番今般其許江売切代金五円也売渡し申候処実正也　然上者永末其許御支配可被成候　残ル片番之処も右田地ニ入用丈ケ余分有之候ハヽ、其時〻対談之上

ニ而御引取可被成候　右番水ニおゐて外ミゟ故障申者無御座候　万一彼是申者御座候ハヽ売主ハ勿論判方之者
埒明ケ少茂其許江御苦労相懸ケ申間敷候　為後証番水売切証書如件

明治九子年旧十一月

第廿六大区小五区

加茂郡三瀬川村

番水売切主　　神蔵権治　〇

水渡田村

証人　　安藤儀八　〇

同区同郡

下横山村　神蔵齋伊殿

番水株の耕地と分離しての売買移転は、既述のように藩政時から行われたが、下横山に在ってこの事実を一層活発化せしめたのは明治の前半における同部落での相当の地主(所有田約七—八町歩)二戸の相継いだ没落であった。特にその中の一人である神蔵伊兵衛は、一人で所有反別七町余に、五番の水を併せ有していた。二戸が相継いで、総水田面積の三十町歩内外であった部落内で、十数町歩の水田の移動の行われたことは未曾有の激動であり、田地だけを需めようとするものと、番水株だけを得ようとする者とを生じ、番水株は単独で評価せられ、いよいよ耕地を離れて売買せられるに至ったものである。

番水株の分割売買は行われたが、たとい番水を買得しても、幾分でも古田を所有しなければ、たんなる水だけでは自己の新開田への引水は不可能であり、古田を多少なりとも所有することが下横山での番水売買の制限条件である。たとい古田と水とが相伴わず、水だけを買得しても、古田を有する者が強く、水の買得者が弱ければ当然その水は引き得ず、したがって持ち得ないことになり、また逆に、水の所有者が古田の所有者よりも強ければ引水し得る訳であるが、事実においては水だけを持つ者は多くの場合、社会的に弱者の地位に在ることが多く、したがって水だけを有しても引水は不可能となる。農家が没落して耕地の売却の行われる場合、まず耕地だけの売却に初まり、番水はなお自己の手中に幾分でも残った耕地のために残して置こうとするのが一般的傾向であり、水だけの所有者はこの没落の最後の段階に立っている特殊な存在であるからである。

事例は上横山であるが、明治末年頃迄は田地だけを売却し、売り残した番水のみを所有した者が間々あった。昭和十年頃まで同村に居住した神蔵五左衛門のごときは好例(23)であり、彼は元、上横山での相当の地主であったが没落し、後に田地五反歩位だけを残したが、やがてそれをも失って純然たる小作農に堕したにも拘らず、番水だけは依然として手中に保ち、番水開始となれば、その番水分を他人に与え、金銭あるいは米穀で報酬を得ていた。憶うに、このようなのは特殊的除外例であり、同氏は売却した田地の小作人となり、したがって古田との関係は土地台帳面の上で、所有権では絶縁したが、耕作はそのままであり、ここに水だけを残して旧の所有地である現在の小作田に灌漑し、なお余剰のある時は、対価を収めて他人に分与すると云う方法となり、同氏の生存中はこのような変態的形態が行われ得たのであろう。現在はその番水権は田地の買得者の手中に帰している。

番水株の成立、度々の移転による所有の集中・分散等の過程を追跡しうる一例として、下横山神蔵勝次郎家の場合を示す。

番水株数の「二十五」が決定せられた頃の同家の当主は「惣右衛門」であったと推定せられる。元禄七年の検地帳に見る名も「惣右衛門」であるが、恐らくは二―三代引続いて「惣右衛門」を襲名したものであろう。何となれば今に残る二十五番中の一番である「市郎右衛門水」又「惣右衛門水」(24)に、その制の開始最初の所有者の名を残しているからである。「惣右衛門」は元禄七年当時には、田壱町四反八畝、畑九反四畝一歩、屋敷四畝十歩を所有する下横山数指の中に数えらるべき地持であり、番水株の定った頃に在って、一株の権を持つべき百姓一戸前としての充分の資格を有したものと推察せられる。その一町歩余の開発田地が纏めて「惣右衛門持」の名をもって呼ばれ、番水も同じく「惣右衛門水」の名を有したのである。

ところがその後(25)(元禄以後享保迄の間)に同家は身代不如意に陥り、夷町の金主へ質地流れとなるに至った。惣右衛門家から一旦吉井下町安右衛門の手に移り、さらにそれが享保十一年、夷町の久吉(又の名喜左衛門)へ質地に渡された。「惣右衛門持」と云う田地約一町歩、その外畑・屋敷とともにである。しかし久吉は町人で直作も行い難く、元来の開発者かつ所有者であった惣右衛門の子孫が年来小作して来たのである。その後「伊兵衛」に至って同家の家道も恢復し、「元来其方開発之地面故永〻其元江御世話被成候段彼是右之好身」の故をもって、安永八年に久吉から伊兵衛に代銭三十貫文で田地・畑・屋敷合計一町二反九畝六歩、および番水壱番半が譲り渡され、伊兵衛の手許に復した。しかも番水は本来一番の「惣右衛門水」に加え「横山田水」半番が加わっている。「横山田水」半番は久吉の持っていた間に、(宝暦十年)下横山喜兵衛持の「横山田水」壱番を買得し、後、安永五年、その中の片番を横山田を質地に売渡すとともにこれに添えて、下横山の喜兵衛の弟次郎兵衛へ譲渡して、残り半分を久吉の手許に残し、「惣右衛門持」田地に注いで来たものが、この度伊兵衛に帰したのであって、伊兵衛は惣右衛門時代の壱番から一旦田地・番水ともに喪失したものをふたたび壱番半に増加して所有するに至ったのである。

寛政十二年「横山田水」の元の所有者喜兵衛から右の半番の帰属に関して訴訟があり、伊兵衛の孫辨次郎は苦心して訴訟を行っているが、結果は辨次郎が正当と認められて依然「横山田水」半番を保持し得た。

其後同家にも多少の経済状態の隆替があり、安政四年には当主伊兵衛（安永年間の伊兵衛と同名異人）は同村の平八に、田地二反五畝余とともに番水片番の十ヶ年季の入質を行っているが、その結末に関しては明瞭を欠くものの、その前後事情から推して取戻しの行われたことが察せられる。(26)

明治初年の土地所有の動揺期に当り、同家は一時盛に田地を買得するとともに、番水株の集中をも行った。明治九年三瀬川村神蔵権治からの番水片番の買入に初まり、明治十五年同村加藤武十郎からの反別六反十八歩、番水片番の買得、同年同村内海治一郎からの反別四反三畝十三歩、番水壱番の買得等があって次第に田地とともに番水株をも集積し、その最盛時に在っては左のごとく、実に田地七町余、番水五番の水を有するに至った。

	全盛時	最終時
市郎右衛門水（惣右衛門水）	壱　番	壱　番
辻道水	半　番	
荊尾水	半　番	
武兵衛水	半　番	
釜山水	壱　番	半　番
中屋敷前水	半　番	半　番
大坪水	壱　番	半　番

計　五　番　　計二番半

前掲最終時としたのは、昭和の初年（六―一〇年）下横山で耕地整理事業の行われた直前の時期のそれを指しており、明治前半に内海氏の田地売却に引続き、神蔵霽伊氏もまた一旦集積した田地、および番水の売却を余儀なくせられ、番水は半ばの二番半に、耕地は二町三反余にと縮小したのである。しかし二番半の番水は下横山の総数二十五番の十分の一に当り、しかも田地は三十八町（昭和二十年）の十五分の一未満の二町三反であるから、同家の番水引用の便宜が、他の農家に比して著しく恵まれたものであったことを予想しうる。

なお耕地整理実施直前での、各農家の所有水田面積、番水株所有数は左の分布を示していた。

	氏名	所有水田面積（町反畝歩）	番水所有数
1	神蔵勝次郎	二四一、二一	二番半
2	加藤勇次郎	三一三、〇〇	二番
3	加藤重麿	二六五、〇〇	二番
4	加藤義太郎	二四〇、〇〇	二番（一、七五?）
5	加藤政治	二三四、〇八	二番
6	神蔵平一郎	一七〇、〇〇	一番半（或ハ一、二五番）
7	内海治太郎	一五二、二三	一番半
8	神蔵仁作	二〇六、一六	一番
9	神蔵信盛	一八四、〇〇	一番
10	加藤定丸	一〇八、二四	一番

11	逸見栄太郎	一〇七、一五	一番
12	牧野　治	九八、〇四	一番
13	内海治郎左衛門	八九、〇三	一番
14	甲斐　豊	五〇、一〇	一番
×15	伊藤弘（但三瀬川）	五八、二七	一番
16	加藤与一	一三八、〇〇	片番
17	加藤藤作	一三五、〇〇	片番
18	大木戸　作太郎	一二二、〇九	片番
19	加藤徳丸	八三、二七	片番
20	加藤健次郎	四七、〇〇	片番
21	加藤作次	一〇、〇〇	片番
22	加藤清作	八六、〇〇	二分五厘
23	松栄俊三	二三四、〇〇	ナシ
24	加藤義秀	一二三、〇〇	ナシ
25	加藤武一	八五、一三	ナシ
26	加藤平次	六八、〇〇	ナシ
27	加藤重次（義太郎弟分家）	四七、〇八	ナシ（〇、二五?）
28	宮（神社）	三四、二〇	ナシ
29	加藤富造	二八、一六	ナシ

30 神　蔵　誠　　　二〇、〇四　　　ナ　シ
31 加　藤　孝　　　四、二一　　　ナ　シ

番水株の有する特殊な性格により、所有水田面積と番水所有株数とは必ずしも並行する関係に無く、二十五番の株は二十二戸の農家の上に在り、しかもこの番水の下にある水利使用者は三十一名を数える。甚だしい例は二町三反余歩を所有しながら片番の番水さえも有しないものも存在するが、この農家は前述神蔵嘉伊氏(惣右衛門の後)の耕地売却に当り、その水田ばかりを買得して今日の持地を有するに至ったと云う特殊事情から生じたものであり、全般を通じて何れかと云えば、耕地面積に比して多くの番水株を有するものは、往時よりも財産状態の下降したもの、耕地面積が多くて番水を有たず、あるいは有しても反別に比して少いものは上向過程に在るものと考え得るであろう。神蔵勝次郎氏の「二番半」は、上述によってその変遷過程の明らかとなった、明治前半での集中の余映に基づくものである。

(20) 以下の売買証文は何れも下横山神蔵勝次郎氏保蔵。
(21) 鵜崎多一氏稿『農業水利慣行ニ関スル調査』第一輯、農林省農務局刊、二〇―二一頁。
(22) 前掲、神蔵勝次郎氏保蔵。
(23) 上横山区長神蔵嘉一氏談。
(24) (19)に同じ。
(25) 以下の事情は安永八年十二月　久吉から伊兵衛に宛てた「譲り渡し申証文之事」に記されている。
(26) 「相渡申質地証文之事」。

第四節　番水株の行方

――耕地整理事業の結果としての番水株の買収解放とその前後事情――

江戸期もしくは明治前半期における番水株の売買、又その価格等に関してはすでに前節でも多少触れたが、その価格は田地の上・下流の位置(すなわち上流程価格の高いのは当然で、位置が上流である時は同一面積の水田が片番で優に灌漑可能であるに比し、下流では壱番の水を注いでもなお不足と云った状態である)および掛り水田の多少によって差がある(掛り面積の狭い程高いのはこれまた当然)から一概には云い難く、かつ番水株の買得希望者の多いのに比し、売却しようとする者ははなはだ少く(水田だけを全部売り尽してもなお番水だけは手中に残そうとした者の存在からも推しうる)その実際価格も正確には示し難いが、耕地整理事業の着手の直前には四反歩掛り壱番五百円、七反歩掛り四百円、一町歩掛り三百円内外であった。当時の田地価格の上田反当六百円、中田五百円、下田三百円であったのに比較し、番水株の価の相当高く評価せられたことを知るであろう。番水株を有すれば、その地続きにあらたに開田して引水することも黙認せられ、ことに一旦旱魃に際会し、一般の水田の収穫量の激減する場合にあっても、番水株の所有者はその被害を最少限度に止め得、しかもあらたに溜池等を新設するのに比すれば、用水権(番水株)を獲得・保持することがはるかに得策であるからである。(後年に至るに従い、用水不足の度が増し、番水株の価値の増加したのは主として開田の増加と、金北山の水源の涸渇にもとづく現象とせられる。ここに一層耕地整理による用水分配の均等化が必要となったのであろう。)

昭和の初、下横山村には失業対策資金の低利融資を受け(27)、耕地の区画整理を行って農道および用水路を整理し、耕地の交換分合を行い、用水の合理的な配分融通を行う計画が熟し、勧銀の低利資金壱万円をもって、村人の労力を用いての耕地整理事業が行われ、昭和六年着手、同十年に完成を告げた。

事業区域内(下横山全般)の用水分配を合理的ならしめるために、三百余年の伝統を有する番水株はこの組合に一株当り四百三十円で買収解放せられ、下横山の耕地は上記組合のあらたに築造した溜池の水、および買収解放せられた番水株に属した水との両者をもって用水源とし、専任の「水配係」を常置して区域内の配水一切を支配せしめることとなった。

買収価格の壱番当り四百三十円は時価としてはやや安価であったと云われる。これは耕地整理組合の構成員中には、従来番水を所有しなかった農家も当然に包含せられ、番水株の高価による買収は、このような番水株の所有者でなかった者の負担を大きくする結果となるから、最高壱番千円の呼値をさえ有したものを、四百三十円と定めたのであった。

番水株の買収、水配係の設置による一元的な配水の行われるに至った結果、如何なる現象を生じたか。

旱魃時の配水は主として下横山地域内周辺部の、用水不足地を対象として行われることとなるが、それにも拘らず、配水費は従来の上田であった用水不足のない地域にも均等に賦課せられ、そのために一部には不平を感ずる者も生じたが、これは耕地整理、ことに交換分合の実施せられた目的からして当然生ずる止むを得ない点である。さらに周辺部の田地および流末部の従来の水不足地域に対しては、上流部の従来用水に恵まれた地域の水を割き、甚だしい場合は、上流部の干上げをさえ敢てして不足地に融通をする故、以前の良田は近年に至り頻繁に旱水を感ずるに至っている。しかし秋の収穫に当っては、しばしば旱上った上流部が、苦心して廻水せられた周辺、流末部よりも、常に収穫量の多いことを誇りうると云う、まことに上田の上田たる所以であろう。これは主として土質の差による保水力の差（下横山県道附近の上流では厚さ二寸の水量を一度注流すれば五―六日は保ち得るのに比し、下流部西下端の荊尾附近――常に「枯先検分」を願い出た――では僅か一―二日を保ち得るのみと云う）および、吉井開田の暗渠が下横山の流末まで伸長して埋没せられている事情から生じたものとせられている。

なお耕地整理の結果として、下横山村「柿ノ内」から下流部は多く「開田」であり、したがって番水もそれより下流へは下らず、ために田地の価格にも一〇〇〇円対三〇〇〇円の開きを示したが、整理によって上・下部の条件の差は比較的縮小したとは云いながらも、前述の自然的条件の差異から来た差等は今なお解消し切らないものがある。

（27）　前掲、神蔵勝次郎氏の資料提供による。

第五節　結　言

上述のように耕地と分離した用水引用権＝番水株＝は、長江川流域に在っても上江筋の大江・中江に沿う上横山・下横山の両部落にだけ発生・存在し、しかも旱魃事情その他の自然的環境の類似した近村の立野村に在ってさえ存しない特異の制度であることはすでに論じたところによって明らかとなった。慶長年間、この番水制の制度化した頃、耕地を基準とせず、当時の農家戸数に基づいて用水引用権（番水株）の数を定め、したがって同じ壱番の包含する掛り田面積にも、当初から差異が存して旱魃に際しては有利・不利の差等があり、さらに耕地の売買による集中・分散の行われるとともに、土地を離れて売買移転せられるものを生じて、有無相通ずるに至った。此の人＝農家戸数＝を基準として番数の定められたことが、この制度の発生の出発点と考えられる（立野の場合と比較せよ）。ことに田地の位置如何によっては、自然湧水の豊富なために、ほとんど大江の番水を享ける必要のない土地さえもあり、このような耕地の所有者は、いよいよこれを他人に売却しようとする傾向を助長した点は否み難いであろう。

耕地および番水の売買移転のしばしば行われつつ年代を経過する裡、ある者は田地に番水を附して、またある者は振水を約して、さらに甚だしい時は下横山の土地・用水の事情に通暁しない村外の居住者に耕地を売却するに当っては、故意に番水だけはその手中に残して売却する者を生じ、土地の分割売買による耕地の分散兼併とともに、番水株もまた兼併せられ、後に生じた農家戸数の増加した事実と相俟ち、大は一人で数番の番水を所有する者から、同じ村内に相当の耕地を所有しながら、片番の番水株をも有たないものとの開きを生むこととなった。昭和初年の前掲の番水持株表は、この事実をもっとも具体的に示している。

本研究の焦点地域である下横山は、昭和六―一〇年に亙って耕地整理事業の進捗に伴い、各農家に属した番水株は組合の手に買収解放せられて、専任の水配係による均一的配水が行われるに至り、特色のある番水株の存在もついに歴史的事実と化し去ったのである。

然し上流隣接村である上横山には、下横山と類似するこの制度が今なお行われ、消滅した下横山の場合とは著しい対照を示すに至った。本研究の中心地域として現存する上横山を避け、敢えて下横山を選定した理由は、耕地整理事業の必要上、番水株の買収計画を進めるに当り、同村の番水株に就いては調査闡明せられた部分が多く、この点が史料の採訪に、実状の聴取に、多くの労を費してもなお容易にその全貌を把握し難い上横山よりも、後者を撰定した所以である。

番水株の見られた上・下横山に在っては、番水に相当する一定量の水の引灌は、その番株所有者の自由意志に任されていたから、一旦甚だしい用水不足に際会しては、その引灌者の判断にもとづき、もっとも効果的な配水、例えば犠牲田を用意しての重点配水さえも行われる点は、定流による均分配水制のおよび得ない長所を有することも、その番の集中による用水分配の不公平の反面の事実として指摘しうるであろう。

なお「二十五」の株数の定った下横山の場合と類似する、戸数に割当てる制度の存在する土地として、京都府乙訓郡向日町字上植野の事情の報告(28)がある。耕地を基礎とせず、農家戸数に基準を置いて番水制を定めた点に関しては両者は共通であるが、上述のように下横山に「二十五番」の定数のあるのに比して、上植野にはこの事がなく、上植野に居住して水田を所有し、あるいは耕作を行う農家はいずれも番水割に加入し得、耕地面積の広狭に拘らず一定量の番水を受け得るものである点は下横山と異っている。したがって同村内であらたに分家した者でも、当然番水割を受ける権利があり、下横山のように相当の耕地を所有しながら、なおかつ一番の番水さえも買得による他獲得する手段のないのとは大きな相違がある。したがって上植野には耕地と分離して売買せられる番水はなく、下横山の場合に比して番水権の制限事項の少ないものであり、もちろん上植野一円の地域での用水量の絶対的不足、田地の面積の少い為に、田地の他村への売却による減少、また他村から村域内への入作による村内耕地の実質的減少を防ぐため、あるいは土地の兼併を防除せんがため等、同村に居住する住民の戸数に番水権を割当てる用水分配法の発生した理由に就いては、種々の条件を数え得るであろうが、その割当数が固定せず、変更し得るものである点に、両者の根本的異同を認めるべきであり、番水権の耕地に対する支配力・拘束力の強さの点から見れば、下横山の番水株よりも一段と低位に置かれるべきものであろう。

(28) 前掲『農業水利慣行ニ関スル調査』第一輯、に見られる「京都府乙訓郡向日町上植野ニ於ケル農業水利慣行調査」(同書、八一―九五頁)、および『農業水利慣行調査』大正六年、農商務省農務局刊、三四五頁。

(一九四五、一二調査、一九四六、一二稿『人文科学』二巻一号(一九四七、一二刊)掲載)

第十二章　讃岐満濃池の経営と管理

第一節　近世以前の満濃池、その開鑿と経営

満濃池は弘法大師の名とともにすでに世に聞えているところであるばかりでなく、現在でもその池敷面積の大で灌漑区域の広大なこと、承水区域の組織の整頓しているのはもちろん、丸亀平野の大部分の水田農業を根本的に支配する点で、讃岐の灌漑用水問題を取扱うに際して最初に注目すべきものであることは多言を要しない処である。

満濃池の開鑿は「萬農池後碑文」(1)によれば、大宝年間国守道守朝臣の築く所であるが、弘仁九年に至って大破し、この再築は年を経ること数年で成らず、官使以下大いに苦しんだが、国司の請によって高僧空海が招かれ、その尽力によって弘仁十二年(八二一年)に再築工事の完成を見た。

弘仁年間以前に満濃池の存在したことは、大同三年九月(八〇八年)に萬農池神の勧請があった事実によっても窺い得るであろう。その後池神は元慶五年十一月(八八一年)に至り「授讃岐国正六位上萬農池神従五位下」とその位階を進められている。弘仁の再興後にも仁寿元年(八五一年)の秋、大水のために堤防が崩壊して修造のことがあり、更に治安二年(一〇二二年)にも修造があったから、恐らく同様破壊を見たのであろう。是等の度々の災害は当時の土木技術の低さから避け得なかった所であったであろうが、その後元暦元辰年(一一八四年)の洪水のために堤防がことごとく

流失を見、以後永く再築修造を加えられることがなくて、近世初期寛永年間再築の時に至った。その四百数十年の間、元の満濃池跡は五百石ばかりの山田となり、(2)その中に村落をも生じて池内村と称していた。(3)

満濃池の消滅後数百年に亙る間の、この地域の農業が如何なる状態に在ったかは、一応考慮すべき処であろうが、その間の水田耕作の困難さは後述する安政年間決潰の直後のように、十数日間も降雨を見なければ、田面に亀裂を生ずるような有様であったであろうが、近世のそれとは、著しく量的に相違していたと考えられる耕地(特に水田)の寡少であったことが、その農業経営の困難を幾分救っていたであろうことも想像せられるのである。

(1)『続群書類従』雑ノ部。
(2)以上の記載は高松藩記である『政要録』五之内、巻三、大池数、満濃池由来、による。
(3)高松市在住、矢原高幸氏所蔵の寛永年間の図によれば旧池跡に数戸の民家が描かれているのを見る。

第二節　近世満濃池の再興とその管理機構

1　西島八兵衛と満濃池の営築

西島八兵衛之尤《ゆきまさ》は元来伊勢の国の人で高名な土木家であったが、(4)その主藤堂高虎と姻戚の関係に在った讃岐侯生駒壱岐守高俊の許に派せられ、その客臣として元和七年以降讃岐に在って大小の溜池を改修、新設する所が多く、その数九十五個に上ると称せられている。

寛永三寅年は四月七日に大風雨があって後七月に至っても雨がなく、至極の大旱で、五穀が実らず民のまさに餓死にも及ぼうとした時、西島八兵衛の力によって満濃池は再築の運びとなった。『讃岐生駒記』(5)に曰く「此節万ノ政務無覚束トテ政事方郷民農耕之儀迄功者ナル由ニテ津ヨリ西島八兵衛ト言フ者来ル　此者成程万事ニ達シ別シテ地方ノ取計調練セシ故絶エテ久敷那珂郡吉野村満濃池ヲ再ヒ築キ立テ三野郡羽方村ノ岩瀬池、豊田郡中田井村ノ一ノ谷池、香西郡川部村ノ小田池、香東郡川東村ノ立満池、小田郡三谷村ノ三谷池、三木郡高岳村ノ山大寺池、其郡々ニテ大池九十余ヶ所築之　農作用水ノ便尤宜敷故政納方モ未進ナク上納セシメ上下ノ悦不過之　右八兵衛段々立身セシニ病気申立暇ヲ乞ヒ寛永十六年勢州ニ帰リヌ」と。もって讃岐での西島八兵衛の活動と、これをよく重用した藩主生駒氏の民政策とを知りうるであろう。上述の引用文中に西島氏の築く所として掲出せられた池々は、前述した『政要録』中の大池の記載にも、西島氏の築く所として記されたものが多く、両者の記述は全く一致を見ている。これ等の事実により、この時代に灌漑組織の整備が画期的な進歩を遂げ、水田の開発が飛躍を遂げたことを知るのである。

寛永度西島氏の再築以前の満濃池跡が池内村と呼ばれ、その大部分が山田であったことはすでに述べた所である。西島氏の計画にもとづき、福永七郎右衛門、下津平左衛門の二人を奉行とし、国中の人足をもって工事は始められた。(6)生駒氏の讃岐一領時代の事ではあるが、この国中の人足の語に注意を払うべきであろう。その工事の進捗状態は矢原氏所蔵の図の欄外の附記によってその大要を知り得るが、(7)寛永五年(一六二八)十月十九日の鍬初め、同八年(一六三一)二月十五日「芝付悉皆出来、上棟式終」をもって落成を見た。足掛け四年、実際は二年有半で竣功したのであった。

2　安政度の決潰と長谷川佐太郎の再築

寛永八年に落成した満濃池は、その後しばしばの修覆工事を加えつつ二百二十年間を経たが、安政元年(一八五四)七月五日から同九日の堤防の漏水(この年の大地震のため石樋の側壁に罅穴を生じて漏水があり、修理の未だ終らないうちに大雨があって水勢が強く、ついに堤防の決潰を来した)は遂に大事となり、下流数ヶ村の田地は一瞬で赤地となり、一大荒野と化するに至った。(8)村々は涌を掘り、井を浚えて灌漑に努めたが力およばず、僅か十日間の旱天に逢えば稲は枯死し、農民の困苦は甚だしかった。天領、高松領、丸亀領、多度津領と数藩の治下に跨った池掛り村々の、満濃池再興計画は容易に協議の一致を見なかった。

長谷川佐太郎(9)は琴平に地続きの天領榎井村の農である。満濃池の決潰後その再興に尽力し、しばしば当局にこのことを歎訴したが、幕末多端の折柄とて容易に採り上げられるに至らないで年を経る中、明治元年(一八六八)三月ついに上京、太政官弁事伝達所に歎願してその許可を得、同年十月下旬から倉敷県参事島田泰雄、高松藩の執政松崎佐敏の援助を得るに至った。ことに松崎佐敏は翌明治二年(一八六九)五月に至り、底樋の石樋を改めて永久的な石穴(満濃池神である神野神社の側である岩壁を貫穿しての)たらしめることを勧告し、高松藩の営繕費・失費負担の保証下に、九月十六日から工事に着手し、石穴貫穿の成功の兆の見えるや、翌明治三年(一八七〇)正月から堤防工事も併び行われ、高松、丸亀両藩の吏員が出張監督の下に(倉敷県は高松藩に委任、多度津藩は仲間を脱した。これに就いては後述する)工程は着々として進捗を見、三月十五日に石穴落成、六月三日には堤防も完成して工事は全部成就した。人夫の延人員は十四万四千九百九十六人であった。その功によって長谷川佐太郎は苗字帯刀御免の上、藩への出入を差し許され、かつ餅米拾俵を倉敷県から賞賜せられ、松崎佐敏の霊は神野神社の西隅に鎮祭せられるに至った事実によっても、この復興工事が、西讃平野の農業に与えた効果の程は知られるのである。考えるに安政元年(一八五四)に破壊してから、明治三年の完成に至るまでに十六年間を要している。明治以後二回の嵩上げ工事を施したが、この時の堤防が最近までの満濃池の基礎となっているのである。(戦後更に、この堤の外に新堤を築いて約五〇%貯水量を増した。)

3　満濃池の管理機構　直接満濃池の監守、保護に当るものに池守があり、代々矢原氏の掌る所であった。矢原氏は讃岐国造の後でこの地に住し、代々神野社(満濃池神)との関係が深く(10)、近世初頭には土豪として度々の戦歴を経、仙石氏の時に四百石、[11] 生駒一正の時に二百石を領有していた。前述した寛永度満濃池修繕図の欄外の記載には「西島氏寛永三年八月矢原正直方江来当郡年々旱損ニ付懇段御座候ニ付池内所持之田地不残差出申候」とあり、矢原氏系図には「元暦ヨリ寛永年マデ満濃池中絶ス此年生駒高俊臣西島八兵衛之尤余之家ニ来リ池再興ヲ委ス池内村矢原所有ノ田悉皆施工ス正直曰ク一家ノ不利万人ノ大利ナリト西島大ニ感賞ス……同十二年四月三日生駒高俊ヨリ池上下ノ田ヲ賜雖有西島氏之功正直無承諾者池不成此功執」と見えている。この両者の記述によってその間の事情は明瞭であろう。しかも池敷の代地として寛永十二年に高五十石の田地が与えられ、以後矢原氏は世襲的に池守としての地位を獲得したのである。池守となってから後も、矢原氏が旧土豪としての性格を止めていたことは、同氏系図享保六丑年八月十二日の条に「臣利助太吉伝助佐平治良助久蔵三七等七人主家ニ無私有之公儀へ願済ニテ斬首ス」とあることによっても察し得るであろう。

寛永十八年江戸から奉行の出張があり、池掛り村々の諸関係を調査の上、成文化した一札——池掛り村々の石高、配水規定等を定めている。このような種類のものとしては現存する満濃池記録中最古のものとして、根本的な重要性を持っている——を作成したが、その末尾[12]に、この記録は証拠のため加判の上、満濃池守である矢原家に預けて置くべきことと、池守給は先規通り二十五石を宛て行うべきことが明記せられているのである。池守給に就いては、前に五十石とあり、今また二十五石となっていて、その何れであるかに疑問を覚えるのであるが、あるいは当時のその地は、人家も稀な所であり、自然と荒地も多かったので、二十五石の池守給の他、跡は開き取りとし、山守給の地として(七箇村の地五十石は池守、山守の給であることは明記がある)与えられていたものであろうとは『政要録』に言う所であるが、参考とすべきであろう。山守の管理した御林立木はその後間もなく御払となり、池守給の地は貞享四年(一六八七)以後、山守給は元禄十一年(一六九八)の検地後、ともに年貢地となり、五十石壱升八合の村高となっている。上述のような過程を経て、矢原家自身の地位は仙石、生駒両氏の時よりも低下したと見做しうるであろうが、これを讃岐の他の大池の場合に比較すると、満濃池の重要性と、矢原家の伝統とがこのようにさせたのではあろうが、他に比して特殊な位置に在ったことを知りうる。すなわち全讃史巻十陂池志[13]によれば「満濃池監池吏秩禄廿五石」とあるのに、山田郡三谷村の三谷池(三谷三郎と唱える讃岐国内著名の大池、寛永年間に小池を拡大して現状とする)は「監池吏禄三石七斗」であり、神内池(西植田村にあり)は「監池吏秩三石」などであるに過ぎない。

寛永八年の満濃池工事の落成後間もなく、同十七年七月に至って、領主生駒氏は領内の治らないとの理由で、出羽国矢島に移され、同十八年西讃丸亀に山崎家治が、十九年に高松に松平頼重がそれぞれ封ぜられて、讃岐は東西の二藩に分領の形勢となった。寛永十八年池の竇木の腐朽を修造するため、池掛り木徳村の里正四郎太夫が幕府へ訴え出た処、東讃、西讃の境の那珂郡で三ヶ村を天領とし、以後はこの三ヶ村の租をもって池修補の料に当てることとなった。すなわち池御料である。三ヶ村の内訳[14]は次のようである。

一 高八百四拾石八斗九升　苗田村(象郷村苗田)
　七拾壱町弐反拾壱歩　定米三百三十六石余
一 高七百二拾五石九斗九升五合　榎井村
　六拾町弐反九畝九歩　定米二百九十五石八斗余
一 高六百六拾三石壱斗八升余　五条村(神野村五条)
　百五拾六町六畝拾歩　定米三百五十九石三斗余
計 二千二百七十九石三斗一升九合

二百八十七町五反八畝一歩
定米八百九十一石二斗余

この三ヶ村の池御料としての性質も、宝永三戌年の賚木改換の時以後は行われないようになり、以後は国中割となった。(15) 実質は水掛り区域の高割制である。これに就いては後に詳述する。

幕府が池御料三ヶ村を定めるに際して、その一である苗田村に政所を設け、寛永十八年の水掛り高村々の定書にも見えている苗田村の大庄屋与三兵衛を、寛永十九年に天領三ヶ村(池御料)の代官とし、名を守屋与三兵衛と改めさせ、もって池の管理に当らせたが、代官は以後しばしば変更して、あるいは備中倉敷代官の兼帯支配となり、あるいは松山藩の預り、高松藩の預り等となったこともある。元治元年に至り、幕府は五ヶ年間を限り満濃池ならびに天領二千余石の地を高松藩に委任していたが、明治維新に際しては、旧天領は倉敷県庁の支配下に属し、高松、丸亀、多度津の諸藩と協議の上、明治三年の再興工事の行われたことはすでに述べた処である。明治十二年には満濃池水利土工会の組織があり、明治二十五年に、改めて満濃池普通水利組合の成立を見、もって現在におよんでいるのである。(16)

(4)　村治円次郎「藤堂藩の水利土木家西島八兵衛之友」(『経済史研究』第十四巻二号、昭和十年八月)。
(5)　香川県坂出町、鎌田共済会図書館蔵の写本、二二頁。
(6)　同所蔵「満濃池由来水掛り高水割控」。
(7)　寛永五辰年
　　十月十九日　　鍬初代官出張番匠喚
　　十一月三日　　西側掘除
　十二月二十日　普請方一統引払候

寛永六巳年
正月二十八日　取掛
二月十八日　奉行代官相改
三月十九日　東分大石割取掛
四月十日　奉行代官立会　相改皆引取
八月二日　底土台亀甲ノ用意石割掛
八月十五日　両側大石切出済
十月二十八日　座掘取除出来
十二月十二日　台目取除ニ掛ル
十二月廿二日　奉行一統引払

寛永七午年
正月廿八日　取掛
三月十八日　台目所出来
四月十日　櫓材木着手
四月十一日　流水為替土手簡立
四月十八日　底樋亀甲石垣取掛五月廿四日迄ニ出来
六月五日　底樋取掛
六月廿九日　一番櫓建立
七月六日ヨリ底樋伏込　同廿九日迄ニ出来
八月十五日　木樋両側伏込
十月六日　堤埋立出来　竪樋座掘掛

十月十八日　竪樋下築立　同晦日出来
十一月十七日　波打亀甲石垣築
十一月廿九日　二番櫓立
十二月十日　三番櫓立
十二月十五日　四番櫓立
十二月廿二日　五番櫓立済

寛永八未年
二月五日　堤裏石垣直シ
二月十五日　芝付悉皆出来　上棟式終

(8) 鎌田共済会図書館蔵「満濃池由来」。

(9) 同所蔵「長谷川佐太郎伝」及び「長谷川佐太郎史料」。

(10) 同所蔵「矢原家系図　手扣へ写」。

(11) 令領知事
一　四百石　仲郡七箇村東分　旧領之内
右ハ可領候条仍テ如件
天正十三年十月二十五日　仙石権兵衛秀久　判
矢原与三殿

(12) 右之通村〻井水之儀今度失規之様子ヲ遂穿鑿以来証拠之ため加判形満濃池守ニ預置候間自然井水之儀ニ付新規成申分仕候者大庄屋共如書付之無依怙贔負可済之候若於不相済者双方地頭ゟ検使を申請如書付之火罪之上可相済然者先規ゟ池守給取来候高弐拾五石之処不相替出し置候間油断仕候者曲事可申付者也
寛永十八年

巳十月九日

右一札池守方江渡有候

野瀬四郎左衛門
伊　丹　播　磨
青　山　大　蔵

（傍点、筆者）

(13)　京都大学農学部農史研究室蔵。
(14)　(6)と同様の末尾に記してある。
(15)　前記『政要録』の「大池数、満濃池由来」に曰く、「夫より池の修覆ありしかど入費はすべて池御料の租税を以て給ひ来りしにいかなる故よしやありけん宝永三戌年賓木改換のときよりして賜はらず国中割とはなりしなり」。
(16)　『農業水利慣行ニ関スル調査』溜池編、第一輯（香川県耕地課、昭和十一年十一月）八九頁の記載による。

第三節　満濃池の修覆工事とその意義

寛永八年の復興の完成後、安政元年の決潰までの二百余年間に、修覆を加えた年代、回数ならびにその工事の目的を年代順[17]に記すと次のようである。

＊1　寛永二十未年（一六四三年）　底樋前半分ならびに竪樋とも仕更
2　承応三　午年（一六五四年）　前竪樋繕
＊3　万治二　亥年（一六五九年）　底樋後方半分仕更
4　寛文七　未年（一六六七年）　前竪樋仕更
5　延宝七　未年（一六七九年）　後竪樋仕更
＊6　宝永三　戌年（一七〇六年）　底樋前半分ならびに竪樋とも仕更

＊7	享保七　寅年	(一七二二年)	底樋後半分仕更
8	享保二十卯年	(一七三五年)	竪樋櫓仕更
＊9	宝暦四　戌年	(一七五四年)	底樋前半分ならびに竪樋とも仕更
＊10	安永八　亥年	(一七七九年)	底樋後半分仕更
11	寛政十一未年	(一七九九年)	竪樋損修繕
12	文化元　子年	(一八〇四年)	竪樋仕更
＊13	文政三　辰年	(一八二〇年)	底樋前半分仕更
＊14	文政十　亥年	(一八二七年)	底樋後半分自普請
15	天保十一子年	(一八四〇年)	竪樋櫓仕更自普請
＊16	嘉永二　酉年	(一八四九年)	底樋前半分仕更石樋に改む
＊17	嘉永六　丑年	(一八五三年)	底樋後半分仕更石樋に改む
18	安政元　寅年	(一八五四年)	堤防決潰
19	明治三　午年	(一八七〇年)	築堤ならびに底樋の石穴工事完成(以後樋の仕更工事なし)
20	明治三十一戌年	(一八九八年)	木造部腐朽の箇所を悉く改築
21	明治三十八巳年	(一九〇五年)	堤防三尺の嵩上工事
22	大正三　寅年	(一九一四年)	配水塔建設
23	昭和二　卯年	(一九二七年)	堤防五尺の嵩上ならびに財田川余水取水隧道完成

底樋、竪樋、櫓等はいずれも木造であったため、腐朽が早く、ことに底樋は約三十年毎にこれを仕更える必要があった。前表で＊印を附したのはそれであって、六十五間の長さを有つ樋を、全部同時に伏せかえては万一の大雨、洪水の折には危険を来す虞があるから、これを前・後の二部分に分ち、多少宛その仕更の時期をかえていたことは注意

すべきであろう。底樋に破損を生じ漏水を生ずるような時期になると、その伏替を村々から天領政所(池御料)に歎願し、その検分を経て後、御普請として工事が行われた。工事の時季は宝永三年の場合のように「当秋立毛百姓取納仕候以前」(18)に行われることが多かったようである。

御普請として行われる場合は、入用人足は高割で天領、高松領、丸亀領、金毘羅社領のそれぞれに割り付け、一人一日米五合宛(宝永三年の場合)あるいは七合五勺宛(宝暦十一年底樋修繕の歎願目論見書)が扶持米として給せられた。宝永三年以前には、この費用に充てるべく天領としての池御料が存在したのであった。

底樋の伏替は想像されるように最大の工事で、これに要した人夫、材木等の費は莫大であり、たとい御普請であったにしてもその負担は莫大であり、満濃水掛り村々のもっとも苦痛とした所であった。文政十年以後の例のように、村々百姓の自普請となってはなおさらのことである。自普請の名目は「百姓冥加の為」とあるが、御普請を願い出て許されず、止むを得ない結果であったことは、宝暦十一年に底樋、竪樋工事の目論見帳を作り、詳しく計画を立てて願い出た際にも、天領代官は「御普請相伺候迚容易に不被仰付候得者何分組合村々申合何レニ茂取繕用水不差支様情々申含候処尚又段々御普請之儀相願此上難捨置御座候」と云っていることによっても察しうる。嘉永二年および六年に石樋に改めたのは、伏替の費用に苦しみ、また底樋伏替の必要のないことを見越しての企てであった。不幸この折の石樋は、翌安政元年の堤防決潰によって何等の効果をも収め得なかったが、明治三年、天然の岩盤に穿った石穴とすることに成功したのは、永年、底樋伏替の費用に苦しんで来た結果の計画であった。自普請となった後の村々は、底樋の伏替期になっても、容易にそれを行う余裕がなく、一旦歎願した工事を「近年凶作打続難渋仕居申候間可相成御儀にも御座候ハヽ、明後年位江御延引被下候ハヽ、一統難有奉存候段申出候」(19)と云うような態度に出なければならぬことがしばしばであった。

自普請が村々にとって一層不利であった理由の一は、例えば嘉永六年の工事の場合のように、高二千百八石の天領に対して割当てられた人足二万二千百五十九人九歩之内、御料三ヶ村からの出人足は僅かに五千百二十九人に過ぎず、残る壱万七千三十人九歩は東領（即ち高松領一万六千九百五十石）と西領（丸亀領一万六千四百二十六石二斗）がそれぞれの石高に割り当て、東は八千六百四十九人壱歩、西は八千三百八十壱人八歩を、自領の割当分以外に負担しなければならなかったことにもある。なお金毘羅社領三百三十石も、自普請に際しては天領と同様の取扱を受けた。したがって嘉永六年の場合のように「右者此度自普請に付御料所より不差出東西領より差出仕候以後の例に被致不申事」と記されているが、この後半の文言のごとき、果してその通りであったか否か疑問である。

樋のような主要部分の材料には、草槇、檜の良材を用い、したがって近国では容易にその材を入手出来なくて、大阪町奉行中へ申達し「町中入札」[20]として落札者を決定し、購入した用材は海路丸亀湊に回送し、そこから満濃まで、陸路輸送して来たのである。その後草槇、檜のような良材は、その価が貴く、これを多量に要する底樋工事はいよいよ多額の費用を要するため、宝暦度の伏替計画の際は、当局もこの点に苦慮し、他の良材でも、相当年数を保ち得るかを吟味したが、村々の答は「決而上木ニ而無之候而ハ年数難保松木等ニ而被仰付候而ハ度々伏替御普請等被仰付候様相成候然時者夥敷人足度々差出候筋ニ相成甚村々難儀仕却而御損失之方ニも可有御座」と云ったような結果であり、その答によって従来通り、草槇、檜の入札を行ったが、この頃は「右草槇　檜ニ而ハ近国ニ入札仕候者無御座」と云った有様であり、ようやく槻、栂でこれに代えることとなったことがあった。

是等の工事は如何程の人夫を要したかを見ると、その総数[21]は

宝永三年	底樋前半ならびに竪樋共仕更の場合	一四万四八二一人
文政十年	底樋後半ならびに竪樋櫓仕更の場合	二四万八四八六人
天保十一年	竪樋ならびに櫓共普請の場合	四万四六三四人
嘉永三年	底樋前半の石樋に仕更の場合	二四万九八九〇人
嘉永六年	底樋後半の石樋に仕更の場合	三七万六四八九人

底樋仕替の場合が最大の負担であったことは上述の数字を一見すれば明瞭であろう。

以上のような大工事の他、時々臨時に行われる小工事、たとえば嘉永三年の七月、十二月、嘉永四年四月、弘化三年十二月の場合などはそれぞれ一貫五、六百匁乃至二貫数百匁の銀、あるいは二千人内外の人夫が天領、東西藩領、社領の四者に高割で割り当てられているにすぎないから、これらが村々に与えた影響はそれ程大きかったとは考えられない。

上述のような度々の大工事、小工事に際しての人夫の使用は莫大な量に達し、かつ各村々から来た人足の集りであるから、この統制には並々ならぬ注意が払われていた。嘉永三年の底樋の前半分を石樋に改める際の工事のように、現場監督として那珂郡、鵜足郡の庄屋が一人宛交代で出張する以外に、他の八郡からも庄屋が一人宛順番に四、五日宛詰め、都合庄屋二人で日々の出人足等を記し、御普請奉行および下役の旨を受けて人夫の指揮に当っていた。嘉永三年の工事の場合は、八郡の庄屋がそれぞれ十日宛の交代で、八月から十二月まで勤務した日割帳が残されている。なおこの時は人足三十人毎に組頭一人を、人足十人毎に飯焚一人を附ける定めであった。その他の規定は次にその梗概を記す。

1 役人共は普請中朝六ツ時に罷出て普請の仕方を入念に改めること。
2 喧嘩、口論等は堅く相慎み、若し不届の仕方におよぶもののあった場合は抑留の上、庄屋、組頭で裁き、場合によっては郷会所へ達し、その指図を受けること。
3 普請所に人足の出役する時は定刻通り、庄屋、組頭が引率の上のこと。
4 普請所へ入込中の人足に怪我人、病人等を生じた際は、代りの者を庄屋、組頭から雇い出すべきこと。
5 人足集の合図は螺を吹かせ、食事ならびに休息の節は拍子木を打つこと。

これらはいずれも工事の進捗を図るべく、人夫の指揮その他に関する規定であるが、さらに工事場での日常生活に関しては、

6 郡々より人足召連罷出候庄屋組頭共指候脇指の寸尺相究申渡候通違背仕間敷候
7 御普請所江罷出候面々何れ茂綿服着用可仕候
8 御普請所江罷出候庄屋組頭人足共普請所並於宿酒肴調給候義堅無用可仕候
9 普請中惣而出会幷音物之儀兼而組頭江申置通一向無用ニ可仕候

などと規定せられている。人足の差し出しは高割であり、村々は工事の完成後にその諸入目を明瞭に認め、郷会所へ差出すことと定められていた。精算の用に供するためである。

これら上述の臨時的な経費の負担の他、平素の負担はどのような程度のものであったかは、今これを明らかにする史料に乏しいが、現在でも「本組合組合費は毎大字に課し市町村長に於て水掛土地所有者に分賦し徴収以て組合金庫に納入するものとす……納入は毎年七月三十一日限にして未納者あるも其年度内には納入済となるを例とす、他の公

課に比し納入成績良好なり、是一般農家の水に対する念深ければなり[22]」と云う状態であることは早くから生じた伝統であろう。

(17) 前記『政要録』の「大池数、満濃池由来」の末尾の記載から作成。
(18) 鎌田共済会図書館蔵「宝永弐酉年　讃州満濃池　底樋竪樋　矢倉　御修覆御入用帳」。
(19) 同、亥五月、大庄屋からの「御伺奉申上口上之覚」。
(20) (18)に同じ。
(21) それぞれの場合の「人足目録」による。
(22) 『農業水利慣行ニ関スル調査』溜池編、第一輯、九一頁。

第四節　池掛村々の配水と費用負担との関係

1　池掛り区域の変化

池掛り区域を明瞭に示す最古の記録は、寛永十八年の「満濃池水掛り高村々帳」であり、これに記された村々と、明治三年以後の水掛り村々との区域の変化[23]は、第16図に示すようである。寛永年度には、満濃池の灌漑区域は鵜多、那珂、多度の三郡四十四ヶ村に跨り、その石高は三万五千八百十四石弐斗[24]であったが、鵜多郡六ヶ村三千百六十石および多度郡の中、多度津藩の所領に属する村々八千余石の地は、明治初年の修築に際して池掛りを脱し、現在の池掛りは旧石高で二万四千五百七十九石となり、曾ての状態に比して一万一千余石分を減じている。

池掛りを脱した村々は、図に示すように土器川に沿う鵜多郡の村々(是等は土器川から用水を得る利便がある)と、西北

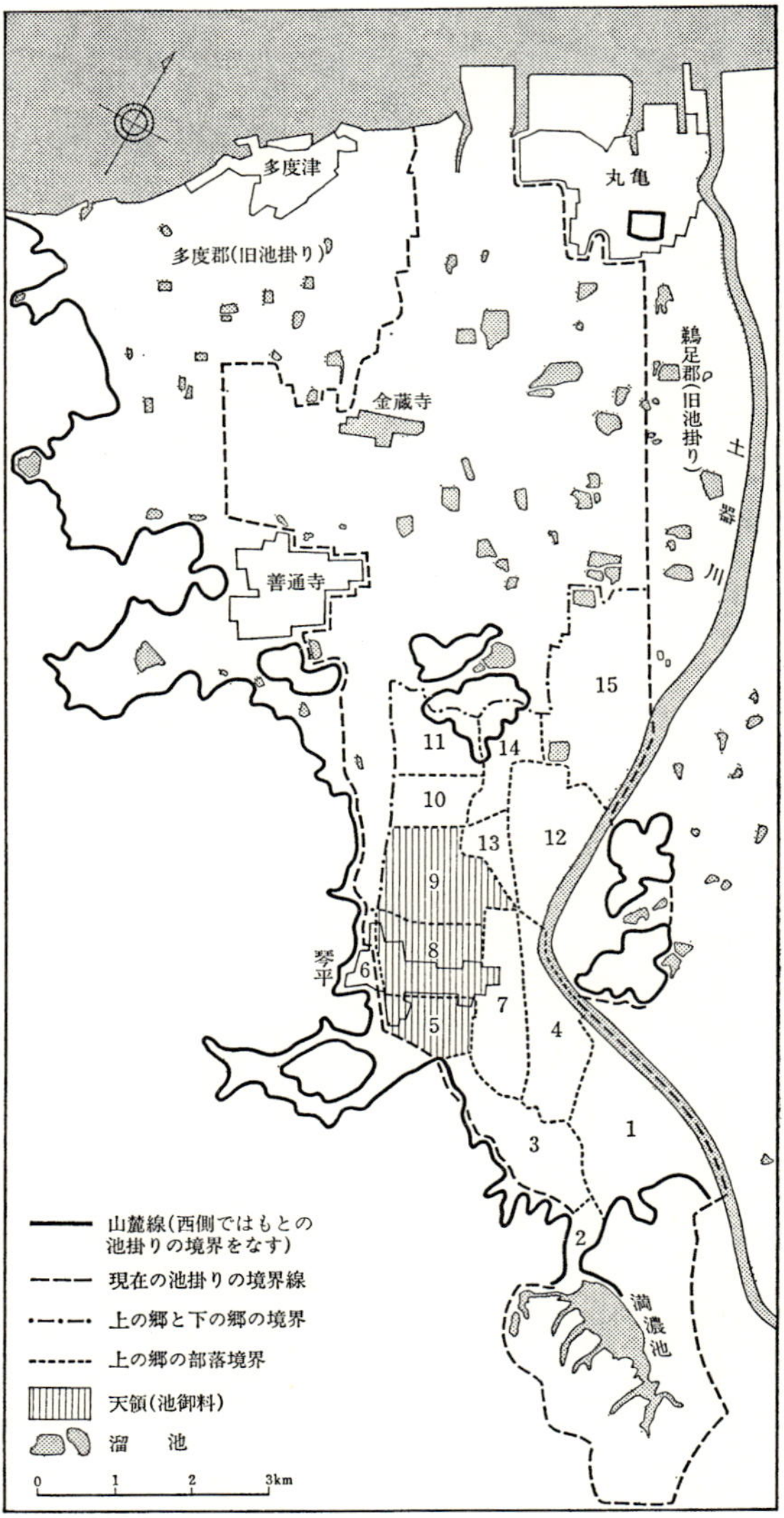

第16図　満濃池掛り

(25)部の出《で》水《すい》と称する自然湧出水に頼ることの比較的大きい多度津近傍であり、しかもまた満濃池から遠く、その配水法（後述）によれば、南部の満濃池に近い村々と同様に水利費用を負担するにも拘らず、その得る所の少ない地域であったことが、池掛りを脱した主要な原因であろう。明治以後二回に亙って堤防の嵩上げを行い、その貯水量を増加し、

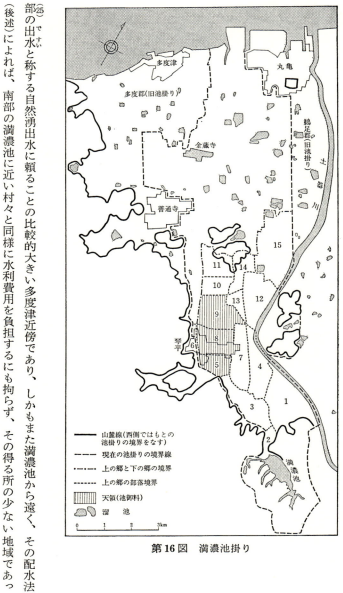

なお上述のような池掛り区域の減少を見たに拘らず、依然として用水供給量の不足を告げていることは、明治二十年頃を転機として、讃岐著名の農作物であった甘蔗、棉花の栽培が大いに減少し、水田面積の増加を来したことと、他面二毛作の普及が、より多量の用水を必要とするに至った事情も予想せられるであろう。(池掛り区域は減じたとは云え、その面積は三千五百町歩、丸亀附近の平地の七〇%を其の灌漑区域としている。)

2　配水の特殊関係　配水には定期配水と臨時配水との二があり、さらに「証文揺」と称して、五個の櫓の中、下から数えて二番櫓以下の溜水の使用権に就いては、同じ池掛りの中に在りながら、旧那珂郡上分(南部)と下分(北部)に分れ、それぞれ権利を異にする特殊な配水法がある。(26)

定期配水は毎年夏至三日前(現在は陽暦六月二十日)に行うのを例とし、これを「初揺抜」と称する。当日は関係者参集の上、堤上に祀る神野神社前で奉告祭を行い、五穀の豊熟を祈り、やがて池守の手によって揺抜を行い、池水を底樋穴から奔出させる。この配水は挿秧期の用水の供給がもっとも主要な目的で、たとい当日降雨でも、一旦はこれを行い、降雨が潤沢で満濃池水を待つ要のない時は、ただちに閉鎖するのを慣例とする。定期配水による挿秧のための用水が、上流から下流へ一応池掛りの全区域に行き渡れば、満濃池の揺は一旦閉鎖し、以後は池掛り区域各地の用水所要地の請求により、随時に配水を行うに至る。これが臨時配水である。(27)往時は水割りの制度により、池御料三ヶ村庄屋の中の一人が配水を支配し、池御料三ヶ村は必要に当り随意に配水を受けたが、他の水掛り村々は、予め池を支配する政所庄屋(池御料三ヶ村中の何れかの一村の)の許諾を得て引用したが、今は水配人の支配によって、日限を以て行われている。池御料三ヶ村の有した、曾ての支配力を知るのである。

池から放出された水は、三本の水路に分れて、各〻の水路に沿う水田に供せられるが、連日の池水の引用によって、池の貯水量も漸次減少し、二番櫓の位置にまで減水した時は、以後の配水は那珂郡上の郷、すなわち図に示した一線以南の満濃池に近い部分だけの専用水となり、下の郷はこれに潤うことを得ない。この制度はすでに寛永十八年の池掛りの規定で成文化せられているのを見る。曰く「満濃之池弐ばん壱ばんの矢倉は那珂郡上之郷に留り申候事」と。往時の水別けの規定でも「満濃水別」と「下江小別四組」(28)との二に分けて記され、両区域が配水で、それぞれ異った待遇を受けつつあったことを知る。この配水を「証文揺」と称するのは、配水を受ける毎に、那珂郡上の郷の村々庄屋は一同連判の上、誓書を池御料三ヶ村に提出する故に生じた俗称である。二番櫓以下の水の配水に当っては、その配水時間は村々の石高割とし、現在も旧慣のまま一廻り八昼夜とし、これを上の郷十五ヶ村の反別割に配当し、その配水の順序は図の各村の上に附した数字番号の示すごとくである。

いかなる理由によって、寛永年間の満濃池の復活後、このように水掛り区域中に、二個の異った地域を生じたか、の原因は容易にこれを明らかにし難いが、那珂郡下之郷では図に見るように、溜池がはなはだ多く分布し、上の郷のこれに反していることは一つの注目すべき事実である。最初明らかに、二区域の別を生じたため(制度上)、下の郷では止むを得ず小溜池を多く築造して、満濃池だけによる用水の不足を補うに至ったものか(この考を支持するものとして買田池、増池等の(29)、下の郷での比較的大きい溜池が、寛永以後の築造に懸ると云う事実がある)、あるいは下之郷は小溜池が、早くから多く分布し、是等による用水供給の方途があるため、このような不利な配水規定をも甘受したのであるか。しかしこのような上流と下流の間で、池水の引用権に差等のある例は、他でも多く発見され、例えば那珂郡与北村買田池(30)のごとく、底樋より上の水は池に最も近い村の独占であり、これを番水による配水としないことも存する。地理的位置の優越、あるいは池の管理における労力その他のもっとも多い負担等が、このような権利の差を生じた原因として考えられ、また池の再掘鑿に際しての村々の負担や、それ以前からの歴史的関係などもあろう。しかし是等の事実を究明するには、寛永十八年の記録以前の、これ等の村々の諸関係の推移を物語る史料が皆無なだけに(池そのものも存在しなかったから)不可能なのは遺憾である。那珂郡の地は高松、丸亀の両領が互に入交った土地ではあるが、郡家、与北、垂水、公文、高篠等の上の郷、下の郷の境界に当る位置の村々は、いずれも高松領であるから、この水掛りの規定を作成した時に、吾々の想像するような政治的意図があったものとも考えられないのである。しかし上の郷と下の郷の土質の差(粘質か砂質か)にもとづく滲透性の差異が、考慮せられたことはまた一つの有力な理由と考えうるであろう。

(23)『満濃池史要』満濃池普通水利組合編、による。
(24)(6)に同じ。
(25)『丸亀平野に於ける灌漑の地理学的研究』位野木寿一稿、大塚地理学会論文集、第五輯の附図「出水分布図」による。
(26)(22)に同じの九一頁による。
(27)(22)に同じの九二頁による。
(28)(6)に同じ。
(29)香川県仲多度郡郡家村中三条、宮内麻之進氏蔵「延宝年中以来増池新調留、附水論之事」に「延宝六年より願出候処同八申年出役人見分ニ相成、天和元年酉六月願相済御普請用意仕候天和元酉年十一月七日鍬初ニ而同二年戌四月四日御普請成就仕候」とある。
(30)(29)に同じ宮内氏所蔵記録「買田池水論文書」による。なお、本書第十三章参照。

第五節　結　言

以上乏しい史料にもとづきつつ、近世満濃池の経営管理に就いてその大要を述べたが、満濃池が著名な古い開鑿の歴史を有する、讃岐第一の大池であるに拘らず、中世数百年の永い間廃絶のままに放置せられ、ようやく寛永年間に至って、領内の開発を目指す領主によって再築せられ、その時以来確定せられた管理規定の下に支配が行われて、ある意味ではもっとも古い池であるとともに、また近世初期に多く開かれた、讃岐国内の池の一つの代表的なものとも見做しうるのである。特に水利関係の史料では、自己の存立を有利に導くため、しばしばその施設の初まった年代をことさらに古からしめて、伝説の域にまでおよぼした例の多いのに比して、これは、一つの明瞭な年代的考察の根拠を与えるものとして注目すべきであろう。

満濃池の灌漑する三万五千余石の旧水掛り区域は、西讃のもっとも主要な農業地域であり、また豊饒の地であり、現在でも、人口密度の一般に高い讃岐に在っても、最高の地位にある。満濃地の効果を幾許と、量的に表明することは不可能にしても、統制のある経営の行われたこの池掛り区域の農村が、他の地域の農村に比して、多くの利便を受けて来たことがその大きな一因とも看做し得るであろう。先に述べた水利費用の納入成績が、他の公課以上に良好なことも、池の支配力の大きいこととともに、池掛りの受ける利福の大きいことを示すであろう。旱魃年の収穫の減少も、本池掛り地域では、はなはだ少いこと(31)はすでに実証せられているのである。

(31)　炭谷恵則「香川県の旱魃・旱害研究」(『地理学評論』昭和十二年十一月、二二一―二二三頁)。

（一九三九、五調査、一九三九、九稿、『経済史研究』二二巻六号（一九三九、一二刊）掲載、一九七三、二再訂）

第十三章　讃岐仲多度郡買田池懸りの用水分配と農村社会

序　言

周知のように讃岐は我国屈指の溜池灌漑地域であり全耕地面積の二〇％が溜池水面で蔽われている。なかでも丸亀を中心とする西讃平野はそのほとんどが満濃池の支配下に在り、買田池懸りもまたその大部分が満濃懸りに属していて水懸りの関係からは二重になっている。

満濃池懸りが稲の全生育期間中を満濃の池水に依存しうる上の郷と、満濃だけに頼り得ないで、村内に無数に分布する池の水を補助水として用いる下の郷との二つの区域に分れている事は既に明らかである。(1)丸亀平野のほぼ中央部、土器・金倉の両河川に挟まれた標高一五八メートルの花崗岩丘、如意山の北麓を堰止めた水面積一八町歩の溜池である買田池は、上の郷と下の郷の境に近く下の郷にあり、讃岐平野に多い皿池ではなくて「元来買田池者水溜茂深く於当郡に満濃池に可相続く下之郷第一之大池」(2)であり、貯水量、ひいては灌漑面積の点では確かに満濃池につぐものである。

買田の池懸りは池の地元である与北および郡家・龍川の三村で、旧村名の与北(百八十五町二歩)・木徳(百二十町歩)・郡家・三条(合わせて一二二・五町歩)・原田(三・六町歩)・金蔵寺(三・四町歩)および社領(後述)の九・七町歩、合計四四五町歩である。もちろん三ヶ村あるいは旧六ヶ村の全部が買田池にだけ依存しているのではなく、池にもっとも近い与北村の内でも、その西端金倉川の両岸に位置する西村・西原は買田池水よりは金倉川を堰止めて獲た水、あるいは旧金倉川床からの涌水に頼り、郡家でも買田の水は必要水量の幾分の一かに過ぎず、桝池・宝幢寺池などの、村内に散在する溜池の貯水がより重要な意義を持つ。木徳・金蔵寺・原田の諸村でも涌水・溜池水・河川水等が限なく利用せられて、丸亀平野の灌漑水源の多様性を示している。

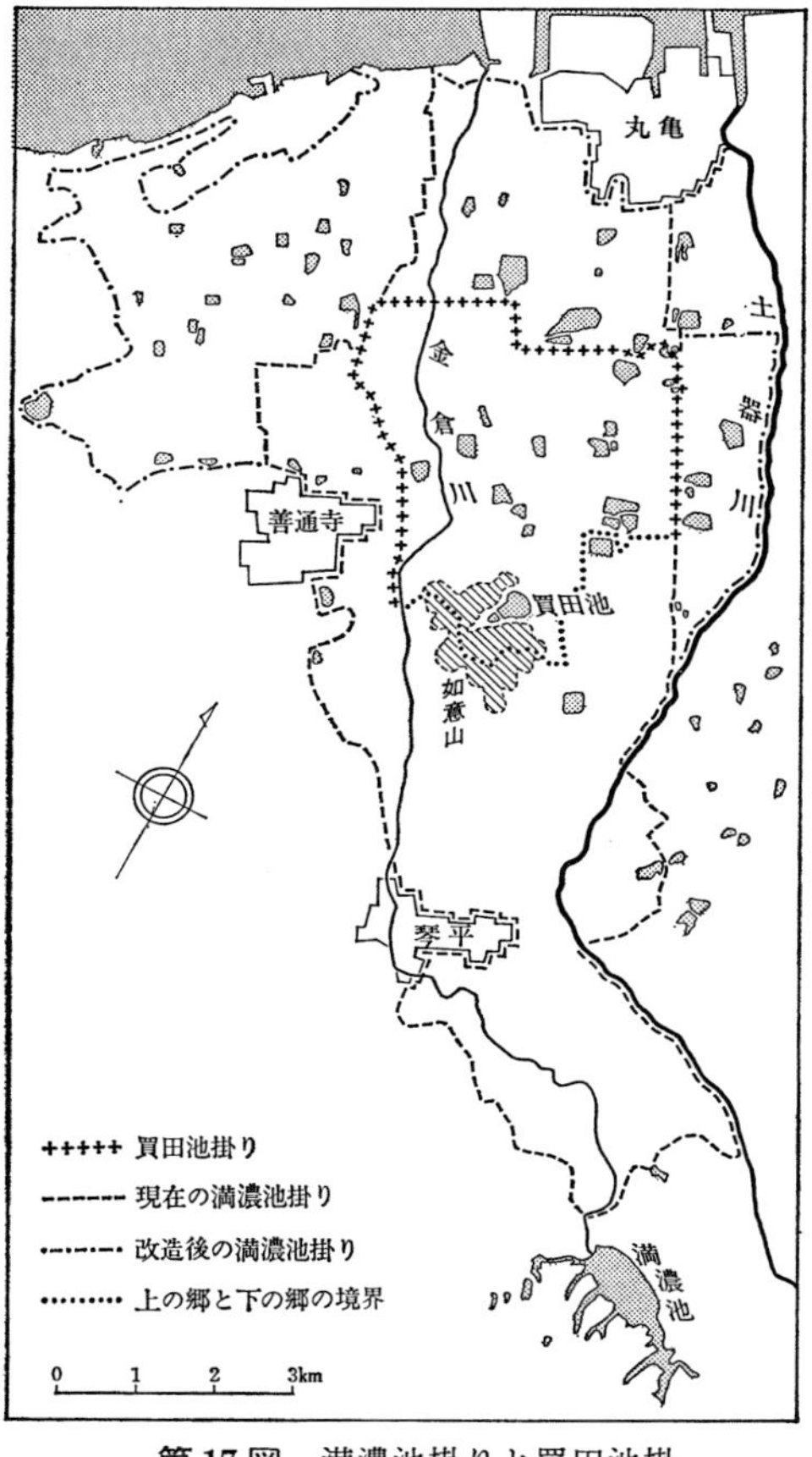

第17図　満濃池掛りと買田池掛

このように買田地を中心とする村々は、池をめぐっての引水権に厚薄強弱の差があり、不足分を他の水源の利用によって補いつつ、用水を中心とする一宇宙を形成し、しかも最初に触れたように与北の内である所謂「両免場」以外は、買田の水よりも満濃の水により強く依存する特異性を有し、買田池は小満濃池であるとともに、他の皿池と同様に、満濃の補助池に過ぎないものとも看做しうる。池の起源、満濃との関係、配水の諸特質、受水区域村々の引水権、経費負担との関係等を通じて灌漑問題が農村社会、農業経営におよぼす諸影響を考察し、灌漑問題のもっとも複雑且つ困難な讃岐の特質の把握を試みるのが本章の目標である。

（1）拙稿「近世に於ける讃岐満濃池の経営と管理」（『経済史研究』二二巻六号、昭和十四年十二月、本書第十二章）。
（2）与北村役場所蔵文書、安政五年八月「那珂郡与北村買田池底掘上置御普請願立請願書」。

第一節　買田池の起源と修覆

この池は近傍では起源のもっとも古いものの一つであろう。慶長十七年の完成であるから満濃の復興完成の寛永十一年に二十二年先立っている。元々買田池の位置には諏訪谷池と呼ぶ小池がありこれを拡張したのが買田池で、買田池の名も、拡張に当ってあらたに池敷となるべき田地を買取ったことに因由を持つ。(3) 池敷の替地は池外で与えられたと伝えるが現在その証跡は明らかではない。

後、安政六年の底掘り・嵩上げによる池の拡張が行われたが、それ以前の慶長当時から、現状に近い規模と水懸りとを擁していたようでその村名と水懸り石高、ならびに寛永十八年の「満濃池之次第」(4) に現われた是等村々の満濃掛り石高は次のごとくである。

	買田掛り	満濃掛り
与北	一六〇一・五石	（五〇〇石）
木徳	六〇〇	（一九三三石）

三　条	六〇〇	（？）
杵《く》　原《はら》	四〇〇	（二八〇〇石）
金蔵寺《こんぞう》	四〇〇	（八〇〇石）
郡　家	五〇〇	（一五八六石）
原　田	五〇〇	（一六九一石）
計	四六〇一・五石	（九三一〇石）

七ヶ村で四六〇一・五石の他、与北の内西原分三百石、西村分五百五十石、計八百五十石へも懸る事になっている。買田池懸りの決定後に満濃が再興せられ、しかも買田懸りも満濃の水下に編入せられたために上表に見るような結果となったのであるが、各村の買田・満濃両池懸り石高の間には相当の開きがある。満濃懸りの石高合計が買田懸り石高合計の約二倍であることは、買田懸りでも与北以外の村々は村内の全耕地が買田池懸りではなかったことを示し、満濃に依存する度合の強かった事情を物語る。買田池は与北の生命と頼むものであるが、他の六ヶ村は買田よりも満濃により多くを托している。この事情は三百年後の今日も不変であり、配水上、また費用負担上の諸問題は実にこの点に胚胎している。

慶長十七年を隔る二四六年の安政五年には同元年秋の池堤切損を理由に、底掘上置普請に対する銀六十貫目の貸付が藩に出願せられ、大工・人夫等の延五万三千人が計上せられている。(5) 藩費補助の次第は明かでないが工事は実施せられ、以後の買田池をめぐる組織には相当の改革が加えられた。(6) 満濃池からの距離が遠く、その池水のみに依頼し得ないこと、これまでの買田懸り三千石余を八千五百石余に拡張することを理由とした願意(7)が聞き届けられた結果である。この度の工事に当っては、元々旱損に苦しんでいた三十余石の田地があらたに池敷となり、池懸り村々によって買得せられている。(8)

(3)　竜川村木徳、津島利太郎氏文書。
(4)　右に同じ。
(5)　与北村役場文書、安政五戊午年八月「那珂郡与北村買田池底掘堤上置兼用御普請目論見帳」。
(6)　竜川村木徳、松浦清一氏所蔵文書。
(7)　(2)に同じ。
(8)　与北村、紫和氏文書。

第二節　承水機構とその特殊性

買田池の貯水は如意山斜面の降水を集めるだけでは到底所要量を満し得ないから、他に水源を求めて溜込む必要がある。この施設に関して買田池は特殊な地位を有している。いわゆる寒水《かんみず》の引込みによって一応充分の貯水の獲られるのが例年で、池ならびに池懸り区域への土器川および金倉川筋からの承水源として次のものが存する。

1　夫婦《みようと》井涌《いゆう》　土器川の上流、綾歌郡長炭村の中に位置し、買田池からすれば土器川を隔てた対岸(右)にある夫・婦・子の名をもつ三個の堤外の湧水を採るもので、その水路は河に沿って暫く北流の後、鯰岩の畔から「横井」を立てて土器川を横断し、左岸に遷って北流し、満濃の配水路を利用しつつ買田池に達する。横井とは土器川の河身に対して斜に河床を掘り割り、土俵を積んで堰とし、夫婦井涌からの湧水および土器川の河床を流れる水を吸収して引用するもので、以下に叙べる他の横井の場合と等しく、真の水源が所謂「涌」ではなくて、横堰によって引取る土器川本流の流水であることに特徴がある。

現在ではこの涌の涌水個処は判然としない程度になっている。

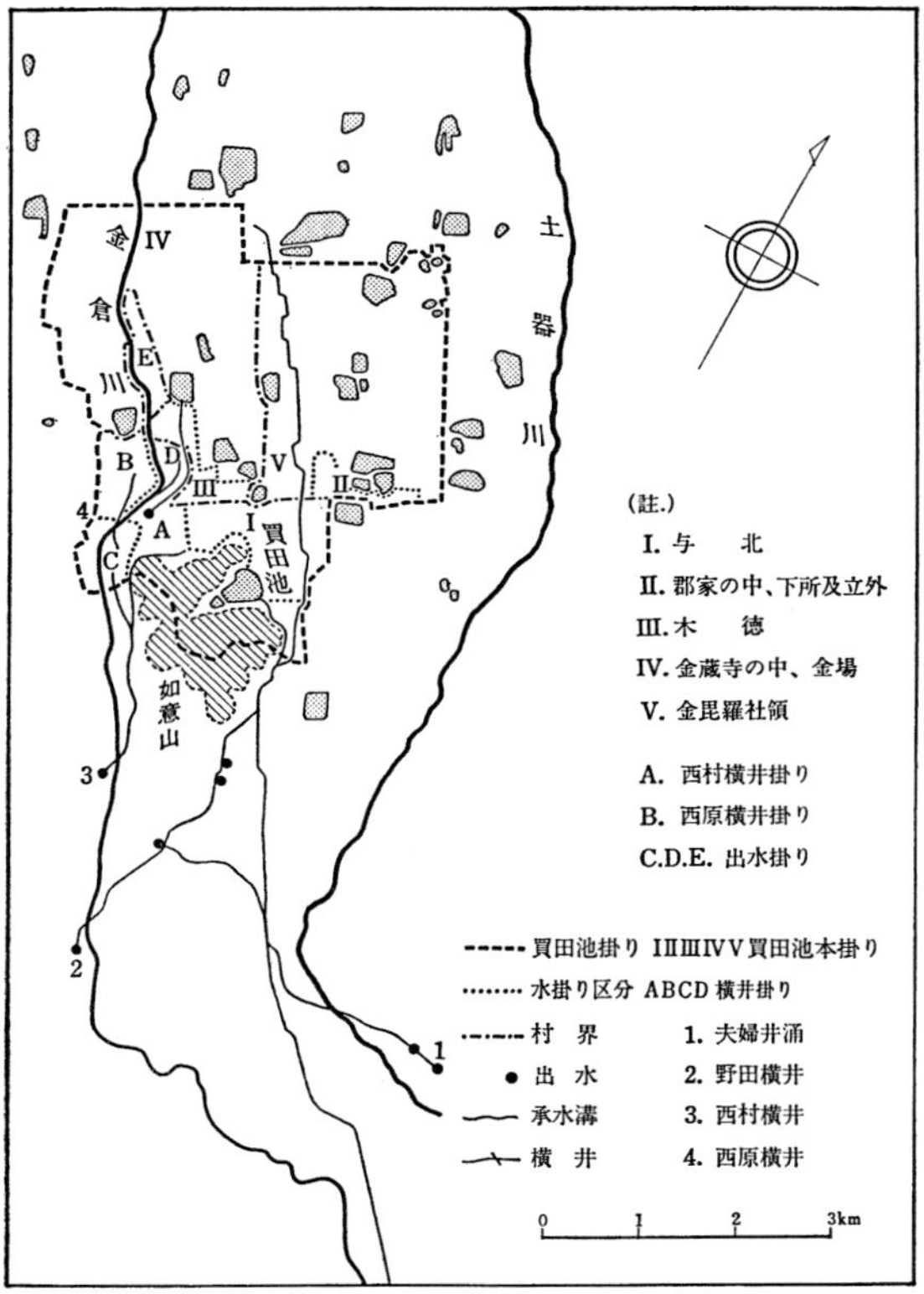

第18図　買田池掛り区域と承水路

夫婦井涌の重要さは、池の貯溜水の殆んどがこの涌の引水を名目とする土器川の流水に懸っている点で、一月六日の堰立によって引水の開始せられる「寒水取り」がこれである。しかし買田池の全貯水量も池懸りの初夏の田植の終了期には七—八合を費消し尽し、二—三合の残水をもってしては到底生育期間中の給水を賄うに足りない上に、冬立の横井はその後の出水のために流失するから、夏の間も河床に流水を見る限り夏立の横井が設けられ、冬立の横井は与北一村の負担であるが、夏立の分は与北の上流村高篠と共同で行う。ただし夏立の横井が溜込の機能を発揮し得るのは大雨の時に限り、平生少量の流水に止る時は高篠の独占利用する処となる。夫婦井の発見・掘鑿の年代は享保・元文の頃で、与北の大庄屋高畑権兵衛の創始に懸るとの伝説があるが後述に譲る。

2　野田横井　これは如意山の西方を北流する金倉川に設けたもので、琴平町の地籍内に横井を立て、金倉川左岸(対岸)の西山涌の水および金倉川の流水を引用する施設である。直接買田池に溜込むための水路としての意義は上述の夫婦井涌に遙かに劣り、この水路の上流部象郷村の約三〇〇町歩、および買田池の南部高処に位置して池水を受けえない与北村の内の約二〇町歩の水田に供給するのが主目的である。なお野田横井の水路沿いに七個処の涌があり、その水もともに加えられる。

この横井の引水権上の特色は、川の流水が減じて横井に懸る水量の減じた時は、堰側から上流に向って河身の中央部を掘り登り、一つ上の鶴田屋横井の直下に至り、しかも鶴田屋横井の中央部を切抜いてその溜水を引き得る特権を有することである。現在は堰を切り抜かないで、一旦鶴田屋横井の北、大宮橋西詰の為替水門の水門板を深さ五寸、幅一尺分切り抜いてその分だけの水を譲られることになっている。鶴田屋横井に要する費用を全然負担しないで、上述の分水を獲る野田横井の特権は甚だ大きいもので、これは買田池懸りの中に含まれている金毘羅社領の存在に起因する現象である。

文政七年五月、高松領の公文・与北両村と社領との争に対する「和融取替議定証文」(9)がこの事実の原因で、社領の地籍内の鶴田屋横井(当時の荒井横井)が下流へ水を流さなかったことが争の焦点であり、議定証文の結果として、五月節日十日前に、荒井横井の水尾筋で幅壱間半を切り払い、一日の間、水を流して後その迹を水を取らず、菰堰としておく定で、横井の基礎および壱間半以外は蛇籠と砂で築造するが、菰堰の間からは絶えず漏水のある筈である。水不足に際しての野田横井上から鶴田屋横井下までの河身中央部の掘り登りもこの時に再確認せられている。野田横井側からの要求により社領側から掘浚える約であり、これが後に野田横井側から掘登ることに変化したのである。この横井の創始もまた高畑権兵衛と伝える。この堰の堰立は元は象郷村だけの負担であったが、後に与北も加わり、現在は折半負担となっている。然し「荒立」と呼ぶ初夏の要水期に臨んでの堰立は与北の負担である。

3　西村横井　買田池への承水には関係がなく、与北の西端金倉川の右岸に接する西村へ引水するためのもので、象郷村の下櫛梨地内、象郷橋の下流に位置する。土俵仮敷をもって金倉川の流水および対岸の西村涌の「出水」をも吸収すること前述の場合と同巧である。ただし金倉川筋を流下する満濃池水をも取水しているので、満濃の配水区域である対岸の多度郡側の為に完全堰止を行わず二間程を解放している。したがって堰立は多度郡側と協議の上で行い、また多度郡側が単独で満濃水を取る時は、水勢に応じ、適当の幅・深さに横井を切落して多度郡側に流す。灌漑面積は西村の四〇・八町歩である。なお西村横井の水の懸る特例として西村の北、木徳(竜川村)の中にこの水の「本懸り」と称する約五町歩の水田がある(表面上の面積は一・五町歩)。村外に本懸り区域の生じた所以は、明和の頃、与北村中河原の高畑金十郎が四八石余の田地を分与せられて分家した際、その所有田地の中の一町歩余が木徳村の中に在り、分家後も前と同様に与北の水を給することとなったので、地籍は木徳の中ながら、依然として西村横井から配水しているのである。水田の所有者関係を基礎に異例の配水の行われる一例である。

4　西原横井　西原も与北の中に属するが、金倉川の西岸で与北本村とは河を隔てている。旧金倉川の川床迹と考えられ、西原横井はこの西原にだけ注ぐものである。与北橋の上流約百メートルに位置し、割石・蛇籠(現在は相当部分がコンクリート固め）で堰き、金倉川の流水、これを下る満濃池水、金倉川右岸の西原涌の水、および買田池水の四者を引き入れるもので、後の二つの水の引用のために、横井の堰止の内側にその内壁をよく固めた水路があり、堰止と、蓋のない樋との機能を兼ね備えたものである。西原は買田池懸りながら、買田の池水をもって田植を行っては到底池の貯溜水が不足するからとの理由から、上述の手段が講じられているのであるが、事実は満濃池水を取るためであるのが、西原横井の本質である。受水面積約四〇町歩。

上述の諸横井ならびに金倉・土器の両河川の対岸に位置する水源としての涌の意義を考える時、買田池への引水およびこの池水のおよび難い与北村地内への灌漑水の確保のために、与北が村界・郡界を超えて、涌の水のみならず、本川の水をも吸収している引水権の強さが目を魅く。このような与北の、こと用水に関する限り、近郷諸村に卓越した優位の故に、世俗「与北は満濃以北の水の銀座」の名がある。これらの承水・引水の水路網の完成は元禄頃に成就したものと伝えられ、この頃の与北の大庄屋で高千石相当の土地の所有者高畑権兵衛の功績と称せられる。彼は大地主であるとともに藩からも禄二十石を受ける郷士であり(10)、与北一円の用水不足の対策に腐心し、周辺村々との交渉顚末は伝説の域に止って詳細を窺い得ないが、藩庁とも折衝の末、夫婦井涌水路・野田横井・西村横井を完成して与北の用水権を確立したとせられる。その歿年は元文二年であるが、政治的境界を超えて引水した手段に格別のものがあり、一村を中心とする用水権の外延的発展の事例としても稀に見る存在である。現在も与北に属する、象頭山中の山林の所属争論に処した権兵衛の用意を伝える插話によってもその画策の程を察し得る。彼が藩主の血縁に連るものであったとの一説も、異常な成功に徴すれば無下にしりぞけ難いであろう。

彼は江戸中期に郷士の身分を有した一村吏に過ぎない。所有する土地が与北全村の半に達したとしても領主的存在

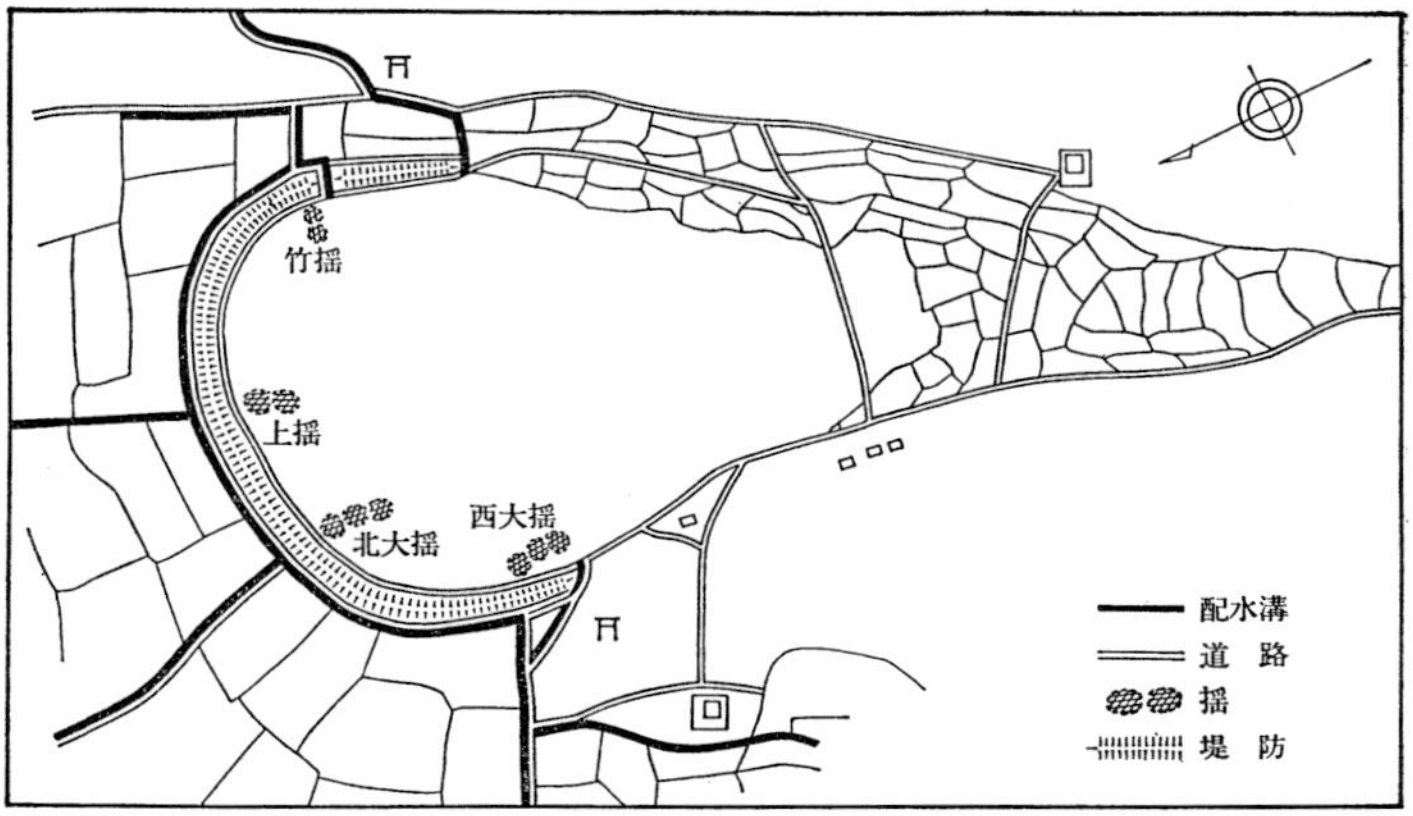

第19図　買田池と揺

ではなかった。しかも与北全郷に亙る水利施設の迹は、活潑を極めた中世荘園領主の姿を想わしめるものがある。もっとも遅れた制度・慣行の残り易い水利では、なおこの時代にも、個人の、権力との結合による事業を行い得る余地があったのであろうか。讃岐がもっとも古くからの水田地域であるだけに、東北日本に見る未開の荒野の開発に伴う水利施設の場合とは異って一層この感が深い。

もっとも与北の特殊地位の獲得の裏には、これを必須とした諸事情もある。自然的にもっとも用水難の土地であったことである。すなわち

a　如意山の存在が、満濃池下からの緩傾斜に伴う地上・地下の流水脈を完全に切断し、与北がその蔭部に位置すること。

b　地域的に少差はあるが、一円の土壌が花崗岩の風化土で旧河床もあり、保水力のきわめて低い土地であること。たとえば五寸の深さの水(一応田面に堪え得る限りの水)の土中に吸収し尽される時間は西原六時間、旭(赤阪および鴨居の総称)二日、田《た》高田《こうだ》一―四日と云うように、自然の土質の浸透性に富むことから来る保水力の乏しさは実に甚だしく、近村に比すべきものが

ない。与北が多量の水を獲ている事実も、このような保水力と関聯して考察しなければ分配量の多寡は論じ難い処に問題がある。

右のような事実は存しながら、買田池懸りは池水ならびにこれに付随する幾本かの用水路の独占によって水の利用を中心に観れば孤立的な封鎖社会を形成し、末端の一部を別とすれば、水不足の讃岐の中に在ってはもっとも恵まれた特殊な一地域を形成している。

(9)　与北村赤阪、山下善吉氏所蔵文書。
(10)　買田池に近い小丘上の記念碑の文。

第三節　池水の配水機構

買田池が現状となるまでには諏訪谷池の時代、慶長十七年買田池の拡張後の時代、安政七年の底掘嵩上げ後の時代と三段階の変化があり、その度毎に貯水量の増加とともに灌漑区域の拡張があり、これに伴って配水の上に区域別による差異が生じて、買田池懸りへの加入の新旧が、そのまま引水権の差となって残っている。これが池の地元とも称すべき与北と、郡家・竜川に属する村落との間に、引水権の強弱の甚しい相違を生んでいる原因である。

慶長十七年買田池の完成した直後から、この池には三個の揺《ユル》(樋水門)があった。本揺・北大揺・東揺がこれである。恐らく後にもそうであるように、三個の揺の設けられた理由は、灌漑区域が東西に亙って広い関係から、方角を異にする各地域に同時に給水を行う必要に出たものであろう。従って村々への配水の割合は各揺毎に定っていた筈である。

しかし慶長から安政に至るまでの間のこの事情は、北・東の両揺に就いては何等の記載がなく、ただ本揺に就いてだけは明らかである。ただ恐らくは本揺以外の二本でも本揺とほぼ同様の基準によって配水せられたのではないかとの推察が可能であるにすぎない。すなわち本揺の配水に就いては次のように記されている。

右七ヶ村(与北・木徳・三条・柞原・金蔵寺・郡家・原田)順番に水組致し本揺の水半分与北村半分は外村々江毎日分ケ遣し可申候相極め御座候外村々半分水二ヶ村ニ分け順番に一日宛三日水廻取申候　与北村は毎日半分宛取申候(11)　(傍点、筆者)

千六百石の水懸り高をもつ与北が、本揺から出る全水量の半量を毎日引き得るのに対して、他の六ヶ村三千石の高をもつ区域は、与北一村と同量の半分水であり、それを六分して同時に引灌することは一村への割当水量を余りにも少量にする故か、二ヶ村宛三組とし、一組一日、三日を週期として一日宛引灌しうる番水制で配水した事情が知られるのである。

ここで改めて注目に値するのは与北の著しい有利と、他の六ヶ村の劣弱な地位とであって、買田池出現の初から、与北が特に池の利用に就いて優先的特権を有していた事実である。なお年代の記載を欠くが、安政七年以前の編と察せられる「那珂郡村々池記録(12)」には買田池の項に次のように記されている。

水掛高　千五百三十六石七斗一升四合
　右の外　木徳村三条村原田村金蔵寺村
　　柞原村郡家村
此六ヶ村植付水残水分水仕来

取高辻千五百石余

以上三千石余掛辻

右村々江茂水遣来候得とも水掛高者相究不申候

買田池は与北村への配水が根本で、他の六ヶ村へは残水を分ち与えるに過ぎないことを明記したものと解しうるであろう。諏訪谷池が買田池に拡張せられて池自体の規模は面目を一新し、池懸りも与北以外の六ヶ村をあらたに加えたものの、諏訪谷池以来の地元の引水権の伝統が強く、買田池はあたかも与北村の池で、他村はその用水の分配に恩恵的に与り得るに過ぎないかのような形勢が、この時以来すでに形成せられている事実は重要である。配水量に相当して池入用の負担もなされている。井手(用水路)の掘浚えおよび池の宮(堤上にあり)の修覆に要する費用は六ヶ村の負担であり、その他の費用一切は与北が引請けることとなっている。与北の負担の特に重い理由は、池水を余計に取るからとなっている。また池水の分配に当っての村々の順番の決定は大庄屋の掌る所であったが、後には大庄屋の許まで申出るにおよばず、与北村庄屋の一存で支配せられることに改っている。与北が買田池の支配管理権を掌握したことを示すものである。(13)

安政七年の底掘・嵩上の実施後の池の形態、配水機構はその儘現在まで持ち越されている。まず形態上の変化は、池の上手に「内池」と称する小池が増築せられ、内池の堤は本池の満水時には水面下二—三尺に没し去って一続きの水面となるが、減水するに従って別個の池の形を示すようになる。「内池」の機能に就いては後述する。

池には第19図のように四つの揺がある。しかしそれらの中、配水の基準となるのは北大揺で、慶長から安政に至る間の本揺に比しうるものである。現在初揺抜きは六月二十日前後になっている。この頃池懸り惣代は買田の堤上に上って麦田の苅取の状況を観望し、もはや田植水を流して適当な時期と判断すれば、いよいよ揺を抜いて配水を開始する。上揺は北大揺よりも一日早く、竹揺は更に一日早い。

こうして北大揺・上揺の水はまず与北村地内の「両免場」と称する、元来の本掛りであり、諏訪谷池の時代から、その二本の揺によって灌漑せられて来ている区域で約四日間、両免場を終えてさらに与北の両端に近い京田・西村に流されて田植が行われる。しかも買田の水が京田・西村へ廻って来る頃には満濃池水が届く筈であって、買田池の水を田植に使用するのは与北村だけで、郡家・竜川は勿論利用し得ず、さらに極言すれば、与北村の中でも主として両免場だけが完全に田植水を買田池に仰ぐに過ぎないのである。田植が了れば揺は閉鎖せられて配水は一旦中止となる。

稲の生育期間中の配水は番水配水で、その実施の時期如何は年々の状況によって決定せられるが、事実その実権は与北の両免場から出る慣習になっている池懸り惣代の判断にあり[14]、番水開始期が決定すれば関係村々に通達せられるだけで、他村は番水開始期決定の協議には与り得ない。番水配水の順序は次のごとくである。

1　初日から日数四日間　与北村
2　五日目　郡家村
3　六日目　三条村
4　七日目　旧金毘羅社領
5　八日目　郡家村ノ内久留島
6　九日目　宮ノ前《(作原マン)》(与北ノ内)
　　　　　(原田村)

九日を以て一順する規定で、引続き番水を継続する場合には十日目からまた同じ順序を繰り返す。但し村毎の配水時間は昼夜ではなく日出から日没までとなっているが、郡家村の番の日だけは特に午後十時迄となっている。夜間の配水を行わないのは暗夜に行われ易い水路の途中での盗水を防ぎ、流末に近い村の利益を保護するためであると言う。

西大揺は万延年間と伝える新設の揺で、揺抜きは前述の北大揺と同時に行われる。この揺が遅れて新設せられた所以は、北大揺・上揺だけでは買田池水の届き難い、池の西北部の村々への配水のためである。その開閉は北大揺と等しく両免場の協議に俟つ。生育期間中の番水配水の順序は次の如くである。

1　初日から三日間　京田・西村(与北の内)
2　四日目　上新開・下新開(与北の内)
3　五日目　木徳・上田
4　六日目・七日目　西原(与北の内)
5　八日目　西村・京田(与北の内)
6　九日目　金蔵寺　田高田(与北の内)

降雨を見るまで右の順序で繰返される。

上揺・竹揺は初揺抜以後は耕作者の自由に任せられており抜き次第である。北大揺にしても西大揺にしても、池懸り惣代の協議を俟って揺抜きや番水が行われるのに対して、この二つの揺では、上述のように自由に扱い得る点が他と著しく異っている。連日抜き放つことも可能であるが、降雨を見れば閉鎖する。上揺・竹揺の抜放ち自由の特権の由来は、この二つの揺の灌漑区域がこれまた諏訪谷池以来の灌漑区域であり、諏訪谷池が買田池になって後に加った区域が番水配水を行っていても、古くからの諏訪谷池懸りは新しく増加した買田の貯水量以外に、もとの諏訪谷池の分だけの水量は自由に引灌しうる権利を保留して、この二つの揺の特殊な取扱を生じたものと理解せられる。

揺を抜く日が重なれば、池の貯水量は次第に減じてくる。北大揺の三段になっている櫓の一番下の櫓の揺の穴の上四尺二寸の深さにまで減水すれば、揺を閉じて放水を中止する。それ以下の水は之を「残し水」と称し、約百町歩に灌いで以前は約二回、現在は一回配水しうる程度の水量である。池底に土砂の堆積した結果、池底の部分の貯水量の減少したのが原因である。猶「残し水」を注ぎうる百町歩は、与北全村の買田池懸り百八十五町歩の中、西村・西原の各四〇町歩、計八〇町歩を除いた面積で、慶長以来の買田池の懸りであった区域である。慶長の池懸りの説明に従えば、与北村では「田高田より東千六百石江懸り申候」(15)とあって、西原分三百石、西村分五百五十石は一応別扱を受けている。本掛りである両免場の範囲はこれによっても明らかである。

「残し水」を引用し得るのは与北の中の約百町歩の他、隣村郡家村三条の内に含まれている金毘羅社領、所謂「御供田」と称する九町七反歩の区域があり、社領から池惣代へ配水の申込があれば与北は社領の手を借らず、自ら社領への水路によってその水を入れ与えなければならぬ。これはすでに承水機構の節で野田横井に就いて述べた際に触れたように、与北は野田横井に懸る水量が乏しい時には、金倉川を遡り、一つ上流の横井である鶴田屋横井(荒井横井)からの分水を要求して、同横井をして堰幅一間半を解放せしめる特権を有していたが、これは一に、この金毘羅社領への配水を口実として獲得したものに他ならなかった。与北は買田の池水で社領を養う代りに、野田横井から獲た水を買田池に留め込み得たのである。買田池懸りの中に金毘羅社領を含んでいたことは、与北を盟首とする買田池水下にとってはすこぶる利用価値が多かった。恐らく高畑権兵衛正勝が野田横井の創設に成功した時にも利用せられたであろうし、安政七年に池懸りが買田の底掘・嵩上を実施すべく、高松藩庁に資金の融通方を願い出た時にも、金毘羅社領の存在は次の表現によっても、如何に利用せられたかを卜しうるであろう。

……尚又三条村に而御寄附被遊置候竜雲院様金毘羅権現御供田是以買田掛りに候得者旱魃之砌者右池水他村江分配不仕専御供米而已相育来居申候　右様之訳柄茂御座候に付此上大に水溜茂相増候時者仮令照続候共村々江配水茂出来百姓共者勿論於私共にも深く難有仕合に奉存候……

「残し水」が使用される段階に達して、安政度にあらたに添加築造せられた「内池」も初めてその意義を示すようになる。すなわち「残し水」が放出せられるとともに、内池の揺が抜かれ、その水は買田本池の池床中に掘割られた溝筋を伝って上揺に懸り、上揺によって約十六町歩に配水せられる。両免場百町歩に対する「残し水」の量と、上揺懸り十六町歩に対する内池の貯水量とはほぼ同じ割合に当っている。北大揺・西大揺がそれぞれ三段の櫓、三つの揺を備えて池底の貯水を全部池の外に流出せしめうるのに対して、上揺はその名のように二段の櫓に拵えた二本の揺を備えるに過ぎないから水位の低くなった「残し水」は、到底その揺に乗って来ない。しかるに上揺懸りの十六町歩も、北大揺から引用する百町歩と同等の引水権を有する処から、田面が一段高くて、上揺による他灌水し得ない十六町歩の、「残し水」の引用権を主張しうる区域のために、わざわざ内池を築造したのが真相であり、安政七年の底掘・嵩上げに際しては、もっとも古くからの灌漑区域がその引水の特権を確保し、比較的高位置の十六町歩と、低位置の百町歩との間の配水の均衡を保つために特に築造したのが内池の成因である。

安政の嵩上げ後に定められた、北大揺・西大揺による稲の生育期間中の番水配水の制は、与北以外の流末村々にも相当の期待を抱かせ、村毎にあらたに配水規定を作成せしめたようである。一例として木徳村の場合も「此度買田池堤上ケ溜増し御普請ニ付新規ニ村一統之水掛リニ相成干村方ニ揺一本分九日目ニ相当り配水規定之事[16]」とあって、九日目毎に来る西大揺一本分の用水を、一村内で分配する区域別と分量とが記されている。

田植水のための揺抜きが与北だけのものであり、その後の必要に応じての池水の分配が、北大揺・西大揺では九日間で一巡する番水配水、池底の残水「残し水」の分配に与り得るのがこれまた与北の両免場を中心とする地域に限られている事情が、上述によって明らかとなったが、両免場による池水の特権的利用は未だこれに止まらない。「じょうあい水」の存在がこれである。すなわち両免場は、池の真下で、上流から受ける河川もなく、買田池水以外には頼る水源が無いからと云うのが表面上の理由であるが、田植水の配水を終って揺がふたたび閉じられた後、両免場の要求に応じて樋守(揺番)は正式の番水配水に依らないで、相当量の用水を適宜両免場内の必要個処に送水していることの秘密は、揺を完全に抜き上げなくても、揺穴には一寸内外の余裕があり、多少揺を動かすことによって接触部に空隙を生じ、相当量の水を放出しうるのである。昭和二十六年八月七日の見分によれば、本年度は田植水(荒張水)を出して一旦揺を止めて後、未だ一度も番水配水を行っていないにも拘らず、池水はすでに1/3以上、あるいは半分近くを減じている。郡家・木徳は未だ一回の配水にも与っていない裡に、池水は両免場を主とする地域の消費によって上述のように減少し、しかも揺穴からは素人目には揺抜きを行いつつあるかにも思われる水量が流れ出しつつあり、これが前述の「じょうあい水」を取りつつある実況である。配水機構における一特殊事実であるとともに、費用負担の問題とも関連して、与北以外の池懸り村々が不合理とし、納得し難いとする所以のものでもある。熟考を要する問題ではあるが次節でふたたび多少触れるであろう。

慶長十七年以来七ヶ村であった池懸りは、明治五年以後六ヶ村となり柞原《くはら》村の名が池懸りから消え去っている。しかし現実の池懸りとしての杵原は自らの脱退によって退いたが、嘗ての杵原の持分であった配水を受け得る権――引水権――は消滅せず「杵原マン（番?）」の名をもって現在では三条村の中である久留島（小字名）の肩替りする所となっている。すなわち三条村は、番水に際しては三条村自体の引水権とともに、前述の金毘羅社領への一日分、および久留島が杵原から譲渡せられてもつ杵原マン一日分を併せ有している訳である。

杵原村が買田池懸りを脱するに至ったのは明治五年のことで、この年の旱魃に最流末の杵原は水不足に苦しんで、与北に分水を乞うたが容れられなかった。しかも未だ買田池には「残し水」が溜っていた。彼是比較観察して憤激に堪ええなかった杵原村の庄屋篠原太忠信義は、ついに自ら池の揺に手を懸けて池水を引き出したが、与北の中である宮ノ前・角の村人との間に争を生じ、杵原の庄屋に暴力を振った与北側の二人の農民は国外追放となり、杵原庄屋は政所を被免せられたのである。以後杵原が自らの番水の当り日に引水に赴いても水が下らなくなり、ついに杵原は池懸りを脱してその持分を久留島が譲り受けたものが杵原マンである。前述の事件を買田池騒動と呼ぶ。このような事件の中にも、村の持分としての引水権でありながら、有力な個人の力によって動かされ易く、また私有権の対象であるかのごとくに取扱われた用水の性格の一端を窺い得る。

三条村も明治六年から九年まで買田懸りを脱退していたが、この年ふたたび脱退期間中の入費を納入することを条件に、再加入している。(17) 幕藩体制の崩壊に伴う新しい政治情勢の現出と、三百年に近い伝統をもつ池懸りとは云え、次項に述べる、配水や池懸り費用の負担問題に対して村々の不平が累積し、ついに杵原村のような事態や、これに近い事情をも生じて、池懸りの中に動揺を生じていたことを示している。

上述の配水機構を通して村々に配られた用水は、またその村内では水利係の手によって、各農家の耕作反別の大小に比例する、分水点の分木の幅によってそれぞれの水田に配分せられていること、与北村(18)の内である西村のごとくである。配水が個々の村に行渡って後、それが村の特殊事情と相俟って如何なる有利と不利、不合理性、困難性を生じ、現実の水利の上に如何なる問題を生じているかは次項で取扱うであろう。

(11) 竜川村木徳、津島利太郎氏文書。
(12) 与北村役場蔵。
(13) (11)に同じ。
(14) 与北村役場文書、明治十年六月二日「買田池水掛規則」。
(15) (11)に同じ。
(16) 竜川村木徳、松浦清一氏所蔵文書。
(17) 与北村役場文書。
(18) 与北村西村、宮田氏所蔵「与北西村番水寸割台帳」。

第四節　費用負担と用水事情との関連

池懸りの費用負担は池下六ヶ村の村高合計八八〇〇石余を基準に、之を八八〇〇箇と称し、各村はその村高に相当する箇数をもって負担する。すなわち

与北	四三六七石
郡家	二〇一〇石余
三条	一〇〇九石余

木　徳　　　　　七〇七石余
原田・金蔵寺　　七〇七石余
計　　　　　　　八八〇〇石

原田・金蔵寺に就いては、金蔵寺は「金場《かねば》」と呼ぶ区域の三・四町歩が、原田は「池ノ内」の三・六町歩が買田の水を引きうるに過ぎず、実際の配水としては、原田は北大揺から九日目に一回の配水の当日、揺半分宛の水を、金蔵寺は西大揺から同じ揺半分水を受けるから、二ヶ村の受水量の合計は揺一本水一回の木徳村の量と等しいことになる。よって両村の負担は木徳と同額であるべきであるとの考にもとづき、受水面積の石高としては、勿論木徳の七〇七石よりもはるかに少ない一〇〇石内外にしか達しないであろうのに(両村の受水面積合計七町歩)、木徳並の七〇七石分を負担することになっているのである。(19)

費用負担の割合は、形式的にも理解し易い石高基準によって判然と定っているが、これを用水分配の実情およびこれが村々におよぼす過不足の状態と比較考量する時、ここに様々の問題が生じ、買田池の創設以来「与北の買田池」と称し得る程の卓越的地位を有した与北に対して、郡家・竜川両村に含まれる村々の困難と問題を包蔵している。以下是等の諸点に関して述べる。

1　満濃の初揺抜は六月二十日で、上流から順次に田植を実施し、与北以北に達する頃には七月に入っている。したがって満濃池下でも流末は初揺抜の時期の繰上げを希望しているのが現状である。既述のように両面(免)場を主とする与北村の田植水に利用する買田池の水は、すでに田植だけで貯水の七―八〇%を消費する程であり、買田池よりも北、満濃懸りとしてはより流末の郡家や竜川では、満濃水の流れて来る時期を待っていては田植期が遅れるから、田植は何れも自村の領域内にある諸溜池の水をもってし、そのためにこれ等の池の水は、ただ田植水の供給だけでほとんど蕩尽し去る。郡家村では稲の全生育期間中の用水の補給のためには、溜池三杯分の貯水を要すると言う。与北以北では田植の終了した頃に満濃の水が到着する。したがって買田池だけに依存し得ない与北以外の村々では、満濃池水と、田植に費消した村々所在の溜池に、爾後の降雨を待ち、上流から流下する雨水を引き込んで池に溜め込むいわゆる客水との両者に依存するのであるが、客水を行うためには莫大な費用の負担に堪えなければならぬ。郡家村の例を採ってこの事情を考察する。

もちろん、客水は降雨のあった時に臨時に引水するものであるが、引水の道筋は自ら定っているから、関係上流筋には前もって依頼をしておき、半夏には酒一斗・素麺一貫目位を贈る。さて客水実施の際には、上流水路の股(分水点)毎に六―九人の、股の所在する村からの人夫を傭い、しかも股の数が多いから、桝池の場合には一日七十人位の人夫賃となり、しかも賄付で通常以上の賃金を支払わねばならぬ。丸二昼夜客水を行っても貯水の増加は二尺位で、負担の重さに比して効果ははなはだ尠いと言わねばならぬ。したがって客水は三日以上連続して行うことは稀で、以後は寒水の場合のように細長く徐々に溜め込む。

宝幢寺池では客水に際して「水会所」を設け、池懸りの村から惣代が出てその期間中ここに詰め切る。惣代は引水する水路の完成を待って上流の股々に威儀を正して挨拶廻りをし、この場合も一日七十人位の人夫を使用する。昭和二十一年の例のように、七日間も客水を継続したこともある。以上の客水の実施に要する直接的経費の他、上流部の村に対しては、平素からの投資が必要である。上流股々の工事に出る人々(習慣的に顔振は定っている)を花見・海水浴等に招待し、あるいは上流村が水路の工事を行うに際しては、それがたとい満濃の工事費をもって行われる時にさえ、郡家は完成祝として工事費の幾分の負担を余儀なくせられる。甚だしい場合は、昭和二十六年度には或る池の一回の客水に、十二万円を費している程である。

2　仕付水(田植水)に買田の池水を使用するのは与北に限り、郡家・三条・木徳・原田・金蔵寺はこの際の引水に与り得ないことは既述の通りである。池の経費負担が引水区域の石高割になっている事情からすれば、買田池の創設以来、与北以外の村は与北の余水を分配せられるような慣習となっていたにしても、下流側としては忍び得ない処である。さらに生育期間中の配水(九日目毎に一巡する番水配水)も多い年で四回、大抵二—三回で、昭和二十六年も八月十三日までには未だ一回も配水がなく(池の貯水は与北の仕付水、その後のじようあい水の放出によってすでに三分の一以上減水している)昭和二十三、二十四、二十五の三年間はついに一度も番水配水を取っていないと言う。このような状態で、郡家・竜川に属する村々が、与北の四三六七石分に勝る四四三三石分を負担せざるを得ない処に問題が生ずる訳で、この点に就いてはさらに後に触れるが、このような事情のためか、郡家村内には買田池費用の不払同盟の組織せられつつある声を聞く。ただし郡家側でも、買田の池水を引けば引水費を多額に要し、流下する実際の水量と比較して余り有利でないと判断すれば、なるべく買田の水を引水しない方針を採っていることも、近年買田の水が事実上配水せられていないことの一因をなしている。こうして郡家側の表現に従えば「与北が少量の水を下すのは、池懸りから費用を徴収するための手段に過ぎない」と云う関係となり、三百余年間継続した買田池懸りの組織も次第に形骸化しつつあり、与北以外の、ようやく池懸りから脱しようとしつつある形勢を看取しうるであろう。ただしこのような流末の強腰は、戦後行われた満濃の貯水量の五〇%増加のために、従来の堤防の外側にあらたに建設せられた堤防工事が、半ば以上成功の姿を示しつつあった当時の事情も強力に働いている。

3　郡家村を例にとれば買田池による灌漑実面積と負担との関係は次の如くである。郡家は二〇一〇石分の負担をしつつ、現実に買田の水の懸るのは南端（与北に近い）の小字下所《げしょ》・立《たつ》ノ外《そと》のみで、その灌漑面積の合計は約一〇町歩、その他の部分は宝幢寺その他の村内の池や、満濃水のみに頼る。このような事情にありながら、二〇一〇石分の負担を甘受しなければならぬのが郡家（大字）の最も不合理とするゆえんである。

また三条ではその中に含まれる社領九・七町歩、柞原マンの水を享ける久留島六一町歩の他、三条一円が買田の水を受ける筈には成っているが、事実は三条全村の三分の一位に懸るに過ぎない。このような点に、郡家村が機会さえ与えられれば、池懸りを脱しようとする原因がある。

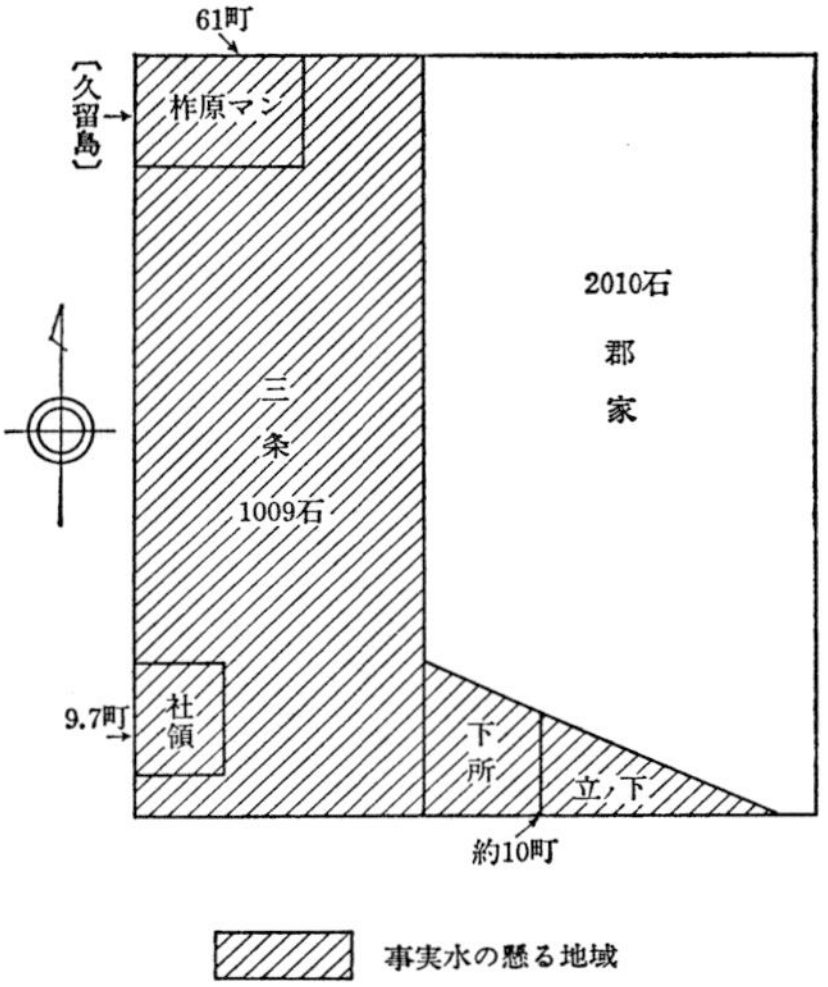

第20図　郡家村の買田池掛り

4　番水の配水は昼間が原則で夜間は放水しない。すなわち日の出から日没迄が放水の時間であり、明治十年六月二日の「買田池水掛規則」[20]にも次のごとくある。

揺抜刻限之儀ハ日の出ト相極メ与北村用掛ノ者尚其他水落取候村方は用掛ノ者田子召連池処ニ立会聊遅刻ナク抜放可申事、尤揺指方ノ義ハ日ノ入リ限リ池処幷ニ揺処見守番立会揺指可申候事

但夜分抜放候義ハ無之筈ニ候得共両免場ノ処ハ万一日割ニシテ水行届兼候儀モ有之候得ハ村方へ申出見分之上揺抜放し可申事

ただし郡家だけは夜十時までの放水の行われることは既述の通りであるが、日出・日没時刻の判定、および揺番が堤上で揺に手を懸ける時刻が日の出であるか、自宅を出る時刻が日の出であるかによっては、放水時間に相当の開きがあり、日没の時間も厳守されずに、午後三時頃ともなれば揺の指されたことが以前にはあり、このような極端な場合は別としても、揺抜・揺指の時刻の微妙な点は、すべて揺番の胸の裡にあり、揺番に対する流末村の態度如何がこの点に懸っていることになる。流末村としては考慮を払わざるを得ない点である。

5　与北以外の村でも村内での買田池番水配水の順序は、上流から順次に入れ渡す事になっている。したがって順位のおそい水田は配水時間内に水が当らぬ裡に番水時間が終り、さらに九日の後を待たねばならず、次回の配水もまた前回の順序で行われるから、流末の部分はついに一回も番水配水に潤わぬという不合理を生ずる。ただしもし全般に配水してなお余裕を生ずれば、村内の池、仁池《にいけ》等に溜込む。このような不合理は村内での配水法の不備にもとづくものである。

6　同じ買田池懸りの中に在っても、村々は上流と流末とでは現実の費用負担の上に大差があり、流末では買田引水・客水・満濃池・村内溜池等に要する用水費用はまことに莫大の額に達する。もっとも負担の重いと考えられる郡家村久留島(柞原マン)を例にとって、その反当用水費用の内訳を見る(ただし昭和二十四年)。

満濃費用	一五〇円(全満濃水下同額)
買田池費用(三条村番)	二八円余
買田池費用(柞原マン)	四〇円余
桝　池	一三〇円 }郡家全村に懸るもの
新　池	一〇〇円 }

計　五五〇円

事実は反当六〇〇円以上に達している。これに比して与北の場合は左の如し(反当)。

満濃池費用　一五〇円
与池村水利費　八〇円

(買田池以外のものをも含めて)

買田池水利費(二〇一〇石分)　七〇円
計　三〇〇円

両者の間に相当な開きのあることは明らかである。

7　上述の公的な負担の他、なお下流・流末は様々の隠れた負担を余儀なくせられている。すなわちその一は堰板預ケ料であり、買田池水の番水の際、用水の流下する水路の股々に入れる堰板で、これは度毎に自村へ持帰らずに股の所在する村に預けて置く例であり、そのための預ケ料である。第二は特に配水を多く希望する場合に、与北村の角部落に対する酒三升位の贈賄(水利委員七・八人に対するもの)および揺番人に対する贈賄等は隠れた負担の中でも、いわば直接的なものであるが、間接的なものにも種々ある。たとえば例年八月二日の権兵衛祭および与北の春の氏神祭に対する寄附、与北の持宝院の行事に対しての寄附、角・宮ノ前(与北の内、郡家の直接上流部に当る)に野芝居が行われる時の寄附、はては消防屯所の建設に対する寄附に至るまで、これらの中には何処までが用水問題と関係するか、的確に把握し難い場合もあるが、流末の人々は寄附の高が間接的に流れ下る水量に影響があると考えて、このような寄附行為を甘受している点に問題がある。流末村の役員は、与北の役員はもちろん、その家族に対してすら路上での会釈に意を用い、選挙運動も水路を伝って行われるなど、たんに経費の点の上ばかりでなく、無形の社会生活の面にまで池懸りの関係が随伴し影響している。

8　かつての石高を規準に費用を賦課することの不合理は、郡家の場合と同様竜川村に属する原田・金蔵寺の場合にも著しい。金蔵寺の金場の三・四町歩、原田の池ノ内の三・六町歩が買田池に灌漑せられる実面積でありながら、両村合して七〇七石分を負担する不合理は既述したが、金蔵寺の場合は、金倉川の旧河床に当る所から涌《ゆう》が多数に湧出して、金蔵寺の田用水はほとんどこれに依存している実状であり、買田池水の同村に対して有する意義は極めて乏しい。しかもまた原田村の池之内でも、買田水の流下するのは三年に一回と云う実状でありながら、七〇七石分の負担は金蔵寺・原田ともに両村全部の水田に掛けてもなお反当一〇〇円と云う高額になっている。原田・金蔵寺が郡家に近い立場にあることは、以上の関係によっても明白である。

9　特別なものとしての、郡家村三条の中に含まれている金毘羅社領の負担、久留島の柞原マンに対する負担は、三条村の負担外に別途に負担していて、是等の負担額は八八〇〇石に割り当てた負担の外であるにも拘らず、それは与北村四三六七石分の負担の中に繰込まれ、与北は四三六七石分から、社領分・柞原マンの負担額を引き去った額しか負担していない結果になっている。与北、特にその両免場が池の支配権を握っていることから生じた結果であり、三条村のもっとも不満とする所である。

上述の数々の、費用負担の割合と配水量との不一致の示す事実に対する不満は、郡家・竜川両村の底流となっていながら、今日まで公然とその非を述べ、あるいは池懸り脱退等の挙に出なかった理由は、如何に買田池水に頼り得る程度が尠なかったとは云い条、結局万一の水不足の場合に対して買田池に恃む所があったからであり、もし買田池以外に確実な新水源が生じれば、与北対流末諸村の関係は一変すべき運命にある。満濃の貯水量増加のための新堤防築造工事の進行が、漸く流末村々をして上述の不合理の数々を叫ばしめる自信の裏付を与えたのであり、満濃・買田二重の組織下にあるよりは、満濃単一の組合下に入る事の希望を公言せしめるに至らしめたのである。満濃の新堤防工事の着手以前には、流末が与北に対して抗議的態度の片鱗をさえ示すことの不可能であった環境に、水の慣行の持つ力の偉大さを感得するのである。買田池用水費用不払同盟の組織はこのような雰囲気の端的な表明である。

(19) 明治十年六月二日「買田池水掛規則」。
(20) 与北村役場蔵。

第五節　農業経営におよぼす水利の影響

上述の用水分配方式が現実の農業経営におよぼす影響は次の諸点に要約しうる。

1　満濃池水の到着が遅く、また買田の池水にも依存し得ず、初夏の仕付水を自村内の皿池の貯水によって賄わざるを得ない与北以外の村々は、少しでも梅雨の雨によって田植を済ませるために、他地方に比して麦刈の時期を著しく早め、耕地を空けて春耕の準備を整えて待っていた。麦稈の未だ青い中、五月二十七、八日頃には麦刈を行うので、麦自体の収穫には悪影響をおよぼす結果となっているが、田植を終了するためには止むを得ない措置であり、もっぱら皿池の貯水を節約する苦肉の方法である。

2　一戸当り経営面積の小さい本地方では、裏作の普及は当然の結果であり、現金収入の途として換金作物の選択には意を用いざるを得ない。煙草作はもっともこの目的に適うものの一つであるが、初夏の田植期には煙草は未だ青々と畑に在って田植水を注ぎ得ず、七月末あるいは八月上旬の煙草跡地への田植期には、池の水はすでに田植のための配水期を過ぎていて、遅れた田植のためには放水しえないという制約を生じている。したがってこのような配水法のために、煙草作は勢い充分に発展しえず、池水によって、池懸りの農業が根本的に支配せられることとなっている。

3　米収を多からしめるには、稲の生育期間中、それぞれの時期に灌水の深度を調節することが必要である。しかし絶対的な水量不足の前には、このような考慮を払う余地はまったくなく、取溜め得る水さえあれば、極力溜込もうとするのが一般の傾向で、「中干」などははるか関心の外である。

4　供出制度の下では、元来の水田では稲作は不可避である。棉作・甘蔗作の盛であった当時は、現在程の用水量は不要であった。しかし前述のように耕地面積の狭少さは裏作を必須ならしめ、しかも裏作の実施は、春耕およびその後の灌水に対してより多量の水を必要ならしめる結果を生じている。耕地面積に余裕があれば、水量と併せ考えて、かりに稲作を第一義とすれば、裏作はある程度まで調節しうる筈である。しかし讃岐では、到底このような点を考慮する余地の存しない処に困難さがあり、水源の増加以外に救済策は見出し難かったのである。このような観点からすれば、いたずらに堤防の築造に費用と労力を投じても、その努力に相応した貯水量の増加のえ難い皿池の修理・増築よりも、一つの堤防の築造によって、一挙に貯水量を増し得る満濃池の改修工事ははなはだ当を得たものと云わなければならぬ。

その他水利費の重圧、昼夜を分たぬ引水のための過重労働の負担等も間接的な影響である。

（一九五一、八調査、一九五一、一〇稿『史林』三五巻二号〔一九五二、八刊〕掲載、一九七一、八補訂）

第十四章　讃岐国萱原掛井手《かやはらかけいで》をめぐる溜池への引水権

第一節　萱原掛井手の起源

萱原掛井手は讃岐国綾歌郡山田村正末で綾川を堰止め、大横井を立てて河水を導き、それから延々三里余の間、山腹を過ぎ、山鼻を抜け、綾川沿いの平地とは丘陵を一つ距てた旱魃地の、同郡萱原、滝宮、陶の諸村の灌漑用貯水に供せられる用水路であって、宝永四年、萱原村の庄屋久保太郎右衛門の苦心開鑿するところである。上述の萱原その他の諸村は、位置が綾川の河床よりも一段と高い丘陵の斜面を占めるため、元来灌漑用水が豊富でなく、大羽茂《はむ》池その他の溜池を多く築造し、冬季間、これらに貯水し、夏季の灌漑用水に充てていたが、固より充分でなく、困却を重ねていたことは、近世初期、生駒・松平諸氏の入封後、画期的な進捗を見た、田地の新開に伴う用水の不足に悩んだ讃岐一円各地の状態と、その揆を一にするであろう。

記録の示す所に従えば、萱原村は元禄十四年に大旱に襲われ、藩から十年賦の銀米を多く貸し与えられて一時の急を凌いだのであったが、久しく水不足に悩んでいた萱原では、この前年の元禄十三年、長百姓達が相談の上、隣村でその位置が萱原よりもやや高い北村と交渉し、北村の内に在る鞍掛山の斜面の流水の、北村の皿池への溜め残りを貰い受けることとなったが、翌元禄十四年の大旱には、北村の皿池の水溜りすら充分でなく、したがって萱原村は、苦

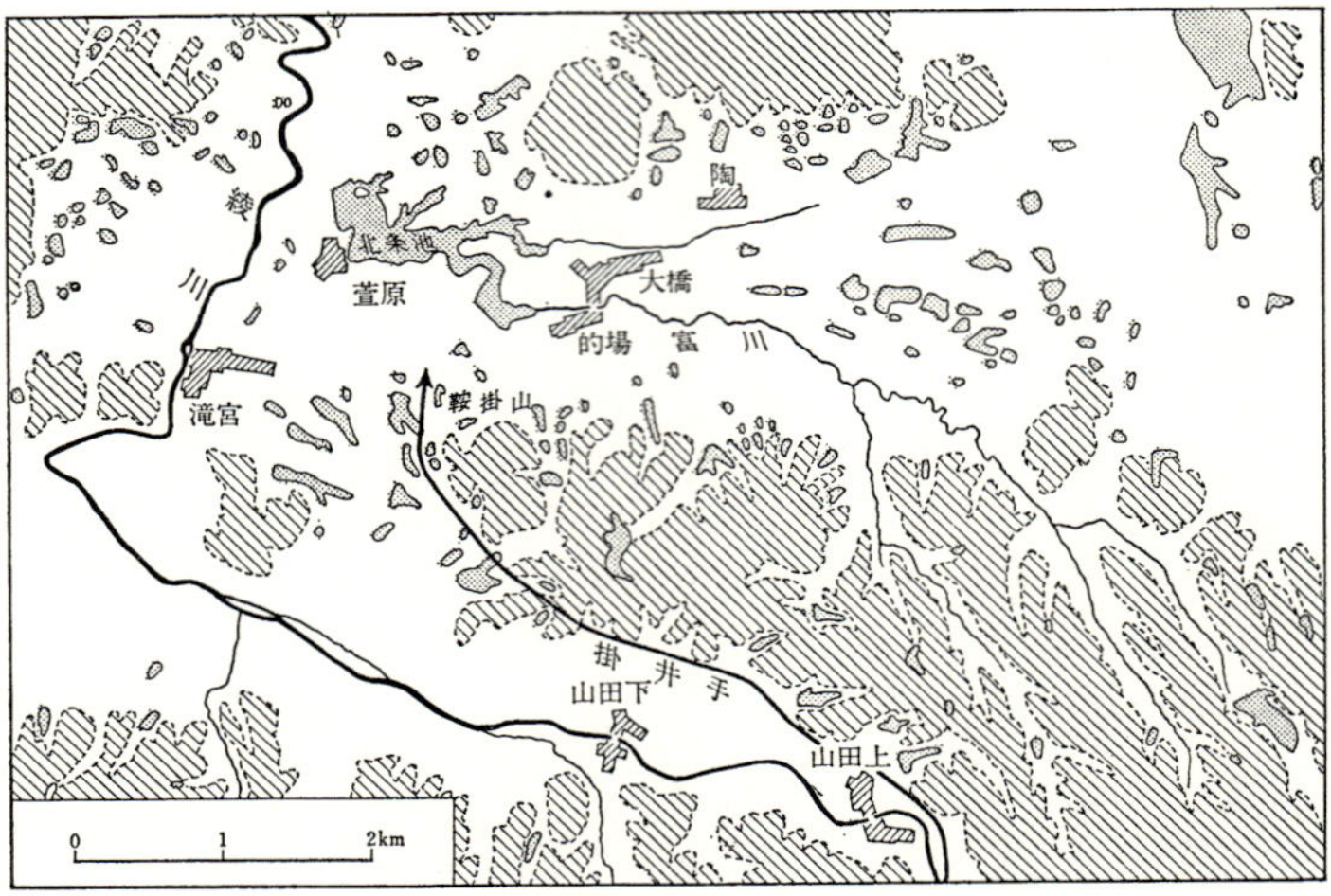

第21図　萱原掛井手近傍図

心して交渉した結果の利益にも何等与りえなかった。そこで萱原は、大旱の年の冬である元禄十四年十一月、郡宰の斡旋の下に、北村へ一札を入れ、前年の約をさらに確認し、また上流の山田下村境沼田ヶ原(現在は山田村の内)まで掛井手を設けて用水の補給手段とした。

このような努力にも拘らず、元禄十四年から宝永三年迄の六ヶ年間は、引続き「不植田出来又者立毛苅捨申程之大日焼」で餓死人も多数出て、村もまさに滅亡に瀕したのであった。[1] 宝永三年正月に萱原村はさらにあらたな計画を立て、山田上村の地内を流れる綾川から掛井手を設け、是から引水しようと出願し、郡奉行の大検見順回の折に、その見分をも経たが、設けようとする掛井手の通路に当る、山田下村の役人・百姓がこれに反対を唱え、田畑の免引方ならびに山田下村法専寺の堂、および百姓家の潰れることを理由としたので、ついに許可が与えられず、この年は大川(綾川)は充分の流水があったにも拘らず、前年来苦心して開鑿した掛井手は大川に達せず、山田下村に達したに過ぎないために河水は来ず、五月十三日の降雨でようやく田植は了えたが、つぎ水が無いので田に青色がなく、連年の災苦で麦作の粮もないと言う窮状であった。

宝永三年七月十二日、萱原村の連判百姓三十三人中の十六人が、庄屋久保太郎右衛門に率いられて高松藩老大久保主計の門に歎訴し、太郎右衛門は一時縲絏の身とさえなったが、この歎願は間もなく容れられ、藩庁の手によって工事が着手せられ、宝永四年正月十六日起工、同三月二十八日に至って完成を見、萱原村大羽茂池の上手の新池へ、綾川の水は初めて流入した。四月五日太郎右衛門は藩老大久保氏の屋敷へ礼に罷出で、さらに十月には百姓代表を召連れ、「作り初穂餅米壱俵」(2)を持参、翌宝永五年以降、庄屋が大久保邸へ年頭の礼に上ることは、永い慣例となった。

(1) 此のことは、以後の水論の度毎に萱原村の繰返し陳述する「萱原掛井手由来」に記すところである。

(2) 「同年四月五日為御礼当村庄屋太郎右衛門儀御屋敷に罷出候事并同年十月百姓孫右衛門助八武左衛門善右衛門半右衛門召連作り初穂餅米壱俵持参嬉之儘御屋敷に罷出ル事」。

第二節　掛井手水の分配と用水路の管理

掛井手の工事は藩の普請方奉行の出張の下に行われ、諸役人の賄も、正月十六日から二十二日迄の七日間は、出願者である萱原村で勤めたが、以後は郡賄となり、なお工事完成の年である宝永四年の一箇年間は、萱原村は公儀から諸工事の負担をも免除された。察するに、連年の凶作によって、萱原村の困窮の甚しかったことと、後に見るように、この用水がたんに萱原村の一村に限らず、他の旱損村にもその余沢を及ぼそうとの藩の意図に基くものと解しうるであろう。

掛井手工事の完成の翌宝永五年春、萱原の隣村で同じく旱害を被り易い類似の位置に在る滝宮・陶の二村から掛井手の水の豊富なのを見て、その余水の分配に与りたいとの相談があり、井手の費用を三分して、おのおのその一を負担することを条件として交渉が成立し、一番水萱原、二番水滝宮(宝永四年の秋、萱原掛井手の末から四、五十間程、村人足で掘次いで滝宮に導く)、三番水陶(宝永五年冬、ならびに六年春、ともに普請方から掘渡される)と言う順序が定った。村の自然的な位置から見て、もっとも掛井手の上流近くに位する陶村が三番水となったことは、萱原の一番水は掛井手の成立の事情から見ても当然の事としても、滝宮(最下流)の二番水であるのに比べれば、一見不合理であるように見えるが、(3)その理由は次のようである。すなわち「去戌年七月直訴人之内十六人滝宮村所蔵入ニ相成候節同村百姓共盆踊も致遠慮其上見舞等も度々指越呉候様之親切之義ニ付如此二番水別遣候様萱原村百姓共相談之上相決候事」とある。また陶村は「井手上之事故二番水も別ケ遣可申筈之処右所蔵入等も有之候節無遠慮盆踊もいたし、其上所蔵入之者共江見舞等も差越不申全組頭而已村方江見舞之挨拶ニ而百姓共江一向親切之取斗も無之事故三番水ニ相究遣し候事」であった。一見滑稽なようで、しかも当時の関係村落相互の関係を物語る插話として注意にあたいし、このような掛井手の開設当初の、微妙な関係によって定められた配水の順序が、二百余年を経た今日までも、慣行として依然厳守せられている事実は重大である。

右の順序で灌漑する三ヶ村の高割は次のようである。(4)

二百石余　萱原(宝永三年掛百姓三三人、延享五年六七人、文化十一年六一人)

三百石余　陶(明和五年掛百姓五二人)

二百石計　滝宮

総計八百石未満であったが、天保九年には三ヶ村を合し、千石余の水掛りであったと記されているし、また大正初年の調査(5)によれば、その反別は萱原八十町歩、滝宮六十五町歩、陶四十町歩である。萱原はなかでも旱損のもっとも劇甚な地であっただけに、井手の完成後の水田面積の増加の著しかった事が、宝永以後数十年間の百姓数の増加によって察せられる。上述の三ヶ村は、実際どのような割合で配水を受けたか、記録(6)に残る寛政六年から文化十二年までの、二十二年間の状態を次に示す。

	井手浚開始日 井手浚所要日数	池取溜開始月日	山田下村松熊池取溜日数	萱原村池ゝ取溜日数	滝宮村山下池取溜日数	滝宮村池ゝ取溜日数	陶村池ゝ取溜日数	三ヶ村以外へ取溜日数
寛政六	？	十月十四日	一八日	七六日	七日	七一日	四月十日から	
寛政七	七月十七日 六二日	十月二十四日	一一	四七 ＊五 ＊二四	七	二五 ＊一一	二三 ＊四月十八日から	北村へ一八日
寛政八	九月二十五日 七日	十月二十三日	五	七二	七	五八	四月十八日から	
寛政九	八月二十七日 一一日	十月一日	二一	一〇三	七	六五	二七	北村へ四月十三日から
寛政十	九月二十八日 七日	十月六日	一一	八三	七	五九	四六	
寛政十一	十月十八日 七日	十月二十九日	一一	六八	七	五二	三月十九日から	
寛政十二	十月十四日 七日	十月二十三日	一三	五六 ＊四月十七日から	七	六二	三二	

享和一	？	？	？	？		*四月二十四日から 七	七〇	一二	
享和二	？	十一月九日	一八	四九		七	三四	三月二十八日から	
享和三	十月一日 九日	十月十三日	？	？		七	？	？	
文化一	？十月十四日	十月二十八日	？	八四		七	四三	三月十四日から	
文化二	本年分ハ留落ニ付不知								
文化三	九月二十三日 九日	十月十三日	二	*一七〇〇		七	五五	三〇 *五月二日から	北村へ八日
文化四	？十月十六日	十一月四日	一〇	*一六八〇		七	*一三四三	*二二三二	北村へ一八日
文化五	十月五日 一七日	十月二十二日	九	*五九四		七	*二二六九	*二二一二	北村へ七日
文化六	？十月五日	十一月一日	九	*一七四四		七	五六	四〇	
文化七	？十月二十八日	？	？	*一四一七		七	*二三四二	*一二〇一	
文化八	十月十五日 八日	十一月五日	？	*七 ？	八三	七	*三二二七	四月十三日から	
文化九	？	十一月三日	？	？	一〇二	七	五三	四月二十四日から	

文化　十	十月十六日 一一日	十一月七日	? ｝五〇	?	七	＊五 四五	＊三 四一	北村へ四日
文化十一	?	十一月十七日	一〇	＊八 三二 ＊二八	?	四一	三月十日から	
文化十二	十月十二日 ?	?	?	?	七	四九	三月二十六日から	
平均取溜日数			一一、四日	六五、〇日	七、〇日	五〇、四日	二八、六日	

備考　1　＊印を附したのは口打水日数、口打水に就いては後に説明する。
　　　2　平均取溜日数には口打水の日数を除外し、取溜日数の分明な場合のみの平均日数を算出した。

この表に見られるように、毎年掛井手の水を引き、溜池に取溜めを開始するに先立ち、当局の手によって井手浚が行われ、その名のように、井手溝の中に沈積する土砂の浚えを行うとともに修繕をも行った。すなわち通常の場合は大抵七、八日乃至十日をへて終了したが、寛政七年のように六十二日間も掛けた相当の工事であった場合もある。寛政七年の項には「掛井手筋格別ニ底下ケ等も有之当年大普請に付」と記されている。井手浚の終了後、直ちに池への取溜が始められるが、三ヶ村の池々への取溜に先立ち、まず山田下村の松熊池に導水し、満水の後、下流に引きうるのであって、松熊池はその地元を掛井手が通っているので、上流の優越権を実施するのである。

取溜の開始期は十月一日乃至十一月十七日であるが、最後に取溜を行う陶村は、五月節日三日前までが引水取溜の期限であるため、上流からの用水の引渡期が後れるほど、取り溜めの日数が減少するので、次に述べるように、萱原掛井手をめぐる水論は、陶村から惹き起されることが多いのである。五月節日三日前とは、その時期になれば、井手の上流村々の植付期にかかるので、掛井手の水は流れて来なくなるからである。

萱原、滝宮、陶の三ヶ村の平均取溜日数を見ると、萱原の六十五日がもっとも長く、陶村は三十日にも充たない有様であり、上述の水掛高に比して、不公平のあることを見出しうる。萱原村は最初の番に当るから、井手筋の手入がまだ充分でなく、三里余の流程で、他方に流逸する分量が相当に多く(7)、滝宮、陶と順を下る程、流逸する水は減少し、取溜めうる水量は、必ずしも日数に比例しないと云うのは、一考に値するであろう。

掛井手の水の引渡し期は、自村の溜池の満水を規準とするから、年によって取溜の日数に相当の不同を生ずるのは当然であり、ことに途中で著しい降雨を見た場合は一層甚だしい。掛井手に乗ってくる水の多い年は、例年に比して短日間に満水しうるのは当然で、このような場合には、一巡して、三ヶ村の溜池に取り溜め了っても、五月節日までになお相当の日数が残るから、これを口打水と称して、二回目の取溜めを行い、さらに余裕のある時は、三ヶ村以外の北村へ、「貰水」と称して特別融通をも行う。上述の二十二年間に、口打水は六回見えている。文化三年に見える山田下村松熊池が僅か二日間の取溜をしただけで了ったのは、「当年松熊池ニ水五、六合有之」と記したことで説明しうるであろう。

滝宮村の山下池が年々七日宛、萱原村の溜済の直後に、滝宮、陶に先んじて配水を受けるのは、山下池の水掛り田地の中に、萱原村の田地が、十石計も含まれているからである。

掛井手の管理は藩の普請方の支配を受けて、萱原村の政所のつかさどる所である。すなわち萱原村の政所は、工事の大小に従い、それぞれの割を行い、他の滝宮、陶の二ヶ村へこれを触れ流してことを行う例になっていた。事実上の管理権は、萱原村の手に在ったと考えうるであろう。

掛井手の普請は定例的なものと、臨時的なものとの二つに分ちうる。引水の直前に行われた例年の井手浚は「御普請」であり、通常十日内外で終了したことはすでに述べた。年を経るにしたがい、定例の井手浚だけでは修理しえない所、たとえば、山崩の土砂の井手底を埋めたものの浚い上げのようなものは、萱原から大政所へ申出、当局の許可をえて、郡人足で行われたことがしばしばであった。開鑿後七十八年の天明五年には、井手底に多くの高低差を生じ「井口より十分仕掛候水末江ハ十分一ならてハ参り不申池々水取溜メ指支申候」と言う状態になったので、郡人足による掘浚、修繕が歎願せられている。その後、寛政三年、文政三年にもそれぞれ御普請が行われている。弘化三年にもまた同様であった。

井手への引水期間中、この監視、保護の任に当る井手筋見守人(また井手守とも云う)は、宝永四年、工事の完成後から置かれたもので、山田上村、山田下村、北村の三ヶ村に立てられ、最初のうちはその人選を萱原から大庄屋に書き出し、大庄屋から任命されたが、後には萱原村の人選を待たず、大庄屋から直々に任命せられることとなった。この井手守の給米として、郡高の中から七十石が充てられていた。

三ヶ村側はそれぞれ取溜期に掛ると、その村から長百姓一人が「水入止人」二人をともない、都合三人で井手筋の見守り、穴の防ぎなどに当っていた。これを井手番人あるいは水廻し人足と呼ぶ。

(3) 挿入の第21図を参照。
(4) 「明和五子年三月陶村ゟ萱原掛井手取水日割願一件留メ」に「古来井手出来之時ゟ諸賄諸入目三ヶ村三ツ割ニ仕相勤申候尤井手願高書出し左之通ニ御座候」として右の記載がある。
(5) 『農業水利慣行調査』農商務省農務局編、大正五年、の一九二頁「山田大横井掛り」の部に記す。
(6) 「萱原掛井手水萱原滝宮すえ三ヶ村池〻に取溜日数井手相渡日限年々留」寛政六寅年六月ヨリ。

（7）安永七年六月、阿野郡南萱原村掛井手願控帳。

第三節　配水に起因する井掛り三ヶ村の関係

萱原掛井手に関する史料は、他の水利関係の史料の場合と同様に、水論出入の顚末を記すものがもっとも多い。以下年代順に、それらの事実の概要を取扱い、井手掛り村々の関係の推移、それぞれの村の特殊事情、井手の性質等を描きたい。

1　延享五年三月　滝宮、陶からの掛井手水日割願一件(8)

掛井手の完成後四十一年の延享五年に、滝宮、陶の二村から、配水を日割にしたいと願い出た。すなわち萱原が多くの日数を取るため、一番最後の陶村へは「近年滝宮ゟ相渡不申様に罷成候」と云う状態であり、つまるところ、萱原村が水を麁末に扱うからであるとして、日割を申し出たのである。萱原は掛井手の由緒を述べ、萱原村が井手の根元で「御拝領同前の萱原掛井手」である点を力説し、滝宮、陶の歎願は容れられなかった。

2　明和五年三月　陶村からの取水日割願一件

その後二十年を経て、またも陶村は井手掛り百姓五十二人の連名で願を出した。その内容は前回に比して余程積極的である。すなわち掛井手は、先年三ヶ村の日割に仰付けられ、萱原十日、陶へ十日、三番に滝宮へ五日と順番に水を取って来た処、近年は萱原、滝宮の池々へ満水した後でなければ陶村へ水が渡らぬので、雨の不足の年は、取溜に苦しみ、前年である明和四年は、陶村へは僅かに十八日が与えられただけであった。三ヶ村とも御公田(高松領)の事であるから高下のあるべき筈はない。もし日割が不可能であれば掛高相応の分水を願いたい。ことに萱原三個、滝宮二個の新池へも、古池と同様に、優先的に溜込むので、いよいよ陶村は困難である旨を述べているのであるが、最初の言分である、先年仰付けられたと称する日割の事は怪しく、ことにその引水の順序日数で、陶村を滝宮よりも優位に据えたことは作為であろう。もっとも陶村は、五年前の宝暦十三年にも同様のことを訴願し、大庄屋から一応の説諭の後、旧来の順序の変えられない旨を言渡されて[9]おりながら、明和五年にまた願い出たのである。ただ陶村の池々は、冬から春までは無水池であるから、堤に日々に割れを生じ、取溜を行うに際しては、池に水洩りを生ずると云うこと、また陶へ配水の来る頃は春の末となるから、横井の破損は勿論、井手筋でも苗代水のために処々で切り落され、取溜量が減少して困難のますことは、陶村の立場としては確かに事実であろう。

　同年十一月七日から開始せられた、萱原村の大羽茂池の、堤の前築普請、ならびに西上揺の仕替に際して、陶村の百姓大勢は普請所に来て、出張の役人に対し、西上揺は元から在ったものではなく、新規百姓自分居《すえ》の竹揺であると主張して、工事の進行を妨げたが、またまたその作為・虚構の申立が暴露して、連判の百姓は一同蔵入、重い者は国追放、郡追放、村追放をそれぞれ言渡されて落着した。陶村がこのように再三に亙り、日割を願い出た理由は、陶の述べるように、取溜日数の少いことが最大の理由であろうが、他の一面、萱原側の言分を見れば、元来水不足を訴えつつある萱原掛井手掛りの陶村西川南免所と言う所は、比較的奥山が深く、きわめて池水の溜め易い場所であり、掛井手の水を取らなくても、旱損を被るようなことのなかった土地であるが、萱原掛井手からの掘次が出来て以後、あたりの林は開かれて田地、畑となり、自然と用水の不足を生ずるに至ったものであると。掛井手の完成が新しい用水源を獲得した結果となり、各村ともに新池を築いて掛井手の水を取り溜め、さらに続々と荒地の新開を行ったので、掛井手の完成直後には平穏であった井掛り村々が、限りのある掛井手の用水量を中心に、またまた水論を繰返す時代に入ったことを知るであろう。

3　安永七年六月　陶村から自村への新掘抜を願い出た一件[10]

さきの事件の十年後、陶村は四度新しい訴願を出した。日割願の容れられないことを知った陶としては窮余の策である。今度の計画は、あらたに萱原井手筋から前回萱原村に指摘された西川免掛りの池々へ、直接に掘抜を設け、水を取溜めたいと言うのであって、これに対して萱原村の反対理由は次のようである。已前から萱原、滝宮よりも萱原掛井手の上手に位置する陶村では、その村内の飼野原、大原、団子手原への水掛り池である赤坂池へ、掛井手の途中山田下村の野田ヶ原と言う所で、萱原掛井手へ掘抜を設け、下流の萱原へ下るべき用水を、度々この場所で切りはずして赤坂池に引水し、明和四年などは萱原村は之に備えて、その場所に土地を買求め、小屋を掛け、番人を三人宛差し置き盗水に備えたが、その位置が萱原村から一里余も離れ、警戒に困難なため、萱原側の苦心は甚だしく、ついに山田下村の権八を番人として傭い、日用銀、扶持米を給する他、さらに村方から加番を添えて備えた程であった。前々からこのような実例がある上、新規に掘抜等を拵えては、両村の出入のもといとなるのは明白であると言うのがその一であり、その二は萱原村よりも一段と高位置に在る北村の斜面の余水を、萱原村に貰い受けることは、元禄十四年已来の例であるが、今あらたに願の掘抜が出来ては、北村よりもはるかに陶村に近い場所にある北村の池々が、取溜めるべき水は、陶村が奪い、萱原の受けていた北村の余水は、北村に必要となって萱原には来ず、萱原の困難をますと言うのである。

以上の二つの理由によって、新掘抜に反対する代りに、萱原村は掛井手の底下げ掘浚を願い出、こうすることによって引水量を多くし、萱原、滝宮の池々への取溜に要する日数を減縮し、その分を陶へ廻すことを陳べているが、恐らく陶村にとっては、それ程効果的な救済法とも考えられない。

4　文化十五年　滝宮、陶の両村からの用水引渡期の繰上げに関する申入一件(11)

新掘抜の開鑿が萱原の容認する所とならず、そのまま四十年間を経た文化十五年に、陶は滝宮とともに大庄屋(大政所)に対し、萱原と同額の費用を出しながら、(12)引水日数の少ないことを訴え、この年などは、掛井手の水が陶村の手に渡ったのは三月十七日で、最早五月節日までに幾許の日数も無く、漸く無水池にだけ少々宛取溜めるばかりで、他には行き渡らず、陶村ではすでに前もって覚悟をし、(13)畑田等には大豆を植付け、古田にだけ稲を植付けている有様であり、滝宮は自村の取溜さえ充分でないのに、陶村からこのような井手の水の早期引渡を迫られて、一層苦境に在ることを陳べている。陶の歎願を入れて大政所は、萱原の池々に少々宛の不足があっても、切りかえて早く滝宮、陶へ引渡すべきを勧めている。(14)

萱原村は滝宮、陶の日数の減少の理由は、文化十三年の秋の大水のため、山田上村伽藍鼻で掛井手が破損し、その普請に隙取ったので、水仕掛の延引したことによるとし、定法浚の上に、三ヶ村の自力で時々水路の上置等を行えば、現に増水を見つつあるのであるからとして、また萱原掛井手開鑿の由緒を述べて自村の権利を主張し、陶村が費用の三分の一の負担を楯に、それに相当する配水日割を受けることを強硬に迫るならば「右掛井手当村より御願申上候義ニ御座候間陶村より入目差出候義迷惑之次第にも御座候得ハ当村へ引請已来は同村江割付不仕候様ニ仕度共奉存候」と、陶村を掛井手掛りから除外しようとする態度を見せている。この後の推移は明かでないが、二十年後の天保九年には、陶村の百姓一同は、井手浚人足の割当の三分の一を拒絶し、水の配当を受けた池の分だけを負担する旨を萱原に申出でたところ、萱原は陶に対して以後は割付けを行わず、陶村は狼狽して庄屋に取なしを懇願し、陶村庄屋は大庄屋に対し、「掛井手水程能相廻候様相成候得ハ纔之入目彼是申義者無之義与奉存候間」とその真情を吐き、取なしを依頼している。萱原の態度は、この掛井手は三ヶ村千石余の灌漑のために掘られたものではなくて、萱原一ヶ村の為のものである点を強調し、入目割銀の負担を陶村がいとうならば、已来、萱原と滝宮だけで負担することを返答し、滝宮もこれに対して承諾を与えている。陶の中にでも、常に掛井手の配水を受ける位置に在る三個の池掛り五十余石の分は、如何なる事情があっても、入目を負担して仲間に加わっていたい事情を述べている程であるから、陶としては井掛り脱退の処置にも出られず、「村方池々江も日数之三十日余も相当候様相成申候へハ聊之入目彼是申候者ハ無御座候間日数相増候様宜御賢慮可被下候」と出る他ない有様であった。(15)(16)

萱原の態度が強く、交渉の纏らぬ中に、十二年後の嘉永三年正月九日になって陶村の者が三人、掘抜の水を切り取りに来て、萱原村の手に捕えられる事件があり、陶はついに水の不足に屈して、これまでもつれていた間の入目の、元利を指出す事は不可能としても、それぞれ少々宛を過分に指出すことを条件として、また元のままの関係に復し、三ヶ村均等の三分の一宛の割賦を承諾した。

以上の場合を通観すると、いずれも紛争の源は、最後に配水を受ける陶村が、費用の負担額と配水量との不一致に服し得ず、条件の悪い事で陶に次ぐ滝宮を誘い、萱原に対して起ったのであるが、掛井手開鑿の動機が動機であるだけに、萱原の優越はいささかの変化を見なかった。歴史的な関係が、水論では絶対的な意義をもつことを示すものであろう。

(8) 延享五辰年三月「滝宮陶村ゟ山田掛井手水日割願入割控」。

(9) 六年以前宝暦十三未春右百姓共日割願申出候得共郡方にて片付不申筋ニ付其節御役所ニ願書指出申候所未五月萱原陶両村水掛り百姓共へ済口被仰渡候者右井手者最初萱原村依頼御普請被仰付候井手之儀ニ候間此度日割ニ者不申付候

(10) (7)に同じ。

(11) 文化十五寅年、萱原掛井手用水取溜方之義ニ付滝宮陶両村同役ゟ申出口上書幷次郎左衛門ゟ答申出口上書一件大政所ゟ右一件に付来状留。

(12)「誠に陶村迚も入目同様指出聊之日数相当り迷惑之次第……」。

(13)「右様当村池〻に水配当不相当義ニ而水掛り百姓共一同申合前広ゟ覚悟仕畑田等ハ大豆植付全古田斗稲仕付候得共右之通毛大痛ニ相成……」。

(14) 滝宮村政所からの口上に曰く「当村陶村両村池〻御見分之上当村池〻溜メ不足ニハ相成候得共陶村迚も難渋池段々在之候ニ付井手水相渡候様被仰付無拠水掛り百姓共得心仕せ陶村に水相渡候義ニ御座候」。

(15)「全千石余三ヶ村水掛り高ヲ御見込掛井手御掘付被仰付候義ニ而茂無御座候元来当村ゟ御願申上御掘付被仰付候萱原掛井手之義ニ付諸入目何カ程相掛候迚も外村ニ引負呉不申候節ハ当村ニ引請候ゟ外ハ無御座候義与奉存候」。

(16)「此三ヶ所之池之義ハ走り水少ク池之義ニ付如何御座候而も掛井手水取不申候而ハ何時迄も溜り不申候間臨時定法共入目指出可申候」。

第四節　掛井手掛り以外の諸村との関係

1　上流山田下村の新掛井手計画と萱原掛井手掛り村々

文化十三年三月[17]、山田下村の掛り池である山田上村地内の徳利池の水溜りが不良であり、山田下村が難渋を極めたため、萱原掛井手の取入口である山田上村大横井の上流、椕所西村の地内から徳利池へ、あらたに掛井手を設けたい旨の申出があった。萱原掛井手掛り三ヶ村は相談の上

a　新掛井手の出来た上は、萱原掛井手の水の三、四分ばかりは減少を見ることは必定であること

b　この対策として、萱原掛井手の水仕掛の時期を繰り上げて、八月から仕掛けるようにし、さらに現在の掛井手の幅を広げ、取入量を増加すべきこと

などを条件として申し出、これらの条件の容れられないときは、山田下村に引水する新井手には承知し難い態度を示したが、大政所は三ヶ村を説き、右の新井手は「かや原横井余水を仕掛候義」であるとし、三ヶ村側はこれに対して、余水と称するが、その際限は立て難い旨を述べて反対した[18]。

山田下村の依頼を受けた大政所の説明は、萱原横井に余水のある場合だけ、椕所西川から仕掛け、もし余水の無い時は、別け水等は決して行わぬ事を約したので[19]、ついに三ヶ村側も折れて新掛井手は成就した。上流村の新計画に対しては、多くの場合下流村からは容易に阻止し得ないことの一例である。

2　北村と萱原掛井手

北村は鞍掛山の斜面を広く持っているので、その斜面の雨走り請水だけでほぼその溜池を充すに足り、ことに元禄年間の萱原掛井手の完成以前には、連年の旱魃に苦しむ萱原村に対して、溜め残りの余水を与えていた程の村であり、掛井手の完成後も、井手掛りの三ヶ村に取溜めて、さらに余水のある時は、時々特別の融通をも受けていた。

北村は掛井手掛り三ヶ村に比して、もっとも井手の上流に位置する事を利用し、滝宮村の取溜中に、北村個有の水である山走り水までも滝宮に取られては、自然の水だけを利用する北村としては、溜り不足になり易く困難な旨を述べ、滝宮の取溜の以前に、掛井手の水を引水したい由を願い出た。萱原村の説明によれば、北村は降雨のあった際は「雨走り水」と唱えて、その池々へ水落口から掛井手の水を残らず切落して取溜めて来、「雨走り水」の名を利用した不合理な申立であると言う(文化十一年)。その結果双方の古文書を調査することによって北村の言分は不成功に終った。[20]

弘化二年、萱原村が掛井手に年々流込んだ入砂の堆積によって生じた水路の不整を修正するため(陶村の要求による)北村の鞍掛谷附近の水路の框下げを願い出、藩の普請方が入り込んで工事が開始された時に際しても、北村はこの工事の自村におよぼす害を挙げて、反対を申し出た事件があった。

その反対理由は、井手の框下げは結局井手の底下げであり、掛井手下の池は勿論、田地への水入が不可能となり、また同村伊右衛門の持田地五、六反ばかりは水入が悪く、また大水の際は水押となることを挙げたのである。萱原村は框下げは底下げでないことを説き、伊右衛門の田地は掛井手出来後の新開であり、また今大浚普請を加えないならば、井手は潰れ去るの他ないことをもって之に答え、大普請は遂行せられた。北村の萱原掛井手に対して執った二つの事実は、たとい山田下村程ではないにしても、掛井手の通路の上流村としての微妙な関係を如実に物語るものである。

(17) 文化十三子年三月「萱原掛井手上ハ手ニ山田上村徳利池新掛井手同池水掛リ山田下村ゟ願ニ付当村ゟ難渋一件留」。

(18) 「余水と申所之際限難相立候間何れ八月ゟ水仕掛候義ハ難出来義与ハ奉存候得共九月頃より御取斗も被下候様ニ与奉存候」。

(19) 「全萱原横井余水有之節斗余水ヲ見届枌所西川ゟ仕掛候義余水無之砌別水等ハ決而不致せ様山田下村水掛りゟ書付等三ヶ村へ指入候様取斗可申」。

(20) 「北村之義者降雨之節山走リ水斗リヲ当ニ仕候池ニ而御座候得ハ只今之通降雨山走リ水迄滝宮村へ被取候而ハ水溜無覚束自然溜不足ニ相成植付差支且立毛日痛破免等御願申上候様ニ相成候」。

第五節　萱原掛井手の現状とその特質

明治に入っても掛井手の配水法をめぐる村々の複雑な出入関係は絶えず、度々の衝突を見たが、明治四十二年(21)になって漸く協定が結ばれた。その要項は次のようである。

(1) 水取人は旧来の入札法を廃して能力のある人物を傭い入れ、井手筋の適当な所に小屋を営み、日夜詰めしめること。日当はその年相当とし、三ヶ村各自負担とする。小屋掛料は三ヶ村の共同負担とする。

(2) 掛井手筋の障害物は強制権を用い取除かしめること。

(3) 三ヶ村の各池は秋季の水落しを協定し、猥りに池水を涸渇せしめないこと。

(4) 明治九年の改租当時、池筋敷地の中、縄を打詰めて山林、田畑に変更した処が尠くないため、この復旧をはかること。

(5) 上流山田下村の小林池は昔時は二ヶ所であったが現在では六ヶ所となり、引水上に害を及す事が少くないから、今後池敷の拡張および池数を増さないようにすること、ならびに今後小林池掛りからの冥加として、工事に際して差出す莚数を増さしめること。

(6) 山田下村松熊池の涸水を禁止し、さらに三ヶ村の池台帳を作成し、みだりに増池せしめないこと。

(7) 滝宮村をして御山神社附近の組外池の引水を取締らしめること。

(8) 掛井手引水中の臨時普請の所要日数を考慮し、その分を陶村へ便宜を与える事。

(9) 各池の引水中、互に妨害を為さない事。

以上各節で述べて来た所は、宝永四年に初めて開かれた萱原掛井手をめぐる村々の、二百数十年に互る水論史であって、讃岐では、地形上やや高い位置に在る萱原村を中心とする諸村が、近世初期の数十年間に、藩主の開発政策によって著しい荒地の開拓と、水田の増加を見、これに伴うべき用水施設が不完全であった結果として、連年の旱魃を招来して、まさに亡村にも瀕したが、ついに藩主の手によって、土木技術上の困難と、開鑿資金の調達難とを克服して、綾川の豊富な上流水を引き、これを冬季間、溜池に貯え、農閑期の余水の利用法を講ずることによって、千石余の水掛高を有する田地を潤し、豊饒の村と化した経緯である。この掛井手の問題を取り上げたのは、他の多くの大井手、または溜池の発生が、あるいはその年代が非常に古いため、あるいは比較的新しくても、関係史料を欠くために、たんにその現在の水掛り村々の関係を知り得るだけで、現在の諸関係を生じた根本原因については、伝説の域を脱せず、または想像による他のないのに反して、この場合は史料が充実し、その開鑿当時の関係が、その後の幾多の問題に対して、如何なる力を発揮しつつ、現在の井掛りの組織が出来たかの問題に、明瞭な姿を示すこと、これは他の類似の場合への、類推の素地を与えることが多いと考えたからである。

(21)　山田掛井手水取改良協定書――明治四十二年一月十日塩田時敏氏の記したもの――に曰く「明治四十一年夏陶村ヨリ細谷義平細谷節男ノ両氏ヲ惣代人トシ萱原滝宮へ対シ山田掛井手水取方改良ノ企望アリ相互論難殆ンド破レントス時敏自ラ其ノ問題ノ大切ナルヲ悟リ両間ニ入リ相互ノ意見ヲ酌ミ左ノ条々ヲ協定セシメ茲ニ三ヶ村一致改良ニ進ムノ楽境ヲ得タリ」と。

(一九三九、四調査、一九三九、八稿『経済史研究』二三巻三号〔一九四〇、三刊〕掲載、一九七一、九補訂)

第十五章　大和盆地の二つの特殊な灌漑用水権とこれをめぐる村落社会構造

——布留川筋の田村と広大寺池の稗田——

序言

本章は大和盆地で、とくに強力な用水権を持つものと思われる、河川懸りの事例として天理市のうち西端に位置し、石上神宮の存在にその名を知られたもとの布留郷の中、布留川の流末に近い田村の場合と、添上郡広大寺池懸りで、これまた最流末に在り、しかも広大寺池懸りの数ヶ村中、もっとも強力な支配権をもつ稗田村とをそれぞれ対象とし、田村・稗田村の両村が、このように優越権を振う実状と、その因ってきた所を究め、特異なものの存在の基礎を明らかにすることによって、複雑多岐な用水権の実態とその性格を討究し、用水権一般への理解の一礎石にすることを企図する。

布留川筋の田村の場合は、史料的にも、強力な用水権の発生およびその伝統を相当程度明確に描き出しうるであろうが、広大寺池下の稗田村の事例では、これを史料の上から確実に迹付けることは困難ではあるが、各方面から考えて今日に残る断片的な事実から、ある程度まではその真に近い形に復原しうるのではないかと思われる。

第一節　布留川筋田村の特異な用水権の実相

田村の水源となる布留川は、天理市の南東に聳える竜王山(1)に源をもち、後述のように布留社石上神宮の東で二本に分れ、田村の方に向う水路は、さらに他村との間に二度、三度の分流を行って後、約一里程の下流で初瀬川に合流する、川幅は田村近くで平均三メートル内外の砂川である。

田村はその「明細帳(2)」に記す所に従えば、反別四十九町四反余で、村高は八百七十四石二斗余、その中、耕地は四十九町余の中から二町六反余の屋敷面積を除いた残りで、ほとんどが水田から成り、その面積は四十六町余、畑は僅かに五反七畝余に過ぎない村である。また水田面積の七六％、三十五町余歩が二毛作田で裏作は麦を主とし、木棉と粟が栽培せられ、肥料としては菜種粕・綿実粕・焼酎粕・干鰯等の金肥を用い「秣場無御座候」と言う、大和の平地部らしい特色を具えた条件下に在る。

戸数は百二十二の中、高持の七十四、水呑の二十八、無家九、借家十一の数字で、土地所有の分化の相当程度に進んでいたことは、上述の農業事情と対応するものであろう。しかも馬は一疋もなく、「牛三疋」の記述は、もっぱら人力による耕作を推知させる。

この村の明細帳でも、大和の他の村(3)の場合と等しく、質地の値段と小作料の額が記されていて、土地所有の移動、耕地と人口との組合わせ、あるいは農業生産力の大略を知らせて呉れるが、小作料は上々田一石七斗、上田一石五斗、中田一石二斗、下々田五斗乃至六斗とあって、用水事情にも恵まれ、年々相当量の収穫を挙げ得たからであろうと見られる。ことに質地の値段を書上げるに当って、上々田の一反歩九十目乃至百目から、中田が四十目乃至五十目であるのに比して、下々田は「竜王山谷田新開悪場ニ而一切銀主無御座候」とあるのは、平地部の水田の生産力の高さをある程度裏付けるものであろう。また「田畑旱損勝之所ニ而御座候」とあるのは、溜池が一個も無く、「田方不残用水掛り」で、本章の中心課題である布留川の水に全く依存していることを反映しているが、一応旱損勝とは記しながらも、近隣の諸村に比すれば余程異った条件の下に在った事情は、次に述べる所によって明らかとなるであろう。

田村は布留川筋の用水支配に関しては特殊な優越権を有し、そのことはこの村の納める小物成によっても証せられる。布留川の水源をなす竜王山の山年貢としての小物成は、総額四十四石五斗であるが、竜王山の所有は他領十株と田村との共有である。ただし田村は他領分をも一旦同村に集めて四十四石五斗として後に上納する例となっていた。竜王山＝延いては布留川＝の支配に、田村が統率者としての地位を有していた事情が判明するのである。

田村の布留川用水支配の実状は、享保年間および文政年間に起った田井庄ならびに内馬場との用水争論の経過を通じて窺われる。是等の事件は勿論江戸期のものではあるが、結果は前代以来の慣行のままに処置せられたのであり、少くも中世以来、もしくはそれ以前の姿を再現し継続していると見られるところに興味が深い。以下布留川筋用水の分配法と田村の立場とを述べる。

布留川は第22図に明らかなように、布留社(石上神宮)の北西、字「一ノ井」で、三島村の川と、田村および勾田《こまだ》村の川とに両分せられ、後者はさらに三ヶ所の分水個処を経て分水せられ村々を潤すが、流域村々の中で用水の引用権に強弱の差があり、古来第一田村、第二勾田、第三三嶋の順位が定っている。

布留川の水は旱魃年は勿論のこと、例年渇水期になれば、次の方式によって番水が開始せられる。すなわち番水実施の必要を感ずるようになると、分水の個処に「札建」が行われ、村々に番水開始の事が知らされる訳である。文政六年の事例[4]を示せば

一 番 札
五月十九日　田村「用水札」建ル
　廿一日　勾田村「番水札」建ル
　廿三日　三嶋村札建
　　　同日三ヶ村立会水訳仕リ候

二 番 札
六月十二日　田　村
　十三日　勾田村
　十四日　三嶋村
　　　同日前同様水訳仕り候

三 番 札
六月廿六日　田村早朝
同　　日　勾田村後刻
同　　日　三嶋村同断
　　　同日水訳仕り候

この年は用水期間中に三回「札建」の行われたことが知られるが、まず一番札の場合は、田村の札建と勾田村の札建との間に中一日を置き、勾田と三嶋との間にも中一日を隔てる筈である。田村の札が建てられてから、勾田が札を建てるまでの間は、川筋に沿う処々の井口から、村々は入れ勝ちに自由に引水し得るが、勾田村の札が建てられた上は、他村への引水は一切行い得ない定で、三ヶ村の札が建揃えば、之を「一番札」と称し、爾後降雨があって用水不足の解消するまで、布留川の全水量は上記三ヶ村の独占引用する処となる。降雨等で用水が有り余ると、番札は流されて自由引水となる。爾後必要に応じて二番札、三番札と重ねられるが、三ヶ村の札建の間隔は次第に縮められ、三番札となれば、田村が早朝に札建を行えば、同日の中に他の二ヶ村も札を建て、従って他村へは全く引水する暇の無いことを特徴とする。

最上流の分水個処「字一ノ井」に、「三ヶ村立会場所」と図にも示すように、番水開始後の布留川は全く上述三ヶ村の支配下に在り「一ノ井之儀者往古ゟ三ヶ村立会ニ而持来リ候(5)」とある。三ヶ村の札が建揃えば三ヶ村の庄屋・年寄が立会し、田村・勾田は南川、三嶋は北川から、二本の井口に五分宛の均分分水を行う。このように一旦分水せられた上は、三ヶ村から特別に番人を附けることもなく、時々分水の様子を改めに一ノ井まで登るばかりであり、万一分水率に異変を生じても、一村だけで手出しをせず、三ヶ村立会の上で井口を改め直すのが格式である。他村はこれに対して何等の異論を唱える余地がなく、三ヶ村側の立場からすれば「誠に諸国稀成行儀正舗川筋式法ニ御座候由ニ聴伝居申候(6)」とある。

このような三ヶ村による用水支配が行われる限り、渇水時に際しての他村の苦痛は察するに余りがある。もしその苦痛に堪え兼ねて上流で盗水を行う村があれば、これに対する制裁として「畦切り」が実施せられる。文政六年、田

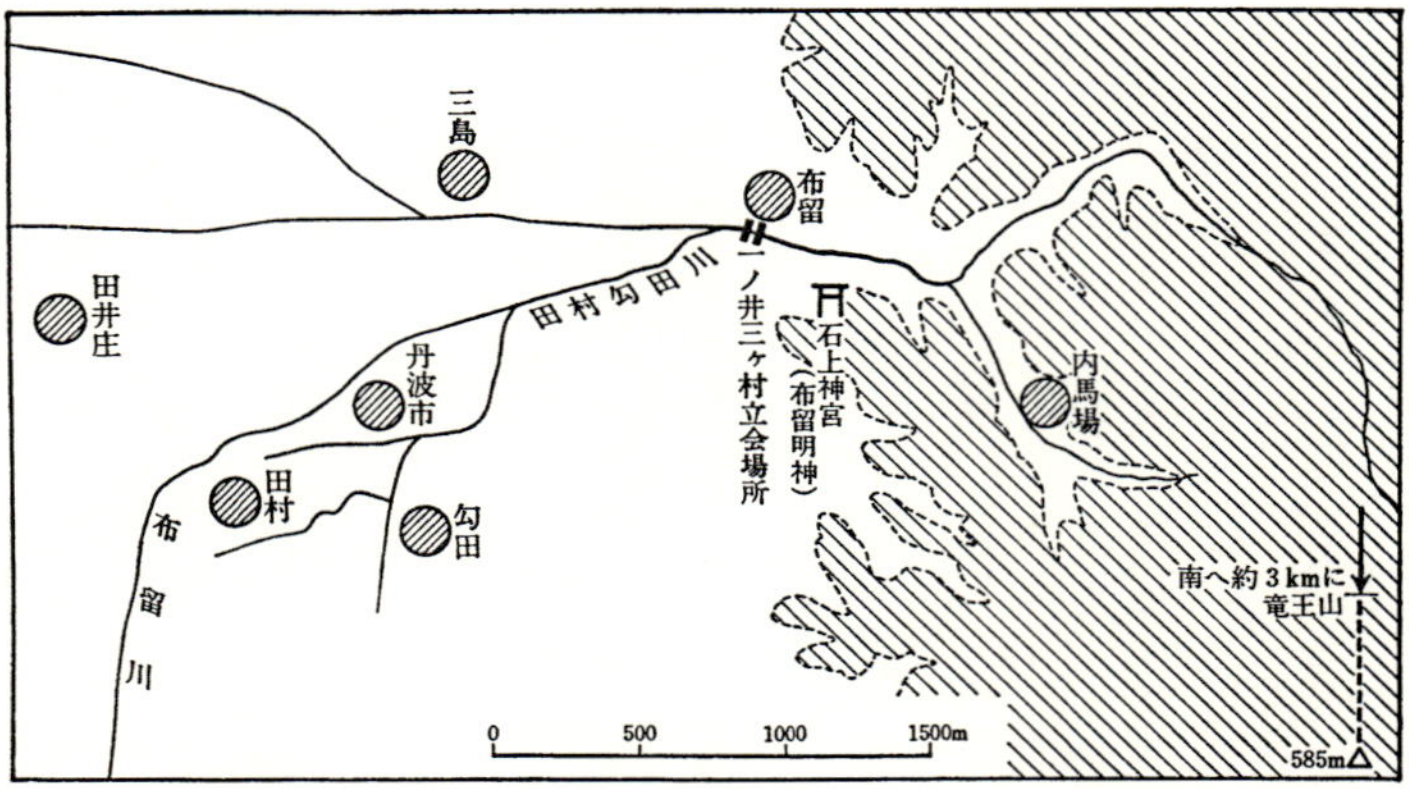

第22図　文政六年内馬場対田村・勾田・三島用水争論関係地域図

村用水、勾田村番水の建札中に「一ノ井」の上流、布留社の東に位置する内馬場村が盗水を行ったことに対して、三ヶ村は「畦切り」をもってこれに報い、内馬場村は領主織田左衛門佐に畦切の処置を理不尽として出訴したことによって、用水論を生じている。

「畦切り」とは、盗水して湛水したと見られた田地の畦を切り崩し、その湛水を全部布留川に還元せしめる方法で、はなはだ古い、耕地に対しての、非違の行為に課せられた罰則かとも思われる手段である。中世以前の畦切の実施に就いては、記録の徴すべきものがないが、このような手段を、近世にまで継続せしめることとなった最初の事例は、天正年間筒井氏の支配下に在った時、守目堂が盗水して「畦切り」を行われ、守目堂はこれを非法として訴え出たが、守目堂は叱責せられ田村・勾田の建札による用水引用の手続が全面的に承認せられたことに始ると言う。淵源の古さを察せしめるであろう。文政六年の内馬場村の盗水は、三ヶ村の建札中の五月二十三日および同二十六日の両度に亙って行われたが、そもそも「畦切り」は、制裁手段として三ヶ村は他村に対してしばしば実施し、文政四年布留村の盗水に対しても川筋の定法と称して「畦切り」を行ったのであった。ではこの「畦切り」は、現実の制裁手段として如何様の効果を有するであろうか。

(1) 水を盗み入れた田地の畦を切り崩しても、その水は河中に流れ出るまでの間に、田地から下手の田地に流れ込みこれを湿らせ、終に河には水は流出しない場合が少くない。

(2) 盗入れた田地が前々からの日照りで乾燥していた場合には、水はただちに全部乾土の中に吸収せられて切出す水の無い時が多い。

(3) 穂の出揃前後の時期に盗水すれば、水はただちに吸収せられて切出される水は全くなく、しかも盗水した田の立毛は無難に収穫をあげ得る。

まことに畦切りも、たんに威嚇手段であるに止まり、盗水田の側では、一旦切られた畦の修覆に手数を要する以外、水をふたたび河流に還元することには殆んど効果が無かったものと判ぜざるを得ない。三ヶ村側もこの点を知悉し、川筋支配の権威の保持以外には、「畦切り」の特別の効果を認めていなかったようである。要するに他村側に在っては、たとい「畦切り」で報いられても、盗水の時期の撰択をさえ誤らねば、一旦盗水し、灌水した方が米作その物のためには有利であるとの結論を生む。だからこそ、文政六年を中心として、内馬場・布留・針ノ尾の村々が「畦切り」の結果を知りながら、盗水を敢行しているのであろう。もちろん上述のような算勘を別としても、三ヶ村による布留川の用水独占の結果が、他村に耐え難い苦痛を与え、必至の手段として盗水に赴かしめた事情も看過してはならない。

文政六年の内馬場村の盗水、当然これに続くものとしての「畦切り」が争論となったのは、内馬場と三ヶ村中の勾田村とが、同じく織田左衛門佐領下の同領であったことに重要な契機が存する。文政六年五月廿五日夜、田村の者が内馬場村地内に再度盗水してあるのを見付け、ただちに勾田村の庄屋に通達し、畦切りを行うべく慫慂したところ、勾田村庄屋は他村へは仕来り通り行うが、内馬場と勾田は同領故、領主から「他参留メ」を命ぜられているからと、一致の行動を肯じなかったので、田村と勾田との間に応酬が初ったのである。

畦切りその他の制裁を伴う布留川の分水秩序の維持に、もっとも強硬であったのは言う迄もなく田村で、勾田はこれよりも余程弱腰であったが、これには田村側の指摘するように、次のような用水事情の相違にも基因する所が尠くなかった。すなわち田村の八百七十余石に比して勾田は三百九十石余の小村であり、しかもその田地の半は溜池懸り、半が布留川懸りで、布留川一本に生命を托する田村とは余程事情が異っていた。そのためか田村では、同領の布留村に対しても断乎として「畦切り」を行ったのであったと云う。三ヶ村の結束もこの時代になっては必ずしも旧時のようではなく、近世領主権による干渉も加わって、田村は他の二村を率いるに苦心しつつあった事情を窺いうるのである。加えて、他村はいずれも三ヶ村の用水壟断に不満を蔵し、この度の矢面に立つこととなった内馬場村の立場に加担し、いわゆる川筋の定法の崩解を望み、陰に陽に田村を牽制しつつあったことが察せられる。

事件はついに京都東奉行所の手に懸ることとなったが、内馬場は川筋の仕法を守るべく説諭せられ、ただこの村は「山寄り地高」であり、田地の地底は石地で水の保ち難い点を考慮し、渇水の節は右の事情を三ヶ村でも差含み、勘弁の取斗をなすべきこととなって落着した。ただし落着後の文政八年四月、勾田から田村に一札を入れ、以後同領であろうとも、古法に従い田村と一致の行動を執るべきことを誓約した一札を差入れているのは注目をひく。

上述の分水仕法に伴う三ヶ村の用水支配の詳細を、一層明らかにするものは、享保十一年から同十三年に亙る三ヶ村と、三島村の流末を享ける田井庄村との間の問題である(7)。田井庄は「一ノ井」で田村および勾田への分水路の南川と別れた北川に沿い、両水路に等分せられた五分宛の水の中、三十日中三嶋が二十四日、田井庄が六日分の割合で分けていたが、享保十一年六月二十一日、北川筋の水を田井庄へ引水すべき番の当日、田井庄村から「一ノ井」分水個処まで人足を馳せ登せ、南川筋へ砂を掻寄せていたのを田村・勾田村の者に発見せられ、田井庄は一の井迄登り得ない掟であるのを破ったものとして訴訟となり、田井庄側では、自村の引水当日、自らの人夫をもって引水に当らなければ不利であることを主張して争ったのである。

裁許の結果は、番水に際しては、三嶋村が第三番目に建札を行うことによっても明らかなように、田井庄はたんに三嶋と相対によって取る、余り水であるに過ぎないことが再確認せられ、三ヶ村以外の村は、番水に際しては、分水個処に番を出すことを得ず、一切三ヶ村の支配に服すべきこととなって落着した。同じく布留川に沿い、しかも番水実施に当っても分水せられる権利を持つ田井庄村でありながら、田井庄と三ヶ村との間には、その用水支配権に確然たる差違の存したことが知られる。

（1）　挿入の第22図を参照。
（2）　田村、日野武二氏所蔵。年号の記載はないが、文化頃以後のものかと推定される。
（3）　奈良県高市郡金橋村新堂、宝暦十年の「村明細帳」堀部日出雄氏所蔵。
（4）　文政六未年七月朔日、田村惣百姓から信楽役所に宛てた「乍恐歎キ奉願上候」。
（5）　（4）に同じ。
（6）　（4）に同じ。
（7）　享保十三年申六月の田井庄、田村、勾田、三嶋の四ヶ村に対する水論裁許書。

第二節　田村の用水権発生の因由
――市川四姓と布留石上社――

田村・勾田村・三嶋村の三ヶ村、とくに最流末の田村が、勾田・三嶋の上に立ち、布留川筋の用水支配権を掌握している原因は、布留社すなわち石上神宮の神威と、これに連り布留社の祭儀に特別の司祭権を有する田村の市川四姓の存在、ならびに田村の中に在った布留社の神祭田二十八町歩への引水権の優先がこれを齎したものと考えられ、宗教的要素としての神社ならびにこれに深い繫りを有するものが、強力な用水権を独占しえたものと見做しうるであろう。

伝える所(8)によれば、石上布留社は崇神天皇五年の春の建立と言われているが、同社は市川朝臣が代々祭主となって祭事を掌る例であり、子孫累代その職を継いだが、天武天皇の御代、正五位上額田日向が地名によって布留宿弥と号し、神事例式を定めて厳しく執り行っていた。

また田村の地には文武天皇の御代、石上山常連寺が建立せられ、市川朝臣の後の四姓、日野(9)・大宅・生田・林の者は石上神宮の祭祀に与るとともに、その二男・三男は常連寺の社僧となり、神官、社僧を市川四姓で独占したことを伝えているが、これらの点の詳細に就いては真偽を弁じ難く、伝承の域を脱しない説話である。しかし石上社・常連寺の経営料として水田二十八町と布留川の水が寄せられ、同川の流水は右の水田の養水と定ったとの伝は、後の田村の布留川用水支配の事実に徴してもあながち無稽のこととして却け難いであろう。田村の古名は「都外之星今季村」

であったが、朝廷から常連寺に寄せられた御田の村が、転じて田村と言う定例となったと伝える。

市川四姓による石上社の祭儀への関与は、明治以後同社が官祭を執り行う直前まで見られた事実であって、上述のようにきわめて古い時代の市川臣の後裔と、石上社との関係は、後世伝えるようなものではなかったとしても、以下述べる平安朝以降の関係を伝える説話は、後世の事実とある程度の関聯を有つものとして理解すべきであろう。伝承は言う、白河天皇は石上神社を再興せられ、同社に渡御あらせられたが、如何なる事か、橋の元で御車は止って少しも動かず、折節御車を迎えるべく近くに在った市川四姓の者共の助によって御車は易々と動き得た。こうして四姓の者はよく神慮に叶った者との意味で、白河天皇から祭儀の服装・諸具一切を与えられ、以後例年九月十五日に、四姓の者が例祭渡御の式を営み、石上社の禰宜をもその配下に置くこととなったと。

江戸時代における市川四姓の後裔は、既に全くの農民であった。しかし四姓の後は分家をも加えて特別の宮座を組織して其の数十二軒、座田を有していた。しかし元治元年の物成帳(10)によれば、十二軒の中、善助の家だけは三十三石余を有して田村百余戸中の第四位に在るが、他の大部分は持高が僅少である。

四姓の後が幕末まで持伝えた、彼等の手に残る布留社に関する行事(11)――それは曾ての伝統の片鱗を残すものと解せられる――は左のようである。

一、九月十五日の例祭渡御之事

二、同朔日十六日布留社禰宜の四姓の家への入勤の事

三、布留社の禰宜初早乙女等四姓へ披露加入之事

四、五月二十八日布留社ニ登殿舎利構式之事

五、七月七日布留前に於而笈渡乗燈護摩之事

六、巽方竜王山を四姓より支配之事

明治三年の十月、四姓の座中で取交した石上宮への勤仕に就いての取締約定(12)には、一臈は年分常日勤仕料として座田一枚を支配し、二臈は月三回、朔日・十五日・二十八日と石燈篭への燈明勤仕料として田地一枚支配、三臈は貴船社勤仕料として同じく田地一枚支配のことが定められ、年番を設けて座の事を処理すべく約している。

以上本節に述べた所は、稍〻史料的に確証を欠き、中世以前の直接的な史料にもとづかず、江戸期になって前代以来の伝承を書綴ったものを拠り所として、布留社石上神宮と田村の市川四姓との特殊な関聯に、田村の用水権独占の因由を求めすぎた嫌いがあったかも知れぬ。しかし他村によって盗水せられた場合に原始的な「畦切」の制裁的処置をもちい、また自村の支配下にある用水であることを表示すべく、分水個処に建札をし、それが他村にとっては不可侵のものと考えられた所に、建札の背後にある布留社の神威と、これを藉り得た田村の特別の地位(神祭料田への引水を名目とする引水権)ならびにこのような慣行の発生した時代とを想わしめるものが存するであろう。すでに江戸時代の田村はその村域の内に布留社の祭料田を持たず、たんに前代以来の伝統としての他には、引水権を保証する現実の力は有していなかった。その為に勾田のように、領主の威圧によって「畦切り」の実施に際して、必ずしも田村に同調し難い立場の村をも生みつつあったのであり、田村の引水権の強力さも、布留社の神威の変遷とその揆を同じくしつつ、用水の持つ独得の伝統性に支えられて、布留社と離れても今なおその余映に生きつつあるものであろう。

（8）田村の法林寺に伝える由緒書「大和国山辺郡田村郷由緒」および日野武二氏蔵「石上布留神社祭主、市川四姓、古人伝書写」。

(9) 日野文書、明治庚午年十月日「取締約定之事」。
(10) 日野氏蔵、元治元年「子御物成帳」。
(11) (8)に同じ、「石上布留神社祭主、市川四姓、古人伝書写」。
(12) (9)に同じ。

第三節　広大寺池の用水分配仕法と水下村々の地位

広大寺池は奈良市の南郊帯解村の中に在る現在の水面積十一町歩余、大和盆地内の古い溜池としては、相当広い部に属するものである。池の位置・形態は他の大和盆地一般の池の場合と等しく、平地に築堤して貯水したものであるから深度も著しくはなく一丈余であり、かつ古さに比例して池床の埋没も著しく、その貯水機能を復活させるための池浚えが、池下村々の間の争論の原因をなしていることは後に述べる所によっても明らかである。

広大寺池水の受水村は、平野の東端に近い池から帯状に真西に展開し、池田・上三橋・下三橋・美濃庄・今市・稗田の六ヶ村で、池田村は池床にもっとも近く、池樋の操作に利便である事から後に池懸りに加ったものであるから[13]、本来の池懸りは五ヶ村としても差支えない。最末流の稗田から池迄は二十町を隔てている。

広大寺池水の分配に関して、今に残存するもっとも古い史料は、元和三年の今市・上三橋・稗田・みの庄・下三橋五ヶ村の間の分水争論に対して、領主たる興福寺と、天領代官の両名の奥書のある取替セ書である[14]。勿論中世においても類似の争論は繰返された事であろうが一切不明である。元和三年十月の分水規定に従えば、日割番水に定められたのであり、しかも「先規如在来之何時に不寄」との語句があるから、このような日割番水による分水が、前代以来の法であった事情を知りうる。分水日割は次のごとくである。

六日六夜　稗　田　（但し、この内に美濃庄および下三橋の分を含む）
一日一夜　今　市
一日一夜　上三橋

最流末ながら、稗田がもっとも強力であった事情は、この時の日割によっても判明する。なお寛文六年の五ヶ村の陳述に従えば、

本郷稗田　三日？
（美濃庄　二日
（下三橋　一日
上三橋　一日
今　市　一日

となるが、稗田の項には日数を明記せず「本郷稗田へ水取申候其次々美濃庄村へ二日下三橋村へ一日……」[15]と言った表現で、稗田の六日分から美濃庄と下三橋の分の三日を除けば、稗田自体の持分は三日となる筈であるが、三日とは明記しない所に稗田の優位が窺われる。

五ヶ村間の分水は右の割合で引続き行われたが、池懸りの中でもっとも紛糾を生じたのは池に近い池田村と五ヶ村との間である。

寛文六年二月の、池下五ヶ村の言上に従えば、広大寺池は元来本郷稗田の支配すべき処であるが、距離が遠く困難なため池田村に池守をさせ、その池守給として池の上水《うわ》を「うて樋」限りに与える約束で、「うて樋」から下の水は五ヶ村の番水に当てられるべき水であった。ところが池田村は池に近い位置を利用して、池の堤に穴をあけ、底水を盗み取り、五ヶ村の抗議にも拘らず穿った穴を埋めず、五ヶ村から埋めればまた切り開ける始末で争論となったのである。池の開鑿当初およびその後の相当期間は池懸りでなかったと思われる池田が、池守勤務の代償としてであったとしても、池水の分与に参加することを得たことは、五ヶ村の歴史的な優位性に対して、村の位置による優位の力を示したものとして理解せられるべきであろう。広大寺池懸りの五ヶ村は、これで実質上六ヶ村となり、池田を無視し得ない立場に置かれた訳である。

池田の盗水を契機とする五ヶ村と池田との対立は、同じ寛文六年三月二十二日、双方の取交した覚一札によって落着しているが、この内容は爾後の広大寺池水分配の規矩をあらたにしたものとして重要である。主な条項は左のようである。

1　池下五ヶ村分の用水としては、前々からあった水門の所の水深が一丈あれば、これで五ヶ村には水不足は無いこと。これで五ヶ村の利用し得る水量が、水門の所で一丈の深さの水の量と一応見積られたことが重要である。

2　池田村が池のうわ水をとるために設けた「うて樋」の所は深さ一尺余あるが、これでは池水が八分以上溜っている時は池田村へも引水しうるが、それ以下に水位が低下すれば池田村は配水に与り得ないこととなる。このような池田村の立場を救い、盗水の必要を根絶せしめるため、水口二寸四方の指樋を池田のためにあらたに設けて与える。「うて樋」とは貯水量が一定限度以上に達した時、その過剰水を溢出させるための排水口である。したがって池田はたんに溢れ出る余り水を与えられたに過ぎなかったものが、これ以後は池田村単独の指樋によって、池に貯水のある限り分配に与りうることとなり、いよいよ広大寺池水下としての立場を強化した結果となる。

3　南方の「うて樋」は池堤の保護のためのものであるから、五ヶ村と池田村と立会の上、丈夫に水門を造り、常にはその水門に錠をおろしておくこと。これの伏込には奉行が立会う。

4　五ヶ村へ掛る水道三百間の所は、池田村から正しく幅三尺に仕直し、下流への疏通の宜しいように取り計うこと。この工事に奉行所の検分のある事は「うて樋」の場合に等しい。

5　池堤には修覆の時以外は双方共一切手を付けないこと。

(但しこの度設けることとなったうて樋所の指樋ならびに二寸四方の指樋は、ともに池田村の用水のための施設であるから、池田村の費用で作られている。)

寛文六年に二寸四方の指樋からの引水権を得た池田は、その後次第に樋穴を大きくし、明和四年[16]には再び五ヶ村と争っている。五ヶ村の申状に従えば、当時指樋の樋穴は二寸四方どころではなく八寸程もあるとのことであり、また五ヶ村への引水路の川幅は三尺の極めであったが、当時は余程狭くなっているとの主張である。勿論池田側は樋穴の大きさは先年から在り来りのままであると述べている。

内済の結果としての妥協案は、指樋の長さ一丈九尺の中、上半分九尺五寸分は水口二寸四方に仕直し、下半分九尺五寸分は従来からあったままとして落着した。しかし伏替の際には改めて水口二寸四方の指樋とする規定である。何れにしても、池田の主張が次第に強くなりつつあった事情を察しうるであろう。

文政九年六月、池下一同植付水の引取の最中に、池田村の小前百姓中に上述「うて樋」の板に手を懸けた者があり、謝罪一札を差出している(17)のは、池田の立場の一表現と見做しうるであろう。

池田と五ヶ村との争論の最後は明治十二年から十三年に亙り、池田が原告となって広大寺池の貯水量を水深一丈に制限しようとして大阪上等裁判所に提起した訴訟事件である。

池田村は広大寺池の満水に伴う堤防決潰を恐れたものであったが、うて樋から溢れた水を排出する限り、湛水が一丈以上になっても池田に害はなく、またそのような制限も曾ってなかった筈であるとの決論で、池田は敗訴している。

広大寺池は古い池であっただけに、しばしばその底浚えを行い、貯水量を維持するに苦心しつつ、その生命を持続した。したがって後には池浚えの負担問題を中心に村々の一致を得難く、必要に迫られた村では、単独に池床のある個処のみを浚えて池中更に堤を築き、己一ヶ村だけの用水とし、池中にまた池を生ずるという奇現象を示している。

江戸期における池浚えの記録の中、比較的古いものとしては既に正徳四年(18)に行われたことが知られる。但し池田村だけはその村の田地の地形が高く、たとい底掘りを行っても効果がないからとて同意せず、独自に池の南手に五千坪分の二重底掘を行うこととなり、その普請料として地頭表から米二十四石余が下付せられている。他の五ヶ村の普請料は合計百七十石であった。

正徳四年に次いでは寛政十二年に復た行われている。池床の埋没によって池の生命が短期間に失われることを示すであろう。この度も正徳度の先例によって、それぞれ地頭表に出願し、五ヶ年間に五万坪を掘立てる計画で壱ヶ年に一万坪宛、池掘の飯米料として計五百石、年百石宛を下付されることとなった。村々の負担は六ヶ村八ツ割である。

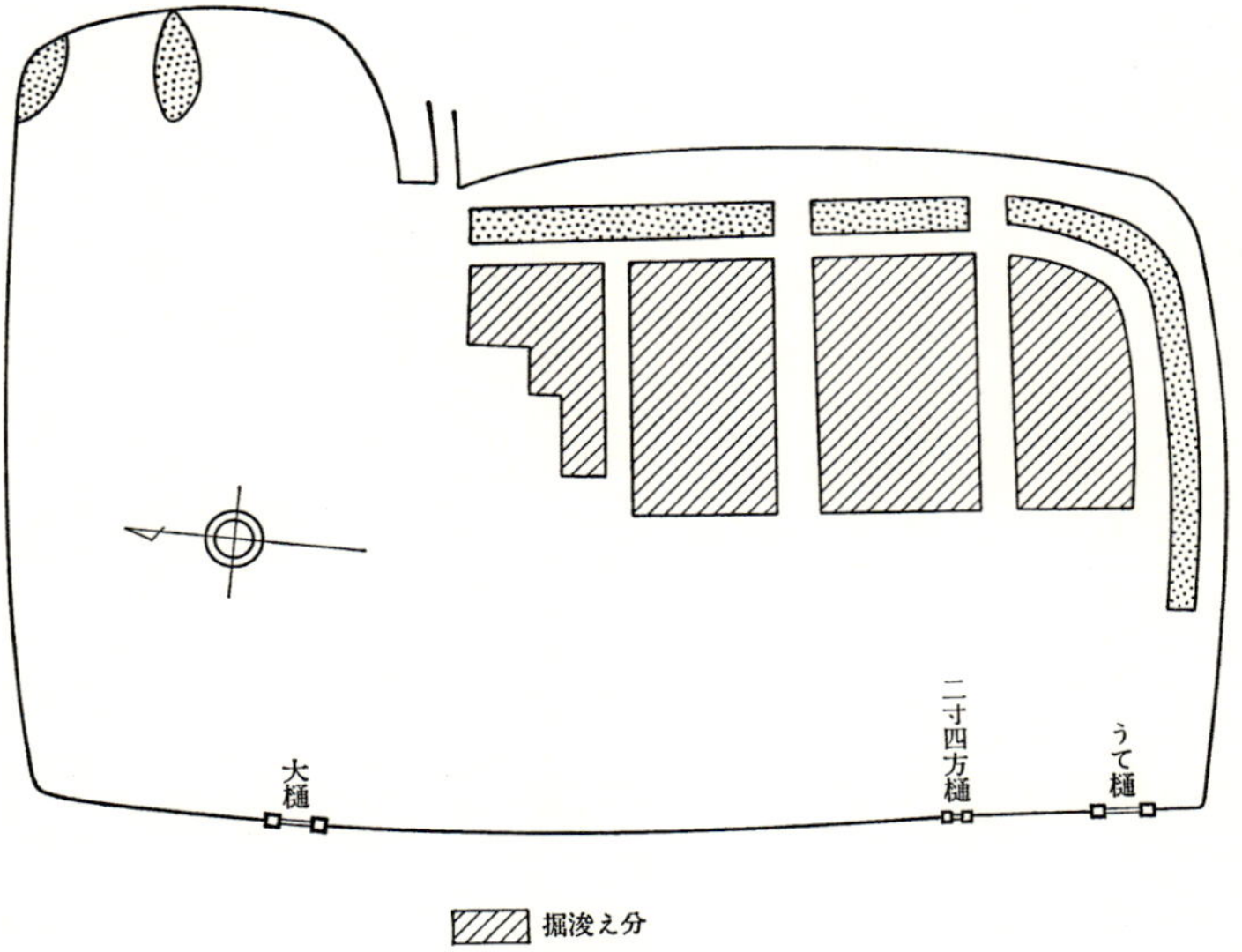

第23図　天保7年広大寺池底掘の図

以上の二回の底掘は池下の一致によって行われているが、これ以後になると工事費の援助が領主によっては与えられなかった村が生じ、したがってこのような村は底掘に参加しなかったから、ある村だけは池中の自らの好む場所を好む規模で浚え、池中にさらに池を生ずる形勢を招き、それが今も見られると云う結果を来したのである。

天保六年の池浚の計画に当っては、六ヶ村の中、美濃庄・今市・上三橋・下三橋の四ヶ村は、領主からの援助を得られなかったために参加せず(19)、稗田・池田の二ヶ村だけが底掘を行い、池の東・南手の個処を浚えることになった。その結果は第23図に示すごとくである。また掘浚える前の水深を示すために定杭を打つと云う方法を執っている。

掘浚え後の池水の分配に当っては、稗田に初水取得の権が与えられ、初底水をまだ引取り終らない中に水溜りがあった場合は、その溜り水が不足でも掘切水は稗田へ

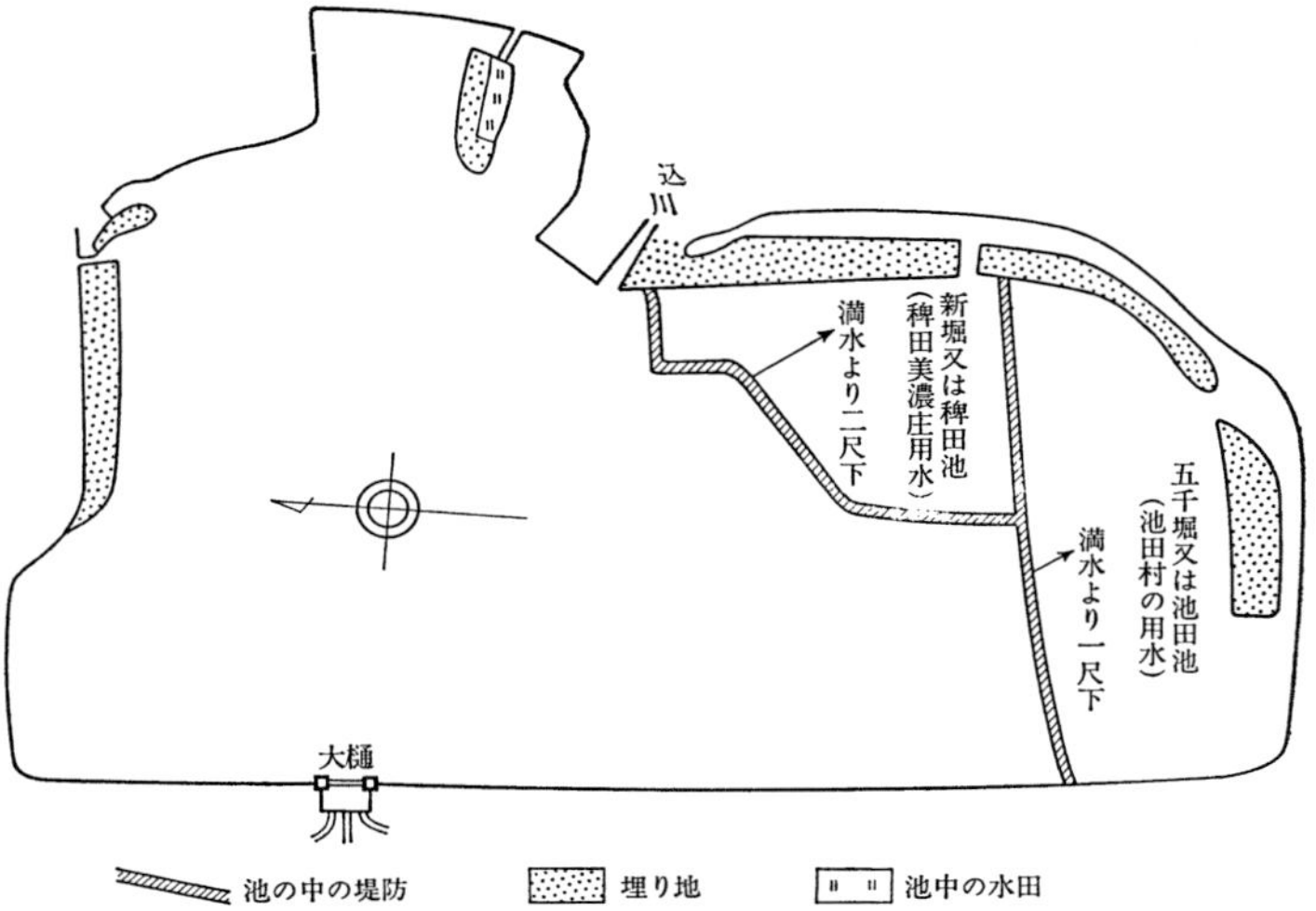

第24図　大正14年広大寺池々床の状況

引取ること、また第二回目からは、底掘水は全部稗田の水、但し池中に満水しなかった時には底掘水の上水半分は池郷中の全部へ分配すべき水とし、残った底水の半分は稗田へ引取ることと、底水の処分に就いても詳細に規定せられている。しかし極端に水不足で、底掘の個処にだけ真先に溜ったような時は、その水は稗田の独占ではなく郷中一体の引用すべきものとなっている。

六ヶ村中の四ヶ村の参加しない底掘は、当然部分的なものにすぎず、池中は埋って広大な土地が水面に露出する状況となったことは察するに難くない。天保十年今市村から出された差入一札に見られるように、池床が相撲の稽古場として貸し与えられている程の有様である。

明治十一年には池中の水田二反一畝余、畑八反八畝余が登録せられており、その年貢は三石二斗五升余、九人の下作人の名が載せられている。のこる池床は十一町三反余歩である。池の機能の衰退は蔽うべくもなく、池の現状は第24図のごとくである。

しかしたとい一村単独で、あるいは他村と共同して底掘を行う力を有しなくても、旱魃年には必要に迫られて池の中に井戸掘と唱えて小規模の底掘を行い、その部分の溜り水を汲み上げて灌水し、郷中の許可を得ないで勝手に掘ったことをとがめられ、謝罪の一札を出している嘉永六年の今市村のような場合もある。もっともこの今市村は、天保二年にも小前百姓が稗田へ断らずに勝手に田地へ池水を汲み上げ灌いで詫の一札を入れている。今市の用水事情は余程困難な条件下にあったのであろう。

広大寺池懸りでは、古くから稗田が本郷と称し、稗田の触出しを俟って初めて池水の利用が開始せられる。しかも明治八年地券の下付せられた時まで、この池床は稗田に所属しており、後に池田に移されたが、依然として稗田で池の地券証その他を保管し、その地租は稗田がその手で集めて納入することとなっている。広大寺池の支配権が最流末でありながら、本郷である稗田の手中に在ったことを証する事実である。

ではこのような稗田の強力な地位は何によって生じたか。「此池之儀者聖徳太子稗田村へあたゑ被下候」[20]と稗田村は自ら誌している。聖徳太子云々はたんに伝説に過ぎず、池床の内は検地赦免であったとの伝も、積極的な証拠のない以上、疑わしいと言わなければならぬ。然し何ヶ村かが池懸りである場合、その最流末が本郷として、もっとも有利な用水権を握っている事例は、筆者の類似の現象にかんする調査経験に徴してもはなはだ稀である。かりに、広大寺池の創築を聖徳太子に帰さないまでも極めて古いものとする時、その水を享ける村々の中、早くから村として発生していて池水を得ていたものが、後に興り、遅れて池懸りに加入した村よりも、卓越した権利を有つべきことは考えうるところである。とは云え、一般に歴史の古い大和の村のことであり、必ずしも稗田がもっとも古く、美濃庄・三橋・今市等がこれよりも新しいとは断定し得ないから、この関係から結論することは不可能である。

また稗田が、古来池郷の政治的中心であった場合を仮定すれば、歴史的に、また現実的に見られる稗田の優越の根拠をここに求めうるであろうが、これまた不可能と言わざるを得ない。したがって稗田一村の池として、聖徳太子から造り与えられたとの事実は支持し得ないとしても、恐らく上代の中の何れかの時に、伝説に近いような経緯によって池が成り、その築造の時の由緒に従って、稗田が本郷としての地位を護り続けえたものと解する他はあるまい。

残存する江戸時代の文書に徴しても、広大寺池懸り六ヶ村間の関係は必ずしも円満ではなく、池田村と他の五ヶ村との関係はすでに述べた処であるが、元来の池懸りである五ヶ村の内部でも、分水および費用の負担に関して、度々の紛争があり、これらの事件を通してむしろ逆に、稗田の本郷的地位の片鱗を窺い得るのは興味深い。

先ず明和八年の上三橋村の質水一件[21]がある。これは上三橋が稗田を訴えたことによって生じたものであるが、事の起りは五ヶ村と池田村との水論に際し、上三橋の負担すべき入用銀の差出が滞ったので、本郷の稗田は、上三橋が出銀するまでとの条件で、上三橋への割当水を取っていたことが原因である。五ヶ村の結束を堅めるためには、稗田が主動者となり、このような処置をさえ用いて池郷の統制に任じつつあったことを窺い得る。

美濃庄は分水に際して稗田の分である六日六夜の中から、二日二夜分を分ち与えられる地位に在り、謂わば稗田の中に含まれていて、稗田に対し対等の引水権を主張しえない蔭の立場にあった。そのためか、美濃庄は稗田の行動に絶えず不満であったらしく、寛政十二年には池床浚えの相談が出た際、稗田の指図に従うことを肯ぜず、稗田を本郷と認め難い等と主張して争論[22]を醸し、また文化十三年には、稗田が池郷に相談なく、加役銀を徴しようとしたことに反対して、またまた本郷としての立場を認めないと述べ、この紛争はやがて文化十四年から文政四年に亙る稗田・美濃庄間の分水規約をめぐる争論[23]へと発展している。

稗田・美濃庄間の川筋の分水個処は、上・下の二個処があり、以前は土俵をもって分水して来たが、寛政十一年以来板分水となっていた。しかるに文化十四年に板分水が双方の論点となったのであったが、文政四年に至って、上・下のそれぞれの個処に就いて左のように定められた。(24)

1　上の分水個所の美濃庄村分は横幅一尺二寸、落口の深さ四寸四分とし、稗田側は川幅・川底の深さに制限なく掛流しとする。ただし美濃庄側の分水量を確保するために、稗田側の水落口の惣幅四尺九寸の所の水底で、二寸五分五厘の堰板を入れる。

2　下の分水では惣水幅四尺一寸の内、美濃庄・下三橋はそれぞれ九寸宛、稗田は二尺三寸とし、分水板の高さは三ヶ村均等とする。

訴訟の結果が、稗田に制限を附けることとなっていることからも、従前の稗田の優位を無言のうちに示すであろう。稗田を中心とする池郷内の、用水分配に関する紛争は、以上の他数件が記録に残っている。文政九年今市（興福寺領）・上三橋（喜多院領）が稗田（興福寺領）および池田（正暦寺領）を相手取って争っているのは、その一つであるが、(25)争点は池の残水を引取るに際して、美濃庄・下三橋・池田へは右の旨を稗田から触れ出したけれども、上記の二ヶ村へは触れなかったと云うのが、今市・上三橋側の主張であり、稗田・池田は当然今市・上三橋へも触れて後に水出しを行ったのであるが、今市・上三橋の者は大勢が分水個処に集り、理不尽に分水入口の土俵を切り払い、先規仕来りを破壊する行為に出たのであると駁している。訴訟は対談下済と成り、五ヶ村の分水日割は先例に則り、残水の場合も本水の時と同様に、稗田村から水出しのことを通達すれば、五ヶ村の庄屋・年寄・肝煎の村役三人だけが分水個処に立会って、小前の者に我儘に引取らさせず分水すべきことに落着している。これまた稗田が池水の処置に就いての支配権を持っていたことから生じた事件である。

(13) 稗田村、宮西清憲氏所蔵文書、寛文六年午二月十六日、池田を除く五ヶ村から「進上御奉行様」として提出せられた「乍恐言上」による。

(14) 稗田村今市村上三ツ橋村

池水割合取替セ詫言書付之事

一　広大寺池水之儀者先規如在来之何時に不寄六日六夜は稗田村壱日壱夜ハ上三ツ橋村右之分番水にいたし日数まんべんに其次々へ取可申候後日ニ互ニ申分少しも仕間敷候　若重而何角申もの御座候者誰にても罷出候もの御奉行衆へ被申上曲事ニ可被成候其時一言之御詫言申間敷候　仍如件

同郡今市村　庄屋　弥十郎　印
百姓　源七　印
同　三橋村　庄屋　清右衛門　印
同　甚蔵　印
百姓　源六　印
きもいり　甚次郎　印
稗田村　庄屋　平蔵　印
みの庄村　庄屋　弥次郎　印
下三橋村　庄屋　仁兵衛　印

元和三年　巳ノ十月廿五日

庄屋百姓中まいらせ候

右之表書のごとく相定候条重而互に相違在間舗者也

元和三巳年十月廿六日

第三節　広大寺池の用水分配仕法と水下村々の地位

中坊左近　印
小野宗左衛門　印

(15)　(13)に同じ。
(16)　明和四年亥十一月廿七日「為取替証文之事」。
(17)　文政九戌年六月、池田から稗田村役人中に入れた「差入申一札之事」。
(18)　正徳四甲午年正月廿二日、五ヶ村と池田との間の「取替し申同証文之事」。
(19)　天保七年三月日「為取替書之事」。
(20)　(13)に同じ。
(21)　明和八年卯八月二日「養水出入申渡」。
(22)　寛政十二申年、稗田から京都奉行所に提出した願書による。
(23)　文化十三子年三月廿五日、美濃庄村役人から大乗院門跡役人中に宛てた「乍恐口上書を以奉申上候」および文化十四丑年五月、稗田から美濃庄を相手取り京都奉行所へ訴え出た「乍恐御訴訟」。
(24)　文政四巳年九月八日「乍恐済状」。
(25)　文政九年戌七月四日、今市・上三橋・稗田・池田四ヶ村から京都西奉行所に差出した「乍恐済状」。

第四節　結　言

以上河川懸りとして布留川筋の田村、池懸りとして広大寺池下の稗田の二つの事例をとり、それぞれの場合の用水権の特質を叙べた。一般的に言えば人工的な貯水である池水の支配権が、天然の流水である河水の支配権に比してより強力であろうとは一応想像し易い処である。ところが上述の二つの場合では、布留川懸り田村の方に、より強力な支配権の存した事実を知りうるのであって、これは現実を規制するものとしての歴史的伝統性が、田村により強く、稗田では古来本郷であった事実の伝統を、その現実の支配権の中にやや弱められた形で見出しうるに止り、本郷たらしめた所以を、史的に追究し闡明する点に関しては充分とは言い得ない恨が強い。田村では用水支配権が稗田以上に強い上に、この支配権を裏付ける背景的な諸事実も、また史料的にほぼ跡付けうると云う特質を併せ有している。

用水関係は農村の社会制度の中に在っても、もっとも封建的なものと言われている。ただし田村と言い、稗田と言い、その用水権は何れも封建的環境の下に発生したと言うよりは、封建以前の伝統に由来するものである事を知るのである。封建期の政治的統制力も、割拠の分立性も、より以前に起った古い形を破壊し得ないで今に伝えているのが是等の二つの場合である。著者のかつて調査した他地域の用水慣行は、多く中世末・近世初頭の頃にその淵源を有し、その内容的な性格ばかりでなく、発生の時代に関しても、封建的と称しうるものが重要部分を占めている。上述のような特異な用水権の存在は、大和で見出しうる一特質と解し得よう。

付記　本章は堀内義隆氏との共同調査を著者が筆にしたものである。

（一九四九、八調査、一九五〇、一稿『新地理』四巻六・七号〔一九五〇、五・六月刊掲載〕一九七一、八補訂）

第十六章　泉州堺近郊の灌漑農業

序　言

ここに云う堺近郊とは現在は堺市域に編入せられている、本来の堺（すなわち環濠の内部）の東南に亙る旧舳松・中筋・北庄・湊の四ヶ村の区域を指し、いわゆる堺廻りの村として先学牧野信之助氏[1]によって、その「手余り荒廃地の問題」の紹介せられた地域に湊を加えたものである。

本地域は瀬戸内寡雨地帯の東端に位し、畑作灌漑のための野井戸の稠密な分布状態で著聞していたが、本章では、主として溜池用水を中心とする水田、ならびに畑地の灌漑に重点を置き、本邦の溜池灌漑地域における用水問題の史的研究の一典型として、その特異性を描出しようと期している。

いま試みに、後程もしばしば引用する『老圃歴史』[2]の記載に拠っても、その主要内容であるこの地域の農業関係事象の編年的叙述の約半ばが、ほとんど連年の旱損とその惨害、用水不足に基因する村々の角逐の経緯をもって埋められている事実によっても、本邦の水田経営地域中、おそらくはもっとも用水対策に奔命した地域である事を認識せしめるであろう。文禄四年に初まり、文化十二年に至るこの『老圃歴史』の記載は、その初頭から、文禄四年の検地の記事に続き、慶長三年の今池の樋の伏替（今池に就いては後述）、寛永五年の大日損を伝えている。すなわち寛永五年の

条に曰く

大日損　御物成中筋分千石程之由下代被申極月廿日過如此下札出申候故百姓方ウコキ諸道具ヲ除ケ申候間庄屋女ヲ質ニ取可申とて取ニ参り申候

また同寛永九年の日損に際しては

御下代羽津二郎兵衛中根重兵衛殿庄屋新五郎所ニ而切腹

のような悽愴な事件を伝えており、この地域の日損が、恒例の出来事で、この処置・対策には、官民ともに手を焼いていた状態を想見せしめるに足る。

(1)「近世の耕地荒廃と小作問題―堺廻り三ヶ村の手余り地に関する研究―」(牧野信之助著『土地及び聚落史上の諸問題』所収、三八三―四二七頁)。

(2) 堺市立図書館蔵、写本。

第一節　堺近郊農村の構造

――灌漑農業の地盤――

堺廻り四ヶ村の地域が近世的な安定を見るに至ったのは、大阪冬・夏両度の戦乱の余波を被って堺市街が焦土に帰し、戦後経営の大任に当った堺の政所長谷川左兵衛の苦心による、前年度分年貢の全免、百姓の自由居住ならびに還郷の布達の結果であり(3)、市街地の再建も彼の手によって成就を見た。その結果市街の復興に続き、農民の帰住土着も行われ、市街建設の一翼として特殊な農人町(4)の設置をも見るに至って、堺廻り農村の再興も一応軌道に乗った事情が察知せられる。

もともと堺の東郊の地は、和泉山脈に続く低い丘陵の末端に当り、表面は低平に見えるが、漸次東南に向って高度を増しつつあり、本来雨量の少い事に加えて、近くに豊富な水源を求めることの困難と相俟ち、台地の性質も加わって、何れかと云えば水田よりもむしろ畑地に好適な自然的形勢に在り、したがってその作物のごときも、寛永元年、早くも木棉の内検のあったことを示して、畑地的な棉作の普及を物語っている。(5) こうして百姓の居住とともに、用水施設の完備は焦眉の急を要する問題であり、これらの事実はすでに前述した『老圃歴史』の明証する所であるが、その詳細はしばらく後述に譲り、まずその耕地と作物とに就いて解説を試みる。

1　耕地と作物

本章でいわゆる堺廻りとして取扱う舳松・中筋・北庄・湊四ヶ村の石高合計は八千九百余石、すなわち一万石に近く、今その耕地の内容を田・畑の両者に分って示せば次表のようである。

村名	田方石高(%)	畑方石高(%)	合計石高(%)
舳松	一九四〇・一四一(六五)	一〇五一・七九六(三五)	二九九一・九三七(一〇〇)
中筋	一三二一・三八八(五一)	一二六二・一八四(四九)	二五八三・五七二(一〇〇)
北庄	一〇二一・〇二三(三七)	一七二七・九七二(六三)	二七四八・九九五(一〇〇)
湊	四三〇・三二四(七〇)	一八五・四五〇(三〇)	六一五・七七四(一〇〇)
合計	四七一二・八七六(五二)	四二二七・四〇二(四八)	八九四〇・二七八(一〇〇)

水田に比して畑の有する率が意外に多く、全耕地の約半ばを占めること、ことに北庄のように畑の卓越を示す村さえも存在することは、一つの特徴的な事実であり、丘陵性の地形の自然性にもとづくことは当然ながら、本章の主題である灌漑用水の問題が、力強く働いている要素もまた否定し難いであろう。

これらの耕地の石盛は、中筋村では上々田および上々畑はともに弐石弐斗代の高免であり、下々田壱石五斗・下々畑壱石四斗であり、はなはだ高率であることを知りうる。これを隣村に比べると、上石津村・赤畑村・長曾根村[6]が上田の石盛がともに一石五斗であるのに較べれば、隔絶した値を示している。また田と畑の石盛の殆んど等しい点に、畑作の著しく重視せられたことを示す。

隣郷隣村に比し、石盛の高率な理由に関する地元の説明は、たといこの願書[7]の内容が寛延三年、従来からの検見取が、定免に改められようとした際に提出されたものであり、したがってこのような訴願状の常として、その内容に若干の割引くべきものを含んでいるにしても、その一面の事情を伝えるものであろう。先ず冒頭に曰く

堺廻り之儀文禄年中石田杢之助殿検地之節ゟ上々田弐石弐斗上々畑弐石弐斗ニ而隣郷隣村ニ相替斗代高ニ御座候所新御検地之節畝歩減シ候ニ付中田下田中畑下畑之地所田畑八分通上々田上々畑ニ被成三ヶ村ニ而四百五拾石余位上被仰付其之上纔之芝間も無之畝詰リニ而御座候御事　（傍点、筆者）

新検地の節、畝歩が減じたとするのは、大阪冬・夏両陣の直後、あらたに堺市街の復興に当り、その溝渠の拡張のために上述四ヶ村の田畑をこれに充て、四ヶ村で合計千二百一石余を減じたことを指すものである。石盛の全般的に高率な理由の一が、前述のように、元和の新検に際しての位上げに基因するとしても、文禄以来の上々田二石二斗の数は何によって生じたか。同じ訴願状はさらにこの点に就いて次のように述べている。

往古者堺浦へ唐船入津仕堺町繁昌ニ付作物何によらず作出し徳用茂御座候故ケ様之斗代高ニ相成候由只今ニ而ハ堺町年々衰微仕町中大分明屋敷ニ相成野菜等作出し村方ニ而者一切難仕付……　（傍点、筆者）

と云った事情に在った。このような特殊な、農村としては格外の斗代を附けられた堺廻りは、すでに寛延年間に至っては次第に困難を加え、次のような様相を示しつつあった。

1　村々の田畑は堺町の東方にばかりあって、遠い場合は三十町程の距離に在り、またその地所にも甲乙の差異があるから、悪畑の分は反当り三斗乃至五、六斗までではなくては小作人のない有様である。

2　その上田畑とも旱損所で、田の内にも天水あるいは小池に依頼して、確実な用水源を有たないものがあるから、田の半ば、畑の全部は木棉作であり、田畑の中七、八分迄は地味が木棉作に不適当であるにも拘らず、木棉以外は栽培の不可能な有様である。

3　東方で遠方の畑地は土地が高いから、灌水のために深さ七―八間の井戸を掘っても湧水を見ず、連年の旱損を見る上に、西方の低地の田地は、大汐の節(八、九月頃)汐が差し込み、塩害を被る事も屢〻である。

4　高免の上、不作続きのため、下作人へは年々減免を与えざるをえず、こうなっては高持百姓は年貢の上納にも困却し、田畑家財等を怙却するものがあり、田畑の質入・居宅毀ち等が出つつある。

以上の叙述は徳川中期以後に至っては、高い斗代と旱損の頻発、および都市生活の農民への悪影響を主な契機として、堺廻りの農村が次第に衰微し、農民離散、耕地荒廃の末期的症状を示しつつあったことを物語るが、これらの事情をさらに土地所有の集中と、農民階層の分化に就いて検出しよう。(8)

2　耕地の集中と農民

元和の兵火に一度壊滅した堺ならびに堺廻り農村の復興が、長谷川左兵衛の農民還住策および新移住民の招致策によって成し遂げられた事情に関してはすでに触れた。還住者とともに新しい居住者のすこぶる多数に上った事情は、四ヶ村の庄屋役を勤めた家柄で、この時から起った新来者であることの、明らかに記載されたものの多数に上ることによっても窺われる所である。すなわち北ノ庄村で、代々三郎左衛門を称した北田氏は「慶長年間当地住居、初代ヲ以元祖トス」るものであるのは一例である。[9]

このような農村困難の事情から、庄屋でありながら退転するものの多かったことは、舳松に古来からあった九人の庄屋が、後七人、五人と減じてついに三人となり、中筋の九人は正徳以後四人に、北庄の九人も宝暦三年以来五人となったように、いずれもはげしい没落・退転の跡を示すものであるが、「断絶」或は「大阪引越」等と云う説明は、その末路を物語るものであろう。[10]

これらの一村数名宛の庄屋は、おのおの居村の石高をほぼ均等に分担・支配して庄屋役を勤めるものであるが、彼等の支配地ではなく、所有地の石高が、いずれも非常に大きいことは注目に値し、庄屋であった旧地主の没落が、他の庄屋の手中への兼併となり、しばしばの旱損が、小土地所有者の抵抗力を弱めるとともに、大土地所有者への併呑の機会を多からしめたものであろうが、一村の石高の大部分が、数名の庄屋もしくは町人出身の地主の手中に吸収せられているのは興味深い現象である。すなわち二、三の事例を挙示すると、舳松村では赤沢氏(代々金次郎を称す)の二百八十三石六斗一升、皆田氏(三郎兵衛を称す)の五百八十六石一斗一升七合、塩穴氏の二百八十九石一斗一升八合(享[11][12]

村名	高持百姓(%)	無高百姓(%)	合計
舳松	二六二人(四二)	三五六人(五八)	六一八人
中筋	二四二(四六)	二七八(五四)	五二〇
北ノ庄	二二八(六九)	一〇四(三一)	三三二

保三年には実に六百六十一石八斗七升一合を有す）等であり、中筋村の南氏（孫太夫）六百四十九石一斗三升七合、増田氏（助左衛門）三百四十石三斗九升四合、岡村氏三百五十七石四斗六升六合、本城氏三百二十二石一斗四升二合、北ノ庄村は北田氏（三郎左衛門）、二百四十一石二斗二升一合（享保中四百三石四斗一升九合）、山口越前屋（久右衛門）二百三十四石一斗六升四合（享保中三百九十五石三斗八升二合）、岡氏（嘉兵衛）三百石一升九合、上坂氏二百四十九石二斗五升（享保中四百三石三斗一升四合）のようであって、いずれも二百数十石乃至六百数十石の大高持であり、さらに時代を降る享保年間には、いずれも著しくその持高の増加を示していることは、時代とともに土地集積の進行して行く過程を物語るものである。

このような土地所有の集中化の反面、これらの村々の農民には無高百姓をはなはだ多く含んでいた事実(13)が判明する。右表のようである。

三ヶ村の内、高持百姓が無高百姓よりも多いのは北ノ庄だけで、他は無高百姓の占める割合が高持百姓を凌いでいる。このような多数の無高百姓は如何にして存在し得たか。彼等はすべて上述の庄屋階級である大高持の下作人の地位に在り、また兼業農家の地位に在ったものであった。すなわち彼等大高持百姓は、数十人乃至百数十人に達する多数の下作人に(14)、その持高の大部分を耕作させ、その持高の幾分かを手作りとし、若干の下男・下女の労働力をもって耕作させていた（中筋村南家の場合、一町五反を手作りし、下男・下女四―五人を常に擁していたことが『老圃歴史』に見える）のである。

（3） 堺廻御料十四郷之百姓早々帰郷仕耕作如前々仕付可申候　去年之御年貢悉被成御赦免候仮令何方之百姓成共望之郷於在之者居住可仕候　田畠其郷為肝煎見合可宛行候者也

中筋
長谷川左兵衛〇
庄屋

（4） （1）に同じ。
（5） 『老圃歴史』による。
（6） 「和泉国郷村高辻帳」および「隣村斗代厘附」。
（7） 「寛延年中御定免被仰付候節書付写」。
（8） （1）に同じ。
（9） 「三ヶ村同席姓名」東農人町、北田氏文書の写本。
（10） （9）に同じ。
（11） （9）に同じ。
（12） 訴状等に名を連ねる高持百姓は、すべて名の上にそれぞれの営業の内容を示した屋号を附記している。
（13） 「目録帳」文化十三年三月（南治好氏文書の写本）。その註記に曰く「廿三日村高所持之百姓御下弁町方之分、名前百姓小作百姓人数調、尤当村夫々名前帳仕上名前百姓ゟ小作人聞合、尤三ヶ村ゟ大津御表江差上候写左之通」。
（14） 南氏文書の写本。

第二節　灌漑用水施設の発展

堺廻り農村の灌漑用水源は前述のように、僅少の天水場を除く他、すべて溜池灌漑に依存していた。その一例とし

村内所在の池	灌漑面積（町反畝歩）
前池	一三一〇二
中池	九二一〇
田出井池（反正天皇陵ノ隍）	三三五一五
細池	一七一〇
小計	五七六〇七
村外所在の池	
今池	七〇〇〇〇
大仙陵池（仁徳天皇陵ノ隍）	五〇九二一六
上石津陵池（履中天皇陵ノ隍）	三五一二九
赤畑村湘賀池	六三一〇
高田御廟池	二三一三
舳松南高田池	二一一五
小計	六二五二二三
総計反別	六八二九〇〇

て中筋村の場合を上に掲げる。

中筋村の水田面積は六十四町七反八畝十四歩となっているから、溜池の灌漑面積の合計六十八町歩余は総水田面積を僅かに超え、水田の総べてが溜池の影響下に在るとともに、畑地の中の若干さえも溜池の灌漑区域に含まれていたことを示すものである。次に項を分ち、溜池として利用せられるものの中、三ヶ村にとって最大の意義を有する、仁徳天皇陵の外濠を利用する所謂大仙陵池、およびその他所在の小池の利用等、すなわち用水源の整備・発展の状態に就いて述べる。

1　大仙陵池

いわゆる大仙陵池が地元である堺廻り四ヶ村によって灌漑用水源として利用せられた起源は不明であるが、おそらくこれを中世に遡りうるであろうし、近世初頭にはすでに大仙陵池の名のように、地元民がその恩沢を受けつつあったことを示している。地籍の上から、この池は舳松・中筋の立会池の名で呼ばれ、ことに舳松は自ら池元の称を唱えつつあった。この池の分水・管理の組織は次に記すように、もっとも完備した状態に在ったものである。その池法《いけのり》、すなわち池懸りは次頁の表の如くである（宝永年間の改）。

四ヶ村の田方石高合計四七一二石余中の二四六九石余が大仙陵池法、全田高の半ば以上が大仙陵池によって養われる事実は、四ヶ村の灌漑農業において大仙陵池の有する比重のすこぶる大きいことを示す。

この池水は、旱魃時には苗代水の供給に初まり、稲の全生育期間中に亙り、流下せられて四ヶ村を潤す。したがって四ヶ村の水田は、その生命を大仙陵池に托したものと云っても過言ではなく、したがって旱年に際しては、その貯水の空乏に帰することもまたしばしばであった。すでに度々引用した『老圃歴史』の記載によっても、文禄四年(一五九五)から文化十二年(一八一五)に至る二百二十年間に、貯水を完全に消費し、「魚取」[15]の行われること前後十一回に達している。

大仙陵池は元々別の目的の下に築造せられたものであるから、用水源としては種々の欠点を有していた。すなわち水面積の広大(池敷面積三十三町二反七畝廿一歩)に比して地高で水溜りがわるく、加えて涵養地域を有しないことはその最大の欠点であった。それにも拘らず、この池の用水源として着目利用せられるようになってからは完備した樋を設け、灌漑石高に比例する幅の分水石を設けて村毎の配水に備え、深さ一丈七尺三寸の水を十合に分けて、刻々その流出による減量を知り得るようにし、[16]分水石を経て流れ出た水は、七本の灌漑溝に分たれ、四ヶ村の水田に隈なく行渡るように工夫せられていた。

村名	灌漑面積	石高
舳松	六一町七三畝二九歩	一二八四石三二六
中筋	五〇九二一六	一〇九〇一一九
北ノ庄	三六八一九	七五六三九
湊	九五〇三	一九〇九〇
合計	一一七三〇〇七	二四六九一七四

こうして大仙陵池は御普請所となり、主要な工事はすべて官の手当をもって行われ(近世以降では正保二年(一六四五)に最初の御仕替普請の行われたことを知る――『老圃歴史』――)官の手のおよび難い場合は、田頭(地主)の負担で行われた。大仙陵池をめぐる四ヶ村の関係に就いては別に節を改

めて詳述するであろう。

2　小溜池の築造整備

四ヶ村の地域には大仙陵池以外に、後世の築造に懸る無数の小池が存在し、それぞれの水面積と水量とに比例する灌漑区域（池法）を擁し、和泉一般の例と等しく、溜池の高密度地域を形成している。それ等のおのおのに就き、その築造年代を文献的に明瞭にすることは到底不可能ながら、すでに近世以前に、その大部分の築造せられたものであることは明らかである。若干の事例を掲げれば、舳松村・湊村立会の新池（文禄四年の検地で反別壱町壱反拾六歩）はその新池の名にも拘らず、検地帳の上にはすでに「年数不知」と記され、また同じ舳松・湊立会の今池（深さ僅かに三尺五寸）は、享保十年には「年数相知レ不申候出来以後浚不申候哉殊外埋り申候而水溜り無数候……」[17]と云われる状態に在り、この「今池」は慶長三年「今池樋御伏替、栗長六間半」（『老圃歴史』）の説明を見るのであるから、おそらくは新池と等しく、近世以前の築造であり、慶長三年にはすでに代官所の御普請池となっていたことを物語っている。

上述の二個の事例は、いずれも小池でありながら、古い来由を有するものであるが、もちろん近世以降でも、新池掘鑿の出願せられるものは決して一、二に止らなかった。元禄十一年、湊村および舳松村は、新溜池谷池の出願をした処、代官所は新池築造のための支出金の多額なことをもって容易に許可を与えず、一応在来の新池の浚えを命じ、その水溜りの成績を検分した上で考慮を払おうとしたが、二ヶ村は命の儘に、人夫二千余人をもって浚えたが、「山池之儀水何程も帰り不申」次第であり、なお「年々日損に及申」と云う窮状であったので、「困窮之上地代銀（池床潰れ地の）百姓々にない申儀迷惑」[18]とは知りつつも、年々六十石程の日損を被るよりは、一時の出金による新池掘鑿にしかずとし、水下となるべき二十七町歩余の区域から費用を割出すことを決議している一札がある。こうして新池は許可となり、一村から一人宛、計二人の水入人を差出すことによって公平な配水を行い、溝筋に稲等を栽培して用水通過の妨をしないことを互に誓約している。[19] この事実は、幕府が、新池床となるべき潰地を生じ、収納の減少することを憂えて、極力新溜池の築造を阻止しようとし、また他の一面、御普請場の増加を抑圧しようとする方針を堅持したこととともに、村々の現実の要求がより力強く、こうして近世以降にも、随所に新溜池の出現を見つつあった事実を示すであろう。

江戸後半期になっては、代官所もすでに新池築造を援助する余裕がなく、逆に明和四年の如く、「不用溜池見分」[20]のことさえも行われるに至り、中筋村高上ヶ池の一部七反五畝歩のように新開を仰付けられ、安永二年に検地入「見付畑」[21]となったごとき、また安永七年には池浚も自普請となり「百姓農業隙之節」に浚えた事例が存する。

(15) 貯水を消費し尽し干池となる直前に池底一尺五寸の水溜り、いわゆる「魚水」の部分に集まった鯉・鮒等を捕えるを云う。
寛文六・同十・宝暦十・明和七・同八・安永九・寛政六・同九・同十一・文化三・同十一の十一度に達する。

(16) 宝永三戌年「大仙陵樋抜日数水減之覚」によれば

三月苗代水
一、池尻ゟ馬木上橋迄八尺八寸有　其後降たまり水五月十三日ゟ十五日迄
一、同ゟ一丈二尺五寸馬木ゟ水之たまり三尺六寸五分
但植付ハ天水ニ而樋抜不申候
内五月十四日ゟ十七日迄ニ植仕舞申候
六月二日ゟ五日迄四日三夜　此水減一尺二寸五分
同十三日昼斗　但瓜芋水斗　此水減弐寸七分
同十五日ゟ六日迄　二日一夜　此水減七寸壱分

但雨ふり樋さし申候
同廿二日〆廿六日迄五日四夜　此水減壱尺九寸八分
同廿七日昼斗　但湊村水不足故遣ス
七月六日〆十日迄五日四夜　此水減一尺八寸二分
同廿四日〆卅日迄七日六夜　此水減三尺七寸七分程
七月卅日ニ改申候　残水二尺七寸
右宝永三戌年也
(17)「享保十巳年湊村舳松村立会溜池御改帳之写」。
(18)「元禄十一年寅年新溜池願上候節書物写」。
(19)「湊村舳松村立会新池之儀相定候覚」。
(20)『老圃歴史』明和四年の条に曰く
不用溜池改御普請役楢原五左衛門目付吉山佐七郎加役名輪文助十一月十八日湊出立　三ヶ村池之改　舳松高上ヶ池内七反半
中筋中ノ池壱反歩　北庄新池之内六反半　鍬下五ヶ年新開申越河㘴へ越ス
(21)「泉㘴大鳥郡中筋村高反別諸色覚書」。

第三節　他郷用水の引用とその対策

1　とどろ池の築造と廃棄

堺廻り四ヶ村の灌漑用水は、大仙陵池の利用・数多の小池の掘鑿にも拘らず、まだはなはだしい不足状態に在った事情は、当路者にとっても、地元農民にとっても、早くから痛感せられて来たところであった。そのため中世以降、多年荒廃のままに放任せられた、河・泉での著名な大池、狭山池が慶長十三年、片桐市正且元を奉行として築き立てられ、水下五万七千石の溜池としての機能の恢復を見ると、その余水を目標に、慶長十七年同じく丹南郡野田庄に、堺政所の手によって轟池の築造が行われ、堺町の負担で早速完成せられた。その水下は壱万六千八百七十石、北ノ庄・舳松・中筋・湊に石津・万代・長そ根を包含している。(22) 承応三年(23)の調査によれば、灌漑区域（法下）の村々の石高は次のごとくである。

北　庄	二七四八石九斗余
中　筋	二五八三石五斗余
舳　松	二九九一石九斗余
湊	六一五石七斗余
上石津	一二五九石二斗余
下石津	一〇三三石一斗余
万代高田	五九三石一斗余
万代梅村	三九五石八斗余
万代金口	二九八石六斗余
長曾根	二三七四石余
万代赤畑	二七六石九斗余
万代東村	五六八石五斗余
万代西村	二六九石八斗余
計	壱万五千七百九十二石余

なお寛文九年八月の、轟池守徳兵衛の署名のある「轟池水下高帳」には、壱万七千百八拾四石八斗九升六合とあり、両者は多少の喰違いがあるが、寛文九年のものは堺市街の市域改正の結果、(24)堺廻り四ヶ村で合計千二百一石を減じたにも拘らず、その石高をそのままに計上した結果である。

轟池は元来独自の水源涵養地域をもつものではなく、一に「本狭山ゟ之水筋を関留轟池ニ仕立」たものであり、最初からその永久性に就いては疑問を内蔵していた。しかし堺奉行(改所は奉行所となる)の指揮の下、出人足の扶持米を与えられ、寛永十一・同十八・正保二・承応三・明暦三・万治二・寛文二・同四の各年に(25)繕普請があり、轟池の水はさらに大仙陵池・今池に引取ってそれから各溝筋に分配せられていた。池守の設置せられたことは、(26)讃岐・(27)河内の諸大池の場合と等しく、轟池築造に際しての政所・代官所の尽力には、近世初期における幕府の用水対策の積極性を看取しうる。轟池に関する記載は『老圃歴史』にも寛文九年以後は消滅している。「度々破損故寛文ゟ普請相止也(28)」と云う結果となり、慶長十七年の築造以来五十七年間で廃絶に帰したのである。

轟池の廃棄の原因は、上述の「度々破損」の事情以外に、一旦溜め込んだ轟池の水を、堺廻りまで流下させる途中で、地元の農民の、妨害的な意志・行動にたびたび逢着した事実を指摘しなければならぬ。すなわち廃絶に先立つこと十年の明暦三年、堺奉行所から水道奉行として派せられた二人の下役が、溝筋を所々見廻り、夜、丈六村の春日宮に休息中の処、原寺村の者が多数出て来て、役人に石を打ちかけ、水路の堰を切破り、水を盗む狼藉があり、一件は(29)原寺村の庄屋籠舎、一同の謝罪をもって一応落着を見たとは云え、原寺村は丹南一万石の陣屋高木主水正の領下であり、轟池の水とは云うが、事実は狭山池の余水であり、堺廻り四ヶ村に比すれば狭山に近く、当然その余恵を受けるべき村々が、堺奉行所の、幕府の権威を背景とする処置によって、堺廻り村々の救済のための非常手段の犠牲となり、原寺を初めとする他領上流村々にとっては、容易に納得し得ないものであったことを察せしめるものがある。

2　狭山池水の引水問題

前項に述べた轟池の築造は、本質的には狭山池水の引灌と見るべきものであり、換言すれば、狭山の余水を引き、これを一時貯溜するがための轟池の築造であった。したがって寛文年間の轟池の廃絶後は、一時狭山池水引水のことは止むを得ず中断されたが、堺廻り四ヶ村の灌漑用水は後述に見られるように、到底大仙陵池、その他所在の小溜池水をもってしては自足し得るものではなく、寛文九年の壊廃後百年後の明和五年、ここに新たな形式の下に、ふたたび狭山池余水引灌の企てを見るに至った。

イ　明和五年の引水計画

明和四年は大旱で、その秋に干上って後の大仙陵池は、渇水のまま翌明和五年を迎えたが、春三月になるまで大雨がなく、大仙陵池には依然として水溜りがなく、土地柄、苗代水を初めとして稲の全成育期間中の必要水量を池水に仰ぐ堺廻りの惣百姓は困窮の末、かつて狭山轟池の水を取り下した例に倣い、百年以前の古い溝筋を利用し、狭山池に溜り余って「除け川」へ流れ捨りつつある水を、春の裡、狭山池掛りで不用の間に貰下し、大仙陵池に溜め込もうとした。

狭山池からは遠く数里を隔て、その間には多くの村々を擁するから、このような計画は容易に成功しそうになかった。舳松・中筋・北之庄の三箇村は、余水を得ようとする当の関掛りである上流の、丈六・原寺・高松・北・西・野尻・金田・長曾根の八ヶ村の庄屋に、それぞれこれら村々の水路の使用方を懇願して、ようやくその内諾を得ると、狭山池掛りの支配代官石原清左衛門に、余水下しの下知を請う所があった(三月十一日)。[30]

石原代官の通牒に接した狭山池掛り五十三ヶ村惣代の答申は次のようである(四月五日)。狭山池は古来から池下五十三ヶ村の用水である処、近年池床が浅く土砂が溜り、番水の施行の際にも溜り水の少いため、池下の百姓はしばしば旱損を被って困窮する所である。すなわち「不用水」と云ったようなものは狭山池掛りには一切存在せず、堺廻り村々が不用水と考える、除川から流れ落ちる水は、池下村々が銘々自村の井路から、夫々の溜池に貯え、あるいは水路を堰き止めて淵とする等、田養水の本としつつあるものである。要するに「不用水抔与申儀一切無御座候間御慈悲ヲ以是迄之通被為御差置被下候ハヽ、難有奉存候」と云うのが彼等の真意であり、堺廻り三ヶ村の要求を拒否しようとしたのである。

堺廻り三ヶ村はこれに屈せず、再度石原代官に歎願する所があり、この度の訴願の内容が、他村の用水の差支となるならば、もともとこのような要求をする気持はない所であるが、除川へ流れ捨る常水の在ることを兼々承知するから、このような願を提出した所以である。狭山掛り村々の謂う不用水はないとは偽りで、当年のように、村々の池はすでに去る三月一ヶ月間で満水し、その後は無益に大和川へ流れ捨てつつある状態である。この水を貰って大仙陵池に貯水すれば、他の村々の故障とはならず、田畑損毛の多い三ヶ村を救い、かつまた御上の御益ともなるべき次第であるとし、繰返し素志の貫徹に努めている。

石原代官の斡旋もあり、狭山池掛り村々の惣代は、余水としては先達て申したように存しないが、井路の村下、金田村・長曽根村領内の余水を差下すことならばとして、一応狭山側の名義を立てた上で同意し、四月十六日から金田村の余水を引き取り、同廿五日からは除川一ノ井の水も下ることとなったが、十七、八日に大雨があり、大仙陵池も水溜りを見るようになり、苦心の末引水の約の成った計画も、中途でその儘となった。この際の入用銀は壱貫六百九拾七匁一分四厘、七月になって、大仙陵池掛り百十七町歩に割り宛てて徴収している。(31)

ロ　明和九年の引水

明和五年度は前述の通りであり、また翌六年は水溜りがよくて引水の必要がなく、また七年、八年は狭山池の除川にも流水がなくて出願に至らなかったが、九年になり、八年の、田方殆んど皆無と云う年の後を承け、去る五年と同様の状態であったため、早春から引水溝筋の村々へ頼み、上流村の池々の満水期を待ち、三月中旬から少々宛、大仙陵池に溜めつつあったことが四月八日の記録に見えている。ただし注意すべきは、このいわゆる貰下げが「除ケ川買上げ」(32)であったことであり、明和五年の入用銀壱貫六百余匁も、買水費がその大部分であったと予想せられることである。

この年の狭山池掛りからの余水の流下量は少く、到底一、二ヶ村のいわゆる余水だけでは、予期の水量が得られず、狭山除川の水と公称することは困難ながら、事実は正にその通りである井路元(狭山除川沿いの最上流村との意)丈六村・大饗村の余水の名義で、除川の水を買下すこととなり、井元丈六村の庄屋助右衛門に一切の世話を依頼し、(33)丈六村と大仙陵池の間に介在する他領村々の妨を防ぎつつ引水することとなった。

三ヶ村のこのような措置は決して杞憂に止まらなかった。余水が豊富に流下して来ると、金口村は領内信濃池の水不足を理由として、「余水下り候者少々分ケ呉候様」と申込み、三ヶ村では止むを得ず信濃池への分水貯溜を承諾した処、金口村の態度はさらに積極化し、自村の信濃池に止まらず、全溝を堰き留め、その水を隣村赤畑村の池へ売却することを申越したような非道の横暴があり、金口村の領主田安家の役所への三ヶ村の歎願によって、ようやくこと無きをえた始末であり、[34] たとい三ヶ村が幕領である事実を背景とし、狭山池支配石原代官の好意的な援助を得たにも拘らず、上述のような、溝筋の途中に介在する他領村々の態度に多大の困惑を嘗め、あらゆる手段を尽さざるを得なかった処に、堺廻り四ヶ村水田農業の根本的な難点が存したのである。

このような曲折の過程を経つつも、五月十一日に至り、大仙陵池もようやく満水となり、引水は中止せられることとなった。また田安領金口村の妨げは、田安役所の命により、金口村の私に利用した引水溝は、元来舳松村地内の芦ヶ池・大仙陵池への水懸け溝で、金口村の自由にすべきものではないとの理由で差し留められた。大仙陵池にほぼ満水を見た五月十一日には、狭山池懸りの河州の村々は植付期に入り、最早余水も下し難い時期に立ち到っていたことも注目すべきである。明和五年に手続の完了した狭山余水の引水溜込は、この明和九年をもって初めて成功を見、その効果を収め得たのである。序に述べるならば、この狭山池の引水を機会に、三ヶ村の実施した引水溝の浚工事にも、赤畑村・上石津村等の妨害に逢い、三ヶ村からは古くから有った溝であることを証明するとともに、溝沿いの村々が溝幅を狭めることの無いよう、願い出ているのは、[35] 水源に遠い三ヶ村の苦心をさらに裏付けるものであろう。

ハ　文化十五年の引水

狭山池水の引取は、なお文化十五年にも行われた。前回に準じ、狭山の番水の引取溝である、秋元左衛門佐領、河州饗合・菩提・金田・長曾根の水路を利用することを企てたが、上述の四ヶ村の承諾を得るに至らず、三ヶ村は堺奉行所の添翰をえ、領主の秋元左衛門佐から四ヶ村に対し、説諭せられるように乞い、四ヶ村中の一、二ヶ村の差障りの申出を制して、ようやく引水しえたのである。文化十五年六月十四日付の「口上書」[36] は左のように述べている。

何分大仙陵池近来毎〻干池仕候而聊之日照ニ而も忽御田地干損仕歎ケ敷奉存候　と。

少し旱年になると、狭山池の水をえて貯溜する他、大仙陵池に満水する手段がなく、莫大な入費と手数とを要しつつも、三ヶ村がたびたび狭山池の水の引灌を計画した事情を了解するのである。

すでに若干触れたように、豊富な狭山の余水が存在したにも拘らず、三ヶ村側が容易にその余水を引灌し得なかったのは、各〻領主を異にし、村の内部事情を異にした多くの村々を、その引灌の溝筋に有したことによる。例えば安永七年、三ヶ村が金口村(明和九年に三ケ村の引灌水の自村の信濃池への分与を強請したのみならず、さらに他村へ売水さえも行わんとした)の領内に用水引取溝を掘鑿した処(此の掘鑿に対し三ヶ村側から相当の代償の支払われたのは察するに難くない)、この溝筋を潤す余水をもって、湘賀池、陵池の用水源として来た赤畑村・上石津村の共同の反対運動に遭遇し、ついに奉行所の裁許(37)を受けるに至ったが、舳松・中筋等の水掛りの困難なことを斟酌して、金口村領内の新溝は平素は閉鎖して置き、狭山池の余水を貰い下げる場合に限り、金口・赤畑・上石津の三村へ通達の上、その溝筋を切り開け、日限を定めて通水し、日限の経過後は、元のように締切ることを条件として落着している。相接する村々の用水関係の複雑なこと、あるいは互に隣村の余水を自村の用水源とし、あるいは三ヶ村側の一村の同意を得れば他村の反対があり、狭山余水の引取が苦難に満ちた道程であったことを示している。

大仙陵池ばかりでなく、北之庄・中筋・長曾根の立会池である今池も、狭山の池水を引取っている。嘉永七年(38)のことである。これは春季の余水を買い請けて貯えるものではなく、長曾根の同領、菩提村・西村の狭山番水の割当二十三時分の不用水を引取るのであり、ことに同領の故で、長曾根の尽力の一方ならぬものがあったから、この番水の引取に就いては、長曾根村で万端引請け(費用・人足ともに)なお二十三時分では時間が短かく、この水量で、三ヶ村の今池懸り全般に灌水する事が不可能であるから、一と先ず長曾根村の耕地に入れ渡し、なお池水に余裕のある時は、中筋・北之庄両村の希望の者へ、水代壱反歩に付何程と取り極め、水を売り与えるべきことと定められた。長曾根の尽力による用水であるから、長曾根の独占灌水を認め、他の二村は田頭(地主)の希望による買水である所に、今回の今池への引取の特色が在る。もし引取中に大雨があって、全般へ行渡る見込となった時は、一同へ入渡すとともに、長曾根村の独力で負担した人足賃その他の諸費用は、三ヶ村の田頭の惣員へ割当てるべき筈である。「全此度限之儀」とは、同申合書の奥貼紙の文言に見られる処であるが、このような場合にこそ、狭山余水の引取のことがもっとも尖鋭化し、用水がただちに貨幣に換算せられた顕著な事例を見出しうるのであって、これこそ用水の不足、商品作物の普及をもって特色とする堺廻り農村の姿を如実に示すものであろう。

(22) 『老圃歴史』慶長十七年の条に曰く
河劦丹南郡野田庄轟池堺御政所御取立　堺町江被仰付早速出来申候
(23) 承応三年「湊村轟池法下証拠書物」。
(24) 『老圃歴史』元和元年の条に曰く
堺町割惣堀出来ノ為、高千二百一石六斗六升九合減ス
(25) 『老圃歴史』。
(26) 拙稿「近世に於ける讃岐満濃池の経営と管理」(『経済史研究』昭和十四年十二月。本書第十二章)。
(27) 『狭山池改修誌』昭和六年、大阪府。
(28) (21)に同じ。
(29) 「轟池水引取候節明暦三酉年原寺村一札」。
(30) 以下の記載は主として「狭山池水高番水割附帳」による。
(31) 『老圃歴史』明和五年の条に曰く

大仙陵池干水ニ付河㔟狭山池下不用水引取申度御支配石原殿へ願上候所狭山池惣代御召度々和談之上丈六助右衛門大饗村助左衛門嗳ニ而御下ケ願上四月十六日ゟ金田村余水引取廿五日ゟ除川一ノ井水下ル　但十七・八日大雨四尺五寸溜り　横真板マテツク　入用銀壱貫六百九拾七匁一分四厘　七月百拾七町余ニ割

(32) 明和九年辰四月八日、舳松・中筋から辻六郎左衛門役所に宛てた「乍恐御願奉申上候」。

(33) 明和九年辰四月十一日の石原代官宛「乍恐以書付奉申上候」に曰く

狭山川水と申候而ハ一切難成候得共井路元丈六村大饗村余水として水下し被呉候様相談相極り其旨私共方江通達有之候ニ付右村々へ早速罷越相頼ミ候処何れも得心被呉私共村方惣百姓も大慶仕御威光難有奉存候然ル所水下シ溝筋八ヶ村御座候而程遠く候故於道筋無謂相妨ケ候者御座候而茂他領ニ御座候得者私共ゟ致方無御座候間井元之儀ニ御座候得者丈六村庄屋助右衛門致世話水下り宜敷取斗ひ被呉候様……

(34) 明和九年五月五日の訴状。

(35) 乍恐御断奉申上候

一隣村田安様御領知金口村領内ゟ舳松村領芦ヶ池江続候溝筋此度金口村舳松村立会溝浚仕候所清水様御領知同郡赤畑村上石津村ゟ新規之様申立田安様御役所へ御訴訟申上候処古来有来り候溝筋之訳金口村古キ絵図ニ有之申開キ候共溝幅之義唯今及論候段承り候ニ付右之溝相狭り候而ハ当村御田地不相続之基ニ相成候事故昨十一日御断申上田安様御役所へ右溝幅不相狭様被仰付可被下願書奉差上候所論所此節御吟味中ニ而未相知儀何分古来之溝幅御糺之上可被仰付事ニ候へ者当村々ゟ願書差出シ候ニ不及候段被仰渡書付御取上ケ無之候　依之乍恐御断奉申上候　以上

明和五年辰五月十二日

舳松村庄屋　金次郎

中筋村庄屋　孫太夫

辻六郎左衛門様

御役所

第三節　他郷用水の引用とその対策

(36)「文化十五年　狭山池不用水引取幷申立一件」。
(37)「安永七年　狭山余水引取溝御裁許書」。
(38)　嘉永七寅年七月廿八日「此度狭山水今池江引取ニ付三ヶ村役人連印申合書　壱通」。

第四節　大仙陵池水の分配

1　大仙陵池水を中心とする舳松・中筋の関係

大仙陵池の堺廻り四ヶ村の用水源としての利用の発展、ならびにその状態の一斑に関してはすでに概説したように、舳松の灌漑面積を最大とし、中筋がこれに次ぎ、加えて舳松はその地籍内に、池の水面の多分に含まれる所から、池元と自称し、他の三ヶ村に臨もうとする勢に在った。さりながら、灌漑面積の著しく狭少であった北ノ庄・湊はさて置き、舳松に近い池懸りの面積を擁した中筋の立場は、両村の農業経営事情の相違と相俟って、他の二ヶ村とは異り、必ずしも、舳松が池水の分配・灌流に当って執ろうとした態度に同意しえず、宝永三年の樋抜きならびに苗代水の引用期に関する争論、および宝暦十年の分石論と、二回に亙る経緯の跡を止め、その間、両者の応答した訴訟文書の記す所は、限りのある池水の利用に関する両村の立場の相違と、その因ってくる所以とを、相当詳細に示している。以下事件の筋を一応辿りつつ、その示す意義に関して考察を試みるであろう。

宝永三年の植付期日の不調に基づく両村の紛擾において、舳松側の述べる所は次のようである。(39)

大仙陵池は外の池とは性質が異って水掛りが少く、昨年八月から当四月までにようやく二合程の水溜りを見たに過ぎず、その上百余町歩の水下を有つ大池であるから、各村々に都合のよいよう、勝手に水の引灌をすることは到底不可能で、常に池水の節約を心掛け、当年などは荒苗代水は天水をもって賄うよう、此方から中筋村に通達した程である。ところが中筋は、右の申出を承諾しないのみか、籾蒔の時期に関しても此方との協定に応ぜず、僅か一、二日の遅速を取上げて問題とし、ついには勝手に代官所へ訴訟し、望の通り我儘に籾蒔を行った。もし中筋の説くように、籾蒔の期日を数日早める必要があれば、多分の苗代を有つ舳松が、自村の不都合を顧みず、中筋へ籾蒔の期をおくらしめるよう申し込む筈はない。一体池本村が樋の抜き差しを掌るのは当然で、上石津村の陵池、万代の湘賀池いずれもそうである。舳松は池元にも拘らず、中筋がこれに承服しないのは不当である。苗植付の時期は、舳松の村役人も相当の手作りを行っているから、時期の善悪は充分考慮の上で善処して来た処である。元来大仙陵の池水は、前年来の水溜り量の、五合以内に止まる時は、植付には池水を使用しないため、夏至の雨を待ち、夏至にもなお降雨の無い時は、半夏生雨を期待し、天水で植付ける例となっている。だから植付期は例年夏至から半夏生までを最中と考えて来ている。植付に池水を蕩尽しては、惣百姓・下作人に至るまで「頼ミなく」思うから、水始末の必要な所以である。

中筋側はその庄屋孫太夫の宅に、池の小樋の鍵を所持しているから、両村は立会であると主張し、舳松の池本であることを認めない方針のようであるが、元来鍵は舳松村の水入人の預って来た所であったが、やがて庄屋の手中に収めた処、中筋の庄屋孫太夫は、舳松農人町の居住者である上、大仙陵池懸りの地所をも多分に所有していたから、舳松村の庄屋同然に考え、鍵を孫太夫方に預けたまでのことである。中筋の主張する両支配抔と云うのは、上述の次第であるから、万事池本次第、舳松の指揮に従い、樋の抜き差しをしたいと云うのである。

これに対する中筋の反駁返答書[40]は次のように述べている。

(イ)　今年の田植は五月十日から十三日迄を植旬と考え、そのために籾蒔を三月十一日にする予定であった所、舳松は十六日を主張したので、北庄の庄屋の嗳をもって、十四日に両村ともに籾蒔を行うこととなった。それにも拘らず、当日になって、舳松は中筋と同様の十四日に籾蒔を行わず、十五日に中筋とは別に樋を抜き、十六日に籾蒔を行った。

(ロ)　舳松・中筋の大仙陵池懸り田地の石高の比は五三に対する四七である。このような点から考えても、中筋に池水節約の心懸けがないとは云い得ない処である。また舳松は天水で荒苗代を賄ったように述べているが、このようなことは舳松としても到底不可能なことである。また植旬になって、苗の未だ幼苗の時は、成育の不良なことは誰しもよく承知のことで、事実舳松の者も大部分は十一、二日に籾蒔を行い、湊村の新池の懸りである庄屋の金次郎だけは十六日に籾蒔を行った。

(ハ)　植付の旬後れが、稔りの悪い結果を招くことは、昨年の例に徴しても明らかな処であり、中筋は暦日で夏至前後を植旬と考え、往古から近在と同時に植付を実施して来ている。舳松には壱人で拾町・六七町あるいは五町・三町と大規模な手作人の存在することは事実で、中筋には最大三町から小は二—三反の手作人を有するに過ぎないのは、持高相応で是非もない次第である。舳松の大高持にとっては、植付が旬を後れ、その結果として取実の少いことが起っても、彼等の生計に影響する所は小さいであろうが、中筋の小高百姓にとっては、植旬後れの悪結果の影響ははなはだ甚大であるから、一層植旬に就きては考慮を払い、たとい後になって溜池の水が絶え、井水を汲んで稲を養わざるを得ない事態になっても、植旬さえ予定に違わなければ、百姓は耕作に出精するものである。

(ニ)　大仙陵池が両村の立会池である証拠として、小樋の鍵は古くから、代々庄屋役を勤めて来た孫太夫家に、往古から所持していることは紛れが無く、両村は別々に水入役人（人夫？）を抱えて置き、互に立会の上、樋を抜いて来たこと、ならびに二十五年以前の天和二年の大旱に大仙陵池が干上り、大分の魚が獲られた時、その売却代の鳥目拾五貫文は、両村に与えられ、折半している。両村立会の事実がなくて、このような事は行われ難い道理であると。

このように両村はそれぞれの立場を開陳したが、事件は未だ解決を見ず、中筋はさらに五月七日に追訴を提出している。この場合には、中筋が舳松よりも早く植付を希望する理由が明白に述べられている。

すなわちもし十三日に樋を抜き植付を開始すれば、水上の舳松から順次に植え付け、中筋の田地に取懸り、流末まで植仕舞となるのは大抵十九日頃となり、流末の百姓どもは、遅植の結果となる。当年は舳松は申分のように、半夏生過ぎまで降雨を待って後植付ける覚悟のようで、出作百姓へも天水で植付けるよう命じている。池水は昨年の植付時分に比すれば余程多いから、植付水を池水に仰いでも、なお生育中に二回程は全水田に一巡し得る水量のあることは確かである。当村内の今池の懸りも、水不足ながら今・明日から池水で、夏至前後には植付ける予定である。昨年、また今年と遅植が続いては、下作百姓も下作の分を地主へ返却しようとし、かくなっては、地主は多分の手作りを余儀せられるから、大仙陵池の水も、是非今・明日中にも樋を抜き、植付に取懸りたいと願い出ている。

以上でこの事件に関する訴訟文書は尽きているが『老圃歴史』の同年の条には、この問題の結末を簡単ながら記しているので左に引用する。

大仙陵池水　三月苗代時水池尻ゟ八尺八寸
五月十三日ヨリ十五迄雨溜三尺六寸五分　合一丈二尺五寸植付水樋抜不申仕廻申候

以上によって、五月七日から一週間後に、三日に亙る降雨があって、植付はこの雨水をもってし、樋抜に及ばなか

った事が判明する。なお

樋抜六月二日ゟ(中略)七月晦日残水弐尺七寸の改

とあるから、池水を尽さないで、当年の収穫に至ったことを示している。舳松の主張の予見したような結果となったのである。植付期になっても、大仙陵池の水溜りの不充分であったことを直接の原因として発生した、舳松・中筋両村の樋抜き時期の問題をめぐる紛擾は、如何なる理由から生じたものであろうか。

大仙陵池の貯水量がその池懸り百拾七町歩余を、池水だけで養うには、その池の本来の性質上、甚だしく困難であったことはその一つである。この点で、大仙陵池は寡雨地域の堺廻り四ヶ村の水田を養うには不充分なものであり、讃岐平野の満濃池[41]の場合とは、著しく様相を異にしている。また舳松の池元と自称する大仙陵池の支配的地位に対し、中筋の承服し得なかった数々の事件の累積の結果が、感情的にも両村の対立関係を招来し、このような僅かの点に就いても妥協を肯じなかった事情もある。

舳松側の主張のように、両村の土地所有者の規模の相違がある程度まで反映し、舳松には大高持が多くて、出来る限り池水を節し、これを生育期間中の養水に充てようとする態度に比し(旱天が永続すれば結局舳松の採ろうとした方法が、全地域から幾分の収穫を収め得、全体としては良策であるのに反し)中筋の作人が小面積の経営者が多く、植付さえ出来終れば、後は人力灌水(井水利用)によっても生育せしめようとする、経営規模の狭少さから来た所の、人力による旱魃の克服が、ある程度まで可能なことを根拠とした主張と相反した結果である。

中筋の田地が舳松の流末に多く、もし舳松の主張する期日に植付けるならば、中筋の末流はさらに数日の遅延を見、すでに植付の時期が後れて、短時日の差異が収穫量に大きい影響を及ぼすことを慮ったのもまた故なしとしない。ことに雨量が少く、一般に植付期が他地方に比して遅く、もっぱら夏日の高温による迅速な生育に期待するこの地域であるゆえに、植付期が後れた上に、さらに数日の遅延が、中筋の稲作に好ましくない影響を与えるべきことを、中筋側がつとに熟知していたことにも基因するであろう。

両村は前述の事件の後五十四年の宝暦十年、池の樋下に設けた分水石の問題で、二年間に亙る争論を生じているが、この争論の過程で、舳松のいわゆる池元の優越が、従来どのような程度で、両村の分水関係に現われていたかを示すとともに、中筋の舳松に対する池水支配の対等権の要求が、永く底流として存在し、ようやくその幾分を恢復するに至った事情とともに、またその一面で、舳松の優越のゆるぎない存続の次第をも窺い得るのである。事件の概略は次のようである。

宝暦十年は旱魃が劇しく、大仙陵池水も七月七日に干上った処、七月二十五日の朝に至って、舳松・中筋の分水石の崩してあるを舳松の水入人どもが池の見廻りに行って発見し、舳松村の庄屋孫三郎に報告したので、ただちに歩《ある》善《き》兵衛に検分させた所、近くの井戸の立木等を取集めて来、分水石を掘り起してあるのを知ったのである(42)。しかもこの分水石崩しは突然に起ったものではなく、去る七月七日の池水の干上りの後、樋に錠の掛けられたのを、何者の仕業とも判明せず、鍵のひし壺の抜き去ってあった事件に続き、さらに二十四日の夜に行われた分水石崩しとなったのである。

舳松からこの旨を代官所へ注進した所、何分和談で済すようとの内意が達せられ、右の断り注進状は却下せられている。代官所でも、この事件の背後に在る舳松・中筋の微妙な関係を察知する所があり、このような難問題の渦中に投ずることを回避したものであろうか。

代官所の、下で和談を遂げよとの意志にも拘らず、事件は両村の出入へと発展の形勢を示すに至った。逸早く七月廿九日(分水石崩しの五日後)舳松の惣百姓代二十七人は連判状を作成し、次のように誓約している。(43)

尤大切之分石之儀に御座候得者当村方不勝手ニ茂相成候得者永々村方之難儀ニ而御座候間御上ミ何方様江成共御願被下候様頼上候此儀ニ付入用いケ程相懸リ候共右池法反別に割懸り銘々ゟ出銀可致候　と。

ではこのような分水石崩しは何の理由で行われ、舳松が即時に据直しを行おうとするのに対し、中筋側がこれに応ぜず、水論出入へと進展を見たのか。這般の事情は舳松よりもやや後れて八月、中筋の庄屋以下相応の高持百姓と見られる二十四名の起請血判状の文言に明瞭な所である。多少冗漫に流れる嫌があるがその要旨を掲げる。

(前略)

分水石一札之事

一　大仙陵分水石片下リ致出来候故当年舳松村者旱損無数中筋村ハ旱損夥敷致出来候依之分石平均致古法之通ニ相守申度当村惣百姓所存相堅メ候　然共舳松者分石之片下リ有之候事を幸之事と存古法之通平均致候事不得心之趣ニ相聞江候　此已後舳松之所存之通ニ致置候而者毎年当村旱損場所々多致出来惣百姓甚及難儀ニ可申候去年も右樋入用銀等多差出し置候池之儀舳松村斗為致自由可申道理も有之間敷存候　万一御役所之及御沙汰候共此事此儘に致置かたく候　尤村方之儀諸事他村ニ不洩様ニ相慎可申候　(下略)

すなわち前文によって明らかなように、分水石に片下りがあって舳松に利があり、正しく分水石の寸法通りの水量が分配せられず、絶えず中筋の不利を繰返したこととともに、中筋が反別に応じ、多分の入用銀を出しつつあったにも拘らず、舳松だけが自由に水の支配を行い来ったことに対する不信の累積との二条件が、中筋の譲歩し難いとする所である。なおこの事件に当り、その所持する田地の過半が舳松の溝筋に在ったため、中筋の同役庄屋どもの疑惑を受け、今回の事件には関与しなかった中筋村の庄屋孫太夫が「無用之反古成共心得となるもの也」との端書のある、自らの感懐を筆に托して残した一札は、公平にこの事件の真相、風説を尽しているかのようである。

分水石崩しの下手人に就いては、「風説ハ中筋ゟト云」と有り、また今回中筋側の張本となって活躍した庄屋の吉左衛門に関しては「吉左衛門ハ岡村長左衛門分家、前寅年ゟ庄屋役律気突詰人、大仙陵法三十七・八石所持　内三四分方上畑損亡無引ニ付大損故張本と也」と甚だ辛辣な観察をし、また分水石に高下を生じ、中筋の不利を招来した原因は「前々ゟ俗説、往古分石居之時、大晦日夜八時舳松百姓胴突にかけ候故卑シト云伝ユ、一説ハ湊領割有共云」と伝えている。一応考慮に値する説明である。

代官所は北ノ庄の庄屋幸右衛門に取曖を命じ、舳松は当初のうちは元々通りの据付を主張し、幾分舳松に有利なように据付けてあるのは、舳松の池元であることによると強弁して、容易に応諾する色がなかったが、翌宝暦十一年三月に至り、従来から在った高下の差は、半分として据直すべきことに議が纏まり、高下の差一寸あったのを五分として居直し、以後もし狂いを生じた際は、幾度でも据直すべきことを約して納っている。高下の差は半々として、両者の妥協したことに対する前述孫太夫の批評は左のようである。

水分石ハ町歩ニ応シ無甲乙為メ平均居ハ勿論也然ルニ本文半々杯往古ゟなき所之高下寸法ヲ記ス　当時出役後代迄恥辱にあらずや　時節有テ此証文反古と成事珍重也　と。

分水石の寸法は灌漑反別に応じて定められたものであるとは云え、舳松の有利性はこのような点に在って、分石崩し一件を契機とする中筋の努力にも拘らず、ようやくその半ばを恢復しえたに過ぎなかった。舳松の池元的な優越性は、前述の宝永三年の樋抜き灌漑期に関する争論、さらにまた今回の分水石一件を通じて明らかに認識せられる所である。舳松に池元的な地位の生じた原因には、由来大仙陵池が舳松の地籍内に含まれ、池の他、陵墓の管理等に要する人員の負担などで、舳松が歴史的に、引続いて他村に比して多分に奉仕して来た事情が、その池水の用益権でも、大きい地歩を占めるに至ったものと解するのが妥当であろうか。

2　湊・北庄と舳松・中筋との関係

舳松・中筋の両村が大仙陵池懸り水田面積の大部分を占め、北庄・湊の両村は反別が少なく、加えて溝筋の流末に当ったため、池水を享ける利便がわるく、その不利に耐ええないで、それぞれ舳松・中筋の両村と相争うところがあった。今ここにこれ等の事情の梗概を述べるとともに、湊・北庄二ヶ村の大仙陵池懸りとしての位置を明らかにしたい。

イ　湊と舳松・中筋の問題

さきに引用した宝永年間の大仙陵池法調書によれば、湊村は僅かに九反五畝歩余に懸る用水を大仙陵池に仰ぐだけで、等しく堺廻り四ヶ村とは総称しても、その池懸りとしての地位の弱小なこと、舳松・中筋の比ではなかった。それにも拘らず、宝永を溯る五十年の承応三年には、湊の大仙陵池懸りは十五町歩、舳松領の湊への入組の分を合せれば二十四町歩に達していた。これは前節に述べたように、轟池の水を大仙陵池に溜め込んだ時代で、轟の池法が、大仙陵池法へと形を変えて加わったからである。承応三年の湊・舳松の水論文書の記す所に従えば(44)、当時湊は、大仙陵池懸りの水田面積が、舳松の分の三分一にも達しないにも拘らず、昼間は舳松の引水・夜間は湊の引水と云う割合で灌水したから、舳松の田地は旱損に瀕し、しかも加えてその水上であるのを理由として、舳松の貢納率は湊よりも高く、こうして舳松は困窮の上、代官所に対して何分見分の上、五本の樋の内二本は、夜間でも舳松に与えられたい旨を願い出ている。舳松の樋によって灌がれる七拾七町歩(中に中筋村の分拾弐町歩を含む)の中での、この年の旱魃の影響は次表が明瞭に物語っている。(45)

三拾四町九反余　瓜はた
四拾弐町壱反余　植田
　内　八町二反　白く成申候
　　弐拾五町　陰色ニ而御座候
　　八町九反　ひとへ水御座候

瓜畑の多い一事がすでに注目に値する上、ようやく水を湛えるものは九町歩に足らず、参拾数町歩の干損田を生じつつあったのである。この年に樋五本とも、夜間を湊に与えることとなった理由は、元来五本の樋の中、二本だけは、先例により湊に与え、三本は昼夜とも舳松に注ぐ定であったものが、今年は湊が今池・新池に水を溜めなかったため、堺奉行の命により、このように処置したもので、湊へ遣すべき小樋の詰ったのを理由とはするものの、五本の溝を全部湊に与えるのは違例であり、ここに舳松の訴状の提出となり、水論に導かれた原因が存する。堺奉行所の解決策は「四ヶ村ハ一所之儀ニ而諸事中能仕候様……」(46)との文言に窺われるように、この際はその場限りを条件とし、時宜にもとづく配水を行い、辛うじて危機を脱しえたのであったが、舳松・中筋と湊との間に、まだ確固たる配水方法が立てられるに至らなかった事情は、その後の轟池の壊廃にもとづく用水不足の一段と深刻となった事情と相俟ち、三十年後の貞享元年に、ふたたび三ヶ村の間に類似の水論の再発を見るに至った。

貞享元年六月二十七日、(47)湊は舳松に使をもって、湊村の新池が今や干上ったので、前例のように、ただちに大仙陵の池水を湊へ下されたい旨を述べたが、舳松は湊へ与えるのは、水上の田地へ入れ終った後であるべき旨を答えた処、七月二日に至り、湊側は二百人余の人足を催し、舳松・中筋の水入人を暴力で追放するに至った。舳松・中筋の主張は、湊村の新池が干上り、大仙陵池の樋を抜いた時は、上流部分の田に入れ終って後、五本の内二本の溝筋を湊村に与える例であったにも拘らず、湊側の主張は大仙陵の池水を抜いたその夜から、夜の間、溝二筋分を取るべきことを主張する所に両者の立場の相違があった。両村はともに堺奉行所の支配下であり、かつ双方ともに水掛論で証拠がなく京都所司代の指揮を仰ぐ外道がないが、急を要する水の問題に時間を空しうする愚を避け、北庄の両庄屋七郎右衛門・三郎左衛門の噯で、ふたたび以後の例とはしないことを条件とし、両者の主張を折衷し、大仙陵池水を出した今日から四日目の夜以後、夜間だけ二筋の溝で湊村へ与えることとなって落着した。しかも両者の妥協は暫定的なもので、まだ根本的な解決に至らず、後日再論の萌がここに残されていたのである。

寛政十一年に至り、湊は貞享元年の事例を申し立て、当年も六月末に新池・今池がすでに干上ったから、前例に従い、両村に対して大仙陵水を下すべき事を交渉したのに、両村は当年は湊村の要求に従いえない旨を答えたとし、大津代官所に訴訟し、ここに湊・舳松の三度目の水論となったのである。(48)この場合の争論は、年を越して翌寛政十二年に亙り、両者の提出した口上書もはなはだ数が多く、量的にも豊富であるとともに旱損の実状と、その対策の苦心を詳細に知らせるものが在る。

舳松・中筋は湊の訴状に対し次のように答えている。(49)

大仙陵の池水に余水の有る時は、これまで拾ヶ年中に一両年程は、暁六ツ時から夕七ツ時まで、湊村に水を与えて来たが、当年の旱魃は甚だしく、六月三日の降雨後は全く照り続き、六月中旬以後は昼夜村役人頭百姓どもは配水に尽力したが流末まで行き届かず、その中水上の部分にも田面割れを生じ、池水もはなはだ残り少なく、干地になる時期も程近く見えるから、本年は到底湊へ分ち与える事は不可能である。元来湊の大仙陵池懸りは九反五畝拾三歩に過ぎず、湊は貞享元年の旧例を証拠呼ばわりしているが、これはその時限りのことで後例とはならないものである。また前述のように、大仙陵池の水も年々下し与えたものでないことは、湊が元禄十一年に新池の計画を立てたことによっても明瞭である。何となれば、湊の新池が干池となる度毎に、大仙陵池の水を与えられるならば、莫大な費用を要する新溜池の築造計画は全く無用になるからである。また宝暦九年の大仙陵池の樋戸前普請の例に見られるように、入用銀の負担でも、湊村は九反五畝十三歩分の他は割賦に応じていないことから見ても、また明和五年の狭山池水引水の場合、および安永元年の狭山引水溝筋に関する出入の費用も、九反五畝十三歩以外の分には割賦を出さなかったことによっても議論の余地のない所であり、ことに寛政九年に余水を与えた際などは、湊はその田地の上流から順次に入れ渡さず、所々飛々に水を引き取り、壱反に付水銭五百文で売水したようなことは、もっともその意を得難い所である云々。

この時は七月もすでに中旬であり、急を要するため、大津代官所の指図で、以後の例とはせず、湊に水を与えることとなり、七月十七日明六ツ時から夕七ツ時まで、また翌十八日の明六ツ時から昼四ツ時までの二日間、時を限り、樋壱本、溝二筋を限度として分ち与え、右の挨拶として十九日夕方までに、樽代金壱両を、湊から舳松・中筋へ差出すべき定で、この年の争論は一旦こと納ったが(50)、後程合議の上、以来のことは取極めて置くよう命ぜられ、問題の解決を翌年に持越すこととなった。翌寛政十二年申三月、湊の訴状で両者の争は再開せられた。

湊は昨年度、樽代金壱両で購った水の処置に関して詳細に述べている。(51)すなわち二日間に亙って得た水は、一旦溜池に引取った上、一統立会の上分量を決め、壱反に付壱畝手通しで入れ下したところ、流末で壱町分不足を生じ、その分は人足拾人を懸け、井水を汲上げて入渡した始末で、その後も井戸の備のある田地の分は、成るべく井水をもって養ったため、壱反に三—四人程もかけ、十一、二度も汲上げて、ようやく穂の出た始末であり、舳松・中筋に比すれば用水の便不便の差は甚だしく、したがって田地の値段も、五対一の比であり、しかも度々の旱損を被って、湊の田地は小作人も無く、村方百姓一統は立ち行かない窮状に在る。そもそも大仙陵池の水は湊に引取りうる水なりや否や、糺明を願い度い処である。湊は大仙陵池懸りとしては流末の地、池までは十二、三町の距離を隔てるから、田植も夏至を過ぎれば朝夕の差を争うべき程のものがあり、かたがた新池の築造を願い出た所以である。新池御免の後は、湊の田地の大部分は大仙陵池の懸りの外であるかのように両村は唱えるが、新池築造以前の用水は、何れの池から得た処であろうか。池費用の負担に就いても、新池の完成以前は、大仙陵池の入用銀も四ヶ村一統に懸る所であったのを、新池の出来の後は、小池ながらもこの新池は水懸りの強い池であるから、埋没、破損が多く、池掘普請費用等も多く懸るので相談の上、別々となったことは前々から申伝える所である。大仙陵池だけで養う田地は、僅かに九反五畝余であるが、新池懸り二十七町八反余は、新池の水の尽きた後には、大仙陵池の水を引取るべきことは、貞享元年の旧例にも明らかな所である。また新池の出来ない以前は、湊は大仙陵池懸りであるから、舳松の分石の中には、湊村の分も籠めてあり、そのため、舳松の田地へ水入の際は、中筋・北庄よりも舳松は三日程も多分に注いだ処である云々。

舳松・中筋の答弁(52)は、湊の田地の大部分は古来から大仙陵池の法の外であること。湊はかつて轟池の懸りに含まれたから、轟池の存した間は、一旦大仙陵池に溜め込んだ水をえたが、寛文年間轟池の壊廃後は、この関係は消滅し、したがって轟池の無くなって後、湊に与えられた水は、百姓は相互と存じ、四時・五時と限った「貰い水」であり、したがってその挨拶として、湊から音物を送り、あるいは大仙陵水役の者へ、酒肴の振舞等をした次第であり、湊は大仙陵池の割賦に対し、九反五畝余の分の他、かつて応じたことがなく、かつ分水石の舳松村の分に、湊の分が含まれないのは、寸法と反別との比を一見すれば明瞭な所である。(寸法は兎も角、石の高低で舳松側に著しく有利で、中筋との間に宝暦十年の分水石の論を生じたことには一言も触れていない。)云々。

代官所は解決のため、隣村である日根郡東吉見村の庄屋善右衛門および日根南郡摩湯村庄屋与次郎兵衛の二人に嗳を命じ、日限を六十日と限り、堺の御用達商人紀伊国屋利兵衛宅を会所と定め、立会に出頭すべき者の資格・人数に厳に制限を加えて調停させた結果、舳松・中筋側は池水の分与に就いてはこれを拒否したが、樽代金壱両をえて与えた水の分量と等しい、四町歩一遍水の水量をうべき新池を、湊であらたに掘鑿するならば、助合銀を出してこれを援助することを承知し、やがて新池に続く地域に増池増築のことに決すると、助合銀三貫九百匁を援助して、貞享元年の一札は、これと引替に差出すことを条件として遂に解決を見た。(53)

双方争論の源は要するに大仙陵池水がその池懸りをさえ養うに不充分な点に在るとともに、また湊は、轟池の存在した頃の分水を思い、流末でもっとも旱損場であった立場に耐ええず、大仙陵池水の分配を得ようとする要求を持ち、ついに両者の衝突を来したものであるから、根本的な救済策は、一に新しい水源の獲得以外にはなかったのは明らかである。訴訟費用の多額を思い、増池の新築と云う百年の計に思い到ったのは、この地域の用水問題の対策としては、他に方法のない良策であることは明らかである。すなわち「出入之失却を以永久之備」(54)とするものである。ただしこの「取替セ一札」で、湊が大仙陵池は水懸り百拾七町歩余ニ少も「無相違旨」と書き添えたのに対し、例の中筋の庄屋孫太夫が、次のような附箋を附しているのは一顧に値するであろう。曰く

「湊村申立最初ゟ新池法廿七町者不残大仙陵法ニ御座候得共流末ニ而植付之節後候故石河土佐守様御預リ之節願上池御築被下候夫故新池之名目有之旨申立ル

然ニ百拾七町歩余ハ大仙陵法ニ少茂無相違ゟ申証文ニ調印致候義湊村役人至而麁忽之次第也　以来何事も申候而茂右之段申答候ハ、一句も有之間敷候」と。

事実、新池築造以前の湊の田用水が、大仙陵池に依存したものではないとするには、何人も確かな主張の根拠を有たず、湊側としては、はなはだ有力な分水要求の根拠であったにも拘らず、増池築造を契機として、その主張を軽々しく放棄し去ったことに対しては、孫太夫の視る所、正鵠を得たものと云うべきであろう。

ロ　北庄と舳松・中筋の問題

湊と同じく流末に当る北ノ庄も、享保二年、舳松・中筋の大仙陵池水分配においての専権に就いて代官所へ訴え出ている。北ノ庄はこの年の樋抜に際し、流末に入れ残り田の生じたことを訴え、舳松・中筋の優越権を制しようとしたものである。二ヶ村のこれに対して答える所は、池水の分配に際しての、流末の状態を明らかにするものがあるので、左にその述べる所を摘録[55]するであろう。

大仙陵池の水懸りは四ヶ村であるが、その樋抜は舳松・中筋両村で相談の上、日限を定めて行う処である。もっとも池水分配の溝筋も多いことであるから、流末では、入れ残り田地の生ずるのは毎度のことであり、北庄のみならず中筋でも流末に入れ残りを生じたが、これは村作法で致方がなく、何れの池に在っても渇水の節は同様の現象はしば

しば見られる処である。ことに北ノ庄の大仙陵法三町七反歩余の中、九反余は溝筋の都合がよく、入れ残りを生ずるようなことは殆んど無いが、残りの二町七反余は溝筋がなく、田引であるために、渇水の節は上流から順次に注いでも、上流に我儘に引水しようとするものがあれば水不足を生じ易く、また二町七反余の中、一町二反は今池と大仙陵池の両懸りであり、この一町二反余の分に関しては、水入給米等も反別割に応ぜず、少量を出して来たに過ぎない。また今回の樋抜きに当っても、舳松・中筋ともに入れ残りを生じたが、水不足の田地の分へは井水を汲ませ、その賃銀は村から支払うべき相談を纏め、北庄へもその旨を達した処、北庄は両村の定賃銀よりは多分に要求するなど我儘を云い、加えて大仙陵池の水役夫銭でも、北ノ庄にはその責を十分に果さない者のあるにおいてをやである。北ノ庄の要求は、大仙陵池樋の抜き差しに就き、北庄も舳松・中筋と同等に対談する権利を望むものであるが、北庄に限らず湊村でも、かねて両村の意嚮のままに従ってきた所であるから、このような北庄の新規の要求は全く承知し難い所であると。

以上舳松と中筋、舳松・中筋と湊、舳松・中筋と北庄、三つの場合を示し、大仙陵池水の分配をめぐって惹き起された紛擾の経緯を述べるとともに、これらの紛擾の内容が無言の裡に物語る、四ヶ村の大仙陵池水の分配に対する相互の支配権の所在、これに伴って起った旱損事情の差異等の問題を幾分明らかにしえたものと思う。

(39) 宝永三年「大仙陵抜樋一件」舳松の四月九日「乍恐御訴訟」。
(40) 同、中筋の「乍恐返答書を以申上候」四月廿三日。
(41) (26)に同じ。
(42) 宝暦十年「大仙陵池水分石留書」。
(43) 「大仙陵池水分石ニ付連判状」宝暦十年。

(44)「水論古書物」。
(45)(44)に同じ。
(46)「六月廿七日に殿様被仰付候ハ四ヶ村ハ一所之儀ニ而諸事中能仕候様にと御意被成候　就其湊村之田地ひつき候間水もらひ可申候へ以来々例之儀者此方ニ心得候間先此度ハ今少くたし候へと被仰付候事」
(47)「舳松村中筋村湊村、大仙陵水論出入覚書」貞享元子七月五日。
(48)寛政十一年七月「湊村願書写」。
(49)寛政十一年七月十二日舳松・中筋からの大津役所に宛てた「乍恐口上」による。
(50)寛政十一年七月十三日「差上申内済御請証文之事」。
(51)寛政十二年申三月「湊村訴訟写」。
(52)寛政十二年申四月「返答書」。
(53)寛政十二年申六月「願下ヶ書附控」。
(54)同六月十八日の「取替セ一札之事」。
(55)「大仙陵水ニ付返答書」享保二年。

第五節　旱損の影響とその対策

旱損を被ることの多い四ヶ村の地域で、つとに棉作の卓越したこと、ならびに連年の旱損によって農民の産を破り離散する者が多く、耕地が、余裕のある富農(主として庄屋)階級の手中に集中せられた事情に就いては、すでに第二節で若干触れる所があった。今「明和八年凶作記」(56)の記載に従い、旱魃襲来の模様と、これに伴う各種作物の豊凶、代作の問題等を述べるであろう。

旱魃は突如としては来ず、実は前年の降雨量と密接な関係にある。明和八年もその通りで、前年の五月五日の大雨後、夏秋は大旱、さらにその冬および明和八年の春まで、田畑から水の流れ出る程の雨もなく、四月朔日には近くに大風雨があり、京では鴨河原に大出水があって百余人の溺死者を生じ、淀の水車も流れ落ちた程であるにも拘らず、堺近郊は不思議と小雨に止り、かつ前年の旱魃のために、大仙陵池の池床も深さ二―三尺に達する干破れを生じていた故か、少しも水溜りを見ず、四月二十三日の小雨、五月十五日の小夕立も潤うに足らず、五月の梅雨も無くて終り、夏至・半夏生・土用もほとんど無雨に過ぎた。このように水が無いので牛耕も不可能で、五月十日の夏至にも田植をする者は一人もなく、かつこの年流行した伊勢への御陰参りの影響で、夏田には一人の農夫の姿もない有様であった。ようやく苗代だけは井戸水を汲み上げて養って来たが、植えるべき水田の準備が出来ず、田も畑の如く変じて行くものが多かった。六月二十五日から小雨があり、以後七月中は小雨が降続き、ちょうど梅雨中のような天候であり、ことに七月二十二日は大雨で、大和川は大水、淀の大橋は流れ落ち、大阪の橋々へは警戒人足の出た程であるにも拘らず、春の大雨の場合と等しく、堺辺は小雨を見たばかりで田地から悪水も流れ出ず、池々への溜り水もなく、この年の雨は全く不可思議なばかり、堺近郊に恵まれないものであった。七月二十五日以後はまた旱続き、八月二十四日の小雨だけは例外、九月・十月も始終雨がなく、秋植の菜種苗に灌水を必要とする程であった。

このような変態的、かつ稀有の旱魃は、当年の作柄に如何に影響したか。箇条書としてその要点を記せば次のようである。

イ　麦作の大豊年　「今年二三十年にも無之豊作也」と見えている。上作の場所は壱町平均三石から三石二三斗に達し、最近二十年来の収穫平均一石四五斗乃至二石を上作とした標準を遥かに超えたものである。

ロ　稲作の旬後れ　　昨年の大旱には水田の皆無作は過半に達したので、井戸水を汲みあげる利便を有つ水田の持主は、すでに当年も旱年の用意を整えたけれども、池水は全く無く、また夏至の雨もなかったので、止むを得ず稲作を延引し、六月に至って村々は申合せの上植付け、僅少の池水は極力これを節し、井水だけに頼る方針を執り、漸く秋冷の来ることの遅いのに助けられ、晩稲だけは、藁は短かくても稔りをえ、他の作物に比すれば幾分成功に属した。しかし稲の耕作面積は舳松一町七—八反、中筋約二町、北庄六—七町歩の僅少さである。孫太夫手作稲三反歩の成績は次のようである。

置場上田　壱反四畝十五歩　六月朔日植　水汲人足延十九人　籾七石二斗

千〆淵上田壱反弐畝廿歩の内八畝歩　六月朔日植　水汲人足延十六人半　籾三石六斗

井関上田　八畝四歩　六月四日植　水汲合三十九人　籾二石七斗五升

なお平生水持のよい田地は本年は悪く、砂利床の田地が、水持の却って良好であったことは例年と異り、平素水持のよい粘土地は、昨年の旱魃で床割れを生じたためこの結果となった。

ハ　木棉作の不良　　五月の植付期は旱のためむしろ成績が良好で、土用前に開花を見たが、その後の長旱で大いに痛み、肥料を施すよりも水汲に尽力した方が結果がよく、畑植の木棉はすべて損亡に帰している。

ニ　大豆は八月実入時分の旱損のため甚だ不良　　唯岡大豆だけはよく反一石の収穫があった。すべて耐旱種の良好であったことを知るのである。

ホ　小豆は普通　　二—三度水汲を行った所は反当二—三斗。

へ　胡麻　五月廿日頃蒔き付けた分は芽が出ず、ただし辛うじて芽を生じた分はその後の雨で良好。
ト　蕎麦　冷気の増すとともに実が入り、反当一石乃至一石二―三斗の収穫。
チ　大根　虫附多くて不良。

さて、このような旱年での耕地の利用は如何なる状態にあったか。中筋の例[57]で示せば

田方	六拾四町七反八畝十四歩の内	
	四拾二町五反七畝七歩	不植
	一町六反三畝十歩	稲 二合 三合
	一町三反五畝二歩	毛替大豆
	八反十二歩	木棉
	一町一反廿八歩	木棉皆無
	拾四町九反五畝歩	稲仕付荒
	二町四反五畝十五歩	屋敷地
畑方	六拾八町五反八畝拾七歩の内	
	拾三町七反拾歩	不植
	拾弐町一反九畝廿三歩	木棉二斤吹
	三拾六町三反八畝廿一歩	木棉皆無
	一町五反三畝廿五歩	雑作
	四町七反三畝廿六歩	夏作付荒
	二畝二歩	屋敷地

まことに「当毛付前代未聞之珍事」(58)であり、田畑ともに「九割惣高引」となったが、実は毛上皆無と云うべき程であった。

このような旱年は明和八年に限らず、その後もしばしば繰返されたもののようで、嘉永七年、文久元年等、類似の記録を留めている。嘉永七年の場合は「毛替一件」(59)の表書の下に、代作植付の有様を伝える。旱魃の経験を重ねるに従い、無為に降雨を待つのみで、結果において多分の不植地を生ずるのを避け、旱年の予想せられる限りでは、その被害を最小限に止めようとする、この地域では真に止むを得ない最後的対策がこれである。

両三年来の旱魃の後を承け、嘉永七年もまた旱魃の虞が充分であったので、堺廻り三ヶ村は莫大な費用を懸け、在来の井戸浚えを行い、あるいは新規の池を処々に設け、その大きいものは深さ六―七間もある程であったが、連年の旱魃に農民は夫食にも差支える有様、殊に頼みの大仙陵池もようやく三合程の水溜りに過ぎず、到底この年も満足な収穫の困難なことは明瞭であったので、代官の池水検分を願い出たが、代官の意嚮は出来うる限り溜池水で稲の植付を行わしめるに在ったので、三ヶ村は合議の上、次のような取極箇条書(60)を定めている。

定

一　稲作反別之内平方者稲作仕付可申尤其余之儀者大豆作又ハ地所ニ応シ候品早々作付可致事

一　稲作仕付之儀書面之通取極候ニ付地毎ニ畝割いたし候筈ニ候得共地所之都合により候ハヽ、作人勝手之場所へ融通致し遣度候事

一　毛付反別之儀者御取調ニ付申上候通相違無之依而反畝札御渡被成下候ニ付植付地面へ悉く建置可申候

右之趣御申渡一同承知畏候　然ル上者用水引取之儀水役江まかせ置決而作人自儘仕間舗依而御請印形仕候　以上

嘉永七寅年六月

こうして苦心の末、三ヶ村の植付け得た稲作反別は次表(61)のようである。

	田方惣反別	植付反別	植付反別の惣反別に対する割合(%)
舳松	八〇町五九反畝二四歩	四〇町〇〇反畝	四九
中筋	五九八六一八	三〇二五	五〇
北庄	四六五一二九	四五二〇	九七

植付不能の地は旬後れながらも、黍・大豆の毛替植付が試みられた。その代作の内容ならびに反別を次表(62)に示す。

	田方惣反別	稲作(内木棉作)	胡麻作	黍作	芋作	大豆作
舳松	八〇町、五九畝、二四歩	四〇町、〇三畝、〇〇歩 (六、一一、〇〇)	町 二九畝、〇〇歩	町 一三畝、〇〇歩	一町、四一畝、〇〇歩	三八町、七三畝、二四歩
舳松ノ内甚左衛門分	五、五七、二八	二、八一、二八	―	―	―	二、七六、〇〇
中筋	五九、八六、一八	三〇、二五、〇八 (一、五三、〇〇)	一二、〇〇	一八、〇五	一、八五、〇三	二七、四六、〇二
北庄	四六、五一、二九	四五、二一、二九	―	―	四五、〇〇	八五、〇〇
計	一九二、五六、〇九	一一八、三二、〇五 (七、六四、〇〇)	四一、〇〇	三一、〇五	三、七一、〇三	六九、八〇、二六

上掲の二つの表の示す所は、三ヶ村の内、北庄の大部分、九七%が稲作植付の可能であったことを除けば舳松・中筋はともに五〇%内外の植付をなし得たに過ぎず、代作の内容は大豆作がほとんどを占め、芋作・胡麻作・黍作の順

位であることを物語る。流石にこのような旱年には、木棉作も不可能で、僅かに稲作の内に包含せられた七町六反四畝歩を認めうるに過ぎず、平年での棉作盛行の状態に比すれば、全滅に近い状態に在ったことが判明する。

北庄で、稲作の植付が水田の大部分に亙って可能であった理由は、大仙陵池に依存する部分が少なく、水溜りの良好なる小溜池を利用し、これに依存することが大きく、したがって連年の旱損の影響を被ることの少なかった事情とともに、その石高二千四百八十四石余の内容である耕地反別百三十五町歩余の中、水田五十四町三反五畝余、畑八十一町二反六畝余で、畑ははるかに田を凌ぎ、比較的水田面積の占める割合の少ないことと相俟ち、一旦旱魃に際しても、植付水を得易い事情に在ったものであろう。

当地方の特殊作物として近世の初頭以降、その栽培面積のうちで大きい比率を占めた棉作は、旱損と如何なる関聯を有したであろうか。平年における棉作の普及を窺うために「明和元年申秋、稲木棉作内見帳、湊村」の内容を左に引用する。

	稲作反別	木棉作反別	雑事作汐入	雑事作	屋敷地	総反別
田	一四町、四一畝、一四歩	七町、四四畝、二二歩	町 一三畝、一八歩	町 九〇畝、〇七歩	町 三九畝、二三歩	二三町、二九畝、二四歩
畑	—	五、八二、一五	六、二六	五、〇八、〇五	一、九六、二九	一二、九四、一五
計	一四、四一、一四	一三、二七、〇七	二〇、一四	五、九八、一二	二、三六、二二	三六、二四、〇九

右は湊村の数人の庄屋中の一人である久右衛門の担当分、石高六百数十石分の内容を、作付の種類によって分類記載したものであるが、その要点は次のように指摘しうるであろう。

イ　ほとんど稲作反別と匹敵する木棉作付反別の存在すること。

ロ　左表には現われていないが、例えば上々田一町五反七畝十六歩の中、稲作一町四畝十歩、木棉作五反三畝六歩と云う数字にも窺われるように、田でも棉作のはなはだ多いこと。これは一に用水の不足と、棉作の収益の多いことに因る。

ハ　畑は大部分が棉作、他は若干の雑事作である。

なお上掲の表には現われていないが、この年の木棉の作柄は、上田・中田に耕作せられた分には最高十斤吹が認定せられているが、畑方の最高は上畑・中畑の分ともに七斤吹が記してあるだけで、畑よりも田に多量の反当収量の得られたことが判明する。棉作の作柄の認定は、一に坪刈検見の方法により、村役人立会の上、一応作柄を記して置いた原簿に基き、耕地一枚毎に引合わせ建札[63]をするのである。

このような木棉作の普及にも拘らず、幕府は依然米作第一主義に則り、木棉を勝手作と称して養水の供給にも米作とは差異を附けたため、文久年間になっては、追々木棉作の減少、稲作の増加を見るに至った程である。しかし、嘉永・安政にかけての旱魃の継起は、用水の著しい不足を招き、稲作仕付を多からしめようとしても、池水の不足は如何ともし難く、稲作を仕付けて皆無作を招くことは、百姓の相続にも差響く処であり、ここに村方の地主が相談の上、木棉作でも稲作と同様、水上から順次に用水を入れ渡すべきことを申合わせ、定書を作成[64]しているのは注目すべきである。稲作よりも用水の必要量が少くて、用水不足にも影響を受けることが比較的少く、かつ二石に余る高率の貢租を負担しうる作物は、当地域では実に棉作の他に存しないからである。用水の不足が、木棉作必須の再確認へと導いたものと謂いうるであろう。

なお最後に看過し得ない問題は、この地域では用水の分配に当り、売水の事例をしばしば偶目しうる事実である。左に二、三の事例を掲げる。

1　明和八年稀代の旱魃に当り、大仙陵池水は僅かの貯水を有するに過ぎないので、稲作の植付水も猥に池水を用いることを止め、井戸の汲み上げで補い、池水は井水と併用する者に限って入渡し与えることとし、田植水代壱反に付銀十匁、木棉作への灌水は壱反三百文と売水の定が成立した。[65]

2　前述した嘉永七年の大旱にも売水が行われ、これに関する定書が残っている。すなわち

定

一　大仙陵池溜リ悪不残植付相成不申村役人頭百姓一同立会談之上取極候条々左之通

一　今朔日ゟ三日迄相見合大雨降候ハヽ水上ゟ順々入渡一円に植付可申候事

一　右三日之間ニ自然雨降不申者先例之振合ニ准ジ売水之積リ
　但壱反歩ニ付代銀拾匁宛先納可致候

一　稲植付候翌日大雨有之つゆ畦出来候程ニ候ハヽ、拾匁之処五匁可相納候翌々日にたとへ大雨有之候共前取極通
　拾匁可納候事

一　売水抜出し中大雨有之つゆ畦出来候程之儀ニ候ハヽ、売水相止メ水上ゟ毛付水入渡可申事

一　売水望有之者ハ来ル三日九ツ時迄村方へ印形持参ニ而可申出尤同日延引相成候ハヽ、取用相成不申候事

右之条々相守自儘之儀決而致間舗事

嘉永七年寅六月朔日　舳松村

先例の振合とあり、また売水中に降雨を見た場合に就いて、きわめて具体的な取極の行われている所から見れば、このような売水はきわめて頻繁に行われたものであることを知りうるであろう。池懸りの全般に亙って灌流すべき用水が、このように特殊な希望者にだけ売水せられるに至ったのは、如何なる因由にもとづくであろうか。一は、水量が少くて池懸り全体を潤すに足らない際の非常的措置として、二は、作物が木棉を初め、自足のための食糧生産と謂うよりは、ただちに貨幣価値に計量しうる程著しい効験を与え、早くから換金作物の耕作に重点が置かれ(租率の高いこととも相俟ち)、必要の際の僅少量の灌水が、ただちに貨幣価値に計量しうる程著しい効験を与え、水を貨幣に換算するのにもっとも容易な環境に在ったこと、三は、大仙陵池の溜水自体、すでに多大の人力・資力を投ずることによりて獲られたものであり、ことにある場合には、狭山池の買水を溜め込んだように、池水その物が貨幣的に見做されて来たこと等であろう。

数々の池普請に際しての代官所からの御手当銀の下附、(66)あるいは明和八年の旱魃の後を享けた安永元年の利籾付きとは云え、五ヶ年賦の種籾拝借の許容等、(67)終始堺の奉行所あるいは大津代官所が、四ヶ村に対して与えたる援助の事例は、数えるに遑がなく、このような旱地で、また度々の饑歳の連続にも拘らず、幾度か危機に瀕しつつも四ヶ村の(68)継続しえた所以は、これら幕府の手による救済手段の効果の僅少でなかったことを認めざるを得ない処である。

(56) 南文書の写本。
(57) 『老圃歴史』明和八年の条。
(58) 『老圃歴史』。
(59) 「大仙陵池水無数植付難出来ニ付段々歎願之上毛替為致候一件」に曰く
乍恐口上

堺廻リ　三ヶ村

一　当村々之儀者前々ゟ至而旱損所之儀ニ而田方用水溜池之分者年秋冬之頃ゟ溜水之儀専一ニ厚心掛ケ候ニ付是迄ハ稲草植付時節相成候ハヽ池水十分ニ相成候義ニ付乍旱損処も毛付安心ニ仕来候儀ニ御座候　然ル処一昨子年猶又昨丑年不存寄旱魃打続前代未聞之年柄ニ付前書溜池之分暫時ニ干池仕候儀ニ付莫大之諸雑費差入井戸在之分ハ浚立又者新規所々之堀立等仕昼夜多分之人夫相掛ケ格別尽丹誠六七間之深井掻汲相養候得共何分不容易旱魃ニ付及情力兼夥敷皆無作ニ相成候程之儀ニ而夫食之手当茂無之実ニ凌方難相成段一同深相歎何卒当年之儀者尽熟相祈罷在候処去秋以来一向雨無数義ニ付掛水之儀尚更厚心配も仕候得共池ニ水溜悪敷既此節重池之分ニ而漸々有水三合斗ニ付沖茂稲植付難相成此中ゟ潤雨相待候得共大雨無之最早昨廿七日夏至ニ而北庄村重池法而已可成ニ植付出来候得共外弐ヶ村之儀者今ニ聊之植付茂出来不申候　惣百姓共一同実ニ寝食相忘相歎罷在候　尤外隣郷村々用水池之儀者水掛リモ宜敷儀ニ付悉稲草植付出来候処当村々ニ限リ前顕之次第ニ而多分之御田地植付不相成一昨年来之大凶作之上又候当時之仕合ニ而実ニ百姓相続難相成十方暮罷在候儀ニ付何卒溜池幷田方之模様乍恐御見分被為成下偏御賢慮之程奉願上候　右御聞届被為成下候ハヽ難有奉存候　已上

嘉永七寅年五月廿八日

北庄村
中筋村
舳松村

鈴木町
御役所

(60)　嘉永七寅年五月廿八日「大仙陵池水無数ニ付御見分願写幷箇条書」庄屋三郎平控。
(61)　嘉永七寅年六月廿一日の「乍恐口上」から作成。
(62)　嘉永七寅年六月廿八日の「乍恐口上」から作成。
(63)　奥書に記して曰く

右者当申秋稲木棉作私共立会内坪刈目様等仕少も無依怙贔負合附仕内見帳指上ケ候通少茂相違無御座候　尤御検見之節ハ番付ケニ引合田毎ニ建札仕疑敷無之様正路ニ御案内可仕候　若御見分之上合毛格別不同御座候歟紛敷儀有之候ハヽ庄屋年寄ハ不及申上地主何々之曲事にも可被仰付候為其奥書印形仕指上ケ申候　以上

明和元年申九月

和泉国大島郡湊村庄屋以下村役人連名

飯塚伊兵衛様

御役所

(64)　一　木棉者勝手作之儀ニ而養水筋ニモ差別有之候ニ付追々木棉作相減稲作相増候ニ付近年別而養水不引足稲作而已仕付候者本意ニ候得共池水不足者素ゟ之儀ニ而稲作仕付候迚茂多分之皆無出来候時者却而御趣意不相立百姓相続方ニも差支池為ニ不相成儀ニ付以来者木棉作ニ而茂水上順々稲作同様ニ養水入渡何分御収納ニ不差支様可致事　（下略）

(65)　「明和八年凶作記」による。

(66)　既に第二節に述べた。

(67)　『老圃歴史』。

(68)　(1)に同じ。

第六節　結　言

以上述べて来た処は、近世の堺廻り農村における灌漑農業の諸相の解明に在り、あるいはやや冗漫に流れたことがないかを虞れるのであるが、最後に前述の内容から、近世の堺廻り農村の灌漑農業の特異性とも云うべきものを指摘し、もって結びに代えたいと思う。

堺廻り四ヶ村の農業の記録は、頻発する旱損と、これの対応策の展開如何の問題に尽きていると云っても過言でなく、実に本邦の寡雨地域での灌漑用水の問題と、僅少の用水源を極限にまで利用して、水田或いは畑作を実施して来た典型的な事例を提供するものである。堺廻り四ヶ村の復興は、大阪冬・夏両陣の兵火を被った後、政所長谷川左兵衛の還住ならびに移民招致の策によってその基礎の成ったものであり、畑高が田高にほとんど近似する石高を有したこと、また石盛の高率であったことは、用水の不足と云う前提と相俟ち、この地域に特殊な農業経営方式を確立せしめるとともに、地主(田頭)と下作人との分化が甚だしく、若干の地主の手中に耕地の集中を見、一人で二、三百石乃至数百石を所有する者の多い反面、無高の百姓が高持百姓よりも遙かに多い事実は、大阪両陣後の復興に際して、早くからこのような傾向の萌芽を示し、堺廻り農村の農業経営の基底をなすとともに、また時代を経るとともに、旱害の頻発による小農民の維持の困難と云う現象を生じ、これらのため、益〻土地兼併の風を助長し、因となるとともに果として働き、循環的にこの傾向は拡大しつつ、その特異性を、時代の降るとともに、益〻大ならしめるに至った。

堺廻り四ヶ村の用水源は、いずれも河川もしくは天水にばかり依存し得ないので、大小無数の溜池を新設整備して、一にこれに灌漑農業(特に水田耕作では)の基礎を置いたものであるが、いわゆる大仙陵池には、何時の時代からか灌漑用水池として利用する施設が加えられ、近世初頭には完備した配水設備を有する池として、検地帳の表面にも記され、池面積の広大さに比べれば、その利用価値に若干の不充分な点のあったのは当然ながら、しばしばその貯水を完全に消費し、測りえない無限の恩沢を与えつつあり、その他大小無数の小池の築造は、近世以前の完成のものが大部分であるとともに、さらに近世以降、あらたに設けられたものもあり、全水田がこれらの池の灌漑区域に編入せられ、整然たる組織を有したのである。

堺近郊での灌漑用水の不足の問題は、早く幕府当局でも熟知せられた処で、区域内の溜池水に依頼するに止まらず、他郷の用水を引用する手段が講ぜられている。すなわち慶長十三年、河・泉での著名の大池である狭山池の再築復活を契機としてその余水を享け、堺近郊一万六千余石の地域を灌漑する轟池の築造があり、寛文の頃に至ってそれが廃絶すると、さらに遠距離を隔てる狭山池水の引水計画があり、明和五年・同九年・文化十五年等、上流の溝沿いの村々との交渉、支配領主への訴願等、幾多の苦心を経て、冬季の大仙陵池に、自然の貯水を見なかった場合には、その不用水を享けて大仙陵池に貯えているが、これは表面は貰い水とは云いながら、事実は完全な買水に他ならなかった。

大仙陵池水の配水をめぐっては、池元と自称する舳松、これに次ぐ灌漑面積を有し、支配権も次位に在った中筋、池懸り面積が少く、加えて流末的位置に在ってしばしば苦難を経験した湊および北庄、これら四ヶ村の間には、度々の分水論の発生を見、もっとも多量の史料を止めているが、これらの水論の発生の因は、次のような諸条件に帰しうるであろう。⑴灌漑反別の大小ならびに、池に対して村々のもつ自然的位置の相違から生じた、大仙陵池水の支配権の大小にもとづくもの、⑵上流と流末との位置的差異によって生じた、一度抜いた池水が、村々の田地に達する日付の数日間の相違が、遅植をもって常例とするこの地域の水田耕作に対しては、収穫量に大きい影響をもたらすことによって起る上・下流の利益の不均等性、⑶村々の耕作者の耕作規模の大小の差(これは地主の規模の大小による所が大である)にもとづいて生じた、終始大仙陵池水だけでは、その田を賄い得ない目算の立った場合の、池水のもっとも有効な利用方法に関する意見の対立、⑷用水分配の基準となるべき分水石の構造が、一応灌漑反別に比例して溝幅を定めた公平なものであるとは云いながらも、その傾斜等に不同があり、これが慣習的な村々の勢力関係と結び、多少の不公平を免れ得なかったこと。

このような原因に基づく水論はしばしば繰り返されたとは云え、元来限りがあり、不足を生ずることの明らかな大仙陵の池水であるから、如何程配水を合理的に実施しても、用水の不足個処を生ずるのは当然であり、寛政十二年の水論の場合に見られるように、ここに新溜池の増築へと問題の解決策が方向付けられていることは注目すべきであろう。轟池の壊廃後、これら村々の用水難の加重した事情は随処に認めうる処である。

旱損の被害如何はその年の降水量だけでなく、前年の降雨量とも密接不可離の関係があり、すなわち大仙陵池に在っては、到底その年の春以来の降雨量だけではその田・畑の耕作を行いえず、前年秋以来の降雨を溜めて置き、これを次年度の用水源として用いるものである。したがって旱魃が来、旱害となると、二、三年の連続性を有するのを通例とする。すでに引用した明和八年の「凶作記」の記載のように、このような前後事情は明らかな処である。ことに京阪地方には相当の降雨があったにも拘らず、堺の近郊は小雨を見たに過ぎず、田面を潤すに足らなかった事例は枚挙に遑がなく、堺近郊の雨量分布の特異性を示している。ただし旱年には、米作・棉作等の主作物は甚害を被るとは云え、麦作を初とする裏作は、やや平年の収量を凌ぐものさえもあり、表作の被害を幾分補い得たこともあったのは、天の配剤とも云うべきであろうか。全水田面積の八〇％に近い不植田、全畑地面積の二〇％の不植畑等を生じた場合も存在し、このような旱魃の後を承けては、その翌年はただに用水の手当に努めるだけでは事足らず、やがて代作の問題が採り上げられるに至り、低い平地には稲作を仕付けるが、他は大豆作・芋作等が行われ、在住民の夫食の備とせられたことは注目すべきである。

棉作は畑に作られるばかりでなく、水田の中にも深く滲透し、水田ではより収穫量の多かったものの在った事実は、この地域の貢租率のはなはだ高かったことと相俟って、広く棉作の普及を見、また元来この地が旱地で、水田作よりも養水の必要量の少い棉作を利とした事情もこれに加わり、幕府の棉作抑圧策にも拘らず、棉作を欠いてはすでに農村の立行かない状態にまで達していた事情は、看過出来ないものがある。棉作のような換金作物の普及と、池の水量が池懸りの全地域を潤すに足らないことのしばしばであった事情もあり、すでに先例とさえも呼称せられた程、売水の制が厳として存在し、水田・棉作それぞれの場合に対する売水価格の規定を見た程であり、池々の普請に際しての手当銀の下附、饑歳における種籾の長期貸付、あるいは幕府を背景とする数々の非常手段による他領用水の引灌等、このような用水対策を加えることによって、疲弊を次第に加重しつつも、また小作問題に悩みつつも、灌漑に全てを托した堺廻り四ヶ村の農業ならびに農村をようやく維持しえたのである。

（一九四三、四調査、一九四三、五稿、『東亜人文学報』三巻二号〔一九四三、一〇刊〕掲載、一九七一、七補訂）

第十七章　備前興除新田における新開田と用水問題

第一節　序　言

児嶋湾岸の新田開発は、もっとも奥に位置する箕嶋《みしま》新田、妹尾の大福新田が、慶安・万治・貞享・元禄・享保年中の開発であり、早島、帯江の新田は、寛文・延宝・元禄の開発に属する(1)と云ったように、岡山藩の開墾としては第一期(2)に属するものであったが、本章で対象地域とする興除新田は第二期に当り、その開発計画の端緒は、すでに元禄頃にあったけれども、幾多の支障(3)が続出して、以後度々の計画も容易に実現に至らず、ついに文政三年から六年に亙る間に、倉敷代官の企画（寛政九年の倉敷代官三河口太忠の案を基礎として(4)）を、岡山藩が実行することによって成就完成を見たのであった。

当初幕府が計画したにも拘らず、岡山藩の度々の請願の結果、事業はその手に譲渡せられ、「一円手限り」をもって行われ、岡山藩の領内から替地を幕府に差出すことにより、興除新田五千余石の土地は岡山藩の手に帰したのであった。これらの諸事情の経緯、ならびに現在の一戸当り耕作面積が大で、もっとも農業機械化の行き渡った、またかつて大地主による土地兼併の顕著であった地域としての、本新田の成立発展の様相を究明すること自体は、すでに新田研究としても興味の深い問題であり、またこれに関する史料も相当豊富であるが、本章では、しばらくこれを問題外

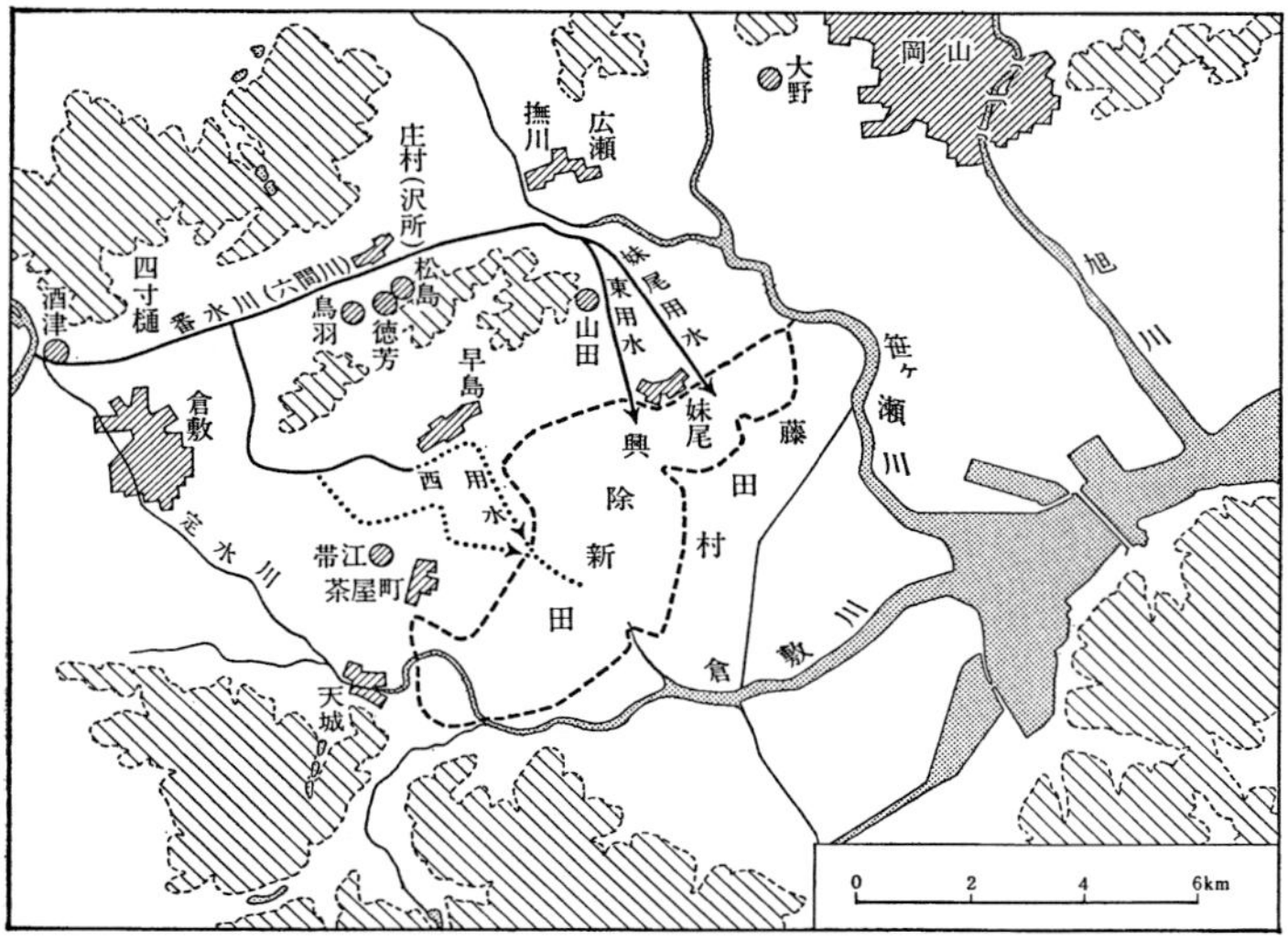

第25図　興除新田と用水路

とし、上述の諸事情に就いては別に稿を改めて論述する機会を持ちたいと思う。

新田における灌漑用水問題研究の一事例として、興除新田の場合をここに採りあげたのは、主として次のような観点にもとづいている。(1)従来筆者の行った用水問題研究の中で、新田開墾の場合の用水問題の闡明への一般形態の一類型として、(2)全国各地に数多く見出される、同一用水源の支配下にある新旧二個の村落群が、水利に対してもつ諸関係の中、歴史的変遷の結果としての現象だけが現存して、このような現象を生ぜしめた因由を説明する史料の明瞭でない場合、このような関係の由来を類推復原する一つの基礎を提供する事例として、(3)興除新田は後述するように、その開発の時代がきわめて新しいため、新田開発当時の諸関係が、大部分現在までほとんどそのままに持ち越され、史的研究すなわち現状の解明と云うような性格を有する、ことである。

（1）『岡山県通史』下編、七三二頁以下の記載による。
（2）『経済史論考』黒正巌著、「開墾政策」二二九頁以下の論述による。
（3）（1）に同じ。
（4）『興除新田紀』巻一、「開発発端之事」。

第二節　興除新田における用水の意義ならびに幕府・岡山藩の態度

興除新田開墾の成否が、第一に用水問題の解決に存していたことは、本新開の立案者の立場に在った幕府当局も、またその事業の衝に当った岡山藩側自身も、よく熟知していたところであった。このような内面事情を具体的に証拠付けるものとして、開発計画の実施に先き立ち、幕府、岡山藩の両者間に往復された示達、もしくは意見具申に関する史料の若干を摘出し、もってその中に現われた両者の用水に関する立場を窺うこととする。

用水引方他領之義ニ御座候得者手限ニ取斗難相成奉存候万端差支無御座候様御取極御引渡被下候様仕度……永年差支無御座候様被成置被下度奉存候　（『興除新田紀』巻一）（傍点、筆者）

引用した文言に見られるように、開発案が幕府の手に成り、開墾事業が岡山藩の手普請、したがって新開の成就後は、この新田は全く岡山藩の所領となる条件で着手せられたにも拘らず、こと、用水に関しては、岡山藩は全く幕府の力に依頼し、用水組織の完成を待って引渡されることを期待し歎願しているのであって、この点に、近世新開の重要な一特色の存することが認められる。すなわち中世の小庄園の割拠時代とは著しく異り、雄藩岡山藩の上に、さらに幕府の支配力があり、この力の発動によって、大名領域を異にする水源からの引水系統が樹立せられ、ここに大規模な新田開発、ならびに経営が初めて成立しえたことである。なおさらに

御領所他領地内用水悪水路掘割等之儀私共取斗難相成候間御普請役衆中被指遣掘リ割場所杭打丁張御引渡被下候様仕度奉存候但用水不足可仕哉ト奉存候付追々増方之儀御考辨被成下候様仕度奉存候尤場所一通りならさる新開に御座候へ者及後年故障等出来仕候ハヽ其節相伺候様可仕候　（『興除新田紀』巻一）（傍点、筆者）

とあって、新開普請中の、幕府からの普請役の派遣はもちろん、一旦成就の後でも、後々までも幕府の統制力に依存しようとした事情を示すものである。

仮令畑新開に相成候而も於相成義者少にても稲を植付度存候者百姓之習ニ而候間何卒水ハ十分掛り候様仕度何卒近々内分ニ而場所見申度……御内々御見及と申義ニ候ハヽ此方ゟ御構申間敷尤領分中に御座候得者御案内之者は差出可申旨申候処素り内分之義に有之候間承置呉候様との義に付……　（傍点、筆者）

新開の目標が水田の獲得に在ったことは当然であるに拘らず、敢えてたとい畑新開なりともと、きわめて消極的な表現を用い、こうして用水問題の解決の困難なことを、最初から予想した点の認められることも、藩の立場として注目に値する。

また「少ニ而も稲植付度存候者百姓之習」として、これまた藩の意志を包み、万事幕府の指揮を仰ぎ、直接手を下すのを避けたものであろう。

内々場所見分の事であるならば、領分中であれば案内の者を差出すべき旨を述べているのは、幕府の直接指揮を背景とするにも拘らず、新水路の開設に対し、上流村々の反対意嚮を予想していることが窺われるのである。

仮令畑新開ニ被仰付候而も人牛呑水無之候而者立行不申……此段第一之御儀と奉存候

とあるのは、灌漑用水以外にも、飲料水の供給の必要のあることを強調したものとして、最近まで、なお興除新田では、用水路の水流を濾過して飲用水として利用しているものの数多かった事象と対照して、これまた注目すべきである。（戦中まで）

岡山藩の依頼により、幕府は御普請役元〆を現地に派遣して用水路筋を決定し、かつその工事を監督せしめることとなったが、この際の幕府の古田側、ならびに新開側の両者の立場を考慮した上での、根本方針は次のようであった。

入組候義ニ而地元村々故障差支等申立候義も可有之哉　右之分ハ拙者直々随分利害申聞成丈ハ新開場為筋ニも相成候様ニ……（新田側に対する態度）……

古田故障難儀に及候義ニ無相違相聞候分者敢而押すくめかたき儀に有之……（古田側に対する態度）……

第三節　用水路計画の樹立と幕府の処置

決定された用水路建設の具体案は次のようである。すなわち東手用水、西手用水の二本の幹線水路が予定せられ、東北―西南にやや狭長な興除新田を満遍なく潤す計画である。

東手用水は湛井用水の取入口（古来著名な十二ヶ郷用水の別称、これについては本書第一章参照）の圦樋が、従来三艘であったものに、さらに一艘を加え、その増加分をもって興除新田に注ぐとともに、興除の西北方、低い丘陵を隔てて位置する低湿地、沢所村々の余水の末流を掘継いで導き、東用水路の水源とする予定であった。

西手用水は湛井堰の下流十数キロに取入口のある八ヶ郷用水の取入口に堰を仕立て、酒津川へ増水し、八ヶ郷用水路に導くとともに、その末流を享けるものであった。しかし両者ともに十二ヶ郷、八ヶ郷の用水量をそのまま興除新田へ新規に注ぐのではなく、実際の結果は兎も角、まず元水の増水の分で賄うことを条件としている所に、当路者の苦心の迹を見出すのである。ただし高梁川でも一定の限度のある用水量であるから、如何に取入口に新規の工事を行い、取入水量の増加を計っても、その水量は無限のものではなく、したがって上流村々の幾許かの犠牲においてのみ、興除の新開成立は可能であり、ここに興除新田の用水問題の第一の難点が横わっているのである。

こうして導かれた用水は、新開地の中では如何にして配水せられるか。規則正しい碁盤目状、もしくは菱形に区画された田地の区画の線に沿い、縦横に流れる用水路とする計画であり、水路敷の面積は水田面積千五百余町歩中に、初めは十町歩の予定であったものが、実施に際しては二十町歩に拡張せられた。この二十町歩の用水路が年々浚渫を加えられ、現在では貯水池としての重要な意義を有することは、後述によって明らかとなるであろう。

上述の用水路案を遂行するため、幕府側の採用した処置、手続はまことに徹底的で、興除新田用水問題の根本的解決を所期したものであった。以下項目を分けて若干の説明を試みるであろう。

1　水路掘割の指導と実施　水路の掘割に際し、幕府は如何なる処置を執ったかの問題に対しては、次の文言が之を明瞭に示している。

一、用水路御普請申付切之事

一、一式手限に仕立候様仕度尤御料所他領掘割場所杭打丁張被仰付水懸等之儀迄聊申分無之様御取極御引渡し被下候様仕度奉存候万一後年故障之義出来仕候ハヽ其節相伺候様可仕候（『興除新田紀』巻二、用水引入方問答之事の条）

当初の方針をそのままに、幕府の指揮下に岡山藩の所謂一式手限普請であり、岡山藩側からは普請一切の計画書を差出し、これが幕府の計画として、そのままに実行せられたことを示している。したがって幕府の命として、水路沿いに当る村々をして新用水路開鑿に異存のない旨の請書を提出せしめ、その後、東用水路七千四両弐歩、西用水路四千九百五拾七両弐歩の入用で着手せられたのであった。一切手限普請であるから、費用の一切は岡山藩庫の支出を俟ったものであり、普請に際し、地元村から差出した船の損料、船頭賃銭の請取等は、ともに岡山藩の御普請方宛に提出せられている。

2　村替え　上流村であって新用水路の開設による被害を受け、水路の新設に対して反対意向を唱えるものがあれば、幕府はその至上権をもって、その村の所領関係の変更を断行し、水路新設の故障を排除する強行手段を敢えてした。すなわち庭瀬領分山田村地内五十町歩の田地(5)は元来用水困難な土地であり、湛井堰流末の妹尾村の用水路から供給を受けていたが、新水路の開設によって給水源を失う結果となったため、容易に納得の色を示さなかった。そこで倉敷代官の処置で、山田村の田地は新川の用水系統に編入し、さらに山田村を天領(御料)に編入、庭瀬藩には替地を与えて解決を見たのであった。幕府による、同一用水系統の土地の領主の一元化の現象として、注目に値するであろう。

3　上流井組内村落間の用水の特別融通　西用水路の水源となるべき八ヶ郷井組の中、番水組に属する五日市・二日市・早島の三ヶ村は、元来流末で用水引取方に困難した土地であり、番水の割当量以外に上流から「貰水」を行い、辛うじて田地を相続して来た村柄であったので、下流にさらに新な興除新田が開発せられては憂慮に耐えず、「不安心」を理由として、種々歎願する所があったので、倉敷代官は永年の慣習である八ヶ郷内の用水の分配に対しても干渉を加え、三ヶ村が特別に貰い請けた水の分量に相当する歩通を以て、八ヶ郷水利費を出銀することを条件として、八ヶ郷村々一同を召喚の上、三ヶ村に対する用水の特別融通に就いて次のごとく熟談一札を交換せしめる所があった。(6)

イ　備前領村々の中、元々用水の差支のない村と、高所で難儀の村とは相互に「助合」を本義とし、前述の三ヶ村から相談のあった節は、相譲り合うべきこと。

ロ　八ヶ郷中の鳥羽・徳芳の二村は根付水(植付前に井郷全般に行き渡るように、一通り配水するのを云う)の後、養水が番水割となった際、用水量に余剰を生じた時は、三ヶ村へ番水を譲り渡すべきこと。

ハ　同じく辻・中島の二村は天領、備前領入交りの土地柄であるから、番水の当った場合の時宜により、三ヶ村へ譲渡すべきこと。

ここに注意すべきは、ロに記した鳥羽・徳芳の二村は御料、いわゆる天領であったため、他の備前領の諸村に比して「譲渡」の内容の余程緩和せられている事情である。また前述のように、興除新田は幕府の画策・監督の下に開かれた新田であるにも拘らず、替地の代償として、これが岡山(備前)藩の領有と決定した結果、幕府の徹底的な新田擁護の立場にも拘らず、すでに八ヶ郷井組内の村落の、五日市・二日市・早島三ヶ村(旗本戸川伊豆守の領)への譲水が、備前領興除新田の新開にもとづく用水の減少を理由として、主として備前領村々の犠牲を誓約せしめた点に関してである。

4　潰地代銀、裏毛代、田畑成間銀の支払　　西用水路の掘鑿に際しては、この水路に当り潰地を生じた村が多かったため、帯江・妹尾・下撫川・大内田・妹尾崎・山田・二日市・亀山の諸村は潰地代銀、裏毛代を岡山藩から銀札で支給せられている。(7)潰地代銀は質入直段を標準として、裏毛代はその年の作付の収穫量の見込をもって支給せられた。

田畑成間銀は、右の内妹尾村地内で見出されるものであって、西用水路掘鑿の結果、同村内岩熊池掛リ参町弐畝歩余の田地が、其年は用水が懸らず畑成を余儀なくせられたので、一ヶ年限り、壱反に付銀百匁宛で、これまた岡山藩から支給せられたものである。ただし翌年からは、右の分は新川用水を受けることとなり、用水に関する所属区域の編成替を見ることとなったのである。

潰地代銀の問題に関し、一つの異例を提供しているのは、妹尾に近接する箕島村(8)の態度である。箕島村は天水所で、年々難儀を繰り返し、旱損を受けつつあった土地のことであるから、村内を新水路が通れば、その水路から少しの洩水があっても、永々村のためになる事とし、かえって水路新開を歓迎し、「為冥加」と称して、掘割個処の地代金幷に年々の地子米を受取らなかったと云う態度を示している。そのいわゆる洩水の語義に若干の疑問があるにしても、異例として興味をひく。

5　用水管理案をめぐる幕府の態度　文政七年新開場工事の完成を見ると、倉敷代官大草太郎右馬は用水の取扱方に就いて幕府の勘定方に伺書を差し出し、用水の管理機構に関して、ひじょうに具体的な方策(9)を述べたが、先ず興除新田に導かれる用水が、「御領私領給々数ヶ村之組合有之用水路江分水仕法之上引入候場所或者従往古之井組有之用水之余水又者沢所悪水を以右御高入新田江相懸ケ候」として、(1)御料私領の混淆の甚だしい上、(2)古くからの井組または古田の余水を享ける関係上、新規の方法を定めて初めて成立した用水路であるから、水旱の年柄、または川瀬の模様替等によって、用水懸引方の混雑を来すことを憂い、次に述べるような、用水の管理に関する仕法窺書を提出している。結果を先に述べれば、大草代官の窺書の内容は、若干の修正を経ただけで、ほとんどそのまま採用せられる結果となり、これが大草代官と、岡山藩当局との協議の結果成ったものであり、したがって両者の緊密な関係（之は新田開発の端緒からも窺われる所ではあるが)を察せしめるものである。

イ　用水差配人　　東、西の両用水路および西用水路の元水分水所の、都合三ヶ処に各二人宛、御料、岡山領から各一名を、村役人もしくは長百姓等の中から「実躰正路之人物」を撰んでこれに当て、勤め日数に応じ、一日米一升宛の手当を与えるものであった。

三ヶ処の用水差配人の中、もっとも注目の必要のあるのは、西用水路の元水分水個処で、説明書によれば、西用水路は松山川の中、東川から取り入れるものであるが、東川筋の減水のため、用水の懸引に差支える際は、分水口で強権を用い、東・西両川の別れ口で分水し、西川から東川へ増水して取り入れるものであるが、数ヶ村の組合であるから、差配人がなくては円滑な元水分水に差支えることを懸念してのことであった。もっとも東川の用水が潤沢で、分水に困難のない時は、差配人は命ぜられない筈であった。元水分水個処での強権の執行に、興除新田新開の意義を認めうる。

ロ　樋守、水門番　　樋守は東西の両用水路に各二人宛、水門番は東用水路に二ヶ所設ける予定であり、その給米は水門番は一ヶ年間二石乃至九石の定であったが、其の額が比較的多額であるのは、年中を通じて、もっぱらその任に当る必要があったからであろう。

ハ　用水懸引中の専任手代の設置　　用水差配人および樋守、水門番は村方から撰出してその任に当らしめるものであるが、「大場之義ニ而差配人而已《ノミ》之取斗ニ而ハ新規之義与申旁人気不揃之土地柄品ニ寄年々用水差配リ方相争候義茂可有御座哉」[10]を慮り、倉敷陣屋詰役人の直接支配を要求し、懸引中、専任の手代壱人を置き、用水の総支配者的な位置に在らしめることとなっていた。

倉敷代官大草太郎右馬の上述の管理案の具申とともに、岡山藩当局もこれに対して、全く異存のない旨を、江戸の勘定所へ願い出たにも拘らず、すでに備前領と定った土地の用水は、幕府から直接手を下すべき筋合ではないとの勘定所の意嚮により、倉敷代官の取扱は一旦手放の結果となった。(11) 興除新田を備前領として開墾すべく、藩当局が異常な努力を傾注してようやく成功を収めたにも拘らず、この新開の死命を制する用水問題で、備前藩の独力では如何とも成し難い困難に逢着したのはいとも皮肉であるが、ここにまた灌漑用水問題の、大名領域の小範囲を超越する根本性格の一端を見出しうるのである。

備前側は大いに狼狽し、井路筋は人情が六ヶ敷く、公事訴訟の多い土地であるから、以来如何様の出来事が生ずるやも計り難いと述べ、何時迄も倉敷代官の支配下におかれることの必要性を縷述し、

イ　興除新田の百姓が未だ充分に居付いておらず、稲作も未だ試作の域を脱していないこと

ロ　呑水の供給の肝要なこと

ハ　後年用水問題のため、ふたたび幕府の厄介になっては相済まぬこと

などを理由とし、「後年得与落合候迄」を条件として、再度出願の結果、次の二つの条件で妥協が成立し、以後五ヶ年間、倉敷代官大草太郎右馬の取扱となった。

a　出役手代に要する費用(12)は備前藩から支出

b　差配人、樋守給、水門番給の支出もまた同様

五ヶ年を経過すれば「其内ニ者居り合之目斗茂相立可申」ことが予想せられている。このようにして、用水差配人その他、それぞれの任命を見たのである。(13)

このような経緯から帰納しうることは、一旦新田が開発せられて、古くから存在する井組に加入し、用水の分配を受け、これがようやく慣習として何時か承認せられ、古い井組村々と対等に、分水権を要求しうるに至るまでには、如何に長年月を要するかを示し、水利慣行の成立が、決して一朝一夕でないことを思わせるものがある。ここに現在の興除新田の用水問題の解決の困難な一素因が存するのであって、上述の管理機構の下に、幕府の監視を受け、永年同一の分水仕法を繰返すならば、興除新田も何時しか確固とした用水権を獲得するに至ったであろうが、この管理機構の最大の支柱である幕府は、新開成就後、僅か四十三年で瓦壊し、未完成の用水系統の組織を、現在に持ち越したことである。

(5) 『興除新田紀』巻四、用水方之事、の中五、「山田村地内新田用水ニ而養方談向之事」による。

(6) (5)に同じの八、「五日市、二日市、早島江八ヶ郷井組譲水之事」による。

(7) 一例として帯江村の場合を左に示す。

請取申銀札之事

一 銀札 二百六拾七匁四分壱厘

是者二日市亀山両村地内御新開用水路長弐百八拾間五合《マヽ》横三尺長百四拾間横三尺長六間横弐間半御切広地代銀札也

一 同五拾弐匁七分三厘

是者右川筋裏毛代

〆四百弐拾目壱分四厘 此銀渡方御普請方請

右之通御渡被為下慥ニ請取銘々江相渡申候処相違無御座候 已上

文政五年午七月

窪屋郡帯江村惣代

多左衛門 印

児嶋俊三郎様

（8）　乍恐以書附奉申上候

此度備前国児島海附洲御新開御目論見之所用水路之義箕嶋村地内江御附新規掘割均等之儀被仰付承知奉畏候然ル処箕嶋村之儀者天水所ニ而年々旱損仕難儀に罷在候村方ニ付少之洩水有之候而茂永々為ニ相成難有仕合奉存候間乍恐為冥加御掘割場所地代金并年々地子米共頂戴不仕御用地に指上申度奉存上候間此段御聞済被成下候様奉願上候　依之乍恐以書付奉申上候　以上

文政三辰年九月

花房数馬知行

備中国都宇郡箕嶋村

年寄　岩五郎　印

同　与市兵衛　印

備前　御役人様

（9）（5）に同じの二十、「両用水路倉敷御代官御取扱之事」による。

（10）（9）に同じ。

（11）（5）に同じの「用水路取扱方大草殿一旦御手放之事」。

（12）（5）に同じの「用水路入用物御国方御引受之事」。

（13）（5）に同じの二十一、「水道役人」の条に曰く

文政八年乙酉四月八日

一

備中大庄屋平田村

伝左衛門

右之者興除新田東用水路上作配被仰付候組合沢所組名主共之内取調作配人壱人宛年番に可申付候　尤倉敷御支配所ゟも是も作配人壱人被申付候間諸事申談締り念入相勤させ可申候

但樋守作配人中毎歳拾弐石之内七石倉舗御支配所江相渡五石御領分之分へ遣し可申事

第四節　用水路の新設をめぐる上流村の態度とその基底

文政三年興除新田の開墾計画が具体化し、倉敷代官の実地検分があり、東西両用水路の流路等が大略決定を見ると、両用水路沿いの村々は、殆んど一致の態度で、井路の新開に伴い、沿岸諸村の被る困難の数々を列挙し、用水路の掘鑿反対、換言すれば新開反対の事情を述べている。結果においては、当局の意嚮が新開完成に決している以上、村々の反対意嚮の表明も奏功せず、陳状の条件中の、あるものは若干の対策を講ずることによって難点の幾分が匡正せられ、ある部分は全然無視せられて、その主張は容れられず、工事の着手となったのであるが、その水路沿いの村々の立場も、東、西によって異り、それぞれの地域に即した興味深い特色を示している。ここに項目を分ち、やや詳細に説明を試みるであろう。

1　西用水路沿い諸村の態度　　西用水路に沿う村々は、既述した箕嶋村の場合を例外とし、帯江・早島の各村はいずれもほとんど共通の立場に在り、吻合した理由、態度(14)を示している。その内容を分類して述べる。

イ　水旱両災の土地で、新開の成就の上は、この除去の対策を講ぜられたいこと。

彼等の述べる所にしたがえば、帯江・早島は大体井組の流末である上、窪地であり、旱魃時には旱難、大水の節は悪水の落込による洪水と、両難の地であるから、後者の難を除くために、海面まで悪水吐川を新設せられ度く、また海面側に設けてある汐除堤は、洪水の折の、百姓はもちろん、牛馬に至るまでの避難の場所であるから、堤の修覆の際の土取場を、堤外に残され度いと言うのである。

倉敷代官のこれに対する返答および対策は、悪水吐のためには新樋管の伏込をし、また新開のために、沖手にはさらに堅固な汐除堤をめぐらす筈であるから、従来これらの村々の保護した汐除堤は、不用堤となるべきことを述べている。ここに窺われることは、新開によって一段と内陸部に位置することとなる村々は、従来、海附として有した種々の利益を喪失することを憂慮した点の察せられることである。

ロ　従来の舟入川を通船可能なようにして残し置かれ度いこと。

これに対する代官の返答は、従来と異り、新開成就の上は船入川を元通りに残して置いては、開発田地へ潮水の洩れる虞もあり、よって、新開地の外側に新設せられる汐除堤と、有来りの汐除堤とのほぼ中間に、閘門を設け、その外側までは猟船、商船の自由通船を許し、閘門内は小船でも通船を許さず、もっともこの船入川を通船の節は、備前国の新開地内であるから、他の備前国内の川を通船する場合と同様の心得を守るべしと言うのである。

ハ　用水源は番水、貰水、洩水の三者であったから、この用水源の一つでも、新開のために奪われることのないよう。

この場合こそは、種々の条項の中、もっとも核心をなすものと考えられ、倉敷代官もこの点に就いては、元水分水個処に新工事を施した結果得られる新加水の分だけで養うべきことを、再度に亙って敷衍し、工事が完成し、加水の分量を計って後、新開への引入量を決することを諭しているのである。かれこれ考えると、用水量の困難は当路者も充分に認識しつつ新開を強行したもので、新しい水田の獲得が、如何に急務であったかを思わせるものがある。

ニ　飼料、肥料の供給地の喪失と、この手当を考慮せられたいこと。

地元の言分は次のようである。

干潟に生立候葭草浜松之義古来ゟ藺作之肥シ又ハ牛之飼草ニ相用候間弥御新開被仰付候上者大勢之百姓差当リ難
義仕候義ニ付此段御憐察被成下度(15)……

この要求に窺われることは、沖手の新開の成立が、従来の海附村々の村内経済の自足性を破壊しようとしつつあった点であり、旧来の村落が有していた、村としての経済的独立性が破壊せられ、交換経済を前提とする跛行的な村落の出現が急速に見られるに至った(16)と云うことである。しかも当路者の米穀生産地を確保しようとする希望の熱烈さは、村々の立場を無視して

干潟江生立候葭草之義ハ往古ゟ刈取肥し并飼草等に相用候趣ニ候得共御新開ニ相成候上者御沙汰不被及

として、敢えて顧みない態度であった。これらの条項から看取せられることは、以上はいずれも上流村々の新用水路反対に名をかる新開の反対であり、たとい新開の反対を唱えても、天下の御利益の名の下に一蹴せられて、到底貫徹の見込のないのを知りつつ、何等かの口実によって新開を阻止し、あるいは及ばずとしても、延期させようとの意図の下に企てられたものであることである。

このような難点を示した村々の要求をそれぞれ処理し、あるいは無視して着工せられた西用水路は、完成後ようやく十数年を経過した天保十年に至り、その水路が平坦でなく、用水懸りの不便なために、模様替の議が起り、工事が施されたが、その用水の懸引の方法に就いて、容易に上流村々との一致を見出すことが出来ず、両三年間流水の模様を見計い、およその例格の立ってのち、用水取引議定書を交換する方法が執られた。用水路の経営の困難であったことを察せしめるものがある。

天保十三年に議定書は取替わされたが、[17] 植付水を八ヶ郷一統へ引き流しの節、精々興除新田へも引取り、植付水[18]の手当をなすべきことが記載せられているのは、議定為取替の以前の、興除新田の八ヶ郷からの給水の不足にもとづく窮状を察せしめるに足る。

このように、一旦模様替さえも加えられた西用水路は、結局何時か廃棄の運命に立ち到り、現在は東用水路だけが利用せられているのは、次に述べる、用水路の開設に際しての、東用水路沿いの村々のこれに対する態度如何の問題と対照して、強権による断行の後に来る、自然の運命を暗示している。

2　東用水路側諸村の態度　東用水路側の場合は、後述する妹尾村の特殊事情を除き、いずれも多少の難点を示したに止まり、悪水吐樋の新設、潰地代銀、潰地井料米の支払をする条件によって、何れも満足し「御新開場江対し彼是故障申上候而者御国益之御新開場江相障此段甚以恐入候間右御吟味御利解之趣村々におゐて承知仕候上ハ用水御引入方之義ニ付毛頭故障差支之義無御座候」[19] との、十二ヶ村連名の請書を提出したばかりでなく、下撫川村[20]のごときは、用水路の決定に際し、却って自村の便宜なように掘割られることを要求すると言う態度であった。すなわち最初の計画のように、所有田地の中間を掘り割らず、田地の畔際を掘られたいと願い、こうすれば潰地の少いこと、ことに向後の耕作の勝手にもなることを述べ、模様替を歎願している。そのいわゆる耕作の勝手とは、前述箕島村の場合と等しく、あるいは洩水を利用し、あるいは新用水路に沿う自村の水田への灌漑の利便を積極的に得ようとする態度であると考えうるであろう。

妹尾村はその自然的環境が、前に述べた西用水路沿いの早島・帯江の諸村に類似し、窪地で水旱両難の土地であり、加えて次のような特別の困難な条件を有していた。すなわち

イ　漁利の喪失とこの権利の保証の要求

妹尾村の陳状には、漁利の喪失に関する事項が大書せられている。すなわち

当村漁業之義ハ地頭分知已前ゟ年々浦役米相納漁業渡世罷在候処数年出入有之近年猟師共悉く困窮及難儀漁師共取続難相成尤宝暦年中重御裁許有之義ニ付御新開場外海面漁業之義ハ是迄之通無故障相稼候様被仰付度(21)……

と、浦役米を納めての妹尾の漁業は、その由来のきわめて古いことを言い、たとい新開出来の後も、沖手の漁業権は旧来の通り許可せられたいと言うものであり、これに対する当局の対策は、すでに新開取立の上は、従来の稼場である海面は、岡山領地先の海となって妹尾は浦付でなく、したがってその出漁は成らない筋ではあるが、従来の由緒もあることであるから、格別の訳をもって、新開場へ差障らないように、新開場外の海面への入猟はこれまでの通りに捨て置くとの消極的な保証をえたのであった。あらたに内陸となる農村の、種々の不利な事情は、大体黙過する態度を採った当局が、漁民に対してだけは、特別の考慮を払ったことは、従来たびたびの児嶋湾の開発計画が、漁民の反対によって難航を重ねて熟さず、(22)用水問題が、開発計画実施後の最大の難点であるのに対し、漁民との関係の紛糾が、計画の熟する以前の、最大の障害であった点を考慮すれば注目に値するが、米穀生産への欲求の加重するとともに、漁利に対して農業の利益がより重視せられ、優位を占めるに至ったことを示すものであろう。もっとも浦役米の存在が、漁民に対する恩恵的処置を執らしめた事情も見遁し難い。この条項も西用水路側の場合と等しく、用水路の反対と言うよりは、新開反対であることは贅言するまでもない。

ロ　村内無高の百姓の新開内での請地の要求(23)

これも妹尾村の百姓から歎願したものであるが、この要求は地元村役人へ掛合い、請地を引請けるべしと沙汰があ

り、当局自らの手による処置は差控えられている。地先海面は、従来は海附村々の用益して来た慣習の残存が、この要求となって現われたものとして興味がある。当局が直接この要求の解決をなさず、地元村々の相互の交渉に委任する態度を執ったのは、これが新開地への移民招致と云う、重要な根本問題に関係し、かつ新開地が、すでに岡山藩の手によって経営せられる運命に在ったことによって、このような態度を示したものとすべきであろう。

上述のように東、西ともに各若干の反対理由を掲げたが、これらに対する解決策は如何なるものであったか、今これを要約すれば次のごとくである。

イ　元水増水。旧村の困らないことを条件としている。幕府の強権による開発であるに拘らず、この苦心の点に注目すべきである。

ロ　用水路川幅の切広げ。

ハ　引水、排水のための新樋管の設置。

ニ　これらの水路の普請は、すべて新開場の負担であり、しかも上流村々の同意を得て後行うこととなり、新開場の古田村々への従属の端緒が此処に生じている。

ホ　水路工事の費用の負担が、新開場だけに懸ったにも拘らず、管理は上流村々の掌る所であり、新開の古村への従属の現象は、この点で一層明瞭である。しかもこの関係は、現在まで継続して存在し、新、旧田の立場の重大な相違点を示している。

(14)　以下の記述は興除村中疇、鷲江周一氏所蔵、「用水方古書」の「御吟味に付申上候」による。
(15)　(14)に同じの中、早島村から倉敷代官宛差出した「御吟味ニ付申上候」による。

(16)『日本経済史概説』中村吉治著、五七五―五七六頁。

(17)(14)に同じの中「西用水御模様替議定書写」。

(18)曰く「一、八ヶ郷井組五月田植水之義ハ毎年番水方立会根付水割致右日限ゟ以前引流と唱沢所其外手末村々江数日引流置根付水割日限に相成候得者水割之次第順ニ用水相掛候先規ニ有之右ニ准シ八ヶ郷引流之節精々興除新田江も引取植付水手当可致番水根付水割日限に相成候得者村々先規水割之次第ヲ以用水相掛ケ植付済次第順ゝ水下ケ無滞植付相済候様取計可申事」。

(19)(14)に同じ。

(20)(14)に同じの文政四年六月、戸川弾正知行所、下撫川村百姓の歎願状。

(21)(14)に同じの妹尾村の「御吟味に付申上候」。

(22)寛政年間倉敷代官三河口太忠の立案もこのために実現を見ずして了った。

(23)「一、当村無高之百姓とも此度御新開御取立に付請地被仰付度旨相願候処右者追而御新開御取立之其節地元村役人江掛合請地可引請格別今般之御沙汰難被及旨被仰聞承知奉畏候」

第五節　用水問題の現状とその歴史的基礎

興除新田の灌漑用水は、現在東疇《うね》の一部が妹尾の余水を享ける外、すべて東用水路に依存し、大旱に際しては、大正十三年度のように、沢所に属する（東用水路の水源が湛井の末流ならびに西方の低湿な窪地、沢所組の余水に在ることは既述の通り）庄村の、「非常用水」の名目による特別融通を、灌漑期間中、五、六度に亙って受けて危機を脱し、昭和十四年度には、用水の充分な供給を受けえず、全面的な旱害に苦吟し、唯、笹ヶ瀬川に近い北部の一部分が、川を隔てた御津郡大野村から（この地も余剰水の多い地）余水を、笹ヶ瀬川を越えて、虹吸管の力によって融通を受け、甚害を免れただけであった。西用水路の廃棄は既述のように、水路の平坦でない上に、八ヶ郷番水川の用水量の充分でないことに基因し、[24]東用水路が継続して使われているのは、湛井の取入口が、八ヶ郷の取入口よりも上流に位置することに由来する、水路の勾配が大きく、流勢の強いこと、および豊富な沢所の余水を有することにもとづく。

このように給水路としては、東用水路だけを有する興除新田の用水は、前述した水路敷二十町歩に達する新田内の用水路を年々浚渫し、これに一定の深度を保たしめ、冬期間、灌漑用水の不要な時に上流の余水を受けてこれに貯溜し、換言すれば、用水路を貯水池とし、灌漑ポンプによってこれを一段高い水田面に汲み上げる方法を講ずるとともに、沢所組の用水費用を負担することによる特別融通（事実は買水と解釈しうるもの）を受け、あるいは興除村長特別報酬に見られるように、沢所（特に庄村）への政治的従属関係が見出されるのである。

これを要するに、興除新田の用水問題は、封建時代における用水問題の解決の例としては、もっとも時代の新しいものの一例で、しかも新田成立の当初に、用水問題の解決に、利用しうる封建組織の力は、すべて動員して、幕府の後援の下に強行し、もって現在の形態にまでもたらして来たものである。

新開の成就後、もし封建社会の持続期間が、今少し長期に亙ったならば、この間に、幕府の規定した用水仕法を何時か旧慣のようにし、充分な水利権を獲得するに至ったのであろうが、間もなく幕府は瓦壊し、明治以後に組織せられた水利組合も、従来の用水関係に新しい変更を加えるものではなく、主として旧幕時代の旧慣を基礎とし、これを条文化した普通水利組合規約を支配精神とするものであったから、新開地域は確固たる用水権から取り放たれ、中世もしくは近世初頭であれば、領主間の何等かの政治的な折衝によって解決せられたものであったが、現在では政治的な従属関係へと、その時代は異るに拘らず、根本的性格では、本質的には全く同様な両者の関係として、その姿を今日に具現しているものであろう。このような観点からしても、旧来の井組に新開地が加入し、対等の分水権を得るに至るまでに要する歳月の長いことと、用水問題における基本関係の不変性（開発当初以来の歴史の累積が現状であること）を想像せしめるのである。

近世起立の新田村の中には、すでに村としては独立の経済体をなす村ではなく、米穀と云う、特殊な生産物だけの生産を目標として、出現したものの数多い事実は、従来からしばしば指摘せられている事柄であるが、このような意味の新田の特色は、興除新田の用水問題にも現われ、用水供給に十二分の確信がなく、用水源を確保していない不完全形態の農村として産み出されたものと看做しうるのである。

（24）「農業水利慣行に関する調査」第一輯、農林省農務局編、九七―一五二頁参照。

（昭和十六年調査『経済史研究』第二十八巻第四号掲載、一九七一、六補訂）

第十八章　伊予周桑郡周布村における「与荷米《よないまい》」慣行

第一節　与荷米慣行発生地域の環境と灌漑事情

石鎚連嶺の西麓に発する中山川が、北方燧灘に注ぐ処、比較的急傾斜の扇状地状の周桑郡一円の低地を展開し、中山川の河身自体は、平時に在ってはほとんど流水を見ない、荒れ河状の河貌を示している。本章の対象地域である周《し》布《ふ》村は、この中山川の中流西岸に位置し、人口約二千七百、戸数約五百、耕地面積また約五百町歩の水田村であり、その南方は丹原・田野の諸村、東は石田村に相隣っている。

水田村とは言いながら、常時流水を留めない中山川は、その用水源としての意義はきわめて乏しく、周布村の位置が扇状地的な周桑平地の中央部に位する事実、ならびにここが中山川の乱流の遺跡と考えられることによって説明しうる、堤外からの幾多の湧泉が、用水供給の大宗をなし、その灌漑農業の実情は、天保年間の編述に懸る『西条誌』の明快に語るところである。曰く

周敷郡周敷村、当村井手懸りあしく、泉三十余ヶ所にあれ共、長二三十間より四五十間位にして百間に余りたるはわずか三四ヶ所に有のみにて三十余の内、半は四坪五坪位なる小泉なり、しかも湧勢強からざれば炎旱には碓春桔槹《みずぐるまはねつるべ》を用る事石田村（筆者註、周布村の西隣）に倍蓰せり、昼夜の分なく浥取ゆへ、民の手足は胼胝《ひびあかぎれ》し、豪雨

の下る間を一睡の休とは成也(1)

とある。現在に至っても右の事情は碓舂、桔槹の項を除いてほとんど同様である。湧泉は処々から出る小規模なものが多く、後に与荷慣行をめぐる紛争事件の中心をなす「中淵」のごときも、水田の間に中山川の伏流が湧泉となって噴出し、その水の滞留していわゆる淵をなしたものに過ぎず、その長さ約三百メートルの河状をなすものである。しかも現状に見る湧泉は、決して自然の形状のままのものではなくて、幾百年の間、幾度となく人工を加え、掘鑿、修理して利用してきたものであることは実地を一見してただちに理解しうる処である。『西条誌』の記載のように、周布村(2)の灌漑が碓舂、桔槹を数多く使用する人工灌漑である点で、隣村石田村を凌ぐもののあるのは、中山川の河床からの距離の、石田村よりも遠く、約一キロ半を距てることが、その湧水量にも関係し、こうして周布村を、近隣屈指の用水難の地としたものであろう。

上述のような灌漑器具による灌漑の困難性は、つとに藩政期西条藩の領有当時から継続された処であり、その事情は同じく『西条誌』にも特記せられている程である。

文政十一子ノ年ハ旱魃殊に甚しかりしを、一村のもの泉頭に立、足も腐る斗りにして数十日浥続け、毛見受にも不至して、賞与ある事左如、左の御文言にて水利あしく闔村難儀成事を知べし

一、米三拾俵　周敷村百姓共

周敷村之儀者他領入交り候場所に候処(筆者註、千八百石中の四百石分が小松領(一柳領)であることを謂う)兼々双方相互に睦敷一和いたし候故差縺ケ間敷事も無之大郷之処百姓少く田地は在所より程遠く作勝手悪く剰井手掛之用水聊ニ而多分池水ニ而作毛を養ひ旱之節に至て骨折肥修理等も能行届去年者別而植付之頃ヨリ天気打続格段水之手

ニ骨折、足立之者者不残相懸り候而足も水に腐候者も間〻有之候得共潤雨迄ハ汲続け可申与申含右之痛所にも杖を突罷出相働毛見受にも不至刈取候との品地方役人ヨリ申達之趣具達御聴候処右者兼々心得方よろしき故と奇特之儀に被為思召候依之米とらせ候様との御事に候(3)

八月五日(文政十二丑歳也)

このように灌漑に尽力し、旱年にも拘らず貢納を完うし、藩から賞せられた実例は、例えば寛政七年の大旱での宇摩郡長田村の例もあるとは言え、決して周布村の特殊事情を弱めることとはならないであろう。藩の賞詞に云う「池水」が、湧泉であることは再言する迄もない。(4)

与荷慣行は周布村だけの特例ではなく、郡内でも周布の南西一里余の田野村にも、同様の慣行の存在することが知られている。周布・田野は、その農業水利の自然的・人為的環境をほぼ等しくするから、同様の慣行を生じたものと解し得るであろう。(5)

次に慣行の発生地域である、周布村全村三十余ヶ所の湧泉中の、中淵および北川大堰を中心とする地域に就いてさらに説明を試みるであろう。

周布村に在っても、与荷慣行の行われたのは、「北川大関」の上流八ヶ所の湧泉掛りの区域に関してだけであり、その関係灌漑面積は周布村全水田面積の約三分の一、百数十町歩である。この区域が、村内でも一旦旱魃に際会すればもっとも用水に困難を感ずる地域であることは、次節に述べる与荷慣行の内容からも当然の事実である。

周布村近傍の水田は、東予屈指の生産力の高い地域であり、表作は反当り平均二石五斗乃至三石二斗、裏作の麦二石五斗の収穫を優に収め得た地域であるにも拘らず、其の小作料は比較的低率であって、一石乃至一石二斗を普通とし、唯二、三の小部分にだけ数町歩宛の集団的な高率地域、すなわち一石五、六斗乃至一石七斗内外の場所を有するのみであった。(6) 其の高率地の一は、旧周敷村の大庄屋であった一色氏邸の附近で、村内有数の上田地域と認められる個処であり、他は北川大関の一水口附近の約四町歩、および北川大関から分水せられる「四寸溝」掛り、北川大堰の下流である「二ノ堰」掛りの約三町歩に見られる一石五—六斗である。このように、収穫量に比して低率な小作料は、旱損の虞があるとは言え、この地域一帯に必然的に、東予一帯に広く(7)行われた小作権たる間免《あいめん》の発生を促したのであった。

小作権の生じた他の一因は、地主・小作の階級分化の早くから行われたことでなければならぬ。藩政期の土地兼併の事情は「水帳」の残存するものがないので実証し難い(8)が、その一斑は天保年間から「頭立」あるいは「地持」および「作人分」(9)また「小百姓」の称呼の行われたことからも推しうるであろう。

一村約五百町歩の水田面積で、農家戸数約五百戸であるから、周布村の一戸当りの耕作面積は一町歩内外を普通とし、稀に三町歩内外の耕作者を見る程度(10)である。地主・小作の分化の著しかったことを予想するとは言え、農地改革の直前では、大地主と称すべきものは比較的乏しく、小作米収入五十石(反当り一石とすれば五町歩)以上を有するものは、周布全村で五戸を数えるに過ぎなかった。大庄屋家の退転に見られるような、大地主の没落・衰頽に伴う土地所有の分散の結果であろうか。

(1) 『西条誌』巻之十二、三丁。
(2) 現在は周布に作るが藩政時には周敷に作る。発音はともに「しう」である。
(3) 『西条誌』巻之十二、三—五丁。
(4) 『西条誌』巻之十九、二—四丁。

(5) 元愛媛県小作官、藤井伝三郎氏の調査による。
(6) 周布村居住、愛媛県小作調停委員栗田禎次郎氏の談話による(昭和二十年一月聴取)。
(7) 花島得二著『小作権』三七一頁以下の「愛媛県に於ける小作権の研究」。
(8) 周敷村の大庄屋であった一色家の、明治以後の退転により、このような史料の散佚したためである。
(9) 天保十一年三月の「井手並与荷」を規定した内済一札の本文中に、このような称呼が見えている。
(10) 栗田禎次郎氏談。

第二節　与荷の発生とその内容

与荷は「よない」とよむ。「与荷米」の性質は次に漸次明らかとなるように、旱魃に際し、人工灌漑の労力に対する部分的負担・補償(11)として、地主から小作者に特別に供与する米の意である。(12)

周敷村における与荷慣行の発生は、天保年間にその起源を持つとせられる。前述のように著名の旱損地で、作人の労苦が甚だしく、その苦心経営にも拘らず、しばしば旱害を生じたので、作徳米の減免問題をめぐって、地持・作人間に度々の紛争があり、その結果として、天保年間に至り、隣村庄屋の斡旋による内済の結果、従来不文律的慣行として漸次発生して来たこの慣行が、天保年間に至って成文化せられたものとしうるであろう。与荷慣行の具体的内容を摘記すれば、左のようである。(13)

(一)　荒田与荷　　整地・植付に天然水だけに頼りえず、人力または機械力によって汲水して植付を了った時は、「荒田与荷」として、地主から小作人に対し、反当り一人役を補給するものとす。

(二) 一番与荷　荒田与荷の条件の具備後、なお旱天が打ち続き、引続き人工汲水三十日に至る時は、反当り一人役を補給するものとす。

(三) 二番与荷　一番与荷の条件の具備後、なお引続き人工汲水十五日に達する時は反当り半人を補給するものとす。

(四) 井出並与荷　「論所」と称し、中淵水源の下流である北川に堰を設け(北川大堰と称す)灌漑水を得ている「一番水口」で、旱天のため、流水の杜絶したのを規準とし、以後水車で汲水する時は、その日数の長短を問わず、北川大堰の上流に水源を持つ、中淵外七ヶ所の用水掛区域の水田に対しては、反当り一斗の与荷を地主から小作人に補給するものとす。

以上が昭和初年まで、慣行として行われて来た所謂「与荷」慣行の実質であり、いずれも同時期に、上述のような完全な形で成立したものではなくて、時間的に遅速があり、幾度かの紛争、交渉の結果としてようやく完成を見た条件が、上述のものであることが察せられる。すなわちこれらの与荷の諸条件の成立は、幾多の経緯の結果として生じたものであり、地主・小作幾応酬の末、多くの場合、隣村役人の仲裁によって成文化し、その条件を明記した内済一札は地主・小作の両者に宛てて相互に交換せられたものと考えられる。しかし与荷の成文化と云う内済条件は、主として小作側の利益を保護するものであるから、地主側では、このような与荷慣行の成立に快くないのは当然のことであり、したがって小作側に在っては、内済一札を楯に、しばしば地主側に与荷の要求を発する根拠としたのに反し、地主側では、逆にこのような規定の抹殺こそ内心希求する処であったことは察するに難くない処である。現に与荷慣行として承認して来られた処は上述のようであるが、これを史料的に裏付ける内済一札は、かつて地主側の保管したものとすべきものは、すでに何処かへ隠匿し去られて、その存在を確かめる手段がなく、僅かに昭和年代に至り、中淵ポンプ組合掛りで、繫争の発生を見た「井手並与荷」に関する内済一札だけが、周敷村旧小作仲間保管文書として、現在も村内の某家に保管せられているのを確認披見しうるのみである。与荷規定文書の隠滅には、後述するように、昭和の争議を最後として両者間に新しい仲裁条件の成立を見、したがってこのような旧規約を記した文書が、すでに現実的価値を喪失し去った結果となった事情もまたその一因に数えうるであろう。以下史料が残存し、しかも四種の与荷慣行中、もっとも興味が深く、またその細部の規定に、解釈の相違を生ずる諸点を包蔵し、昭和の大論争に持ち越された因由を有する「井出並与荷」を中心として論述を進めるであろう。

荒田与荷から二番与荷に至る諸規定は前節に述べたように、周布村が異数の旱魃地かつ人工灌漑地域である点からも、容易にその発生を理解しうる処であり、かつ荒田与荷の条件の具備するような(植付期から早くも人工水に仰ぐと云った)場合は連年とも考えられず、またその与荷の量も、反当り一人役乃至半人役に止まり、地主にとっても左程の負担ともならず、したがって論争にまで導かれることも比較的稀であったと考えうるのである。

北川大堰は中淵(唐樋・中淵・地蔵堂の三個処の泉を併せてかく云う)からの湧水が、一条の河流となって流れ下る、中淵から約一キロの下流で、幅約十間の水路を斜に堰き、杭を立て並べ「もや」「山柴」「草」をこれに掛け上部に砂を載せた構造物であり、水量が更に減ずると、その上を土で塗り固める堰であり、この堰止によって滞溜せられた水は、堰の上流約二十間の左岸に設けてある「北川大堰本口」と呼ぶ水路から、河身にほぼ直角の方向に約一町の間を導かれ、やがて一区画約六畝歩の面積を有する、所謂「論所」田たる一水口《いちみなくち》に灌流せられる。「論所」とは、この小区画の水田が度々の「与荷」をめぐる紛争の論点となり、やがて同慣行の発動如何を規定する指標となるに至ったことを意味するであろう。

井出並与荷の生ずる基準となる堰であるから、北川大堰の築造は領主西条藩松平氏でも格別に留意したようである。その堰立に当っては、例年藩の地方役人を派して、その構築を検分せしめ、またその構造も大堰のさらに下流に位置する「二の堰」以下に比し、はなはだ堅固に構築せられ、そのために下流への漏水は少く、ために「二の堰」以下のはなはだ困惑する処であった。このような事実は、北川大堰がその上流八ヶ所の水源における井手並与荷発生の基準となり、かつまた大堰掛り区域が、周布村内の最重要水田地域であったことによるであろう。

天保十一年三月の日付を有する「井出並与荷」の内容を規定した内済一札を左に掲げる。

内済一札之事

一、旱打続日数水取候節ハ井手並として用捨米請取来り候旨作人分ヨリ者申立頭分ヨリハ出不申由申立差縺候故
拙者共以扱左之通内熟相整候事

ケ条

一、以来旱打続候年有之候節ハ北川大関本口ヨリ水取始り候ハヽ夫ヨリ上之水取地所分江者反ニ付米壱斗ヅツ飯
料与荷として秋用捨可致事　尤立間組江者其儀ニ不及筈

一、北川大関掛り田地之分ハ同所ヨリ水取始候而ヨリ日数十日水取候ハヽ反ニ付米六升ヅツ飯料与荷として秋用
捨可致事

一、右北川大関ヨリ水取始候儀者作人ヨリ地主江申出地主百姓見分の上相違無之候ハヽ村役場江申出村役人中見
分之上相定候筈

一、右之通ニ相成候共若小作之節者地主相対見引可致事

一、水取中与荷銭之儀者是迄之通反ニ付五匁猶日数相重リ候ハヽ、又ハ二匁五分ヅツ指遣候筈

但米大高値之節ハ以見斗差遣候筈

一、去歳之儀者拙者共扱を以村内頭立中ヨリ米出貰ひ猿石掛リ草萩祖ノ木池天王泉元松泉唐樋掛リ中淵地蔵堂掛リ右八ヶ所水取地所作居候村内之作人惣分江家別米弐斗ヅツ指遣可申事

右之通双方納得之上内済ニ相成候上ハ永々違背有之間敷候　為後年書付相渡置申候　以上

天保十一子三月

石田村庄屋　伊兵衛　印

玉之江村庄屋　日野文右衛門　印

氷見組大庄屋　高橋弥蔵　印

周敷村

小百姓中

右の内済ケ条によって明らかにしうる点は次の諸事項である。

与荷米は当初は用捨米であった。与荷慣行の完成後も、用捨米であることの実質には変化は無かったとしても、用捨米はあくまで用捨であり、地主側の恩恵的な意義を有するものとして解せられる。しかるに天保十一年の内済により、用捨米は完全に与荷米の名目を具備するに至り、また与荷米下付の条件が確固たるものとして文言に表わされるに至っては、最早これは地主の私意的恩恵的な用捨ではなくて、人工灌漑の特別労働に対する地主の補給米、また負

担分である与荷慣行としての客観的性格を具備するに至った事実は重要である。(しかし地持・作人間の封建的関係から、依然として用捨の語の使用を止めてはいるが。)

北川大関の上流八ヶ所の水源とは猿石掛り、草萩掛り、祖《さい》ノ木池掛り、天王泉掛り、元松泉掛り、唐樋掛り、中淵掛り、地蔵堂掛りのことであり、この八ヶ所は北川大関掛りの上流で、用水難の度もまたより激しいので、大堰の水が論所田に自然の儘で到達しないようになれば、反当一斗の「飯料与荷」を受け得るのに比し、北川大関掛りはそれより日数十日を経て後、始めて反当六升、すなわち上流八ヶ所の掛りよりも四升少いだけの与荷を受けるものである。既述のように、北川大関の堰としての堅固さが、その掛りをして上流八ヶ所に比し、用水難の度を減ぜしめた事実を察しうるのである。北川大関一水口掛りの近傍に、周布村内屈指の小作料の高い田地の存することも、この辺にその理由の一が存在するであろう。

井出並与荷が「飯料与荷」の名を有したことも注目すべく、労賃の支払が、飯料としての現米で行われた時代性を反映するとともに、また小作農の多数存在した特殊事情を察せしめるに足るであろう。このような飯料与荷であるから、天保十年の旱魃の解決策として、反別当りの用捨法を採用せず、家別に米二斗宛の用捨が行われたものと考えうるのである。

天保十一年の規約ケ条の後、何時の程にか消滅し去ったものと見え、その後の紛争条件中には現われないが、当時は「水取中与荷銭」の名目の下に、反に付五匁、さらに又二匁五分の貨幣の支給の行われた事実が記されている。天保十一年の確約に至るまでには秋の用捨米、ならびに与荷銭等が、その時宜によって量を異にし、質的にも米でまた貨幣で旱損のはなはだしい度毎に、地主・小作間の幾折衝を経て支給せられて来、やがて両者共に度毎の折衝の煩に耐え得ないようになり、隣村庄屋の扱を得て、ここに制度化せられたものが、上掲の成文化した与荷規約であったとしうるであろう。

なお与荷米支払条件の完備する要点である、北川大関本口に人工的施設である水車を立て、これによって人力灌漑の開始せられたことを確認する手段として、地主・小作の両者立会の下での実地検分のこと、および村役場への届出検分の条件に関しては、その後なおも紛争を生じている。すなわち弘化二年の旱魃に当っては、北川大関に水車を立てて灌水する迄に立到ったが、作人は村方の見分を受けないで恣に車を立て、しかも後に与荷米を要求して地主との間に紛糾を来したのであったが、またまた前年度同様、隣村役人の取扱を受け、左の如き補足的条件を定めて落着した。

車立始候節者作人ヨリ掟与地主百姓江申出本文之通次第相運村役人中見分之上……尤立始之日限村役場ヨリ建札いたし候迄者車取始候儀不相成筈勿論車立始候而ヨリ者地持百姓村役人中之内日々見分之上車相止候日限茂相定可申筈

と言うのである。ただし弘化二年のこの場合だけは、植田に対して規定の半額の与荷を与えることに落ち付き、さらにこの年の作方が不良で、作人の格別難渋であることから、地持百姓中から特別に米拾石を作人中に与えることとなって事は納ったのである。以後与荷の条件の成文化とともに、地持・小百姓間の与荷をめぐる格別の事件もなく、昭和三年の時におよんだのである。

因みに、北川大関掛りの上流に在り、井手並与荷に与った八ヶ所の湧泉掛りと類似の立場を有しながら、井手並与荷から除外せられたものに唯一つ「竹の下泉掛り」がある。当時この泉掛りには周敷村の組頭であった某地持百姓の持地が多く、そのために小作の小百姓は井手並への加入のことを持ち出しえないでそのままに過ぎたゆえと伝える。また後考に値するであろう。

(11) 愛媛県庁耕地課保管「小作争議事例」による。

(12) 大槻文彦博士著『大言海』第四巻七六二頁には「余荷金」の項に「俳優に本給金の外に給する金、割増など」とあり、また越後寺泊に近い旧円上寺潟の排水路工事に際し、排水路の敷地となって廃棄せられた塩田に対する損害補償として「塩浜与荷」三百五十両の授受の行われた事例もあり、また同じ越後鎧潟の南岸地域の新用水路施設のために生じた潰地に対する補償が同じく「与荷米」の名で呼ばれているのを見出すから——以上筆者調査の事例——「与荷」とは上述「余荷金」とも相通ずる語義を有する、特別に供与する、報償を指して呼ぶものであろう。

(13) (11)に同じ。

第三節　与荷の廃止に至った過程とその展開

周布村における灌漑事情は、大正年間に入り人力に代える機械力の導入により、形態上、能率上、さらにまた本章の主題である与荷慣行の継続に著しい変化を生ずるに至った。藩政期以来の碓舂・桔槹に代る揚水ポンプの使用開始がこれである。

周桑郡内には現在周布村の外、丹原・田野等の諸町村にも揚水ポンプの使用は相当の普及を見ているが、その嚆矢は大正二年周布村「祖ノ木掛り」(14)で、その水田約三十二町歩の灌漑をなすべく三〇馬力の吸入ガス発動機を動力とする揚水ポンプを設置したことに起っている。次いで同村吉田の「釜ノ窪泉」は、大正四年同様の四〇馬力動力を据え付け、同吉田「六道泉」の三〇馬力がこれに続き、さらに大正十年同村吉田「新泉」の二五馬力ポンプが相次いだ。その後数年間に周布村内の十八ヶ所に全部十馬力内外の動力ポンプの設置を見た。動力揚水機導入の泉掛りは、いずれも灌漑反別が大で、したがって揚水必要量の多かったものであるが、また周布村一円の湧泉は、同一系統に属する地下の伏流を水源となすものであるから、相接近する他の一個処での強力な揚水ポンプの設置は、必然的に地下水位の低下を来して近隣の湧泉の湧出量を減退させ、このようにして、各泉掛りは相競って強力な動力を用い、より深所から揚水する必要に迫られたことも、動力付揚水機の普及を早からしめた一因である。ことに昭和二年頃から見られた動力の電化は、この傾向を一層大ならしめたものである。

昭和の紛争の焦点となった中淵ポンプ組合は、従来は別個の三個の湧泉であった唐樋・中淵・地蔵堂(いずれも北川大関の上流八ヶ所の泉の中である。井手並慣行の生じた八ヶ所が、もっとも動力ポンプの据付を必要とする地域であることはすでに述べて来た所によって明らかである)の三湧泉の水量を、中淵壱ヶ処の動力機によって揚水するものである。しかも当初これらポンプの設置が、小作人の負担でなされたところに問題の出発点が在る。

人力灌漑が機械力灌漑に移った後にも、井手並与荷の慣行は引続いて行われたが、偶〻昭和三年度は大旱魃で、その与荷の条件のまさに具わろうとするに至った時に、僅か一日前に降雨を見、そのことは遂に不成立に終ったのである(15)。小作人は、この年はすでに揚水ポンプの運転にも多額の費用を要し困窮する立場に在ったので、反当一斗の井手並与荷は要求し得ないが、地主側に対し、反当九升を、揚水費補助のために給与せられたいと要請する処があったが、地主側は考慮すべき旨を伝え、同年度の小作料は納付すべきことを命じたので、同三年度の小作料は完納せられた。

しかし地主側に在っては、容易に補助額の決定をしないで壱ヶ年を経過する裡、翌昭和四年度も前年に劣らない旱年であった。こうして荒田与荷ならびに一番与荷の条件は具備し、中淵ポンプ組合掛り以外の他のポンプ掛り関係地域に在っては、右の与荷の授受は円滑に行われたが、中淵ポンプ組合関係の地主はこれを給与しなかったため、ここに小作人側は荒田与荷および一番与荷の額計一斗(当時の人夫賃一日壱円弐拾五銭を二人役で弐円五拾銭、これを平均米価石二十五円の計算で玄米一斗分となる)および前年度の要求額の九升を合し、計一斗九升を昭和四年度の小作料中から引去って納付し、地主側はこれを不当としてついに争議に導かれたものである。

地主側がこのような小作側の、一方的処置を不当とする所以は、まず前年度の要求に懸る井手並与荷は慣行の条件に合致しないので、もし小作側で、たんに揚水費用の補助を要求するのであるならば、地主側に在ってもその要求は無下に却けるものではなく、その量はさらに協定の必要のあること、また昭和四年度の荒田与荷は、荒田の整地および植付に、天然の流水だけに依頼し得ず、人力・機械力によって汲水すること、夏至以後に亘った場合に給与せられるものであるのに、昭和四年度はその時期が未だ夏至に達しなかったから慣行は成立しないとし、また一番与荷も、夏至以後三十日間、人力または機械力による汲水が行われて成立するものであるのに、同年度は夏至以後三十日に達しないとして、いずれもこれらを却け去ろうとするものであった。

小作側はこれに答えて、荒田・一番両与荷の成立条件である日数の計算に、夏至の条項を挿入しようとするのは地主側の口実で、天保年間の内済ケ条には不明であると主張し、問題は与荷慣行の規定の再検討を必要とする情勢に導かれた。

一方地主側の内情は、昭和三年揚水費補助の要求が出て、これに対して考慮すべき旨の回答をした真意は、揚水ポンプの設置後は、灌漑事情も旧来とは一変したので、天保年間の裁定のままの慣行の継続の不合理なことを認め、新しい協定案の考究・成立を期したが、容易に具体的な腹案をうるに至らないで時日を経過した裡、翌昭和四年度に至っては、小作側はもはや地主側の誠意を疑い、ついに上述のような一方的処置を執るに至ったのであった。

こうして地主側は訴訟を決意し、代表的不在地主である井下某は、関係小作人武田某を相手とし、小作料請求訴訟を提起し、両者の全面的対立を生じたのである。この間、地元村長を初めとする数名の有志者によって調停が図られ、慣行の解釈は地主側の主張を承認して小作側は滞納の小作料を納付するとともに、地主側は旱害補償のための奨励法を講ずべきことをもってしたが、滞納小作料換算の米価基準を定めるに当り、その時期如何に就いて双方の主張が齟齬するに至り、ついに昭和六年十二月、小作調停法による調停の申立となった。

昭和八年四月、関係者の尽力によって調停が成立し、与荷の旧慣を撤廃し、小作人の設置した揚水施設を地主・小作の共同経営とすることとなり、ついに円満解決を見たのであった。調停条項の要旨を左に示す(16)。

1　天保年間以来の水利与荷の慣行の廃止。

2　地主は小作側の設備した中淵揚水施設一切の権利義務を承け継ぎ、爾後右の施設の修繕経営等の責に任じ、従来小作側の肩に在った揚水装置に懸る債務三千五百円を債権者に支払う(17)。

3　延滞小作料の反当一斗九升分を、石十八円の換算で地主に支払い、地主側は右の小作料金を揚水施設の維持のための基本金とす。

4　以後の揚水機の経営に要すべき費用は、地主・小作双方の折半負担たるべきこと。

5　水源の拡張、泉掘等に要する臨時費用も双方の折半負担たるべきこと。

6　揚水機経営の管理は、双方から選出した各三名の委員の合議処理に委すこと。

7　以後天災その他不可抗力による減収のため、小作料の減額要求をする場合は、立毛の刈取前、双方が立会検見の結果の協定によるべきこと。

上掲のような中淵ポンプをめぐる紛争は、いずれかと言えば、小作側の有利に解決を見た。この度の繫争には関係しなかったものの、与荷慣行の存在した他のポンプ組合に在っても、中淵紛争事件の解決とともに、これに倣うものが続出し、地主小作間の示談をもって、設備費・経営費ともに双方の折半負担を条件として解決するものが多く、同時に永年継続した与荷慣行の消滅を結果したのである。

揚水ポンプの経営費は祖ノ木ポンプ組合の事例に見ても、昭和十九年度で約七千円を要しており、内一六八〇円は県の旱害対策としての補助金の交付があった。このような補助金も、昭和十九年度のような旱魃年には、揚水費全額の四分の一乃至五分の一に過ぎない点は注目すべきであろう。このような経営費の膨脹が、小作側の負担としては重過ぎ、昭和三年から八年に亙った中淵ポンプ組合での争議の主要原因の一をなしたことは否定し難いであろう。またこの地方に、当時底流として瀰漫した時代的風潮もまたその一翼をなしたであろう。

なおやや枝葉に亙る問題ながら、周布村における上地権、すなわち間免《あいめん》価格と、与荷廃止前後の事情との関係もまた一顧に値する問題であろう。由来周布村は旱魃地であったので、東予一般と等しく上地権の存在はあったものの、他村に比しては低額であった。ところで小作人の負担によって揚水ポンプの設置を見て後は、最早旱害の憂がなく、したがって間免の価格も、非常な騰貴を見、底土の八百円内外に比し、上地権七百円内外の呼値をもつに至ったのである。もとより昂騰した地上権の価格は、当初揚水ポンプがもっぱら小作人の負担で設置運営せられた時には、その揚水費の負担に対する一種の報酬とも見るべき性質を具えていたが、調停の結果、地主・小作の共同経営となって後は、小作人の負担の軽減せられたにも拘らず、上地権の価格には変動がなく、この点でも、小作側に有利であったのは疑いのない処で、小作者による灌漑施設の機械化へのイニシヤチーフが、間免価格の昂騰――上地権の価格の上昇による小作者の権利――価格の増大と言う結果をもたらしたものとしうるであろう。

(14) 当時揚水ポンプのすでに使用されつつあった広島その他中国筋各地の視察の結果採用に決したと。栗田禎次郎氏談による。
(15) 愛媛県庁耕地課保管記録「小作争議事例」の記載による。
(16) 周布村在住、当時の小作人側代表であった青野三平氏の保管記録による。
(17) 県農工銀行からの借入金となっていた。これを地主側に肩替りしたのである。栗田氏談による。

第四節　与荷発生理由の考察とその特質
――この地域の灌漑水利問題の特殊性の究明――

以上三節に亙り与荷慣行発生の環境とその慣行の内容、ならびに廃止・展開の過程等に関し、史料ならびに現地の調査によって獲た知識を根底として説述した。与荷慣行発生の根本原因は、当然に周布村が能率の高い水田地域であるにも拘らず、近隣屈指の用水難の地であり、ことにその灌漑手段としてほとんど自然の流水に依存することが出来ず、藩政期から特筆に値するものとして知られた程の人力を極度に利用する方法が専ら行われ、その労苦の激しさの故に、夙に地持百姓と作人との間に「飯料」の名の下に、用捨米の制が行われ、これが度々の紛争の後に慣行化するに至ったことに帰しうるであろう。しかし与荷の慣行化しなければならなかった程の旱損地であれば、このような煩雑な手数を省き、恒久的な小作料の低減が行われる筈との解釈も一応は成り立ちうる訳である。それにも拘らず、その方向が与荷慣行の成立に至った理由は、与荷慣行の発動を要する程の旱損は、それ程しばしばの事ではなく、地持百姓側に在っては、小作料の恒久的減額よりも、与荷として与えることを、より得策とした事情も与って力があるであろう。幾年に一回の旱魃年を除外すれば、その表作の平均収量および裏作の利を加え、むしろ一般に比して良好とさえ言いうる程の収穫量を有する土地柄でありながら、たとい村内二、三の特殊的な小作料の高率田に見る、反当り一石五斗内外と言う小作料も、他地域の例に比すれば必ずしも高率とはし難く、ことに周布村の大部分の水田が、一石乃至一石二斗と言う低率の小作料に止った点からすれば、小作料の恒久的な減額よりも、与荷米の附与が、地持百姓にとって、より合理的と思惟された事情を推しうるのである。ただこの際、藩政時における貢納率と地持の作徳との関係如何。また当時の貢納額と明治以後の小作料との関係如何。の問題を究める事が、このような問題の解釈に、さらに一歩立ち入った理解を可能ならしめるであろうが、唯今の処、この点は史料の関係上遺憾ながら断念せざるを得ないのである。

旱損地の多い西日本に在っても、屈指の用水難の地として知られる東予の一隅に、人工灌漑の集中的存在と、早くから地主・小作の分化の著しかった事実を基盤として、与荷の発生とその慣行化を見たことは、灌漑農業国である我国に在っても、地域の自然的および人為的環境に即応した類例の少い特殊的事例であり、人力の極度の使用と、それによる生産力の維持、狭少な耕地面積の上に在りながら、早くから地主・小作に分化した農民階層、是等の諸関係が、機械力の導入に当って露呈した封建的機構乃至慣行の矛盾等、与荷慣行の問題は、旧日本農業の特質の数々を示唆するものであろう。

（一九四五、二調査、一九四七、二稿『新地理』一巻、一・二号〔一九四七、五・六月刊〕掲載、一九七一、八補訂）

あとがき

各章の主題の調査に当って、史料の披見を許された各位は、註のそれぞれに、所在地・所有者として明記せられているが、それ以外の、調査の実施に当って、終始斡旋に与った各位の氏名を末尾に記したい。実を言えば、これらの方々の献身的な援助をえなければとうてい本書は成らなかったとさえ思えるからである。すでにその方々のうちの幾人かは、幽明の境を異にしておられる。つつしんで感謝を捧げたい。

第一章　旧樋守の後　平田夘平治
第二章　沓野在住　故黒岩市兵衛
第四章　穂坂三つ沢在住　故郷土史家三枝善衛
第七章　西条市居住　郷土史家高橋彦之亟
第九章　瓶原村河原　元村農会長岩田恒義、口畑　炭本清太郎
第十一章　下横山　故神蔵勝次郎
第十四章　当時の坂出市　鎌田共済会図書館長岡田唯吉
第十七章　妹尾町箕島　調査当時の興除村農会技師橋本鑒治
第十八章　周布村　元小作調停委員栗田禎次郎

なお本書の総論篇以来、原稿の浄写整理に当って、もっとも多くの助力を仰いだ岩佐初氏、本各論篇の校正を分担

いただいた井上道男氏、また本編の成るに当って一切の具体的処理を担当いただいた岩波書店大見修一氏に深謝を捧げる。

■岩波オンデマンドブックス■

日本灌漑水利慣行の史的研究 各論篇

1973年5月30日 第1刷発行
1996年10月5日 第2刷発行
2014年12月10日 オンデマンド版発行

著 者 喜多村俊夫《きたむらとしお》

発行者 岡本 厚

発行所 株式会社 岩波書店
〒101-8002 東京都千代田区一ツ橋 2-5-5
電話案内 03-5210-4000
http://www.iwanami.co.jp/

印刷／製本・法令印刷

ISBN 978-4-00-730154-4 Printed in Japan